국제환경정치론

박 재 영

法 文 社

■ 이 연구는 2016년도 경상대학교 학술진흥지원사업 연구비에 의하여 수행되었음.

머 리 말

기후변화와 같은 국제환경 문제가 지구 전체에 위협을 가하면서 국제사회가 공동으로 해결해야 할 긴급한 현안으로서 중요한 논의의 대상이 되어오고 있다. 이러한 국제환경 문제를 해결하기 위한 다자외교가 활발하게 개최되고는 있지만 다자외교의 장은 인류 공동의 이익보다는 편협한 국가이익의 치열한 각축장이 되고 있다. 따라서 국제사회가 국제환경 문제를 해결하기 위해서는 인류 공동의 이익과 개개 국가의 이익을 어떻게 조화시킬 것인가가 중요한 과제로 등장하고 있다.

이러한 상황에 직면하여 국제환경 문제의 본질을 폭 넓고 깊이 있게 이해하는 것이 무엇보다 긴요해지고 있다는 인식하에 아직 소수의 대학이기는 하지만 경상대학교를 포함한 일부 대학이 학부 수준이나 대학원 수준에서 국제환경정치론을 독립된 과목으로 개설하여 국제환경 문제를 다룰 미래의 전문가를 양성하고자 노력하고 있다.

이러한 국제환경정치론은 통상적으로 다음과 같은 것을 목적으로 한다. 우선 학생들로 하여금 국제환경정치의 분석을 도와줄 유관한 이론과 접근법 등을 찾아내고 이를 충실하게 이해하도록 한다. 둘째, 학생들로 하여금 국제환경 이슈와 이러한 이슈를 해결하기 위해 내린 결정을 다양한 행위자들 사이의 동태적인 협상의 과정이라는 관점에서 분석하도록 한다. 셋째, 학생들로 하여금 유관한 이론을 적용하여 관심을 가지고 있는 특정의 국제환경 문제에 대한 깊이 있는 연구를 하도록 한다. 이러한 국제환경 문제에는 통상적으로 기후변화 문제 · 오존층 고갈 문제 · 생물다양성 상실과 멸종 위기의 동식물 거래 문제 · 월경성 대기오염과 산성비 문제 · 수질 오염 문제 · 열대림 파괴 문제 · 사막화 문제 · 유해 화학물질과 폐기물의 국가 간 이동 문제 · 습지파괴 문제 · 고래보호 문제 등이 포함되곤 한다.

이러한 목적을 실현하기 위해 국제환경정치론은 국제환경정치의 등장과 진화 · 국제환경정치의 분석을 위한 이론 · 국제환경정책의 결정에 관여하는 주요 행위자 · 유관한 행위자들 사이에 있어서의 동태적인 협상과정 · 국제환경 정책의 실시와 그 효과성 등을 주요한 주제로서 취급하게 된다.

본 저서는 이러한 목적과 이를 달성하기 위한 주제들을 염두에 두고 3개의 장으로 구성되었다. 구체적으로 제1장에서는 제2차 세계대전 이후부터 현재에 이르기까지의 기간 동안의 국제환경 문제의 역사를 시대 순으로 다루고자 했다.

제2장에서는 국제환경정치의 분석을 위한 다양한 이론들을 골고루 소개하고자 했다. 구체적으로 현실주의 이론들 · 자유주의 이론들 · 인식론적 접근법과 구성주의 접근법 · 국제정치경제 접근법 등으로 구분하여 소개하고 이들을 구체적인 국제환경 문제에 적용한 예들을 다수 소개하고자 했다.

제3장에서는 국제환경정치와 관련하여 중요한 연구대상이 되는 다양한 주제들을 다루고자 했다. 구체적으로 이 부분은 환경문제의 특징 · 환경문제의 원인 · 국제환경정치의 중요 행위자 · 국제환경레짐의 특징 · 국제환경레짐의 원칙 · 국제환경레짐의 효과성 · 국제환경레짐의 준수 · 국제환경레짐의 협상 · 기후변화레짐의 협상 · 환경보호를 위한 다양한 국제적인 노력들과 같은 주제들로 구성되었다.

끝으로 국제환경정치와 관련한 다양한 문헌들의 목록을 주제별로 정리하여 소개함으로써 국제환경정치론의 강의를 하고 있거나 하고자 하는 사람들이 강의계획서(syllabus)를 작성하는 데 활용할 수 있도록 했다.

국제환경 문제가 전 지구적인 이슈가 되면서 이러한 문제를 제대로 다룰 수 있는 전문가를 시급히 양성해야만 한다는 것은 대학에만 주어진 과제가 아니다. 예컨대 한국의 환경부는 국제적으로 중요한 현안으로 부각되고 있는 기후변화 등 국제환경 문제와 국제환경 규제에 대응하며 국내외에서 환경분야를 선도할 전문인력을 양성하기 위해 2009년부터 국제환경전문가 양성과정을 운영해 오고 있다.

우리의 국익이 걸려 있는 환경문제가 국경을 넘어 다자협상을 통해 결정되고 있는 상황에서 국제사회의 공익을 고려하는 한편 국제사회에서 한국의 국익을 보존하고 확대할 수 있는 전문가가 긴급하게 필요해지고 있다. 이 책이 이러한 필요에 조금이라도 기여하기를 저자로서 간절히 바란다. 제한된 시간 내에 집필이 이루어진 관계로 미진한 부분이 적지 않을 것으로 사료된다. 따라서 시간적인 여유를 가지고 좀 더 풍부한 내용의 책을 만들기 위한 노력을 지속적으로 할 것을 독자 여러분들께 약속하고자 한다.

이 책이 나오기까지 초고를 읽고 독자의 입장에서 문제점을 지적하고 건설적인 좋은 제안을 해준 경상대학교 국제관계대학원의 최기룡 학생에게 감사함을 표하고자 한다. 더불어 좋은 서적을 만들기 위해 많은 땀을 흘리고 편집과정에서 항상 친절함을 잃지 않았던 법문사 편집부의 김진영 씨에게도 고마움을 전한다.

2016년 12월

저자 박 재 영

차 례

제 1 장
국제환경 문제의 역사

제 1 장

국제환경 문제의 역사

전 지구적 문제로서 환경문제의 연혁을 살펴본다는 것은 여러 면에서 중요한 의미를 갖는다. 우선 역사학적으로 중요한 의의를 가지는데 구체적으로 그 당시의 어떠한 요인들에 의해 어떠한 현상이 발생하였는가를 시간적으로 거슬러 올라가 자세히 살펴본다는 것은 그 자체만으로도 중요한 연구의 가치를 가진다. 그러나 사회과학을 공부하는 입장에서 보다 더 중요한 것은 사회과학적인 측면에서의 의의를 찾는 일일 것이다. 구체적으로 역사적인 사실을 통해 시간과 공간을 통해 반복되고 있는 정형(recurring pattern)이나 일반적인 추세(general tendency)가 존재하는지를 발견하는 일이다. 이러한 경우 역사적인 사실들은 이론의 정립을 위한 중요한 모태가 되며 동시에 이론의 적실성을 검증하는 사례들이 된다.

제 1 절　제2차 세계대전 이후부터 1960년대까지

이 시기는 전반적으로 환경문제에 대한 국제적인 인식이 미약하던 시기로서 대개 제한적인 일부 사람들과 소수의 비정부기구(NGO)가 환경문제에 관심을 가지던 시기이다. 국가들 간에 환경에 관현 협약이 일부 체결되기는 했으나 범위면에서 지역 내의 환경파괴로 직접적으로 영향을 받는 주변국들 사이의 협약이 다수를 점하고 지역을 벗어나 체결된 보편적인 다자협약은 소수에 그쳤다. 이러한 환경 관련 비정부기구의 설립과 국제협약의 체결 이외에 환경문제에 관한 몇몇 국제회의가 열렸지만 이들의 활동 역시 제한적이었다.

환경문제에 대한 이러한 전반적인 관심의 저조는 제2차 세계대전의 종식과 더불어 시작된 동서간의 냉전의 영향의 결과이기도 했다. 냉전이 격화되면서 국가들은 환경문제와 같은 비안보적 이슈(non-security issue)에 관심을 두기 어려웠으며 이러한 사실은 안보를 가장 우선시하는 현실주의 국제정치 이론이 국제사회를 바라보는 관점으로서 지배적인 위치를 점하고 있었다는 사실에서도 드러난다.

즉 이러한 저조한 관심은 국제문제에 대한 현실주의적 접근의 지배를 보여주는 것으로서 국가의 안보와 힘의 중요한 요소로서 전략적인 자연자원이 중요하다는 기본적인 인식이 있었기 때문이다. 구체적으로 1962년에 유엔총회에서 「천연자원에 관한 항구적 주권에 관한 결의안」이 채택된 것에서도 알 수 있듯이 다수 국가들은 다른 국가들의 관여 없이 주권적으로 보유자원을 최대한 활용하여 공업화와 경제발전을 달성하는 데에 일차적인 우선권을 두었다.

또한 환경문제에 관심을 두고 있다 해도 자유시장이 자원이 고갈됨이 없이 자원을 무제한적으로 공급할 것이라는 환경문제의 자유시장적 해결이라는 신고전주의적 사고방식이 지배적이었다. 즉 환경문제에 다소 관심과 우려를 가지고 있었다고 해도 자유시장의 보이지 않은 손(invisible hand)에 의한 해결을 신봉하고 있었다.

이 시기가 환경문제에 대한 국제적인 관심의 저조로 특징지어지는 보다 본질적인 이유는 이 시기에 선진국들이 고도의 경제성장을 경험하면서 그 부산물로서 환경문제가 1960년대 중반부터 대두되기 시작은 했지만 아직 본격적인 국제문제로 대두되지 않았기 때문이다. 즉 이 시기는 선진국들이 고도의 경제성장을 기록하면서 1970년대 본격적으로 환경문제가 국제적인 문제로 대두되게 된 토양을 제공하던 시기였다. 공업생산의 급속한 확대・인구의 대폭적인 증가・도시화 등으로 인한 환경의 파괴가 초기에 국지적이고 국가적인 범위에 머물던 것이 점차적으로 국경을 넘어 국제적인 범위로 확대되고 있었다.

1. 초기 환경론자들

앞서 언급했듯이 이 시기에 정도 면에서 미약했지만 소수의 사람들이 환경문제에 관심을 표출하고 있었다. 1960년대까지의 초기 환경론자들은 1970년대 초의 환경론자들과 더불어 1960년대에 인구의 증가율이 가파르게 상승하는 가운데 인구성장과 자원의 부족에 중점을 두었다. 이들 초기 환경론자과 관련하여 흥미를 가질만한 점은 이들 대부분이 사회과학자가 아닌 자연과학을 다루는 사람들이었다는 점이다.

오스본(Fairfield Osborn)은 1948년에 「약탈된 우리들의 행성(Our Plundered Planet)」이라는 저서를 통해 인간의 행위에 의한 생태계의 파괴를 지적하면서 지구의 환경위기에 대한 본격적인 경종을 울리기 시작했다.[1)]

같은 해인 1948년에 인구통제(population control)에 관심을 가지고 있던 보그트(William Vogt)는 「생존의 길(Road to Survival)」이라는 저술을 통해 당시의 인구증가와 경제성장의 추세가 급속하게 환경을 파괴하고 미래세대의 삶의 질을 훼손할 것으로 보았다. 그의 가장 큰 기여는 환경 문제와 인구과잉 문제를 연계시키면서 현재의 추세가 지속된다면 전쟁·기아·질병·문명의 붕괴를 가져올 수 있다는 점을 경고했다는 점이다.[2)] 이러한 그의 주장과 경고는 1950년대와 60년대에 맬서스(Thomas R. Malthus)의 주장을 부활시켰다.[3)] 나아가 에를리히(Paul R. Ehrlich)가 1968년에 「인구폭탄(The Population Bomb)」이라는 책을 쓰는 데에 적지 않은 영향을 미쳤다.[4)]

1962년에 미국의 여성 해양생물학자인 카슨(Rachel Carson)은 「침묵의 봄(Silent Spring)」이라는 제하의 책을 발간하여 선진국 내에서 환경운동이 시작되는 계기가 되었을 뿐 아니라 향후 국제적인 환경보호 운동이 전개되는 데 있어서 기폭제가 되었다.[5)]

구체적으로 이 책에서 그녀는 흔히 「디디티(DDT)」로 불리는 살충제의 남용으로 생태계가 파괴되어 봄이 와도 종달새(skylark)의 노래를 들을 수 없는 재앙이 닥쳐오고 인간에게는 암을 유발할 수 있다고 경고함으로써 이러한 물질의 사용을 줄이는 등 환경문제에 대한 일반인들의 경각심을 불러일으키면서 이러한 경고에 격렬하게 저항하는 미국의 거대한 화학산업체들과 일전을 벌였다.[6)]

---

1) Fairfield Osborn, *Our Plundered Planet* (Boston: Little, Brown and Company 1948).
2) William Vogt, *Road to Survival* (New York: William Sloane Associates, 1948).
3) 영국의 인구통계학자이자 정치경제학자인 맬서스(Thomas Robert Malthus)는 1798년에 익명으로 발간한 우리가 흔히 「인구론」이라고 부르는 「인구의 원리에 관한 에세이(An Essay on the Principle of Population)」라는 저서를 통해 인간의 부단한 행복추구는 인구의 증가가 식량생산의 증가를 항상 앞선다는 것을 고려할 때 부질없는 것일 수밖에 없다고 주장했다. 그에 따르면 이는 통제되지 않는 인구는 기하급수적으로 증가하지만 식량은 산술급수적으로만 증가하기 때문이다.
4) Paul R. Ehrlich and Anne H. Ehrlich, *The Population Bomb* (New York, NY: Ballantine, 1968).
5) Rachel Carson, *Silent Spring* (Boston : Houghton Mifflin, 1962).
6) 「DDT」는 「디클로로-디페닐-트리크로로에탄(Dichloro-Diphenyl-Trichloroethane)」이라는 화학물질의 약어이다. DDT는 1874년에 처음으로 합성되었으나 1939년이 되어서야 이 화학물질이 곤충에

그녀의 노력은 이러한 관련 업체들의 격렬한 저항에도 불구하고 여론을 움직여 미국인들의 화학산업에 대한 태도를 변화시키는 중대한 계기가 되었고 그 결과 1963년 케네디 대통령에 의해 환경문제를 다룰 자문위원회가 구성되었고 1969년 미국 의회에 의해 농약의 하나인 디디티(DDT)가 암을 유발할 수도 있다는 증거가 공표되었다. 나아가 미국 환경청(Environmental Protection Agency, EPA)에 의해 1972년에 DDT의 사용이 전면적으로 금지되기에 이르렀다.[7)]

시간이 지나 2001년에 152개 국가에 의해 유해농약류 9종을 포함한 12가지

게 독성을 준다는 사실이 스위스의 화학자인 뮐러(Paul H. Muller)에 의해 밝혀졌고 이러한 공로로 그는 1948년에 노벨생리의학상을 수상했다. 그 후 DDT는 제2차 세계대전 때 말라리아와 티푸스를 일으키는 모기와 더불어 질명을 야기하는 모기 이외의 다른 곤충들을 박멸하기 위해 사용되었다. 심지어 이와 벼룩까지도 박멸하는 데 사용되었다. 전후에는 저렴한 가격에 뛰어난 살충효과로 인해 농업분야에서 살충제로 광범위하게 사용되었다.

7) 카슨의 저서는 대중문화에도 적지 않은 영향을 미쳤다. 예컨대 캐나다 출신의 여성 기타연주자이면서 가수인 미첼(Joni Mitchell)은 1970년에 발표하여 히트한 「Big Yellow Taxi」라는 곡에 카슨의 메시지를 담았다. 여기서 「Big Yellow Taxi」는 미국의 뉴욕을 상징하는 노란색 택시를 의미하는데 실제의 가사 내용을 보게 되면 산업화에 따른 환경의 파괴에 대한 조소를 담고 있다. 가사는 다음과 같다: **They paved paradise/ And put up a parking lot/ With a pink hotel, a boutique/ And a swinging hot spot/** Don't it always seem to go/ That you don't know what you've got/ Till it's gone/ They paved paradise/ And put up a parking lot/ **They took all the trees/ Put 'em in a tree museum/ And they charged the people/ A dollar and a half just to see 'em/** Don't it always seem to go/ That you don't know what you've got/ Till it's gone/ They paved paradise/ And put up a parking lot/ **Hey farmer farmer/ Put away that DDT now/ Give me spots on my apples/ But leave me the birds and the bees/ Please!/** Don't it always seem to go/ That you don't know what you've got/ Till it's gone/ They paved paradise/ And put up a parking lot/ Late last night/ I heard the screen door slam/ And a big yellow taxi/ Took away my old man/ Don't it always seem to go/ That you don't know what you've got/ Till it's gone/ They paved paradise/ And put up a parking lot/ They paved paradise/ And put up a parking lot/ 볼드로 표시한 부분을 중심으로 소개하면 다음과 같다: 우리들의 낙원이 (시멘트나 아스팔트로) 포장이 되고 그 곳에 러브호텔과 양품점 그리고 나이트클럽과 더불어 주차장이 세워졌어요. 모든 나무들을 가져가 나무 박물관에 놓고는 단지 보기만 하는데 1달러 50센트를 내라고 하네요. 이봐요 농부님, 이제 디디티는 치워버리세요. 나에게 벌레가 먹어 반점이 생긴 사과를 주시고 벌과 새들이 내 주변에 머물게 해주세요. 또한 영국 스코틀랜드 출신의 록밴드인 스크림(Primal Scream)은 1987년에 「Sonic Flower Groove」라는 앨범에 「Silent Spring」이라는 제목의 노래를 수록했는데 그 가사를 살펴보면 다음과 같다: If all the birds have cursed the sky/ A flaming fortress hunting prey/ A feathered bird deflowered dies/ Flowers die/ A knife has turned on life itself/ Where skin is bathed in poison rain/ A room right on an empty shelf/ empty shelf/ All the time in the world/ and you never changed a thing/ All the time in the world/ And you stood back and watched the silent spring/ The silent Spring/ The hammering of every breath/ A legacy of decay infests/ Just let me imagine Mother earth/ Mother earth/ All the time in the world/ and you never changed a thing/ All the time in the world/ And you stood back and watched the silent spring/ The silent spring/ All the time in the world/ And you stood back and watched the silent spring/ The silent spring/ Silent Spring. 미첼의 「Big Yellow Taxi」라는 노래와 스크림의 「Silent Spring」이라는 노래는 YouTube에서 들을 수 있다.

물질의 생산·사용·배출을 제한하고 궁극적으로 배출 자체를 근절하는 것을 목표로 하는 「잔류성 유기오염물질에 관한 스톡홀름협약(Stockholm Convention on Persistent Organic Pollutants)」이 체결되었고 2004년에 발효되었다.8)

이러한 그의 업적으로 인해 카슨은 2011년 타임지에 의해 「20세기를 변화시킨 100인」 중의 한 명으로 선정될 만큼 환경문제에 커다란 영향을 미치고 큰 족적을 남겼으며 「환경운동가의 대모」로 불리고 있다.9)

1968년에는 미국의 생태학자인 하딘(Garrett Hardin)이 「공유자원의 비극(tragedy of the commons)」이라는 제하의 논문을 발표하여 환경이 훼손될 수밖에 없는 이유를 이론적으로 제시하고 이를 바탕으로 해결책을 제시하고자 했다.10) 공유자원은 모든 사람들이 아무런 대가 없이 자유롭게 사용할 수 있다는 비배제성(non-excludability)의 특징과 한 사람이 공유자원의 일정한 부분을 사용하게 되면 그만큼 다른 사람의 사용이 제한된다는 경합성(rivalry)의 특징을 지닌다. 이러한 공유자원의 특징으로 인해 합리적인 개인들이라면 모두 단기적인 자신의 이익을 위해 한정된 공유자원을 한 단위라도 더 사용하고자 할 것이며 그 결과 공유자원 자체가 황폐화가 되는 결과를 맞이하게 된다는 것이 공유자원의 비극의 핵심적인 논리이다.

하딘은 이러한 논리를 설명하는 데 있어서 모든 방목인들에게 사용이 개방된 목초지를 예로 들고 있다. 합리적인 개인들은 공유지인 목초지에 자신의 양을 더 투입할 때 거둘 수 있는 이익과 지불하여야 하는 비용을 비교하여 이익이 비용보다 클 경우 더 투입하는 결정을 내린다. 이때 더 투입함으로써 거두는 이익 전부는 온전히 개인 몫으로 돌아가는 데 반해 비용은 전혀 들지 않거나 다른 방목인들과 분담하게 된다. 따라서 이익이 항상 비용에 비해 크게 되며 이로 인해 방목인 모두는 추가적으로 양을 투입하고자 한다. 그 결과 목초지는 황폐화를 피할

8) 동 조약은 잔류성 유기오염물질(Persistent Organic Pollutants, POPs)을 의도적인 생산물질과 비의도적인 생산물질이라는 두 종류로 구분하고 있다. 의도적인 생산물질은 또 다시 다염소화비페닐(PCBs)을 포함한 9종과 디디티(DDT)라는 두 종류로 구분하여 전자의 경우 생산·사용·수출입을 금지하고 후자의 경우는 병충해 방제 외에 생산·사용·수출입을 금지하고 있다. 배출시설 운영 중 비의도적으로 생성되는 다이옥신과 퓨란 등 잔류성유기오염물질의 경우는 배출을 저감하기 위하여 각국이 배출원 목록을 작성하고 배출량을 평가하도록 하고 최적 가용기술과 최적 환경관리 방안을 적용하는 등 행동계획을 수립하도록 규정하고 있다.

9) 2012년에는 「침묵의 봄」이 출간된 지 50년이 되는 해이기에 이 책의 의미를 되돌아보는 행사가 국내외적으로 많았다. 한국의 환경재단은 카슨의 업적을 기리기 위해 「레이첼 카슨홀」이라고 명명된 공간을 두고 있다.

10) 하딘의 공유자원의 비극에 관한 논리는 이론 부분에서 비교적 자세하게 다루고자 한다.

수 없게 된다.

이러한 공유자원의 비극을 막기 위해 방법으로서 하딘은 다음과 같은 조치를 제시하고 있다. 우선 정부가 강제성을 가지고 개입하여 공유자원의 사용에 규제를 가하는 것이다. 또 다른 하나는 개인의 사유를 인정하여 스스로 공유자원을 지속가능하게 관리하도록 하는 것이다.[11)]

공유자원의 비극 논리는 재생산을 넘어서는 인간의 행위(human behavior beyond reproduction)가 어떻게 희소성(scarcity)의 문제를 악화시키는가를 보여주는 것으로서 개인의 합리성이 집단적인 합리성에 이르지 못한다는 것을 의미한다. 즉 개인 수준의 합리적 행위의 총체적인 합이 사회 전체 수준에 있어서의 합리성을 가져오지 못한다는 것을 의미한다. 이러한 공유자원의 비극 논리는 개인의 이익 추구가 보이지 않는 손(invisible hand)에 의해 공동체 전체의 이익으로 귀결된다는 아담 스미스(Adam Smith)의 주장과 대조를 이룬다.

하딘은 공유자원의 비극적인 운명은 인구문제와 연관되어 있다고 본다. 즉 공유자원이 무한하지 않고 인간이 필요로 하는 것보다 적기 때문에 이러한 비극이 초래된다는 것이다. 따라서 인구가 증가함에 따라 공유자원은 하나씩 소실되어 갈 것으로 본다.

공유자원의 비극논리는 앞서 언급한 카슨(Rachel Carson)이 「침묵의 봄(Silent Spring)」에서 주장한 것과 동일선상에 있다고 볼 수 있다. 즉 개인의 이익을 추구하는 합리적인 사람들의 자신의 이익의 극대화를 위해 디디티(DDT)라는 살충제를 지나치게 사용함으로써 잡초 제거나 병충해 박멸이라는 본래의 의도를 벗어나 모든 곤충을 죽이고 이러한 곤충과 먹이사슬 관계에 있는 종달새와 같은 조류까지 죽임으로써 생태계 전체의 질서를 망가뜨리게 된다는 것이기 때문이다.

하단의 공유자원의 비극 논리는 경제학을 비롯한 다양한 학문 분야에서 여러 현상을 설명하는 데 원용됨으로써 하딘이 핵심적으로 전달하고자 하는 의미가 다소 흐려질 수 있는데 생태학자로서 하딘이 전달하고자 하는 메시지는 바로 개인의 이익추구 속에 행하는 행위가 의도하지 않은 환경파괴로 이어질 수 있다는

11) 나중에 살펴보겠지만 이러한 방식 이외에 오스트롬(Elinor Ostrom)은 정부의 개입 없이 공동체가 자체적으로 협력을 통해서도 공유자원의 비극 문제를 풀 수 있다고 본다. 1991년에 노벨경제학상을 수상한 코즈(Ronald H. Coase)는 1960년에 공공재와 공유자원 문제의 해결책으로 경제주체들 사이에 재산권의 소유를 분명하게 해주면 외부효과(external effect)로 인해 초래되는 비효율성을 국가의 규제 없이 시장을 통해 그들 스스로 해결할 수 있다는 소위 「코즈정리(Coase Theorem)」를 제시했다. 이에 대한 자세한 내용은 다음에 상세히 살펴보고자 한다.

경고인 것이다.

미국의 생물학자로서 나비 개체동력학 연구로 유명한 에를리히(Paul R. Ehrlich)는 1968년에 「인구폭탄(The Population Bomb)」이라는 저서를 통해 (특히 개도국의) 급격한 인구증가로 인한 식량과 같은 자원의 고갈로 지구차원의 극복하기 어려운 위기가 야기될 수 있다고 경고했다. 구체적으로 그는 1970년대 세계는 이미 과도한 인구를 가지고 있어 극심한 기아가 발생하게 될 것이며 식량생산을 늘리거나 출생률을 줄이기 위한 조치를 서둘러 취한다고 해도 수억 명의 아사자가 발생하는 재앙을 피할 수 없을 것이라고 예측했다.[12] 자원의 유한성으로 인해 인구를 억제할 필요성이 있다는 맬서스(Thomas R. Malthus)의 기본 주장을 계승한 「신맬서스주의(Neo-Malthusianism)」의 창시자로 불리는 에를리히의 이러한 비관적인 전망은 1970년대에 들어서 경제학자인 사이먼(Julian L. Simon)의 도전을 받게 된다.

2. 비정부기구(NGO)의 등장

이러한 개인들과 더불어 소수의 비정부기구(NGO)가 환경문제에 관심을 두기 시작했다. 제2차 세계대전의 종식과 더불어 유태인 학살의 경우에서 보듯이 인권에 대한 소홀함이 제2차 세계대전과 같은 미증유의 인류의 대참화로 이어졌다는 인식과 더불어 인권 NGO들의 적극적인 로비활동에 힘을 얻어 인권보호가 유엔헌장의 목적 가운데 하나로 채택되었다. 그러나 이와는 대조적으로 환경문제는 유엔이 설립되기 이전은 물론 설립된 이후에도 유엔과 같은 국제기구의 주목을 크게 끌지 못했고 유엔 밖에서 소수의 NGO에 의해 환경문제가 논의되는 데 그쳤다.

1948년은 이와 관련하여 중요한 변화가 있었던 해로서 유엔교육과학문화기구

---

12) 에를리히는 1968년에 「인구폭탄」에서 구체적으로 1970년대에 수천만 명이 아사할 것이라고 예측하면서 여기에는 상당수의 미국인들도 예외가 아니며 영국은 2000년 이후로 지구에서 사라질 가능성이 높다고 예측한 바 있다. 그는 1970년에는 15년 안에 지구가 종말할 것이라고 예측했다. 이후에 에를리히는 이러한 논의를 좀 더 정교하게 가다듬어 1972년에 다음과 같은 책을 발간한 바 있다: Paul R. Ehrlich and Anne H. Ehrlich, *Population, Resources, Environment, Issues in Human Ecology, 2nd Edition* (San Francisco: W. H. Freeman, 1972). 가장 근래에는 이와 관련하여 2009년에 다음과 같은 글을 발표한 바 있다: Paul R. Ehrlich and Anne H. Ehrlich, "The Population Bomb Revisited," *The Electronic Journal of Sustainable Development*, Vol. 1, No. 3 (2009), pp. 63-71.

(UNESCO)에 의해 소집된 회의에서 「국제자연보전연맹(International Union for the Conservation of Nature, IUCN)」이라는 정부와 NGO 등이 결합된 국제적인 조직이 설립되었다.[13] 이 국제적 조직은 국제환경 이슈에 관하여 정책을 수립하고 이행하는 데 있어서의 일관성과 효율성을 중요시 여긴 결과 특정 행위자로 구성원을 국한하지 않고 중앙정부・국내 NGO와 국제 NGO・정부의 개별적인 부서와 같은 다양한 행위자들이 회원이 될 수 있는 혁신적인 면을 지녔다.

더불어 1961년에는 「세계야생생물기금(World Wildlife Fund, WWF)」이라는 NGO가 창설되었다.[14] 이 국제환경조직은 1960년에 접어들어 아프리카의 국가들이 제국주의 국가들로부터 대거 독립을 하면서 야생동물들을 대량으로 포획하고 살상하자 이를 막기 위한 동기로 출발했다. 이 조직은 이러한 야생생물과 더불어 원시적인 자연환경을 보호하는 것을 주된 목적으로 한다.

국제사회에서의 이들의 역할은 아직 미미했지만 1960년대 후반부에 들어서서 환경관련 NGO의 수가 대폭적으로 증가했다. 그 중에서 특히 주목하여야 할 NGO로서 「지구의 벗(Friends of the Earth, FOE)」이 1969년에 미국에서 설립되었고 「그린피스(Greenpeace International)」가 1970년에 캐나다에 설립되었다.[15] 이러한 NGO들이 이 시기에 선진국에 출현하였다는 것은 1960년대에 선진국들이 고도성장을 이룩하면서 부산물로서 환경문제가 1960년대 후반부부터 눈에 띄게 등장하였다는 것을 보여주는 것이라고 볼 수 있다.

3. 환경관련 국제협약의 태동

환경문제에 관한 국제협약과 관련하여 이 시기는 태동기로 간주될 수 있다. 1950년대에서부터 1960년대 초기의 환경문제 가운데 국제적인 협력이 눈에 띄게

13) 원래 명칭은 「IUCN」이었으나 현재 「IUCN-World Conservation Union」으로 이름이 바뀌었다. 스위스 글랑(Gland)에 소재하고 있는 국제자연보전연맹은 자연자원과 생물다양성 보전 등을 논의하기 위해 4년마다 세계자연보전총회(World Conservation Congress, WCC)를 개최해오고 있다. 2012년에 한국의 제주도에서 세계자연보전총회가 개최된 바 있다. 국제자연보전연맹은 유엔총회의 옵서버 지위를 가진 유일한 국제환경조직이다. 한국의 경우 중앙정부 이외에 환경부・산림청・문화재청・제주도・국립공원관리공단・한국자연환경보전협회・한국야생동물보호협회・습지학회・대자연・환경실천연합 등이 가입해 있다.

14) 1986년에 「세계자연보호기금(World Wide Fund for Nature, WWF)」으로 명칭이 바뀌었다. 세계자연보호기금 역시 국제자연보전연맹과 같이 스위스의 글랑(Gland)에 소재하고 있다. 이 조직의 로고에 판다의 그림이 그려져 있는 것으로 유명하다.

15) 이 두 NGO와 1961년에 설립된 세계야생생물기금(WWF)을 포함하여 세계 3대 환경보호 NGO라고 칭한다.

전개된 부문은 국제공유 하천과 호수 등의 보호에 관한 것이었다. 전형적인 경우로서 독일·스위스·프랑스·벨기에·네덜란드·룩셈부르크·오스트리아·리히텐슈타인·이태리를 흐르는 라인 강(Rhein River)과 스위스와 프랑스에 둘러싸여 있는 레만 호수(Leman Lake)와 같은 공유하천과 공유호수의 수질을 오염으로부터 보호하기 위해 인접 국가들이 체결한 국제협약을 예로 들 수 있다.

이들과 더불어 해양환경의 보호와 해양생물자원의 보호 등에 관련한 국제협약들 역시 체결되기도 했다. 대표적인 것으로서 1946년에 체결된 「국제포경규제협약(International Convention for the Regulation of Whaling, ICRW)」[16]·1954년의 「유류에 의한 해양오염의 방지를 위한 국제협약(International Convention for the Prevention of Pollution of the Sea by Oil)」·1959년의 「남극조약(Antarctic Treaty)」[17] 등이 있다. 1967년에 영불해협에서 대형 유조선인 토리캐년(Torrey Canyon)호가 좌초되어 원유를 대량으로 유출하는 사고가 발생하자 그 영향으로 선박사고로 인한 해양오염의 심각성에 대한 인식이 강화되어 1969년에 정부간해사자문기구(IMCO)에서 「유류 오염사고 시 공해상 개입에 관한 국제협약(International Convention Relating to Intervention on the High Seas in Cases of Oil Pollution Casualties)」이 체결되어 연안국으로 하여금 영해에서 떨어진 해역에 대해서도 권리를 행사 할 수 있도록 했다.

1968년에 「대기오염규제에 관한 선언(The Declaration on Air Pollution Control)」과 「유럽 물헌장(The European Water Charter)」이 유럽평의회(Council of Europe)에 의해 채택되었고 같은 해에 「자연과 천연자원 보존에 관한 아프리카 협약(The African Convention on the Conservation of Nature and Natural Resources)」이 아프리카단결기구(OAU)에 의해 체결되었다.[18]

---

16) 국제포경규제협약은 모든 종류의 고래의 남획을 금지하여 고래서식이 유지될 수 있도록 하고 동시에 협약 당사국들의 어업경제에 피해가 없도록 하는 등 지속가능한 고래자원의 보전을 위한 협력을 추진하는 것을 목적으로 체결되었다. 이와 더불어 당 협약은 고래의 보호를 위해 국제기구를 설립할 것을 규정하고 있다. 이에 따라 같은 해인 1946년에 국제포경위원회(International Whaling Commission, IWC)가 설립되었다.

17) 남극조약은 남극의 평화적 이용·과학탐사의 자유·영유권의 동결·핵실험금지와 더불어 남극의 생태계 보전에 관한 내용을 규정하고 있다.

18) 유럽평의회(Council of Europe)는 유럽연합(EU)과는 다른 국제기구로서 유럽연합 내의 각료들의 모임인 유럽이사회(European Council)와는 다른 국제기구이다. 이 국제기구는 유럽연합보다 오래전인 1949년에 유럽의 평화와 인권보호를 목적으로 설립되었다.

4. 월경성 대기오염에 의한 산성비 문제의 심각화

1940년대 북유럽에서 질소비료 없이 식물의 성장이 촉진되는 것과 호수와 강의 물고기가 죽어가는 현상이 발생하기 시작했다. 조사결과 해당지역의 물의 수소이온농도(PH)가 다른 지역보다 훨씬 높은 것으로 밝혀졌다.

그러나 빗물의 산성도와 토양이나 호수의 산성화가 관계가 있다는 것과 빗물의 강한 산성도는 자동차에서 배출되는 질소산화물과 공장이나 발전소 등에서 사용하는 화석연료의 연소로 생기는 황산화물이 대기 중에 있는 수증기나 다른 혼합물과 만나 강한 산성의 황산이나 질산 때문이라는 것은 스웨덴의 토양학자 오덴(Svante Oden) 박사에 의해 1967년이 되어서야 알려졌다.

이처럼 1960년대 말에 스웨덴을 비롯한 북유럽 강과 호수의 산성화가 국경을 넘어 외부로부터 유입된 오염된 공기에 의한 것으로 알려지면서 산성비 문제의 해결을 위해 국제적인 협력이 필요하다는 인식을 강하게 가지게 되었다.

산성비의 피해는 1960년대에 현저해져 그 당시 여러 국가가 피해를 입었지만 호수가 많은 스웨덴과 노르웨이의 피해가 훨씬 심각했으며 이들 가운데서도 스웨덴이 더 심각했다. 이러한 피해는 1980년대 이르러 전 유럽으로 확산되었다. 1972년 유엔인간환경회의라는 환경과 관련한 최초의 대규모 국제회의가 스웨덴의 스톡홀름에서 개최된 것은 스웨덴 정부가 자국의 산성비 피해를 전 세계에 널리 알리기 위한 의도의 일환이었다. 녹색 페스트로 알려진 산성비의 문제를 해결하기 위해 1979년에 월경성 대기오염에 관한 협약이 35개 국가에 의해 체결되었다.

5. 일국 내의 심각한 대기오염의 발생

대기오염에 대한 경각심을 불러일으킨 사건은 이미 1950년대 이전에 발생했다. 이러한 사건으로서 1930년의 벨기에 뮤즈계곡(Meuse Valley) 사건과 1948년 미국의 도노라(Donora) 사건이 있다.

벨기에 뮤즈계곡 사건은 대기오염으로 인해 인명이 적지 않은 규모로 손실된 최초의 사건으로서 1930년 12월에 벨기에의 뮤즈계곡에서 발생했다.[19] 뮤즈계곡

19) 벨기에 뮤즈계곡 사건은 자연이 아닌 인간에 의한 최초의 재해 사건으로 기록되고 있다.

은 프랑스에서 시작하여 벨기에와 네덜란드를 거쳐 북해로 흘러가는 뮤즈강의 벨기에 뮤즈지방 구간에 형성되어 있는 깊이 100m 정도의 계곡인데 이곳을 따라 약 24km에 걸쳐 코크스제조공장 · 제철공장 · 제강공장 · 아연제련공장 · 황산제조공장 · 화력발전소 · 유리공장 등 대규모의 공업지대가 조성되어 있었다.

이 지역에 1930년 12월 1일부터 5일에 걸쳐 각종 공장에서 배출된 이산화황 등 대기오염 물질이 무풍상태와 기온역전(air temperature inversion)의 상황하에서 고기압 세력 아래 형성된 짙은 안개와 섞여 계곡으로 흘러들어 높이 약 100m, 폭 1km, 길이 30km에 걸쳐 심한 스모그가 발생하여 수일간 정체되었다.[20] 이로 인해 약 60명의 사망자가 발생하고 지역주민 수백 명은 호흡기 질환에 시달렸으며 식물과 조류의 피해도 심했다.

도노라 사건은 1948년에 미국의 펜실베이니아 주에 위치한 소규모 공업도시인 도노라에서 발생한 사건이다. 도노라에는 철강공장 · 아연공장 · 황산제조공장 등이 운집해 있었는데 이곳에 1948년 10월 27일부터 31일에 걸쳐 고기압 세력하에 무풍상태와 기온역전이 지속되고 안개가 끼면서 이러한 공장들로부터 배출된 아황산가스 등 매연가스가 스모그(smog)를 형성했다. 이 기간 중에 약 14,000명의 지역주민 가운데 약 43%인 6,000여 명이 호흡기질환을 호소했고 이 가운데 17명이 사망했다.

1950년대 들어서서 대규모의 세계적인 대기오염 사건들이 발생하기 시작했다. 여기에서는 인류 역사상 가장 심각한 대기오염 사건의 대표적인 사례로서 영국 런던의 스모그 사건과 미국 로스앤젤레스 스모그 사건을 살펴보고자 한다.

■ 런던스모그 사건

산업혁명의 발상지로서 유럽에서 가장 일찍이 산업이 발달한 영국의 수도 런던에서 대기오염 물질과 안개가 결합된 스모그로 인해 대량참사가 1952년 12월 초에 발생했다. 이 당시 런던의 템스 강 주변에 제철소와 발전소 등 산업시설이 대거 운집해 있었고 인구 역시 밀집되어 있었으며 영국의 가정과 산업시설은 자국에서 대량 생산되고 있던 석탄을 주요 연료로 사용하고 있었다.[21]

---

20) 일반적으로 고도가 올라갈수록 기온은 내려간다. 그러나 「기온역전 현상」이란 지면의 열이 식는 바람에 지면 근처의 공기가 그 위의 공기보다 기온이 낮아지는 현상을 일컫는다. 이로 인해 오염된 공기가 위로 올라가 대기 중으로 널리 퍼지지 못하고 지표면 가까이에 갇혀 정체됨으로써 대기오염 물질의 확산이 억제되어 농도가 높아지게 된다.

1952년 12월 5일부터 9일까지 5일 동안에 런던의 상공에 고기압이 정체되어 머무는 바람에 대기의 이동이 거의 없는 무풍상태가 지속되고 있었고 템스 강 유역에는 광범위하게 안개가 발생했다.[22] 설상가상으로 12월에 들어서서 런던의 기온이 급강하하자 런던 시민들은 아침부터 집에서 석탄을 때기 시작하면서 산업혁명 이후 곳곳에 세워진 공장의 석탄 연기와 더불어 매연의 발생량이 대폭적으로 증가했다.

이러한 기상상황으로 공장과 일반 가정의 난방용구에서 나온 석탄의 연기(매연)가 대기로 확산되지 못하고 지면에 머물게 되면서 안개와 결합하여 스모그를 형성하였다. 즉 석탄의 연기 속에 있던 아황산가스가 안개와 작용하여 황산안개(황산미스트)로 변해 지상 가까운 곳의 대기가 극도로 오염되었던 것이다. 이와 같이 석탄의 연소로 나온 연기(smoke)와 안개(fog)가 결합하여 발생한 대기오염의 현상을 「런던스모그 (London smog)」라 부른다.

이러한 스모그로 인해 가시거리가 100m도 안되어 사물의 식별이 어려워지자 육상에서는 자동차와 전차가 충돌하고 템스 강에서 배들이 서로 부딪히는 등의 사고가 빈발했다. 스모그는 여기에 그치지 않은 많은 생명을 앗아갔다. 구체적으로 며칠 안 되는 짧은 기간이었음에도 불구하고 템스 강과 그 주변에 서식하는 야생동물이 거의 전멸했고 사건 발생 후 3주 이내에 노약자나 환자를 중심으로 약 4,000여 명이 호흡기 질환으로 사망하고 뒤이어 만성 폐질환과 심장질환으로 약 8,000명의 사망자가 더 늘어 총 12,000명 정도가 사망했다.

영국정부는 이러한 대참사를 계기로 1953년에 비버(Hugh Beaver) 경을 위원장으로 대기오염 위원회인 「비버위원회(Beaver Committee)」를 설치하여 대기오염의 실태를 조사하고 대책을 연구하기 시작했으며 이 위원회가 제출한 보고서를 바탕으로 1956년에 특정지역에서의 석탄사용을 금지시키는 대기오염 청정법인 「청정공기법(Clean Air Act)」을 모든 국가에 앞서 처음으로 제정하여 시행했다.[23] 또한 영국정부는 런던 시내 모든 발전소를 폐쇄했고 공장의 굴뚝을 높이

---

21) 「파가니니: 악마의 바이올린니스트」라는 영화는 1800년대 상반기를 그리고 있는데 파가니니가 순회공연차 영국의 런던에 도착했을 때 산업혁명의 여파로 매연으로 가득했던 런던의 모습을 그리고 있다. 18세기 중엽 시작된 산업혁명의 중심지안 영국의 런던은 급격한 산업발달과 더불어 인구의 급격한 유입으로 인해 각종 오염에 시달리고 있었다. 골목마다 썩은 쓰레기가 넘치고 하늘은 시커먼 매연으로 뒤덮여 있었으며 오수 저장소는 흘러 넘쳤다. 오염된 물로 콜레라와 장티푸스 같은 수인성 전염병이 창궐하고 호흡기 질환이 만연했다.

22) 엿새 뒤 강풍이 불어와 런던 시내의 스모그가 사라졌다.

설치하도록 했으며 가정의 주방에 석탄 대신 가스를 사용하도록 했다.

이 사건은 영국에만 영향을 미친 것이 아니라 다른 국가들에게도 큰 영향을 미쳐 세계 모든 국가에 경각심을 불러일으키는 계기가 되었다. 이로부터 오염의 위험성에 대한 인식이 일반화되면서 국가들은 오염물질의 배출을 억제하고 대기오염의 농도를 일정한 수준 이하로 유지하려는 노력을 활발하게 전개하기 시작했다.

■ 로스앤젤레스 스모그 사건

로스앤젤레스 스모그 사건은 비록 사망자는 발생하지 않았지만 이전과는 다른 새로운 형태의 대기오염으로 국내외적으로 큰 파장을 일으킨 스모그와 관련된 사건이다. 1940년대부터 로스앤젤레스에서 맑은 날씨에 황갈색을 띠는 스모그가 발생하여 호흡을 곤란하게 하고 눈을 따갑게 하며 눈물이 나게 하는 새로운 스모그현상이 나타나기 시작했다. 그러나 이를 앞서 살펴본 런던형 스모그와 마찬가지로 이산화황에 의한 것으로 생각하고 이에 대한 대책으로서 석탄과 석유가 연소될 때 배출되는 이산화황을 규제했으나 황갈색의 스모그는 정도를 더해 갔다.

1951년에 하겐스미트(Arie Jan Haagen-Smit)라는 과학자가 이러한 유독한 황갈색의 스모그가 자동차에서 배출되는 질소산화물과 탄화수소 등이 강력한 태양빛을 받아 형성된다는 사실을 규명해냈다. 이러한 스모그를 이산화황과 안개에 의한 런던 스모그와 구분하여 「광화학 스모그(photochemical Smog)」 또는 「로스앤젤레스 스모그(Los Angeles Smog)」라고 부른다.[24] 좀 더 구체적으로 말해 이러한 스모그는 자동차 배기가스·사막지역 특유의 강렬한 태양 빛·안정적인 대기층의 영향으로 만들어진 스모그이다. 이러한 가운데 1954년부터 로스앤젤레스의 거의 대부분의 시민이 구토와 두통뿐 아니라 눈병에 시달리고 가슴 통증 등을 동반한 호흡장애를 겪게 되었다.

이 사건을 계기로 1955년에 「대기오염통제법(Air Pollution Control Act)」을 제정했다. 1963년에는 「청정공기법(Clean Air Act)」을 제정했고 여러 차례의 개정을 통해 오늘에 이르고 있다. 더불어 미국은 세계 최초로 1962년에 대기오염 측정망을 설치하여 황산화물·질소산화물·일산화탄소·탄화수소·분진 등의 농

---

23) 이러한 노력에도 불구하고 1962년에 런던에서 또 다시 심각한 스모그가 발생하여 750명 정도의 사람들이 사망했다.

24) 런던 스모그를 「후진국형 스모그」라고 부르고 로스앤젤레스 스모그를 「선진국형 스모그」라고도 부른다.

도를 측정하여 대기오염 방지를 위한 행정계획을 수립하였으며 최초로 1965년에 「차륜오염통제법」을 제정했다.

6. 일본의 미나마타병의 발생

1950년 초 일본 규슈 구마모토현의 어촌인 미나마타시의 미나마타만 물고기가 죽어 물 위에 뜨고 조개들이 죽고 해초가 자라지 않는 현상이 발생했다. 또한 물고기를 직접 먹은 고양이는 물론 물고기를 먹이에 섞어서 먹인 가축들이 몸이 뒤틀리며 죽어갔고 새들이 하늘에서 떨어져 죽는 일이 빈번하게 발생했다.

비슷한 시기에 미나마타시 주민들은 원인을 알 수 없는 중추신경마비 증세에 시달리기 시작했다. 구체적으로 주민들은 손발이 저린 증세에서 시작하여 언어와 시력 장애에 시달리고 나아가 보행 장애와 전신마비 증세를 보였으며 일부는 사망에까지 이르렀다. 이런 현상이 지속되면서 1956년에 원인불명이지만 무언가 병에 시달리고 있다는 것을 처음으로 공식적으로 확인했다.

그러나 원인을 정확히 모르는 가운데 전염병으로도 인식되어 격리하는 등 제대로 치료가 이루어지지 않아 사람들은 죽어갔다. 물고기가 원인일 수도 있다는 가능성으로 인해 잡아온 물고기가 판매되지 않아 경제적으로 어려움을 겪었을 뿐 아니라 이상한 병에 걸렸다고 놀림을 당하는 등 사회적 차별을 감수해야만 했다.

구마모토대학이 미나마타만 주변에 고양이들이 병에 걸려 몸을 뒤틀며 죽었기 때문에 다른 곳의 고양이에게 미나마타만의 물고기와 조개를 먹여 동일한 현상이 발생하는가를 실험했다. 그 결과 물고기와 조개가 원인임을 밝히고 나아가 인근의 질소비료공장에서 배출된 폐수 속의 메틸수은(methylmercury)이 동물성 플랑크톤과 어패류들을 오염시키고 오염된 어패류의 수은이 먹이사슬을 통해 사람의 몸에 축적되어 중독(수은중독) 현상을 일으킨 것이라는 결론을 1959년에 내렸다.

같은 해인 1959년에 질소비료공장도 공장의 폐수를 고양이에게 투입하는 실험을 하여 동일한 병에 걸린다는 것을 알아냈지만 이 사실을 감추고 폐수를 지속적으로 바다로 내보냈다. 제2차 세계대전 패전 후에 경제성장에 급급했던 일본 정부 역시 구마모토대학의 연구결과를 인정하려 하지 않고 은폐하려 하여 피해를 더욱 확산시켰으며 1968년에 이르러서야 미나마타병의 원인이 질소비료공장의 폐수로 인한 것임을 인정하였다.

이 병은 지역이름을 따서 「미나마타병」이라고 명명되어 오고 있으며 이타이이타이병과 함께 현대의 가장 대표적인 공해병으로 꼽히고 있다. 그러나 이 병이 얼마 지나지 않아 일본 내 다른 지역에서도 발생했을 뿐 아니라 전 세계에 걸쳐 산발적이기는 하지만 지속적으로 나타나면서 환경문제에 대한 큰 관심을 세계적으로 야기했다.

1950년대에 발생한 영국의 런던스모그 사건과 더불어 미나마타병 사건은 인간이 초래한 환경오염이 인간에게 가져오는 비참한 결말을 보여준 대표적인 사건으로서 이를 계기로 환경문제에 대한 국제적인 관심이 높아져 1960년대를 거쳐 1970년대에 이르러 본격적으로 환경문제에 대해 체계적으로 접근하기 시작했다.

제2절 1970년대

이 시기는 1960년대에 주요 선진국들이 근대적인 산업화를 통해 고도의 경제발전을 이룸과 동시에 도시화가 진행되면서 그 부산물로서 심각한 환경문제가 일국 내에서 발생했을 뿐 아니라 국경을 넘어 타국에 영향을 미치면서 국제적인 협력을 통한 문제해결의 필요성을 절감하고 구체적인 시도를 시작한 시기이다.

이 당시 산업화와 도시화는 경제성장(economic growth)이 곧 발전이고 복지의 증대로 이어질 것이라는 신념에 기반을 두고 있었다. 그러나 환경문제가 점점 심각해지면서 자연의 희생을 바탕으로 하는 경제성장이 바람직한 것인가와 이러한 방식의 발전이 지속될 수 있는 것인가에 대해 의문이 본격적으로 제기되었다. 이러한 맥락에서 1970년대에 들어서서 「환경주의(environmentalism)」가 등장하고 환경문제가 국제적인 이슈로 다루어지기 시작하여 유엔과 같은 국제기구의 중요의제가 되었고 비록 법적 구속력은 없지만 선언(declaration)이라는 결과물을 탄생시키기에 이르렀다.[25]

즉 이 시기는 기술문명이 급격하게 발전하던 시기임과 동시에 1960년대부터

25) 「환경주의(environmentalism)」란 환경의 보존·환경의 복구·환경의 개선에 관심을 갖는 철학, 이념, 사회운동(social movement)을 일컫는다. 이러한 환경주의는 생태주의(ecologism)라는 말과 구별이 된다. 일반적으로 환경주의가 기존의 사회적 틀을 견지한 가운데 환경문제를 해결할 수 있다고 생각하는데 반해 생태주의는 환경문제란 사회·경제·정치가 복합적으로 만들어낸 산물로서 이의 해결을 위해서는 근본적인 사회의 변혁이 요구된다고 본다.

제기되기 시작한 환경의 파괴에 대한 우려가 본격적으로 제기되면서 환경문제가 사람들의 주요 관심사로 떠오르기 시작한 때이다. 이러한 관심과 우려는 구체적으로 인구의 증가·자연자원의 고갈·환경의 오염으로 말미암아 우리사회가 더 이상 지속가능한 성장을 하는 데 한계가 있을 수밖에 없다는 요지의 「성장의 한계」라는 보고서와 같이 환경을 우려하는 보고서의 등장을 가져왔다.

이러한 상황에서 환경파괴의 원인을 둘러싸고 논쟁이 격하게 전개되었다. 구체적으로 인구의 폭발적인 과도한 증가를 환경파괴의 근본적 원인으로 보는 주장과 과학기술의 발전으로 인한 물질적인 풍요와 경제성장을 원인으로 보는 주장이 대립했다. 즉 인구가 증가하면 그에 비례하여 더 많은 의식주가 필요해지고 이에 비례하여 폐기물도 더 많이 발생할 것이라는 주장과 과학기술의 발전으로 인한 물질이 풍요해지고 경제가 성장할수록 더 많은 자연자원을 필요로 하고 이에 비례하여 더 많은 폐기물과 오염물질이 배출되어 환경파괴로 이어진다는 주장이다.

이처럼 이 시기는 환경에 대한 관심의 증대와 더불어 환경보호를 위한 논의가 활발하게 전개되면서 이에 대한 저항 역시 뒤따르던 시기이다. 일종의 환경보호와 개발이 어떤 원칙에 의해 통합되지 않은 채 각각의 논리에 의해 독립적으로 병존하던 시기라고 볼 수 있다.

이 시기에 환경문제를 다루는 최초의 대규모 국제회의인 유엔인간환경회의(UNCHE)가 개최되어 환경문제의 해결에 구성원들의 공통의 생각과 원칙이 중요하다는 전제를 가지고 환경문제의 해결을 위해 국가들이 보편적으로 수용하여야 할 26개의 기본적인 원칙들(principles)을 제시함으로써 향후의 환경과 관련한 국제법의 기초가 되었다.

그러나 남반구 국가들과 북반구 국가들 사이의 내재해 있는 긴장은 지속되었다. 개도국들은 선진국들이 환경문제와 관련하여 한 배를 타고 있다는 윤리적 설득에 우려를 가지고 있었고 자원과 정책에 관한 국가주권을 포기하는 것을 꺼렸다. 개도국들은 경제성장에 관한 걱정을 의제에 올리는 데 성공했지만 환경과 개발을 연결하는 생각은 아직 형성되지 않았다. 그 결과 환경보호에 초점을 둔 미약한 타협이 만연했으며 이는 개발과 환경보호는 다른 것이고 종종 경쟁적인 것이라는 서구 환경주의자들의 견해와 일치하는 것이었다. 이러한 경향은 1980년대 중반이후 「지속가능한 개발(sustainable development)」이라는 개념을 통해 환경보호와 경제성장이 통합되는 혁신적인 변화가 도래하기까지 지속되었다.[26]

유엔인간환경회의에서 국가들은 환경의 보존과 개선을 위한 노력의 긴요함을 강조했지만 1974년에 「신국제경제질서(NIEO)의 수립에 관한 선언」과 「국가의 경제적 권리와 의무에 관한 헌장(Charter of Economic Rights and Duties of States)」이 유엔총회에서 채택되어 경제발전에 대한 국가의 권리와 이를 위한 수단과 목표를 설정할 국가의 권리를 강조한 것에서 볼 수 있듯이 국제사회는 환경문제와 개발의 문제를 분리해서 생각하고 있었다. 또한 유엔인간환경회의 이후 곧이어 석유위기(oil crisis)가 발생하면서 세계의 관심은 에너지 문제로 이동하는 등 상황적인 요인들에 의해 환경문제에 대한 관심이 큰 진전을 이루지 못했다.

또 다른 한편 이 시기는 일련의 산업재해와 더불어 카슨(Rachel Carson)의 「침묵의 봄」이라는 저서에서와 같은 경고에 대응하여 시민사회의 환경운동이 1960년대 말에 이어 선진국들 중심으로 전개되면서 공기와 물 그리고 다른 자연자원을 보호하기 위해 정부의 개입을 요구하던 시기이기도 하다. 이러한 시민사회 환경운동은 선진국에 있어서 환경법과 규제제도의 수립으로 이어졌다.

1. 케난의 국제환경기구 설립 제안

냉전시대에 미국의 외교관이자 정치가로서 「봉쇄정책의 아버지」라고 불렸던 케난(George F. Kennan)은 1970년에 외교문제를 다루는 전문저널인 「Foreign Affairs」의 글을 통해 국제환경기구(International Environmental Organization, IEO)의 설립을 제안했다.[27] 이러한 기구의 설립을 제안한 이유는 지구를 지키기 위한 전 지구적인 노력을 조정하기 위한 것이었으며 최초의 「전 지구적 환경관리체제(global environmental governance)」를 주장하였다는 점에서 의의를 가진다.

구체적으로 이러한 국제기구는 환경과 관련한 연구와 정보공유를 진작시키고 국가들의 규제전략을 조정할 수 있다고 생각했다. 여기에서 더 나아가 케난은 어떠한 국가의 주권도 행사되지 않는 전 지구적인 공유자원을 직접적으로 규제할 수 있다고 생각했다. 이러한 그의 생각은 2년 후에 개최된 유엔인간환경회의에서 유엔환경계획(UNEP)이라는 국제기구를 설립하기로 한 결정으로 이어졌다.

26) Steven Bernstein, "Liberal Environmentalism and Global Environmental Governance," *Global Environmental Politics*, Vol. 2, No. 3 (August 2002), pp. 3-4.

27) George F. Kennan, "To Prevent A World Wasteland: A Proposal," *Foreign Affairs*, Vol. 48, No. 3 (April, 1970), pp. 401-413.

2. 푸넥스 보고서(Founex Report)

1972년의 유엔인간환경회의(United Nations Conference on Human Environment)의 개최를 앞두고 이 회의와 개도국과의 관계가 가장 논쟁적인 이슈였다. 왜냐하면 유엔은 유엔인간환경회의에 개도국의 참여를 아주 중요시하고 있었으나 그 당시 개도국들은 환경에 관한 토론이 선진국의 이익에 지나치게 편향되어 있다고 생각하고 있었고 일부 국가는 유엔인간환경회의의 거부 움직임까지 보였기 때문이다.

이러한 문제를 타개하기 위해 1972년에 유엔인간환경회의가 개최되기 전인 1971년 6월에 당 회의의 사무총장직을 맡은 스트롱(Maurice Strong)의 주도로 스위스의 푸넥스(Founex)에서 「개발과 환경문제에 관한 전문가 패널(Panel of Experts on Development and Environment)」이 조직되어 논의의 결과물로서 소위 「푸넥스 보고서(Founex Report on Development and Environment)」라고 불리는 보고서를 발간했다.[28] 당 보고서는 다음과 같은 의의를 가지며 이러한 의의와 더불어 유엔인간환경회의가 개최될 수 있는 기초를 놓았다.

첫째, 보고서는 개도국 역시 선진국과는 다른 성격의 것이기는 하지만 환경문제를 안고 있다는 것을 인정했다. 구체적으로 선진국이 가지고 있는 환경문제는 상당한 부분 고도의 경제발전의 결과물인 한편 개도국 역시 환경문제를 가지고 있는데 이러한 환경문제는 지배적으로 빈곤과 저발전에 기인하는 것으로 진단했다. 이러한 진단 아래 개도국의 환경문제는 개발 자체의 과정에 의해 극복될 수 있다고 보았다. 이러한 사실에 대한 인정으로 인해 개도국들이 유엔인간환경회의에 참가하는 것이 설득될 수 있었다.

둘째, 보고서는 경제개발과 환경보호의 관계에 대한 토론의 기초를 제시했으며 환경전략과 개발전략의 통합을 요청했다. 이러한 것을 통해 보고서는 선진국과 개도국을 갈라놓았던 개념상의 차이와 정책상의 차이를 찾아내 이들을 연결하는 가교의 역할을 하는 데 기여함으로써 추후 논의의 대상이 된 「지속가능한 개발」이라는 개념에 초석을 놓았다.

---

28) 전문가 패널은 전 세계의 모든 지역으로부터 온 27명의 전문가로서 구성되었다.

3. 로마클럽의 보고서 「성장의 한계」와 논쟁

환경문제가 국내외적으로 중요한 이슈로 다루어지기 시작한 배경에는 다음과 같은 환경주의자들(environmentalists)의 주의의 환기가 있었다. 이러한 주의의 환기는 1972년 현인들의 단체인 「로마클럽(Club of Rome)」이 작성한 「성장의 한계(The Limits To Growth)」라는 연구보고서에 잘 드러난다.[29] 동 연구보고서는 환경문제의 자유시장적 해결이라는 이제까지의 환경문제를 바라보는 시각에 도전을 가했다.

이 보고서는 산업화 · 인구성장 · 영양실조(malnutrition) · 재생이 불가능한 자원의 고갈 · 악화되고 있는 환경의 질이라는 5개의 추세로 인해 지속가능한 성장이 한계에 이를 수밖에 없으며 그 결과 다음 세기(100년) 이내에 결정적인 파국에 직면할 것임을 경고하고 이를 막기 위해서는 전 세계가 환경오염 · 인구과잉 · 식량부족 · 지구자원의 고갈 등의 문제를 해결하여야 한다는 것을 강력하게 주문했다. 즉 당시 진행 중인 급격한 인구성장의 추세 · 부존자원 감소의 추세 · 산업화에 따른 환경의 오염증가 추세를 통해 볼 때 멀지 않아 가용한 부존자원이 증가하는 인구를 지탱할 수 없는 상황이 도래할 것이라는 비관적인 성장에 대한 전망을 내어놓았다.

이러한 보고서의 진단 내용은 제2차 세계대전 이후 줄곧 고도성장을 해오고 있던 선진국들로서는 쉽게 받아들이기 힘든 것으로서 많은 비판과 논란의 대상이 되었다. 그럼에도 불구하고 이 보고서는 국제사회의 구성원들은 상호의존적인 공동의 운명체라는 인식과 더불어 국경을 넘은 협력의 필요성에 대한 각성을 강하게 불러일으켜 국제사회를 바라보는 시각에 커다란 영향을 미쳤다. 그 결과 국제

29) Donella H. Meadows et al., *The Limits to Growth: A Report for the Club of Rome's Project on the Predicament of Mankind* (New York: Universe Books, 1972). 이 책의 저자들은 1972년에 초판을 낸 이후 지금까지 두 번의 개정판을 발간했다. 구체적으로 초판이 나온 지 20년 후인 1992년에 「성장의 한계, 그 이후(Limits to Growth: Beyond the Limits)」라는 제하의 개정판을 발간하여 초판에서 예측했던 지구 전체의 가상 시나리오들이 이후 20년 동안 과연 어떤 모습으로 나타났는지에 대해 논의했다. 또 다시 초판 발간 30주년을 기념하여 2004년에 「성장의 한계: 30주년 개정판(Limits to Growth: The 30-Year Update)」을 세상에 내놓았다. 여기에서는 초판에서 분석한 내용들 가운데 핵심 부분을 다시 한 번 조명하고 지난 30년 동안 축적된 관련 데이터들과 지식들을 두루 살펴보았다. 특히 웨커네이걸(Mathis Wackernagal)과 리스(William Rees)가 공동 개발한 개념인 「생태발자국 지수」를 통해서 지구의 수용 능력의 한계치가 얼마이며 생태계가 한계를 초과한 원인이 무엇인지 분석했다.

정치이론 분야도 영향을 받아 「상호의존론(theory of interdependence)」과 같은 자유주의 국제정치이론이 현실주의 국제정치이론에 도전을 가하기에 이르렀다.

컴퓨터 시뮬레이션에 기반을 둔 미래예측 보고서인 「성장의 한계」의 제2장은 「한계초과의 원인: 기하급수적 성장」이라는 제목을 가지고 있는데 여기에서 기하급수적 증가에 따른 위기의 심각성을 알려주기 위해 다음과 같은 프랑스의 수수께끼를 인용하고 있다: 연못에 하루에 2배씩 면적을 확장해나가고 있는 수련(water lily)이 자라고 있다. 수련이 연못 전체를 점령하게 되면 다른 식물들이 살 수 있는 터전을 잃게 되기 때문에 적정한 시점에 수련의 일부를 제거해야 한다. 수련이 점차적으로 퍼져나가면서 29일째 되는 날 수련이 연못의 반을 차지했다. 이제 나머지 반이 채워지기 위해서 며칠이 더 있어야 하는가?

이 질문의 의도를 숙고한다면 바로 다음 날이 정답이라는 것을 알 수 있지만 순간적으로는 연못의 반이 채워지는데 29일이 걸렸기 때문에 나머지 반이 채워지려면 또 다른 29일이 필요할 것이라고 착각하기 쉽다. 우리 인간들이 현재 이러한 착각 속에서 살아가면서 급박하게 다가오고 있는 위기를 잘 알고 있지 못하다는 것이다.

이 보고서는 고도성장과 환경파괴에 대한 심각한 우려를 드러내면서 앞서 살펴본 푸넥스 보고서와 같이 「지속가능한 개발」이라는 개념의 등장에 중요한 토대를 제공했다. 이 책은 위기의 근본적인 원인으로서 기하급수적으로 증가하는 인구와 제한된 지구의 자원을 들면서 이러한 위기의 해결책으로서 기술의 혁신이란 단지 위기를 지연시킬 수는 있어도 위기를 근본적으로 해결하지는 못한다는 점을 강조한다.

유엔인간환경회의(UNCHE)는 지구상의 모든 생명체의 상호의존을 인정하는 지구에의 충성(loyalty to the Earth)·환경문제에 대한 전 지구적인 대응(global response)·부자들의 과소비적인 생활양식의 커다란 변화를 언급했다는 점에서 큰 의미를 가진다. 성장의 한계라는 보고서는 여기에서 더 나아가 과소비에 대해 더욱 강경한 입장을 취했고 인구의 증가와 생산의 성장이 사회적·경제적 체제의 붕괴로 이어질 것임을 경고했다. 이러한 보고서의 주장은 우파와 좌파 모두로부터의 공격의 대상이 되었다.

■ **성장한계론에 대한 반론**

우선 우파로부터의 비판을 살펴보면 성장우선주의에 몰입되어 있던 우파는 당 보고서가 기술의 발전에 따른 성장의 가능성을 무시한다고 공격을 가했다. 사이먼(Julian L. Simon)과 같은 경제학자는 1981년에 발간한 「궁극적인 자원(The Ultimate Resource)」이라는 그의 책에서 기술의 발전으로 이전의 자원이 재활용되고 새로운 대체재가 시장에 의해 개발됨으로써 자원이란 경제적으로 무한정적인 것으로 보았다.[30] 인구와 관련한 문제에 있어서도 사이먼은 인간이 과소비로 인해 자원이 다 소실되고 있는 위험에 놓여 있다는 생각을 부인하고 사람과 시장은 혁신을 함으로써 인구는 자원의 부족과 환경문제의 해결책이라고 보았다.

1970년대 초에 제1차 석유위기(oil crisis)가 도래하면서 로마클럽이 「성장의 한계」라는 책에서 제기한 인구의 증가가 자원의 고갈을 가져올 것이라는 주장에 대부분의 지식인들이 동조했지만 낙관적인 경제학자였던 사이먼은 천연자원은 인간의 창의력 덕분에 유한하지 않다는 생각과 더불어 인구의 증가가 천연자원의 희소성의 증가를 가져오지 않고 정부의 가격통제가 없는 한 실질가격(real price)은 지속적으로 하락할 것이라는 주장을 제기했다.[31] 그러면서 이러한 예측을 둘러싸고 내기를 제안했다.

이러한 제안에 응한 사람은 다름 아닌 앞서 살펴본 바 있는 「인구폭탄(The Population Bomb)」이라는 저서를 통해 (특히 개도국의) 급격한 인구증가로 인한 식량과 같은 자원의 고갈로 지구차원의 위기가 야기될 수 있다고 경고한 바 있는 생물학자인 에를리히(Paul R. Ehrlich)였다.

내기의 대상이 되는 천연자원에 무엇을 포함시킬 것인가의 선택권이 에를리히에게 주어졌고 이에 에를리히는 구리 · 니켈 · 주석 · 크롬 · 텅스텐을 선택했다. 이 내기는 1980년을 기준년도로 하여 10년 후인 1990년에 이러한 5개 천연자원의 가격이 상승하는가 아니면 하락하는가를 보는 것이었다.[32] 결과는 예상과는 달리 에를리히의 완전한 패배로 끝났다. 왜냐하면 주석 가격이 74% 하락하는 등 5개

30) Julian L. Simon, *The Ultimate Resources* (Princeton: Princeton University Press, 1981).

31) 실질가격(real price)이란 명목가격(nominal price)과 대비되는 개념으로서 명목가격이 인플레이션의 효과가 제거되지 않은 절대적 가격을 의미하는데 반해 실질가격이란 인플레이션 효과가 제거된 상대적 가격을 일컫는다.

32) 5개의 금속을 1,000 달러어치를 산 다음 10년 뒤에 이를 되팔아 판매액이 구매액보다 높을 경우 에를리히가 사이먼이 얻은 수익까지 가져가고 반대로 판매액이 구매액보다 낮을 경우 에를리히가 사이먼이 본 손해액만큼을 물어주기로 했다.

천연자원의 가격은 평균적으로 약 60%가 하락했기 때문이다. 그 결과 에를리히는 사이먼에게 576.07 달러를 내놓았다.

에를리히가 가격의 필연적 상승을 예상한 이유는 신맬서스주의자로서 인구의 증가와 자원의 유한성을 믿고 있었기 때문이다. 이와는 달리 사이먼이 이들 천연자원의 실질가격이 하락할 것으로 본 이유는 사이먼의 경우 인구를 최대의 궁극적인 자원으로 바라보면서 이러한 인구가 많을수록 노동력과 창조력도 그만큼 확보될 수 있으며 과학은 인구의 증가를 능가할 정도로 기하급수적으로 발전한다고 보았기 때문이다. 사이먼은 천연자원의 고갈은 이러한 천연자원의 효율적인 사용과 대체적인 자원의 개발로 우려할 필요가 없다고 보았기 때문이다.[33] 이 내기와 관련하여 에를리히는 가격하락의 원인을 1980년대 초반의 경기침체로 인한 금속에 대한 수요의 감소라고 주장했다.

1980년대와 1990년대의 경우는 사이먼이 예측한 바대로 금속의 가격이 하락했으나 21세기에 접어들어 처음 10년간은 지난 20년 동안과는 달리 석유·대부분의 금속·식량 등의 가격이 급격하게 상승했다.

칸(Herman Kahn)과 같은 미래 학자와 그가 설립한 연구소인 허드슨연구소(Hudson Institute)는 에를리히의 「인구폭탄」·하딘의 「공유자원의 비극」·로마클럽의 「성장의 한계」를 종말론적인 에세이라고 치부하면서 인구를 부양할 수 있는 지구의 능력과 기술의 발전이란 필연적으로 한계를 갖는다는 이들의 주장을 부인했다. 칸은 자본주의와 기술은 진보를 위해 거의 한계가 없는 잠재력을 가지고 있다고 보았으며 이러한 그의 견해는 1984년에 사이먼(Julian L. Simon)과 공동으로 편집한 책인 「자원이 풍부한 지구(The Resourceful Earth)」라는 책의 제목에서도 잘 알 수 있다.[34]

좌파로부터의 비판을 살펴보면 좌파는 위기가 (개도국에 보다 많은 책임이 귀속되는) 인구의 증가가 아닌 자원의 약탈이나 다국적기업인 곡물메이저의 식량독점과 같은 자본주의의 병폐로부터 유래되고 있다고 비판했다.

---

33) 이와 관련하여 많이 드는 천연자원의 예가 구리이다. 구리는 전선용으로도 쓰이고 통신케이블용으로도 많이 쓰인다. 과학기술이 발달하면서 통신용 구리가 초고속 통신을 가능하게 하는 광섬유로 대체되고 유선통신이 무선으로 바뀌면서 이러한 구리의 수요가 계속해서 증가하는 것은 아니라는 것이다.

34) Julian L. Simon and Herman Kahn, eds., *The Resourceful Earth: A Response to Global 2000* (New York: Basil Blackwell, 1984).

■ 성장한계론의 옹호

성장의 한계에서 제기된 주장에 대한 이러한 우파와 좌파로부터의 비판들에 대해 반론도 만만치 않게 전개되었다. 우선 기술의 발전이 이러한 위기를 해결해 줄 수 없다는 주장부터 살펴보자.

영국의 경제학자인 제본스(William S. Jevons)는 1865년에 발간한 「석탄문제(The Coal Question)」라는 제하의 책에서 석탄을 좀 더 효율적으로 사용하는 것을 가능하게 하는 기술의 발전이 광범위한 산업영역에서의 석탄소비의 증대를 가져왔음을 지적하면서 일반적인 생각과는 거꾸로 기술의 발전이 연료의 소비를 줄이기 위한 방책이 될 수 없다고 주장했다.[35] 이러한 주장은 후일 경제학에서 기술적 효율성의 증대가 자원의 절약을 가져오는 것이 아니라 오히려 총량적으로 자원의 소비증대를 가져온다는 「제본스 역설(Jevons Paradox)」 또는 「제본스 효과(Jevons Effect)」라고 불리게 되었다.

이러한 주장은 기술의 발전이 자본주의의 환경위기를 해결할 수 없다는 마르크시스트 생태주의자들의 주장과도 맥을 같이 한다. 예컨대 미국의 사회학자인 포스터(John B. Foster)는 2002년에 발간된 「자본주의에 반하는 생태학(Ecology against Capitalism)」이라는 제목의 저서에서 기술의 발전으로 인한 에너지 효율이 높은 자동차의 등장은 에너지 수요의 감소로 이어지지 않고 보다 많은 사람들이 차를 소유하게 되면서 오히려 에너지 수요를 증가시키고 기술의 발전으로 에너지 효율이 높은 냉장고의 등장은 에너지 수요의 감소로 이어지지 않고 더 큰 냉장고의 판매증가를 가져와 오히려 에너지 소비의 증가를 가져온다는 지적을 한 바 있다.

포스터는 또한 식량은 현 인구를 부양하는 데 부족함이 없으나 다국적기업인 곡물메이저의 식량독점과 같은 자본주의의 병폐로 인해 식량부족이 발생하고 있다는 좌파의 주장에 대해서도 식량의 생산이 인구의 증가로 인한 식량의 소비를 절대적으로 충족시키지 못한다는 분석을 내놓고 있다.[36]

---

35) 좀 더 구체적으로 말해 자원을 좀 더 효율적으로 사용할 수 있는 혁신적인 기술(즉 자원소비를 줄이는 혁신적인 기술)이 개발되면 그에 따라 자원의 가격이 하락하고 자원 가격의 하락은 종국적으로 수요의 증가를 가져와 자원을 더 많이 소비하게 된다는 것이다. 19세기 중엽에 석탄의 수요가 늘어 석탄의 공급이 이를 따라가지 못하자 석탄의 가격이 상승했다. 그러자 석탄 사용의 효율성을 높여 석탄의 소비를 감소시키는 기술이 등장했고 이러한 기술은 석탄 사용의 비용을 감소시켰던 것이다. 그 결과 거꾸로 석탄의 사용량이 증가했던 것이다.

36) John B. Foster, *Ecology against capitalism* (New York: Monthly Review Press, 2002).

미국의 환경생태학자인 코모너(Barry Commoner) 역시 생산기술의 변화를 환경파괴의 근본적인 원인으로 보았고 나아가 과학기술의 발전이 오늘날 인류가 직면하고 있는 자원고갈과 환경파괴의 문제를 근본적으로 해결하지 못할 것이라고 보았다. 이러한 그의 주장을 「기술개발의 역설(Paradox of Technological Progress)」 또는 「코모너의 가설(Commoner's Hypothesis)」이라고 칭한다.

이러한 현상은 우리가 일상생활에서 목격할 수 있는데 신기술에 의해 만들어진 비닐과 제초제 등이 가져오고 있는 환경파괴는 굳이 설명을 필요로 하지 않는다. 환경영향을 감소시키려고 환경 친화적인 기술들이 개발되고 보급되고 있기는 하지만 이러한 기술 역시 새로운 자원의 고갈과 환경파괴를 여전히 수반한다.[37)]

4. I = PAT (I = P×A×T) 공식의 등장

이 공식은 인간의 활동이 환경에 미치는 영향을 기술하기 위해 1970년대에 코모너(Barry Commoner), 에를리히(Paul R. Ehrlich), 홀드렌(John P. Holdren)의 토론과정에서 개발된 공식이다.

여기에서 「I」는 「Impact(영향)」, 좀 더 구체적으로 「Human Impact(인간의 영향)」를 가리키며. 「P」는 「Population(인구)」, 「A」는 「Affluence(풍요), 「T」는

37) 코모너(Barry Commoner)는 1971년에 발간한 그의 저서 「The Closing Circle: Nature, Man, and Technology」에서 4개의 생태계의 법칙(The Four Laws of Ecology)을 제시했다. 그는 이를 통해 생태계의 일원인 인간은 자연 생태계를 거슬러서는 안 된다는 메시지를 강하게 전달하고 있다. 이들을 하나씩 살펴보면 다음과 같다. 첫째, 생태계에서 모든 것은 다른 모든 것과 서로 긴밀하게 연결되어 있다. 인간과 다른 종들도 긴밀하게 연결되어 있다. 따라서 생태계의 한 부분에서의 변화는 다른 부분으로의 변화를 가져오는 상호의존적인 성격을 갖는다. 그 결과 하나의 중요한 종의 멸종은 전체 생태계의 붕괴를 가져올 수 있다. 둘째, 모든 것은 항상 어디론가 가며 끝내 사라지는 것은 없다. 동물이 호흡의 결과로 배출하는 이산화탄소는 식물에게 없어서는 안 되는 요소이며 식물이 배출하는 산소는 동물의 생존에 없어서는 안 되는 요소이다. 이처럼 생태계에서는 쓰레기라는 것이 존재하지 않고 모든 것은 순환한다. 생태계에서 인간만이 다른 생물에게 필요 없는 쓰레기를 배출한다. 셋째, 자연이 가장 잘 알고 있다. 즉 현재 자연 생태계는 엄격하게 선별적인 과정을 통해 형성된 것이기 때문에 가장 최선의 상태에 있다. 따라서 자연계에 가해진 주요한 인위적인 변화는 자연계에 유해한 것이 된다. 이러한 최선의 상태는 동적인 자기보정(self-compensating)의 원리에 의해 안정이 유지되는데 과도한 인위적인 변화는 생태계의 자기보정 원리를 교란시켜 생태계의 붕괴로 이어진다. 넷째, 대가를 지불하지 않고서 얻어지는 것이라고는 아무것도 없다. 즉 자연을 착취하면 반드시 생태계의 파괴라는 대가를 치르게 된다는 것이다. 화석연료의 배출이 지금의 기후변화를 가져오고 있는 것을 대표적인 예로 들 수 있다. 재생에너지와 같은 환경 친화적인 기술마저도 적지 않은 생태비용을 지불하여야 한다. 이러한 재생에너지를 가능도록 하게 위해서 하드웨어를 만들고 하부구조(infrastructure)를 구축하는 데 많은 화석연료가 소요된다: Barry Commoner, *The Closing Circle: Nature, Man, and Technology* (New York: Alfred A. Knopf, 1971).

「Technology(기술)」를 의미한다. 이 가운데 풍요란 구체적으로 소비된 물건의 양(amount of stuff consumed)을 가리키고 기술이란 이러한 물건을 만들기 위해 사용되는 기술을 의미한다.

토론 과정에서 코모너는 제2차 세계대전 이후의 생산기술에 있어서의 변화가 환경악화의 가장 지배적인 요인임을 주장했다.[38] 이와는 달리 에를리히와 홀드렌은 인구・풍요・기술 모두가 환경에 중대한 영향을 미친 요인이라고 주장하면서도 특히나 인구증가의 역할을 가장 중요한 그리고 시급한 요인으로서 강조했다.[39]

이러한 공식은 인간이 환경에 미치는 영향을 이해하는 것을 돕는다. 이러한 요인들 가운데 논란이 되고 있는 것은 기술이라는 요인인데 이 요인은 양면을 가지고 있다고 본다. 기술이 환경악화에 미친 영향과 관련해서는 프레온가스를 만들어낸 새로운 기술로 인한 오존층의 파괴와 같은 것을 하나의 일례로 들 수 있다. 그러나 다른 한편 환경적으로 효과적인 기술이 인구의 증가와 풍요로 인한 환경파괴에 대해 평형추로서의 역할을 한다고도 볼 수 있다.

다시 말해 이 공식은 에를리히를 비롯한 3인이 개발한 공식으로서 인구・풍요・기술을 환경에 영향을 미치는 3가지의 상호작용을 하는 요인들을 의미한다. 이들 간에 견해차이가 전혀 없는 것은 아니지만 이들은 인구성장만으로는 환경에의 영향을 전체적으로 설명할 수 없다고 본다는 점에서 공통적이다.

5. 슈마허의 작은 것이 아름답다

독일의 실천적 경제학자이자 환경운동가인 슈마허(Ernst F. Schumacher)는 1973년에 「작은 것이 아름답다(Small is Beautiful)」라는 저서를 발간하여 한 시대의 생각에 큰 전환점을 제공했다.[40] 이 책의 핵심 내용은 「거대기술」이 아닌 작은 「적정기술(appropriate technology)」이 필요하다는 것이다.[41]

---

38) Barry Commoner, "A Bulletin Dialogue: on "The Closing Circle," - Response", *Bulletin of the Atomic Scientists*, Vol. 28, No. 5 (1972), pp. 17-56.

39) Paul R. Ehrlich and John P. Holdren, "Impact of Population Growth," *Science*, New Series, Vol. 171, No. 3977 (Mar. 26, 1971), pp. 1212-1217.

40) Ernst F. Schumacher, *Small is Beautiful: Economics as if People Mattered* (London: Blond & Briggs Ltd., 1973).

41) 「적정기술(appropriate technology)」이라는 용어는 슈마허 자신의 용어가 아니고 그가 사용한 「중간기술(intermediate technology)」이라는 용어로부터 유래되었다. 「중간(intermediate)」이라는 용

기술은 인간의 필요를 충족시키기 위해 인간에 의해 창조됐음에도 불구하고 기술이 규모와 성장속도가 자제되지 않는 가운데 점점 거대하고 복잡해지면서 오히려 인간성을 파괴하는 반인간적인 도구로 변모했다는 것이다. 소비 위주의 물질주의적 생활양식을 가져온 반인간적 기술은 인간 삶의 원천인 생태계를 파괴하고 천연자원을 고갈시킴으로써 인간을 위협하고 있어 생태계를 파괴하지 않고 천연자원을 고갈시키지 않는 새로운 생활양식이 요구된다.

이러한 새로운 생활양식의 계발은 이제까지와는 다른 차원의 기술의 창조와 사용을 전제로 하는데, 다른 차원의 기술이란 거대기술이 아닌 환경에 부담을 적게 주고, 소규모적이고 분권적이며, 기계의 사용보다는 육체노동이 장려되는 적정기술을 의미한다.

슈마허는 양적인 팽창과 성장을 추구하는 과학기술 문명을 지양하고 적정기술과 생태계에 부담을 주지 않는 질적 경제를 추구하는 새로운 개발전략과 패러다임을 채택해야 한다는 점을 강조했다.[42] 슈마허는 이러한 점에서 「침묵의 봄(Silent Spring)」을 쓴 카슨(Rachel Carson)과 더불어 선진국들의 팽창주의적인 경제에 상당한 우려를 드러냈다. 한 마디로 슈마허는 「작은 것이 아름답다」는 저서에서의 주장을 통해 양적인 팽창과 성장을 지양하고 대신에 질적인 향상을 추구해야 함을 주장했다.

6. 러브록의 가이아 가설

카슨(Rachel Carson)의 영향을 받은 러브록(James E. Lovelock)이라는 영국의 대기과학자는 1972년의 논문 「대기권 분석을 통해 본 가이아 연구(Gaia as Seen Through the Atmosphere)」와 1978년의 저서 「가이아: 지구상의 생명을 보는 새로운 관점(Gaia: a New Look at Life on Earth)」을 통해 「가이아 이론(Gaia Theory)」이라고도 불리는 「가이아 가설(Gaia Hypothesis)」을 발표했다.[43] 여기서

어가 「기술적으로 미완의 것」 혹은 「첨단에 미치지 못하는 열등한 것」이라는 오해를 줄 수 있어 많은 사람들에 의해 「적정기술」로 대체되어 사용되었다.

42) 에를리히(Paul R. Ehrlich)의 저서 「인구 폭탄」·로마클럽의 보고서 「성장의 한계」·하딘Garrett Hardin)의 논문 「공유자원의 비극」·슈마허(Ernst Friedrich Schumacher)의 저서 「작은 것이 아름답다」 등이 1960년대 말에서 1970년대 초 서구에서 구체화되었던 환경주의(environmentalism)를 대표하는 글들이다.

43) James E. Lovelock, "Gaia as Seen Through the Atmosphere," *Atmospheric Environment*, Vol. 6, No. 8 (1972), pp. 579-580; James E. Lovelock, *Gaia: A Gaia: A*

「가이아(Gaia)」란 고대 그리스 사람들이 「대지의 여신」을 일컫던 말로서 러브록은 이 말을 지구와 지구에 살고 있는 생물·대기권·대양·토양 등 모두를 포괄하는 개념으로 사용했다.

가이아 가설은 지구의 역사와 생물의 진화에 대한 종래의 학설과는 궤를 전혀 달리하는 새로운 주장이다. 가이아 가설의 핵심은 i) 지구는 생명계와 환경계로 구성되어 있고 이들 간의 상호작용을 통해 유기적으로 연결된 하나의 생명체이다. ii) 생명계는 단순히 환경계에 적응해서 생존해 나가는 적자생존의 소극적이고 수동적인 존재가 아니라 자신들이 생존에 적합한 환경을 조성하기 위해 물리적·화학적인 환경계를 변화시키기까지 하는 적극적이고 능동적인 존재라고 규정했다. 즉 지구는 생명계와 환경계 간의 상호작용을 통해 스스로 변화하고 진화해 나가는 하나의 생명체이자 유기체로서 항상성(homeostasis)을 가진 자체 조절적인 실체이다. 이러한 주장은 자연선택과 적자생존을 주장했던 다윈(Charles R. Darwin)의 진화론에 대한 중대한 도전이다.

러브록이 지구는 스스로의 상태를 조절할 수 있는 살아 있는 생명체(즉 가이아)라고 하는 가설을 입증하기 위해 제시한 증거들 대부분은 지구가 일정한 환경을 유지해 온 사실들과 관련되어 있다. 대표적인 증거로서 러브록은 생물이 사는데 절대적으로 필요한 대기 중의 산소가 일정한 양으로 지속되어 오고 있다는 사실·대기온도가 태양광이 증가에도 불구하고 일정한 온도를 유지해 오고 있다는 사실·암석의 풍화작용으로 소금을 만드는 이온이 지속적으로 바다에 유입되고 있음에도 불구하고 바닷물의 소금농도가 일정한 정도 유지되고 있다는 사실·바닷물 온도가 일정하게 유지되어 왔다는 사실 등을 제시하고 있다. 러브록은 이렇게 일정한 환경이 유지된 것이 생물의 작용에 의한 것임을 강조한다.

생명계와 환경계의 상호작용을 강조하는 가이아 가설은 지구의 환경보전에 관심을 가지고 있는 환경론자들과 환경단체들에 의해서는 환영을 받았다. 그러나 진화 생물학자인 도킨스(Richard Dawkins)를 위시한 과학자들로부터는 논쟁과 비판의 대상이 되었다. 「이기적 유전자(selfish gene)」라는 개념을 차용하여 다윈의 적자생존과 자연선택이라는 개념을 유전자 단위로 끌어내려 새로운 진화론을 제시한 도킨스는 진화의 주체가 인간개체나 종이 아니라 유전자라고 함으로써 인간을 유전자에 미리 프로그램 된 바대로 움직이면서 자신의 유전자를 후대에 전달

New Look at Life on Earth (Oxford: Oxford University Press, 1979).

하는 임무를 수행하는 존재로 본다.[44)]

도킨스는 1998년에 발간된 「무지개를 풀며(Unweaving the Rainbow, 1998)」라는 제하의 저서에서 가이아 가설을 신랄하게 비판했다.[45)] 이기적인 유전자를 주장하는 도킨스는 자연이 유전적으로 이기적임을 부인하는 이들을 나쁜 과학을 하는 과학자들로 규정하면서 가장 나쁜 시적인 과학(즉 사이비 과학)의 대표로서 가이아 가설을 지적하면서 이 가설은 과학적 가설이라기 보단 철학적이며 시적인 비유로 이루어져 있다고 비판했다.

러브록은 2006년에 「가이아의 복수(The Revenge of Gaia: Why the Earth is Fighting Back and How we Can Still Save Humanity)」라는 책을 썼다.[46)] 이 책에서 그는 인간들이 살아 있는 가이아를 파괴하고 있다면서 죽어가는 가이아를 살리기 위해 지구상의 모든 생물체가 노력해야 한다고 지적하고 인류가 노력하여야 할 7가지를 제시했다.

이러한 노력의 일부로서 특이하게 핵에너지의 이용을 옹호하고 유기농 경작을 반대한다. 그에 따르면 수력·풍력·조력·지열·태양력 등의 재생에너지의 가치를 부정하지는 않지만 이러한 에너지가 현재의 에너지 사용량을 대체하기 어렵고 대체가 가능하다고 해도 지구온난화와 관련하여 돌이킬 수 없는 임계점을 앞두고 있는 절박한 시점임을 고려할 때 온난화가스 확산을 막기에는 시간적 여유가 없기 때문에 핵에너지의 사용을 옹호한다. 또한 유기농 문제와 관련해서는 유기농에 대한 수요가 확대될수록 유기농의 낮은 생산성 때문에 더 많은 경작지를 필요로 함으로 가이아를 훨씬 더 많이 훼손시킨다고 주장한다.

러브록의 가이아 가설은 시간이 지나면서 환경주의(environmentalism)와 관련해서 지속적으로 인용되고 있으며 지구온난화와 관련하여 새롭게 주목을 받고 있다. 생물계가 환경계에의 적응을 넘어 자신이 살기 적합하도록 환경계를 변화시

---

44) Richard Dawkins, *The Selfish Gene* (Oxford University Press: London, 1976).

45) Richard Dawkins, *Unweaving the Rainbow: Science, Delusion and the Appetite for Wonder* (Boston and New York: Mariner Books, 1998). 「무지개를 풀며(Unweaving the Rainbow)」라는 이 책의 제목은 영국의 낭만주의 시인인 키츠(John Keats)가 장편 시 「라미아(Lamia)」에서 뉴턴(Sir Isaac Newton)이 프리즘을 통해 무지개를 풀어헤침으로써(분해함으로써) 무지개의 시성이 사라져버렸다고 이야기한 것에서 가져온 것이다. 이 책은 한국어로도 번역되어 있다: 리차드 도킨슨, 최재천·김산하 옮김, 『무지개를 풀며』 (서울: 바다출판사, 2008).

46) James Lovelock, *The Revenge of Gaia: Why the Earth is Fighting Back and How we Can Still Save Humanity* (London: Penguin Books, 2006). 이 책은 한국어로도 번역되었다: 러브록, 이한음 옮김, 『가이아의 복수』 (서울: 세종서적, 2008년).

키고 조절해 왔다는 주장은 과학적인 논쟁의 여지를 가지고 있는 것이 사실이다. 그러나 무엇보다도 중요한 것은 러브록의 이러한 가설은 지구온난화를 비롯한 환경문제가 지구 전체에 심각한 위협을 가하고 있는 현재의 상황에서 생명계와 환경계로 구성된 지구를 상호작용을 하는 유기체로 바라보아야 한다는 관점을 제공하였으며 인간과 인간이 속해 있는 지구의 생물계와의 긴밀한 관계를 생각하게 해준다는 점에서 그 의미를 가진다고 볼 수 있다.

7. 유엔인간환경회의(UNCHE)

1970년대에 들어서 환경문제에 관한 세계적 규모의 국제적인 협력은 1972년에 개최된 「유엔인간환경회의(United Nations Conference on the Human Environment, UNCHE)」로부터 시작되었다. 이 회의는 1968년 5월에 스웨덴 유엔대표단이 유엔 사무총장에게 인간환경에 관한 국제회의 개최를 건의하면서 추진되었다.47)

이 회의는 추진과정에서 선진국이 주도적인 역할을 하면서 자연스레 환경보호에 관심이 집중되자 이러한 환경보호에 의해 자신들이 추구하는 개발이 위축될 것을 우려한 개도국들의 반감을 사게 되었다. 그 결과 개도국의 참여를 촉진하기 위한 방편으로 환경위기와 빈곤이 연계되어 있음을 강조하고 개도국의 개발에 대한 관심을 환경문제에 포함하고자 했다.

이 국제회의는 113개 국가의 정부대표가 참석한 가운데 스웨덴의 스톡홀름(Stockholm)에서 개최되었다. 이러한 개최지 지명을 따서 「스톡홀름회의(Stockholm Conference)」라고도 불리는 동 회의는 「하나뿐인 지구(Only One Earth)」라는 주제 아래 본회의(plenary)와 3개의 위원회(committee)로 나뉘어 진행되었으며 건강하고 생산적인 환경에 대한 인간의 권리를 규정하고 이것에 영향을 미치는 새롭게 등장하는 여러 문제를 다룰 필요에 주의를 환기시켰다. 이 국제회의에서 영국의 여성 경제학자인 워드(Barbara M. Ward)가 환경을 고려하지 않은 경제개발은 지속이 불가능하다는 의미의 「지속가능한 개발(sustainable de-

47) 환경문제에 대한 국제적 협력에 대한 선진국들의 관심의 배경을 이해하는 데는 왜 여러 곳을 두고 굳이 스웨덴의 스톡홀름이 당 회의의 개최지가 되었는가를 이해는 것이 도움이 된다. 서유럽의 산업 발전의 결과로서 오염된 대기가 국경을 넘어 멀리 떨어져 있는 스웨덴을 비롯한 스칸디나비아반도 국가들에 산성비를 뿌려 호수의 생태계를 심각하게 파괴하기 시작했기 때문이기도 했다.

velopment)」이라는 용어를 처음으로 사용하였다.[48)]

동독과 서독을 가르는 베를린 장벽이 무너지고 소련이 붕괴되는 시점을 냉전의 종식 시점으로 보기 때문에 1970년대는 일시적으로 동서 양진영간에 국제협력의 기운이 미치던 데탕트(detente) 시대이기는 하나 여전히 큰 틀에서 볼 때 안보문제를 가장 우선시하는 냉전시기에 속한다. 그럼에도 불구하고 이 시기에 환경문제를 주제로 한 대규모 국제회의가 국가 간의 협력방안을 만들기 위해 개최된 배경을 좀 더 세밀하게 살펴볼 필요가 있다.

첫째, 이러한 배경에는 환경에 대한 선진국들의 고조된 관심이 자리하고 있었다. 1960년대의 고도의 산업발전의 결과로서 오염으로 인한 환경파괴가 증대되자 선진국의 비정부기구들(NGOs)은 환경문제를 정치적 의제로 만드는 데 꾸준한 노력을 경주했고 이와 더불어 국내적으로 환경문제의 중요성에 대한 인식이 고양되었다. 이에 더하여 과학의 발달로 인해 환경문제의 근본적인 원인은 무엇이며 이러한 환경문제가 계속될 경우 어떠한 결과가 초래될 것인가에 대한 지식이 확산되고 있었던 것 역시 이러한 인식의 제고와 확산에 일조를 했다. 특히 이러한 과학적인 지식은 환경문제가 일국의 노력만으로는 해결될 수 없는 것으로서 국제적인 협력이 긴요하다는 인식을 심화시켰다.

둘째, 개도국의 개발에 대한 관심 역시 유엔인간환경회의의 개최를 도왔다. 왜냐하면 개발을 일차적인 목표로 하고 있는 개도국들에 있어서 선진국이 관심을 갖기 시작한 환경문제 해결을 위한 국제적인 노력은 심각한 위협으로 다가왔기 때문이다. 즉 환경문제가 선진국들 만에 의해 개도국의 이익을 저해하는 방향으로 논의되는 것에 대한 우려가 환경문제에 대한 개도국의 관심을 가져왔던 것이다.

당 회의는 결과문건으로서 「스톡홀름선언(Stockholm Declaration)」이라고도 불리는 「인간환경선언(Declaration on the Human Environment)」을 채택했다. 이 선

48) 유엔인간환경회의(UNCHE)와 관련하여 살펴볼 사람으로서 영국의 여성 경제학자인 워드(Barbara Ward)라는 사람이 있다. 워드는 1971년에 「국제환경개발위원회(International Institute for Environment and Development, IIED)」를 설립했으며 미국의 미생물학자이자 환경주의자인 르네 두보(René Dubos)와 공동으로 1972년에 「하나뿐인 지구: 작은 행성의 관리와 유지(Only One Earth: The Care and Maintenance of a Small Planet)」라는 보고서를 유엔인간환경회의(UNCHE)를 위해 작성한 바 있다: Barbara M. Ward and René Dubos, *Only One Earth: The Care and Maintenance of a Small Planet* (New York : Norton, 1972). 이 보고서의 제목은 유엔인간환경회의(UNCHE)의 주제와 일치한다. 워드는 그 당시 체계적으로 정의하여 사용한 것은 아니었지만 이 회의에서 처음으로 「지속가능한 개발(sustainable development)」이라는 용어를 사용하였다. 타임지는 그녀를 20세기의 가장 영향력 있는, 비전을 제시한 사람 중 한명으로 꼽은 바 있다.

언은 핵심적인 내용으로서 인간환경이 인류의 복지·기본적 인권·생존권의 향유를 위해 필요불가결한 것이기 때문에 이러한 인간환경을 보호하고 개선하는 것이야 말로 인류의 지상목표이자 모든 국가들의 책임이라는 점을 지적하고 있다. 즉 스톡홀름선언은 전 지구적 공유자원(global commons)의 원칙을 인정하고 인류의 공동유산은 모든 인간의 공동책임임을 주장했다.

당 선언은 국제사회 구성원 모두에게 환경문제의 본질을 알리는 한편 환경문제의 해결에 구성원들의 공통의 생각과 원칙이 중요하다는 전제를 가지고 환경문제의 해결을 위해 국가들이 보편적으로 수용하여야 할 기본적인 원칙들(principles)을 26개 제시했으며 이것들이 향후의 환경과 관련한 국제법의 기초가 되었다.

이러한 원칙들은 환경보호와 관련하여 견해를 달리하는 선진국과 개도국의 타협물이기 때문에 내용상 애매모호함을 피할 수 없었지만 그런 가운데서도 가장 주목하여야 할 원칙은 환경문제와 관련한 국가의 국제책임을 제시하고 있는 원칙 21과 원칙 22이다.

원칙 21은 유엔헌장과 국제법의 원칙에 의거하여 국가들은 그들 자신들의 정책에 따라 그들 자신의 자원들을 개발하여 사용할 주권적 권리를 가짐과 동시에 그들의 관할권과 통제하의 활동들이 다른 국가 혹은 자국의 관할권의 범위를 벗어난 지역의 환경에 피해를 끼치지 말도록 확실히 해야 할 책임(responsibility)을 가진다고 규정하고 있다. 이 원칙은 나중에 월경성 장거리 이동 대기오염물질에 관한 협약(1979년), 해양법에 관한 유엔협약(1982년), 오존층 보호를 위한 비엔나협약(1985년), 유해폐기물의 국가 간 이동과 그 처리의 통제에 관한 바젤협약(1989년), 기후변화협약(1992년), 생물다양성협약(1992년) 등의 조약에 수용되었다.[49]

원칙 22는 국가들은 자신들의 개발활동이 관할권 밖의 지역에 환경오염을 야기한 경우 피해자들에게의 책임과 보상에 관한 국제법을 더 발전시키기 위해 협력해야 한다고 규정하고 있다. 즉 원칙 22는 원칙 21에서 규정하고 있는 환경피해에 대한 국가의 책임(responsibility)의 해제방식으로서 고의성이 없는 피해에 대한 책임과 보상(liability and compensation)을 위한 협력의 원칙을 규정하고 있다. 그러나 피해자가 어떠한 권리를 갖게 되는가와 관련하여 구체성을 결하고 있

49) 「원칙 21」은 국제책임의 원칙으로서 이처럼 널리 수용되고 있지만 이것이 법적인 효력을 지니는가의 여부를 둘러싸고는 일치된 합의가 존재하지 않는다.

어 많은 경우 이러한 원칙이 제대로 구현되지 않고 있는 것이 현실이다.

이 회의는 「인간환경선언」의 채택과 더불어 「인간환경을 위한 행동계획(Action Plan for the Human Environment)」을 채택했다. 행동계획은 구체적으로 인근 주거환경의 계획과 관리, 천연자원 관리의 환경적 측면 고려, 국제적으로 중요한 오염물질의 파악과 규제, 환경교육·정보·사회문화적 측면의 고려, 개발과 환경 등의 5개 분야에 걸쳐 109개의 활동 권고안으로 구성되어 있다.

행동계획은 권고사항 중 하나로서 유엔인간환경회의 개최일인 6월 5일을 「환경의 날」로 지정하여 환경에 대한 일반인들의 인식을 증진토록 권고하였고 이에 따라 1972년 제27차 UN 총회는 매년 6월 5일을 「세계 환경의 날」로 지정하여 공고하였다. 현재 주요 국가에서는 이 날을 전후로 하여 환경보전에 대한 인식을 제고하기 위해 각종 세미나와 전시회 등의 행사와 함께 전국적인 환경보전 캠페인 등을 전개하고 있다.

이 회의가 환경문제의 국제적 해결노력에 첫 발을 내딛었다는 점 이외에 환경의 국제적 보호를 위해 남긴 유산은 무엇일까를 살펴보는 일이 중요한데 구제척인 유산은 다음과 같다.

첫째, 유엔 이외의 다른 국제기구들도 참여했지만 비정부기구들(NGOs)이 처음으로 국제적인 수준에서 적극적으로 참여하여 국제문제에 있어서의 중요한 행위자로 등장하는 계기가 되었다. NGO들은 회의의 참여를 통해 서로 간에 의사소통을 위한 채널을 창출하였고 이러한 채널이 나중에는 정부대표들에 의해 정부들 사이의 협상을 위한 통로로도 사용되었다. NGO들은 또한 정부로 하여금 국내외적으로 적절한 조치를 취하도록 압력을 가했으며 이를 위해 국내외 여론을 환기시켰다. 더불어 NGO들은 환경문제와 관련된 과학적 토론에 공헌하는 등 환경문제의 기술적인 면을 과학적으로 이해하는 것을 돕는 역할을 수행했다.[50]

둘째, 당 회의의 권고에 기초하여 유엔총회는 결의안을 통과시켜 환경문제를 전문적으로 다루는 「유엔환경계획(UNEP)」이라는 국제기구를 1973년에 창설했다.[51] 이로써 UNEP는 NGO와 더불어 비국가적 행위자(non-state actor)로서 환경문제의 해결에 있어서 중요한 행위자로 등장하게 되었다. 이러한 UNEP에게는

50) 제3장 제3절 국제환경정치의 중요 행위자 부분에서 중요 행위자의 하나로서 NGO를 다루고 있다.

51) 당 회의는 UNEP의 창설뿐 아니라 다수의 국가에서 국가환경보호기관(national environmental protection agencies)의 설립을 가져왔다.

환경문제에 있어서 촉매와 조정자로서의 역할이 주어졌다. 구체적으로 지원 가능한 다른 국제기구의 사업을 선도하며 다른 국제기구와 국가 등에 경비와 기술인력 등을 지원하여 환경보전을 수행하는 보조자 역할을 수행하는 것이다. 또한 국제환경법의 제정을 위한 국제협상의 포럼으로서 과학적인 지식의 전파를 돕는 조력자로서의 역할이 주어졌다.

UNEP의 본부 소재지를 둘러싸고 선진국과 개도국 간에 논란이 존재하는 가운데 환경문제를 선진국이 주도하는 것을 우려한 개도국들이 단합을 통해 선진국들의 반대를 물리치고 선진국이 아닌 케냐의 수도 나이로비를 소재지로 결정하는데 성공했다. 그러나 이러한 성공은 선진국들의 관심의 저조라는 부메랑이 되어 돌아와 UNEP는 적은 인원과 예산을 특징으로 하는 국제기구로 전락했고 이 때문에 의도된 기능을 제대로 발휘할 수 없게 되었다. 이런 연유로 환경문제를 담당하는 좀 더 강력한 권능을 가진 국제기구의 신설이 필요하다는 주장과 기존 UNEP의 역할과 기능을 강화하여야 한다는 주장이 지속적으로 거론되고 있다. 2012년 6월에 개최된 유엔지속가능개발회의(Rio+20)에서도 이 문제가 중요문제로서 논의가 되었다.

셋째, 스톡홀름선언은 개도국을 위해 경제성장의 역할의 중요성을 인정했다. 특히 원칙 4는 개도국에 있어서의 환경문제의 대부분은 저발전(underdevelopment)에 기인한다는 것을 명시하고 있다. 이로 인해 국제환경을 둘러싼 흐름에 있어서 큰 변화가 있을 것이라는 희망을 가진 사람들도 없지 않았으나 경제개발과 환경보호 가운데 어디에 상대적으로 더 우선권을 두어야 하는지를 둘러싸고 선진국과 개도국 사이의 견해차이가 유엔인간환경회의에서 이미 드러나면서 향후 국제환경정치의 지속적인 특징이 되었다. 즉 당 회의에서 개도국과 선진국들이 환경문제에 두는 정책상의 상이한 우선순위로 인해 갈등과 대립이 표면화되었다.

개도국들은 환경문제를 근본적으로 선진국의 산업화의 결과로 보고 선진국의 환경문제에 대한 관심이 자신들의 개발전망을 어둡게 한다고 생각하는 한편 선진국으로부터 환경보호를 위한 무상의 기술과 재정적 지원을 요청했다. 이와는 달리 선진국들은 후진국의 폭발적인 인구의 증가 등을 환경문제의 원인으로 파악하는 경향을 보였다.

그럼에도 불구하고 당 회의는 개발문제를 환경의제에 불러들여 논의를 했을 뿐 아니라 개도국과 선진국 모두 자원의 고갈과 생태계의 파괴에 대한 우려에 인식을 공유했다는 점에서 의의를 갖는다. 회의의 결과물인 「스톡홀름 선언」은 법적 구속력을 지니지 않은 권고에 불과하지만 환경문제를 국제적으로 해결하기 위해 국가들이 최초로 합의한 지침으로서의 중요한 의미를 지닌다고 볼 수 있다.

넷째, 앞서 언급했듯이 유엔인간환경회의가 1972년 6월 5일에 개최된 것을 계기로 참여국들은 매년 6월 5일을 「세계환경의 날(World Environment Day)」로 제정할 것을 결정했고 같은 해 열린 유엔총회에서 결의안을 통과시켜 이를 확정했다. 유엔인간환경회의의 권고와 유엔총회의 결의로서 1972년에 설립이 된 UNEP는 1987년부터 매년 세계환경의 날을 맞아 그 해의 주제를 선정하여 발표하고 대륙별 순환원칙에 따라 한 국가를 선정하여 행사를 개최해오고 있다. 더불어 환경을 위해 눈부신 업적을 남긴 개인과 단체에게 「글로벌 500(Global 500 Roll of Honour)」상을 수여해 오고 있다.

다섯째, 환경보존 NGO들의 노력으로 1972년에 유엔인간환경회의(UNCHE)가 개최되었고 이 회의에 미증유의 수적으로 많은 환경관련 NGO들이 여러 형태로 참여하여 적극적인 활동을 전개하기 시작하면서 환경분야에 있어서의 NGO의 역할이 급성장을 시작했다.

구체적으로 237개 NGO들이 1970년부터 UNCHE의 준비위원회 회의(Preparatory Committee Meeting)에 참여했으며 국제자연보전연맹(IUCN)은 회의 공식문서의 초안을 작성하기 위한 정부간 실무자회의에 참석하기도 했다. 구체적으로 NGO들은 유엔문건의 실무초안에 접근하여 이를 검토하고 중요 관료와 대표단에게 논평을 건네기도 했으며 특정 구절을 지지 또는 거부하기까지 했다.[52)]

이들 NGO들은 UNCHE의 정부간 회의와 병행한 회의(parallel conference)를 개최하였으며 「환경포럼(Environmental Forum)」과 「시민포럼(People's Forum)」 그리고 「대동(Dai Dong)」이 이들에 속한다. 이들 병행회의를 통해 정부 대표들과 NGO 대표들 사이에 의사교환이 이루어졌다. 많은 NGO들은 또한 항의(protest)나 환경의식의 고양을 위한 활동 등 회의와 관련된 비공식적인 활동을 전개했다.

UNCHE 이후 NGO들은 유엔·전문기구·기타 기능적 기구들의 후원으로 개최된 세계적 규모의 회의(global conference)와 좀 더 작은 규모의 국가 간 회의 그리고 지속개발위원회(CSD)와 같은 각종 국제기구와 회의에 영향력을 행사하기 위

---

52) Karen A. Mingst and Margaret P. Karns, *The United Nations in the Post-Cold War Era* (Boulder, Colorado: Westview Press, 1995), p. 131.

해 로비를 행했다. 이들은 또한 국내적인 압력을 통해서 그리고 점차적으로 초국가적인 연계 등의 노력을 통해서 회원국 정부들의 입장에 영향을 미치고자 했다. 이들은 문제와 해결방법 등을 규정하게 되는 정보와 이에 대한 분석 등을 제공하고 국가수준 혹은 지역수준에서 운용활동(operational activities)을 전개하기도 했다.

UNCHE 이후 NGO들은 UNCHE의 결과로서 등장한 UNEP뿐만 아니라 세계은행(World Bank)을 위시한 전문기구 등과의 공식적인 관계정립을 시도했다. NGO는 UNEP와 협력관계를 수립했는데 구체적으로 NGO는 UNEP로부터 보조금을 받아 연구와 조사를 행하고 UNEP와 공동으로 국제회의를 개최하며 UNEP는 개도국에 있어서의 NGO의 육성과 설립을 원조한다. 또한 여러 이유로 주변화 되어 있어 연대가 필요했던 UNEP는 NGO와의 공식적인 채널로서 나이로비에 환경연락센터(Environmental Liaison Center, ELC)를 설립했으며 약 6,000개가 넘는 각종 NGO들을 여기에 연결시켰다. NGO들은 세계은행을 포함한 다른 국제기구와도 관계정립을 꾀했으나 이들 간의 관계란 임시적이고 비공식적인 것을 특징으로 한다.

8. 제1차 세계기후회의의 개최

과학적 지식의 축적과 더불어 인류의 활동에 의한 기후변화의 가능성에 대한 가설이 과학계에 확산되면서 1979년에 유엔환경계획(UNEP)·세계기상기구(WMO)·국제과학연맹이사회(International Council of Scientific Union, ICSU)가 공동으로 제1차 세계기후회의(World Climate Conference, WCC)를 스위스의 제네바에서 개최했다. 이 회의를 출발점으로 하여 기후변화에 대한 국제적 대응이 촉구된 결과 1992년의 기후변화협약의 체결을 가져왔다는 점에서 중요한 의미를 지닌다.

이 회의에서 인간의 활동에 의한 기후변화 가능성과 더불어 이에 따른 대책의 필요성이 제기되었다. 이 회의에서 기후자료의 수집과 분석 그리고 대응전략의 수립을 돕기 위한 기구로서 「세계환경계획(World Climate Program, WCP)」의 창설이 결정되었다.[53]

---

53) 제2차 세계기후회의가 1990년에 개최되어 기후변화의 방지를 위한 협약을 제정하기로 합의한 바 있다.

9. 국제환경협약의 성장기

1960년대까지를 환경에 관한 국제협약의 태동기라고 한다면 1970년대를 국제환경협약의 성장기라고 평가할 수 있다. 특히 유엔인간환경회의(UNCHE) 이후에 다수의 환경관련 국제협약이 체결되었다. 이 시기는 환경문제가 범위 면에서 국지적이고 국가적인 것으로부터 지구적인 것으로 확산되어 나갔으며 효력 면에서는 선언적인 것으로부터 법적인 의무를 수반하는 것으로 확대되어 나갔다.

즉 1972년에 유엔인간환경회의가 개최되기 전까지 국제사회는 핵폭탄실험(bomb test)과 같은 핵에 의한 피해와 더불어 기름과 폐기물로부터의 해양오염과 같은 것에 많은 관심을 두었다. 따라서 몇몇 국가들이 핵으로 인한 피해에 대한 국제적인 책임과 대규모 기름오염을 막기 위한 조치를 규율하는 협정을 협상했다.

그러나 1972년에 유엔인간환경회의가 개최되면서 환경보호를 위한 국제사회의 노력이 큰 진전을 보였다. 이 회의는 전 지구적 공유자원(global commons)의 원칙을 인정하고 인류의 공유자원은 모든 인류의 공동책임이라고 주장했다. 이후로 환경문제에 관한 「국제적인 법적 장치들(international legal instruments)」이 급속도로 증가했고 이러한 협상 결과물의 이행을 확보하기 위한 새로운 수단들이 개발되었다.

구체적으로 1970년대는 야생동식물의 보호를 위한 국제환경협약이 다수 체결된 것이 하나의 특징이다. 1970년대에 체결된 이러한 종류의 대표적인 국제환경협약에는 1971년에 세계적으로 중요한 습지의 파괴를 억제하고 물새가 서식하는 습지를 국제적으로 보호하기 위해 체결되어 일명 「람사르협약(Ramsar Convention)」이라고 불리는 「특히 물새 서식지로서 국제적 중요성을 갖는 습지에 관한 협약(Convention on Wetlands of International Importance especially as Waterfowl Habitat)」·1973년에 야생 동식물종의 국제적인 거래가 동식물의 생존을 위협하지 않도록 하고 여러 보호단계를 적용하여 동식물의 생물종을 보호하기 위해 체결되어 일명 「워싱턴협약(Washington Convention)」이라고 불리는 「멸종위기에 처한 야생 동식물 종의 국제거래에 관한 협약(Convention on International Trade in Endangered Species of Wild Flora and Fauna, CITES)」·1979년에는 「본협약(Bonn Convention)」이라고 통칭되는 「이동성 야생동물 보존협약(The

Convention on the Conservation of Migratory Species of Wild Animals)」이 체결되었다.

이 시기는 또한 1960년대에 이어 해양오염에 관한 협약이 다수 체결된 것을 특징으로 하는 시기이기도 하다. 이는 급속한 산업화로 해상을 통한 유류의 운송이 급격히 증가함에 따라 유조선에 의한 해양오염 사고가 빈번하게 발생한 것에 대한 대응이었다. 우선 1972년에는 폐기물의 해양투기로 인한 해양오염을 방지하기 위해 일명 「런던협약(London Convention)」이라고 불리는 「폐기물 및 기타 물질의 투기에 의한 해양오염 방지에 관한 협약(Convention on the Prevention of Marine Pollution by Dumping of Wastes and Other Matter)」이 체결되었다.[54] 1973년에는 1954년에 체결된 바 있는 「유류에 의한 해양오염의 방지를 위한 국제협약(International Convention for the Prevention of Pollution of the Sea by Oil)」의 대체를 위한 「선박으로부터의 해양오염을 방지하기 위한 협약(International Convention for Prevention of Pollution from Ships)」이 체결되었고 1978년의 의정서에 의하여 개정된 후 발효되어 「MARPOL 73/78」이라고 통칭된다.[55] 근 10년 후인 1982년에 이르러서야 「해양법에 관한 유엔협약(United Nations Convention on the Law of the Sea)」이 체결되었는데 이러한 협약의 체결을 위한 유엔해양법회(UNCLOS)가 1973년에 시작되었다. 1979년에는 「월경성 장거리 이동 대기오염 물질에 관한 협약(Convention on Long-Range Transboundary Air Pollution, CLRTAP)」이 체결되었다.[56]

제3절 1980년대

이 시기는 국제정치적으로 냉전의 와중에서 일시적이나마 화해와 협력을 특징

54) 런던협약은 유럽 북해가 각국의 폐기물 투기로 오염이 심해짐에 따라 1972년 2월 유럽 국가들이 모여 체결한 오슬로협약(Oslo Convention)이 그 모체이다.

55) 「MARPOL 73/78」이란 구체적으로 「International Convention for the Prevention of Pollution From Ships, 1973 as modified by the Protocol of 1978」을 의미한다. 「MARPOL」은 「Marine Pollution」의 약어이고 「73/78」은 1973년과 1978년을 지칭한다.

56) 1975년 스웨덴을 비롯한 북유럽 대표들이 국경을 넘는 대기오염의 문제를 공식적으로 제기하였으며 이후 1979년에 스위스 제네바에서 협약이 채택되었고 1983년 3월에 발효되었다. 이 협약은 특히 유럽에서의 산성비 문제가 심각한 관계로 국경을 넘어 이동하는 대기오염 물질을 통제하기 위한 국제적 협력이 필요하다는 인식에 따라 주로 유럽 지역의 국가들을 중심으로 체결된 조약이다.

으로 하는 1970년대의 데탕트 시기가 막을 내리고 냉전이 다시 격화된 시기이다. 이러한 영향 아래 이 시기에는 유엔인간환경회의(UNCHE)와 같은 환경문제를 다루기 위한 전 지구적인 국제회의가 개최되지는 않았다. 그러나 환경파괴를 경고하는 보고서가 잇달아 발간되면서 1990년대에 들어서 이제까지의 환경보호에 관한 패러다임이 근본적으로 변화할 수 있는 기반을 제공했다.

1972년에 유엔인간환경회의가 개최되어 환경의 중요성이 강조되었음에도 불구하고 산업화의 단계를 넘어 안정화 단계에 들어선 관계로 개발보다 고도성장의 부산물로서의 환경을 중시하는 선진국들과 산업화 단계에 진입하지 못한 채 절대적인 빈곤에 처해 있어 경제개발이 절실했던 개도국들 사이의 견해차이로 갈등이 본격화되는 가운데 이러한 갈등을 해소하기 위해 「지속가능한 개발」이라는 개념이 제시된 것이 1980년대의 큰 특징 가운데 하나라고 볼 수 있다.

1. 미국정부의 보고서 발간

유엔인간환경회의(UNCHE) 이후 다수의 선진국들은 국내의 정책수립 과정에 환경보호를 통합하고자 노력했으나 개도국에 있어서 이러한 노력은 훨씬 더디게 진행되었으며 환경보호와 개발이 분리될 수 없는 것으로 인식되었지만 실제에 있어서 환경문제는 개발문제에 종종 종속되곤 했다. 이러한 가운데 1980년대에 들어서 냉전의 격화 속에 안보문제가 다시 중요한 문제로 부상하면서 환경문제가 전 지구적인 중요한 이슈로서 논의의 대상이 되기 어려운 상황에 접어든 가운데 환경보호를 위한 국제적인 협력의 필요성을 강조하는 보고서들이 경종을 울리기 시작했다.

구체적으로 미국정부는 1980년에 미래의 지구환경을 예측하는 연구보고서인 「지구 2000 보고서(The Global 2000 Report)」를 발표했다. 동 보고서는 1972년에 발간되어 지구의 미래에 대한 토론을 촉발한 바 있는 로마클럽의 「성장의 한계(The Limits To Growth)」라는 연구보고서에 이어 두 번째로 지구가 직면하고 있는 환경문제에 대해 주의를 환기시킨 보고서이다. 미국정부는 다음 해인 1981년에 「지구의 미래: 행동할 시기(Global Future: Time to Act)」라는 제하의 보고서를 추가적으로 발표했다.

미국정부가 발간한 이 두 보고서는 현재의 경향이 지속된다면 2000년도의 세계는 현재 우리가 살고 있는 세계보다 많은 인구로 북적거리고 붕괴되기 쉽다고 경고하고 인구문제 · 자원문제 · 환경문제가 심각한 긴장을 야기함으로써 세계인들은 물질적으로는 좀 더 풍요로울 수 있지만 좀 더 빈곤해질 것이라고 예측했다.

2. 세계보건전략 보고서의 발간

1980년에 국제자연보전연맹(IUCN)은 유엔환경계획(UNEP) · 세계야생생물기금(WWF) · 유엔교육과학문화기구(UNESCO) · 식량농업기구(FAO)의 지원하에 「세계보전전략(World Conservation Strategy, WCS)」이라는 제목의 보고서를 발간했다.

이 보고서는 「지속가능한 개발을 위한 살아있는 자원의 보전(Living Resource Conservation for Sustainable Development)」이라는 말을 부제로 가지고 있었는데 이로써 「지속가능한 개발」이라는 용어를 공식적으로 문서에 등장시켰고 이 말은 후일 세계환경개발위원회(WCED)에 의해 체계적으로 정의되어 소개되었다.

이 보고서는 자연보전을 인간의 필요를 위한 자원개발과 연결시킨 문건으로서 자연보전이란 지구에 만연되어 있는 빈곤을 완화시키지 않고서는 달성할 수 없고 개발은 지구를 돌보는 것에 달려 있다는 자연보전과 개발의 상호의존성을 강조했다. 또한 이 보고서는 현 세대의 생존과 다음 세대를 위한 자연자원의 수탁자로서의 임무를 수행하기 위해 개발과 보전은 동등한 중요성을 갖는다고 하면서 경제개발과 환경보전의 조화를 강조했다.

3. 유엔환경계획(UNEP)의 나이로비선언 채택

유엔인간환경회의(UNCHE)의 결과로서 환경분야에서의 국제협력의 촉진과 환경관련 국제기구들의 업무조정을 주된 목적으로 1972년에 설립된 유엔환경계획(UNEP)이 1982년에 유엔인간환경회의 개최 10주년을 기념하여 케냐의 나이로비에서 관리이사회(Governing Council)의 특별회의를 개최했다. 세계 105개 국가의 정부대표들이 참가한 당 회의는 10년 전 유엔인간환경회의에서 채택된 인간환경선언과 행동계획의 실행을 평가하고 후속조치를 검토하는 것을 주된 목적으로 했다.

회의는 결과문건(outcome document)으로서 「나이로비선언(Nairobi Declaration)」을 채택했는데 당 선언은 유엔인간환경회의가 인간환경의 열약함에 관한 일반인들의 인식과 이해의 심화·거의 모든 국가에서의 환경관련 법률의 제정·상당수 국가에서의 환경보전을 위한 규정의 헌법에의 포함·환경관련 정부기구와 비정부기구(NGO)의 설립·다수의 환경관련 국제협정의 체결에 기여했다고 평가했다.

그러나 환경보전의 장기적인 가치에 대한 통찰과 이해의 부족·환경보전의 방법과 노력에 관한 조정의 부적절·자원활용의 불가와 자원배분의 불공평으로 인해 행동계획은 부분적으로만 실시되었고 국제사회 전체에 대해 충분한 효과를 거두지 못했음을 지적했다.

이와 더불어 지난 10년 동안 환경의 관리와 평가의 필요성, 환경·개발·인구·자원의 긴밀한 상호관계, 도시에 있어서 인구의 증가에 따른 환경에 대한 압박이 널리 인식되게 되었음을 지적하고 있다. 또한 낭비적인 소비행태와 더불어 빈곤(poverty)을 환경을 과도하게 이용하도록 하여 환경에 위협을 가하는 요인으로 지적하면서 이러한 빈곤문제를 해결하여 궁극적으로 환경악화를 방지하기 위한 수단의 일환으로서 국제사회에 의한 국제개발전략과 신국제경제질서의 수립을 언급하고 있다.

같은 연장선에서 저개발로 인한 환경문제의 해결을 위해 국내적·국제적으로 기술적·경제적 자원의 공평한 배분이 필요함을 지적하고 있다. 그리고 선진국들로 하여금 환경문제에 대처하기 위해 행하고 있는 개도국들의 국내적인 노력에 대한 지원을 촉구했다. 끝으로 유엔인간환경회의의 인간환경선언과 행동계획에 대한 지지와 유엔환경계획(UNEP)을 강화하기 위한 지원을 재확인하고 환경문제에 대처하기 위해 특히 환경기금을 통해 이용 가능한 자원을 증가시킬 것을 호소했다.

위의 내용에서 보듯이 당 회의의 중요한 의의는 「나이로비선언」을 통해 환경과 개발을 둘러싼 선진국과 개도국 사이의 견해를 접근시키려는 최초의 시도가 이루어졌다는 점이다. 이를 구체화하기 위해 「세계환경개발위원회(World Commission on Environment and Development, WCED)」의 설치가 결의되었다.57)

57) 세계환경개발위원회(WCED)는 세계 환경문제의 현황을 조사하고 대책을 권고하기 위해 유엔총회에 의해 1983년에 설립된 위원회로서 노르웨이의 여성 수상 브룬트란트(Gro Harlem Bruntland)를 위원장으로 하고 있었기 때문에 「브룬트란트 위원회(Bruntland Commission)」라고도 불렸다. 이 때문에 「우리의 공동미래」라는 보고서는 「브룬트란트 보고서(Bruntland Report)」라고도 불린다.

4. 세계환경개발위원회의(WCED)의 보고서

유엔환경계획 관리이사회의 특별회의의 결과로서 설립된 세계환경개발위원회는 1987년에 유엔총회에 제출된 「우리의 공동미래(Our Common Future)」라는 제하의 2000년대를 향한 지구환경의 보전전략에 관한 보고서를 발표하여 환경의 보전과 개발을 동시에 추구하는 새로운 개념으로서 「지속가능한 개발(sustainable development)」이라는 개념을 정립하였다.[58)]

이 당시에 가장 주목하여야 할 보고서인 동 보고서는 인구·식량·생물·종의 보전·에너지·산업·도시화·평화 등의 사안들을 논의하면서 자원의 기반을 지속시킬 수 있는 새로운 경제개발 방식으로서 「지속가능한 개발」이라는 개념을 제시했고 환경보호와 지속가능한 개발에 관한 협정을 체결할 것을 요청했다.[59)]

동 보고서는 「지속가능한 개발」이라는 개념을 구체적으로 「미래세대가 그들 자신의 필요를 충족시킬 수 있는 가능성을 손상시키지 않는 범위에서 현재 세대의 필요를 충족시키는 개발(development that meets the needs of the present without compromising the ability of future generations to meet their own needs)」이라고 정의하고 있다. 이처럼 동 보고서는 「지속가능한 개발」이라는 개념을 통해 선진국과 개도국이 추구해야 할 목표로서 현재 인간의 욕구를 충족하는 동시에 미래 세대들이 그들의 욕구를 충족할 수 있는 것을 보장하는 방식의 개발을 제시했다. 이 개념은 국제환경 문제와 관련하여 다음과 같은 의의를 갖는다.

무엇보다도 환경과 개발을 연결하는 「지속가능한 개발」이라는 개념을 등장시킴으로써 개발과 환경을 이분법적이고 갈등적인 요소로 바라보는 관점에 큰 변화를 가져와 환경문제에 대한 패러다임에 전환의 계기를 제공했고 1992년의 유엔환경개발회의(UNCED)에서 국제사회에 의해 공식적으로 수용되었다.

이 개념은 세계적인 빈곤과 국제적인 불평등에 대한 고려 없이 환경문제를

58) 동 보고서는 카슨의 「침묵의 봄(Silent Spring)」·에를리히의 「인구폭탄(The Population Bomb)」·로마클럽의 「성장의 한계(The Limits to Growth)」·슈마허의 「작은 것이 아름답다(Small is beautiful)」·전문가 패널의 「푸넥스 보고서(The Founex Report)」와 더불어 환경에 대한 생각을 크게 바꾸어 놓은 저작물로 인용되곤 한다.

59) 세계환경개발위원회(WCED)가 「지속가능한 개발」을 정의하고자 했을 때 앞서 언급한 바 있는 워드(Barbara Ward)가 두보(René Dubos)와 같이 1972년에 공동으로 발간한 보고서인 「하나뿐인 지구: 작은 행성의 관리와 유지(Only One Earth: The Care and Maintenance of a Small Planet)」」에 바탕을 두었다.

다룬다는 것은 의미가 없다는 인식을 반영함으로써 환경보호에 대한 일방적인 강조를 우려하는 개도국의 관점을 포함시키고 있다는 점에서 또한 의의를 지닌다. 당 보고서는 경제성장이라는 목표와 환경보호라는 두 목표를 달성하기 위한 국제적인 협력의 필요성뿐만 아니라 좀 더 많은 국내와 국제 환경법의 제정 필요성과 더불어 다자적인 재정을 다루는 국제기구들이 필요한 기금과 기술을 개도국에게 지원하는 데 적극적으로 참여할 필요성을 주장했다.

그러나 여기에서 한 가지 생각해 볼 것은 통상적으로 지속가능한 개발이 선진국이 옹호하는 환경보호와 개도국이 관심을 두고 있는 경제성장의 통합이라고 보는데 그렇지만은 않다는 점이다. 선진국의 환경론자들이 중심이 되어 환경보호를 강조했지만 그 당시 선진국들은 경제분야에 있어서의 신자유주의적 규범(neoliberal norm)을 수용한 가운데의 환경보호였다는 점이다. 즉 세계환경개발위원회(WCED)의 「지속가능한 개발」이라는 개념은 선진국의 입장에서 볼 때 환경보호의 맥락에서 경제성장을 정당화하는 것을 목적으로 한 개념으로서 유엔인간환경회의(UNCHE) 이래로 환경문제를 바라보는 관점에 있어서의 주요한 변화(major shift)를 의미한다.

베른스타인(Steven F. Bernstein)은 이를 1992년 유엔환경개발회의에서 제도화된 규범인 「자유주의적 환경주의(liberal environmentalism)」의 출발로 본다.[60] 이러한 관점에서 「지속가능한 개발」이라는 개념은 성장의 한계와 같은 지구의 한계라는 개념을 거부하는 것이었다.

「지속가능한 개발」 개념은 초기에는 국가의 경제개발(economic development)의 필요와 환경보호(environmental protection)의 필요라는 두 가지 필요를 포함하는 개념으로 사용되었으며 대부분의 개도국들이 경험하고 있는 사회개발(social development)의 문제는 포함되지 않았다.

60) Steven F. Bernstein, *The Compromise of Liberal Environmentalism* (New York: Columbia University Press, 2001); Steven F. Bernstein, "Liberal Environmentalism and Global Environmental Governance," *Global Environmental Politics*, Vol. 2, No. 3 (August 2002), pp. 1-16: Loren R. Cass, *The Failure of American and European Climate Policy: International Norms, Domestic Politics and Unachievable Commitments* (Albany, NY: SUNY Press, 2006).

5. 대형 사고들의 발생

미국 미주리 주에 소재한 타임즈비치(Times Beach)라는 조그마한 마을은 여름마다 비포장도로로부터 날라 오는 흙먼지로 큰 불편을 겪었다. 이러한 불편을 해소하기 위한 방책으로 주민들은 1960년대 말부터 도로에 기름을 살포하기 시작했다. 먼지를 줄이기 위한 기름 살포는 도로뿐 아니라 목장에서도 이루어졌다.

기름을 살포한 다음 날 수십 마리의 날아가던 새들이 떨어져 죽었고 얼마 후 개와 고양이와 같은 애완동물과 목장의 말들이 아무런 상처 없이 죽어갔으며 임신한 말들은 사산을 했다. 이러한 현상은 동물뿐 아니라 사람들에게도 나타나 목장 사람들은 가려움증 · 기침 · 피부염 · 호흡곤란 · 두통 · 설사 · 가슴통증 등을 경험했다.

이러한 상황에 직면하여 의사들이 질병관리본부에 조사를 의뢰하여 1971년에 조사가 이루어졌으나 조사 결과 원인은 즉시 밝힐 수 없었다. 그러는 사이에 사태는 더욱 악화되어 임산부가 유산을 하고 기형아를 출산했으며 각종 암 환자들이 발생하기에 이르렀다. 수차례의 조사 끝에 1974년 정부는 타임스비치의 토양성분 조사를 했다. 그 결과 독성이 청산가리의 천배에 이르고 기형아 출산과 중추신경 이상 등을 일으키는 다이옥신의 농도가 규정량의 30,000배가 넘는 수치로 나왔다. 그러나 그 당시 다이옥신의 심각성을 몰랐을 뿐 아니라 타임스비치는 공장도 없는 지역이었기 때문에 이어한 다이옥신이 어디에서 온 것인지를 알 수가 없었다.

10여년이 지난 1982년에야 미국 연방환경처는 도로나 목장 등에 살포된 폐유속에 많은 양의 다이옥신이 포함되어 있었음을 밝혀냈고 그 결과 1983년에 이 지역의 22,000여 주민을 모두 다른 지역으로 이주시켰다. 현재도 마을은 통행조차 금지된 텅 빈곳으로 남아 있으며 당시의 피해자들은 지금까지도 고통을 받고 있다.

1984년 12월에 인도 보팔에 있는 유니언 카바이드(Union Carbide Corporation)의 공장에서 20세기 최대의 산업재해라 불리는 보팔 가스누출 사고(Bophal disaster)가 발생하여 하루 만에 8,000여 명이 사망했고 이후 후유증으로 20,000여 명이 더 사망한 것으로 추정되었다. 누출된 가스는 농약과 살충제를 만드는 데 쓰는 메틸이소시안산(Methyl isocyanate, MIC)으로서 1차 세계대전 때 독가스로 쓰인 포스겐(phosgene)과 시안화수소(hydrogen cyanide) 등이 섞인 맹독성 화학물질이었다. 사고 발생 후 30년 이상이 지났지만 아직도 많은 사람들이 이 최악의 산업재해로 고통을 받고 있으며 주변 지역의 오염은 완전히 정화되지 않았다고 한다.

1986년에는 구소련에서 체르노빌 원자력 발전소 폭발사고로 방사능이 누출되어 사고 당시에 30명 정도가 사망했고 9,000명 정도가 후유증으로 나중에 사망한 것으로 추정된다. 1989년에는 미국 엑손사의 유조선인 엑손발데즈(Exxon Valdez)가 알라스카에 1천백만 갤런의 기름을 유출하는 사고가 발생하여 주변지역의 환경이 심각하게 파괴되자 전 세계적으로 환경의 중요성에 대한 인식이 강화되었고 이는 곧 선진국 정부들과 다양한 싱크탱크들 및 유엔의 지원을 받는 연구들로 하여금 전 지구적 환경문제에 다시 주목하도록 했다.

6. 다양한 국제협약의 체결

이 시기에 환경과 관련하여 다음과 같은 헌장과 국제협약이 국가들 사이에 체결되었다. 유엔은 1982년 제48차 총회에서 「세계자연헌장(World Charter for Nature)」을 채택하여 「인간은 자연의 일부이고 인간의 생명은 방해받지 않는 자연체계의 기능성에 의존한다(Mankind is a part of nature and life depends on the uninterrupted functioning of natural systems)」고 천명했다.

국제협약으로는 1983년에 열대목재의 원활한 생산과 무역거래를 촉진하는 동시에 지속가능한 산림경영을 조화롭게 달성하기 위한 목적으로 「국제열대목재협정(International Tropical Timber Agreement, ITTA)」이 체결되었다. 1985년에는 오존층을 보호하기 위해 「오존층 보호를 위한 비엔나협약(Vienna Convention for the Protection of the Ozone Layer)」이 체결되었고 1987년에 「오존층 파괴물질에 관한 몬트리올 의정서(Montreal Protocol on Substances that Deplete the Ozone Layer)」가 체결되었다. 1989년에는 일명 「바젤협약(Basel Convention)」이라고 불리는 「유해폐기물의 국가 간 이동과 그 처리의 통제에 관한 바젤협약(Basel Convention on the Control of Transboundary Movements of Hazardous Wastes and their Disposal)」이 체결되었다.

이렇게 1980년대에 국제환경 분야에서 다양한 국제협약이 체결되었는데 이러한 다수의 국제협약의 체결은 1980년대 중반에 있어서의 국제레짐론이론의 등장과 밀접한 관계를 가진다. 1980년대는 보호와 개선의 대상으로서의 환경이 「인간환경(human environment)」에서 지구의 생태계 전체를 포함하는 「지구환경(earth environment)」으로 확장되어 나간 시기이도 하다.

제 4 절 1990년대

이 시기는 1980년대 말부터 시작되어 1990년대 초에 본격화된 탈냉전이라는 국제체계의 변화로 국제환경 문제가 커다란 영향을 받은 시기이다. 1970년대와 1980년대에도 위에서 살펴보았듯이 국제환경 문제의 해결을 위한 노력이 꾸준히 발전적으로 지속되어 왔으나 양극체제가 주는 구조적 제약으로부터 자유로울 수가 없었다. 즉 냉전체제라는 상황 속에서 많은 국제문제 중에서 안보문제가 차지하는 비중이 높을 수밖에 없었으며 그 결과 환경문제는 상대적으로 우선적인 현안이 되기 힘들었다. 냉전의 붕괴는 이러한 이슈의 중요도에 대한 재평가를 할 수 있는 기회를 부여했다.

구체적으로 환경문제가 이념적 대립 등을 특징으로 하는 냉전시대에 안보지상주의 논리에 밀려 상대적으로 관심을 덜 끌었으나 탈냉전시대와 더불어 시작된 국제사회의 구조적 변화가 환경문제를 국제사회의 주요한 의제로서 부각시켰다. 이러한 구조적 변화와 더불어 오존층의 파괴 · 지구 온난화 · 해수면의 상승 · 생물다양성의 멸종위기 등에 관한 과학적 연구에 기초한 국제적 위기의식의 고조 역시 환경문제에 대한 국제적인 관심을 제고시켰다.

탈냉전기의 시작과 더불어 「안보(security)」라는 개념 자체가 변화하기도 했다. 과거 냉전기에 안보는 외적의 침입으로부터 국가를 보호한다는 「국가안보(national security)」를 의미했다. 그러나 탈냉전기의 도래로 이러한 종류의 안보위협이 약화되는 가운데 환경문제와 같은 비군사적인 안보에 대한 위협이 중요한 위협으로 간주되었고 안보의 대상도 국가가 아닌 국가를 구성하고 있는 인간으로 바라보기 시작했다. 즉 냉전기에는 국제체계의 무정부성(anarchy)으로 인해 군사력의 증강이 국가안보를 위해 필요하다는 인식하에 군사력의 증강이나 동맹의 결성 등을 통해 국가의 안보를 확보하려는 노력이 행해졌다.

탈냉전과 더불어 이러한 부류의 안보위협이 감소하면서 국가가 안보의 중심적인 대상이 되는 것이 아니라 인간이 안보의 핵심적인 대상이 되어야 한다는 인식이 생겼다. 이와 더불어 안보란 군사적인 안보에 한정될 수 없다는 인식 속에 안보개념이 확대되어 전통적인 안보 개념에 석유위기(oil crisis)와 같은 경제적 위협에 대한 안보와 이슬람 근본주의자(fundamentalist)들이 비이슬람 국가들에 가하는 것과 같은 사회적·문화적 위협에 대한 안보라는 개념이 포함되었고 더 나아가 환경의 변화가 국가에 가하는 위협에 대한 안보라는 개념이 추가되었다.[61] 이들 개념들을 총체적으로 「포괄적 안보(comprehensive security)」 또는 「인간안보(human security)」라는 개념으로 부르기에 이르렀다.[62]

1. 유엔환경개발회의(UNCED)

이러한 국제사회의 구조적인 변화와 더불어 세계환경개발위원회(WCED)가 제시한 「지속가능한 개발」이라는 개념을 구현하기 위한 포괄적이고 전 지구적인 청사진을 만들기 위해 유엔총회는 1989년에 결의를 통해 환경 관련 국제회의의 개최를 결정했다. 이에 따라 2년간의 준비기간과 예비협상을 거쳐 1992년에 브라질의 리우데자네이루(Rio de Janeiro)에서 「유엔환경개발회의(United Nations Conference of Environment and Development, UNCED)」가 개최되었다. 1980년대 서유럽 각국의 환경보호 활동이 고조되는 가운데 1972년의 유엔인간환경회의(UNCHE)에서 구축된 국제협력체제에 대한 한계를 인식하고 보다 강하고 포괄적인 국제협력의 제도화의 필요성이 증대된 것이 UNCED의 개최로 이어진 것이다.

당 회의는 1972년에 개최된 UNCHE의 20주년을 맞아 개최된 회의로서 일명 「지구정상회의(Earth Summit)」 또는 「리우회의(Rio Conference)」라고 불리었으며 55개 국가의 국가정상과 47개 국가의 행정부의 수반을 포함한 178개 국가의 대표가 참여한 대규모 국제회의였다.[63]

이 회의에는 정부대표 이외에 비국가적 행위자(non-state actor)로서 유엔체제

---

61) 환경의 변화가 국가에 가하는 위협에 대한 안보를 「생태적 안보(ecological security)」라고 부른다.

62) United Nations Development Program, "Redefining Security: The Human Dimension," *Current History* (May 1995), pp. 229-236; Gareth Porter, "Environmental Security as a National Security Issue," *Current History* (May 1995), pp. 218-222.

63) 1972년 UNCHE는 정상들이 아닌 정부대표들의 회의였다. 이러한 점에서 UNCED는 최초의 지구정상회의였다.

에 속하는 유엔개발계획(UNDP) · 유엔환경계획(UNEP) · 유엔무역개발회의(UNCTAD)를 위시한 17개 유엔의 산하기구, 국제노동기구(ILO) · 국제해사기구(IMO) · 세계기상기구(WMO) · 유엔공업개발기구(UNIDO)를 포함한 16개 전문기구, 그리고 국제원자력기구(IAEA)와 관세와 무역에 관한 일반협정(GATT)이 참여했다. 유엔체제 밖에서는 아시아개발은행(ADB), 아시아 · 아프리카 법률자문 위원회(AALCC), 아프리카단결기구(OAU) 등 33개의 국제기구가 참여했다.

여기서 또한 주목할 것은 약 8,000개의 비정부기구(NGO)가 이곳에 모여 사상 처음으로 「비정부기구와 사회운동 국제포럼(International Forum of NGOs and Social Movements)」이라고 불리는 지구환경보전을 위한 시민의 연계망(network)을 구성하여 병행조약(parallel treaty)을 작성했다. 비록 이들은 병행조약을 정부회의에 제시할 기회를 가지지는 못했지만 많은 비정부기구들을 위한 국제적인 토론장을 제공했고 리우환경회의 이후의 비정부기구 활동을 위한 중요한 촉매제로서의 역할을 수행했다.

지속가능한 개발을 위한 포괄적이고 전 지구적인 청사진을 구축하기 위해 개최된 당 회의의 결과 지구환경 보존을 위한 기본원칙으로서 간단히 「리우선언」이라고 통칭되는 「환경과 개발에 관한 리우선언(Rio Declaration on Environment and Development)」이 채택되었고 선언의 세부적 실천계획을 담고 있는 「의제 21(Agenda 21)」이 채택되었다.

우선 리우선언은 환경과 개발을 조화하는 지속가능한 개발을 실천하기 위한 전 지구적 동반자관계(partnership) 구축의 기본지침이 될 27개 원칙으로 구성되었다. 이러한 27개 원칙은 선진국과 개도국의 입장이 차이를 보이는 가운데 도출된 것으로서 일부는 의견의 일치를 보고 일부는 지속적인 논란이 전개되는 가운데 개도국 주장과 선진국 주장이 병렬적으로 수용된 것으로서 지속가능한 개발 · 개도국의 주권적 개발권의 보장 · 지구환경의 보호를 위한 공동의 그러나 차별화된 책임(Common But Differentiated Responsibilities, CBDR)의 원칙 · 환경을 이유로 한 자의적 무역규제의 금지 · 오염자 부담원칙 · 기술의 이전 · 환경영향의 평가 · 환경오염 예방원칙 · 여성과 민간단체의 역할 · 평화와 개발 그리고 환경보전의 불가분성 등을 주요한 원칙으로 제시하였다.[64]

---

64) 「공동의 그러나 차별화된 책임(Common But Differentiated Responsibilities, CBDR)의 원칙」은 지구의 환경을 지키기 위해 전 세계 국가 모두가 공동의 책임을 지고 협력을 해야 하나 지구환경의

「의제 21」은 「리우선언」의 구체적인 실천계획(action plan)으로서 4개 부문의 38개 실천과제로 구성되어 있고 지역-국가-국제라는 세 차원에 걸친 이행과 21세기 인류사회 발전의 비전을 제시하고 있다. 구체적으로 제1부는 빈곤퇴치·소비패턴의 변화·인구추세와 지속가능성 등 지속가능한 개발과 관련된 사회/경제 차원의 실천계획을 다루고 제2부는 대기·토지·사막화·생물다양성·해양·담수·독성 화학물질·고형폐기물 등 분야별 보존관리를 다루고 있다. 제3부는 청소년·여성·민간단체 등 주요 그룹의 역할을 다루고 제4부는 재원·기술이전·교육·홍보·국제법·유엔체제 개편 등의 이행방안을 다루고 있다. 특히 제28장에서는 세계 각국의 「지방정부(local government)」를 의제 21을 실천하는 공식적인 행위자로서 수용하는 특징을 보이고 있다.[65]

유엔환경개발회의는 「리우선언」과 「의제 21」 이외에 「의제 21」의 이행상황을 평가하고 감시하기 위한 조직으로서 「지속가능개발위원회(Commission on Sustainable Development, CSD)」를 유엔 경제사회이사회(ECOSOC)의 산하기관으로 설립하도록 했다. 애초에 개도국들은 「의제 21」의 실행을 지원하기 위해 새로운 독립적인 기금(fund)의 설립에 적극적이었고 선진국들은 비용의 문제 등을 거론하며 독립적인 새로운 기금의 설치에 소극적인 관계로 이들 간에 대립이 심했으나 결국 새로운 기금이라는 조직이 아닌 유엔 산하의 위원회 형태의 조직을 두는 것으로 결정이 되었다.

유엔환경개발회의의 또 다른 결과물로서 지구 온난화 방지를 위해 화석연료의 사용을 규제하는 「유엔기후변화기본협약(United Nations Framework Convention on Climate Change, UNFCCC)」과 유전자원 보전을 위한 「생물다양성협약(Convention on Biological Diversity, CBD)」이 150여 개 국가에 의해 체결되었다. 이와 더불어 8개항의 전문과 15개의 원칙으로 구성된 「산림원칙선언(Statement of Forest Principles)」이 채택되었다.[66]

파괴에 영향을 미쳐오고 있는 역사적·현재적 책임을 고려하여 선진국들이 개도국보다 더 큰 책임을 져야 한다는 것을 의미한다. 따라서 이 원칙에는 선진국들이 환경 관련 기술을 무상으로 이전하고 재정적 자원을 지원하여야 한다는 것이 내포되어 있다. 개도국들은 1992년 리우회회 이후 2012년의 Rio+20회의를 포함하여 환경관련 모든 국제회의에서 이 원칙을 지속적으로 거론하면서 선진국이 구체적인 행동을 보일 것을 요구해 오고 있는 등 가장 중요한 원칙으로 강조해 오고 있다.

65) 이처럼 「리우선언」과 「의제 21」에는 범세계적 환경규제의 강화·환경보호에 대해 국가의 의무·강력한 예방조치·환경영향의 평가·오염자 부담원칙 등을 강조하는 선진국 입장과 동시에 개발권의 보장·지구환경 파괴에 대한 선진국의 역사적 책임·개도국에 대한 재정과 기술 지원 등을 강조하는 개도국의 입장 모두가 포함되었다.

여기서 유엔환경개발회의의 중심축을 형성하고 있는 「지속가능한 개발」이라는 개념을 좀 더 세밀하게 살펴보자. 지속가능한 개발이라는 개념이 등장하는 데 중요한 밑거름이 된 것은 1971년에 발간된 「푸넥스 보고서」와 1972년에 현인들의 단체인 로마클럽이 발간한 「성장의 한계」라는 보고서였다. 이 보고서들은 환경보호와 경제개발이 별개의 영역이 아니라는 인식을 국제사회에 던져주었다.

「지속가능한 개발」이라는 개념은 또한 1972년에 유엔인간환경회의(UNCHE)에서 선진국과 개도국이 환경과 개발을 이분법적으로 제로섬 관계로 간주하면서 갈등을 표출하자 이에 대해 문제의식을 가지기 시작하면서 본격적으로 생성된 개념이라고 볼 수 있다.

국제자연보전연맹(IUCN)에 의해 1980년에 채택된 「세계보전전략(World Conservation Strategy)」이라는 보고서는 「지속가능한 개발」이라는 용어를 보고서의 부제로 사용함으로써 이 용어가 문건에 처음으로 공식적으로 사용되기에 이르렀다.

1983년에 유엔총회의 결의를 통해 설립된 세계환경개발위원회(WCED)가 1987년에 「우리의 공동미래(Our Common Future)」라는 보고서를 통해 「지속가능한 개발」을 체계적으로 정의하여 인류사회가 지속적으로 발전하기 위해 취하여야 할 기초적인 개념으로서 제시하였다.

유엔의 결의에 따라 1992년 브라질의 리우데자네이루에서 개최된 유엔환경개발회의(UNCED)는 1972년 스톡홀름회의 이래 20년간 끌어온 지구환경문제에 대한 종합적인 규범체제를 마련하고자 했으며 그 결과 21세기 지속가능한 개발을 위한 「의제 21(Agenda 21)」을 채택함으로써 환경과 조화된 지속가능한 개발을 국제사회가 공동으로 추구해야 할 구체적 정책이념으로 확립하였다. 이 회의는 당시의 경제개발 위주의 개발 패러다임이 갖는 한계로서의 자기 파괴성을 인식하고 현재의 개발이 미래로까지 이어질 수 있는 지속가능한 개발의 원칙을 채택했던 것이다.

여기서 「지속가능한 개발」은 기존에 개발의 중심이었던 경제개발(economic development)에 새로운 요소로서 사회개발(social development)과 환경보호(environmental protection)가 더해진 개념이다.[67] 즉 지속가능한 개발은 경제와 환경

66) 개발권을 강조하는 개도국과 보존을 강조하는 선진국 간의 입장이 대립되는 가운데 열대림의 훼손을 방지하기 위한 법적 구속력을 가진 협약의 채택을 둘러싸고 첨예하게 대립한 결과 개도국의 입장에 따라 구속력이 없는 원칙선언으로 끝났다.

67) 냉전 종식 후에 개발의 개념은 종전의 경제개발로부터 인권과 같은 사회적 가치의 신장을 중요한

뿐 아니라 사회라는 3개의 영역으로 구성된 개념이다. 2000년에 유엔에서 개최된 새천년정상회의(Millennium Summit)가 채택한 새천년선언(Millennium Declaration)의 새천년개발목표(MDGs) 역시 이러한 요소들을 두루 포함하고 있다. 새천년선언의 이행상황을 중간점검하기 위해 2005년에 개최된 세계정상회의(일명 MDG+5 Summit)의 결과문건에서도 지속가능성이 환경·사회·경제의 세 기둥으로 구성되며 이들은 상호 의존적이고 상호 촉진적인 것으로서 서로 균형을 이루어야 한다는 점을 지적했다. 이처럼 환경적·사회적·경제적 구조가 공동체 구성원 모두에게 현재와 미래에 건강하고 생산적이고 의미 있는 삶을 제공하도록 만들어 주어야 한다고 보았다.68)

지속가능한 개발의 국제적인 수용은 일종의 환경을 바라보는 패러다임의 변동(paradigm shift)이라고 간주할 수 있다. 이전에는 자연을 인간에 의해 이용되기 위해 존재하는 것으로 바라보았으나 이제 자연은 그 자체로서 가치 있는 것이며 인간은 자연과의 균형 속에서 살아나가야 한다고 보게 되었고 환경서비스(environmental services)의 악화를 우려하게 되었다. 과거에는 성장에는 한계가 없다고 보았고 환경문제에 우려를 가지고 있다고 해도 자유시장의 보이지 않은 손에 의한 해결을 신봉하고 있었으나 이제 성장의 한계를 인식하고 환경회계(environmental accounting)를 추구하게 되었다.69)

개발로 보는 사회개발(social development)과 개발에 있어서의 인간 중심성을 강조하기 위한 인간개발(human development)로 확장되어 나가고 있었다. 1980년대까지 개도국의 경제개발에 중점을 두어온 선진국들은 이러한 경제개발 중심주의 처방이 개도국에 별 다른 성과를 보이지 않는다는 판단하에, 1990년대 들어서면서 개도국에 있어서의 인권의 열악함이나 민주주의의 부재 등의 문제를 지적하면서 경제개발(economic development)과 동시에 사회개발(social development)의 중요성을 강조하기 시작했다. 이는 1995년에 개최된 코펜하겐의 사회개발정상회의(World Summit on Social Development, WSSD)의 회의 이름에서도 잘 나타난다. 이에 따라 개도국의 저발전과 빈곤의 완화를 위한 경제적 지원에 민주주의·인권의 존중·법의 지배·부패방지·의사결정의 투명성 등과 같은 선정(good governance)을 전제조건으로 부과하려는 경향을 강하게 보이기 시작했다.

68) 유엔교육과학문화기구(UNESCO)는 2001년에 세계문화다양성선언(The Universal Declaration on Cultural Diversity)을 통해 추가적인 개념으로서 「자연에게 있어서 생물 다양성이 중요하듯이, 인간에게 있어서 문화 다양성이 필요하다"고 언급하였다. 문화 다양성은 단순한 경제적인 성장이 아닌, 보다 만족스러운 지적·감정적·윤리적·정신적인 삶을 달성하기 위한 하나의 방법으로서의 근원이 된다는 것이다. 이러한 견해에 따르면, 「문화 다양성」이 지속가능한 개발의 네 번째 정책영역이 된다. 최근 유엔환경계획(UNEP)과 유엔인권최고대표사무소(UN OHCHR)가 발간한 「인권과 환경(Human Rights and the Environment)」이라는 보고서는 인권과 환경보호를 통합한 해결책이 지속가능한 개발과 녹색경제를 촉진할 것임을 강조했다. 보고서는 삶과 건강·물·식량과 같은 기본적인 인권은 환경과 관련이 있다고 언급하면서 지속가능한 개발을 촉진하기 위해서는 인권과 환경 사이의 상관관계와 상호이익을 인식해야 한다고 강조하고 인권과 환경보호를 통합하지 않으면 지속가능한 개발과 녹색경제는 성공할 수 없다고 언급했다.

69) 환경회계(Environmental Accounting)란 환경을 고려함으로써 소요되는 비용과 이로 인한 효과를

앞서 세계환경개발회의(WCED) 보고서의 「지속가능한 개발」이라는 환경과 개발을 통합한 개념이 「자유주의적 환경주의(liberal environmentalism)」라는 규범의 출발이라고 언급한 바 있는데 이러한 규범이 유엔환경개발회의에서 제도적으로 수용되었다. 이 규범은 무역과 재정에 있어서의 자유화가 국제환경 보호와 일치하고 여기에서 나아가 국제환경 보호를 위해 필요하며 이 둘은 지속가능한 성장이라는 총체적인 목표와 일치한다는 견해가 제도화된 것이다. 이러한 규범은 특히 유엔환경개발회의의 「환경과 개발에 관한 리우선언(Rio Declaration on Environment and Development)」에 구체화 되었다. 좀 더 구체적으로 정치적인 면에서 특정 국가의 국경 내에서의 자원(그리고 환경과 개발에 대한 정책)에 관한 국가주권 · 경제적인 면에서의 전 지구적인 자유무역과 개방된 시장의 촉진 · 관리 측면에서 오염자부담 원칙(그리고 그의 엄격한 규제 장치보다는 시장장치의 암묵적 지지)과 사전주의의 원칙이 이러한 규범을 구체화 한 것이다.[70]

유엔환경개발회의를 성과와 한계라는 측면에서 평가하면 다음과 같다. 우선 당 회의의 성과를 살펴보면 이 회의를 통해 환경문제가 국제사회의 주요한 의제로 확고히 자리를 잡았다는 점에서 큰 의의를 갖는다. 또한 지속가능한 개발을 대안개념으로 선정하여 환경과 개발의 문제의 접합을 시도하면서 환경과 개발 모두에 주의를 환기시키고 「지속가능한 개발」이라는 목표를 정치적으로 승인한 것이 큰 의의를 둘 수 있다. 국가들은 지속가능한 개발을 대원칙으로 수용하여 실천계획을 설정하여 이를 이행하기로 합의했던 것이다. 그리고 10년마다 이에 대한 성과와 한계를 평가하면서 새로운 도전에 대응하기 위해 일종의 후속조치검토회의(review conference)로서 국제회의를 개최하기로 했다.

환경문제가 중요한 의제로서 국제무대에 등장하게 된 것은 1972년 유엔인간환경회의(UNCHE)부터이다. 그러나 선진국과 개도국 사이의 커다란 견해차이로 인해 국제환경 문제를 둘러싼 협력에 있어서 별다른 진전이 없었다. 그러다가 1992년에 개최된 유엔환경개발회의(UNCED)에서 선진국과 개도국간의 견해차이가 「지속가능한 개발(sustainable development)」이라는 개념을 통해 좁혀지면서 이들 간에 협력을 위한 바탕이 만들어졌다.

평가하여 이익을 제고하는 등의 합리적인 의사결정을 위한 회계를 의미한다.

70) Steven Bernstein, "Liberal Environmentalism and Global Environmental Governance," *Global Environmental Politics*, Vol. 2, No. 3 (August 2002), p. 4.

1992년의 유엔환경개발회의(UNCED)는 유엔체제 내에서의 NGO의 활동에 커다란 분수령을 이루었다. 우선 수적으로 과거 UNCHE에 비해 훨씬 많은 NGO들이 참여했다. 구체적으로 1,420개의 NGO가 UNCED에 공인되었고 15,000명이 병행 NGO 포럼에 참여했다. 특히 주목할 것은 UNCHE에 참여한 NGO들 가운데 약 10%만이 개도국을 대표했으나 UNCED에서는 이러한 개도국을 대표하는 NGO의 수가 좀 더 높은 비율을 차지했다.

UNCED 본회의장에 참가할 수 있는 NGO는 세계적인 조직을 가진 국제비정부기구(International Nongovernmental Organization, INGO)에 국한되었으므로 각 국가에서 온 국내비정부기구(National Nongovernmental Organization, NNGO)는 정부간 대표들의 회의와 병행한 NGO들만의 회의인 「지구포럼(Global Forum)」에 참가했다.[71] 이들은 UNCED라는 공식회의를 평가했을 뿐 아니라 공식회의에서 제외된 사항과 그들 자신의 의제를 논의했다. 이들은 「의제 21」에 상응하는 NGO의 대체 협정들을 채택하는 등 활발한 활동을 전개했다.

유엔 경제사회이사회(ECOSOC)와 협의적 지위(consultative status)에 있든 없든 관계없이 약 1,420개의 NGO들이 UNCED에 의해 공인되었으며 이 숫자는 유엔회의 사상 가장 많은 수였다. 이들 공인된 NGO들(accredited NGO)은 회의의 준비 단계에서부터 참여했다.

국제자연보전연맹(IUCN-The World Conservation Union) · 그린피스(Greenpeace International) · 제3세계환경개발행동(Environment and Development Action in the Third World) · 보존재단(Conservation Foundation) · 환경방어기금(Environmental Defense Fund)과 같은 NGO들은 준비회의의 실무 당사자가 되기도 했다.

NGO들은 이러한 회의의 준비 과정에 참여하여 로비 등을 전개함으로써 일정한 정도의 영향을 미칠 수 있었는데 구체적으로 NGO들은 의제를 규정하고 지속적인 개발과 같은 새로운 개념의 지지를 위해 국제적인 연계망을 동원함으로써 정치적인 합의의 구축을 도왔다.

그러나 준비 단계에의 참여가 허용된 것과는 달리 공인된 NGO들은 실질적인 단계에 있어서의 공식적인 회의에는 참여가 허용되지 않았으며 그 결과 실질적인 중요한 영향력을 미치는 데는 미흡했다. 이들 NGO 대표들이 참여의 기회를 가질 수 있었다면 일부 국가에서처럼 NGO 대표가 국가 대표단(national del-

71) 보다 정확한 명칭은 「The 1992 Global Forum」이었다.

egation)의 일원이 되는 경우였다. UNCED에는 실질적으로 최소한 14개 국가가 NGO 대표를 국가 대표단의 일원으로 실질적인 회의에 참가시켰다. 그러나 이러한 국가는 주로 미국을 위시한 선진국이었으며 그 결과 실질적인 회의에 있어서 영향력을 발휘할 수 있었던 NGO는 소수의 선진국 NGO에 국한되었다.

UNCED에 참가한 NGO들의 포럼인 「지구포럼(Global Forum)」에서 NGO들은 상호 긴장관계를 노정시켰다. 비록 환경관련 NGO모임이었으나 개도국의 NGO 대표들은 외채문제와 군비확산문제 등을 거론하면서 이러한 문제들이 개도국에 있어서의 환경문제에 적절하게 대응하지 못하도록 하는 본질적인 원인으로 작용한다는 점을 부각시키기도 했다. 여하튼 환경보존이란 목표에는 견해를 같이 했으나 이에 이르는 방법에 있어서 차이점을 지니고 있었다.

이들 NGO들에게 「의제 21」은 UNCED에서 논의된 것을 이행하고 감시하는 「주요 그룹(major group)」으로서의 지위를 부여했다. 회의 이후 유엔의 총회(UNGA)와 경제사회이사회(ECOSOC)는 결의안을 통과시켜 UNCED에 의해 공인된 NGO들이 지속가능개발위원회(CSD)에 있어서 거의 자동적으로 명부(roster)에 오르도록 공인하는 조치를 취했다.

이 회의에서 NGO들에게 회의에 정보를 제공하고 전파하는 것을 돕는 역할과 더불어 회의의 결과물을 집행하는 역할이 부여되면서 NGO의 역할에 있어서의 변화를 가져왔다. 좀 더 구체적으로 말해 이 회의를 계기로 정책을 입안하고 집행하며 나아가 감시하는 역할이 부여되었다.[72)]

유엔환경개발회의는 지속가능한 개발을 위한 종합적이고 전 지구적인 청사진을 제시함에도 불구하고 다음과 같은 한계를 가진다. 국가들 사이에 합의(consensus)에 도달하기 위해 원래의 의도들이 희석이 되어버렸다. 특히 인구·에너지·산림생산(forest production)·소비와 같은 중심 이슈에 관하여 의제 21은 유명무실함을 크게 벗어나지 못했다. 또한 기후변화협약과 생물다양성협약은 실질적인 문제들을 미래에 넘기면서 근간(framework) 이상의 것을 제공하지 않았다. 미국은 명백한 목표치를 포함한 기후변화협약을 수용하기를 거부했고 생명공학적 발명을 위해 식물과 동물 자원을 제공한 국가들에게 보상을 하여야 한다는

---

72) Ludivine Tamiotti and Matthias Finger, “Environmental Organizations: Changing Roles and Functions in Global Politics,” *Global Environmental Politics*, Vol. 1, No. 1 (February 2001), pp. 56-76.

의무규정 때문에 생물다양성협약에 서명하기를 거부했다.

좀 더 중요한 사실이면서 개도국에게 큰 실망을 안겨준 것은 유엔환경개발회의가 「의제 21」의 내용을 지원하기 위해 필요로 하는 재정적인 약속을 도출하지 못했다는 점이다. 선진국과 개도국 모두 지구환경을 보전한다는 대원칙에는 뜻을 같이했다. 그러나 개도국은 선진국들이 환경보호를 구실로 개도국의 개발을 저지하려는 것이 아닌가하는 의구심을 가지고 여전히 지구환경의 파괴에 대해 역사적인 책임이 있는 선진국들이 일차적인 환경규제의 부담을 질 것을 요구하면서 개도국에 대한 외채탕감과 공적개발원조(ODA)의 확대를 포함하는 재정지원과 필요한 기술의 무상이전에 대한 선진국들의 약속을 희망했다. 이러한 맥락에서 이들은 개발권보장 · 재정지원 · 기술이전 등을 주요한 이슈로 삼았지만 선진국들로 하여금 실질적인 재정지원을 약속하도록 하는 데에 성공하지 못했다.

선진국들은 환경파괴는 지구를 멸망시킨다는 이유를 들어 지구환경의 보호는 개도국의 협력이 없어서는 안 된다는 주장을 했다. 이들은 종래와는 다르게 지구환경의 보호를 위해서는 재정적인 부담을 할 수 있다는 전향적인 자세를 보였고 대다수의 개도국들도 선진국들이 적정한 재정부담을 한다는 조건하에 지구환경의 보호에 동참할 것을 약속했다. 그 결과 선진국들과 개도국들은 「차별적 공동책임의 원칙」이라고도 불리는 「공동의 그러나 차별화된 책임의 원칙」이라는 큰 틀에 합의를 했다.73)

그러나 선진국과 개도국 사이의 견해차이로 인해 「의제 21」은 실질적인 재원마련과 기술이전에 대한 구체성을 결여한 개괄적인 정책수단을 제시하는 데 그쳤다. 즉 「의제 21」은 구체적인 기한 등에 관한 합의 없이 선진국들로 하여금 국민총생산(GNP)의 0.7%를 환경개선 등을 위한 공적개발원조(ODA)로서 내놓도록 규정하는 데 그쳤다. 재정적 자원의 제공에 대하여 몇몇 선진국들은 약간의 추가적인 자원을 제공할 것을 약속했고 유엔환경개발회의는 세계은행(World Bank)의 지구환경기금(Global Environmental Facility, GEF)을 개도국이 좀 더 수용할 수 있는 방식으로 구조를 개혁할 것을 동의했다. 이러한 구조개혁에는 GEF의 의사결정 절차를 좀 더 투명하게 하고 지방정부가 좀더 GEF의 프로젝트의 개발과

73) 「공동의 그러나 차별화된 책임의 원칙」이란 선진국과 개도국 모두 환경을 보호할 책임이 있음을 인정하는 한편 이들 간에 환경파괴에 대한 역사적 책임상의 차이를 인정하여 환경문제의 해결을 위한 국제적인 의무를 차별화한다는 것을 의미한다. 이러한 차별적 공동책임 아래 개도국에 대한 선진국의 환경관련 기술의 이전과 재정적 지원을 논의해 오고 있다.

운영에 관여할 수 있도록 하는 것 등이 포함되었다.

2. 환경과 무역의 연계

환경문제가 범세계적으로 논의되고 있는 가운데 미국 상원의원인 바우커스(Max Baucus)가 1991년에 각국의 환경보전 비용 상의 차이가 국제무역에서의 경쟁력의 차이를 가져오기 때문에 그 격차 분만큼을 상계관세(countervailling duties)로서 부과해야 한다는 생각하에 환경과 무역을 연계하는 국제규범을 만들기 위한 다자협상인 그린라운드(Green Round)를 시작할 것을 제안했고 이를 계기로 미국・유럽연합(EU)・일본 등 무역 선진국이 중심이 되어 논의가 전개되었다.[74] 그러나 1987년에 체결된 바 있는 오존층 파괴물질에 관한 몬트리올 의정서가 환경과 무역을 연계하고 있는 것에서 보듯이 환경보호를 목적으로 한 무역규제는 이전에도 전혀 없었던 것은 아니다.[75]

이러한 환경과 무역의 연계에 관한 논의는 1992년 유엔환경개발회의(UNCED)에서 「지속가능한 개발」이라는 개념이 공식적으로 국제사회에 의해 수용된 이후 선진국을 중심으로 활발하게 전개되었다. 그러나 1993년 말에 일련의 다자협상 끝에 타결되어 새로운 무역질서를 출범시킨 우루과이라운드(Uruguay Round)와는 달리 환경보호라는 목적을 달성하기 위한 무역조치의 사용에 대한 국제적 합의를 형성하고 무역과 환경문제 간의 연계에 대한 기본 방향을 정립하고자 하는 그린라운드의 경우는 아직 국가 간에 타결된 명시적인 결과물로서 합의가 존재하지 않는다.

환경과 무역의 연계는 양면을 가지고 있다. 우선 선진국들에 의해 환경보호의 실효성을 실질적으로 확보하는 수단으로 추구되고 있다. 국제환경협약은 위반에

---

74) 이렇게 하여 탄생한 「그린라운드」라는 말은 무역과 노동의 문제를 연계하는 「블루라운드(Blue Round)」라는 말과 마찬가지로 국제사회에서 공식적으로 사용되는 용어가 아니며 환경과 무역의 연계를 위한 다자간의 일련의 협상을 의미한다고 보면 된다.

75) 몬트리올 의정서는 의정서의 실효성을 높이기 위해 비당사국에 대한 무역규제를 규정하고 있다. 구체적으로 의정서 당사국은 의정서가 발효된 후 1년 이내에 비당사국으로부터 프레온가스를 비롯한 규제물질을 수입할 수 없고 비당사국에게 수출도 할 수 없도록 했다. 이러한 규제조치의 대상에는 규제물질 자체뿐만 아니라 규제물질이 함유된 제품과 규제물질을 사용하여 생산된 제품까지도 포함되었다. 또한 비당사국으로의 규제물질의 생산기술과 이용기술의 수출도 금지했다. 이러한 조치는 환경을 이유로 한 무역규제로서 자유무역주의를 옹호하는 관세와 무역에 관한 일반협정(GATT)에 위반하는 것이 아닌가를 둘러싸고 논쟁이 되었으나 무역규제를 허용하는 예외조항의 하나인 GATT 규정의 제 20조 b항(인간과 동식물의 생명과 건강의 보호를 위해 필요한 조치의 경우 협정이 예외적으로 적용되지 않는다)에 부합한다고 해석한 바 있다.

관한 강제성 있는 제재조치를 결하는 경우가 대부분이어서 실효적인 준수를 확보하는 것이 어려운데 무역규제가 환경을 보호하기 위한 실효적인 수단이 될 수 있다.

또 다른 한편 환경과 무역의 연계는 선진국이 노골적으로 드러내지는 않지만 무역에 있어서 국제적인 경쟁력을 기지고 비교우위를 확보하기 위한 수단으로 추구되고 있다. 이는 우루과이라운드 협정이 비록 후진국이 선진국의 반덤핑관세·상계관세·긴급수입구제 조치에 관한 규정의 허점을 교묘히 이용하는 것을 방지하기 위해 이러한 조치의 발동대상을 확대하기는 했으나 선진국들이 이러한 조치를 자의적으로 발동하는 것을 제한하기 위해 발동요건을 강화했다. 이러한 상황에서 새로운 무역규제 조치를 찾아 나서야 했으며 그것이 바로 환경과 무역의 연계였던 것이다.

지구환경을 보전하기 위해 무역을 규제할 수 있는가의 문제를 둘러싸고 선진국과 개도국 간에 의견이 대립되어 오고 있다. 선진국은 환경보호의 문제를 다자간 협상에서 논의하여 합의된 환경기준을 만든 다음 이를 충족시키지 못하는 무역상품에 대해서는 환경보호를 위해 일방적인 상계관세의 부과 등 직접적인 무역규제 수단으로부터 경제적인 수단 등 다양한 수단을 광범위하게 활용하여야 한다는 입장을 가지고 있다.

이와 더불어 국가들로 하여금 각종 국제환경협약에 가입할 것을 권고할 뿐 아니라 상품의 환경인증제도나 기술규정 등에 가입한 상품이 우선적인 교역대상이 되도록 함으로써 국가들로 하여금 이러한 환경인증제도나 기술규정에 가입하도록 한다는 내용도 포함되어 있다. 또한 환경 친화적인 생산의 공정과 방법을 사용하도록 요구하기도 하는데 이러한 것은 국제인증기구인 국제표준화기구(ISO)의 환경과 관련한 국제표준인 ISO 14000 시리즈로 구체화되었다.

반면에 개도국들은 환경보전을 위한 선진국들의 무역규제 도입이 개도국에 대한 불공정한 차별로 악용될 소지가 많다는 것과 환경관련 기술(소위 녹색기술)과 재정능력이 열세인 관계로 선진국과의 지속적인 발전격차를 우려하고 있다.

이 당시 선진국들은 환경보호를 위한 규제를 강화했는데 개도국들은 이를 환경보호를 위한 것이기도 했지만 또 다른 한편 후진국들에게 환경에 관한 높은 국제기준을 제시함으로써 환경을 제대로 고려하지 않은 채 생산되어 가격 경쟁력을 가지고 있는 후진국의 제품의 선진국 시장으로의 수출을 제한하고 선진국 제품의 국제적인 경쟁력을 제고시키기 위한 것으로 인식했다. 즉 선진국들이 환경보전이라는 대의명분을 표방하면서 그린라운드를 옹호하고 있지만 실제로는 시장개방 확대와 자유무역 추구라는 세계무역기구(WTO)의 기본목표를 뒤로 한 채 자신들의 국제경쟁력을 강화하기 위해 보호무역주의적인 비관세장벽으로 활용하고자 한다고 본다.

환경과 무역의 연계문제는 1992년에 개최된 유엔환경개발회의(UNCED)의 결과문건에도 반영되었다. 구체적으로 리우선언의 원칙 12와 더불어 의제 21의 제2조 제5항과 제19항 및 제20항에 반영되어 있는데 핵심적인 내용은 환경과 무역은 긴밀하게 연계되어 있어 무역은 환경에 기여하고 환경은 무역에 기여한다는 선진국의 입장과 더불어 환경보호를 목적으로 하는 무역조치는 자의적이고 일방적이어서는 안 되고 국제적인 합의에 기초해야 한다는 개도국의 입장이 고려되어 있다.

리우선언의 원칙 12는 i) 국가들은 환경파괴의 문제를 좀 더 잘 다루기 위해 모든 국가에 있어서 경제성장과 지속가능한 개발을 가져올 개방적인 국제경제 체제를 증진시키도록 협력해야 한다. ii) 환경적 목적의 무역정책 조치는 국제무역에 대한 자의적이거나 부당한 차별적 조치 혹은 위장된 제약을 포함해서는 안 된다. iii) 수입국의 관할지역 밖의 환경문제를 다루기 위한 일방적 조치는 회피되어야 한다. iv) 국경을 초월하거나 지구적 차원의 환경문제에 대처하는 환경적 조치는 가능한 한 국제적 합의에 기초해야 한다고 규정했다.

의제 21(Agenda 21)의 제2조 제5항은 지속가능한 개발목표와 일치하고 비교우위에 따라 전 지구적 생산의 최적분배로 귀결되는 개방적이고 균등하며·안전하고·무차별적이고·예측이 가능한 다자무역체제는 모든 교역 당사국에게 유익하다고 규정했다.

의제 21의 제2조 제19항은 i) 환경과 무역정책은 서로를 지원하는 것이어야 한다. ii) 개방적인 다자무역체제는 자원의 효율적인 배분과 사용을 가능하게 함으로써 생산과 소득의 향상에 기여하고 환경수요의 감소에 기여하며 경제성장 및 발전과 환경보호 개선에 필요한 추가적인 자원을 제공한다. iii) 반면에 건전한 환경은 성장을 지탱하고 지속적인 무역확대의 토대가 되는데 필요한 생태적 자원과 그 밖의 다른 자원을 제공한다. iv) 건전한 환경정책의 채택에 의해 지지되는 개방된 다자무역체제는 환경에 긍정적 영향을 미치고 지속가능한 발전에 기여할 것이라고 규정했다.

의제 21의 제2조 제20항은 다음과 같이 규정하고 있다: i) 환경분야에서 국제협력은 증대되고 있으며 많은 경우 국제환경협약의 무역조항은 지구적 환경위협과 싸우는 데 역할을 해왔으며 필요하다고 생각되는 특별한 경우 무역조치들은 환경보호를 위한 환경규제의 효율성 제고에 사용되어 왔다. ii) 이러한 규정들은 부당한 무역규제가 되지 않도록 환경악화의 근원을 다루어야 한다. iii) 우리가 직면한 도전이란 무역과 환경정책의 일치를 보장하고 지속가능한 개발의 과정을 강화하는 것이지만 선진국에 유효한 환경기준이 개도국에 부당한 사회적・경제적 비용을 초래한다는 사실을 고려해야 한다.

환경과 무역을 연계하고자 하는 선진국과 이에 반발하는 개도국 사이에 합의가 없는 가운데 그린라운드가 사실상의 새로운 무역규제장벽으로 등장했고 이에 따라 다수의 국제환경협약에 환경보전을 명분으로 환경과 무역을 연계하여 무역을 규제하는 내용들이 포함되었다. 이러한 국제환경협약에는 기후변화협약・생물다양성협약・바젤협약・오존층 파괴물질에 관한 몬트리올 의정서・멸종위기에 처한 야생 동식물 종의 국제거래에 관한 협약(CITES) 등 다수가 있다. 국제환경협약 모두에 무역을 규제하는 규정이 포함되어 있는 것은 아니지만 시간이 지나면서 점차적으로 무역규제의 내용이 강화되고 있다. 개도국들은 이러한 국제환경협약에 가입하지 않음으로써 초래되는 피해를 우려하여 이들 협약에의 가입을 늘려가지 않을 수 없었다.

무역과 환경의 연계에 관한 논의는 경제협력개발기구(OECD) 등 여러 국제기구에서 논의가 진행되었지만 1995년에 세계무역기구(WTO)가 출범한 이후 산하에 무역환경위원회(CTE)가 설치되면서 WTO가 동 논의의 핵심기구로 등장했다. 그린라운드는 무역환경위원회가 정식 활동에 들어간 1996년 말부터 5년 이내에 이행될 것으로 전망했으나 현재까지도 제대로 진행되고 있지 않다.

3. 국제표준화기구의 환경인증제도의 출발

위에서 이미 살펴보았듯이 환경과 무역을 연계하고자 하는 그린라운드와 밀접한 관련을 가지는 것이 국제표준화기구(ISO)의 환경인증제도이다. 환경분야에 대한 국제적 표준화 작업은 1992년에 국제표준화기구의 산하에 기술위원회(TC

207)가 설치되어 오늘날의 환경경영체제에 관한 국제규격인 ISO 14000 시리즈 제정이 검토되면서 본격화되었다.[76)]

1996년 9월에 ISO 14000 시리즈의 하나로서 환경경영체제에 관한 국제규격인 ISO 14001이 제정되었다. 구체적으로 ISO 14001은 기업의 환경경영을 조직과 경영이라는 두 측면에서 평가하여 환경인증을 부여하는 국제 표준규격이다. 같은 해 10월에 환경감사의 표준(ISO 14010, 14011, 14012)이 제정되고 공표되었다.

환경경영체제에 대한 인증제도(ISO 14000 시리즈)가 그린라운드와 관련해 중요하게 주목을 받는 이유는 자발적인 프로그램인데도 불구하고 그린라운드의 환경 표준 규격으로 적용될 가능성과 더불어 무역규제의 새로운 요소로 대두되고 있기 때문이다.

4. 지구헌장의 채택

세계환경개발위원회(WCED)는 인류는 「지속가능한 개발」이라는 용어를 통해 인류에게 있어서 개발의 근본적인 변화를 만들고자 했으며 공유된 원칙으로서 「지구헌장(The Earth Charter)」이라는 개념을 제기했다. 유엔환경개발회의(UNCED)의 4차에 걸친 준비회의와 당 회의에서 법적 구속력을 지닌 이러한 지구헌장을 채택하려는 노력이 있었지만 지구환경의 위기에 대한 책임과 지구환경 문제의 해결을 위한 재정지원과 기술이전 등을 둘러싼 선진국과 후진국 사이의 입장차이로 구속력이 없는 리우선언이 채택되는데 그쳤다.

유엔환경개발회의가 끝난 후 리우선언이 지구헌장으로 대체되어야 한다는 주장이 제기되는 가운데 지구헌장을 채택하기 위한 운동이 유엔환경개발회의 실무진·과학자·비정부기구들에 의해 다시 활성화 되었다. 이러한 노력의 일환이면서 다른 한편 유엔환경개발회의에서 합의된 내용의 이행을 촉진하기 위해 1992년에 유엔환경개발회의의 사무총장을 맡았던 스트롱(Maurice Strong)과 비정부기구가 주축이 되어 「지구평의회(Earth Council)」라는 비정부기구(NGO)가 결성되었다.

지구평의회와 녹십자회(Green Cross International)가 네덜란드 정부의 지원을

76) 「ISO 14000 시리즈」란 기업이나 조직의 환경경영체제(Environmental Management System, EMS)를 규정한 국제규격을 의미하는데 여기에 여러 가지의 국제규격이 포함되어 있기 때문에 시리즈라고 불린다. 여기에 포함되어 있는 환경경영시스템의 국제규격에는 환경경영체제(ISO 14001), 환경감사(ISO 14010 시리즈), 환경라벨링(ISO 14020 시리즈), 환경성과의 평가(ISO 14030 시리즈), 전 과정 평가(ISO 14040) 등이 있다. 이 가운데 ISO 14001이 가장 중요한 것으로 간주된다.

얻어 1994년에 지구헌장을 만들기 위한 운동을 다시 본격적으로 시작했다. 지구평의회는 1997년에 6개 대륙들을 대표하는 24명의 위원들로 구성된 「지구헌장위원회(Earth Charter Commission)」를 발족시켰으며 이 위원회가 「지구헌장초안(Draft Earth Charter)」을 만들어 오랜 논의 끝에 2000년 3월에 지구헌장을 확정지었다.[77)]

이 지구헌장은 인류의 지속가능한 미래를 위해 따라야 할 행동원칙으로서 생명공동체에 대한 존중과 보호(Respect and Care for the Community of Life), 생태적 일체성(Ecological Integrity), 사회·경제적 정의(Social and Economic Justice), 민주주의·비폭력·평화(Democracy, Nonviolence, and Peace)의 4부문에 걸쳐 16개 주요 행동원칙들과 61개 세부 행동원칙들을 제시하고 있다.

5. 유엔 특별총회(Special Session of the UNGA)

1997년에 유엔환경개발회의 이후 5년간 각국별로 전개된 환경보호 노력을 평가하고 핵폐기물의 처리문제와 소비패턴의 변화 등 새롭게 부각되고 있는 환경문제들에 대한 이행전략을 집중적으로 논의하기 위해 환경문제만을 특별한 의제로 한 유엔의 특별총회(제19차 유엔환경특별총회)가 5일간의 일정으로 개최되었다. 「지구정상회의 II(Earth Summit II)」 혹은 「Rio+5」라고도 불리는 특별총회에는 70여 개 국가의 국가원수를 포함하여 180여개 국가의 정부대표가 참석했으나 구체적인 성과를 내지 못하고 끝났다. 즉 유엔환경개발회의의 성과를 제대로 평가하지 못한 채 단순히 의제 21의 목표를 재확인하는 수준에서 끝나고 말았다. 선진국과 개도국 사이에 재정지원 문제와 기술이전 문제를 놓고 극한 대립이 빚어져 처음 계획했던 지구환경 보전을 위한 「정치선언」을 채택하는 데 실패했던 것이다.

구체적으로 개도국들은 재정지원과 관련하여 선진국들이 국민총생산(GNP)의 0.7%를 환경개선 등을 위한 공적개발원조(ODA)로서 내놓도록 규정한 유엔환경개발회의의 합의를 준수할 것을 촉구하며 정치선언에 명문화하자는 주장을 했다. 그러나 미국 등 선진국들은 재원충당의 일차적인 책임은 해당국에게 있다는 입장을 견지하고 민간의 직접투자 유치 등 시장원리를 통한 환경보호를 주장하면서

77) 지구헌장 운동을 전개한 사람들은 지구헌장이 2002년에 개최될 지속가능개발정상회의(WSSD)에서 법적 구속력을 지닌 문건으로서 공식적으로 채택되기를 기대했으나 실현되지 않았다.

이에 강력하게 반대했다. 기술이전에 있어서도 선진국들은 사기업간에 있어서의 기술이전을 주장했고 개도국들은 선진국의 정부가 주도하는 기술이전을 주장해 합의를 보지 못했다.

재정지원과 기술이전 문제와 더불어 치열하게 논쟁을 벌였던 이슈는 지구온난화(global warming) 방지를 위한 온실가스 규제문제였는데 강력한 규제를 주장하는 유럽 국가들과 현실적 여건을 고려해야 한다는 미국·캐나다·호주가 맞서는 바람에 별다른 진전을 이루지 못했다. 그러나 특별총회는 2002년에 세계 각국 지도자들이 모이는 지구정상 회의를 개최하여 지난 10년간의 의제 21의 이행 성과를 평가하고 향후의 의제 21의 실천을 위한 구체적인 목표와 실천 전략을 마련하기로 하는 중요한 결정을 내렸다는 점에서 의의를 둘 수 있다.

6. 생태발자국 개념의 등장

「생태발자국(Ecological Footprint, EF)」이란 1996년 캐나다의 경제학자인 웨커네이걸과 리스(Mathis Wackernagal and William Rees)가 공동으로 제시한 개념으로서 인간이 지구에서 살아가면서 자연 생태계에 남긴 발자국(즉 영향)을 의미한다.[78] 이 개념은 사람들이 현재의 삶의 유형(lifestyle)을 유지하는 데 필요한 재생 가능한 모든 자원을 공급하고 사람들의 활동으로 인한 배출물(이산화탄소 등)을 흡수하기 위해 소요되는 생물학적 생산성을 지닌 토지와 바다의 면적으로 표기되며 이를 달리 말해 「생태파괴 지수」라고 부를 수 있다.[79]

이러한 생태발자국은 우리의 삶의 유형이 얼마나 많은 자원을 필요로 하는가를 측정하는 것을 목표로 한다. 즉 생태발자국의 측정을 통해 현재와 같은 삶의 유형을 유지하기 위해 필요로 하는 토지와 바다의 양을 알 수 있다. 이러한 생태발자국은 값이 클수록 생태계의 훼손이 크다는 것을 의미한다. 개개 국가의 생태발자국은 미국에 소재한 환경연구 단체인 「지구발자국네트워크(Global Footprint Network, GFN)」라는 비정부기구(NGO)에서 찾아볼 수 있다.[80]

---

78) Mathis Wackernagal and William Rees, *Our Ecological Footprint: Reducing Human Impact on the Earth* (Philadelphia, PA: New Society Publishers, 1996) 이 책은 한국에서 다음과 같이 번역되어 출간되었다: 마티스 웨커네이걸·윌리엄 리스, 류상윤·이유진 옮김, 생태발자국 (서울: 이매진, 2006년).

79) 「생태발자국(ecological footprint)」이라는 용어로부터 「탄소발자국(carbon footprint)」뿐만 아니라 「물발자국(water footprint)」과 「에너지발자국(energy footprint)」 등의 용어가 파생되었다.

이러한 생태발자국이 의미를 지니기 위해서는 지구가 소지하고 있는 생산력과 폐기물의 수용능력이 얼마나 되는가를 알고 생태발자국이 이로부터 얼마나 벗어나 있는가를 아는 것이며 이를 통해 전 세계 혹은 특정 지역이 지구에 주는 부담의 정도를 알 수 있다. 여기에서 지구가 소지하고 있는 생산력과 폐기물의 수용능력은 앞서 언급했듯이 지구가 사람들이 필요로 하는 재생 가능한 자원을 공급하고 쓰레기를 비롯한 사람들의 배출물을 흡수할 수 있는 생물학적 생산성을 지닌 토지와 바다의 면적으로 표기되며 이를 「생태용량(biocapacity)」이라고 한다.

이러한 생태용량과 생태발자국을 비교하여 국가들을 분류할 수 있는데 생태발자국이 생태용량에 비해 클 경우 「생태 채무국」이라고 하고 생태발자국이 생태용량보다 작을 경우 「생태 채권국」이라고 할 수 있다. 생태 적자국은 무역 등을 통해 생태용량을 수입하거나 자연자원을 남획하거나 이산화탄소를 대기 중으로 배출함으로써 초과수요를 충당하게 된다.[81)]

생태발자국과 생태용량은 지속적으로 변화하는 것으로서 이들은 구체적으로 「글로벌 헥타르(global hectare, gha)」라는 단위로서 표기된다. 이는 해당 연도의 생물학적 생산성의 세계 평균을 구한 다음 특정 지역의 토지와 바다의 생물학적 생산성을 반영하여 물리적 헥타르 수치를 조정한 것이다. 예컨대 특정 지역의 농경지가 세계평균보다 2배의 생물학적 생산성을 지니고 있을 경우 실제의 농경지 면적이 1헥타르이지만 글로벌 헥타르로 환산할 경우 2gha가 된다. 이렇게 글로벌 헥타르로 환산하는 이유는 각 지역의 헥타르가 표준화되기 때문에 전 지구적 비교가 가능하기 때문이다.[82)]

전 세계적으로 보아 현재의 생태발자국은 생태용량의 64%를 초과했는데 이는 현재 인류가 사용하는 자원을 제공하고 쓰레기를 비롯한 배출물을 처리하기 위해 1.6개의 지구를 필요로 한다는 것을 의미한다.[83)] 구체적으로 1961년에 30억 정도였던 세계인구가 2012년에 70억 정도로 증가했다. 1961년의 전 세계 인구 1인당 지구의 생태용량은 3.2gha이었는데 2012년에 1.7gha로 급격하게 감소했다. 이와는 대조적으로 1961년에 2.4gha이었던 전 세계 인구 1인당 생태발자

80) http://www.footprintnetwork.org/en/index.php/GFN
81) 세계자연기금 한국본부(WWF-Korea), 한국 생태발자국 보고서 2016: 지구적 차원에서 바라본 한국의 현주소 (서울: 세계자연기금 한국본부, 2016년), p. 8.
82) 위의 보고서, pp. 10-11.
83) 위의 보고서, p. 9.

국이 2012년에 2.8gha로 증가했다.[84)]

아시아・태평양 지역에 한정해서 볼 경우 생태발자국은 생태용량의 150%를 초과하고 있고 한국의 경우 생태발자국이 생태용량의 800%를 초과하고 있다. 한국의 경우 생태발자국이 생태용량의 800%를 초과하고 있다는 것은 한국인들이 현재의 삶의 유형을 유지하려면 현재 토지와 바다 면적의 8배 이상의 크기가 있어야 함을 의미한다. 구체적으로 한국의 경우 2012년을 기준으로 1인당 생태용량은 0.7gha 정도인데 반해 1인당 생태발자국 지수는 5.7gha를 기록하고 있다. 이는 전 세계가 한국과 같은 수준의 삶의 유형을 유지하려면 지구가 3.3개가 필요함을 보여주는 것이다.[85)]

지구발자국네트워크(GPN)는 지구환경에 가해지는 부담을 경고하기 위해 매년 지구가 인류의 삶을 위한 자원의 제공과 폐기물의 흡수를 감당할 수 없는 「지구 생태용량 초과의 날(Earth Overshoot Day, EOD)」을 발표해오고 있다. 즉 지구 생태용량 초과의 날이란 인류의 생태자원 소비량이 지구가 매년 재생이 가능한 자원을 사람들에게 공급하고 사람들의 배출물을 흡수할 수 있는 능력을 초과하는 생태적자가 시작되는 날을 뜻한다.

인류의 생태발자국은 1970년대에 들어서면서 지구의 생태용량을 초과하기 시작했다. 구체적으로 1970년대 초반까지는 지구 생태용량 초과의 날이 12월 하순이었는데 1990년대 들어 10월, 2000년대 들어 9월, 2010년대 들어 8월로 각각 앞당겨져오고 있다. 2014년의 경우는 8월 19일이었고 2015년의 경우는 8월 13일이었는데 2016년의 경우는 8월 8일로 앞당겨졌다. 이는 생태자원의 소비량이 빠른 속도로 증가하고 있는 것을 잘 보여준다. 이는 또한 지구가 준 한해의 예산을 8월 초순에 소진함으로써 미래세대의 것을 당겨쓰고 있다는 것을 의미하기도 한다. 한국의 지구 생태용량 초과의 날은 2월 23일이라고 한다.

7. 가상수 개념의 등장

「가상수(virtual water)」란 중동과 북아프리카 지역을 연구하는 학자인 영국 런던대학의 앨런(Tony Allan) 교수가 1998년에 중동 국가들은 생산에 물이 많이

84) 위의 보고서, p. 20.
85) 위의 보고서, pp. 9, 21, 51.

소비되는 식량의 수입에 좀 더 의존함으로써 부족한 수자원을 아낄 수 있다는 주장을 옹호하기 위해 소개한 개념이다.

가상수란 말 그대로 우리 눈에 보이지 않는 물을 의미하는데 처음 이 개념이 도입되었을 때 가상수 개념은 농산물의 생산에 소요되는 물에 국한되었으나 나중에 농산물뿐만 아니라 축산물과 공산품으로까지 확대되어 이들을 생산함에 있어 실제 완성품이 만들어질 때까지 소비되는 물을 의미한다. 더불어 이 개념은 「물발자국(water footprint)」이라는 개념을 낳았다.86)

「가상수」란 개념은 농산물·축산물·공산품의 수입과 수출이 실질적으로 물을 교역하는 것과 같은 효과를 나타낸다는 것을 의미하기도 한다. 이와 관련하여 「가상수 유출입(virtual-water flow)」·「가상수 수출(virtual-water export)」·「가상수 수입(virtual-water import)」이라는 개념이 등장했다.

우선 가상수 유출입이란 재화나 서비스의 거래의 결과로서 지리적으로 구분된 어떤 한 지역으로부터 다른 지역으로 이동되는 가상수의 양을 일컫는다. 가상수 수출이란 어떤 한 지역이나 국가가 수출을 위해 재화나 서비스를 만들거나 제공할 때 소비하거나 오염시킨 담수(freshwater)의 총량을 말한다. 가상수 수입이란 수입한 재화나 서비스가 만들어지거나 제공되기 위해 소비되거나 오염된 담수의 총량을 의미한다.

국제사회의 국가들 사이의 농산물·축산물·공산품 거래를 분석하고 이러한 거래를 통한 이동하는 가상수의 수출과 수입을 분석하여 가상수의 순수입국과 순수출국을 분류한다. 즉 국가나 지역 사이의 가상물의 교역에 대한 추세를 분석한다.

8. 국제환경협약의 체결

1990년대에는 다양한 국제환경협약들이 채택되었다. 앞서 언급했듯이 1992년에 유엔환경개발회의에서 이산화탄소 등 온실가스 배출을 억제함으로써 지구온난화로 인한 해수면 상승·홍수의 피해·생태계의 파괴 등의 환경재해를 방지하기 위한 유엔기후변화협약과 지구상의 생물다양성 보전과 지속가능한 사용을 위한

86) 「물발자국(water footprint)」이란 2002년에 네덜란드의 훅스트라(Arjen Y. Hoekstra) 교수가 가상수(virtual water) 개념을 확장시켜 소개한 개념이다. 이 두 개념 사이의 차이는 나중에 살펴보고자 한다.

생물다양성협약이 체결되었고 삼림원칙선언이 채택되었다. 1994년에 한발과 사막화로 인한 피해지역에 재정적 · 기술적 지원을 통해 사막화를 방지할 것을 목표로 한 「유엔사막화방지협약(UN Convention to Combat Desertification, UNCCD)」이 체결되었다. 1997년에는 이산화탄소의 감축을 법적 의무로 규정한 유엔기후변화협약 교토의정서가 체결되었다.

제 5 절 2000년대

1. 새천년정상회의와 새천년개발목표

유엔은 2000년에 새천년정상회의(Millennium Summit)를 개최하여 빈곤퇴치를 위한 개발목표 등이 포함된 「새천년선언(Millennium Declaration)」을 채택하고 2001년 유엔총회에서 2015년까지 전 세계 빈곤퇴치를 위해 달성해야 할 구체목표로서 8개 주요목표 · 21개 상세목표 · 60개 달성지표로 구성된 「새천년개발목표(Millennium Development Goals, MDGs)」를 채택하였다. 이행상황을 점검하고 후속조치를 취하기 위해 2005년에 MDGs 정상회의를 개최했고 2010년에 MDGs 고위급회의를 가졌다.

2015년까지 달성하고자 하는 8개의 MDGs는 절대빈곤과 기아퇴치 · 보편적 초등교육의 실현 · 양성평등과 여성의 힘의 제고 · 아동 사망률의 감소 · 모성보건의 증진 · HIV/AIDS와 말라리아 등 질병의 퇴치 · 지속가능한 환경 · 전 지구적 동반관계(global partnership)의 구축이라는 목표들로 구성되어 있다.[87)]

8개의 목표를 좀 더 세부적으로 살펴보면 1) 하루 1달러 이내의 소득으로 생활 하는 사람들의 비율을 1990년의 절반으로 감소시킨다. 2) 전 세계 모든 남녀 아동들에게 초등교육의 혜택을 부여한다. 3) 모든 교육수준에서 남녀차별을 철폐한다. 4) 5세 미만 아동의 사망률을 1990년의 $\frac{2}{3}$로 감소시킨다. 5) 산모사망률을 1990년의 $\frac{3}{4}$으로 감소시킨다. 6) 말라리아와 HIV/AIDS의 확산을 저지한다. 7) 안전한 식수와 위생적인 환경에 접근이 불가능한 인구를 1990년 대비 절반으로

87) 마지막 목표인 전 지구적 동반관계의 구축은 이러한 목표를 달성하기 위한 이행수단으로서의 목표인 것이다.

감소시킨다. 8) MDGs 달성을 위한 범지구적 파트너십을 구축한다.

MDGs를 구성하고 있는 이러한 8개의 목표들은 경제개발 · 사회개발 · 환경보호라는 3개의 요소에 해당하는 것으로서 MDGs 역시 지속가능한 개발의 패러다임을 바탕으로 하고 있음을 알 수 있다.

빈곤의 퇴치를 새천년개발목표의 가장 중요한 목표로 두고 있는 것은 빈곤의 감소야말로 지속가능한 개발을 달성하기 위한 기본적인 필수요건이기 때문이다. 국가 내와 국가들 사이의 점증하는 불평등은 우려할 사항으로서 시급히 다루어지지 않을 경우 심각한 사회적 갈등과 생태계 파괴의 가속화를 가져올 것이라고 보았다.

이를 위해서는 경제성장의 혜택이 빈자들에게도 돌아갈 것이라는 전통적인 사고로부터 벗어나 개발의 과정에서 빈자들에게 좀 더 광범위한 참여 · 좀 더 많은 기회 · 세력화를 가져올 수 있는 정책적 사고를 해야 하며 지속가능한 개발을 위해서는 생태계 서비스의 지속가능한 관리 · 경제개발의 촉진 · 사회적 평등의 촉진이라는 3가지 요소를 하나의 포괄적인 틀 속에 통합하는 것이 필요하다고 보았다.

이러한 8개의 개발목표는 개발목표의 면면에서 알 수 있듯이 경제개발 일변도의 개발에서 벗어나 경제개발 · 사회개발 · 환경보호가 함께하는 인간개발(human development)을 지향하게 되었다는 점에서 중요한 의의를 가진다. 또한 선택과 집중을 위한 8개의 구체적인 목표와 구체적인 시한 등을 설정함으로써 간결성 · 명확성 · 측정 가능성이라는 성과의 효율적인 달성을 위한 방법론에 있어서 큰 변화를 가져왔다.

그러나 다음과 같은 문제점을 가지고 있다. 우선 사회개발에 치중하여 경제개발 · 환경보호 · 사회개발이라는 3개 측면을 균형 있게 통합하는 데 있어서 취약하다. 둘째, 성과를 측정하기 위한 데이터의 가용성과 신뢰성에 문제가 있어 목표의 진전여부에 대한 해석이 가변적일 수 있다. 셋째, 질적인 결과에 대한 것보다는 양적인 세부목표에 대해 과도하게 강조점이 주어졌다. 넷째, 목표의 대상이 되고 있는 개도국의 지역적인 상황이 적극적으로 고려된 가운데 설정된 목표가 아니다.

2. 지속가능개발정상회의(WSSD)

2002년 남아프리카공화국의 요하네스버그(Johannesburg)에서 유엔에 의해 「지속가능개발정상회의(World Summit on Sustainable Development, WSSD)」가 개최되었다. 당 회의는 1992년에 리우에서 유엔환경개발회의가 개최된 후 10년 만에 개최되는 회의이기 때문에 「Rio+10」이라고도 불린다. 당 회의는 회의 주제로서 「인간·지구·번영」을 채택하였는데 이러한 주제의 채택은 지구촌 최대의 과제가 이제는 환경보호라는 소극적 주제를 넘어 지속가능한 개발이라는 적극적인 주제로 전환되어야 함을 강조하는 의미이며 여기서 지속가능한 개발은 사회발전·환경보호·경제성장이라는 3대 축을 아우르는 것으로 이해되게 되었다.

당 회의는 103개 국가에서 65,000명 정도가 참여한 대규모 회의로서 10년 전 리우회의에서 채택된 「의제 21」에 대한 각국의 추진상황을 점검하고 향후 대처 방안을 논의했으며 지속가능한 개발(sustainable development)을 달성하기 위해 빈곤·물·위생 등 다양한 분야별 세부 이행계획을 마련했다. 즉 지속가능개발정상회의는 1992년에 유엔인간환경회의에서 발전의 새로운 패러다임으로 공식적으로 채택되어 실천되어 온 지속가능한 개발의 성과와 한계를 평가하고 구체적인 추진계획과 이행방안을 모색하기 위한 국제회의로서 지속가능한 개발을 위한 국제적인 관리체제(international governance)를 좀 더 강력하고 좀 더 일관성이 있는 체제로 정의하는 기초를 제공하는 것을 목표로 했다.

지속가능개발정상회의는 회의의 결과문건으로서 「지속가능한 개발을 위한 요하네스버그 선언(Johannesburg Declaration on Sustainable Development)」을 채택했다. 이것은 지속가능한 개발의 당위성을 재확인하기 위한 정치적 선언으로서 각국 지도자들이 협력하여 지구환경을 보호하고 빈곤국 주민의 삶의 질을 향상시키겠다는 것을 주된 내용으로 담고 있다. 당 회의는 이 선언과 더불어 이러한 선언을 실천하기 위하여 지구환경 보호와 빈곤퇴치를 위한 「이행계획(Plan of Implementation)」 역시 채택했다. 152개 분야의 실천내용을 담은 이행계획 가운데 중요한 것들을 살펴보면 다음과 같다.[88]

---

88) 「지속가능한 개발」이라는 개념이 어떤 계기를 통해 발전되어 왔는가를 살펴보면 다음과 같다: 지속가능한 개발 개념의 태동(유엔인간환경회의), 지속가능한 개발 개념의 본격적 등장(환경개발세계위원회), 지속가능한 개발 개념의 정착(유엔환경개발회의), 지속가능한 개발 개념의 실천(지속가능개발세

i) 우선 빈곤퇴치와 관련하여 하루 1달러 미만으로 생활하는 절대 빈곤층 인구를 2015년까지 절반 이하로 줄이고 빈곤퇴치를 위한 「세계연대기금(World Solidarity Fund)」을 설립한다. ii) 물과 위생분야에서는 2015년까지 깨끗한 식수와 기본적인 위생시설을 제공받지 못하고 있는 인구를 절반으로 감축하기로 한 유엔의 제안을 따른다. iii) 건강분야에서는 2015년까지 5세 미만 영유아 사망률을 $\frac{2}{3}$ 감축시키기 위한 방안을 마련하고, 산모 사망률도 $\frac{3}{4}$으로 감축하며, 청소년 에이즈 환자를 2010년까지 25%로 감소하기로 한다. iv) 2015년까지 전 세계 어린이에게 초등교육의 기회를 보장한다. v) 에너지분야에서는 대체 에너지 사용 비율을 신속히 늘리도록 협력한다. vi) 무역분야에서는 각국에 농업 보조금과 그 밖에 다른 보조금을 철폐하도록 요구한다. vii) 환경문제와 관련하여 2020년까지 환경에 위해를 가하는 화학물질의 생산과 소비를 최소한으로 줄이고 2015년까지 통합적인 수자원 관리방안과 물의 효율적인 사용방안을 마련한다. viii) 자연자원의 보전과 보호와 관련하여서는 2015년까지 종의 손실을 현저히 줄여나갈 것을 촉구하고 2015년까지 고갈 위기에 처한 어족자원을 최대한 지속가능한 생산이 가능한 수준으로 유지하거나 회복시킨다. ix) 인권과 통치분야에서는 부패와의 전쟁 필요성을 강조하고 민주주의와 법치를 장려한다. x) 이행수단과 관련하여 선진국들로 하여금 국민총생산(GNP)의 0.7%를 공적개발원조(ODA)로 제공할 것을 촉구한다.

지속가능개발정상회의의 회의 결과를 평가해 보면 다음과 같다. 다양한 이행계획들이 발표되었지만 이러한 이행계획들 가운데 구체적 달성 시한과 자금 및 기술 등 세부 실천방안까지 적시된 것은 소수에 그쳤다. 즉 대부분의 분야가 구체적인 시한과 세부실천 방안이 결여된 애매모호한 이행계획에 그쳐 실천성이 크게 결여됨으로써 합의내용이 단순히 정치적 선언에 그쳤다는 비판을 피하기 어렵다.

예를 들어 에너지 분야에서 풍력·태양열·지열 등 재생 가능한 에너지(renewable energy)의 사용 비율을 높게 신속하게 늘리기로 합의했지만 미국과 산유국의 반대로 이를 강제할 목표 시한이나 구체적인 사용 비율을 제시하지 못했다. 생물다양성 분야에서도 보호대상 종의 명칭이 구체적으로 언급되지 않았으며 생물다양성 보존을 위해 각국의 개발사업 추진을 금지한다는 문안도 빠진 채 단지

계정상회의).

2015년까지 생물종의 손실을 「현저히」 줄여 나갈 것을 각국 정부에 촉구한다는 내용만을 제시했다. 한 마디로 말해 합의된 이행계획을 지키지 않더라도 이를 제재할 수단이 결여되어 있다.

그러나 총체적으로 보아 이행계획은 법적 구속력은 없으나 향후 10년간 지구환경문제에 관한 의제를 담고 있기 때문에 정치적으로 중요한 의미를 지니고 있다고 볼 수 있다. 하루 1달러 미만으로 생활하는 절대 빈곤층 인구를 2015년까지 절반 이하로 줄이고 이를 위해 세계연대기금(WSF)을 설립키로 한 것은 주목할 만한 성과 중 하나로 꼽힌다. 자금을 갹출해야 하는 미국과 유럽연합(EU) 국가들 등 선진국들은 당초 이러한 새 기구의 설립에 소극적이었으나 설립 시한을 명시하지 않는다는 조건으로 합의했다. 2015년까지 식수를 제공받지 못하는 인구를 절반으로 줄이고 전 세계 어린이들에게 초등교육을 보장한다는 것도 커다란 성과로 꼽히고 있다. 애초에 미국은 이 제안에 반대를 했으나 유럽연합으로부터 에너지 분야에서 양보를 얻어내면서 입장을 바꾸었다.

총체적으로 보아 당 회의는 1992년 유엔환경개발회의(리우회의)에 이어 다시 지속가능한 개발을 위한 노력의 필요성을 재확인했다. 회의 결과문건이 포함하고 있는 152개 이행분야가 경제분야 · 사회분야 · 환경분야 등에 다양하게 걸쳐있는 것에서 볼 수 있듯이 지속가능한 개발의 세 가지 핵심 요소라고 간주되는 경제개발(economic development) · 사회개발(social development) · 환경보호(environmental protection)가 상호 의존적이고 서로를 강화시키는 중심적 축임을 다시 강조했다는 점에서 큰 의미를 지닌다. 이러한 재강조는 지속가능한 개발이 경제개발에 중점을 두고 있다는 자각과 우려에서 비롯되었으며 이러한 맥락에서 인권 · 평등 · 사회 정의 · 빈곤 · 질병 등이 다시 강조되었던 것이다.

유엔환경개발회의는 모든 국가들이 국가지속가능개발전략(National Sustainable Development Strategy, NSDS)을 수립하고 이를 이행할 국가제도를 구축할 것을 요구했으며 이에 따라 다수의 국가지속가능개발위원회(National Council for Sustainable Development, NCSD)가 설립되었다. 이 과정에서 국제비정부기구인 지구평의회(Earth Council)가 주요한 역할을 수행했다.

지구평의회는 1992년부터 1998년까지 개도국 내의 80개가 넘는 국가지속가능개발위원회가 네트워크를 구축하고 이를 통해 정보교환을 활발하게 가지도록 지원했다. 그러나 국가지속가능개발위원회들 가운데 소수만이 작동을 하고 대부분은 작동을 멈추었다. 이로 인해 지속가능개발정상회의를 준비하는 과정에서 국가지속가능개발전략과 국가지속가능개발위원회의 필요성이 강조되었다. 이러한 맥락에서 지구평의회는 지속가능개발정상회의가 개최되는 동안 국가지속가능개발위원회의 세계회의를 개최하여 정부・기업・비정부기구를 포함하면서 지속가능한 개발을 위한 포괄적이고 종합적인 역할을 선도적으로 담당할 국가지속가능개발위원회의 전 지구적 연계망(global network)의 확산문제를 논했다.

3. 유엔지속가능개발회의(UNCSD)

2000년대에 들어서 2002년의 「지속가능개발정상회의(WSSD)」에 이어 2012년 6월에 브라질의 리우데자네이루에서 「유엔지속가능개발회의(United Nations Conference on Sustainable Development, UNCSD)」가 개최되었다.[89] 이 회의는 1992년 동일한 곳에서 유엔환경개발회의(UNCED)가 개최된 지 20년 만에 열리는 회의라고 하여 「Rio+20」이라고도 불린다. 세계 190여 국가정상과 정부대표・유엔 등 국제기구 수장・비정부기구(NGO) 대표・재계와 학계 인사 등 50,000명 정도가 참석했다.

당 회의는 i) 20년 전 유엔환경개발회의(UNCED)에서 국가들 간에 합의한 지속가능한 개발에 대한 정치적 약속의 재확인 ii) 유엔환경개발회의 이후 20년 동안의 이행계획과 성과의 평가 iii) 향후 미래의 20년을 만들어 가는 데 있어서의 새로운 도전과제에 대한 대응방안의 마련 등 3대 목표를 지향했다. 즉 지속가능한 개발을 위한 국제사회의 정치적 의지를 재확인하고 UNCED를 비롯하여 후속적으로 개최된 주요 지속가능한 개발회의들에서 국가들이 합의한 사항의 이행상황을 점검하고 미래의 도전과제에 대응하기 위한 방안을 마련하는 것을 주된 목적으로 했다. 지속가능한 개발과 빈곤퇴치 맥락에서의 녹색경제(Green Economy in the context of Sustainable Development and Poverty Eradication)와 지속가능한 개발을 위한 제도적 틀(Institutional Framework for Sustainable Development)의 구축을 회의의 주요한 주제(conference theme)로 했다.[90]

---

89) 1972년 유엔인간환경회의, 1992년 유엔환경개발회의, 2002년 지속가능개발정상회의, 2012년 유엔지속가능개발회의라는 회의 명칭에서 알 수 있듯이 환경문제로부터 시작하여 환경과 개발의 문제로 그리고 지속가능한 개발의 문제로 진화하고 있음을 보여준다.

90) 참고로 1972년의 유엔인간환경회의(UNCHE)가 하나뿐인 지구를, 1992년 유엔환경개발회의(UNCED)가 지속가능한 개발을, 2002년 지속가능개발정상회의(WSSD)는 1992년의 지속가능한 개발을 위한

회의는 결과문건으로서 「우리가 원하는 미래(The Future We Want)」라는 선언을 채택했다. 동 선언은 주된 내용으로서 지속가능한 개발과 빈곤퇴치를 위한 중요한 도구로서의 녹색경제(Green Economy)의 수용 · 환경문제를 다루는 유엔의 산하기구인 유엔환경계획(UNEP)의 강화방안 · 고위급정치포럼(High Level Political Forum)의 신설 · 지속가능한 개발의 목표설정 등이 포함되어 있다. 이들 내용을 구체적으로 살펴보면 다음과 같다.

첫째, 동 선언은 빈곤퇴치를 인류가 당면한 가장 중요한 도전으로 규정하며 빈곤의 해소가 지속가능한 개발의 필수불가결한 조건임을 강조하고 있다. 그러나 지속가능한 개발과 빈곤퇴치를 위한 중요한 도구로서의 녹색경제를 둘러싸고 선진국과 개도국 간에 입장 차이가 컸다.

개도국은 녹색경제라는 것이 선진국 중심의 경제성장과 녹색보호주의에 초점이 맞춰져 있다고 우려하면서 녹색경제를 보편적으로 수용하는 것을 거부했다. 선진국들은 이와는 달리 녹색경제는 이제까지 국제사회가 수용해 온 지속가능한 개발을 달성하기 위한 주요 수단 중의 하나임을 강조하고 보편적인 수용을 강조했다.

선진국과 개도국 사이의 이견으로 논란이 지속된 가운데 절충안이 채택되어 녹색경제는 모든 국가가 아닌 녹색경제를 채택한 국가들의 공동 목표로서 합의됐다. 즉 애초 녹색경제를 모든 국가의 유일한 공동의 목표로 설정하려던 계획이 크게 약화되었다.[91]

둘째, 지속가능한 개발을 위한 제도적 틀의 개선과 정비에 대해 많은 국가들이 그 필요성에 공감했다. 구체적으로 회의 참여국들은 제도적 틀이 지속가능한 개발의 3대 축인 경제개발 · 환경보호 · 사회개발 부문을 통합하고, 지속가능한 개발업무 간의 조율과 중복방지를 추구하며, 포용적이고 투명하며 효과적이어야 한

구체적인 행동계획인 의제 21(Agenda 21)의 이행상황의 검토와 지속가능한 개발을 위한 구체적인 이행계획의 마련을 주제로 한 바 있다.

91) 녹색경제와 관련하여 최종 합의한 내용을 좀 더 세밀하게 살펴보면 다음과 같다: 국제사회의 중요한 목표인 지속가능한 개발을 경제 · 사회 · 환경 세 측면 모두에서 달성하는 데 있어 개개 국가가 처한 여건과 우선순위에 따라 적용 가능한 다양한 접근방식 · 비전 · 모델 · 도구들이 존재한다. 녹색경제란 이러한 도구들 중의 하나로서 엄격히 규정될 수 없다. 녹색경제가 지구생태계의 기능을 건강하게 유지시키는 한에서 경제성장을 유지시켜줄 뿐 아니라 빈곤을 퇴치하고 사회적 통합을 증진시키며 인류의 복지를 개선하고 모두를 위한 고용의 기회와 좋은 일자리를 창출하는 데 기여해야만 한다. 최종 합의된 내용에서 보듯이 개도국들은 녹색경제가 지구 생태계의 지속성 보다는 선진국 경제성장을 지속시키기 위한 위장환경주의(green washing)에 지나지 않는다는 의구심을 가지고 있다.

다는 대원칙에 합의했다.

그러나 이를 구체화하기 위한 접근방법을 둘러싸고는 국가들 간에 이견을 보였다. 유럽연합(EU) 국가들과 아프리카 국가들은 「세계환경기구(World Environmental Organization, WEO)」와 같은 새로운 국제기구의 설립을 지지했고, 미국 등 일부 국가는 기존 유엔기구의 효율성 제고를 강조했으며, 아프리카 국가를 제외한 개도국들은 환경기구의 강화에 유보적인 입장을 피력했다.

결국 지속가능한 개발을 체계적으로 추진할 국제기구의 신설이 아닌 현재 유엔총회의 산하기구인 유엔환경계획(UNEP)의 위상을 강화하는 방향으로 결론을 도출했다. 구체적으로 UNEP의 역할 강화와 격상(strengthen and upgrade)을 위해 제67차 유엔총회에서 다음과 같은 내용을 포함하는 결의(resolution)를 채택할 것을 촉구했다: i) UNEP 집행이사회 내 보편적 회원제(universal membership)의 시행 ii) 유엔 정규예산과 자발적 기여금을 통한 재원의 확대 iii) 국제환경분야의 역할 강화 및 과학과 정책의 인터페이스 촉진 iv) UNEP 지역별 기능을 강화하면서도 나이로비 사무국의 본부 기능으로의 통합 v) 모든 이해관계자의 활발한 참여의 촉진.

제도적 틀의 개선의 다른 하나로서 2013년 제68차 유엔총회 때 1차 회의를 개최하는 것을 목표로 하여 「고위급 정치포럼(High-Level Political Forum)」의 설립을 결의했다. 고위급 정치포럼은 그 역할로서 i) 정치적 리더십·지침·정책 제안의 제공 ii) 정기적 논의·역할 분담·의제 설정을 위한 기초의 제공 iii) 과거 공약의 이행 검토와 고위급 참여 독려를 수행하기로 했다. 그리고 지속가능개발위원회(Commission on Sustainable Development, CSD) 활동을 기초로 하되 궁극적으로는 CSD를 대체하기로 합의했다.

셋째, 새천년개발목표(MDGs)가 유용한 수단이었음을 인식하고 동 목표의 최대 달성을 약속하는 한편, 1992년의 유엔환경개발회의에서 채택된 의제 21과 2002년의 지속가능개발정상회의에서 채택된 이행계획에 기반을 두면서 2015년에 끝나는 새천년개발목표(MDGs)를 보완하는 「지속가능개발목표(Sustainable Development Goals, SDGs)」를 설정하는 것이 필요하다는 데 공감했다. 그러나 구체적인 목표의 설정에는 이르지 못하고 향후 추진절차에 대해서만 결정을 하는 것에 그쳤다.

개도국에게 동정적인 유럽연합(EU)은 모든 국가에 보편적으로 적용될 SDGs

때문에 개도국들에만 적용되는 MDGs의 달성이 방해받는 것을 우려했다. 특히 향후 SDGs의 개발로 인해 선진국의 관심과 재정지원이 MDGs에서 SDGs로 이전될 가능성에 촉각을 곤두세웠다. 이에 따라 회원국들은 사전협상 과정에서 SDGs가 MDGs를 대체하는 것이 아니라 보완하는 것이 되어야 한다는 데 합의했다. 이러한 것들을 고려하여 결과문서는 MDGs를 약속된 기간 내에 목표한 바대로 달성할 것을 강조했다.

결과문서는 향후 개발될 SDGs가 바탕을 두어야 할 원칙과 규범들로서 의제 21, 요하네스버그 이행계획, 리우원칙, 국제법, 경제·사회·환경의 조화 등을 언급하면서 2015년 이후의 유엔의 개발의제들과 SDGs가 통합적으로 일관성 있게 추진되어야 함을 강조했다. 또한 SDGs는 행동 지향적이어야 하고, 간결하여야 하며, 소통이 용이하고, 수적으로 제한적이어야 하며, 모든 국가에 적용이 가능하여야 하지만 개개 국가의 현실·역량·발전수준·정책·우선순위를 고려하여야 한다는 점을 강조했다. 개도국의 빈곤퇴치를 목표로 하는 유엔의 새천년개발목표(MDGs) 달성을 위한 시한이 2015년으로 다가와 있는 만큼 두 목표 사이의 연계가 필요하다는 고려가 뒤따랐다.

SDGs를 개발하는 절차에 대해서는 유엔총회를 통한 정부 간 협상 중심의 절차를 따르기로 합의했다. 애초 선진국들은 유엔 사무총장실 중심의 SDGs 개발 절차를 제안하였으나 개도국들이 유엔총회하의 정부 간 협상을 통한 절차를 주장하면서 변경이 된 것이다.

이에 따라 2012년 9월부터 시작되는 제67차 유엔총회 개막식까지 회원국들이 형평성 있고 균형 있게 유엔의 5개 지역을 대표하는 30개 국가를 임명하여 SDGs 개발을 위한 「공개실무작업반(Open Working Group)」을 구성하기로 했다. 공개실무작업반은 착수단계에서 시민사회·과학계·유엔체제의 다양한 이해관계자(stakeholder)와 전문가들을 어떻게 참여시킬지를 포함하여 전반적인 SDGs 개발의 방법을 결정하고 종합적인 제안서를 제68차 유엔총회에 제출하기로 하였다.

SDGs와 관련하여 어떤 분야를 포함할 것인가 역시 중요한 관심사 가운데 하나였다. 선진국들은 협상과정에서 대략적인 SDGs의 분야들을 결과문서에 포함시키고자 하였지만 개도국은 앞으로의 협상을 방해할 수도 있다는 이유로 이에 반대했다. 결국 Rio+20 결과문서에서 제시한 우선순위 분야(26개 분야)에 집중해야 한다고 언급하는 선에서 절충을 했다.

넷째, 개도국의 지속가능한 개발을 위한 재원조달과 관련하여 브라질을 위시한 개도국들은 2013-2017년 기간 동안 매년 300억불 이상, 2018년부터는 매년 1,000억불 정도의 재정지원과 지속가능개발 기금의 설립을 제안했으나 선진국의 반대로 관련 논의는 진전을 이루지 못했다.

대신에 과거에 합의한 GNP 대비 0.7%의 공적개발원조(ODA)의 지원과 GNP 대비 0.15-0.20%의 최빈국 지원목표를 재확인하고 2011년 한국의 부산총회(HLF-4)를 비롯한 지난 몇 년간의 국제개발협력 관련 회의에서 강조된 투명성·책임성·결과중심 관리·삼각협력·기업의 역할 등을 강조하는 수준의 내용에 합의하는 데 그쳤다.

개도국의 구체적이고 실질적인 재정지원에 대한 요구에 대응하여 선진국들은 구체적인 지원계획이 우선되어야 한다는 주장을 전개했고 이러한 주장이 수용되어 구체적인 지원계획을 다룰 정부간위원회를 우선 구성하기로 했다. 구체적으로 정부간위원회는 지리적 안배를 고려한 30명의 전문가로 구성되어 유엔총회 산하에 두기로 하고 선진국들이 약속하고 있는 공적개발원조의 조속한 이행·혁신적이고 새로운 재원조달 방안의 도입·남남협력 활성화 등을 모두 포괄적으로 검토하여 2014년까지 효과적인 재정전략이 담긴 보고서를 마련하기로 했다.

당 회의는 1992년 리우선언의 모든 원칙들을 재확인하면서 총 27개의 원칙들 중 「공동의 그러나 차별화된 책임(Common But Differentiated Responsibilities, CBDR)」의 원칙을 특별히 강조했다. 개도국들은 여느 환경 관련 국제회의에서와 마찬가지로 가장 중요한 원칙으로서 공동의 그러나 차별화된 책임이라는 원칙의 구체적인 실천을 선진국들에게 요구했다. 선진국들은 CBDR 원칙 자체를 부정하지는 않지만 이 원칙이 1992년에 채택된 후 이미 20년이라는 시간이 흘렀고 중국·인도·브라질·한국과 같은 선발 개도국들도 과거보다 더 큰 책임을 부담하지 않으면 지구환경 문제에 효과적으로 대응할 수 없다고 주장했다. 중국이 미국을 제치고 온실가스 최대배출국의 자리를 차지한 것도 이와 같이 선진국들이 개도국에 과거와는 다른 책임을 요구하게 된 주요한 계기가 됐다. 이 때문에 이 이슈를 둘러싸고 선진국과 개도국들 사이에 가장 치열하게 논쟁이 전개되었다.

한국의 경우 한국이 주도적으로 이끌어 왔던 「글로벌녹색성장연구소(Global Green Growth Institute, GGGI)」가 당 회의를 통해 국제기구로의 전환의 계기를 마련했다. 당 회의의 개막식이 있은 후 덴마크 총리와 호주 총리 등 창립회원국

정상들이 모여 글로벌녹색성장연구소를 국제기구로 전환하는 설립조약에 서명을 했다. 한국 대통령은 기조연설을 통해 2010년 말 기준으로 1억 2,700만 달러 규모인 녹색공적개발원조(Green ODA)를 2012년부터 2020년까지 50억 달러로 확대하겠다는 입장을 밝혔다.

유엔지속가능개발회의의 결과를 평가해보면 무엇보다도 지난 1992년 유엔환경개발회의 이후 20년간의 성과를 점검하고 리우이후의 체제(Post-Rio System)의 출발점을 마련했다는 점에서 의미가 적지 않다고 볼 수 있다. 좀 더 구체적으로 하나하나 살펴보면 다음과 같다.

우선 지속가능한 개발에 대한 전 세계의 의지를 재확인하는 계기가 되었다. 구체적으로 지속가능한 개발이 경제위기·사회적 불안정·기후변화·빈곤퇴치 등 범지구적 문제에 대한 유일한 해결책이라는 것을 재확인하고 각국의 행동을 촉구했다.

둘째, 비록 개도국의 반대로 모든 국가에 의해 보편적으로 수용되지는 않았지만 국제사회가 처음으로 기후변화의 주범인 탄소의 배출량을 줄이고 자원의 효율성을 높이면서 사회적 통합을 지향하는 새로운 경제모델인 녹색경제를 지속가능한 개발을 위한 새로운 패러다임으로 명시했다는 점에 의의가 있다. 즉 1992년 유엔환경개발회의에서 채택한 지속가능한 개발을 실질적으로 이행할 수 있는 효과적인 수단으로 녹색경제를 채택했다는 점에 의의를 둘 수 있다. 이렇게 환경과 성장이 조화를 이루는 녹색경제가 국제사회의 새로운 패러다임으로 부상함으로써 향후 국제사회가 지속가능한 개발을 위한 녹색경제로 산업구조 등을 전환하는 방안에 대해 논의가 활발하게 전개될 것으로 보인다.

셋째, 유엔환경계획(UNEP)의 강화와 지속가능한 개발의 목표설정 등과 관련한 구체적 논의를 유엔총회에서 전개하여 확정하기로 합의한 것은 리우이후의 체제(Post-Rio System)를 향한 로드맵을 사실상 확정한 것으로서 지속가능한 개발을 위한 국제사회의 움직임이 한층 탄력을 받게 될 것으로 판단된다.

이와는 달리 회의결과와 관련하여 비판적인 시각도 존재한다. i) 우선 개도국의 반대로 인해 녹색경제로의 보편적인 이행이 어려워졌다. 선진국들은 신기술 개발과 일자리 창출 등 녹색경제의 역할을 인정하고 모든 국가가 녹색경제로 이행할 것을 촉구했지만 개도국들은 녹색경제를 하나의 정책 옵션으로 간주하였기 때문이다. ii) 전담 국제기구의 설립에 대한 합의에 실패했다. 국가들은 모두 국제환경관리체제(international environmental governance)의 강화에 대한 공감했지만 국제환경 문제를 다룰 전문기구(specialized agency)의 설립에는 이견을 드러냈기 때문이다. iii) 재원조달체제를 구축하는 데 합의에 이르지 못하고 향후의 논의의 대상으로 남겨두었다.

여기에서 기존의 지속가능한 개발과 녹색경제의 차이가 무엇인가를 살펴볼 필요가 있다. 앞서 언급했듯이 1992년 유엔환경개발회의에서 채택된 「지속가능한 개발(sustainable development)」이란 개념은 기존의 개발의 중심축이었던 경제개발에 새로운 요소로서 사회개발과 환경보호가 더해진 개념이다. 즉 지속가능한 개발이라는 개념은 경제 · 사회 · 환경을 3개의 중요한 중심축으로 한다.

그러나 기대와는 달리 3개의 중요한 중심축 가운데 어느 것 하나 제대로 구현되지 못했다. 즉 1992년 유엔환경개발회의에서 지속가능한 개발이 개발의 새로운 패러다임으로 채택되어 개개 국가의 발전전략으로 추구되어 왔음에도 불구하고 개도국의 빈곤이 심화되고 사회적 불평등이 심화되었으며 지구온난화와 같은 환경문제가 악화된 것에서 알 수 있듯이 경제개발은 물론 사회개발과 환경보호가 모두 지속가능성을 제대로 구현해오고 있지 못했다.

이러한 현상의 배경에는 무한한 경쟁을 부추기는 신자유주의(neoliberalism)가 위치하고 있다고 볼 수 있다. 따라서 개발의 축의 핵심을 다시금 경제개발에 두고 경제개발이 지속성을 갖도록 환경보호를 결합하는 경제의 녹색화가 되어야만 지속가능한 개발이 가능하다는 인식을 하게 되었고 이것이 구체화된 것이 녹색경제라는 개념이다. 즉 경제개발이 지속성을 가지기 위해서는 환경보호가 결합되어야 한다는 점에서 출발하였다고 볼 수 있다.

이와 관련하여 유엔환경계획(UNEP)이 녹색경제를 어떻게 바라보고 있는가를 살펴보는 것이 매우 중요하다. UNEP에 따르면 i) 녹색경제란 「환경적 위험과 생태계 고갈을 충분히 감소시키면서 인간의 복지와 사회적 평등을 가져오는 경제」이다.[92] ii) 녹색경제란 소득증가와 고용증진이 탄소배출을 감소시키고 에너지와 자원의 효율성을 제고하며 생물다양성과 생태계서비스 손실을 방지하는 공적 및 사적 투자에 의해 이끌어지는 경제이다.[93] iii) 이러한 투자는 목표 지향적인 공

92) 영어 원문을 소개하면 다음과 같다: economy that results in improved human well-being and social equity, while significantly reducing environmental risks and ecological scarcities.

93) A green economy is one whose growth in income and employment is driven by public

공지출·정책개혁·규제변화에 의해 촉진되고 지원되어야 한다.[94] ⅳ) 이러한 개발의 경로는 특히 삶과 안전이 크게 자연에 의존하고 있는 빈민들을 위하여 아주 중요한 경제적 자산과 공공혜택의 원천으로서 자연자본을 유지하고, 제고하며, 필요할 경우 재건하여야만 한다.[95] ⅴ) 녹색경제란 지속가능한 개발과 다른 목표가 아니라 지속가능한 개발이라는 목표를 향한 과정이다.[96] ⅵ) 여전히 지속가능한 개발이란 환경보호·사회개발·경제개발이라는 3개의 축이 진전되고 강화될 때 가능하다.[97]

이러한 것을 종합적으로 볼 때 UNEP는 녹색경제를 환경적 위협과 생태계 고갈을 충분히 감소시키면서 인간의 복지와 사회적 평등을 가져올 수 있는 저탄소·자원 효율적·사회포용적인 경제를 의미한다. 이처럼 지속가능한 개발의 3개 축 가운데 경제를 기본적인 축으로 하면서 여기에 환경보호와 사회개발을 통합하여 지속가능한 개발을 추구하고자 한다.

선진국들은 녹색경제가 지속가능한 개발을 위한 유용한 수단이라고 주장한다. 즉 녹색경제는 지속가능한 개발을 효과적으로 이루기 위한 구체적인 방법과 실행가능한 정책수단을 제시하는 것을 목표로 한다고 본다. 따라서 지속가능한 개발을 대체하거나 그와 상충하는 관계가 아님을 강조한다.

이와는 대조적으로 개도국들은 녹색경제라는 개념 속에는 신자유주의의 이념적 추동 아래 지속가능한 개발을 앞세우면서 환경과의 상생으로 포장된 경제중심의 성장에 더욱 박차를 가하겠다는 선진국의 의도가 숨어 있다고 본다. 브라질 등 주요 개도국들은 지난 30여 년 동안 국제사회에 널리 수용되었던 지속가능한 개발의 지속적 추진을 지지하면서 녹색경제의 확산이 선진국 중심의 녹색보호주의와 경제성장 중심 전략이라는 우려를 표명했다. 77그룹 등 개도국들은 녹색경

---

and private investments that reduce carbon emissions and pollution, enhance energy and resource efficiency, and prevent the loss of biodiversity and ecosystem services.

94) These investments need to be catalyzed and supported by targeted public expenditure, policy reforms and regulation changes.

95) This development path should maintain, enhance and, where necessary, rebuild natural capital as a critical economic asset and source of public benefits, especially for poor people whose livelihoods and security depend strongly on nature.

96) the shift to a green economy can be seen as a pathway to sustainable development, a journey rather than a destination.

97) Achieving sustainable development requires the advancement and strengthening of its three interdependent and mutually reinforcing pillars: environmental protection, social development, and economic development.

제가 개발원조의 조건이나 환경을 빌미로 한 보호무역주의(environmental protectionism)로 변질될 것을 우려하여 녹색경제의 명확한 정의를 요구하고 있다. 개도국들은 녹색경제가 지속가능한 개발과 빈곤퇴치를 위한 이행방안이 되어야 한다는 점을 강조하여 개발과 사회 부문을 통합한 접근이 필요하다고 주장해 오고 있다.

냉철하게 들여다보면 녹색경제는 기본적으로 선진국에 적합한 경제모델이다. 녹색기술·녹색산업·녹색소비 등 환경을 이용해 경제적 고부가가치를 생산하는 방식으로 성장을 추구할 수 있는 역량은 선진국만이 차별적으로 가지고 있기 때문이다.

유엔을 포함한 국제기구들이 녹색경제를 「지속가능한 개발에 이르는 과정(pathway)」으로 규정하고 있지만 이는 기실 지속가능한 개발이란 개념을 녹색경제로 대체하려는 중심국의 계산을 은밀히 반영하고 있다고 본다. 경제중심의 개발이라는 개념을 대체하기 위해 경제개발·사회개발·환경보호를 통합하는 지속가능한 개발이라는 개념이 도입되었지만 경제를 우선하는 현실의 벽을 넘지 못한 채 결국 녹색을 무늬로만 덧씌운 경제중심의 개발 개념으로 되돌아간 것이다.

4. Post-2015 SDG의 구축

2001년에 새천년개발목표(MDGs)가 출발한 후 유엔은 5년을 주기로 설정된 목표를 향한 진전사항을 점검하고 국제적인 관심을 끌기 위해 정상회의(summit)를 개최해왔다. 2010년에 개최된 새천년개발목표 정상회의(MDG Summit)가 2015년에 종료되는 MDG의 뒤를 이을 새로운 개발협력의 목표를 설정할 것을 결정하면서 「2015년 이후의 개발의제(Post-2015 Development Agenda)」라는 이름하에 2012년부터 본격적으로 이를 위한 작업이 개시되었다. 이러한 새로운 개발협력의 목표를 설정하기 위한 논의는 각기 다른 두 과정(즉 유엔의 사무총장이 주도하는 과정과 유엔의 총회가 주도하는 과정)을 통해 이루어졌다.

즉 2015년에 끝나는 새천년개발목표(MDGs)를 대체하여 선진국과 개도국 모두에게 적용될 지속가능개발목표(SDGs)를 설정하기 위한 작업이 두 방향에서 동시에 이루어졌다. 한 방향은 유엔총회의 결의안에 따라 사무총장이 고위급 패널(High Level Panel, HLP)을 구성하여 주도한 과정이고 또 다른 과정은 유엔지속가능개발회의(UNCSD)에서 결정된 정부간 과정으로서 공개실무작업반에 의한 과정이다. 이들 과정을 각각 분리하여 설명하면 다음과 같다.

1) 유엔 사무총장 주도의 과정: 유엔체제작업반과 고위급패널

2010년에 개최되었던 「새천년개발목표 정상회의(2010 MDG Summit)」의 결과문건은 유엔 사무총장으로 하여금 2015년 이후의 전 지구적인 개발의제에 대한 예비작업을 시작할 것을 요청한 바 있다. 이에 따라 유엔 사무총장은 2012년 1월에 「유엔체제작업반(UN System Task Team on the Post-2015 UN Development Agenda, UNTT)」을 설치했다.

유엔 사무국의 경제사회국(Department of Economic and Social Affairs, DESA)과 유엔개발계획(UNDP)이 공동 의장으로 참여한 당 작업반은 준비 작업을 조정하고 과정을 지원했으며 2012년 6월에 「모두를 위해 우리가 원하는 미래의 실현(Realizing the Future We Want for All)」이라는 제하의 1차 보고서를 제출하여 인권·평등·지속 가능성이라는 3대 기본원칙과 더불어 포괄적 경제개발·포괄적 사회개발·환경적 지속가능성·평화와 안보라는 4개의 중요 범주(dimension)를 제시했다.

작업반은 2013년 3월에 개발을 위한 「쇄신된 전 지구적 동반 관계(A Renewed Global Partnership for Development)」라는 제하의 보고서를 제출하여 post-2105 시대에 있어서의 전 지구적 파트너십을 위한 중요 범주와 잠재적인 형식(key dimensions and a potential format for a global partnership in the post-2015 era)에 대한 권고를 제시했다. 당 보고서는 파트너십은 개개 국가들의 능력에 따라 모든 국가들로부터의 행동을 요청하는 보편적인 공약(universal commitment)을 포함하여야 하며 MDGs·몬테레이 합의·요한네스버그의 이행계획에 반영된 것과 같은 기존의 공약에 기초하여 구축되어야 하나 오늘날 우리가 직면한 다양한 전 지구적 도전에 대응하기 위해 확대되고 강화되어야 함을 강조했다.

또 다른 한편 유엔 사무총장은 Post-2015 SDGs를 설정하기 위해 정부·학계·기업을 대표하는 총 27명의 국제적 저명인사로 구성된 「Post-2015 개발의제에 관한 유엔고위급패널(United Nations High-Level Panel of Eminent Persons on the Post-2015 Development Agenda)」을 2012년 8월에 출범시켰다.[98] 패널위

원들은 세계 각국의 정부와 비정부간 균형·지역적 균형·성별 균형 등을 고려하여 사무총장에 의해 임명되어 개인자격으로 활동하는 사람들이다.[99] 이 패널은 연구와 토의를 거쳐 2013년 5월에 「새로운 전 지구적 동반 관계: 지속가능한 개발을 통한 빈곤퇴치와 경제전환(A New Global Partnership: Eradicate Poverty and Transform Economies through Sustainable Development)」이라는 제하의 Post-2015 유엔고위급 패널보고서를 작성하여 유엔 사무총장에게 제출했다.

동 보고서는 지난 10년이 넘는 기간 동안 MDGs가 상당한 정도 성공적으로 이행되었음에도 불구하고 국제사회 전반이 저성장·불균형·환경파괴가 만연함에 따라 지속가능한 성장과 발전을 위한 새로운 비전과 국제적인 파트너십의 수립이 필요함을 언급하면서 경제성장·사회개발·환경보호를 포괄적으로 고려하여 Post-2015 의제를 위한 5개의 최우선 변화과제·12개의 목표(goals)·54개의 세부목표(targets)로 이루어진 목표안을 제시했다.[100]

---

98) 한국의 김성환 전 외교통상부장관도 이 패널의 한 위원으로 임명되었는데 이는 한국이 국제적으로 사례를 찾기 힘든 성공적인 개발경험과 더불어 「G-20 서울정상회의」 및 「부산세계개발원조총회」 등을 통해 보여준 국제개발 분야에서의 리더십이 인정을 받았기 때문이다.

99) 이 패널은 리우+20의 결정에 의해 유엔의 5개 지역을 대표하는 30개 국가로 구성된 SDGs 개발을 위한 공개실무작업반(Open Working Group)과는 다른 조직이다.

100) 5개의 최우선 변화과제란 구체적으로 절대빈곤 퇴치(Leave No One Behind)·지속가능한 개발의 핵심화(Put Sustainable Development at the Core)·일자리와 포용적 성장을 위한 경제구조의 변화(Transform Economies for Jobs and Inclusive Growth)·평화와 모두를 위한 효과적이고 투명하며 책임 있는 국가제도의 구축(Build Peace and Effective, Open and Accountable Public Institutions for All)·새로운 전 지구적 파트너십의 구축(Forge a new Global Partnership)이다. 12개의 예시적 목표로서는 1) 빈곤퇴치(End Poverty), 2) 여성의 역량강화와 양성평등의 달성(Empower Girls and Women and Achieve Gender Equality), 3) 양질의 교육과 평생학습의 제공(Provide Quality Education end Lifelong Learning), 4) 건강한 삶의 보장(Ensure Healthy Lives), 5) 식량안보와 좋은 영양의 보장(Ensure Food Security and Good Nutrition), 6) 물과 위생에 대한 보편적 접근의 달성(Achieve Universal Access to Water and Sanitation), 7) 지속가능한 에너지의 확보(Secure Sustainable Energy), 8) 일자리 창출, 지속가능한 생계 및 공평한 성장(Create Jobs, Sustainable Livelihood, and Equitable Growth), 9) 천연자원 자산의 지속가능한 관리(Manage Natural Resource Assets Sustainably), 10) 선정과 효과적인 제도의 확보(Ensure Good Governance and Effective Institutions), 11) 안정적이고 평화로운 사회 보장(Ensure Stable and Peaceful Societies), 12) 전 지구적 우호환경의 조성과 장기적 재원의 촉진(Create a Global Enabling Environment and Catalyze Long-Term Finance)이 포함되어 있다. 12개 목표는 전 지구적 목표로 제시되었고 54개 세부목표는 국가별로 목표치를 상황에 맞게 결정할 수 있도록 하여 실질적인 목표 달성을 가능하도록 했다. 이러한 목표안의 특징을 살펴보면 다음과 같다. 지난 MDGs가 8개의 목표를 제시했던 것과 달리 12가지의 목표를 제시하고 있으나 MDGs를 추진하던 방식이 그대로 채택되었다. 즉 제한된 수의 명료한 목표를 설정한 가운데 측정이 가능한 목표 수치와 더불어 달성 목표 시한을 제시하고 있다는 점이다. Post-2015 개발목표 역시 구체적이고(specific), 측정이 가능하며(measurable), 달성이 가능하고(attainable), 유관하며(relevant), 시간 제한적인(time-bound) 목표(이를 영문자 앞 글자를 따서 SMART한 목표라고 칭한다)를 제시했다. 내용 면에서 보아 기존의 MDGs가 교육과 보건 등과 같은 사회개발 목표에 중점을 둔 것에 비해 새로운 SDGs안은 기

유엔 사무총장은 유엔체제작업반의 보고서와 고위급패널의 보고서의 내용을 바탕으로 하여 「모두를 위한 존엄성이 있는 삶(A life of dignity for all: accelerating progress towards the MDGs and advancing the UN development agenda beyond 2015)」이라는 제하의 보고서를 2013년 7월에 발간했다. 동 보고서는 MDG의 이행에 있어서의 성과 및 한계에 대한 평가와 더불어 새로운 15개의 지속가능개발목표를 제시했다.[101] 동 보고서는 2013년 제68차 유엔총회 기간(2013년 9월 - 2014년 8월) 중에 「Post-2015 개발 프레임워크 특별회의」에 제출되었다.

2) 유엔총회 주도의 과정: 유엔총회의 공개실무작업반

또 다른 한편 2012년 브라질에서 개최된 유엔지속가능개발회의(UNCSD)의 결과문건은 지속가능개발목표(SDGs)의 개발을 위한 유엔총회의 「공개실무작업반(Open Working Group, OWG)」의 설립을 요청했으며 당 작업반이 권고하게 될 지속가능개발목표는 유엔의 2015 이후의 개발의제(UN development agenda beyond 2015)와 일관되고 이들과 통합이 되어야만 한다고 결정한 바 있다.

이에 따라 2013년 1월에 형평성 있고 균형 있게 유엔의 5개 지역을 대표하는 30개 국가로 구성된 유엔총회의 「공개실무작업반」이 설립되어 제68차 유엔총회 회기(2013년 9월 - 2014년 8월) 중에 유엔총회의 심의를 위해 17개의 목표를 포함한 「지속가능개발목표를 위한 실무작업반의 제안서(Proposal of The Open Working Group for Sustainable Development Goals)」를 작성하여 2014년 9월에 개최된 제69차 유엔총회에 제출하였다.[102] 유엔총회는 이 제안서를 2015

존의 목표와 더불어 고용창출 · 공평한 경제성장 · 환경보호 · 선정과 평화 등 개발에 영향을 미치는 모든 요소를 망라하고 있다.

101) 15개의 목표는 구체적으로 다음과 같다: 1) 모든 형태의 빈곤의 퇴치(Eradicate poverty in all its forms), 2) 배제와 불평등의 공략(Tackle exclusion and inequality), 3) 여성과 여아의 세력화(Empower women and girls), 4) 질적 교육과 평생학습의 제공(Provide quality education and lifelong learning), 5) 보건의 향상(Improve health), 6) 기후변화의 공략(Address climate change), 7) 환경변화의 공략(Address environmental challenges), 8) 포괄적이고 지속가능한 성장과 적절한 고용이 촉진(Promote inclusive and sustainable growth and decent employment), 9) 기아와 영양불량의 종식(End hunger and malnutrition), 10) 인구통계상의 도전에 대한 공략(Address demographic challenges), 11) 이주자의 긍정적 기여의 고양(Enhance the positive contribution of migrants), 12) 도시화의 도전에 대한 대응(Meet the challenges of urbanization), 13) 법치와 건전한 제도에 기반을 둔 평화와 효과적인 관리체제의 구축(Build peace and effective governance based on the rule of law and sound institutions), 14) 쇄신된 전 지구적 파트너십의 촉진(Foster a renewed global partnership), 15) 국제개발협력 틀의 강화(Strengthen the international development cooperation framework).

년 이후의 개발의제(Post-2015 Development Agenda)의 설정을 위한 협상에서 주요 문서로 사용한다는 내용의 결의안(A/RES/68/309)을 통과시켰다.

2015년 1월부터 실무작업반이 제시한 제안서를 기초로 정부간 협상이 본격적으로 진행되었으며 그 결과 「세계의 변화: 지속가능한 개발을 위한 2030 의제(Transforming our World : The 2030 Agenda for Sustainable Development)」라는 결과문건을 2015년 9월에 개최되는 제70차 유엔총회에서 채택하기로 확정했다.

채택에 앞서 2015년 7월 에티오피아의 아디스아바바에서 제3차 국제개발재원회의(International Conference on Financing for Development, FfD3)를 개최하여 지속가능개발목표(SDGs)의 실천을 위한 이행수단(Means of Implementation, MOI)에 관해 합의함으로써 SDGs에 소요될 재원을 어떻게 할 것인가에 대한 합의를 도출했다.

3) 지속가능개발목표의 채택

유엔 193개 회원국 대표들이 2015년 유엔본부에서 개발정상회의를 갖고 유엔사무국이 선정한 「세계의 변화: 지속가능한 개발을 위한 2030 의제(Transforming our World : The 2030 Agenda for Sustainable Development)」를 공식적으로 채택함으로써 국제사회가 2015년부터 2030년까지 추진할 17개 지속가능개발목표(SDGs)를 확정했다.

---

102) 17개의 목표란 구체적으로 다음과 같다: 목표1) 어느 곳에서든 모든 형태의 빈곤을 종식한다. 목표2) 기아를 종식하고, 식량안보와 개선된 영양을 달성하며, 지속가능한 농업을 촉진한다. 목표3) 나이에 관계없이 모든 사람의 건강한 삶을 보장하고 복지를 촉진한다. 목표4) 모두를 포함하고 공평한 질적인 교육을 보장하고 모두에게 평생의 배움의 기회를 촉진한다. 목표5) 성 평등을 달성하고 모든 여성과 여아의 세력화를 한다. 목표6) 모든 사람들을 위하여 물과 위생의 가용성 및 지속가능한 관리를 확보한다. 목표7) 모든 사람을 위하여 입수가 가능하고 신뢰할 수 있으며 지속가능하고 현대적인 에너지로의 접근을 확보한다. 목표8) 모든 사람들을 위해 지속적이면서 모두를 포함하고 지속이 가능한 경제성장 · 완전하고 생산적인 고용 · 품위 있는 일을 촉진한다. 목표9) 쉽사리 무너지지 않는 사회기반시설을 구축하고, 모두를 포함하며 지속가능한 산업화를 촉진하고, 혁신을 조성한다. 목표10) 국가 내와 국가들 사이에 불평등을 감소한다. 목표11) 도시와 인간 거주지가 모두를 포함하고 안전하며 내구성이 있고 지속가능하도록 한다. 목표12) 지속가능한 소비와 생산의 유형을 확보한다. 목표13) 기후변화 및 그 영향과 싸우기 위해 긴급한 행동을 취한다(유엔기후변화협약을 기후변화에 대한 전 지구적인 대응을 위한 가장 중요한 국가 간, 정부 간 협상의 장으로 인정한다). 목표14) 지속가능한 개발을 위해 대양 · 바다 · 해양자원을 보존하고 지속가능하게 사용한다. 목표15) 육지생태계의 지속가능한 사용을 보호하고 복원하며 촉진하고, 지속가능하게 산림을 관리하고, 사막화와 싸우며, 토지황폐화를 멈추게 하고 되돌리도록 하며, 생물다양성의 손실을 멈추도록 한다. 목표16) 지속가능한 개발을 위하여 평화적이고 모두를 포용하는 사회를 촉진하며, 모두에게 정의에의 접근을 제공하고, 모든 수준에서 효과적이고 타당하며 모두를 포용하는 제도를 구축한다. 목표17) 지속가능한 개발을 위해 집행수단을 강화하고 전 지구적 파트너십을 재활성화한다.

2015년부터 2030년까지 유엔이 추진할 새로운 목표는 공식적으로 「지속가능개발목표(SDGs)」로 명명됐다. 이러한 지속가능개발목표의 17개의 목표(goals)와 169개의 세부목표(targets)가 2015년에 확정되었으나 230개의 세부목표별 이행지표(indicators)는 많은 논란 끝에 2016년 3월에서야 결정되었다. 230개의 세부목표별 이행지표는 「전 지구적 지표(global indicator)」로 불릴 수 있는 것으로서 이들을 참고로 해서 유엔 회원국들은 자국의 실정에 맞는 「국가지표(national indicator)」를 수립하게 된다.

17개의 목표들은 구체적으로 다음과 같다: 목표1) 어느 곳에서든 모든 형태의 빈곤을 종식한다. 목표2) 기아를 종식하고 식량안보와 개선된 영양을 달성하며 지속가능한 농업을 촉진한다. 목표3) 나이에 관계없이 모든 사람의 건강한 삶을 보장하고 복지를 촉진한다. 목표4) 모두를 포함하고 공평한 질적인 교육을 보장하고 모두에게 평생학습의 기회를 촉진한다. 목표5) 양성평등을 달성하고 모든 여성과 여아의 세력화를 한다. 목표6) 모든 사람들을 위하여 물과 위생의 가용성 및 지속가능한 관리를 확보한다. 목표7) 모든 사람을 위하여 입수가 가능하고 신뢰할 수 있으며 지속가능하고 현대적인 에너지로의 접근을 확보한다. 목표8) 모든 사람들을 위해 지속적이면서 모두를 포함하고 지속가능한 경제성장・완전하고 생산적인 고용・품위 있는 일을 촉진한다. 목표9) 쉽사리 무너지지 않는 사회기반시설을 구축하고 모두를 포함하며 지속가능한 산업화를 촉진하고 혁신을 조성한다. 목표10) 국가 내와 국가들 사이에 불평등을 감소한다. 목표11) 도시가 모두를 포함하고 안전하며 내구성이 있고 지속가능하도록 한다. 목표12) 지속가능한 소비와 생산의 유형을 확보한다. 목표13) 기후변화 및 그 영향과 싸우기 위해 긴급한 행동을 취한다(유엔기후변화협약을 기후변화에 대한 전 지구적인 대응을 위한 가장 중요한 국가 간 및 정부간 협상의 장으로 인정한다). 목표14) 지속가능한 개발을 위해 대양・바다・해양자원을 보존하고 지속가능하게 사용한다. 목표15) 육지 생태계의 지속가능한 사용을 보호・복원・촉진하며 지속가능하게 산림을 관리하고 사막화와 싸우며 토지황폐화를 멈추게 하고 되돌리도록 하며 생물다양성의 손실을 멈추도록 한다. 목표16) 지속가능한 개발을 위하여 평화적이고 모두를 포용하는 사회를 촉진하며 모두에게 정의에의 접근을 제공하고 모든 수준에서 효과적이고 타당하며 모두를 포용하는 제도를 구축한다. 목표17) 지속가능한 개발을 위해 이행수단을 강화하고 전 지구적 파트너십을 재활성화한다.

이러한 목표들을 부문별로 구분해보면 다음과 같다. 경제개발 부문에는 목표1 · 목표2 · 목표8 · 목표9가 포함된다. 사회개발 부문에는 목표3 · 목표4 · 목표5 · 목표10이 속한다. 환경보호 부문에는 목표6 · 목표7 · 목표11 · 목표12 · 목표13 · 목표14 · 목표15가 포함된다. 목표16은 평화와 안정 부문에 속하고 목표17은 이행수단 부문에 속한다.

과거의 지속가능한 개발은 경제개발 · 사회개발 · 환경보호라는 3가지 측면으로 구성되었다. 이번에 채택된 SDGs의 경우 여기에 평화와 안정이라는 측면이 추가되는 데 그치지 않고 단순한 경제개발과 단순한 사회개발이 아닌 포괄적인 경제개발(inclusive economic development)과 포괄적인 사회개발(inclusive social development)을 특징으로 한다. 더불어 사람(people) · 지구(planet) · 번영(prosperity) · 평화(peace) · 동반관계(partnership)라는 5가지 요소를 중요한 원칙으로 하고 있다.

SDGs는 위에서 보듯이 MDGs에 비해 좀 더 세분화되고 포괄적이라는 특징을 가지는 외에 MDGs와 다음과 같은 유사성과 차이점을 갖는다. 우선 설정한 목표가 명백하고, 간단하며, 시한을 정하고 있으며, 측정이 가능하다는 점에서 SDGs와 MDGs는 유사하다.

둘째, MDGs는 절대빈곤을 $\frac{1}{2}$로 줄이는 것을 비롯하여 1990년을 기준으로 하여 문제의 대상자의 수를 절반으로 줄이는 것을 목표로 하고 있는데 반해 SDGs의 경우는 절반이 아닌 영(zero)을 목표로 하고 있다.

셋째, MDGs의 경우 최빈국과 개도국의 빈곤문제에 집중한 반면 SDGs는 이들 국가들뿐 아니라 전 세계 모든 국가들이 직면하고 있는 에너지 · 식량 · 기후변화 · 소비 등 개발방식에 있어서의 대전환을 목표로 한다.

넷째, MDGs는 개도국 정부와 시민사회의 적극적인 참여 없이 만들어졌는데 반해 SDGs는 목표를 설정하고 이행하는 과정에 다양한 사회세력의 참여를 강화함으로써 상향식 접근을 하고 있다. SDGs의 경우 2012년에 POST-2015를 논의하는 단계부터 개도국과 시민사회 전문가들을 적극 참여시켰다. 구체적으로 2012년 7월 선진국과 개도국을 대표하는 정부 인사와 학계 및 시민사회 전문가로 구성된 27명의 고위급 패널이 구성돼 이듬해 5월까지 세계를 돌며 다양한 이해관계자들과 대화의 장을 마련했다. 이들 패널이 각 나라와 각계의 여론을 수렴해 제출한 의견서가 새로운 개발 의제를 선정하는 기반이 되었다.

다섯째, MDGs의 경우는 빈곤과 기아의 문제를 구분하고 있지 않아 이 둘 가운데 어느 것 하나가 다른 하나를 해결한다고 하는 것을 가정하고 있었으나 SDGs는 이 둘을 별도의 목표로서 설정하고 있다.

여섯째, MDGs의 경우는 선진국으로부터 개도국으로 외부적으로 주어지는 원조를 주요한 개발재원으로 생각했으나 SDGs의 경우는 개도국 자체의 재원조달 노력과 더불어 선진국으로부터의 민간재원의 유입을 중요한 재원으로 고려한다. 17개 목표에 대한 국제적인 합의는 에티오피아의 아디스아바바에서 2015년 7월에 개최된 제3차 개발재원회의의 결과와 연동되어 있다.[103]

일곱째, MDGs의 경우 지속가능한 개발의 요소로서 평화와 안정이라는 요소가 결여되어 있으나 SDGs의 경우는 평화와 안정을 중요한 요소의 하나로서 추가하였다. 이는 평화와 안정의 결여와 빈곤·기아·저발전이 강한 상관관계를 가지고 있다는 인식의 반영이다.

여덟째, MDGs의 경우는 목표의 진전에 대한 감시·평가·책임성에 대해 아무런 언급을 하고 있지 않는데 반해 SDGs의 경우는 2020년까지 수입·성별·나이·인종·종족·장애 등 국가적 맥락에서 관련이 있는 특성에 따라 분류된 높은 질의 시의적절하고 신뢰할 수 있는 데이터의 가용성을 높여 목표의 진전에 대한 감시·평가·책임성에 중점을 두고 있다.

아홉째, MDGs의 경우 각국의 자발적인 이행 보고를 권고하는 데 그쳤지만 SDGs는 각국이 의무적으로 이행 과정과 성과를 보고하고 이를 평가하겠다는 내용이 포함됐다. 이를 위해 유엔은 향후 의제 이행에 대한 표준화된 보고 체계와 평가 및 모니터링 시스템을 마련할 계획이다.[104] 이처럼 SDGs는 국가들의 이행

103) 제3차 개발재원회의는 2002년 멕시코 몬테레이 제1차 개발재원회의, 2008년 카타르 도하의 제2차 개발재원회의에 이은 개발재원회의로서 1, 2차 개발재원회의 결과(Monterrey Consensus와 Doha Declaration)의 이행을 점검하고 2015년 이후(Post-2015) 개발목표 달성에 필요한 개발재원의 효과적 조성 및 활용방안과 이를 위한 국제협력지침을 「아디스아바바 행동계획(Addis Ababa Action Agenda, AAAA)」이라는 이름의 결과문건으로 채택했다. 아디스아바바 행동계획의 첫째 장은 Post-2015 개발의제 재원을 위한 지구적 차원의 프레임워크를 다루었고, 둘째 장은 구체적인 실천행동 영역을 국내와 국제, 공적과 사적 재원으로 구분하여 다루었다. 구체적으로 국내 공적재원(A, 20항-34항), 국내 및 국제 사적 민간기업과 재정(B, 35항-49항), 국제개발협력(C, 50항-78항), 개발을 위한 엔진으로서의 국제무역(D, 79항-92항), 외채(E, 93항-102항)를 순서대로 다루고 나서 개발재원 시스템과 관련된 이슈(F, 103항-113항)와 과학·기술·혁신·역량강화(G, 114항-124항)를 공통의 이슈로 다루었다. 그리고 마지막인 제3장에서는 데이터·모니터링·후속 계획(125-134항)을 다루었다.

104) 유엔 관계자는 "국내총생산 등 양적 성장을 평가하는 지표를 대체하기 위해 삶의 질 등 질적 성장 정도를 평가하는 지표를 개발할 예정"이라고 밝혔다.

책임성을 강조하고 있다.

이러한 SDGs를 둘러싼 문제점도 살펴볼 필요가 있다. 우선 목표가 17개이며 세부목표가 169개인 관계로 목표의 백화점이라는 평을 듣는데 이로 인해 통합적인 운용이 어렵고 목표별로 분절화될 수 있다는 지적이 있다. 둘째, 목표가 17개이며 세부목표가 169개인데 국가들은 어디에 우선권을 둘 것인가의 문제가 있다. 셋째, 어떻게 재정적으로 SDGs를 지원할 것인가의 문제가 있다. 선진국들이 GNI의 0.7%에 해당하는 재정을 공적개발원조(ODA)로 제공하겠다고 약속한 것이 지켜질 것인가의 문제가 있고 선진국들은 선진국으로부터의 민간재원을 중요한 재원으로 보고 있는데 과연 실질적으로 개도국들이 민간재원을 유치할 수 있을 것인가의 문제가 있다. 넷째, 전 지구적인 목표를 현지화하여 어떻게 국가별 목표를 세울 것인가의 문제가 있다. 다섯째, 목표의 진전을 측정하고 감시하며 보고하고 평가한다고 하는데 과연 개도국들이 이러한 작업을 수행할 재정적 능력을 가지고 있으며 행정적 능력을 보유하고 있는가의 문제가 있다. 여섯째, 국가들은 SDGs의 진전에 어떻게 책임을 질 것인가의 문제 역시 있다.

5. POST-2020 기후변화체제의 구축

1997년에 체결되어 2005년에 발효한 교토의정서의 유효기간이 2008년부터 2012년인 관계로 2012년 이후에 적용될 새로운 기후변화체제를 수립해야만 했다. 따라서 교토의정서의 규정에 따라 POST-2012 기후변화체제 구축을 위한 협상을 교토의정서의 유효기간이 종료하기 최소 7년 전인 2005년 제11차 당사국총회(COP11)에서부터 시작했다.[105)]

2009년 네덜란드 코펜하겐에서 개최된 제15차 당사국총회에서 선진국과 개도국 모두를 포함하는 POST-2012 기후변화체제를 새롭게 출범시키기로 한 합의는 감축목표와 개도국에 대한 재정 및 기술의 지원 문제를 둘러싸고 선진국과 개도국이 대립하면서 지켜지지 않아 새로운 POST-2012 기후변화체제의 출범이 좌절되었다. 이로 인해 생기는 조약의 공백기를 메우기 위해 2012년 카타르의 도하에서 개최된 제18차 당사국총회에서 교토의정서의 효력을 2013년부터 2020년까지 연장하는 교토의정서 개정안이 채택되었다.

105) 기후변화협약 당사국총회는 대륙별 순환 원칙에 따라 개최된다.

기존 교토의정서체제를 2020년까지 연장함으로써 조약 부재의 상황을 면하는 한편 2021년부터 적용할 새로운 기후변화체제인 POST-2020 기후변화체제의 수립을 위한 협상을 시작했다. 2011년 남아프리카 더반에서 개최된 당사국총회가 선진국과 개도국 모두가 참여하는 POST-2020 기후변화체제의 수립에 합의하면서 협상이 2012년부터 시작되었다.

2013년 폴란드의 바르샤바에서 개최된 제19차 당사국총회에서 당사국들은 지구의 기온상승을 산업화 이전 대비 섭씨 2도 이내로 억제하기 위해 필요한 2020년 이후의 「국가별 자발적 감축목표(INDC)」를 2015년까지 제출하는 것에 합의했다. 이어서 2014년 페루의 리마에서 개최된 제20차 당사국총회에서 국가별 자발적 감축목표(INDC)의 구체적인 작성지침에 대한 합의가 있었고 2015년 프랑스 파리에서 개최될 제21차 당사국총회에서 채택될 합의문의 주요 요소에 대한 합의에 도달했다. 이를 통해 POST-2010 기후변화체제의 타결과 채택을 위한 기반을 다졌다. 2015년 제21차 당사국총회에서 2021년부터 선진국과 개도국 모두가 참여하는 POST-2020 기후변화체제의 근간이 될 파리합의문이 체결되었으며 이를 통해 Post-2020 기후변화체제가 구축되었다.

6. LOHAS 개념의 등장

로하스(Lifestyles of Health and Sustainability, LOHAS)란 사회의 더 나은 삶을 위해 소비생활을 건강하고 지속가능성 있게 하려는 생활양식(lifestyle)을 의미하는 말로서 건강·환경·개발·사회정의 등에 중점을 둔다. 이 개념은 미국의 내추럴마케팅연구소(Natural Marketing Institute, NMI)가 2000년 처음으로 소개하였고 2003년 7월에 뉴욕타임스지가 미래소비를 주도할 키워드로 소개하면서 확산되기 시작했다.

구체적으로 로하스는 개인의 건강뿐만 아니라 사회의 지속가능성을 동시에 중요하게 여기는 생활양식이다. 이러한 맥락에서 태양열과 같은 대체에너지를 비롯하여 에너지 효율이 높은 가전제품을 사용하는 등 환경파괴를 최소화한 상품을 소비하고자 한다. 이와 같이 개인뿐 아니라 사회 전체의 건강과 지속가능성을 중시한다는 점에서 로하스는 개인에 중점이 주어지는 참살이(wellbeing)와 구별이 된다.

로하스 가치를 추구하는 소비자의 특징 11가지는 다음과 같다: 1) 친환경제품을 선택한다. 2) 환경보호에 적극적이다. 3) 재생원료를 사용한 제품을 구매한다. 4) 주변에 친환경제품의 기대효과를 적극적으로 홍보한다. 5) 지구환경에 미칠 영향을 고려해 구매를 결정한다. 6) 재생 가능한 원료를 이용한다. 7) 전체 사회를 생각하는 의식 있는 삶을 선호한다. 8) 지속가능한 기법으로 생산된 제품을 선호한다. 9) 지속가능한 농법으로 생산된 제품을 선호한다. 10) 로하스 소비자의 가치를 공유하는 기업의 제품을 선호한다. 11) 지속가능성을 고려해 만든 제품에 20%의 추가비용을 지불할 용의가 있다.[106]

한국의 경우 로하스 인증제도를 운영하고 있다. 이 제도는 로하스 정의에 따라 노력하고 성과를 보인 기업과 단체의 제품·서비스·공간에 대하여 한국표준협회가 인증하는 제도이다. 로하스 기업은 지속가능성을 염두에 두고 재화와 서비스를 제공함으로써 「책임 있는 자본주의(responsible capitalism)」를 실현하고자 한다.

106) 대한민국로하스인증사무국, "로하스(LOHAS)란? http://www.korealohas.or.kr/korealohas/1630/subview.do (검색일: 2016년 10월 12일).

제 2 장
국제환경정치 이론

제 2 장

국제환경정치 이론

일반적으로 「국제환경정치이론」이라고 할 경우 환경분야에서 국가들의 상호작용의 결과로 국제관계에서 반복적으로 발생하는 현상을 설명하고 예측하려는 이론을 의미한다. 이러한 이론들 대부분은 체제수준(systemic level)의 이론으로서 국가의 선택과 행동을 설명함에 있어서 합리성(rationality)과 같은 가정을 통해 국내요인(domestic variable)을 고려하지 않고 암상자(black box)에 넣어두는 경향을 보인다.

이러한 이론들은 「193개의 주권국가들과 국가 이외의 다양한 행위자들로서 구성되어 분권화 되고 종종 고도로 갈등적인 국제정치체제가 전 지구적 규모의 환경문제를 관리하는 데 필요한 높은 수준의 협력과 정책조정에 도달할 수 있을까?」와 같은 질문을 던지고 이에 대한 답을 제시하고자 한다.

이와 같이 환경분야의 국제관계에서 지속적으로 발생하는 현상을 종속변수로서 설명하려는 것과는 달리 개개 국가들의 환경과 관련한 입장과 행동을 종속변수로서 설명하고 예측하려는 시도 역시 존재한다. 일반적으로 이러한 이론들을 「환경외교정책이론」이라고 부른다.

일국의 환경외교정책을 결정하는 요인으로서 체제수준이 변수뿐 아니라 국가수준(national level)과 사회수준(societal level) 혹은 개인수준(individual level)의 변수들을 고려한다. 바크덜(John Barkdul) 등이 이러한 환경외교정책 이론들을 체계적으로 분류하여 소개하고 있다.[1)] 이러한 환경외교정책이론은 「왜 어떤 국가는 국제환경협약을 수용하고 어떤 국가는 거부하는가?」와 같은 질문을 던지고 이에 대한 답을 추구한다.

위에서 언급했듯이 국제환경정치이론은 환경분야에서 국가들의 상화작용의 결

1) John Barkdull and Paul G. Harris, "Environmental Change and Foreign Policy: A Survey of Theory," *Global Environmental Politics*, Vol. 2, No. 2 (May 2002), pp. 63-91.

과로서 국제관계에서 반복적으로 발생하는 현상을 설명하는 데 관심을 둔다. 좀 더 엄밀하게 말해 국제환경정치론은 환경분야에서 국가들이 여러 면에서 이질적임에도 불구하고 일정한 조건하에서 동일한 입장과 행동을 취한다는 것을 밝히고 이러한 개개 국가들의 동일한 입장과 행동이 모여 집단적으로 이루는 정형(pattern)을 설명하고자 한다. 이와는 대조적으로 환경외교정책론은 개개 국가들의 환경분야에서의 대외적인 입장과 행동에 있어서 차이가 존재할 수 있음을 전제로 이러한 차이를 설명하는 데 관심을 둔다.

본 저서는 기본적으로 국제환경정치론을 다루는 것을 의도하고 있지만 국제환경정치론만으로는 설명이 안 되는 부분의 설명을 위해 필요시 환경외교정책이론도 살펴보고자 한다. 여기에는 두 가지의 구체적인 이유가 존재한다. 우선 안보이슈 분야와는 달리 환경이슈 분야의 경우 동일한 외부의 조건하에서도 국가들이 입장과 행동을 달리하는 경우가 빈번하다. 따라서 이러한 차이가 어디에서 오는가를 살펴볼 필요가 있기 때문이다. 또 다른 이유는 강대국의 환경외교정책이 다른 국가들의 환경과 관련된 입장과 행동에 기회와 제약이 되는 외부요인이 될 수 있기 때문에 최소한 강대국의 환경외교정책을 살펴보아야 할 필요가 있기 때문이다.

국제환경정치 현상을 이론적으로 설명하려는 시도가 크게 두 가지 방식으로 이루어져 오고 있다. 첫 번째 방식은 국제관계 전반에 걸쳐 국가의 협력이나 협력의 부재를 설명하려는 국제관계 이론(들)을 적용하여 설명하려는 경우이다.[2] 두 번째 부류는 기존의 국제관계 이론이 아닌 국제환경정치의 특성을 고려한 나름의 이론을 개발하여 적용하려는 시도이다.

이들 가운데 국제관계 전반에 걸쳐 국가의 협력이나 협력의 부재를 설명하려는 이론을 적용하여 국제환경정치 현상을 설명하고 예측하려는 시도가 주류를 이루고 있다. 그 이유는 환경문제가 개별 국가가 아닌 전 세계적인 차원에서 비롯될 뿐 아니라 이러한 환경문제가 전 세계적으로 영향을 미치고 이 때문에 문제의 해결에 전 세계적 차원의 협력이 필요하기 때문이다.

이러한 국제정치 이론 가운데 가장 영향력이 있는 이론에는 힘에 기반을 둔 이론(power-based theory)으로서의 신현실주의 이론, 이익에 기반을 둔 이론(interest-based theory)으로서의 신자유주의적 제도주의 이론, 지식에 기반을 둔

2) 이 경우 하나의 이론이 갖는 한계를 극복하기 위해 복수의 이론을 통합하려는 움직임도 존재한다.

접근법(knowledge-based approach)으로서의 구성주의 접근법(여기에 인식론적 접근법을 포함시킨다)이 있다.3)

이러한 주류 이론 가운데서도 신자유주의적 제도주의 이론이 상당한 정도로 지배적인 역할을 해오고 있는 것이 사실이다. 그러나 국제환경정치 분야에 있어서 다양한 패러다임의 이론들이 여전히 현상의 설명과 예측을 위한 적실성을 둘러싸고 토론을 벌이고 있는 것도 사실이다. 즉 학자들은 국제환경정치에 다양한 이론들을 계속해서 적용하고 있다. 여기에서는 국제환경정치를 설명하고 예측하고자 하는 이러한 다양한 이론들을 살펴보고자 한다.

역사적으로 환경문제는 국제관계 연구에서 중심적인 논의의 대상이 아니었다. 국제관계 연구는 전통적으로 힘·안보·국제적인 갈등과 같은 상위정치(high politics)의 연구에 집중해 왔다. 그러나 점차적으로 국경을 넘는 생태문제들(ecological problems)에 대한 자각과 인식이 1970년대 이래로 증대되면서 환경문제가 국제관계의 하위분야(sub-field)로서 등장했다. 이 분야는 초기에 주로 주요 강 체제(river system)·해양·대기와 같은 공유자원의 관리에 초점이 두어졌다.

1980년대부터 1990년대 초까지 신현실주의 이론과 신자유주의적 제도주의 이론이 국제제도(국제레짐과 국제기구)가 국제체제 내에서의 경쟁의 효과를 완화시키고 협력을 촉진하는 잠정적인 능력을 가지고 있는가를 둘러싸고 격렬하게 토론을 하던 시기이다. 국제환경정치 현상은 이러한 이론들의 주장을 검증해 볼 수 있는 풍부한 사례들을 제공했다.

예컨대 하스(Peter M. Haas) 등은 유조선에 의한 기름오염 등을 포함한 7개 주요 환경문제의 비교연구를 통해 국제제도가 환경보호에 효과적인가와 효과가 있다면 어떤 방식으로 효과가 있는가를 묻고 이에 대한 답을 추구했다. 그 결과

3) 통상적으로 현실주의 이론을 「힘에 기반을 둔 이론(power-based theory)」이라고 칭한다. 그러나 때때로 현실주의 이론을 「이익에 기반을 둔 이론(interest-based theory)」이라고 칭하는 경우도 있다. 이럴 경우 「이익에 기반을 둔 이론」으로 분류되곤 하는 신자유주의적 제도주의 이론과 구별이 안 되어 혼란스럽다. 그러나 이렇게 현실주의 이론을 「이익에 기반을 둔 이론」이라고 하는 것은 아주 부당한 것은 아니다. 왜냐하면 현실주의 이론이나 신자유주의적 제도주의 이론이나 모두 국가를 합리적인 행위자로서 국가이익을 추구하는 존재로 가정하고 있기 때문이다. 그러나 국가이익이 구체적으로 무엇인가를 두고는 현실주의 이론과 신자유주의적 제도주의 이론이 견해를 달리한다. 구체적으로 현실주의의 경우는 상대적 힘의 우위(힘의 극대화 또는 힘의 적정화)를 국가이익으로 두고 있고 신자유주의적 제도주의 이론은 효용의 극대화(utility-maximization), 좀 더 구체적으로 절대적 이득의 극대화를 국가이익으로 간주한다. 따라서 현실주의 이론을 「이익에 기반을 둔 이론」이라고 할 경우 이는 구체적으로 「힘으로 정의된 국가이익에 기반을 둔 이론」이라고 부르는 것이 보다 정확한 것이 될 것이다.

국제환경제도는 국가역량의 구축·약정체결 환경(contractual environment)의 개선·정부의 관심의 제고라는 3가지 주요 역할을 수행함으로써 좀 더 효과적인 국제적인 대응을 촉진하는 역할을 한다는 결론을 내렸다.4)

패터슨(Matthew Paterson)과 같은 학자는 1996년 저작에서 주류의 국제관계 이론들을 살펴보고 이러한 이론들이 정치적인 이슈로서의 지구온난화의 문제를 이해하는 것을 어떻게 도울 수 있는가를 검토한 바 있다.5) 그는 이러한 검토를 배경으로 환경문제의 본질적인 원인을 세계정치의 주요한 권력구조(power structure)인 국가체제(state system)·자본주의(capitalism)·지식(knowledge)·가부장제(patriarchy)에서 찾고 이를 바탕으로 환경문제를 해결하기 위한 대응책을 제시하고자 했다.6)

이러한 경향과 더불어 탈냉전 이후 지속적인 환경의 악화, 환경에 있어서 비정부기구(NGO)를 비롯하여 과학자·기업·국제기구 등 비국가적 행위자들의 역할의 강화, 상대적인 국가 역할의 축소 등을 배경으로 주류를 이루는 이론과는 다른 다양한 이론들이 등장했다. 여기에서는 이러한 이론들 모두를 살펴보고자 한다.

제 1 절 현실주의 이론

1. 이론의 핵심 내용

여기에서는 국제환경정치의 분석에 적용되고 있는 현실주의 국제정치이론들을 신현실주의 이론과 신고전적 현실주의 이론으로 크게 대별하여 핵심적인 내용을 살펴본 후 이들을 국제환경정치에 적용한 경우들을 살펴보고자 한다. 이들과 더불어 환경분야에 새롭게 등장한 환경안보적 접근을 소개하고자 한다.

이 가운데 신현실주의 이론은 왈츠(Kenneth N. Waltz)의 방어적 신현실주의

4) Peter M. Haas, Robert O. Keohane, and Marc A. Levy, *Institutions for the Earth: Sources of Effective International Environmental Protection* (Cambridge, MA: The MIT Press, 1993).

5) Matthew Paterson, *Global Warming and Global Politics* (New York: Routledge, 1996).

6) Matthew Paterson, *Understanding Global Environmental Politics: Domination, Accumulation, Resistance* (London: Macmillan, 2000).

이론 · 미어샤이머(John Mearsheimer)의 공격적 신현실주의 이론 · 길핀(Robert R. Gilpin)의 패권안정이론 · 그리코(Joseph M. Grieco)의 상대적 이득론으로 구분하여 소개하고자 한다.

1) 신현실주의 이론

신현실주의 이론은 무정부성(국내정치와 같은 공권력을 가지고 있는 중앙정부의 부재)을 특징으로 하는 국제체제에서 국가는 생존과 안보에 가장 중요한 관심을 둘 수밖에 없고 생존과 안보를 위해 힘(또는 힘으로 정의된 국가이익)을 추구한다고 본다. 그러나 추구하고자 하는 힘의 정도를 둘러싸고 신현실주의 이론들 내에서 견해 차이가 존재한다.

신현실주의자의 대표적인 학자 중 일인인 미어샤이머(John J. Mearsheimer)의 경우는 국가들은 힘의 극대화(power maximization)를 추구한다고 보며 이 때문에 그는 공격적 현실주의(offensive realism)의 옹호자로 분류된다. 공격적 현실주의는 무정부성으로 인해 자력구제(self-help)를 특징으로 하는 국제체제에서 생존과 안보를 확보하기 위해 국가들은 가능한 한 많은 힘을 가지고자 한다고 본다. 즉 국가들은 힘을 도발적으로 추구하며 힘의 균형이 자신에게 유리하게 바뀌도록 항시 기회를 엿본다는 것이다.

이와는 대조적으로 신현실주의 이론의 창시자인 왈츠(Kenneth N. Waltz)의 경우 국가들은 모자라지도 지나치지도 않은 적절한 수준의 힘을 추구한다고 본다. 이는 지나치게 힘이 약할 경우 타국으로부터의 공격을 유발하게 되고 지나치게 힘이 강할 경우 다른 국가들로 하여금 그들의 군비를 강화시키고 공동으로 대응하는 것을 유발할 수 있기 때문이다. 이러한 이유로 왈츠의 경우는 방어적 현실주의(defensive realist)의 옹호자로 분류된다.

이러한 신현실주의 이론은 무정부성(anarchy)을 특징으로 하는 국제체제의 구조 아래서 국가들은 생존과 안보를 일차적인 목표로 추구할 수밖에 없고 국가들은 이러한 목표를 위해 자력구제의 원칙(principle of self-help)에 따라 움직이면서 「힘의 극대화」든 「힘의 적정화」든 상대적 힘(relative power)의 우위를 추구하게 된다고 본다.

국가 간의 협력문제와 관련하여 신현실주의자들은 무정부적 국제체제의 구조적 특징으로 인해 상대방 국가들의 미래의 의도를 서로 모르고 오늘의 친구가 내일의 적이 될 수 있는 상황 속에 국가들은 서로를 불신하게 되면서 협력을 통해 무엇을 얻을 것인가에 관심을 두지 않고 협력을 통해 누가 좀 더 많은 것을 얻을 것인가에 관심을 두기 때문에 협력이 기본적으로 어렵다고 본다. 즉 국가들은 자신보다 상대방에게 유리할 수 있는 이득의 배분에 대해 우려하기 때문에 국가 간의 협력은 어렵게 된다는 것이다. 좀 더 구체적으로 말하면 국제체제의 무정부성이 가져오는 배신(cheating)에 대한 우려와 상대방에게 유리할 수 있는 이득의 배분에 대해 우려로 인해 협력이 어렵다는 것이다.

국제협력이 어렵다는 이러한 신현실주의 이론의 관점은 공유자원의 비극(tragedy of the commons) 논리・집단행동이론(collective action theory)・죄수의 딜레마(prisoner's dilemma)・치킨게임(chicken game)・사슴사냥(stag hunt)의 논리에 의해 뒷받침되고 있다. 특히 공격적 현실주의의 경우는 환경분야에서 공유자원의 비극이란 무정부성을 특징으로 하는 국제체제에서 국가들로서 피할 수 없는 결과물로 간주한다.

이처럼 신현실주의 이론이 기본적으로 국제협력이 어렵다는 주장을 전개하지만 그것이 전부는 아니다. 신현실주의 이론은 제2차 세계대전 이래로 자발적인 국제협력이 급격하게 증가하고 있을 뿐 아니라 그 중요성이 점차적으로 증대하고 있는 현실을 전혀 도외시할 수 없었다. 국제체제의 구조적 특징을 가지고 국제관계를 설명하고 예측하고자 하는 신현실주의 이론의 전통을 유지하면서 이러한 협력을 설명하고자 하는 이론적인 시도가 두 가지 방향에서 이루어졌다.

그 중 한 가지 이론적 시도가 길핀(Robert R. Gilpin)이라는 학자가 제시한 패권안정이론(hegemonic stability theory, HST)이다.[7] 패권안정이론은 지배적인 힘을 가지고 있는 패권국이 존재할 때 국제질서가 안정되고 국제협력이 촉진되며 국제레짐(international regimes)을 포함한 국제제도가 생성된다고 본다.[8] 패권국의 존재가 이러한 것을 가능하게 하는 원천은 패권국이 보유하고 있는 경제력과 군사력이라고 본다. 패권국은 경제력을 동원하여 자신이 추구하는 국제제도에 타국들이 참여하도록 인센티브를 제공하거나 군사력과 같은 물리적 강제력을 통해

7) Robert R. Gilpin, *U.S. Power and the Multinational Corporation: The Political Economy of Foreign Direct Investment* (New York.: Basic Book, 1975); Robert R. Gilpin, *War and Change in World Politics* (New York: Cambridge University Press, 1981); Robert R. Gilpin, *The Political Economy of International Relations* (Princeton, NJ: Princeton University Press, 1987).

8) 패권안정론은 같은 맥락에서 패권국이 쇠퇴할 경우 패권에 의해 수립된 국제질서・국제협력・국제제도 역시 쇠퇴할 것이라는 주장을 전개한다.

참여를 강제할 수 있다는 논리이다. 이 이론에 따르면 패권국가의 힘이 다른 국가와 대등해질 때 국제레짐 등이 쇠퇴하면서 국제협력이 가장 어려워진다.

패권안정이론은 모든 쟁역(issue area)에서 협력이 가능한 것이 아니라 안보 이외의 쟁역에서 협력이 가능하다고 주장한다. 이러한 주장의 근본에는 국가란 안보를 유지하는 것 이외에 부(wealth)를 극대화하는 것에 관심을 가지고 있다는 것이 전제되어 있다. 한 마디로 패권안정이론은 자원을 투입할 능력과 의지를 가지고 있으며 경제적 질서와 같은 것의 작동에 소요되는 부담을 떠맡을 수 있는 강력한 하나의 국가가 협력을 촉진할 수 있는 능력에 초점을 둔다. 패권국가가 이러한 역할을 기꺼이 하고자 하는 이유는 이러한 협력이 불균형적으로 패권국에게 이익을 가져다주기 때문이다. 대표적인 예 가운데 하나는 제2차 세계대전 이후에 미국이 브레턴우즈체제(Bretton Woods System)를 창출하고 유지하는 것을 도운 경우이다.

또 다른 이론적 시도는 신현실주의자의 한 사람인 그리코(Joseph M. Grieco)에 의해 시도되었는데 그는 「상대적 이득(relative gain)」과 「절대적 이득(absolute gain)」이라는 개념을 통해 신현실주의 이론의 협력에 관한 논의를 정교화 하고자 했다.[9] 구체적으로 그는 무정부적 국제체제에서 협력을 통해 절대적 이득이 생성된다고 해도 이러한 이득이 상대방에게 유리하게 배분되는 것이 자국에게 미래의 위험을 가져올 수 있다고 보아 상대적 이득에 민감하지 않을 수 없고 이 때문에 국가 간에 협력이란 발생하기 쉽지 않다는 점을 강조한다.

동시에 그리코는 상대적 이득이란 논리의 자연스러운 귀결로서 협력이란 협력을 도모하기 전의 힘의 균형이 유지되는 배분이 확보되는 경우에는 일어날 수 있다고 본다. 이러한 경우로서 냉전기에 초강대국 간에 체결되었던 전략무기제한협정(Strategic Arms Limitation Talks, SALT)과 같은 예를 들 수 있다. 즉 그는 무정부성을 특징으로 하는 국제체제에서 국가들은 절대적 이득보다는 상대적 이득을 추구하기 때문에 기본적으로 협력이 어렵지만 아주 불가능한 것이 아니라 제한적인 조건 하에서 가능할 수 있다고 본다.[10]

---

9) Joseph M. Grieco, "Anarchy and the Limits of Cooperation: A Realist Critique of the Newest Liberal Institutionalism," *International Organization*, Vol. 42, No. 3 (Summer 1988), pp. 490-491.

10) 그리코는 이러한 점에서 신현실주의 이론이 국제제도를 통한 협력의 가능성을 강조하는 신자유주의적 제도주의 이론을 거부하는 것이 아니고 그 이론을 조건지운다고 강조한다. 이러한 그리코 주장에는 안보와 경제를 분리할 수 없다는 전제가 깔려있다.

이러한 그리코의 상대적 이득론에 대해 비판이 없는 것이 아니다. 미어샤이머의 경우는 협력이 어려운 이유로서 국제체제의 무정부성이 가져다주는 이러한 상대적 이득에 대한 국가들의 예민성과 더불어 배신(cheating)에 대한 우려를 들고 있다.

볼드윈(David A. Baldwin)은 그리코의 논의에서 어떤 유형의 이득이 중요하고 어떠한 맥락에서 이들이 중요한 것인가에 대해 구체적인 언급이 없다고 주장한다. 볼드윈은 이득이라는 것 모두가 반드시 대체성이 있는 것은 아니기 때문에 (즉 한 부문에서의 이득이 반드시 다른 부문으로 전환되는 것만은 아니기 때문에) 모든 상대적 이득이 다 중요한 것은 아니라고 본다. 경제부문과 환경부문에 있어서의 협력이 이러한 경우에 해당하는데 이들 부문에 있어서의 이득이 힘으로서 전환된다는 것이 전적으로 명백한 것은 아니라는 것이다.11)

이처럼 길핀의 패권안정론과 그리코의 상대적 이득론은 기본적으로 국제협력이 어렵다는 신현실주의 이론의 입장을 견지해 오면서도 특정한 예외적인 조건(즉 패권국이 존재할 경우와 협력하기 전의 힘의 균형이 확보되는 경우)하에서는 협력이 존재할 수도 있다고 본다. 즉 갈등만을 강조하는 원래의 신현실주의 이론이 국가들 사이에 증대하는 협력을 적극적으로 설명하고 있는 신자유주의적 제도주의 이론에 대응하여 국제협력을 설명하기 위해 소극적인 변신을 한 것이 패권안정론과 상대적 이득론이다. 그러나 이러한 변신에도 불구하고 이들은 국제체제의 무정부성이라는 상수와 힘의 배분이라는 변수를 통해 국제관계를 설명하고자 하는 원래의 신현실주의 이론의 특징을 버리지 않았다.

협력이 기본적으로 어렵다는 왈츠와 미어샤이머의 신현실주의 이론의 협력에 대한 설명과 예외적으로 협력의 가능성을 열어놓은 길핀의 패권안정론과 그리코의 상대적 이득론의 협력에 대한 설명을 한 마디로 「힘에 기반을 둔 설명(power-based explanation)」 혹은 「힘으로 정의된 국가이익에 기반을 둔 설명」이라고 불린다.

다음으로 신현실주의 이론들이 국제레짐(international regimes)과 국제기구(international organization)를 통괄하는 개념으로서의 국제제도(international institutions)에 대해 어떤 관점을 보유하고 있는가를 살펴보고자 한다. 왜냐하면 신현실주의

11) David A. Baldwin, *Neorealism and Neoliberalism: The Contemporary Debate* (New York: Columbia University Press, 1993).

이론과 국제협력의 문제를 둘러싸고 치열한 이론적인 논쟁을 벌이고 있는 신자유주의적 제도주의 이론이 국제제도가 있음으로써 국가들 간의 협력이 가능하다는 주장을 펴고 있어 신현실주의 이론이 이러한 국제제도에 대해 어떤 관점을 보유하고 있는가를 살펴볼 필요가 있기 때문이다.

신자유주의적 제도주의 이론이 국제제도를 국가행동에 영향을 미치는 능동적인 존재로 보는 데 반해 신현실주의 이론은 국제제도를 국가들의 힘의 양태(power configuration)를 단순히 반영하는 피동적인 존재에 불과하다고 본다. 신현실주의 이론은 국제제도란 국가행동에 영향을 거의 미치지 않는 주변적인 것으로서 국가이익을 유지하거나 확장시키기 위한 수단에 불과하다고 본다. 따라서 국가들은 국제제도가 국익에 도움이 된다고 판단하는 경우에 한해 신규 국제제도를 생성하려 하거나 기존의 국제제도에 참여하려고 하며 기존의 국제제도에 참여하고 있다 하더라도 지속적인 참여가 더 이상 국가이익과 일치하지 않을 경우 국제제도를 준수하지 않거나 탈퇴하는 등의 행동을 취한다고 본다.

신현실주의 이론 가운데 하나인 패권안정론은 패권국의 존재가 국제협력을 가져올 수 있다는 것과 동일한 논리에서 패권국이 존재할 경우 새로운 국제제도가 생성될 수 있다고 본다. 이는 새로운 국제제도의 생성에 다른 국가들의 참여를 강제하거나 유인할 수 있는 군사력이나 경제력과 같은 자원을 보유한 국가의 주도적인 역할이 필요하다고 보기 때문이다. 물론 이때 국제제도가 패권국의 국가이익과 일치하여야 한다.

신현실주의 이론은 국제제도를 힘의 소산으로서 국가이익을 거슬러 국가행동에 영향을 거의 미치지 않는 주변적인 것에 불과하다고 본다. 따라서 국제환경협약과 같은 국제제도는 인쇄된 종이에 불과하다고 보고 이러한 협약에 포함된 규정들이 종종 애매모호할 수밖에 없고 참여국들의 약속을 강제할 수 있는 명시적인 제재규정 같은 것이 포함되어 있지 않다는 점을 강조한다.

국제제도가 국가의 행위에 거의 영향을 미치지 않는다고 보는 신현실주의 이론은 국제협력과 관련하여서도 국제제도의 역할에 대해 부정적이며 기껏해야 국제협력에 주변적인 영향만을 미친다고 본다. 이와는 대조적으로 신자유주의적 제도주의 이론은 신현실주의 이론과 마찬가지로 국제체제의 무정부성이 국제협력에 장애가 된다는 것을 부인하지 않으나 국제제도가 이러한 장애를 완화시켜 협력을 가능하게 한다고 본다. 구체적으로 국제제도는 협력에 장애가 되는 배신

(cheating)의 문제 · 시장실패의 문제 · 집단행동의 문제 등을 완화시킴으로써 국가 사이의 협력을 촉진하는 매개체의 역할을 한다고 본다.

이러한 신자유주의적 제도주의 이론에 대해 미어샤이머와 같은 신현실주의자는 협력이 어려운 이유로서 국제체제의 무정부성이 가져다주는 이러한 상대적 이득에 대한 국가들의 예민성과 더불어 배신에 대한 우려를 들고 있다. 이러한 맥락에서 국제제도를 둘러싼 논쟁에서 미어샤이머는 신자유주의적 제도주의 이론이 국제제도가 배신의 문제를 해결하는 것을 도움으로써 협력이 가능해진다고 주장하지만 또 다른 협력의 중대한 장애물인 상대적 이득에 대한 고려를 하지 않는다고 비판을 가하고 있다. 미어샤이머 역시 자신의 논리에 따라 협력 이전의 힘의 배분을 반영하고 배신의 우려를 만족시키는 경우에 협력이 일어날 수 있다고 본다. 다른 국가들의 생존을 위협하는 강력한 국가에 대한 세력균형의 필요에 따른 협력으로서 군사동맹의 결성을 언급하고 있다.12)

2) 신고전적 현실주의 이론

「신고전적 현실주의(neoclassical realism, NCR)」라고 불리는 현실주의의 분파가 등장하여 신현실주의에 수정을 가하고자 했다. 신고전적 현실주의 이론은 신현실주의 이론이 국제체제의 무정부성과 힘의 배분만을 요인으로 하여 국제관계를 설명하고자 하는데 반기를 들고 국제체제의 특성뿐 아니라 국내요인을 통해 국제관계뿐 아니라 개개 국가의 행동(즉 국가의 외교정책)을 설명하고자 했다.

구체적으로 신고전적 현실주의는 국제체제 수준의 요인을 독립요인으로 보고 국내적인 요인을 이러한 독립요인과 국가의 외교정책이라는 종속요인 사이에 존재하는 연결벨트(transmission belt) 혹은 매개변수(intervening variable)로 간주한다. 이처럼 국내요인을 매개변수로 두는 이유는 국제체제의 무정부성과 힘의 배분이 국가의 외교정책에 미치는 영향이란 직접적이지 않고 단순하지 않다고 보기 때문이다. 다시 말해 체제가 부과하는 압력이 국가의 외교정책에 그대로 전달되는 것이 아니라 중간에 국내요인들을 거쳐 전달이 된다는 것이다.

신고전적 현실주의는 장기적으로 신현실주의 이론의 주장대로 국제적 결과(international outcome)가 국제체제 수준의 요인의 특성을 반영하는 것이 될 수

---

12) John Mearsheimer, "The False Promise of International Institutions," *International Security,* Vol. 19, No. 3 (1995), pp. 12-13.

있다고 본다. 그러나 좀 더 단기적으로는 국가들이 추구하는 정책이란 순수하게 국제체제 수준에서의 요인만으로는 좀처럼 예측하기 어렵다는 입장을 보인다. 이는 단기적으로 권력(power)과 타국의 의도를 평가하는 데 있어서 정치 지도자들이 겪게 되는 어려움 등으로 인해 외부환경의 변화에 시의적절하고 효율적인 대응을 하는 것이 어렵기 때문이라고 본다.

이러한 매개변수에는 국가수준의 요인과 개인수준의 요인들이 포함되는데 구체적으로 정치인의 인식, 정치·군사적 제도의 동원능력, 국내사회 행위자와 이익단체의 영향력, 국가와 사회의 관계(국가의 사회로부터의 자율성), 엘리트나 사회의 결집 수준 등도 포함된다.

예컨대 신현실주의 이론의 경우 국가들이 위험한 위협에 직면하게 되면 동맹을 형성하거나 그들 자신의 능력을 증대시킴으로써 혹은 이 두 가지 모두를 결합하여 균형을 이룬다고 예측한다. 그러나 실제에 있어서 과소균형(underbalancing)이 발생한다는 현상에 주목하고 이를 설명하기 위해 신고전적 현실주의 이론을 적용하고 있다.

과소균형이란 구조적인 조건으로 보았을 때 균형정책이 발생해야 할 상황인데 국가들이 위험한 위협을 인식하지 못하고 대응하지 않기로 선택을 하거나 하찮고 신중하지 않게 대응할 때 발생한다고 하면서 이러한 현상은 국내 정치적 고려에 의해 제약을 받는 엘리트로 구성된 일관되지 못하고 분절된 국가에서 가장 발생하기 쉽다고 진단한다. 다시 말해 국가의 내적인 역량(internal capability)이 외부의 위협과 기회에 대응하는 것을 촉진하거나 방해한다는 것이다.

구체적으로 통합된 정부와 사회구조를 가지고 있는 국가가 외부의 위협에 좀 더 잘 대응할 수 있는 위치에 있게 된다. 이와는 달리 분절된 국가의 경우는 외부의 일에 대응하거나 이용할 수 있는 단일한 결정을 집행하는 것이 어렵다.[13)]

신고전적 현실주의 이론이 신현실주의 이론과 다른 점을 요약하면 신현실주의 이론에 있어서 국가는 무정부적 국제체제의 특성이라는 요인에 의해 생존과 안보를 위해 힘을 추구하는 국가행동만을 하도록 강요받는 행위자인데 반해 신고전적

---

13) Randall L. Schweller, "Unanswered Threats: A Neoclassical Realist Theory of Underbalancing," *International Security*, Vol. 29, No. 2 (Fall 2004), pp. 159-201; Randall L. Schweller, *Unanswered Threats: Political Constraints on the Balance of Power, Princeton Studies in International History and Politics* (Princeton, N.J.: Princeton University, 2006).

현실주의 이론의 경우는 이러한 외부적인 요인만이 아니라 국내요인에 의해 힘을 추구하는 국가의 행동이 영향을 받게 된다고 본다.

이러한 신고전적 현실주의 이론이 등장한 배경에는 신현실주의 이론이 현실세계를 제대로 설명하지 못하는 한계에 대한 인식이 자리하고 있었다. 우선 냉전 종식 후 신현실주의 이론의 예측과는 달리 국제체제 수준에서 과거와 같은 방식으로의 세력균형이 이루어지지 않았다. 또한 국가들과 지역들마다 나름의 독특한 특성을 가지고 있음에도 불구하고 유럽의 역사적 배경을 가지고 만들어진 신현실주의 이론을 무비판적이고 일률적으로 적용함에서 오는 현실과의 괴리도 큰 이유가 되었다. 더불어 신현실주의 이론이 설명의 대상을 개개 국가의 행동보다는 국제관계의 특징에 초점을 두다 보니 개개 국가의 행동에 대한 설명과 예측이 필요했다.

2. 국제환경정치에의 적용

국제환경정치에 대한 신현실주의 이론은 국가는 상호 이득이 되는 협력을 희생하면서까지 힘과 안보를 추구하면서 자기중심적 이익을 추구하는 것을 가장 신중한 외교정책으로 간주한다. 대부분의 학자들은 이러한 신현실주의 이론이 여전히 국제환경정치의 설명에 중요한 요소로 남아있기는 하지만 힘으로 정의된 국가이익과 상대적인 힘의 위치에 초점을 둠으로써 국제환경정치에 대한 제한적인 설명만을 제공한다고 본다.

왜냐하면 국제환경제도(즉 국제환경협약과 국제환경기구)의 증가와 국내의 환경입법의 활성화 등이 국제환경문제의 해결을 위해 국가들을 협력의 장으로 불러 모으는 것을 무시할 수 없기 때문이다. 이 때문에 국제환경정치에 대한 신현실주의 이론들은 앞으로 살펴볼 신자유주의적 제도주의 이론과 구성주의 접근법에 비해 훨씬 제한적으로 적용되어 오고 있다. 여기에서는 국제환경정치에 설명을 제공하고자 하는 신현실주의 이론과 신고전적 현실주의 의론에 더하여 환경안보 접근을 살펴보고자 한다.

1) 신현실주의 이론

환경파괴의 원인에 대한 신현실주의적 설명은 하딘(Garrett Hardin)의 공유자원의 비극(tragedy of the commons) 논리가 잘 보여준다. 하딘은 개인들은 항상 그들 자신의 즉각적이고 단기적인 물질적 이익을 극대화하고자 한다고 전제한다. 이는 개인들이 사적으로 소유하지 않은 자원이거나 국가의 소유인 자원을 과도하게 사용할 수밖에 없음을 의미하며 이러한 논리를 통해 개인들은 자신들이 의존하고 있는 바로 그 자원들을 파괴하게 될 것임을 예측하고 있다.

이러한 예측은 개인들이 단기적인 이익을 추구함으로써 그들이 협력을 했을 때 얻을 수 있는 것보다 훨씬 적은 것을 얻는 데 그칠 수밖에 없다는 일회 혹은 한정적으로 반복되는 딜레마 상황을 전제하고 있는 경제모델들과 일치한다. 세계정부가 부재한 주권국가 체제에서 국가들은 자기중심적인 이익을 추구할 수밖에 없으며 그 결과 공공재(public goods)는 파괴될 수밖에 없다고 본다. 전 지구적인 환경위기의 핵심적인 요인은 국제체제의 무정부성(anarchy)이라고 보고자 한다.

기본적으로 신현실주의 이론은 국제체제의 무정부성으로 인해 국가는 생존과 안보에 일차적인 관심을 가질 수밖에 없고 이 때문에 얼마만큼의 힘을 추구하여야 하는가를 둘러싸고 견해의 차이가 존재하지만 기본적으로 상대적 힘(relative power)의 우위를 불가피하게 추구하게 되어 있다고 본다. 따라서 신현실주의 이론에 따르면 국가들은 국제환경문제에 대해서도 생존과 안보를 확보해 주는 상대적인 힘의 관점에서 접근하게 된다. 이는 이익을 국가행동의 동인으로 보는 신자유주의적 제도주의 이론의 견해뿐 아니라 공유된 규범을 국가행동의 동인으로 보는 구성주의 접근법의 견해와도 구별이 된다.

이러한 맥락에서 신현실주의 이론에 있어서 국제환경협약의 수용여부도 국가의 생존과 안보라는 전략적인 관심사가 달성될 수 있는가에 달려 있다. 신현실주의 이론은 국제관계의 결과를 규정짓는 일차적인 요인들이 국제체제에 있어서의 힘의 배분(distribution of power)과 상대적인 힘(relative power)이라고 본다. 따라서 국가들은 국제환경문제의 해결을 위한 자국의 협력적 행위의 결과가 국제체제에 있어서의 힘의 배분과 자국의 상대적인 힘에 영향을 미칠 수 있기 때문에 협력에 신중할 수밖에 없어 협력이 잘 안 일어난다고 본다. 이러한 현상은 근본적으로 국제체제의 무정부성으로부터 오는 것으로서 무정부 상태에서 다른 국가들의 의도를 아는 것이 힘들기 때문에 국가들(특히 경쟁관계에 있는 국가들이나 강대국들)에게 있어서 협력이라는 것은 기껏해야 최후의 수단으로 본다.

요약하자면 신현실주의 이론은 주로 환경분야에 있어서의 국제협력의 부재를 설명하고자 하며 이러한 설명의 핵심에는 상대적 이득의 문제(relative gain problem)가 있다고 본다. 예컨대 신현실주의 이론은 미국·호주·캐나다 등이 기후변화협약 교토의정서를 지지하지 않는 이유를 이러한 관점에서 설명하고자 한다.

공권력을 보유한 중앙정부가 존재하지 않는 국제체제에서 국가들은 자신들의 절대적 이득을 극대화하는 것에 관심을 가지고 있을 뿐 아니라 다른 국가들의 이득과 비교한 상대적 이득에 관심을 가지고 있다는 것이다. 이는 특정 국가가 협력의 결과로서 얻게 되는 이득이 협력을 안했을 때와 비교하여 절대적 이득이 있다고 해도 이득의 좀 더 많은 부분이 다른 국가에게 갈 경우 자신이 상대적으로 취약해질 수 있으며 이것이 결국 국가의 생존과 안보를 위태롭게 할 수 있다고 생각하기 때문이다.

그룬딕(Frank Grundig)은 협력에 있어서의 상대적 이득의 중요성을 강조하는 관점을 가지고 오존층 고갈과 더불어 기후변화와 같은 국제환경 문제를 분석했다. 그는 분석을 통해 기후변화 문제의 경우 이러한 신현실주의 이론이 적실성을 가진다고 주장하고 이러한 힘에 기반을 둔 설명(power-based explanation)이 무시될 수 없다는 결론을 내리고 있다.[14)]

베지르지아니도우(Sevasti-Eleni Vezirgiannidou)도 상대적 이득이라는 관점에서 접근하고 있다. 그녀는 미국이 교토의정서의 생성에 주도적인 노력을 했음에도 불구하고 비준을 거부함으로써 교토의정서체제에 심각한 타격을 주었다고 보고 미국의 이러한 행동을 취한 원인이 무엇인가를 분석하고자 했다. 그녀는 의정서가 체결되는 해인 1997년 이전에 중국이 가지게 될 상대적 이득에 대한 우려로 인해 이미 미국상원에 의해 거부되었다고 지적하고 있다.

이는 미국이 냉전이 종식된 후 중국의 성장에 대한 우려를 가져오고 있었는데 교토의정서에 미국이 비준하여 이산화탄소 감축목표를 이행하게 된다면 이를 위해 지불하여야 하는 비용으로 인해 중국이 경쟁에서 상당한 상대적 이득을 거두는 것을 허용하지 않을 수 없었기 때문이었다. 그녀는 이러한 근거로서 상대적 이득을 둘러싼 의회의 토론을 제시하고 있다.[15)]

---

14) Frank Grundig, "Patterns of International Cooperation and the Explanatory Power of Relative Gains: An Analysis of Cooperation on Global Climate Change, Ozone Depletion and International Trade," *International Studies Quarterly*, Vol. 50, No. 4 (2006), pp. 781-801.

15) Sevasti-Eleni Vezirgiannidou, "The Kyoto Agreement and the Pursuit of Relative Gains" *Environmental Politics,* Vol. 17, No. 1 (February 2008), pp. 40-57.

이러한 이론적 설명의 한계로서 블레인(Jeb Shannon Blain)은 다음과 같은 것들을 지적하고 있다. 첫째, 이러한 설명은 미국 상원의 행동을 설명할 수 있지만 애당초 클린턴 대통령이 협약에 왜 서명했는가를 설명하지 못한다. 이러한 신현실주의 이론의 상대적 이득에 따른 설명에 의하자면 클린턴 대통령도 상원과 같이 상대적 이득을 우려했어야 한다. 둘째, 이러한 신현실주의 이론에 따르면 국가는 고정된 이익을 추구하는 통합된 합리적인 행위자인데 실제로 미국은 행정부와 의회가 다른 견해를 가진 것에서 볼 수 있듯이 통합된 방식으로 행동하지 않았다.[16] 셋째, 상대적 이득에 대한 우려의 원천이 안보라기보다는 경제적 이익을 둘러싼 것이었다. 넷째, 유럽연합(EU)은 미국과는 달리 교토의정서에 비준을 했는데 신현실주의 이론에 따르면 미국뿐 아니라 유럽연합도 중국이 가지게 되는 상대적 이득에 민감하여 미국과 마찬가지로 교토의정서에 서명과 비준을 하지 말았어야 한다. 이러한 이유 때문에 국가들 간에 있어서 이익과 행동상의 차이를 가져올 수 있는 국내정치에 대한 연구가 필요하다는 점을 강조한다.[17]

패터슨(Matthew Paterson) 역시 기후변화 협상에 있어서의 힘의 역할을 다루고 있다. 그에 따르면 이러한 협상에서의 개개 국가가 취하는 입장은 개개 국가의 에너지 자원에 대한 의존에 의해 규정된다고 본다. 즉 에너지 수입에 좀 더 의존적인 국가들이 좀 더 온실가스 배출을 줄이려고 한다. 이는 이러한 배출의 감축이 그들로 하여금 에너지에 대해 좀 더 독립적이도록 만들기 때문이다. 이와는 대조적으로 자국의 에너지 자원에 의존하고 있는 국가들은 배출감축을 하려고 하지 않는데 이는 에너지 독립성을 잃는 것을 두려워하기 때문이다.[18]

이러한 주장은 국가들은 안보를 확보하기 위해 자율성을 유지하기를 원한다는 신현실주의 이론의 생각과 일치한다. 왈츠는 국제체제의 무정부성으로 인한 상대적 이득의 우려와 더불어 국가들이 무역이나 다른 협력을 통해 상대방 국가에게 의존적이 되는 것을 우려하게 되어 협력을 꺼리게 된다고 주장한 바 있다.[19]

---

16) 신현실주의 이론은 국가만이 유일한 행위자라는 가정과 더불어 국가는 통합된 행위자라는 가정과 국가는 생존과 안보를 가장 우선적인 목표로서 추구한다는 가정 등을 가지고 있다.

17) Jeb Shannon Blain, *International Climate Change Negotiations: The Role of Power, Preferences, and Information in Negotiation Outcomes* (M.A. Thesis, California State University, Sacramento, 2010), p. 11.

18) Matthew Patterson, *Global Warming and Global Politics* (London: Routlege, 1996)

19) Kenneth N. Waltz, *Theory of International Politics* (Reading, Mass: Addison-Wesley, 1979), pp. 105-106.

블레인(Jeb Shannon Blain)은 에너지 독립의 관점에서의 힘이라는 것이 국가가 취하는 입장에 중요한 역할을 하는 것은 틀림없지만 설명력에 한계가 없는 것은 아니라고 지적한다. 즉 시간의 흐름 속에서 동일한 국가에 있어서 정책입장의 변화를 제대로 설명하기 어렵다는 점이다. 미국의 경우 에너지 구조가 대체적으로 변하지 않았음에도 불구하고 온실가스 배출과 관련한 미국의 입장은 변해왔다는 점을 설명하기 어렵다.[20]

기후변화 문제와 관련하여 신현실주의 이론은 국가들이 목표로서 생존을 최우선시하기 때문에 상대적 이득(상대적 힘의 우위)을 추구하고 그 결과 지구온난화를 둘러싼 국제협력의 전망에 대해 회의적이다. 따라서 신현실주의 이론은 기후변화 협상 당사국들 사이에 빈번하게 협력적 행위가 없는 것을 잘 설명하며 왜 종종 이러한 협상이 실패하는가에 대한 근본적인 이유에 대한 설명을 제공한다.

특히 신현실주의 이론 가운데 무제한적인 힘의 추구를 주장하는 미어샤이머와 같은 학자의 공격적 신현실주의 이론은 이산화탄소 배출의 감소가 가져올 결과로서의 상대적 힘의 약화라는 위험 때문에 배출감소 약속에 반대하는 관계로 기후변화를 둘러싼 전 세계적인 협력을 설명할 수가 없을 뿐 아니라 이러한 기후변화 문제의 극복책으로 제시할 수 있는 수단이 거의 없다.[21]

이는 공격적 신현실주의 이론이 기후변화에서 오는 위협을 자신의 방어능력을 강화하고 기후변화에 대비하는 기회로 여기기 때문이다. 국가들은 그들의 이득을 극대화하기 위해 다른 국가와 환경의 희생을 치르고라도 석탄이나 석유와 같은 상대적으로 싼 화석에너지를 사용함으로써 에너지 안보를 극대화하고자 한다. 이들에게 있어서 경쟁국의 손실은 자신의 이익으로 간주된다. 따라서 경쟁국의 가뭄과 홍수 그리고 경제부진은 자신의 이익으로 간주된다.

그러나 신현실주의 이론은 기후변화 협상에서 보듯이 왜 유럽연합(EU) 국가들은 미국과 달리 기후변화협상에 적극적인가와 같은 국가들 간의 차이를 제대로 설명하지 못한다. 또한 2015년 12월에 파리에서 개최된 기후변화협약 제21차 당

---

20) Jeb Shannon Blain, *International Climate Change Negotiations: The Role of Power, Preferences, and Information in Negotiation Outcomes* (M.A. Thesis, California State University, Sacramento, 2010), p. 11-12.

21) 국제환경 문제의 해결을 위한 수단으로서 국제환경협약의 체결을 위한 다자적인 국제협력에 회의적인 신현실주의 이론은 국제환경 문제의 해결을 위한 대안으로서 자발적인 국가 간 협의체(voluntary international association)를 통해 지구온난화를 감소하고 지구온난화에 적응하기 위한 국가 정향적인 기술적 해결책(nationally-oriented technological solutions)을 옹호한다.

사국총회(COP21)에서 미국・중국・인도 등 모든 기후변화협약 당사국들이 참여하여 2021년부터 자발적으로 이산화탄소 감축의무를 지게 되는 POST-2010 기후변화체제가 구축된 것 역시 제대로 설명하지 못한다.

이러한 현상(즉 국가들 간의 협력에 의한 국제환경협약의 체결)을 신현실주의 이론의 시각에서 일관되게 설명하고자 하는 시도가 없는 것은 아니다.[22] 이러한 시도의 일환으로서 왈트(Stephen M. Walt)의 위협균형론(theory of balance of threat)이 기후변화와 같은 환경문제에 있어서의 국제협력을 설명하고자 한다.[23]

위협균형론은 세력균형론이 문제점을 지적하면서 등장한 이론으로서 위협적인 국가가 등장할 경우 나머지 국가들이 이 국가의 위협에 대응하여 연합을 결성함으로써 위협에 대한 균형이 이루어짐을 설명하고자 하는 이론이다. 이는 힘이 강한 국가가 등장할 경우 나머지 국가들이 이 국가의 힘에 대응하여 연합을 결성함으로써 힘에 대한 균형이 이루어짐을 설명하고자 하는 세력균형이론과 대조를 이루는 이론이다. 위협균형론은 구체적으로 파리 당사국총회(COP 21)에서의 새로운 기후변화체제의 출발을 신현실주의 이론의 관점에서 이론적으로 뒷받침하고자 하는데 구체적인 논리를 살펴보면 다음과 같다.

이제까지 살펴본 상대적 이득(상대적 힘)에 대한 우려 때문에 협력이 일어나기 어렵다는 것을 주장하는 신현실주의 이론과는 달리 위협균형론은 국가가 불균형하게 많은 것을 얻는 상황이라고 할 경우라도 상대적 이득의 문제가 모든 형태의 협력을 막는 것은 아니라고 본다. 구체적으로 협력의 결과로서 얻게 되는 이익이 상대적 이득의 문제를 극복할 정도로 클 경우에 국가들은 협력을 택할 수도 있다는 것이다. 이러한 임계값(threshold)은 국가들이 외부적인 안보위협(external security threat)에 직면했을 때 통상적으로 한번 충족되게 되는데 미국의 안보 담

22) Daniel Heffron(Center for Geopolitics and Security in Realism Studies), "What Do Realists Think about Climate Change?" http://www.cgsrs.org/files/files/publications_30.pdf (검색일: 2016년 7월 26일); Ken Sofer(Center for American Progress), "The Realist Case for Climate Change Cooperation," https://www.americanprogress.org/issues/security/news/2015/11/30/126356/the-realist-case-for-climate-change-cooperation/ (검색일: 2016년 7월 25일).

23) Stephen M. Walt, "Alliance Formation and the Balance of World Power," *International Security*, Vol. 9, No. 4 (Spring 1985), pp. 3-43; Stephen M. Walt, *The Origin of Alliances* (Ithaca: Cornell University Press, 1987); Stephen M. Walt, "Alliances: Balancing and Bandwagoning," in Robert J. Art and Robert Jervis, eds., *International Politics: Enduring Concepts and Contemporary Issues*, 3rd ed. (New York: Harper Collins Publishers, 1992), pp. 70-78.

당자들에게 있어서 기후변화가 현재 가하고 있는 위협이 이제 신현실주의자들이 협력을 해도 좋다고 생각하는 높은 임계값을 충족한다는 것이다.

왈트의 위협균형론은 앞서 언급했듯이 적대적인 외부의 위협에 직면할 경우 위협을 받은 국가들이 함께 이러한 위협에 대응하고 어느 한 행위자가 다른 행위자들을 압도할 수 없는 균형을 복원하기 위하여 동맹을 만든다는 것이다. 이러한 동맹은 통상적으로 제한적이고 단기적이며 위협이 사라질 때까지 존속된다. 만약에 기후변화가 적대적인 국가의 위협과 유사하다면 신현실주의자들의 대응이란 기후변화에 대항하여 국제적인 동맹을 결성하는 것이라고 본다. 여기에는 기후변화가 국경을 넘는 전 세계 모든 국가의 문제로서 어떠한 국가나 국경도 차별하지 않고 영향을 미친다는 특성이 고려되어 있다.

위협균형론은 미국의 오바마 정부가 대체적으로 이러한 접근을 택하여 전통적인 우방인 유럽과 일본 동맹뿐 아니라 중국·인도·브라질·인도네시아와 같은 비전통적인 국가들에게도 이러한 노력에 합류할 것을 요청했다고 본다. 기후변화가 가하고 있는 직접적이고 간접적인 위협은 중국이나 인도와 같은 국가들의 계산법을 바꾸어 놓았다. 이들 국가들은 이전에 기후변화와 싸우는 전 지구적인 노력에 전적으로 기여하지 않는 이유로서 「공동의 그러나 차별화된 책임의 원칙」을 인용해왔으며 상대적 이득 이론이 주장하듯이 기후변화와 싸우기 위한 대열에 동참하는 것은 개도국과 신흥공업국에게 불균형적으로 이들의 이익을 침해할 수 있는데도 불구하고 참여를 결정한 것이다.

신현실주의 이론은 합리적인 국가들이 국제체제의 무정부성으로 인해 안보문제를 가장 우선시함으로써 환경문제는 주변적인 문제라는 기본적인 견해를 갖고 있다. 신현실주의 이론은 이러한 맥락에서 국제레짐과 국제기구를 포함하는 국제제도와 규범 등은 주변적인 것(epiphenomena)이라고 본다. 예컨대 국제환경협약과 같은 국제제도를 국가행위에 영향을 미치는 존재로 보지 않고 힘의 단순한 반영물인 부차적인 것으로 간주한다.

국가들은 힘의 관점에서 국가이익을 냉철하게 판단한 후 국가이익에 도움이 되지 않는 경우 국제환경제도에 참여 자체를 하지 않으며 기존의 국제환경제도에 참여하고 있다 하더라도 지속적인 참여가 더 이상 국가이익을 가져다주지 않는다고 인식할 경우 국제환경제도의 규정을 위반하거나 아예 탈퇴하는 등의 행동을 취한다고 본다. 이 때문에 일반적으로 신현실주의 옹호자들은 국제환경제도의 창설과 유지 그리고 집행에 별 관심을 두지 않는다.

신현실주의 이론의 한 지류인 패권안정이론은 환경분야에 있어서의 협력의 전망을 평가하는 데 있어서 국가들 사이에 있어서의 힘의 배분(distribution of power)을 살펴본다. 이 이론에 따르면 협력하는 것이 패권국의 이익과 일치할 때 협력이 발생한다. 이처럼 협력에 패권국의 적극적인 참여가 필요한 것은 당근과 채찍을 통해 자신보다 약한 국가들로 하여금 협력을 하도록 강제하거나 유인할 수 있기 때문이다.

이러한 맥락에서 영(Oran R. Young)과 같은 학자는 국제협력에 대한 신현실주의 이론(좀 더 구체적으로 패권안정이론)의 적실성을 보여주기 위해 강력한 국가(powerful states)가 그렇지 않으면 냉담할 국가들에게 국제환경레짐(international environmental regimes)을 부과해 온 다수의 사례들을 부각시키고 있다.

영은 이러한 국제레짐의 예로서 국제포경협약(International Whaling Convention)을 들고 있다. 이 협약의 경우 과거에 조약의 위반이 빈번하게 있었으나 미국이 위반하는 국가에게 위협을 가하고 여기에서 나아가 실제적으로 경제적 제재까지 가하자 국제포경협약의 준수를 확보할 수 있게 되었다고 분석한다.[24] 영의 이러한 논의는 그가 국제레짐을 발생방식에 따라 자연스럽게 자발적으로 발생한 국제레짐(voluntary regime)과 협상의 결과로서 생기는 레짐(negotiated regime)에 더하여 패권적 국가(들)에 의해 부과된 레짐(imposed regime)으로 구분하고 있는 것과 밀접한 관련을 가진다.

드솜버(Elizabeth R. DeSombre)는 환경문제가 해결되기 위해서는 많은 국가들로부터의 광범위한 지지를 필요로 하는가 아니면 하나의 강력한 국가의 일방적인 행동을 필요로 하는가를 묻고 이에 대한 답을 추구하고 있다. 좀 더 구체적으로 언제, 어떻게, 그리고 왜 국가는 규제를 목적으로 하는 자신의 국내 환경정책을 국제화하려고 하며 또 이러한 시도가 성공하는가를 묻고 답을 하고자 한다.[25]

이에 대해 드솜버는 강력한 국가(구체적으로 미국)는 환경정책의 국제화가 자원의 보호를 광범위하게 하고 동시에 일반적인 규제로부터 야기되는 경쟁상의 불이익을 회피하는 것을 돕는다면 언제라도 다른 국가들로 하여금 그들의 환경기준을

24) Oran R. Young, *International Cooperation: Building Regimes for Natural Resources and the Environment* (Ithaca and London: Cornell University Press, 1989), pp. 1-57.

25) Elizabeth R. DeSombre, *Domestic Sources of International Environmental Policy: Industry, Environmentalists, and U.S. Power* (Cambridge, MA: The MIT Press, 2000).

택하도록 압력을 가할 것이라고 주장한다. 드솜버는 국가 간의 정책조정이라고 하는 것은 심지어 환경정치 부분에 있어서조차 실제에 있어서 완전히 자발적일 수 없다는 것이다.

드솜버에 따르면 산업계와 환경주의자들은 국가로 하여금 국내 환경정책을 국제화하여 국제 환경정책이 되도록 한다. 구체적으로 국내 환경정책의 국제화는 산업계와 환경주의자가 「불법 주류상과 성직자의 연합(coalition of bootleggers and baptists)」이라고 칭하는 연합(서로 연합을 할 성격이라고 볼 수 없는 행위자들 간의 연합)을 형성하여 국가의 정책결정자로 하여금 국내 환경정책의 기준을 국제화하도록 압력을 가한 결과라고 본다.

이러한 연합이 가능한 것은 환경주의자들에게 있어서 국내 환경규제 정책을 국제화할 경우 자원에 대한 보호를 보다 광범위하게 할 수 있기 때문이다. 산업계의 경우 이러한 국내 환경정책의 국제화는 규제되지 않은 외국의 산업계가 비교우위를 가지고 작동하는 것을 방지할 수 있기 때문이다. 이처럼 산업계와 환경주의자들은 환경규제에 저항하는 국가들에게 경제적인 제약을 위협하거나 실제로 부과하도록 자국 정부에 압력을 가한다.

이처럼 드솜버는 국내 환경규제 정책의 국제화를 설명하기 위한 필요조건을 산업계와 환경주의자들의 연합이라고 본다. 구체적으로 규정되고 있는 산업계가 해외에서 경쟁을 할 때, 규제의 내용이 생산품이 아닌 생산과정을 포함할 때, 효과적인 환경보호를 위해 국제적인 행동이 요구될 때 국제화의 유인(incentives for internationalization)이 강해진다고 보고 이럴 경우에 국제화가 성공하기 쉽다는 가설을 수립했다. 드솜버는 멸종위기의 동식물·대기오염·어족자원의 보호 등에 관한 미국의 주요 규제를 살피면서 미국이 어떤 정책을 국제화하고자 했고 이러한 국제화 시도가 얼마나 성공적이었는가를 분석하여 이러한 가설을 입증했다.

이와 더불어 드솜버는 압력의 대상이 되고 있는 국가들의 미국의 압력에 대한 대응을 검토하고 이러한 대응이 어디로부터 유래된 것인가를 살펴보고자 했다. 이와 관련하여 제시된 세 가지의 대안적인 가설은 다음과 같다. 우선 대상국가는 새로운 환경정책을 택하는 것이 자기중심적인 국가이익과 일치한다고 생각하기 때문에 택할 수 있다. 또 다른 하나는 새로운 환경정책을 택하라는 요청이 현재 존재하는 국제적인 규칙과 규범에 비추어 적절성(legitimacy)을 가지고 있어 택할 수 있다. 마지막으로 새로운 환경정책을 택하라는 미국의 요청이 강력하고 신뢰할만한 위협에 의해 뒷받침되고 있기 때문에 택할 수 있다. 드솜버는 사례분석을 통해 국내 환경정책의 국제화에 중요한 요인은 자기중심적인 이익과 적절성이 아니라 위협이라고 결론짓고 있다.

드솜버의 사례 가운데 하나로서 국제적인 어업협정을 살펴보면 다음과 같다. 미국의 수산업계는 지속가능한 어업을 위한 국제적인 기준을 지키지 않는 국가들에 대해 제재를 취하도록 정부에 압력을 가했고 환경주의자 집단들도 이러한 압력에 가세했다. 그 결과 이러한 국제적인 기준은 여러 국가들에 의해 택해졌다. 이렇게 국제적인 기준을 택한 국가들은 수산물 수출에 있어서 미국에 의존적이었던 국가들이었다.

국제환경정치를 상호이익에 대한 우호적인 상호작용의 결과물이라는 일반적인 인식을 깨고 국제적인 정책의 채택에 힘이나 위협과 같은 요인이 중요한 역할을 한다는 드솜버의 주장은 신현실주의 이론의 한 지류인 패권안정이론의 논리와 맥을 같이 한다. 그러나 국가가 이렇게 다른 국가에 압력을 가해 국제환경레짐을 보편화시키는 데에 있어서의 국내요인의 역할을 강조함으로써 국내요인의 역할에 관심을 가지지 않는 일반적인 패권안정이론과는 차별성을 지닌다.

엄밀한 패권안정론은 아니지만 왈츠 역시 국제협력에 있어서의 강대국의 역할의 중요성을 언급하고 있다. 구체적으로 왈츠는 공해(pollution) · 빈곤(poverty) · 인구(population) · 확산(proliferation)의 문제를 대표적인 전 지구적인 문제로 여기고 이러한 문제의 국제적 관리에 대해 언급하고 있다.

그에 따르면 국내체제에서 개개의 행위는 좀 더 나은 사회선(social good)을 위해 중앙기관에 의해 통제가 가능하나 무정부 상태의 국제체제에서 좀 더 나은 사회선을 위한 통제가 불가능하다. 따라서 많은 문제들이 국제적 수준에서 발생하나 해결책은 지속적으로 국가정책에 의존한다. 전 지구적인 문제를 해결하기 위해 개개 국가가 비효율적으로 취하는 저마다의 결정(tyranny of small decisions)으로부터 벗어나기 위해 국가체제의 중앙집권적인 정부에 해당하는 것을 수립해야 하나 기대할 수 없고 현재의 국제기구들은 어떠한 해결도 제공하지 않는다고 본다.

왈츠는 이러한 문제의 해결을 위해 강대국의 역할이 중요함을 강조하고 강대국의 수가 적을수록 또 소수의 가장 힘 있는 국가와 여타 국가와의 불균형이 크면 클수록 소수의 강력한 국가들이 국제체제의 목적을 위해 행동을 취하며 관리력(managerial power)을 행사할 가능성이 높다고 본다. 이처럼 왈츠는 국제적인 환경문제를 위시한 전 지구적 문제와 관련하여 질서를 유지하는 데 있어서 강대국의 역할을 강조한다.

국제사회가 직면하고 있는 다양한 문제들 가운데 환경문제의 경우 패권안정이론은 적실성을 가질 수 있는 이론적인 배경을 가지고 있다. 생태보전을 목적으로 하는 환경보호주의(environmentalism)가 공공재(public goods)를 보호하기 위해 국가 간 환경협력과 공동관리를 중시함으로써 국가의 주권과 필연적으로 충돌하지 않을 수 없고 이러한 공익과 국가이익의 충돌문제를 해결하기 위해서는 패권국의 역할이 필요할 수밖에 없기 때문이다. 물론 이러한 논리가 적용되기 위해서는 패권국이 환경보호에 지대한 관심과 이익을 가지고 리더십을 발휘하고자 할 것이라는 것이 전제가 되어야 한다.

그러나 패권국가로서의 미국이 환경분야에서 이러한 역할을 1980년대 이후에 방기했는데 그럼에도 불구하고 환경문제를 둘러싼 국가들 사이에 협력이 지속적으로 전개되는 것을 제대로 설명할 수 없는 한계를 지닌다. 즉 1981-1993년과 2001-2009년은 대부분의 전 지구적인 환경레짐이 창설되고 확장된 시기인데 이 시기는 미국의 힘이 1980년대 중반부터 부상하는 일본과 유럽연합의 경제력에 의해 도전을 받은 시기이고 실제로 미국은 이 시기에 국제환경 분야에서 리더십을 거의 발휘하지 않던 시기이기 때문이다.

따라서 이 시기에 창출되고 확장된 국제환경협약들은 미국의 패권에 의한 것이 아니라 국가들 사이의 광범위한 합의에 의한 것이었다. 이처럼 패권안정이론이 제2차 세계대전 이후의 브레턴우즈체제(Bretton Woods System)와 같은 국제경제체제의 수립을 설명하는 데는 유용하다고 해도 국제환경레짐이 국가들 간에 협상을 통해 등장하는 것을 설명할 수 없다. 이 때문에 다음에 살펴볼 신자유주의적 제도주의 이론이 국제환경 협력의 연구에 있어서 주류를 이루게 되었다.

또 다른 비판은 환경문제에 있어서 패권적인 리더십의 가능한 것인가와 관련이 있다. 이는 개선된 환경은 패권국이 협력적인 행동을 조직화하려는 이유인 부의 극대화 및 안보의 유지와 단지 간접적으로만 연관이 되어 있기 때문이다. 비록 환경문제를 해결하는 것이 안보를 촉진하고 부를 극대화한다고 해도 많은 경우에 있어서 국제환경협약을 수립하려는 노력을 이끈 것은 패권국이 아니었다.

패터슨(Matthew Paterson)과 같은 학자는 국제환경 문제를 다루는 데 있어서 신현실주의 이론이 지니는 본질적인 한계를 비판하고 있다. 그에 따르면 신현실주의 이론은 신자유주의적 제도주의 이론과 마찬가지로 환경문제가 왜 발생하는가에 대한 구체적인 원인의 진단보다는 이미 발생한 환경문제에 대응하는 데에 주된 관심을 두고 있으며 이러한 대응조차도 기존의 세계정치의 권력구조(국가체제·자본주의·지식·가부장제)의 틀 안에서 생각하면서 상대적 이득(relative gain)과 같은 개념을 결부지으면서 국제협력을 통한 대응이 어렵다고 결론짓는다고 비판한다.

즉 신현실주의는 공유자원의 비극(tragedy of the commons)과 같은 논리를 통해 환경문제의 원인을 추상적으로 진단할 뿐 이러한 환경문제의 원인을 지속적이고 본질적으로 야기하고 있는 세계정치의 권력구조와 연결을 짓지 않는다고 지적하면서 근본적인 원인을 이러한 세계정치의 권력구조에서 찾아야 하고 처방도 이러한 권력구조에 대한 저항과 변혁에서 찾아야 한다는 것을 강조한다.[26)]

신현실주의 이론에 가해지는 비판의 하나로서 신현실주의 이론이 환경의 문제를 국가의 안보문제로만 배타적으로 연결을 짓고 있다는 점을 지적할 수 있을 것이다. 이러한 논리로 인해 국가들 간의 협력이 어렵다는 결론을 내리고 있지만 국제사회의 국가들 가운데 환경문제를 전적으로 국가안보의 차원에서만 고려하는 국가들이 과연 얼마나 될까를 고려한다면 이러한 논리는 국력을 둘러싸고 경쟁을 벌이고 있는 지극히 제한된 강대국 사이에 국한하여 적용될 수 있을 것이다.

2) 신고전적 현실주의

앞서 이론 부분에서 살펴보았듯이 신고전적 현실주의는 국제체제의 무정부성이 주는 국가행동의 방향성이 국내요인들에 의해 달라지면서 종국적으로 국가행동에 있어서의 차이를 가져온다고 본다. 이러한 신고전적 현실주의 관점을 적용하여 국제환경 분야를 분석하고자 하는 시도들이 점차적으로 증가하고 있다.

예컨대 헤프론(Daniel Heffron)은 민주주의 국가냐 권위적인 국가냐에 따라 기후변화로부터 발생하는 외부적인 위협에 대한 대응이 다르다고 본다. 이는 신현실주의 이론이 국제체제의 무정부성으로 인해 모든 국가들은 동일하게 상대적 이득에 민감하게 반응한다는 가정을 거부하는 것이다. 헤프론의 신고전적 현실주의

---

26) Matthew Paterson, *Understanding Global Environmental Politics: Domination, Accumulation, Resistance* (London: Macmillan, 2000).

이론에 따른 분석을 살펴보면 다음과 같다.27)

구체적으로 민주주의의 경우 지도자들은 다시 선출되기 위해 단기적인 이득에 중점을 두게 마련이라고 본다. 즉 국민들 대부분을 만족시켜 권력에 지속적으로 머물기 위한 욕구에 의해 장기적으로 이득이 될 수 있는데도 불구하고 경제를 화석연료 경제로부터 재생에너지 경제로 전환하려는 주요한 조치를 취하지 않는다고 본다.

화석연료에 의존적인 경제를 재생에너지 경제로 전환하기 위해서는 큰 규모의 비용이 소요되어 복지예산을 비롯한 다른 예산의 삭감을 동반하기 쉽고 비용을 투입한다고 해도 그 효과가 금방 드러나는 것이 아니다. 따라서 자신의 임기 동안의 치적으로 남기고 싶은 경제성장과 번영에 도움이 되지 않는다고 판단하기 때문에 장기적으로 이득이 되는 환경정책을 취하지 않는다. 즉 민주주의 국가 지도자들은 재선을 위해 국민들에게 직업을 제공하고 생활수준을 개선하며 경제가 잘 운영되고 있다는 것을 보여주는 것에 우선권을 둔다는 것이다.

이러한 예는 영국의 카메론 총리가 2010년에 집권한 이래 영국정부가 재생에너지 분야의 예산을 대폭적으로 삭감하고 화석연료와 핵연료의 사용을 늘리는 쪽으로 정책방향이 급선회했다는 것에서도 드러난다. 2010년 선거승리와 2015년 재선 사이에 카메룬 총리는 대규모 공적지출 삭감과 보건의료 서비스 예산의 삭감을 통해 경제성장에 박차를 가했던 것도 같은 맥락이다.

이와는 달리 한 사람 혹은 단일의 정당이 장기간에 걸쳐 권좌에 머물러 있어 다음 재선에서의 선출을 위해 국민들을 만족시킬 필요가 없거나 덜 있는 국가의 경우 기후변화를 완화시키기 위한 정책이 민주주의 국가에 비해 보다 수월하게 취해지고 집행될 수 있다고 본다. 즉 권위적인 국가의 지도자들은 자신들이 원하는 바대로 기후변화에 대한 직접적인 행동을 취할 수 있는 능력과 자유를 보유하고 있다. 이러한 것은 중국이 이산화탄소를 가장 많이 배출하는 동시에 재생에너지에 가장 많은 투자를 하고 있으며 엄격한 새로운 대기오염법과 더불어 다른 환경규제를 실시하고 있는 것에서도 드러난다.

푸루동(Mark Purdon)은 국제체제의 특징인 무정부성으로부터 기인하는 상대

---

27) Daniel Heffron(Center for Geopolitics and Security in Realism Studies), "What Do Realists Think about Climate Change?" http://www.cgsrs.org/files/files/publications_30.pdf (검색일: 2016년 7월 26일)

적 이득에 대한 국가들의 관심이 기후변화를 둘러싼 협력에 제약을 가한다는 것을 수용하는 한편 이러한 상대적 이득에 대한 관심은 신현실주의 이론이 가정하는 것처럼 동일하지 않고 국가들마다 정도에 있어서 차이가 존재하며 이로 인해 국가들마다 기후변화에 대처하는 데 있어서 행동의 차이를 보인다고 주장한다. 그에 따르면 국가들이 보이는 행동의 차이는 상대적 이득에 대한 국가들마다의 민감성(sensitivity to relative gain)에 있어서의 차이에 기인하며 이러한 차이는 구체적으로 국제적인 전략적인 환경(international strategic environment)·개개 국가별 특별한 전략적 환경(state specific strategic environment)·개개 국가의 국내정치(domestic politics)라는 3가지 큰 요인의 그룹으로부터 온다고 주장한다.[28]

여기에서 국제적인 전략적 환경은 국제체제의 무정부성과는 다르지만 국가행동에 영향을 미치는 국가 외부적인 요인이라는 점에서는 다르지 않다. 이는 구체적으로 상대적 이득이 정치적으로 중요한지의 여부를 결정하여 협력에 영향을 미치는 국제적인 환경을 의미한다. 이러한 국제적인 환경은 구체적으로 다음과 같은 3가지 요소로 구성된다.

첫째, 기후변화가 진행될수록 피해가 증가하고 이러한 증가된 피해는 국가들로 하여금 국내적인 적응(adaptation)을 위해 자원을 보유하도록 큰 압박을 가할 것으로 본다.[29] 이러한 압박은 상대적 이득에 대한 민감도를 높이게 된다. 이러한 예로 러시아가 2010년에 혹독한 가뭄이 발생하자 식량안보를 확보하기 위해 밀의 수출 금지령을 내린 바 있다.

둘째, 중국과 같이 국가의 경제가 부상하는 경우 미국과 같은 기존의 강대국들은 중국에 국제적인 자원이 이전되는 것에 좀 더 예민해진다. 이러한 국제적인 환경은 국가들로 하여금 상대적 이득에 민감하게 만드는 요인이다.

셋째, 전 지구적인 금융위기가 심대한 국제적인 부의 이전을 가져와 미국과 유럽 국가들의 위상을 위축시켰다. 전 지구적인 재정위기 시에 기후변화와 관련하여 취하는 국제적인 행동은 선진국으로부터 물질적인 자원이 중국과 같은 부상하는 강대국에게 유리하도록 빠져나가는 것으로 인식된다. 따라서 이러한 국제적

---

28) Mark Purdon, "Neoclassical Realism and International Climate Change Politics: Moral Imperative and Political Constraint in International Climate Finance," *Journal of International Relations and Development,* Vol. 17, No. 3 (July 2014), pp. 301-338.

29) 기후변화의 문제와 관련하여 국제사회는 두 가지 트랙에서 문제에 접근하고 있다. 하나는 어떻게 온실가스를 줄일 것인가의 완화(mitigation)의 관점이고 또 다른 하나는 기후변화로 인해 이미 발생했거나 발생할 피해를 줄일 것인가의 적응(adaptation)의 관점이다.

인 환경은 상대적 이득에 국가들을 더욱 민감하게 만든다.

개개 국가별 특별한 전략적 환경이란 구조적인 요인으로서 구체적으로 국가가 보유하고 있는 역경을 극복하는 능력(resilience) · 환경문제가 가하는 위협에 대한 취약성(vulnerability) · 전 지구적인 세력균형 내에 있어서의 국가의 역할을 포함한다. 이들 가운데 국가가 보유하고 있는 역경을 극복하는 능력과 환경문제가 가하는 위협에 대한 취약성이라는 두 요인은 많은 학자들이 국가마다 다른 환경정책을 설명하는 데 사용하는 요인이다. 스프린츠와 바토란타(Detlef Sprinz and Tapani Vaahtoranta)가 환경문제를 다루는 데 필요한 저감비용(abatement costs of addressing environmental problems)과 환경위협에의 생태적인 취약성(ecological vulnerability to the environmental threat)이라는 두 요인이 국제환경협상에서의 국가의 입장을 결정한다고 보는 주장과 크게 다르지 않다.30)

전 지구적인 세력균형 내에 있어서의 국가의 역할이란 요인은 구체적으로 미국과 같은 국가는 기후변화에 대해 행동을 취하는 경우 군사비의 지출에 영향을 주고 이러한 지출은 국제체제의 힘의 배분 상에 있어서의 위치에 영향을 준다는 것이다. 이와는 달리 미국에 안보를 의존하고 있는 유럽 국가들 · 일본 · 캐나다와 같은 국가들은 군사비 지출을 대신하여 기후변화에 대응하여 추가적인 비용을 이전시켜도 그들의 안보에는 큰 영향이 없다.

마지막으로 국내정치 요인군이 상대적 이득에 대한 예민성에 영향을 주게 되는데 이러한 요인군은 세 가지 구체적인 요인으로 구성된다. 그 중 하나는 국내정치 행위자들의 기후변화 과학에 대한 인식이라는 요인이다. 기후변화에 대응하는 정책에 대한 미국의 반대를 설명할 때 미국 내에 상당한 정도로 퍼져 있는 기후변화 과학에 대한 불신을 언급하는 것이 같은 맥락이다. 둘째, 기후변화에 대한 도덕적인 책임감이라는 규범적인 요소이다. 이러한 첫 번째 요소와 두 번째 요소는 다음에 살펴볼 구성주의 접근법적 관점이 중요시하는 요소들이다. 셋째, 국내정치에 영향을 미치는 또 다른 요소는 기후변화 정책 그 자체이다. 이 요소는 신자유주의적 제도주의 이론 및 구성주의 접근법과 맥을 같이 한다. 예컨대 탄소거래를 가능하게 하는 탄소시장이 인기가 있는 이유는 자기중심적인 이익을

30) Detlef Sprinz and Tapani Vaahtoranta, "The Interest-Based Explanation of International Environmental Policy," *International Organization*, Vol. 48, No. 1 (Winter 1994), pp. 77-105.

추구하는 국내정치 행위자들의 마음을 움직임으로써 도덕적인 목표에 의해서만 이끌리는 사람들보다 좀 더 광범위한 행위자들을 관여시킬 수 있기 때문이다. 이와 같은 광범위한 행위자들의 관여는 국내정치에 영향을 미치지 않을 수 없다.

3) 환경안보 접근

환경과 안보의 연관성에 중점을 두는 연구의 방향을 「환경안보 접근(environmental security approach)」이라고 칭하는데 여기서 「환경안보(environmental security)」라는 말은 환경과 안보가 상관성을 가진다는 의미 즉 환경이 안보에 영향을 미친다는 의미가 내포되어 있다.[31] 환경이 안보에 영향을 미친다는 견해에도 환경이 전통적인 안보개념인 국가안보(national security)를 위협한다고 보는 견해와 환경이 새로운 안보개념인 인간안보(human security)에 위협을 가한다고 보는 견해의 두 가지가 존재한다. 이러한 두 가지 견해를 보다 구체적으로 살펴보면 다음과 같다.

우선 첫 번째 관점은 국가주권에 대한 외부의 군사적 위협을 강조하는 전통적인 국가안보의 개념을 그대로 유지한 가운데 환경문제가 이러한 국가안보(혹은 군사안보)에 미치는 영향을 분석하고자 하는 현실주의적 관점이다. 이는 간단히 말해 환경문제를 국가의 생존에 대한 위협의 문제로 인식하고자 하는 견해로서 기존의 국가안보라는 개념을 유지한 채 국가안보에 영향을 미치는 전통적인 요인들에 환경요인을 추가한 것이다.

두 번째 관점은 현실주의자들의 전통적인 안보개념이 환경훼손과 기후변화에 의해 가해지는 것과 같은 새롭게 등장하고 있는 위협을 다루기에 적절하지 않다고 보고 외부의 군사적 위협으로부터의 안보라는 전통적인 정의를 확장하여 인간안보를 의미하는 환경훼손·물 부족·식량 부족 등이 인간(구체적으로 인간의 생명·재산·복지 등)에 가하는 위협으로부터의 안보를 포함하여야 한다는 관점이다. 이러한 관점은 국제관계에 대한 자유주의적 관점을 가지고 있는 학자들에 의해 주장되는 견해이다.

여기에서는 전자인 현실주의적 관점에 집중하여 살펴보고 이에 대한 비판도

---

31) 환경문제와 국가안보의 관계에 중점을 둔다는 점에서 환경안보 접근은 신현실주의 이론과 맥을 같이 한다. 그러나 환경문제에 있어서 국제체제의 무정부성으로 인한 협력의 어려움에 중점을 두는 신현실주의는 환경문제로 인한 갈등과 폭력 등에 중점을 두는 환경안보 접근과 구별된다고 할 수 있다.

더불어 살펴보고자 한다. 이러한 비판에는 환경훼손이 국가안보에 영향을 미치지 않는다는 주장 · 환경훼손이 국가안보에 영향은 있지만 직접적이지 않고 간접적인 영향만이 있다는 주장 · 환경훼손이 안보문제를 야기하는 것이 아니라 오히려 협력을 가져온다는 주장 등이 존재한다.

환경훼손이 국가안보에 미치는 영향에 대한 연구에 대해 살펴보기 전에 전통적인 안보개념에 집착하는 사람들이 왜 안보개념의 확장에 반대하는가를 살펴보고자 한다. 신현실주의자인 왈트(Stephen M. Walt)는 안보의 개념을 확장하여 정의하게 되면 오염 · 질병 · 경제불황 등과 같은 이슈들 모두가 안보(security)에 대한 위협으로 간주하게 되고 이는 곧 지적인 일관성을 파괴하게 되고 이러한 이슈들에 대한 해결책을 고안해 내는 것을 더욱 어렵게 할 것으로 본다. 이러한 맥락에서 왈트는 안보연구에 있어서 국가에 대한 군사적 안보로 안보연구가 초점이 있어야 한다는 것이다.[32] 좀 더 구체적으로 왈트는 안보와 안보연구의 개념을 군사력과 국가 간 전쟁이 연구로 제한해야 한다는 입장을 가지고 있다.

같은 맥락에서 듀드니(Daniel Deudney)는 생명과 재산에 대한 위협 모두가 안보에 대한 위협은 아니라고 하면서 인간의 복리에 있어서의 저하(decline in human well being)를 야기하는 모든 것을 안보위협(security threat)으로 명명한다면 그 용어는 분석적인 유용성을 잃고 「나쁘다(bad)」의 느슨한 동의어가 될 것이라고 본다.[33]

린 조운스(Sean M. Lynn-Jones)는 식량 · 환경 · 빈곤과 같은 이슈들이 중요하기는 하지만 국제적인 갈등과 힘의 잠재적인 사용의 문제와 연계되는 경우를 예외로 하고는 국제안보 연구에 통합되어서는 안 된다고 주장한다. 이는 이러한 상이한 이슈들에 대응하기 위해 필요로 하는 전략에 있어 차이가 존재하기 때문이다. 그는 구체적으로 왜 환경적인 위협이 안보위협과 분리되어야 하는가에 대해 다음과 같은 3가지 이유를 제시하고 있다.

우선 환경을 비롯한 다양한 이슈들과 전쟁과 평화의 문제 사이에 분석적인 연계가 거의 없다고 본다. 이러한 다양한 이슈들의 원인과 전쟁의 원인은 크게 다르며(다양한 이슈들의 원인들은 대개 비의도적이라는 점에서 전쟁의 원인과 다르다) 전쟁과

---

32) Stephen M. Walt, "The Renaissance of Security Studies," *International Studies Quarterly*, Vol. 35, No. 2 (June 1, 1991), p. 213.

33) Daniel Deudney, "The Case Against Linking Environmental Degradation and National Security." *Millennium,* Vol. 19, No. 3 (Winter 1990). p. 463-464.

전략을 연구하는 분석가들은 환경훼손을 해결하기 위한 지적인 도구를 반드시 가지고 있는 것은 아니라고 본다. 둘째, 학문 공동체는 경계를 필요로 한다고 본다. 만약에 안보연구가 개인의 복리에 영향을 미치는 모든 것을 포함한다면 이것은 우울증으로부터 경제적 빈곤까지 포함하게 된다. 셋째, 환경을 안보이슈로 만든다면 지속가능성이 없는 다급함과 극심한 공포감을 만듦으로써 역효과를 낼 것이라고 본다.[34)]

전통적인 국가안보 개념을 유지한 채 환경과 안보의 연관성을 분석하고자 하는 현실주의 환경안보 접근을 살펴보면 다음과 같다. 이러한 환경안보 접근은 환경의 변화 및 자원의 부족 등과 안보이슈 특히 폭력적 갈등(국내의 폭력적 갈등과 국제적 폭력적 갈등) 사이의 연관에 대해 관심을 집중한다. 국제환경문제의 안보에의 함의에 대한 이러한 연구는 국제환경정치와 국제안보에 대한 연구를 연결하는 중심이 되는데 이러한 접근이 다루는 환경과 안보 사이의 연관성 문제는 전적으로 새로운 분야는 아니다.

이러한 문제에 대한 관심은 멀리로는 1948년에 발간된 두 저작물인 오스본(Fairfield Osborn)의 「우리들의 약탈된 행성(Our Plundered Planet)」과 보그트(William Vogt)의 「생존의 길(Road to Survival)」로까지 거슬러 올라간다.[35)] 좀 더 가까이로는 세계환경개발위원회(WCED)가 1987년 유엔총회에 제출한 보고서인 「우리의 공동미래(Our Common Future)」에 이미 드러났다. 즉 보고서는 환경적인 긴장(environmental stress)이 국가 불안정의 원천이 될 수 있다는 견해를 포함하면서 이러한 환경과 안보와의 관계에 대한 관심을 끌어 들였다.

1970년대에 국제사회가 점차적으로 상호의존적으로 되어 가고 환경훼손이 심화되어 어느 한 국가만이 아닌 국제사회 전체를 위협하게 되면서 환경과 안보의 문제를 연관지어 살피는 데 관심이 증가했다. 특히 1970년대의 석유위기가 국제사회를 강타하자 환경문제 특히 자원의 부족이 안보에 미치는 영향이 대한 관심이 늘어났다.

그러나 환경과 안보(갈등) 사이의 연계를 이해하기 위한 체계적인 노력인 환

34) Sean M. Lynn-Jones, International Security Studies after the Cold War: An Agenda for the Future. CSIA Discussion Paper 91-11, Kennedy School of Government, Harvard University, December 1991.

35) Fairfield Osborn, *Our Plundered Planet* (Boston: Little, Brown and Company 1948); William Vogt, *Road to Survival* (New York: William Sloane Associates, 1948).

경안보 접근은 1980년대 말 냉전이 종식된 이후 행해졌다. 이러한 배경에는 냉전의 종식으로 국가들은 안보중심 주의로부터 일정한 정도 탈피하면서 환경과 같은 비전통적인 이슈가 일국이 아닌 전 세계 혹은 다수 국가에 가하는 위협에 대한 관심의 증가가 자리잡고 있다. 이와 더불어 소련의 붕괴를 전혀 예측하지 못한 신현실주의 이론에 대한 실망과 더불어 신현실주의 이론의 전통을 지닌 학자들 일부가 자원의 부족에 초점을 둔 가운데 환경과 안보의 이슈에 연구를 집중하는 경향을 보였기 때문이다.

이러한 환경안보 접근의 대표적인 학자는 호머-딕슨(Thomas F. Homer-Dixon)이다.[36] 환경변화와 첨예한 갈등에 관한 「호머-딕슨 프로젝트(Homer- Dixon's Project on Environmental Change and Acute Conflict)」가 특히 환경과 안보에 관한 논의에 큰 영향력을 미쳤다. 호머-딕슨은 환경적 결핍(environmental scarcities)이 여러 경로를 통해 갈등을 야기할 수 있다고 주장하면서 점증하는 기후변화의 효과의 결과로 이러한 갈등은 증가할 것으로 예측했다.[37] 이들의 주장을 「자원부족과 폭력적인 갈등 명제(resource scarcity and violent conflict thesis)」라고 칭한다.

호모-딕슨을 포함한 일단의 학자들은 자원의 부족과 환경훼손이 국내의 폭력적인 갈등과 어떻게 연관되어 있는가를 살피는 것에 중점을 둔 반면에 일단의 또 다른 학자들은 자원의 부족과 환경훼손이 어떻게 국가 간의 폭력적 갈등(전쟁)과 연관되어 있는가를 연구했다. 후자의 학자들은 다시 두 부류로 나누어지는데 그 중 하나는 식수와 국제하천을 둘러싸고 전개되는 폭력적 갈등에 초점을 두는 경우이고 또 다른 하나는 환경의 파괴로 인해 발생한 대량의 환경난민이 타국으로의 유입에 의해 발생하는 갈등에 중점을 두는 경우이다.

그러나 오랜 논의에도 불구하고 환경훼손(environmental degradation)과 폭력적인 갈등 사이의 강한 경험적인 연계의 존재여부에 대해서는 논란이 지속되고 있다. 이러한 논란은 환경과 안보와의 관계에 대한 다양한 주장을 소개하고 있는

---

36) Thomas F. Homer-Dixon, "On the Threshold: Environmental Changes as Causes of Acute Conflict," *International Security*, Vol. 16, No. 2 (Fall 1991), pp. 76-116; Thomas F. Homer-Dixon, "Environmental Scarcities and Violent Conflict: Evidence from Cases," *International Security*, Vol. 19, No. 1 (Summer 1994), pp. 5-40; Thomas F. Homer-Dixon, *Environment, Scarcity and Violence* (Princeton, NJ: Princeton University Press, 1999).

37) 「환경적 결핍(environmental scarcities)」이란 환경자원의 고갈이나 감소를 의미한다.

「환경안보: 접근법과 이슈(Environmental Security: Approaches and Issues)」라는 제하의 책에 잘 드러나 있다.38)

이 책은 환경과 안보간의 관계에 관한 모든 논의를 종합적으로 소개하면서 연구의 성과와 한계는 무엇이고 이러한 논의에 있어서 다수에 의해 수용되고 있는 것은 무엇이고 이견을 보이고 있는 것은 무엇인가에 대해 설명을 제공하고 있다. 이 책에 따르면 상당한 연구와 토론이 다양한 형태의 환경변화와 안보와의 연계를 밝히는 데 집중해왔는데 연구와 토론의 결과로서 한쪽 극단에는 이러한 연계가 약하거나 심지어 존재하지 않는다는 회의론이 존재하고 다른 극단에는 이러한 연계가 강하게 존재한다는 긍정론이 자리하고 있다는 것이다.

다수의 연구결과를 종합해 볼 때 환경의 변화와 전쟁이나 테러와 같은 결과 사이에는 직접적인 연계가 좀처럼 발견되지 않는다. 그러나 이와 같은 직접적인 인과관계가 발견되지 않는다고 해서 환경과 천연자원 등이 갈등을 개시하도록 하거나 종식시키거나 혹은 연장시키는 데 중요한 역할을 한다는 것이 부인되는 것은 아니다. 이러한 사실은 다음과 같은 여러 연구물에 나타나 있다.

유엔환경계획(UNEP)이 2009년에 발간한 보고서가 지난 60년 동안 국가 간 갈등의 최소한 40%가 천연자원과 연관이 있다고 밝히고 있는 것에서도 드러난다. 환경요인이 내전이나 테러의 긴밀한 원인은 좀처럼 아닐지라도 갈등의 재발 종식과 갈등의 방지 노력들을 매우 복잡하게 만드는 중요한 자극적인 요인으로서의 역할을 종종 해오고 있다고 평가되고 있다.

미국정보커뮤니티(United States Intelligence Community)가 발간한 2013년도판 「세계위협평가(The 2013 Worldwide Threat Assessment)」는 환경과 안보간의 연관성은 종종 명백하고 직접적인 것은 아니라는 것을 인정한다. 그러나 천연자원의 부족과 이를 둘러싼 경쟁뿐 아니라 극단적인 기후로 인한 현상은 테러리스트・반란그룹・범죄집단 등으로 하여금 불안정(instability)을 이용하고 확대하는 것을 허용하는 사회적 결과를 야기할 수 있다고 본다.39)

환경의 변화 현상 가운데 하나인 기후변화와 갈등과의 관계를 살펴보자. 기후변화와 관련하여 기후변화가 갈등을 야기하는가의 문제가 중요한 연구주제가 되

38) Rita Floyd and Richard Matthew, eds., *Environmental Security: Approaches and Issues* (New York: Routledge, 2013).

39) Bryan McDonald, "Linking Environmental Change and Security," http://sites.psu.edu/icst/2013/04/21/linking-environmental-change-and-security/ (검색일: 2014년 8월 14일).

고 있고 이와 관련하여 다양한 연구결과가 존재한다. 이러한 연구 중 대표적인 연구를 살펴보면 다음과 같다.

버크(Marshall B. Burke) 등은 전 지구적인 기후변화가 사하라이남 아프리카(Sub-Sahara Africa)에 있어서의 무장 갈등(armed conflict)에 미치는 영향에 대해 최초로 광범위한 연구를 수행했다. 이들은 내전과 이들 지역에 있어서의 기온(temperature) 사이에 강력한 역사적인 연관성이 존재하여 기온이 높은 해에 전쟁 가능성의 상당한 증가가 있었다는 것을 발견했다.

좀 더 구체적으로 기온이 1% 상승한 바로 그 해에는 내전이 4.5% 증가했고 그 영향이 이어져 다음 해에는 0.9%의 내전의 증가를 가져왔다는 연구결과를 내놓았다. 이들은 갈등이 경제적인 불확실성(economic uncertainty)으로부터 유래되며 이러한 경제적인 불확실성은 과도하게 농업에 의존하고 있는 사회에 있어서 기온과 연관이 있는 생산의 저하로부터 온다고 주장한다.[40] 이것은 경제적인 복지(economic welfare)가 갈등의 발생과 가장 일관되게 연관이 되어 있는 단일한 요인이라는 이제까지의 연구결과와 일맥상통한다.

유엔대학의 출판부장이며 「유엔대학 지속가능성 및 평화 연구소」의 평화와 안보부문의 연구실장인 포포브스키(Vesselin Popovski)는 기후변화와 갈등 사이에 직접적인 연계가 없으며 오로지 간접적인 연계만이 존재한다고 주장한다. 즉 기후변화가 빈곤화와 인간의 불안정을 야기하고 이러한 현상들이 갈등을 가져올 수 있지만 기후변화 자체가 직접적으로 갈등을 증가시킨다는 신뢰할만한 충분한 증거가 없다고 본다.

그에 따르면 갈등의 원인들이란 일차적으로 정치적이고 경제적인 것이지 기후적인 것은 아니다. 갈등을 부추기는 군벌들은 소말리아 지역과 수단의 다르푸르(Darfur)에서 그랬듯이 가뭄·홍수·기아·농업재해·자연재해를 전략적으로 이용할 수 있다고 본다. 포포브스키는 또한 자원부족의 증가가 항상 갈등으로 이어진다는 생각에도 의심을 가진다.

물이나 다른 중요한 자원의 부족은 아프리카 대륙 중앙부에 있는 차드호수나 이집트의 나일 강 유역에서 그랬던 것처럼 오히려 거꾸로 협력을 고무할 수 있

40) Marshall B. Burke et al., "Warming Increases the Risk of Conflict in Africa," *Proceedings of the National Academy of Sciences,* Vol. 106, No. 49 (2009): pp. 20670-20674.

다고 본다. 사람들이 기후변화나 자원부족에 직면할 경우 싸움을 결정할 수도 있지만 협력을 결정할 수도 있다는 주장이다.41)

2009년 9월에 발간된 유엔 사무총장의 보고서(A/64/350)는 기후변화를 지속적인 빈곤·자원관리와 갈등 해결을 위한 미약한 제도들·공동체와 국가 간의 불신의 역사·정보나 자원에 대한 부적절한 접근과 같은 기존의 위협들을 악화시키는 위협승수(threat multiplier)로서의 역할을 한다고 기술하고 있다.42) 이러한 기존의 요인들에 더하여 안보에 영향을 미치는 다음과 같은 5가지 경로를 밝히고 있다.

첫째, 기후변화는 인간의 안녕에 대한 위협(threat to human well-being)을 야기하여 안보문제가 된다. 구체적으로 기후변화가 농업과 식량안보·물·보건·해변지역·인간정주·기간시설을 위협함으로써 인간안보를 위협한다.

둘째, 기후변화는 경제개발에 위협을 가함으로써 안보문제가 된다. 기후변화는 개발과정을 더디게 하거나 거꾸로 돌림으로써 취약성(vulnerability)을 악화시키고 안정을 유지할 수 있는 정부의 능력을 잠식한다.

셋째, 기후변화는 대응노력에 있어서의 조정의 부재를 위협함으로써 안보문제를 가져온다. 기후변화와 관련된 위협에 직면하여 가정과 공동체는 이를 극복하기 위한 대응을 하게 되는데 이러한 대응으로서의 비자발적 이주(involuntary migration)와 자연자원을 둘러싼 경쟁 등이 국내 갈등의 위험을 증가시키고 국제적인 반향을 불러일으킬 수 있다.

넷째, 기후변화는 영토의 상실과 국가 소실의 위협을 가함으로써 안보위협을 초래한다. 해수면 상승으로 인해 군소도서국가가 영토를 상실하고 비자발적인 대규모 이주로 인해 사회가 공동화되거나 국가가 소실됨으로써 안보위협을 초래한다.

다섯째, 기후변화는 공유자원의 관리를 위한 국제협력에 위협을 가함으로써 안보위협을 야기한다. 기후변화가 2개국 이상을 통과하는 국제하천과 같은 공유된 국제적인 자원 혹은 경계가 정해져 있지 않은 국제적인 자원에 영향을 미쳐 국제적인 갈등을 가져와 안보위협으로 이어진다.43)

41) Mark Notaras, "Does Climate Change Cause Conflict?," http://ourworld.unu.edu/en/does-climate-change-cause-conflict (검색일: 2014년 8월 15일).

42) United Nations General Assembly, Climate Change and Its Possible Security Implications: Report of the Secretary-General, A/64/350 (11 September 2009).

기후변화와 같은 환경변화가 갈등과 어떤 관계를 가지는가와 관련하여 직접적인 관련성을 언급하는 일단의 학자들도 있지만 대체적으로 위에 예에서 보듯이 다수의 학자들은 기후변화가 사회·경제적 영향을 미치고 이러한 영향이 안보적 결과(security consequences)를 가져온다고 본다. 즉 기후변화는 불안정을 야기하는 위협승수로서의 역할을 한다(climate change can act as a threat multiplier for instability)는 것이다.[44] 요약하자면 기후변화가 안보와 직접적인 관계가 있는 것이 아니라 갈등과 불안정을 야기하는 데 기여하는 기존의 요인들을 악화시킴으로써 간접적으로 안보문제를 야기한다는 것이다.

이처럼 환경의 악화로 인한 자연자원의 부족이 직접적으로 갈등을 가져오는가 아니면 간접적으로 갈등을 가져오는가와 같은 논쟁이 지속되고 있는 가운데 자연자원의 부족(scarcity)이 아닌 풍요(affluence)가 오히려 갈등을 가져오는 것이 아닌가에 대한 논쟁 역시 지속되고 있다.

자원의 부족과 갈등의 상관관계를 주장하는 일단의 학자들은 자연자원의 부족이 제약된 경제활동·농업생산물의 저하·사회적 분열 등과 같은 파괴적인 사회적 결과를 가져오고 이는 곧 폭력적인 갈등으로 이어진다고 본다.

그러나 일단의 다른 학자들은 귀금속·다이아몬드·석유와 같은 재생되지 않는 자원의 풍요가 일정한 상황하에서 폭력적인 갈등과 이로 인한 광범위한 빈곤과 인간의 불안정(human insecurity)을 가져온다고 주장한다.[45] 이러한 주장을 일

---

43) 보고서는 이처럼 기후변화가 「위협승수(threat multiplier)」로서의 역할을 하여 안보위협을 가져오는 기존의 경제·사회적인 요인들을 악화시켜 궁극적으로 안보위협을 가져온다고 진단하고 이러한 경제·사회적인 기존의 요인들의 악화를 방지하거나 대응하기 위해 어떠한 조치가 필요한가를 언급하고 있다. 이러한 조치들을 보고서는 「위협승수」라는 개념과 대조시켜 「위협을 최소화하는 것(threat minimizer)」으로 명명하고 있다. 이러한 것에는 완화(mitigation)·적응(adaptation)·경제성장과 지속적인 개발(economic growth and sustainable development)·효과적인 관리체제의 기제와 제도(effective governance mechanisms and institutions)·의사결정과 위험관리를 위한 정보(information for decision-making and risk management)·국제협력의 강화(reinforcing international cooperation)가 속한다.

44) CNA Corporation, "National Security and the Threat of Climate Change," http://securityandclimate.cna.org/ (검색일: 2014년 8월 26일); Chris Abbott, "An Uncertain Future: Law Enforcement, National Security and Climate Change, FRIDE: Comment," http://fride.org/descarga/COM_Law_Security_Climate_EN_feb08.pdf (검색일: 2014년 8월 26일).

45) Daniel Deudney, "The Case Against Linking Environmental Degradation and National Security", *Millennium*, Vol. 19, No. 3 (1990), pp. 461-76; Indra de Soysa, "Ecoviolence: Shrinking Pie, or Honey Pot?", *Global Environmental Politics*, Vol. 2, No. 4 (November 2002), pp. 1-35; Simon Dalby, *Environmental Security* (Minneapolis, MN: University of Minnesota Press, 2002); Nancy Peluso and Michael Watts, *Violent Environments* (Cornell, NY: Cornell University Press, 2001).

컬어 「환경적 풍요와 갈등 명제(environmental abundance and conflict thesis)」라고 한다.

이러한 두 종류의 주장은 자연자원의 부족이 갈등을 가져오는지 아니면 풍요가 갈등을 가져오는지를 둘러싸고 이견을 보이고 있지만 공통적으로 자연자원의 부족이든 풍요든 갈등을 가져온다고 하는 점에서 공통적이다. 그러나 이러한 주장들은 자원을 둘러싼 긴장과 압박이 오히려 갈등이 아닌 혁신과 협력을 가져오는 경향이 있다는 주장의 도전을 받고 있다.

기후변화와 안보와의 관계에 대한 이러한 이론적인 논쟁과 더불어 또 다른 한편에서는 유럽연합(EU)을 중심으로 기후변화를 국제사회(특히 유엔)의 안보 의제로 만들려는 움직임이 활발하게 진행되고 있다. 국가들 사이에 기후변화 이슈가 기본적으로 경제·사회적 의제인지 아니면 안보 의제인지를 둘러싸고 이견을 보이는 가운데 이 문제의 본격적인 논의의 장이 어디가 되어야 하는가를 둘러싸고도 이견을 보이고 있다.

군소도서국가연합(Alliance of Small Island States, AOSIS)의 국가들을 제외한 대부분의 개도국들은 기후변화 이슈가 경제·사회적인 의제이기 때문에 유엔에서 경제사회이사회(ECOSOC)와 경제사회이사회의 상위기관으로서 국제사회의 모든 문제를 포괄적으로 다룰 수 있는 권한을 가지고 있는 유엔총회(UNGA)가 논의의 장소가 되어야 한다고 주장한다. 이들과는 달리 선진국들은 기후변화 이슈가 안보 의제이기 때문에 안전보장이사회(Security Council, SC)가 논의의 적절한 장소가 될 수 있다고 주장한다.

개도국들이 기후변화 이슈를 안전보장이사회가 아닌 경제사회이사회나 총회에서 논의하고자 하는 것은 이 이슈가 안보와는 직접적인 인과관계가 없다는 인식에서 출발하며 이와 더불어 안전보장이사회에서 논의될 경우 안전보장이사회의 상임이사국과 비상임이사국들만의 독점적인 논의의 대상이 될 가능성에 대한 우려도 가지고 있기 때문이다.

유엔총회는 결의문(A/RES/63/281)을 통해 사무총장으로 하여금 기후변화가 안보에 어떠한 함의를 갖는가에 관한 보고서를 제출하도록 요청했다. 이러한 결의문의 요청에 따라 유엔 사무총장은 기후변화가 직접적인 안보위협을 야기하는 것은 아니지만 안보를 위협하는 기존의 다양한 사회·경제적 요인들을 악화시킴으로써 궁극적으로 안보위협을 가져오는 「위협승수(threat multiplier)」로서의 역할을 한다는 요지의 보고서를 제출한 바 있다.

이와는 달리 안전보장이사회의 경우는 결의문의 채택이 무산되어 오고 있다. 2007년에 영국의 주도로 안전보장이사회가 처음으로 기후변화가 안보에 미칠 수 있는 잠재적인 영향을 다루었다. 구체적으로 안전보장이사회는 「에너지·안보·기후의 관계에 관한 고위급 토론회(high-level debate on the relationship between energy, security and climate)」를 개최했다.

이 회의에서 안전보장이사회의 비이사국들은 유엔헌장하에서 이러한 의제가 안전보장이사회의 과업(mandate)에 부합하지 않는다는 점을 강조했고 77그룹(G-77 and China)과 비동맹그룹(NAM)을 구성하고 있는 개도국들은 총회와 경제사회이사회의 권한에 대한 안전보장이사회의 침해에 대한 우려를 표명하는 서한을 안전보장이사회에 보낸 바 있다. 이로 인해 아무런 공식적인 결과문건 없이 회의를 끝낸 바 있다.

2011년에는 독일의 주도로 안전보장이사회가 두 번째로 「기후변화가 국제평화와 안전의 유지에 미치는 영향에 대한 공개토론회(open debate on the impact of climate change on the maintenance of international peace and security)」를 개최했다. 그러나 기후변화의 안보 의제화에 반대하는 개도국의 수가 감소하기는 했으나 여전히 많은 개도국이 첫 번째 회의에서와 마찬가지로 안전보장이사회가 기후변화 의제를 다룰 권능을 가지고 있지 않다는 주장을 전개함으로써 구속력이 있는 결의문을 채택하지 못하고 구속력이 결여된 「의장성명(Presidential Statement)」의 발표에 그치고 말았다.

선진국들이 추구하는 기후변화 이슈의 안보 의제화는 두 방향에서 이루어지고 있다고 볼 수 있다. 우선 기후변화가 전통적인 안보개념인 국가안보(national security)에 영향을 미친다는 방향에서 이루어지고 있다. 또 다른 방향은 기후변화가 새로운 안보개념인 인간안보(human security)에 영향을 미친다는 것이다.

환경변화와 안보와의 관계에 대한 이제까지의 논의를 종합해 볼 때 환경변화가 직접적으로 안보위협을 가져오는가 아니면 간접적으로 안보위협을 가져오는가에 대한 이견이 존재한다. 이러한 논쟁과 더불어 환경변화가 안보에 어떠한 방식으로든 영향을 미친다고 할 때 이러한 안보를 전통적인 국가안보(national security)에 국한하여 볼 것인가 아니면 인간안보(human security)라는 비교적 새롭고 포괄적인 개념으로 볼 것인가에 대한 이견이 존재한다.

국가안보라는 전통적인 안보개념을 통해 환경문제와 안보문제를 연계하여 살펴보려는 환경안보 접근은 환경문제는 그 자체로서 중요한 것이 아니라 국가안보에 영향을 주는 한에서 중요하다는 입장을 가지고 있다. 즉 환경문제의 영향으로서의 안보문제에만 관심을 가질 뿐 이러한 환경문제를 야기하는 원인에는 관심을 두고 있지 않다는 한계를 지니고 있다.

제 2 절 자유주의 이론

1. 이론의 핵심 내용

자유주의 시각은 기본적으로 국가란 단순히 국가이익을 일방적으로 추구하고 힘을 극대화하기보다는 공유된 관심사를 촉진하기 위해서 주권을 공동으로 행사하고 국제적으로 협력함으로써 그들의 상호이익을 효과적으로 충족시킬 수 있다고 본다. 여기에서는 자유주의 이론을 신자유주의적 제도주의 이론과 자유주의 국제관계 이론으로 구별하여 살펴보고자 한다.

1) 신자유주의적 제도주의 이론

신자유주의적 제도주의(Neo-liberal Institutionalism) 이론은 처음에 국제기구(international organization)를 경시하고 국제레짐(international regime)에 중점을 두는 국제레짐론으로부터 출발했다. 나중에 국제레짐뿐 아니라 국제레짐론이 경시하는 국제기구와 같은 공식적인 조직체까지 포함하여 이 두 요소를 「국제제도(international institutions)」로 칭하고 이들 모두를 연구의 대상으로 하는 국제제도론(theory of international institutions)으로 확장되었다.[46]

우선 국제레짐론이 등장하게 된 배경을 살펴보는 것이 필요하다. 코헤인과 나이(Robert O. Keohane and Joseph S. Nye, Jr.)는 1977년에 출간된 「권력과 상호의존: 전환기의 세계정치(Power and Interde- pendence: World Politics in Transition)」라는 책을 통해 상호의존론을 제시하면서 국제레짐이라는 개념을 소개했다.[47] 이들은 상호의존적인 국제사회에서 국가들은 상호이익을 위해 다양한 이슈

---

46) 따라서 신자유주의적 제도주의의 분석을 「제도적 분석(institutional analysis)」이라고 칭한다.

영역에 걸쳐 협력을 하게 되며 이러한 협력의 증대는 이를 유지할 제도를 필요로 한다는 인식하에 이러한 상호의존의 제도화의 측면에 주목하였다. 이러한 상호의존의 제도화의 측면에 대한 분석을 위해 「명시적인 조직을 수반할 수도 그렇지 않을 수도 있는 기대하는 바가 수렴하는 인정된 패턴」으로 정의되는 국제레짐의 개념을 도입한 것이다.

상호의존의 시대에 이슈영역마다 국제적 결과(international outcome)로서 국가들 간에 제도화된 상호작용의 패턴이 존재한다는 인식이 1970년대 후반 상호의존론에 의해 제기된 이래 국제레짐론이 활성화되기 시작했다. 1980년대에 들어서 상호의존론의 이러한 인식이 확대되어 국제레짐이 무정부성을 특징으로 하는 국제체제에서 국제공동체(international community)로 하여금 질서를 유지하도록 하고 다양한 문제를 극복하도록 돕는 존재로 인식되었다.

코헤인(Robert O. Keohane)은 1984년에 출간된 「패권 이후(After Hegemony)」라는 책에서 패권 이후의 세계에서 협력이 발생하는가의 문제에 관심을 집중하면서 국제레짐·정부간기구(IGO)와 국제비정부기구(INGO)를 포함하는 국제기구·상호주의(reciprocity)처럼 국제레짐과 같은 기능을 하는 비공식적 국제규범을 「국제제도(international institutions)」로 총칭하면서 「신자유주의적 제도주의 이론」을 성립시켰다.48) 코헤인이 신자유주의적 제도주의를 성립시킨 배경을 좀 더 상세히 살펴보면 다음과 같다.

제2차 세계대전 이후 미국의 주도하에 형성된 국제경제 질서가 20여 년간 국제통화와 국제무역 분야에서 지속되어 왔다. 그러나 1960년대 후반에 접어들어 변화를 보이기 시작하더니 1970년대 초에 국제통화 분야에서 브레턴우즈체제(Bretton Woods System)가 붕괴했다. 국제무역 분야에서도 미국이 주도적으로 수립한 자유무역질서를 옹호하는 관세와 무역에 관한 일반협정(GATT) 체제가 쇠퇴하기 시작하여 비관세 장벽을 통한 보호무역주의 경향이 강화되고 전통적인 다변주의가 아닌 일방주의·쌍무주의·배타적 지역주의의 경향이 강화되었다.

이와 때를 같이한 독일과 일본의 경제적 발전은 미국의 상대적 위상의 약화를 가져왔고 베트남전에서의 패배와 1차 석유위기(oil crisis)에서의 미국의 무력

---

47) Robert O. Keohane and Joseph S. Nye, Jr., *Power and Interdependence: Wored Politics in Transition* (Boston: Little Brown, 1977).

48) Robert O. Keohane, *After Hegemony: Cooperation and in the World Political Economy* (Princeton, NJ.: Princeton University, Press, 1984).

감은 미국의 상대적 힘이나 영향력이 약화되지 않았나 하는 의구심을 낳았다. 이러한 국제통화질서와 국제무역질서의 변화가 미국의 국력의 상대적인 변화와 별개의 현상이 아닌 상호관계가 있는 것일 수 있다는 인식과 더불어 이들의 관계를 실증적으로 규명하고 이를 기초로 하여 미래의 국제질서를 예측하고자 하는 노력이 활발하고 다양하게 벌어졌다.

이러한 현상에 대해 나름의 대답을 제시하기 위해 등장한 신현실주의 이론이 이미 살펴본 바 있는 패권안정론(hegemonic stability theory, HST)이다. 이 이론은 미국의 패권쇠퇴가 패권 아래 생성된 국제질서의 붕괴를 가져올 것으로 예측했다. 국제무역 분야를 예로 들자면 미국의 패권의 쇠퇴와 더불어 국제무역질서는 보호무역주의의 확대로 특징 지워질 것이라는 비관적인 전망을 제시했다.

그러나 이러한 진단과 예측과는 달리 1980년대에 들어서서 미국의 국력이 상대적으로 쇠퇴했음에도 불구하고 기존의 국제경제질서 등에 있어서 눈에 띄는 쇠퇴현상이 보이지 않았다. 이러한 현상에 직면하여 일단의 학자들이 이러한 현상을 논리적으로 설명하기 위해 탄생시킨 이론이 바로 국제레짐론이다. 즉 이 이론은 패권국에 의해 수립된 국제질서가 패권 이후에도 존속할 수 있다는 주장과 더불어 국제레짐론을 제시했던 것이다.

국제레짐론은 국제사회에서 중앙정부가 부재한 가운데 존재하는 국제질서(여기에서 국제질서란 신현실주의 이론이 말하는 힘에 의해 부과된 국제질서가 아니라 국가들이 자발적으로 수용한 협력적인 국제질서를 의미한다)를 「국제레짐」이라고 개념화하고 이 개념을 통해 국제질서의 구현물인 국제협력의 생성과 유지를 설명하고자 했다.

국제레짐이라는 용어는 여러 학자들에 의해 다소 다르게 정의되나 여기에서는 가장 많은 사람들에 의해 수용되는 크라즈너(Stephen D. Krasner)의 정의인 「국제관계의 주어진 특정 영역에서 행위자들의 기대하는 바가 일치하는 명시적 혹은 묵시적인 일련의 원칙·규범·규칙·의사결정 과정」을 따르고자 한다.[49]

국제레짐론은 패권 이후의 협력의 가능성을 설명하기 위한 동기로 고안되었지만 여기에서 나아가 국제체제의 특징인 무정부하에서의 협력(cooperation under anarchy)이 어떻게 발생하고 유지될 수 있는가를 주요한 연구질문(research

49) Stephen D. Krasner, "Structural Causes and Regime Consequences: Regimes as Intervening Variables," in Stephen. Krasner, ed., *International Regimes* (Ithaca: Cornell University Press, 1983), pp. 1-21.

question)으로 했다. 연구질문을 좀 더 구체적으로 말하면 「국제협력은 국제레짐에 바탕을 두고 있는데 이러한 국제레짐은 왜 그리고 어떻게 생성되고 유지되는가」이다. 국제레짐론은 게임이론적 접근과 기능주의적 접근법에 근거를 두고 이러한 연구질문에 답을 제시하고자 했다.

우선 게임이론적 접근을 살펴보고자 한다. 게임이론에는 여러 가지가 있는데 대표적인 것으로서 죄수의 딜레마 게임이론(prisoners' dilemma game theory)이 있고 이러한 게임이론의 큰 규모의 형태의 것으로서 집단행동이론(collective action theory)이 있다. 이러한 이론들은 합리적 선택이론으로서 협력을 함으로써 서로 이득을 얻을 수 있음에도 불구하고 행위자들 사이에 왜 협력이 일어나지 않느냐를 설명하기 위해 현실주의자들에 의해 즐겨 사용되는 이론이다.

코헤인(Robert O. Keohane)은 이러한 이론들이 가정하고 있는 행위자의 합리성을 그대로 따르면서 이러한 이론들의 가정의 일부를 수정 내지 현실화시켜 패권국의 존재가 국제협력을 도울 수는 있지만 패권국이 없어도 자기중심적인 이익을 추구하는 국가들 사이에 국제협력이 형성되고 유지되는 것을 보여주고자 한다. 즉 개인의 이익추구가 예기치 못한 결과를 가져오는 죄수의 딜레마와 같은 상황에서 행위자간에 실제로 협력이 나타날 수 있다고 주장한다.

게임이론적 접근법은 통상적으로 협력의 부재를 설명하는 논리로서 적용되곤 하는데 어떻게 협력을 가능하게 하는 논리로 전환될 수 있을까? 우선 죄수의 딜레마 게임은 게임의 일회성을 가정하고 있으나 신자유주의적 제도주의 이론의 게임이론적 접근은 이를 반복적인 게임으로 수정하였다. 이러한 반복게임의 가정 속에서 이기적인 행위자는 단기적이고 일회적인 게임에서의 이득추구로 인해 협력하지 않을 경우 상대방으로부터 미래의 게임에서 보복(tit-for-tat)을 당할 수 있다는 우려와 더불어 협력이 장기적인 관점에서 이득이 된다는 것을 깨닫고 협력을 선택할 수 있다고 본다. 즉 미래에 대한 우려(shadow of the future)가 협력을 촉진한다는 것이다.[50)]

이처럼 죄수의 딜레마적 상황이 미래의 게임에서의 보복에 대한 우려로 인해 협력으로 전환될 수 있다고 한다면 국제레짐은 이러한 것과 무슨 연관이 있는가? 이에 대한 답은 간단하다. 국제레짐은 배신(cheating)에 대한 미래의 보복의 가능성을 높여주는 역할을 함으로써 협력을 가능하게 한다. 국제레짐의 이러한 역할

50) 「shadow of the future)」란 용어는 「미래의 그림자」 혹은 「미래의 기대」 등으로 번역되기도 한다.

때문에 국가들은 국제레짐을 창설하고 유지하려 하며 이러한 역할로 인해 구조적으로 협력이 어려운 무정부 상태의 국제체제에서 협력이 가능해진다는 것이다. 신현실주의 이론은 상대적 힘(이득)에 대한 우려와 더불어 배신(cheating)에 대한 우려를 국제협력의 장애로서 간주한다. 신자유주의적 제도주의 이론은 국제레짐이 이러한 배신에 대한 우려를 감소시킴으로써 협력을 가능하게 한다고 본다.

국제레짐의 이러한 역할은 다른 영역보다 특히 국제무역·통상·금융과 같은 국제정치경제라는 이슈영역에서 흔히 발견된다. 이러한 이슈영역에서 상호성(reciprocity)을 갖지 않는 협력에 보복을 가하는 것이 언제나 가능하며 미래의 게임에서 보복을 받을 것이라는 예상이 국제협력에 중요한 역할을 하며 이와 관련하여 국제레짐이 중요한 역할을 한다.

미래에 대한 우려로 현재의 협력을 가능하게 하는 데 국제레짐이 중요한 역할을 한다고 하는데 구체적으로 어떤 방식을 통해 이러한 역할이 이루어지고 있는가를 살펴볼 필요가 있다. 국제레짐은 행위자의 기대하는 바를 구체화하고 행위자의 기대에 영향을 미친다. 국제레짐은 일국이 자신의 현재 행동이 미래의 문제에 있어서의 타국의 행위에 영향을 미칠 것이라는 기대의 정도를 바꿀 수 있다. 국제레짐은 개개 국가들로 하여금 배신(위반)에 대해 국제레짐이 가한 제재나 처벌의 선례에 대해 관심을 갖도록 하고 배신자들에 대한 제재나 처벌의 가능성을 높인다. 국제레짐이 규범과 규칙을 위반한 국가에게 보복적인 제재를 가하는 경우 국제레짐은 이러한 제재의 사례를 하나의 고립된 사례가 아닌 상호 연관된 사례가 되도록 함으로써 다른 국가들의 위반을 억제하는 역할을 한다. 이런 식으로 국제레짐은 미래를 현재와 연결하는 것을 돕는다.[51)]

집단행동이론은 다수의 구성원으로 구성된 그룹에서 합리적인 행위자로서의 각 구성원들은 개별적으로 비용은 부담하지 않으면서 공공재(public goods)가 주는 혜택만을 누리려는 무임승차(free-ride) 경향을 가지고 있어 협력을 의미하는 집단행동이 일어나지 않는다는 것을 설명하는 이론이다.[52)]

자기중심적인 합리적인 행위자의 무임승차는 집단행동이론이 말하는 협력의

51) Robert Axelrod and Robert O. Keohane, "Achieving Cooperation under Anarchy: Strategies and Institutions," *World Politics*, Vol. 38, No. 1 (October 1985), p. 234.

52) 여기에서 공공재란 깨끗한 공기와 같은 것으로서 수혜를 배제할 수 없는 성격(비배제성)을 가지며 특정인이 이를 사용함에도 불구하고 전체의 재화의 양이 줄어들지 않는 성격(비경쟁성)을 가진 재화를 일컫는다. 집단행동이론뿐 아니라 공유자원의 비극(Tragedy of the Commons) 논리 역시 협력의 장애로서 무임승차의 문제를 제기한다.

부재를 가져올 뿐 아니라 제재의 문제를 야기하여 기존의 협력의 붕괴를 가져오기도 한다. 상호성(reciprocity)이 자기중심적인 행위자 사이에서의 협력을 유인하는 효과적인 전략이지만 행위자가 많을 경우 비협력자를 찾아내기가 어렵고 찾아낸다고 해도 이를 처벌하기는 것이 어렵다. 왜냐하면 협력자들은 자신이 아닌 다른 누군가가 규칙의 위반자에 대해 기꺼이 강제하기를 바라고 스스로 경찰관의 역할을 떠맡으려 하지 않기 때문이다. 이는 위반자를 강제하는 데 있어 무임승차하려는 경향이 발생한다는 것을 지적하는 것으로서 이러한 어려움을 「제재문제(sanctioning problem)」라 부르며 제재문제가 심각할 때 협력은 붕괴될 위험에 놓인다.[53]

코헤인은 일회성 게임이라는 가정을 반복게임이라는 가정으로 바꾸는 것과 더불어 집단행동이론이 가정하고 있는 다수의 참여자를 소수의 참여자로 바꾸어 협력이 일어날 수 있음을 설명하고자 했다.[54] 소수 행위자들은 서로의 행위를 면밀하게 감독할 수 있기 때문에 협력을 하는 것이 이득임을 인식하게 되기 때문에 협력이 이루어진다고 보는데 이는 국제사회에 존재하는 국가가 200여개가 되지만 실질적인 관계를 갖고 있는 국가의 수는 이보다 훨씬 적다고 하는 실증적인 사실에 기초하고 있다고 볼 수 있다.

이처럼 집단행동이론은 협력의 장애요인을 다수의 사람으로 구성된 집단에서 이기적인 개인들이 보이는 무임승차 경향에서 찾는다. 따라서 구성원의 수가 적을 경우 서로에 대한 감시로 무임승차 경향이 완화되어 협력이 가능하다는 논리를 전개한다. 그렇다면 이러한 논리와 국제레짐은 무슨 관련을 가지는 것일까? 수정된 집단행동이론에 따르면 국제레짐은 바로 무임승차의 완화를 돕는 기능을 한다. 이러한 관점은 국제레짐의 기능을 무임승차 국가에 대한 제재와 무임승차를 하지 않은 국가에 대한 보상을 통해 무임승차의 경향을 줄이는 것을 돕는 것으로 본다. 무임승차의 완화는 이러한 제재와 보상뿐 아니라 교육을 통해서도 이루어지는데 국제레짐이 이러한 기능도 할 수 있을 것으로 본다.

게임이론적 접근법은 주로 미래의 보복에 대한 우려라는 개념을 통해 패권

53) Robert Axelrod and Robert O. Keohane, "Achieving Cooperation under Anarchy: Strategies and Institutions," in Charles W. Kegley, Jr. and Eugene R. Wittkopf, eds., *The Global Agenda: Issues and Perspectives*, 3rd ed. (New York: McGraw-Hill, Inc., 1992), pp. 216-222.

54) 국제사회의 국가의 수가 집단행동이론이 가정하고 있는 행위자의 수에 비해 훨씬 적다는 것에 근거를 두고 있다.

부재하의 국제협력의 유지를 설명함으로써 패권과 국제협력의 상관성을 강조하는 패권안정론에 비판을 가했다. 이러한 비판은 패권안정론자들의 반론을 불러왔다. 예컨대 킨들버거(Charles P. Kindleberger)는 미래의 게임에서의 보복 가능성이 상호간의 협력으로 연결되기보다는 파국으로 몰고 갈 수 있다고 주장했다.

앞서 살펴보았듯이 신현실주의 이론은 국제협력에 장애가 되는 요인으로서 타국의 배신(cheating)과 상대적 이득(relative gain)에 대한 우려를 지적한다. 이러한 관점에서 신현실주의 이론은 신자유주의적 제도주의 이론이 국제제도가 배신의 문제의 완화에 큰 역할을 한다는 것에 배타적인 주의를 기울이고 상대적 이득의 문제에 대해서는 소홀하여 이에 대한 체계적인 분석과 설명을 결하고 있다고 비판한다.

이러한 주장을 하는 대표적인 학자인 그리코(Joseph M. Grieco)는 게임이론적 접근법이 무정부 상태로부터 야기되는 전쟁의 위협을 고려하고 있지 않으며 이로 인해 상대적 이득의 중요성을 무시하고 국가들은 절대적 이득에만 관심이 있다고 가정한다고 비판한다.[55] 즉 게임이론적 접근법은 행위자들을 자신의 최대효용 확보에만 관심을 기울이는 존재로 보고 있으나 실제로 행위자는 절대적 이득(absolute gain)뿐만 아니라 상대적 이득(relative gain)을 중요한 고려의 대상으로 보기 때문에 협력이 쉽게 일어나지 않는다는 것이다.

앞서 현실주의 부분에서 살펴보았듯이 국가들이 상대적 이득에 민감하여 협력이 어렵다는 신현실주의 이론의 주장은 무정부 상태에 있는 국가들은 생존과 안보를 우려하고 있다는 생각에 기초를 두고 있다. 무정부 상태하의 국가들은 오늘의 친구가 내일의 적이 될지 모른다는 것을 우려하기 때문에 협력을 통해 공동의 이득(joint gains)을 얻을 수 있어도 이러한 이익이 친구에게 상대적으로 유리한 것일 경우 이것이 미래에 있어서 좀 더 위험한 적을 만들어낼 지 모른다는 것을 두려워하고 있다. 따라서 국가들은 상대방의 이득에 심각한 주의를 쏟아야만 한다는 것이다.[56]

---

55) Joseph M. Grieco, "Anarchy and the Limits of Cooperation: A Realist Critique of the Newest Liberal Institutionalism," *International Organization*, Vol. 42, No. 3 (Summer 1988), pp. 485-487.

56) 신현실주의 이론과 신자유주의적 제도주의 이론의 상대적 이득과 절대적 이득을 둘러싼 논쟁은 지속되고 있다. 이러한 논쟁의 과정에서 「국가는 상대적 이득에 민감하다」 혹은 「절대적 이득에 민감하다」는 식의 단순한 이분법적 논의에서 나아가 이러한 주장이 적합할 수 있는 구체적인 조건 등을 제시되기도 했다. 예컨대 포웰(Robert Powell)과 같은 학자는 전쟁의 가능성이 감소할수록 상대적

또 다른 종류의 비판은 게임이론적 접근법이 외부적으로 주어진 국가의 이익과 선호(national interest and preference)를 가지고 국제협력을 설명하고자 한다고 지적하고 이러한 국가의 이익과 선호에 영향을 줄 수 있는 국내요인에 대한 연구가 필요하다는 것을 강조한다. 협력의 발생을 설명할 수 있지만 협력에 있어서의 변화를 설명하는 것이 어렵다는 것도 또 다른 비판이다. 이 접근법의 장점은 단순함에서 오는 명료함인데 국가 간의 협력의 복잡함을 너무나 단순화시키고 있다는 비판도 중요한 비판 가운데 하나이다.[57)]

이제 게임이론적 접근에 이어 기능주의적 접근에 대해 살펴보고자 한다.[58)] 코헤인은 배신에 대한 미래의 보복과 행위자의 수라는 변수로서 국제협력의 발생과 이러한 협력을 가능하게 하는 국제제도의 역할을 설명하는 것에 만족하지 않고 다른 종류의 합리적 선택이론인 미시경제학의 「시장실패이론(market failure theory)」을 적용하여 신자유주의적 제도주의 이론의 기능주의적 접근법을 제시했다.[59)]

이득에 대한 우려는 감소한다는 주장을 전개한다. 또한 상대적 이득으로 인해 협력이 제한되는 국가 간에는 상호작용의 영역 역시 제한된다고 본다(Robert Powell, "Absolute and Relative Gains in International Relations Theory," *American Political Science Review*, Vol. 85, No. 4 (December 1991), pp. 1303-1320). 스나이덜은 협력을 제한하는 상대적 이득은 단지 특별한 조건, 즉 경직된 양극성(tight bipolarity)에서만 발견된다고 주장한다. 다시 말해 상대적 이득이 고려되어야 하는 상황이란 두 국가만이 상호작용을 하는 경우로 제한된다는 것이다. 만약에 국가가 최소한 부분적이라도 절대적 이득에 의해 동기화되었거나, 국가 간 최초의 상호작용이 수인의 딜레마 상황이 아니거나, 국제체제에 둘보다 많은 행위자가 존재할 경우 상대적 이득은 아주 중요한 것은 아니라는 주장을 제기한다. 스나이덜은 특히 협력에 관여하고 있는 국가의 수를 중요하게 여기며 국가의 수가 증가할수록 상대적 이득에 관한 우려는 크게 줄어든다고 주장한다. 스나이덜은 「상대적 이득」이라는 말 대신에 국가들 간의 비용과 이익의 동일한 분할을 의미하는 「일정한 수익(constant return)」이라는 개념을 도입하여 국가들이 협력을 선호한다는 주장을 제기한다(Duncan Snidal, "Relative Gains and the Pattern of International Cooperation," *American Political Science Review,* Vol. 85, No. 3(September 1991), pp. 701-726). 이러한 신자유주의적 제도주의 이론의 입장에서의 논의의 전개와 더불어 기본적으로 신현실주의 이론을 수용하면서 상대적 이득과 협력을 좀 더 세련되게 논의하고자 하는 입장들도 존재한다. 예컨대 상대적 이득에 대해 국가가 느끼는 민감성의 정도가 상대방의 미래의 의도에 관한 불확실성(uncertainty)의 정도·국가들이 얻게 될 이득에 있어서의 차이의 크기·상대적으로 더 얻게 되는 이득의 가치의 정도·상대방 국가의 상대적인 힘의 크기에 달려 있다고 보고 협력을 설명하고자 하는 경우가 있다. 이러한 논쟁에서 더 나아가 밀러 같은 학자는 국가가 그들의 이익을 전적으로 국제체제로부터 도출해 내는 것에 의문을 제기하고 국익의 원천을 국제적인 것뿐만 아니라 국내적인 것으로부터도 균형적으로 두어야 함을 강조한다(Helen V. Milner, "International Theories of Cooperation among Nations: Strengths and Weaknesses," *World Politics,* Vol. 44, No. 3 (April 1992), pp. 466-496).

57) Stephan Haggard and Beth A. Simmons, "Theories of International Regimes," *International Organization*, Vol. 41, No. 3 (Summer 1987), pp. 504-506.

58) Robert O. Keohane, *After Hegemony: Cooperation and Discord in the World Political Economy* (Princeton, N.J.: Princeton University Press, 1984).

59) 시장실패이론은 국가 간에 경제적인 협력을 가져오는 상호이익의 근간은 어디에 있는가에 대한 해

이는 게임이론적 접근법과 마찬가지로 행위자의 합리성이라는 현실주의 이론의 가정에 기반을 두고 있는 접근법이다. 그러나 시장의 불완전성·거래와 정보의 비용·불확실성이라는 개념들을 새로이 도입하고 있다.

이러한 기능주의적 접근법의 핵심적인 주장은 간단하다. 무정부 상태의 국제체제는 시장실패이론이 지적하는 자유시장과 유사하게 정보의 부족으로 인한 불확실성과 거래비용 등으로 인해 서로에게 도움이 되는 협력이 발생하기 어려운데 국제제도가 이러한 협력의 장애를 없애거나 완화시키는 일련의 기능을 수행함으로써 국제협력을 가능하게 한다는 것이다.[60]

다시 말해 협력이 국가들에게 절대적 이익을 가져다줄 수 있기 때문에 국가들은 협력을 바람직하다고 생각하지만 참여자들의 의도와 행동에 대한 정보를 가지고 있지 않아 협력이 일어나기 쉽지 않다. 이러한 상황에서 국제제도(국제레짐과 국제기구)가 몇몇 중요한 기능을 수행함으로써 이러한 문제를 해결하는 것을 돕는다. 국제협력의 원인을 이러한 국제제도의 기능에 두고 있기 때문에 이러한 접근법을 「기능주의적 접근법」이라고 칭한다.[61]

그러나 무정부성을 특징으로 하는 국체제제가 시장의 실패를 가져오는 자유시장과 유사한 점을 많이 지니고 있는 것은 사실이지만 동일한 것은 아니다. 예컨

답을 주고자 하는 이론이다. 이는 시장이 중간 역할을 하는 경우 행위자들의 상호작용의 결과가 최적의 상태에 이르지 못한다는 것을 설명한다. 중고차 시장을 예로서 설명하면 다음과 같다. 중고차 판매인은 결함이 많은 중고차(lemon or turkey)를 그럴듯한 차로 속여 팔려는 경향이 많다. 따라서 중고차 구매자는 사고자 하는 차가 엉터리 차인지 아닌지를 알기 힘든 불확실한 상황에서 모험을 줄이기 위해 가격을 무조건 많이 깎으려 한다. 이로 인해 정말로 좋은 중고차임에도 불구하고 제 가격을 받기가 힘들어지며 그 결과 판매자는 차의 판매를 꺼리게 된다. 시장실패이론은 좋은 중고차를 어느 정도의 가격을 치르고라도 사려는 사람과 판매하고자 하는 사람 사이에 자동차의 질에 대한 불확실성(quality uncertainty)으로 인해 거래가 곤란해진다는 것을 보여준다. 이러한 것에 대한 해결방법은 그 지역에서 명망을 지닌 믿을 만한 판매자를 통해 거래를 하는 것이다. 국제사회에서 이러한 명망 있고 신뢰할 만한 중고차 판매자의 역할을 하는 것이 「국제제도」라고 본다. 이는 제도의 발전에 대한 기능적 설명으로서 제도란 상호 이익이 되는 협정에 이르는 것마저 불가능하게 하는 문제점의 극복방안으로 형성됨을 강조한다. 이에 따르면 시장실패는 행위자의 부적절함에 기인하는 것이 아니라 체제와 제도의 구조에 기인하며 따라서 제도개혁이 있어야 함을 강조한다. 정치적 시장실패가 왜 발생하며 국제제도가 이러한 실패를 극복하는 데 어떠한 도움을 줄 수 있는가를 살펴보고 왜 국가들이 국제제도의 규칙에 순응하고 국제제도의 창출을 용이하게 했던 조건들이 사라진 이후에도 국제제도가 유지될 수 있는가에 대한 이해에 도움을 준다.

60) 신자유주의적 제도주의 이론은 무정부성의 국제체제에서 협력의 장애요인으로서 죄수의 딜레마 논리로부터 배신의 문제를, 집단행동이론으로부터 무임승차의 문제를, 시장실패이론으로부터는 거래비용 등의 문제를 지적하고 있다. 이와 더불어 조정(coordination)의 문제를 또 다른 협력의 문제로 제시하곤 한다.

61) 기능주의적 접근법이라는 용어와 더불어 「약정주의적 접근법(contractualist approach)」이라는 용어도 사용된다.

대 국제체제는 자력구제(self-help)의 체제이기 때문에 자유시장과는 달리 강제의 실시와 같은 것이 문제로서 추가될 수 있다. 따라서 위에서 언급한 기능 이외의 기능들이 추가된다. 코헤인이 제시한 기능을 중심으로 살펴보면 다음과 같다.

첫째, 국제제도는 국가들에게 정보를 제공하여 불확실성을 줄여 기대를 안정화시켜 협력을 원활하게 하는 기능을 수행한다. 적절한 국제제도가 없을 경우 불확실성 때문에 상호 이익이 되는 협상이 이루어지지 않는다. 어떤 국가의 경우 다른 국가들에 비해 특정의 상황에 관하여 좀 더 많은 정보를 가질 수 있다. 이때 정보를 덜 가지고 있는 국가는 협상의 결과가 불공평할 것이라는 우려 속에 정보를 더 가지고 있는 국가와의 협정의 체결을 꺼리게 된다. 국제제도는 정보가 광범위하게 이용될 수 있도록 정보배분의 불균형을 줄이고 상대적으로 균등한 정보를 제공하여 불확실성을 줄이고 협상비용을 조정함으로써 특정의 협정이 더욱 쉽게 이루어지도록 하는 기능을 수행한다.

요약하자면 정보의 결여로부터 유래되는 빈약한 약정체결 환경(contractual environment)으로 인해 협력적인 협정이 일어나지 않는데 국제제도가 국가들의 협정체결을 위한 협상을 돕고 모든 참가국의 약속 이행을 확실하게 해주는 정보를 제공함으로써 좀 더 나은 계약환경을 만들어주기 때문에 국가들은 국제제도를 창출함으로써 이러한 문제를 극복하고자 한다.

둘째, 세계정부가 부재한 분권화된 국제체제에서 국가들이 서로 협상을 하고 의사결정을 하며 성과를 감시하고 규칙에 대한 준수를 강제하는 것이 쉽지 않기 때문에 거래비용(transaction cost)은 결코 무시할 수 없다. 국제제도는 바로 이러한 거래비용을 감소시키는 기능을 수행한다. 거래비용이란 구체적으로 다루어져야 할 이슈가 무엇인가를 밝혀내는 비용(cost of identifying issues)·거래의 협상비용(cost of negotiating bargains)·협정을 명문화하는 비용(cost of codifying agreements)·합의한 것의 준수여부를 감시하고 강제하는 비용(cost of monitoring and enforcing compliance)을 의미한다.62)

예컨대 유럽연합(EU)과 같은 국제기구는 일시적인 협상(ad-hoc negotiation)의

62) 기능주의적 접근법은 국제제도의 여러 기능 중 거래비용을 줄여주는 기능을 가장 강조한다. 이러한 맥락에서 기능주의적 접근법은 국제제도를 「거래비용을 감소시켜주는 일련의 규칙(transaction-cost reducing sets of rules)」이라고 정의하기도 한다. 거래비용 중 협상비용을 줄여준다는 것은 구체적으로 국제제도의 원칙과 규칙이 자신의 행동과 타인에 대한 행동에 지침을 제공함으로써 예측되는 행위의 범위를 좁혀주기 때문에 불확실성을 감소시키고 국제제도에 참여하는 관료들 사이의 유대를 긴밀하게 하여 상호 이익이 있는 협정을 체결하는 정부의 능력을 증가시키는 것을 의미한다.

경우와는 달리 공동의 협상의 장(forum)·공동의 의사결정 절차·합의의 준수에 대한 감시와 같은 바람직한 약정체결 환경(favorable contractual environment)을 제공하여 거래비용을 줄여 거래의 효율성을 높임으로써 국가 간 합의를 촉진한다.

셋째, 국제제도는 회원국들의 행위에 대한 평가를 도움으로써 협력을 가능하게 한다. 달리 말해 국제제도는 「평판효과(reputational effects)」를 가져와 협력을 용이하게 한다. 구체적으로 국제제도는 성과를 측정할 수 있는 행위의 기준을 제공하고 이러한 기준들을 특정 사안과 연계시키며 토론의 장(forum)을 제공함으로써 다른 행위자의 평판을 평가하는 것을 돕는다. 이처럼 국제제도는 국가의 평판을 규정짓는 것을 돕고 약정을 위반하는 국가에게 비준수(non-compliance)로 치러야 하는 비용을 증대시킨다. 신뢰할 만하다는 평가를 지닌 행위자는 다른 국가와의 협력에 있어서 상대로서 훨씬 수월하게 수용된다.

예컨대 특정 국가가 다른 국가와 무기제한협정(arms control agreement)을 체결하고자 하는데 특정 국가가 협정체결에 기꺼이 응할 것이냐의 여부는 상대방이 과거 협정에서 얼마만큼 규정을 잘 준수했는가의 평판에 달려있다.[63] 잠재적인 평판비용(potential reputational costs)이 준수(compliance)를 보장하는 것은 아니지만 자신들의 장기적인 이익에 민감한 합리적인 자기중심적 이기주의자를 위한 기회주의의 분기점(threshold for opportunism)을 상승시킨다.[64] 코헤인은 여러 저술물들을 통해 국제제도의 여러 기능들 가운데 특히 평판효과 기능을 부각시키고 있다.

넷째, 국제제도는 세계정부(world government)가 부재한 가운데 법적 책임의 수립을 위한 있는 틀(framework for establishing legal liability)을 제공함으로써 상호 이익에 되는 관계를 조직화하는 것을 돕는다. 국제제도는 상호간에 서로의 행동양식에 대해 안정적으로 예상할 수 있는 틀을 제공해 주며 새로운 상황에 대해 상호간의 행동을 조정할 수 있는 관계를 발전시킴으로써 일종의 법적 책임(legal liability)을 수행한다.

국제제도는 완전하지는 않지만 다양한 수준의 법적 책임을 수립할 수 있는데

---

63) 이러한 것을 「미래의 우려(shadow of the future)」와 구별하여 「과거의 우려(shadow of the past)」라고 부를 수 있다. 이러한 것을 흔히 「선례의 효과(effect of precedents)」라고 부른다.

64) 평판효과와 국제레짐의 준수에 대한 논의는 다음 글을 참조하시오: George W. Downs and Michael A. Jones, "Reputation, Compliance, and International Law," *Journal of Legal Studies,* Vol. 31, No. 1 (January 2002), pp. S95-S114.

이러한 것에는 계약(contracts)・협약(conventions)・유사협정(quasi-agreements) 등이 존재한다. 자력구제(self-help)를 추구하는 대다수의 정부는 보복에 대한 두려움 때문에도 규칙에 순응하지만 특별한 보복이 없이도 국제제도에 순응하는데 이는 자신의 규칙위반이 다른 국가의 규칙위반을 증대시키고 이에 따라 「공공악(public bad)」을 산출하여 결국은 자신에게 손해가 된다고 보기 때문이다. 간단히 말해 국제제도는 세계정부의 부재 속에서 분권화된 강제의 실시를 가능하게 한다.

다섯째, 국제제도는 이슈간의 연계를 촉진하여 국가들 사이의 협력을 용이하게 해준다. 국제기구는 이슈연계(issue linkage)의 전략을 위한 장(forum)을 제공하여 협력을 용이하게 하는데 이는 이슈간의 연계가 가능할 경우 국가들은 특정 사안에서의 양보가 다른 사안에서의 보상이 될 수 있다고 믿음으로써 양보를 쉽게 할 수 있고 그 결과 협상에 있어서 합의의 폭이 확대될 수 있기 때문이다.

여섯째, 국제제도는 정책의 조정에 있어서 「구심점(focal points)」을 수립한다. 여기서 구심점이란 다양한 국가들이 취할 행동에 대해 빠르게 결정하도록 돕는 수립된 규범이나 규칙을 의미한다. 구체적으로 국제제도는 집단행동의 문제(collective action problem)에 대해 수용할 수 있는 해결방안을 규정하는 것을 돕는 구심점으로서의 기능을 수행함으로써 단일한 균형점이 부재한 상황에서 협력을 지속시키고 촉진시킬 수 있다. 이러한 기능은 영(Oran R. Young)의 이른바 「뚜렷한 해결방안(salient solution)」이라는 개념과 유사하다.[65]

이러한 기능들과 더불어 앞서 게임이론적 접근법에서 살펴본 국제제도의 기능들(즉 배신에 대한 미래의 보복가능성을 높여 협력을 유도하는 기능과 무임승차의 가능성을 완화하여 협력을 가능하게 하는 기능) 역시 국가 간 협력을 돕는 국제제도의 기능에 속한다. 이러한 기능 외에 오이(Kenneth A. Oye)나 스나이덜(Duncan Snidal)과 같은 학자들은 국제제도가 감시(monitoring)와 강제(enforcement)를 중앙 집중

65) 「focal point」는 쉘링(Thomas Schelling)이 도입한 개념이라고 하여 「Schelling Point」라고도 불리는데 의미에 충실하게 번역할 경우 「구심점」이라는 말보다 「암묵적 합의점」이라는 말이 더 적절하다. 이는 복수의 당사자들 사이에 소통(communication)이 부재하거나 원활하지 않은 상황에서 조정(coordination)에 도달하기 위해 어떠한 선택을 하는가를 설명하기 위한 개념으로서 자신이 상대방의 행동에 대해 가지는 기대와 상대방이 자신의 행동에 대해 가지는 기대가 일치하는 합일점을 의미한다. 즉 당사자들 간에 조정이 필요한 경우 일방은 타방도 같은 선택을 할 것이라고 기대되는 암묵적 합일점을 선택하기 쉽다는 것이다. 이처럼 암묵적 합일점은 개별적으로 기대하는 바를 수렴하도록 함으로써 조정을 가능하게 하기 때문에 의사결정자들은 이를 조정을 위해 유용하게 사용하며 이 때문에 암묵적 합일점은 협상에서 복수의 사람들의 의사나 행동을 조정해가는 중심적인 개념이 된다.

화함으로써 협력의 문제를 완화하는 기능을 한다고 본다.[66]

이러한 국제제도의 기능에 더하여 영(Oran R. Young)은 국제제도가 정보와 생각(idea)을 제공하는 리더십(informational leadership)의 기능을 수행한다고 본다.[67] 이러한 기능은 보다 구체적으로 국제레짐을 관리하는 국제기구 내의 초국가적인 행위자가 수행하는 기능으로서 성공적인 협정에 이르는 것을 돕는 중요한 리더십 기능이다. 이러한 리더십 기능은 구체적으로 국가들 사이에 존재하는 공통분모를 찾아내 문제를 해결하는 기능과 혁신적인 새로운 생각을 제시하는 기능이라는 두 기능으로 구성된다고 본다.

두 가지 기능 중 첫 번째 기능은 초국가적인 지도자가 자신의 협상기술을 통해 이해관계를 달리하는 국가의 대표단들로 하여금 경쟁적인 협상이 아니라 타협안 등의 제시를 통해 서로가 윈윈할 수 있는 방안을 찾는 통합적인 협상을 하도록 하여 국제레짐의 형성에 이르도록 하는 기능을 의미한다. 영은 이러한 예로서 오존층 고갈문제를 논의하는 데 있어서 유엔환경계획(UNEP)의 전 사무국장(Executive Director)인 톨바(Mostafa Tolba)가 보여준 역할을 언급하고 있다.

두 번째 기능은 협상에 참가하는 사람들의 관점을 바꾸어 놓는 혁신적인 생각을 제시하는 기능을 일컬으며 이러한 기능을 수행한 사람의 예로서 제2차 세계대전 이후에 국제무역과 금융 레짐을 발달에 혁신적인 기여를 한 케인즈(John Maynard Keynes)를 들고 있다. 구체적으로 케인즈는 국가들 간의 협력을 가능하게 한 「내재된 자유주의(embedded liberalism)」라는 생각의 발전에 도움을 주었다고 본다.

지금까지 위에서 살펴본 국제제도의 다양한 기능들은 국가들로 하여금 합이 영이 되는 제로섬의 갈등게임(zero-sum conflict game)으로부터 정합적 협력게임(positive-sum cooperative game)으로 나아가도록 한다. 한 마디로 국제제도는 국가들 사이의 집단행동의 문제(collective action problem)를 극복할 수 있도록 돕

---

66) Kenneth A. Oye, "Explaining Cooperation under Anarchy: Hypotheses and Strategies," *World Politics*, Vol. 38, No. 1 (October, 1985), p. 20; Duncan Snidal, "International Political Economy Approach to International Institutions," in Jagdeep S. Bhandari and Alan O. Sykes, eds., *Economic Dimensions in International Law: Comparative and Empirical Perspectives* (Cambridge, New York: Cambridge University Press, 1997), pp. 477-512.

67) Oran R. Young, "Political Leadership and Regime Formation: On the Development of Institutions in International Society," *International Organization*, Vol. 45, No. 3 (Summer 1991), pp. 281-308.

고 국가들의 공유된 이익을 촉진하는 것을 돕기 때문에 자기중심적 이익(self-interest)을 추구하는 국가들은 국제레짐을 필요로 한다는 것이다. 신자유주의적 제도주의 이론은 이처럼 국가의 자기중심적 이익을 국가들 간의 협력과 국제제도의 창설과 복종의 원동력으로 강조한다.

기능주의적 접근법을 평가해 보면 우선 기능주의적 접근법은 「언제 어떻게 국제협력을 가능하게 하는 국제제도가 공급되는가」보다도 오히려 「언제 국제제도가 요구될 것인가」를 구체적으로 밝히는 데 장점을 지니고 있다. 이러한 접근법은 국제제도가 높은 거래비용을 줄이고 정보의 부족이나 정보의 불평등함을 극복시켜준다는 것과 같은 순기능을 할 때 요구된다고 본다.68) 기능주의적 접근법은 이처럼 국제제도의 창설에 대한 나름대로의 논리적인 설명을 제공한다.

기능주의적 접근법은 또한 일단 창설된 국제제도의 경우 지속적으로 순기능적인 이익을 제공함으로써 국가들에 의해 수용되어 지속된다는 논리적인 이유를 제공한다. 이때 유지되는 국제제도는 패권국의 힘에 의해 창설된 국제제도일 수도 있으며 기능주의적 접근법이 말하고 있는 국제제도의 기능이 제공하는 이익에 의해 창설된 국제제도일 수도 있다. 이처럼 기능주의적 접근법은 구조적인 조건의 변화에도 불구하고 국제제도가 지속되는 이유를 잘 설명해 준다.69)

그러나 기능주의적 접근법은 다음과 같은 비판의 대상이 되기도 한다. 우선 기능주의적 접근법은 국제제도의 유용한 기능이 공동의 이익을 실현시켜 준다는 점을 강조함으로써 국제정치에서 출현하는 많은 국제제도들이 약소국의 이익보다는 강대국의 이익을 반영한다는 사실에 주목하지 않는다는 비판을 받는다. 즉 국제제도가 어떻게 불평등(inequality)을 산출하는지를 기능주의적 접근법은 설명하지 못한다.

기능주의적 접근법 역시 비국가적 행위자를 인정하지 않는 국가중심성·국가를 다양한 이해관계를 가진 집단의 합이 아닌 국가이익을 일률적으로 추진하는 조직체로 보는 국가의 통합성·국가는 합리적인 전략적 계산에 따라 움직이는 존

---

68) 기능주의적 접근법의 적실성이 검증되기 위해서는 국가의 행동이라는 것이 국제제도의 단순한 존재가 아닌 국제제도가 제공하는 이득이 동기가 되었다는 것을 입증해야 된다.

69) 기능주의적 접근법은 패권에 의해 창출된 국제제도와 국제협력이 패권의 쇠퇴와 더불어 같은 운명을 맞게 될 것이라는 패권안정론의 비관적인 예측에 반기를 들고 나온 것이기 때문에 국제제도와 국제협력이 어떻게 생성되는가에 대한 관심보다는 생성된 국제제도와 국제협력이 그 원인변수의 변화에도 불구하고 지속될 수 있다는 논리를 제공하는 데에 더 큰 관심을 가지고 있다는 것은 자연스러운 일이라고 볼 수 있다.

재라는 국가의 합리성을 전제함으로써 국제제도가 창설되고 유지되며 국가의 행동에 영향을 미치는 실질적인 과정에 대한 설명을 결하고 있다고 비판을 받는다.

구체적으로 국제제도의 창설과 관련하여 국제제도가 정부를 포함한 다양한 행위자들에 의해 어떻게 수용되는가를 설명하지 못한다. 국제제도의 유지와 관련해서도 국제제도가 생성된 후 국내 행위자들이 이러한 국제제도에 대해 중대한 이해관계를 갖게 되거나 국제제도의 규범이 정부의 관료나 일반인들의 개인적인 믿음의 체계(individual belief system)가 되어 이러한 국제제도가 준수된다고 하는 식의 설명을 제시하지 못한다.70)

국제제도의 영향과 관련하여 기능주의적 접근법은 국제제도가 국가행동에 영향을 미치는 데 중요한 역할을 한다는 주장을 반복할 뿐 국제제도가 국가행동에 영향을 미치는 방식 즉 창설된 국제제도가 국가이익(national interest)과 국가선호(national preference)를 어떻게 바꾸어 놓는가를 제대로 설명하지 못한다.

자유주의적 정부간주의(liberal inter-governmentalism)의 옹호자인 모랍식(Andrew Moravcsik)은 국제제도가 정보를 제공하고 정치적인 리더십을 제공함으로써 국제협력을 가능하게 한다는 주장에 비판을 가하고 있다. 구체적으로 모랍식은 국제협상에 참여하는 사람들의 경우 정보가 결여되어 있다는 것과 국제기구의 정치적 지도자의 리더십이 중요하다는 것에 의문을 제기했다.

국제관계이론이 유럽통합을 가져오는 데 있어서 유럽공동체 자체나 유럽공동체의 지도자와 같은 초국가적인 행위자(supranational actors)의 역할을 강조하는 데 반해 그는 전통적인 외교관들의 역할이 통합의 진전을 위한 합의를 도출하는 데 더 효율적이었다고 주장한다. 즉 국제제도나 초국가적인 정치적 지도자 없이도 국제협상이 오히려 효율적이고 성공적일 수 있다고 주장한다. 합의에 이르는 것을 방해할 수 있는 정보의 결여와 같은 장애를 극복하기 위한 방도로서 협력적인 결과에 관심을 가지고 있는 국가들이 필요한 리더십을 제공한다는 것이다.71)

그는 유럽공동체(European Community)의 발전을 분석하면서 정보가 부족하지

70) 이러한 계열의 설명은 다음 글을 참조하시오: John S. Duffield, “International Regimes and Alliance Behavior: Explaining NATO Conventional Force Levels,” *International Organization*, Vol. 46, No. 4 (Fall 1992), pp. 836.

71) Andrew Moravcsik, *The Choice for Europe: Social Purpose and State Power from Messina to Maastricht* (Itacha: Cornell University Press, 1998).

않았으며 협력의 요구가 정보의 공급을 가져왔다고 본다. 유럽공동체의 발전에 제도・절차・규범・전문 경영인을 필요로 하지 않는다고 본다. 유럽공동체의 관리들은 협상 중에 그다지 필요하지 않거나 상징적인 역할만을 하고 실질적인 리더십을 제공하지 않았으며 대신에 독일・프랑스・영국과 같이 협의의 도출에 가장 관심을 두고 있는 국가들이 혁신적인 제안과 타협적인 해결책을 제시했다. 교착상태를 타개하는 노력은 초국가적인 국제기구의 정치적 지도자들이 아니라 이러한 국가들에 의해 이루어졌다는 것이다.72)

신자유주의적 제도주의 이론을 신현실주의 이론과 비교하면 다음과 같은 차이가 존재한다. 신현실주의 이론의 한 지류인 패권안정이론은 힘을 가진 패권국의 존재가 국제협력을 가져올 수 있다고 봄으로써 이를 「힘에 기반을 둔 설명(power-based explanation)」이라고 부르는 것과는 달리 신자유주의적 제도주의 이론은 국가들의 자기중심적 이익이 국제협력을 가져온다고 하여 이를 일컬어 「이익에 기반을 둔 설명(interest-based explanation)」이라고 칭한다. 패권안정이론이 패권국가의 존재가 국제레짐을 가져다준다고 봄으로써 이를 「공급자측 이론(supply-side theory)」이라고 하고 신자유주의적 제도주의 이론의 경우 국제레짐이 자기중심적인 국가이익을 충족시켜주기 때문에 국가들이 원해서 생성된다고 보아 「수요자측 이론(demand-side theory)」이라고 부른다.

신현실주의 이론의 관점은 국제문제의 해결에 있어서 국가(nation states)의 역할이 여전히 중심적이며 많은 경우에 있어서 국제제도는 국제문제에 대응하는데 있어서 주변적인 것이라고 주장한다. 국제제도보다는 오히려 「국가정책의 세계화(globalization of national policies)」가 많은 국제문제의 성공적인 해결을 가능하게 해 왔다고 주장한다. 최근에 있어서의 국제문제에 관한 정책의 세계화(globalization of policy)는 국제레짐의 영향이 아니라 정책의 수평적인 확산(horizontal policy diffusion)의 결과라고 본다. 따라서 국가가 혁신적인 정책의 전세계적 확산을 일으키거나 영향을 미치는 과정을 연구해야 된다고 본다. 이와 같이 국제제도의 개입이 없이 주권국가들 사이의 성공적인 정책의 확산을 통해 문제를 해결하려는 것과는 달리 신자유주의적 제도주의 이론은 국제제도를 통한 국제문제의 해결을 강조한다.

---

72) Andrew Moravcsik, "A New Statecraft? Supranational Entrepreneurs and International Cooperation," *International Organization*, Vol. 53, No. 2 (Spring 1999), pp. 267-306.

위에서 언급했듯이 국가들은 두 가지 방식을 통해 전 지구적인 환경의 변화와 같은 전 지구적인 문제를 해결하기 위한 노력을 한다. 하나는 국제제도의 관여 없이 국가들이 일방적인 행동(unilateral action)을 통해 문제를 해결하는 방식인데 궁극적으로 다른 국가들에 의한 유사한 정책의 채택으로 이어질 수 있다. 즉 국제문제 해결에 있어서의 국가 중심성을 고집하는 가운데 국제제도를 통하지 않고 국가 단독으로 혹은 국가들이 합동으로 문제를 해결하는 방식이다. 또 다른 방식은 국제레짐을 통한 국제문제의 해결방식이다. 이러한 두 방식의 상대적 혹은 절대적인 효과성은 결정하기 어렵다고 본다.[73]

국제레짐에 대한 연구는 초창기에 국제레짐의 형성에 중점이 주어져 이슈의 성격이 레짐의 형성에 미치는 영향·레짐형성의 과정과 단계·레짐의 추동요인 등이 주요한 연구의 대상이 되었다. 나중에 국제레짐의 변화에 대한 연구가 이루어지면서 변화의 원인·변화의 과정·변화의 유형 등이 중요한 연구의 대상이 되었다.

여기에서 나아가 레짐이 국가의 행동에 미치는 실질적인 영향에 대한 연구가 활발하게 이루어져 레짐 효과성(regime effectiveness)과 레짐의 준수(regime compliance)가 중요한 연구의 대상이 되었다. 레짐의 효과성과 관련하여서는 이러한 효과성에 영향을 미치는 요인이 중요한 연구의 대상이 되었다.

2) 전 지구적 관리체제 접근법

「전 지구적 관리체제(global governance)」라는 개념에 대해 일치된 정의가 부재하지만 일반적으로 「지구화(globalization)의 진전과 급속한 기술의 발전 속에서 아직 어떤 방식인가가 구체화된 것은 없으나 주권적인 권위(sovereign authority)가 부재한 가운데 국경을 넘어 정부와 비국가적 행위자들(non-state actors)이 국제사회의 문제를 다루어나가는 협력적인 방식들의 총합」을 일컫는다.[74] 이러한

---

73) Frank Biermann and Klaus Dingwerth, "Global Environmental Change and the Nation State," *Global Environmental Politics*, Vol. 4, No. 1 (February 2004), pp. 6-11.

74) 「govern」이라는 영어 단어는 동사로서 「지배하다」 혹은 「통치하다」는 의미로 사용되며 두 가지 명사형을 가지고 있다. 그 중 하나가 우리가 흔히 알고 있는 「government」라는 명사이다. 이 단어는 「정부」라는 의미의 보통명사로 흔히 알고 있지만 「지배」 혹은 「통치」라는 의미의 추상명사로도 사용된다. 또 다른 명사형은 「governance」라는 명사이다. 이 단어 역시 「지배」 혹은 「통치」라는 의미로 사용되나 government가 물리적 강제력이 뒷받침된 지배나 통치를 의미하는 것과는 달리 힘이 뒷받침되지 않은 지배나 통치를 의미한다. 이처럼 「governance」라는 용어를 쓰게 된 것은 전통적으로 국가의 영역인 통제기능(control function)의 많은 부분이 다른 곳으로 전이되고 있다는 것

의미와 더불어 「이들 행위자들이 세계의 문제들을 다루어 나가는 데 있어서 상충하는 혹은 다양한 이해관계가 조정되기도 하고 협력이 행해지기도 하는 지속적인 과정」을 의미하기도 한다. 로즈노(James N. Rosenau)와 같은 학자는 이러한 전 지구적 관리체제를 「정부 없는 관리체제(governance without government)」라고 정의하고 있다.75)

이러한 전 지구적 관리체제는 공식적인 방식에 의해 이루어지기도 하고 비공식적인 방식에 의해 이루어지기도 한다. 구체적으로 전 지구적 관리체제는 국제레짐과 이들의 준수여부를 감시하기 위한 국제기구와 같은 공식적인 조직(formal organization)에 의해 이루어지기도 하고 비공식적인 제도를 포함하기도 한다. 이러한 전 지구적 관리체제라는 관점이 등장하게 된 배경을 살펴보면 다음과 같다.

과학과 기술의 발전은 교통과 통신의 발전을 가져와 국가 간의 지리적인 거리를 좁히면서 국가의 경계를 뛰어 넘은 교류의 폭발적인 활성화를 가져왔다. 그 결과 마약의 밀거래나 돈세탁과 같은 범죄・에이즈와 같은 질병・체르노빌 원자력발전소의 방사능 누출과 같은 환경재앙・인구문제・빈곤문제・이민의 문제・국경을 넘나드는 투기성 자본의 이동 등과 같은 문제들이 특정 국가 내의 문제로 머무르지 않고 타 국가의 국경을 침투하여 영향을 미침으로써 일국의 노력만으로는 해결되기 어렵게 되었다. 이처럼 이슈 자체가 국경을 넘어 전개됨으로써 특정 영토에 묶여 있는 주권국가들만으로는 이러한 문제들을 해결하는 것이 점차적으로 어렵게 되어갔다.

주권국가들은 이미 오래 전부터 한 국가만으로는 해결할 수 없는 문제들과 해결할 수는 있지만 효율성이 떨어지는 문제들을 자신들의 정부대표들로 구성되어 있는 국제기구에 떠맡겨 국가들 사이의 협력과 조정을 통해 해결하려는 경향을 보여 왔다. 그 결과 많은 국제기구가 영향력을 확대하고 일정한 정도의 초국가적 권위를 갖는 경우도 생겼다. 이러한 방식, 즉 주권국가와 국제기구가 중심

을 포착하기 위한 것이다. 「global governance」라는 용어를 어떻게 우리말로 번역하여야 할 것인가에 대해 일치된 견해가 없다. 영어를 그대로 우리말로 발음하여 「글로벌거버넌스」라고 부르는 경우도 많으나 여기에서는 「전 지구적 관리체제」라고 번역하여 부르고자 한다. 「전 지구적 지배체제」라고 부르는 경우도 존재하나 「지배체제」의 「지배」가 「힘을 바탕으로 한 지배」라는 의미로 받아들여질 가능성이 높아 관리체제라는 말을 사용하고자 한다.

75) James N. Rosenau, "Governance, Order and Change in World Politics", in James N. Rosenau and Ernst-Ottawa Czempiel, eds., *Governance without Government: Order and Change in World Politics* (Cambridge: Cambridge University Press, 1992), p. 10.

이 되어 국제문제를 해결하여 나가는 방식이나 과정을 「국제적 관리체제(international governance)」라고 부를 수 있다.[76)]

그러나 주권국가들은 국제문제의 해결을 위해 국제기구의 권능을 일정한 정도 허용하면서도 국제기구의 권능이 지나치게 확대되어 회원국의 자율성을 제한하는 것을 크게 경계한다. 즉 주권국가들은 국제기구를 필요로 하는 동시에 이들이 자국의 이익에 반하여 원하지 않는 결정을 내릴 것을 우려하여 큰 권한을 주기를 꺼리게 되어 국제기구는 근본적인 한계를 가지게 된다.

이러한 이유로 국제기구는 제한된 권능만을 가지게 되고 이러한 제한된 국제기구의 권능 속에서 주권국가들은 국제사회 전체의 공익보다는 종종 자신의 국가이익을 우선시하여 국익을 확보하기 위한 노력을 하게 된다. 이러한 과정에서 힘을 보유한 국가의 이익이 우선시되는 경향을 다분히 보이고 있다. 추구하는 국가이익이라는 것도 자세히 들여다보면 자국민 전체의 보편적인 이익이라기보다는 특정 집단의 편협한 이익인 경우들이 많다.[77)]

정부와 국제기구가 중심이 된 전통적인 국제문제 해결 방식인 「국제적 관리체제」의 이러한 한계에 대해 비판이 지속적으로 가해지고 있다. 동시에 비정부기구를 위시한 다양한 비국가적 행위자들(non-state actors)이 국제문제의 성격에 따라 다양한 형태로 국제문제의 해결에 관여하고 있다.

이처럼 국제문제에 있어서 전통적인 행위자인 주권국가와 국제기구가 해결의 주체로서의 한계를 노정하고 비정부기구(NGO)·국제비정부기구(INGO)·다국적기업(MNC)·과학기술단체와 같은 비국가적 행위자들의 역할이 강화되고 있는 상황에서 세계가 어떻게 정치적으로 작동하고 전 지구적인 문제들이 어떻게 다루어지고 있는가를 설명하는 하나의 개념적인 접근법(conceptual approach)이 필요하게 되었다. 이러한 맥락에서 「전 지구적 관리체제(global governance)」의 논의 필요성이 등장하게 되었던 것이다. 이러한 필요는 전 지구적인 연계성(global connectedness)의 확장과 심화를 의미하는 지구화(globalization)의 가속화 속에서 더욱 강조되었다.

---

76) 정부대표들이 국제기구 밖이나 국제기구를 통해 국제문제의 해결을 위해 이제까지 나름대로의 중요한 역할을 해왔다. 이러한 종류의 국제문제 해결방식을 「전 지구적 관리체제(global governance)」라는 개념과 구별하여 「국제적 관리체제(international governance)」라고 부를 수 있을 것이다.

77) 이러한 이유 때문에 보다 넓은 범위의 보편적인 이익을 추구하는 비정부기구(NGO)를 필요로 하게 되었다.

기존의 국제정치이론들이 전 지구적 관리체제를 설명하는 데 있어서 부족한 점이 무엇인가를 살펴보면 다음과 같다. 신현실주의 이론의 경우 통합된 합리적인 행위자로서의 국가를 국제정치에 있어서 가장 중요한 행위자로 간주하면서 비정부기구나 국제기구와 같은 비국가적 행위자들의 역할을 부인한다. 신현실주의 이론은 국제체제의 무정부성·국가의 중심성(centrality of states)·힘과 국가이익의 중요성·힘의 배분에 있어서의 차이에 대한 강조를 통해 나름대로 전 지구적 관리체제를 개념화하고 이해하는 것을 돕는다. 그러나 신현실주의 이론은 국제제도, 생각(idea), 국제기구·비정부기구·초국가적 세력과 같은 비국가적 행위자들이 국제정치에서 작용할 수 있는 여지를 거의 두고 있지 않다는 점에서 전 지구적 관리체제의 이해를 돕는 데 부족하다.

신자유주의적 제도주의 이론을 포함한 자유주의 이론 역시 전 지구적 관리체제의 현상을 설명하는 데 있어서의 한계를 가지고 있다. 국경을 넘어 전개되는 국제문제에 있어서 「전 지구적 관리체제 접근법」이 비국가적 행위자들(non-state actors)의 역할에 대해 처음으로 언급하고 있는 것은 결코 아니다. 코헤인과 나이(Robert Keohane and Joseph S. Nye, Jr.)는 국가 중심적인 견해를 가지고는 국제정치의 현실을 설명하는 것이 불가능하다고 주장하고 중앙정부의 통제를 받지 않고 이러한 비국가적 행위자들이 국경을 넘나드는 상호작용·접촉·연대에 초점을 맞추어 「초국가론(transnationalism)」을 제시하면서 국가와 국제기구의 의사결정과정에서 비국가적 행위자들의 자율적 혹은 준자율적인 역할과 영향력이 성장하는 것에 주목했다. 이들은 이러한 초국가론에 기초하여 보다 진전한 형태의 이론으로서 「상호의존론(theory of interdependence)」을 제시했으나 비국가적 행위자가 국제관계에 영향을 미칠 수 있는 구체적인 조건 등에 대한 이론적인 개념화에는 미치지 못했다.[78)]

1980년대에는 신자유주의적 제도주의 이론이 등장하여 앞서 살펴본 것과 같이 중앙집권적인 정부가 부재한 분권화된 국제체제 속에서 나름대로 존재하고 있는 국제질서로서의 국제레짐(international regimes)과 같은 국제제도가 어떻게 창출되고 어떻게 유지되는가를 설명하고자 했다. 이러한 신자유주의적 제도주의 이론은

78) Thomas Risse-Kappen, ed., *Bringing Transnational Relations Back In: Non-State Actors, Domestic Structures and International Institutions* (Cambridge: Cambridge University Press, 1995).

국제질서란 패권국의 강제력 행사나 유인(incentives)의 제공과 같은 것을 통해 창출되고 유지되는 것이라는 신현실주의 이론의 한 지류인 패권안정론의 설명과는 대조적으로 패권국가의 강요나 유인의 제공 없이도 개별 국가들의 합리적인 이기심에 의해 국제레짐과 같은 국제제도가 만들어지고 유지되는 것으로 보았다.

신자유주의적 제도주의 이론은 상호의존에 대한 강조와 국제레짐과 국제기구를 포함한 국제제도의 역할에 대한 강조를 통해 전 지구적 관리체제의 이해에 기여를 한다. 그러나 신자유주의적 제도주의 이론 역시 신현실주의 이론과 마찬가지로 국제제도의 창출에 있어서의 국가의 역할을 강조하는 국가 중심적 견해를 지니고 있다.[79] 따라서 신현실주의 이론과 마찬가지로 대인지뢰금지협약(일명 오타와협정)의 체결이나 국제형사재판소(ICC)의 설립을 위한 로마협정의 체결과 같은 국제레짐의 형성에 있어서 최종적인 서명자는 다른 행위자가 아닌 국가였다는 것을 강조할 수 있을지 모르나 이러한 것들은 비정부기구(NGO)의 강한 압력의 결과였다는 것을 제대로 설명하지 못한다. 신자유주의적 제도주의 이론은 지속성(continuity)에 강조점을 둠에 따라 변화를 설명하는 것이 어렵다는 한계 역시 지닌다.

이들과는 대조적으로 국제제도의 창출에 있어서 지식인 집단과 같은 비국가적 행위자들의 역할을 강조하는 「인식공동체론(epistemic community theory)」이라는 이론이 있으나 이 역시 비정부기구(NGO)와 같은 행위자들의 역할에는 주목하지 않았다. 인식론에 기초를 두고 있다는 점에서 인식공동체론과 맥을 같이 하는 구성주의 접근법(constructivist approach)은 행위자의 정체성 및 이익의 사회적 구성과 관념적인 요인(ideational factor)에 초점을 두며 규범·규칙·제도가 이러한 정체성과 이익을 구성하는 방식에 관심을 둔다. 구성주의 접근법은 국가의 행동에 영향을 미치는 국가의 이익과 정체성이란 외생적으로 주어지는 것이 아니라 행위자들의 상호작용에 의해 사회적으로 구성되는 것으로 본다.

구성주의 접근법이 무정부성(anarchy)이라는 것이 실재하는 것이 아니라 우리의 인식의 결과라고 보는 것처럼 국제정치에 간주관적인 측면(intersubjective dimension)을 불러들인 것과 규범·규칙·제도가 어떻게 행위자의 정체성과 이익을 규정하고 거꾸로 정체성과 이익이 규범·규칙·제도에 어떻게 영향을 미치는가에 대해 중점을 두고 있는 것이 전 지구적 관리체제의 이해를 돕는 데 기여한다. 그러나 구성주의 접근법 역시 국가 중심적 견해(state-centric view)를 보유함으로써

79) 이들 이론들은 그 차이에도 불구하고 또한 국가의 합리성을 전제하고 있다.

비정부기구와 같은 비국가적 행위자들에게 주의를 기울이지 않는 한계를 지니고 있다.

1990년대에 등장한 새로운 초국가론(transnationalism)을 위시한 자유주의적 다원주의 이론(pluralist theories)들은 냉전의 종식 후 강화된 비정부기구(NGO)들의 활동과 영향력을 반영하여 1970년대의 초국가론이 결하고 있는 것들을 보완하고자 했다. 다원주의이론들은 비국가적 행위자들의 역할의 중요성과 더불어 전 지구적 연계망(global network)의 확산과 심화에 대한 강조를 통해 전 지구적 관리체제의 이해에 기여하지만 국제문제의 해결에 있어서 다양한 행위자들에게 일정한 정도 동등하게 초점을 두고 총체적으로 살펴보기보다는 비정부기구와 같은 행위자에 중점을 두는 데 그치고 있다는 한계를 지닌다. 더불어 국제체제에서 힘의 비대칭적인 배분이라는 중요한 이슈를 간과하고 있다는 한계 역시 지닌다.

전 지구적 관리체제 접근법은 이러한 상황에서 설득력을 지니고 등장했다. 구체적으로 이러한 전 지구적 관리체제 접근법은 전통적인 행위자인 주권국가와 국제기구가 해결의 주체로서의 한계를 노정 하는 상황에서 세계가 어떻게 정치적으로 작동하는가를 설명하는 하나의 개념적 접근법(conceptual approach)으로서 등장했다고 볼 수 있다. 중앙정부의 부재 속에서 나름대로의 국제사회의 질서의 창출과 이러한 질서의 유지를 설명하는 데에 비정부기구와 같은 비전통적인 행위자를 기존의 전통적인 행위자인 국가 및 국제기구와 더불어 본격적으로 살펴보고자 한다는 점에서 전 지구적 관리체제의 관점은 유용하다고 볼 수 있다.

전 지구적 관리체제라는 관점에서 정부・국제기구・기업・시민사회조직들이 포함되어 전 지구적인 문제를 다루는 「전 지구적 공공정책 연계망(Global Public Policy Network, GPPN)」과 같은 논의도 현재 진행되고 있다. 그러나 전 지구적 관리체제에서 어떠한 행위자들이 과연 어떠한 지위를 가지고 어떠한 방식으로 관리를 하는가에 대한 구체적인 논의는 아직 걸음마 단계에 있다. 전 지구적 관리체제 접근법은 국제사회의 문제와 관련하여 다양한 정부 행위자와 더불어 다양한 비정부적 행위자들이 관여한다는 것 이외에 국제문제에 대한 체계적인 설명과 예측을 아직 제공하지 못하고 있다.

3) 자유주의 국제관계 이론

신자유주의적 제도주의 이론은 국제제도의 기능이 가져다주는 이익이 있어 국가들은 국제제도를 원하게 되고 그 결과 국제제도를 형성하고 유지한다고 주장한다. 이러한 주장에는 모든 국가들을 합리적인 존재로서 동일하게 절대적인 이익을 추구한다는 것이 가정으로서 전제되어 있다.

그러나 신자유주의적 제도주의 이론은 국가들이 구체적으로 언제 어떻게 실질적으로 국제제도를 형성하는가를 제대로 설명하지 못한다. 또한 협력을 돕는 국제기구와 같은 국제제도가 존재하고 당사자들에게 절대적 이득을 가져다준다고 해도 협력적인 국제협정에 이르는 것이 어려운 경우를 제대로 설명하지 못한다.

이러한 현상을 국가들이 가지게 되는 상이한 선호(preference)를 통해 설명하고자 하는 이론이 있는데 이러한 이론은 「자유주의 국제관계 이론」이라고 불린다. 자유주의 국제관계 이론은 국가의 행동이란 특정의 개인들과 단체로 하여금 그들의 이념적·물질적 이익을 진전시키는 것을 허용하는 국내정치에 의해 규정된다는 생각에 기반을 두고 있다. 만약에 국가들의 특정한 이익들이 양립할 수 없으면 협력적인 협정에 이르는 것이 가능하지 않다고 본다.

이처럼 자유주의 국제관계 이론은 신자유주의적 제도주의 이론과는 달리 국제적인 문제를 둘러싼 국가들 간의 협력에 영향을 미치는 요인으로서 국내요인들의 역할을 중요시한다.[80] 기본적으로 자유주의 국제관계 이론은 국가의 선호(preferences)란 국내와 초국가적인 사회적 압력(social pressure)으로부터 생성되며 이렇게 만들어진 선호가 국가의 행위에 중대한 영향을 미친다고 가정한다.

이러한 가정을 좀 더 세분하여 살펴보면 우선 사회의 행위자(societal actor)의 성격과 관련하여 지구화(globalization)가 사회를 구성하고 있는 개인과 그룹들로 하여금 국제사(international affairs)와 관련하여 상이한 요구를 하도록 한다고 가정한다. 국가의 성격과 관련하여 국가는 국내 개인들과 사회그룹의 집단의 요구(demands of a subset of domestic individuals and social groups)를 대표하는데 국가는 이들의 이익에 기초하여 국가의 선호를 정의하고 지구화를 관리하기 위해 도구적으로 행동을 한다고 가정한다. 국제체제와 관련하여서는 국가들의 선호 사이의 상호의존의 정형(pattern)이 국가행위를 규정 짓는다고 가정한다.[81]

---

80) 국내변수의 영향을 분석에 포함하지 않는 것은 신자유주의적 제도주의 이론뿐 아니라 신현실주의 이론도 마찬가지이다.

81) Andrew Moravcsik, "The New Liberalism," in Christian Reus-Smit and Duncan Snidal, ed., *The Oxford Handbook of International Relations* (New York: Oxford University Press, 2008), pp. 234-254.

2. 국제환경정치에의 적용

1) 신자유주의적 제도주의 이론

신현실주의 이론의 한 지류인 패권안정이론은 무정부성을 특징으로 하는 국제체제의 영향으로 국가들이 타국의 배신(cheating)에 대한 우려와 상대적 이득(relative gain)에 대해 우려를 하지 않을 수 없어서 국제협력이 이루어지기 어렵다는 것을 지적하면서 협력이 가능하려면 힘 있는 강력한 패권국가의 존재를 필요로 한다고 주장한다.

신자유주의적 제도주의 이론은 신현실주의 이론과는 달리 무정부상태라 할지라도 국가들은 본질적으로 상대적 이득이 아닌 절대적 이득을 추구한다고 본다. 그러나 신현실주의 이론과 마찬가지로 국제체제의 무정부성으로 인해 국가들은 배신에 대한 우려로 협력이 어렵다고 본다. 신자유주의적 제도주의 이론은 여기에 더하여 시장의 실패(market failure)로 인한 거래비용(transaction cost) 등의 문제를 추가적인 협력의 장애요인으로 인식하고 이러한 장애요인들을 완화시켜 협력을 가능하게 하는 요인으로서 국제제도의 존재를 주장한다.

이러한 관점을 가진 신자유주의적 제도주의 이론은 국제환경정치를 연구하는데 있어서 다른 대안적 이론과 비교하여 가장 영향력을 지녀왔다. 신자유주의적 제도주의 이론이 많은 학자들에 의해 광범위하게 수용되어 온 이유는 이 이론이 기본적으로 무정부하에서의 협력(cooperation under anarchy)을 설명하는 능력에 기인한다. 신자유주의적 제도주의 이론은 1980년대와 1990년대에 급속하게 환경과 관련한 국제협정들이 다수 체결되면서 이러한 현상들을 이해하는 수단을 제공함으로써 국제환경정치 현상의 연구를 지배하고 있다고 해도 과언이 아니다.

신자유주의적 제도주의 이론이 광범위하게 수용되는 보다 근본적인 이유는 국제환경 분야에 있어서 협력적인 전략의 필요성과 국제환경문제에 대한 해결의 필요성으로 말미암은 결과이다. 즉 상호의존의 증가와 더불어 국경을 가로질러 모든 국가들에게 가해지는 위협과 도전(특히 지구온난화·오존층 파괴·해양오염·자연자원의 고갈과 같은 환경적 도전)을 해결하기 위해 모든 국가들이 함께 해결책을 찾지 않으면 안 된다고 하는 인식이 증가했기 때문이다.

다수의 국제레짐이 지구온난화·생물다양성·해양·오존층 파괴 등의 다양한 국제환경 쟁역을 다루기 위해 등장함으로써 신자유주의적 제도주의 이론은 가설검증을 위한 풍부한 사례들을 제공받을 수 있었으며 연구자들로 하여금 한 번에 하나의 쟁역에 관심을 집중할 수 있도록 할 뿐 아니라 시간과 쟁역을 가로질러 국제레짐의 형성을 비교하여 대조할 수 있는 기회를 가질 수 있도록 했다.

신자유주의적 제도주의 이론은 한 마디로 국제환경 문제를 둘러싼 협력의 중심에는 국제레짐을 포함한 국제제도가 있다고 주장한다. 즉 국제환경 문제의 해결책으로서 전 지구적 환경을 관리하고 기술과 재정적 자원을 개도국에게 좀 더 효율적으로 배분하는 강력한 국제제도의 촉진을 제시한다. 국제환경 분야의 연구에 있어서 신자유주의적 제도주의 이론이 가지는 특징을 보다 구체적으로 살펴보면 다음과 같다.

신자유주의적 제도주의 이론은 초기에 국제환경 분야에서 국가 간 협력을 촉진하는 국제제도를 왜 국가들은 자발적으로 창출하려고 하는가에 연구의 중점을 두었다. 즉 국제환경 분야에서 빈번하게 발생하는 자발적인 국제협력(voluntary international cooperation)을 설명하는 것에 연구의 중점이 주어졌다.

그러나 시간의 경과와 더불어 연구의 중점이 확대되어 가면서 국제환경 분야에 있어서의 국제제도의 형성뿐만 아니라 국제제도가 가져오는 결과에도 관심을 집중하고 있다. 좀 더 구체적으로 「국가들은 왜 국제환경레짐을 창출하는가(국제레짐은 어떻게 등장하는가)·국제환경레짐은 어떻게 진화하는가·국제환경레짐의 결과는 무엇인가·국제환경레짐이 준수를 촉진하기 위한 가장 효과적인 기제는 무엇인가(이 문제는 국제환경레짐의 설계와 밀접한 관련이 있다)·국제환경레짐은 효과적인가」와 같은 질문을 던지고 이에 대한 답을 추구한다.

신자유주의적 제도주의 이론은 시장실패에 의한 환경파괴의 문제의 해결은 자발적인 국제제도의 수립을 통한 국제협력에 의해 가능하다는 입장을 견지한다. 시장실패에 의한 환경파괴 문제의 해결책으로서 신자유주의적 제도주의 이론이 제시한 자발적인 국제제도의 수립을 통한 국제협력에 의한 해결방식을 시장실패에 의한 외부효과(특히 부정적인 외부효과)를 어떻게 해결할 것인가의 관점에서 살펴보고자 한다. 이를 위해 우선 외부효과란 무엇이고 외부효과의 문제를 해결하는 여러 가지 방식을 두루 살펴보고 신자유주의적 제도주의 이론의 처방의 의의를 살펴보고자 한다.

어떤 행위의 결과로서 의도하지 않게 행위의 당사자가 아닌 사람에게 발생하는 비용을 「외부비용(external cost)」이라고 부른다.82) 이와는 대조적으로 어떤 행위의 결과로서 의도하지 않게 행위의 당사자가 아닌 사람에게 발생하는 이익을 「외부이익(external benefit)」라고 칭한다.83) 이러한 비용과 외부이익을 합쳐서 「외부효과(external effect)」라고 통칭한다.84)

외부효과는 이처럼 어느 한 행위자의 행동이 다른 행위자에게 의도하지 않은 이익이나 피해를 가져다주는 현상을 일컫는다. 타인에게 해를 가져다주는 외부효과를 「부정적 외부효과(negative external effect)」라고 하고 타인에게 이익을 가져다주는 외부효과를 「긍정적 외부효과(positive external effect)」라고 한다.85)

이러한 외부효과는 시장의 실패(market failure)가 가져다주는 것으로서 한 경제주체의 행동이 다른 주체에 피해를 입히거나 이익을 주지만 이에 대해 비용을 부담하지도 않고 보상을 받지도 않는 경우를 의미한다. 부정적 외부효과의 대표적인 예들에는 지구온난화를 포함한 다양한 환경문제가 포함된다. 긍정적 외부효과를 보여주는 대표적인 사례는 과수원과 양봉업자의 관계에서 찾을 수 있다. 과수원 주인이 과수를 더 많이 심으면 그만큼 과수의 꽃이 늘어나 양봉업자의 꿀 수확이 증가하게 되기 때문이다.

부정적 외부효과가 있는 경우 시장에서 결정되는 생산량은 최적의 수준을 초과하게 되고 긍정적 외부효과가 있는 경우는 시장에서 결정되는 생산량은 최적의 수준보다 부족하게 된다. 이러한 부정적 외부효과와 긍정적 외부효과와 관련하여 우리의 과제는 어떻게 긍정적 외부효과를 장려하고 부정적 외부효과를 억제할 것인가이다.

정부가 이러한 외부효과의 문제를 해결하여 시장에서 생산되는 생산량이 최적이 되도록 하는 것을 「외부효과의 내재화(internalization of external effects)」라고 한다.86) 즉 외부효과의 내재화란 경제적인 유인구조를 변경하도록 하여 외부효과를 의사결정에 반영하도록 하는 과정을 의미한다. 예컨대 부정적 외부효과를 유발하는 생산품에 생산하는 기업에게 조세를 부과할 경우 추가적인 비용을 고려하

82) 「외부비용(external cost)」은 「외부불경제(external diseconomy)」라고도 불린다.
83) 「외부이익(external benefit)」은 「외부경제(external economy)」라고도 칭한다.
84) 「외부효과(external effect)」는 「외부성(externality)」이라고도 부른다.
85) 「부정적 외부효과(negative external effect)」는 「부정적 외부성(negative externality)」이라고도 하고 「긍정적 외부효과(positive external effect)」는 「긍정적 외부성(positive externality)」이라고도 한다.
86) 「외부효과의 내재화」는 「외부효과의 내부화」라고도 한다.

여 생산을 결정할 것이며 추가용이 반영된 가격은 소비자에게도 영향을 미쳐 소비를 줄이게 된다.

긍정적 외부효과의 내재화를 위해 흔히 사용되는 방식은 긍정적 외부효과를 발생시키는 행위에 대해서는 보조금을 지급하는 것이다. 부정적 외부효과의 내재화를 위한 방식은 크게 4가지로 분류될 수 있다. 첫 번째 방식은 정부가 직접적으로 개입하여 규제(통제)하는 방식으로서 환경기준을 설정하고 이의 준수를 강제하는 것이다. 두 번째 방식은 정부가 간접적으로 개입하여 시장원리에 기초하여 외부효과를 내재화하는 방식으로서 일명 「피구세(Pigouvian tax)」라고도 불리는 교정적 조세(corrective tax)를 부과하는 방식이다. 세 번째 방식 역시 정부가 간접적으로 개입하여 시장원리에 기초하여 해결하는 방식으로서 재산권의 부여를 통해 외부효과를 내재화하는 방식이다. 네 번째 방식은 정부의 개입 없이 민간이 부정적 외부효과를 줄이는 방식으로서 이해 당사자들이 협의를 통하거나 사회적 규범의 수립을 통해 해결하는 방식이다.

하딘(Garrett Hardin)은 정부개입(정부규제)에 의한 관리와 더불어 사유화(privatization)라는 처방을 제시했다. 하딘의 공공재(공유자원)의 비극 논리가 보여주듯이 환경분야에서 이기적인 국가들의 국익추구는 공공재의 비극을 초래한다. 이러한 공공재의 비극의 원인에 대한 진단과 더불어 이를 피하기 위한 처방 역시 제시되어 왔다. 공공재의 비극 논리를 제시한 하딘 자신은 공공재(공유자원)의 경우 개인의 이기적인 행동의 결과로 과도한 이용을 수반하여 황폐화를 가져오게 된다고 주장하고 시장의 실패(market failure)로 인해 공공재를 시장에 맡겨서는 안 된다고 하면서 대안으로서 정부개입(정부규제)에 의한 관리와 더불어 사유화(privatization)라는 처방을 제시했다.

사유화에 대해 좀 더 살펴보면 공유지인 목초지에 사유재산권을 부여하면 목초지를 소유하게 된 주인은 목초지의 경제적 가치를 극대화하기 위한 경영전략으로서 목초지를 사용하고자 하는 사람들에게 사용료를 부과하여 목초지의 황폐화 비용을 사용자에게 내재화시키고자 한다고 본다. 목초지에 사유재산권이 부여되면 목초지 주인과 목축업자 사이에 시장원리에 따른 거래가 이루어진다고 본다.87)

코즈(Ronald H. Coase)는 공공재(공유자원) 문제의 해결책으로 재산권(property

87) 원동철, "재산권분배의 경제학," 『한국경제연구』 제1권 (1998), p. 80.

rights)의 부여라는 처방을 제시했다.[88] 코즈는 경제주체들이 자원배분의 과정에서 협상을 위해 별도의 거래비용(transaction cost)을 지불할 필요가 없는 경우 어느 누구에게 재산권이 주어지든 재산권이 분명하게 정해지기만 하면 부정적 외부효과의 발생주체와 피해주체 사이에 시장의 기능을 통해 거래(bargaining)에 의해 자원의 효율적인 배분이 이루어진다고 보았다.

즉 부정적 외부효과를 유발하는 행위를 할 수 있는 권리도 재산권으로 볼 수 있으며 이 권리가 시장을 통해 자유로이 거래될 수 있고 거래비용이 존재하지 않는다면 생산과 소비는 최적 수준에 도달할 수 있다고 주장했다. 이러한 논리를 「코즈의 정리(Coase Theorem)」라고 부른다. 즉 재산권 설정이 불분명하기 때문에 자원이 효율적으로 배분되지 않는다고 보고 재산권을 명료하게 해준다면 당사자들이 자발적인 협상을 통해 효율적인 자원배분을 할 수 있다는 주장이다.

코즈정리를 가장 보여주는 예로서 강 상류에 염색공장과 같은 오수를 배출하는 기업과 강 하류에서 양식업에 종사하는 양식업자와 사이의 관계가 종종 언급된다. 염색공장에 의해 의도하지 않게(즉 고의성이 없이) 양식업자에게 피해가 가해지는 상황을 부정적 외부효과라고 할 수 있다. 이러한 피해에 대해 비용을 지불하지 않기 때문에 부정적 외부효과가 과도하게 발생하게 된다. 즉 염색을 하는데 소요되는 비용에 환경의 파괴에 대한 비용이 반영되어야 하는데 그렇지 않기 때문에 부정적 외부효과가 지속적으로 발생하게 된다.

이러한 부정적 외부효과의 지나친 발생을 막기 위한 처방의 하나로서 제시되는 것이 코즈의 정리이다. 이에 따르면 이러한 부정적 외부효과의 과잉발생은 본질적으로 재산권이 모호하거나 재산권이 바람직하지 않게 귀속되어 있는 것에 기인하게 때문에 재산권을 명료하게 부여하면 해결된다는 것이다.

이러한 부정적 외부효과의 과잉생산의 문제가 해결되는 과정에 대해 다음과 같은 설명이 주어지곤 한다. 염색공장의 오수로 인한 피해가 1억 원이라고 가정하고 양식업자에게 맑은 물에 대한 재산권이 부여된다면(즉 오수의 방류에 대해 염색공장에게 책임이 부과되게 된다면) 양식업자는 염색업자에게 피해액인 1억 원의 보상을 요구할 것이다. 이러한 요구를 받은 염색업자는 오수를 정화하는 시설을 설치할 경우의 비용을 산정해 본 후 선택을 하게 된다. 만약에 정화시설의 설치비가 6천만 원으로 보상 요구액보다 적을 경우 피해보상을 하지 않고 정화시설을

88) 여기서 재산권은 소유권과 같은 의미로 이해하면 된다.

설치하는 선택을 할 것이고 설치비가 1억 원을 초과할 경우는 피해를 보상하는 선택을 할 것이다.

다른 가능성으로 오수를 방류할 수 있는 권리가 염색업자에게 부여되었을 경우(즉 오수의 방류에 대해 책임이 부과되지 않을 경우)를 생각해보자. 이 경우 피해액이 1억 원이고 정화시설 설치비가 6천만 원인 것을 알게 되는 양식업자는 자신이 6천만 원의 비용을 제공하여 염색공장으로 하여금 정화시설을 설치할 것을 요청하게 된다. 이와는 달리 정화시설 설치비가 피해액인 1억 원을 초과할 경우 양식업자는 이러한 정화시설 설치를 요청하지 않을 것이다.

또 다른 예로서 들 수 있는 것이 지구온난화와 이러한 문제를 해결하기 위한 해법을 들 수 있다. 지구온난화는 전형적인 부정적 외부효과의 문제이다. 이러한 문제를 해결하기 위해 도입된 탄소배출권 거래제도를 살펴보고자 한다. 이 제도는 부정적인 외부효과를 해결하고자 하는 노력의 일환으로 실시되고 있다. 탄소배출권 거래제도는 오염문제가 환경에 대한 재산권의 부재에 근본적으로 기인하고 있다는 인식으로부터 출발한 것으로서 탄소배출권에 재산권을 부여하여 국가간 혹은 기업 간에 배분하여 거래하도록 하여 최적의 자원배분을 이루고자 하는 제도이다. 이러한 탄소배출권은 시장을 통해 수요와 공급의 원리에 따라 거래가 이루어지며 가장 높은 비용을 지불하고자 하는 기업에게 배출권이 가게 된다. 한 기업이 배출권에 지불하고자 하는 비용은 그 기업의 배출가스 처리비용에 달려있다.

탄소배출을 가장 저렴한 비용으로 감축할 수 있는 기업들이 자신들에게 할당된 탄소배출권을 매각하고자 할 것이고 탄소배출의 감축비용이 높은 기업은 탄소배출권을 매입하는 것이 오히려 경제적이라고 생각함으로써 이들 사이에 거래가 이루어져 탄소배출의 감축을 위한 사회적 비용(social cost)이 현저하게 줄 것이라고 본다.89)

정부가 탄소배출권 거래제도가 아닌 직접적인 규제를 통해 탄소배출량을 줄이고자 하는 경우 더 많은 비용을 필요로 하는데 이는 개개 기업이 감축비용에 관계없이 정해진 배출량을 줄여야 함으로써 그 만큼 더 많은 비용을 소요하게 되기

89) 생산이나 소비를 할 때 그 당사자가 부담하는 개인적 비용(private cost) 외에 그의 외부효과(external effect)로 인해 추가적으로 사회의 자원을 소모하는 경우가 많다. 이러한 개인적 비용과 추가적인 사회의 비용 모두를 포함한 비용을 「사회적 비용(social cost)」이라고 한다. 공해 · 직업병 · 교통마비 · 쓰레기 문제 따위로 그 보상은 국가나 사회가 부담한다.

때문이다. 탄소배출권 거래제도가 시행되지 않을 경우 개개 기업은 자신에게 주어진 감축목표량을 달성한 이후 더 이상 줄이는 것에 관심을 가지기 어렵게 된다.

코즈정리가 가지는 의의를 살펴보면 정부가 조세의 부과나 보조금의 지불을 통해 직접적으로 개입하지 않고 재산권을 설정함으로써 직접적인 개입이 없이 당사자들 간에 자발적인 협상을 통해 자원을 효율적으로 배분하도록 하는 데 기여했다는 점이다. 그러나 현실의 세계에서는 피해를 발생시킨 주체를 정확하게 찾아내는 일이 쉽지 않고 찾아냈다고 해도 피해액을 산정하는 것이 용이치 않다. 따라서 지구온난화와 같은 전 세계적인 규모로 영향을 미치고 있는 환경문제에는 적용하기가 쉽지 않고 보다 제한적인 지역에 영향을 미치는 환경문제에 적용이 가능하다고 볼 수 있다. 또한 협상의 주체가 다수일 경우 이와 관련하여 협상을 위한 거래비용이 적지 않게 발생함으로써 거래비용이 없다는 코즈정리의 전제가 무너지게 된다.

여성 정치학자이자 경제학자인 오스트롬(Elinor Ostrom)은 정부의 개입 없이 민간이 부정적 외부효과를 줄이는 방식으로서 이해 당사자들이 협의를 통하거나 사회적 규범의 수립을 통해 해결하는 방식을 지지한다.

오스트롬은 공유자원의 비극에 관한 전통적 해법인 정부가 나서서 목초지에 풀어놓을 수 있는 양의 수를 제한하거나(정부의 개입) 목초지의 소유권을 나누어 목자들에게 배분하는 것(사유재산권화)에 대해 의구심을 가지고 미국·캐나다·터키·일본 등의 국가의 다양한 사례에 대한 경험적 연구를 통해 어장·초원·호수·지하수와 같은 자산을 공유하고 있는 개인들이 지역공동체에서 정부나 시장의 개입 없이 자율적으로 규제를 만들어 관리해 나가는 성공적인 사례들을 찾아내어 이론화했다.[90] 이러한 공로로 여성으로서는 최초로 2009년에 노벨경제학상을 수상했다.

오스트롬은 인간이 단기적 이익만을 추구하는 것이 아니라 장기적 관점에서 공동의 문제를 해결하기 위해 자발적으로 협력하는 경우도 많다는 것을 제시하면서 경우에 따라 지역공동체들의 자치관리가 정부의 규제보다 더 효율적일 수도 있다는 것을 보여주고 있다. 이와 관련하여 오스트롬이 흔히 언급하는 사례는 미

90) Elinor Ostrom, *Governing the Commons: The Evolution of Institutions for Collective Action* (Cambridge, UK: Cambridge University Press, 1990). 이 책은 한국어로 번역이 되었다: 엘리너 오스트롬, 윤홍근·안도경 옮김, 『공유의 비극을 넘어: 공유자원 관리를 위한 제도의 진화』 (서울: 랜덤하우스코리아, 2010).

국 메인 주 연안의 바다가재를 잡는 어부들이다. 1920년대 이 지역의 바다가재 어장은 남획으로 인해 바다가재가 고갈되었다. 위기에 직면한 이곳 어부들은 숙고한 후 바다가재 통발을 놓는 규칙과 순서 등에 대한 자치규율을 만들었고 그 결과 이들은 미국 북동부의 다른 해안과 캐나다의 바다가재 어장이 완전히 붕괴되는 와중에도 살아남을 수 있었다.

오스트롬은 이러한 성공적인 사례들을 통해 공유자원의 성공적인 공동사용을 위한 8개의 제도의 설계원리(design principles)를 다음과 같이 도출하고 있다: ⅰ) 명확하게 정의된 경계: 공유자원의 범위와 그 사용자가 분명해야 한다. ⅱ) 규칙의 지역적 부합: 공유자원의 사용과 제공 등에 관한 규칙은 현지의 조건에 부합해야 한다. ⅲ) 집단적인 선택제도: 대부분의 공유자원 사용자들이 의사결정 과정에 참여하는 것이 허용되어야 한다. ⅳ) 감시활동: 공유자원의 현황은 적극적으로 감시되어야 하고 감시자는 공유자원 사용자의 일부이거나 이들 사용자에게 책임을 지는 사람이어야 한다. ⅴ) 가중적 제재(graduated sanctions): 공동체의 규칙을 위반한 공유자원 사용자는 잘못의 경중에 따라 차례로 강도가 높아지는 단계적인 제재를 받아야 한다. ⅵ) 비용이 적게 들고 접근이 용이한 갈등 해결장치: 사용자 간의 분쟁을 해결하기 위한 지역수준의 갈등 해결장치가 있어야 하며 당사자는 이를 저렴한 비용으로 쉽게 이용할 수 있어야 한다. ⅶ) 최소한의 자치권 보장: 사용자들이 스스로 제도를 만들 수 있는 권리(즉 공동체의 자치권)가 국가와 같은 외부의 권위체(higher-level authorities)에 의해 도전받지 않고 인정되어야 한다. ⅷ) 중층의 정합적 사업 단위(multiple layers of nested enterprises): 규모가 큰 공유자원의 경우에 작은 규모의 공유자원을 기초 수준에 둔 여러 층의 정합적 사업단위 형태의 조직(in the case of larger common-pool resources, organization in the form of multiple layers of nested enterprises, with small local common-pool resources at the base level)이 필요하다.[91]

91) 집단행동이론을 체계화한 올슨(Mancur Olson)은 큰 규모의 그룹이 직면하게 되는 무임승차(free-riding)의 문제를 해결하기 위해 연방체제(federated system) 방식으로의 조직화를 해결책으로 제시한 바 있다. 여기에서 연방체제로의 조직화란 그룹 구성원들 사이에 신뢰가 가능한 만큼의 작은 수로 구성된 다수의, 여러 층의 작은 조직들로 큰 조직을 구성하는 것을 의미한다. 규모가 크고 좀 더 포괄적인 조직단위가 스스로 조직화할 수 있는, 차곡차곡 한 층씩 포개져 있으면서(nesting), 좀 더 작고 좀 더 배타적인 단위로 구성된 것을 의미한다. 이처럼 좀 더 작은 조직들이 자신들의 자율성을 포기하지 않은 채 좀 더 포괄적인 체제의 일부분이 되는 것을 의미한다. 차곡차곡 한 층씩 포개짐(nestedness)을 공유자원의 성공적인 공동관리(co-governance)의 중요한 요소로서 이야기하기 시작한 것은 오스트롬이었다. 종족사회는 오랜 기간 동안 이러한 방식으로 조직되

공유자원의 정부 관리와 사유화가 해결책이 되기 힘든 이유에 대해 오스트롬은 다음과 같이 설명하고 있다. 우선 공유자원에 대한 정부의 관리와 관련하여 오스트롬은 각지에 산재해 있는 공유자원은 각각 다른 고유한 특성을 지니고 있음에도 불구하고 이러한 특성에 대한 정보를 일일이 확보하는 것이 어려워 정부는 현실과 동떨어진 획일적인 정책이나 규제를 적용하게 되어 현지인의 협조를 얻기 힘들며 그 결과 공유자원의 효율적인 관리가 가능하지 않다고 주장한다.

더불어 공유자원의 효율적인 관리를 위해서는 무임승차를 막기 위한 감시와 처벌이 필요한데 이는 필연적으로 인원과 예산의 문제를 동반하게 되어 다수의 공유자원을 제대로 관리하는 것이 불가능하다. 이 때문에도 정부에 의한 공유자원의 관리는 한계를 가지게 된다.

경우에 따라서는 지역 공동체가 자율적으로 잘 관리해 오던 공유자원이 국유화가 되어 정부의 관리하에 들어간 이후에 집행능력의 부족·감시의 소홀·부패 등으로 인해 원래보다 더욱 황폐화된 사례도 있다.[92)]

오스트롬은 공유자원이 사유화가 되면 자신의 자산이기 때문에 고갈되거나 황폐화가 될 정도로 과도하게 사용하지 않을 것이라는 하딘의 해결책에 대해 이러한 해결책은 사유화된 공유자원을 타인으로부터 보호하고 관리하는 데 수반되어야 할 비용을 적절하게 고려하지 않았다고 본다. 또한 중국정부가 내몽골 지역의 초원의 많은 부분을 사유화했으나 이로 인해 이들의 생활양식이 유목이 아닌 정착목축으로 바뀌면서 초원이 더 황폐화되는 결과에서 보듯이 공유자원의 사유화가 공유자원의 비극을 반드시 막아주는 것이 아니라고 본다.

여기에서 주의할 것은 오스트롬이 공유자원을 자율적으로 관리해 나가는 것이 언제나 성공적인 만병통치적인 해결책이라고 보고 있지 않는 동시에 경우에 따라 정부의 개입이나 사유화가 공유자원의 관리를 위한 해결책이 될 수 있다고 본다는 점이다. 구체적으로 정부개입에 의한 공유자원의 관리의 경우 오스트롬은 정

어 왔다. 지역종족연맹(regional tribal alliance)은 그 안에 몇몇 종족들(tribes)을 내부에 두고 이들 종족들은 개별적인 사람들로 구성된 몇몇 무리들(bands)과 몇몇 친밀한 무리(affinity clusters)를 그 안에 두었다. 이러한 방식의 조직을 「정합적 사업 단위(nested enterprises)」라고 부른다.

92) 정부의 개입이 공유자원의 비극문제를 해결하는 데 있어서 한계가 있다는 것을 다음의 논리로도 설명한다. 정부의 개입이란 목초지를 공유지로서 유지하면서 이용을 제한하는 것이다. 이러한 이용의 제한은 이용할 수 있는 전체 일수의 제한이나 이용 기간의 제한 등을 통해 이루어질 수 있다. 그러나 이용의 제한을 통해서는 목초지의 황폐화를 방지할 수는 있어도 목초생산을 최대로 늘리지는 못한다는 것이다. 왜냐하면 자신의 소유가 아닌 목초지일 경우 어느 누구도 목초가 잘 자라도록 적극적으로 노력을 하지 않을 것이기 때문이다. 따라서 사유화가 이에 대한 대안으로서 제시된다.

부개입 자체를 부정하지 않지만 개입의 조건을 언급하고 있다. 즉 정부가 규제를 도입할 경우라도 그 지역에 예전부터 있었던 자율적인 규칙을 살피고 지역민의 목소리에 귀를 기울이는 등 지역 공동체의 자율성을 존중해야 한다는 점을 강조한다. 이러한 자율성의 존중을 통해 공공자원의 사용자들이 정부정책의 정당성을 느끼게 되고 실제로 제도 역시 더 잘 운용될 수 있다고 본다.

오스트롬 주장의 핵심은 공유자원의 관리는 장기간에 걸쳐 시행착오를 거치면서 현실에 맞게 진화해 온 규칙과 절차에 기초할 경우에 관리가 잘 된다는 것이다. 이러한 진화의 과정에서 구성원들 사이에 신뢰라고 하는 사회적 자본(social capital)이 축적되기 되기 때문이다. 오스트롬은 전 지구적 환경문제의 해결과 관련하여 국가들 간에 합의도출도 중요하지만 보다 중요한 것은 지역적 공동체 단위에서 구성원들이 환경보호를 위한 자발적으로 노력하는 것이 가장 효율적인 방법이라는 점을 강조한다. 버거와 고치펠드(Joanna Burger and Michael Gochfeld) 역시 공유자원의 현명한 관리의 많은 예들은 규모가 작고 상대적으로 동질적인 공동체에 의해 관리되는 지역적인 자산들을 포함한다고 지적하고 있다.[93]

오스트롬의 주장을 통해 볼 때 공유자원의 비극을 회피하기 위한 방법은 세 가지로 정리된다. 우선 정부 등 제3자의 개입을 통한 강제적인 방법이 있다. 법과 같은 제도를 통해 무임승차에 대해 처벌을 가할 경우 무임승차가 쉽지 않다. 또 다른 방법은 공유자원을 사유화하는 것인데 이럴 경우 소유자는 자기 소유의 공유자원을 소중히 관리하게 된다. 세 번째 방법은 외부의 개입 없이 공동체가 자율적으로 협력을 통해 공유자원을 관리하는 것이다.

오스트롬은 국제사회에서 국제환경 문제와 관련하여 배타적 경제수역(Exclusive Economic Zone, EEZ)과 같은 사유화에는 한계가 있음을 지적한다. 국제사회에서 배타적 경제수역의 경우는 예외적으로 해양법에 관한 유엔협약(UNCLOS)에 의해 사유화가 이루어졌지만 일반적으로 다른 공유자산의 경우 사유재산권을 부여할 수 있는 공권력을 가진 중앙정부가 부재한 관계로 용이한 해법이 아니다. 더불어 공공재에의 접근을 통제하고 규제하기 위한 중앙정부가 부재한 국제사회에서 중앙정부의 개입은 선택의 하나가 될 수 없다고 하면서 대안으로서 공공재 사용자들의 집단적인 협정(collective agreement among users)을

93) Joanna Burger and Michael Gochfeld, "The Tragedy of the Commons 30 Years Later," *Environment*, Vol. 40, No. 10 (December 1998), pp. 4-27.

처방으로 내놓았다.

신자유주의적 제도주의 이론은 국제제도(특히 국제레짐)가 지역수준에서(at the local level) 자발적으로 이루어지고 있는 공공재 관리체제(commons governance)에 상응하는 제도적 대체물이 될 수 있다고 보고 국제제도가 공공재의 비극을 피할 수 있는 처방으로 제시하고 있다. 국제제도가 어떻게 공유재의 비극이나 죄수의 딜레마와 같은 사회적 딜레마(social dilemma)를 회피할 수 있도록 도울 수 있는가는 앞서 살펴본 바와 같다.

신자유주의적 제도주의 이론은 국제환경협약과 같은 국제제도가 국가행동의 중요한 결정자이고 학습의 원천으로서 모든 관련 행위자들에게 잠재적인 절대적 이득에 이르도록 하고 환경 변화에 의한 공동의 취약성에 대한 공동관리에 도달하도록 한다고 본다. 이처럼 신자유주의적 제도주의 이론은 국제환경제도의 존재로 인해 환경문제에 있어서 국제협력이 가능하다는 것을 강조한다. 즉 환경문제에 효과적으로 대처하기 위해서는 이와 관련한 국제제도의 수립이 중요하다고 강조한다.

이러한 맥락에서 환경문제 가운데 기후변화 문제와 관련하여 교토기후변화체제를 이어갈 새로운 기후변화체제의 수립을 위한 국제제도의 구축 없이 기후변화 이슈가 해결될 수 없음을 강조했다. 이러한 신자유주의적 제도주의 이론은 1972년 유엔인간환경회의(UNCHE)가 개최된 후에 국제환경협약이 다수 체결되어 온 것을 적절하게 설명한다.

좀 더 구체적으로 신자유주의적 제도주의 이론이 기후변화를 둘러싼 국제환경정치의 중요한 면모를 적절하게 설명하고 있는 것을 살펴보면 다음과 같다. 신자유주의적 제도주의는 환경분야의 국제협력에 있어서 국제기구의 기능에 중점을 두기 때문에 국제제도가 어떻게 협력을 가능하게 하는가에 초점을 두고 살펴보고자 한다.

우선 세계기상기구(WMO)와 유엔환경계획(UNEP)을 중심으로 한 인식공동체(epistemic community)가 기후변화라는 전 지구적 이슈로 세계적인 관심을 불러일으키고 모든 수준에 있어서의 행위자들에게 정치적 행동을 고무했다. 이러한 공동체가 1988년에 「기후변화에 관한 정부간패널(IPCC)」이라는 국제제도의 창설을 통해 제도화되었고 이 국제제도는 최신의 과학적 정보와 정책행동(policy action)을 위한 제안을 제공하여 협상을 도왔다.

국가들 간의 협상이 유엔기후변화기본협약(UNFCCC)과 같은 국제레짐과 유엔과 같은 국제기구 그리고 기후변화협약 당사국총회(COP)와 같은 제도화가 된 틀에 기초하여 전개되고 있는 것에서 볼 수 있듯이 국제제도는 기후변화를 둘러싼 국제환경정치에 있어서 필요불가결한 존재로서의 역할을 하고 있고 이러한 사실들은 신자유주의적 제도주의 이론이 협력이 어떻게 촉진되고 있는가를 분석하는데 있어서 중요한 이론적인 틀로서 유용함을 보여준다.94)

신자유주의적 제도주의 이론에 따르면 국가들은 국제제도(국제레짐과 국제기구)를 창설함으로써 국제적인 환경문제를 극복하기 위해 협력한다. 이처럼 신자유주의적 제도주의는 국제환경에 대해 점증하는 우려가 주권국가를 넘어서 새로운 행태의 정치적 활동을 발생시킨다는 것을 제안한다. 국제제도를 통한 국제환경 문제의 해결책으로서의 이러한 전 지구적 환경관리체제(global environmental governance) 방식은 국제제도가 부재한 가운데 주권국가 개개 차원에서의 환경문제의 해결방식과 국제제도가 부재한 가운데 주권국가들 사이의 협력을 통한 환경문제의 해결방식과는 구별된다. 이러한 면에서 신자유주의적 제도주의 이론은 초점을 국가로부터 국제제도로 옮겼다고 볼 수 있다.

특정 쟁역에서의 국제제도의 등장 · 설계 · 효과성과 같은 것은 집중적으로 연구하는 신자유주의적 제도주의 이론은 국제환경이라는 연구분야에서뿐만 아니라 모든 이슈영역으로부터 공통적으로 다음과 같은 비판을 받고 있다.

첫째, 신자유주의적 제도주의 이론은 국제환경협약에 적용되어 국제레짐과 같은 국제제도가 어떻게 기능하고 어떻게 협력을 가능하게 하는가를 보여주고자 한다. 그러나 문제는 이러한 신자유주의적 제도주의 이론은 이미 이루어진 협력적인 협정에만 중점을 두도록 함으로써 실패하거나 일정한 국가들에 의해 거부된 협정은 다루지 않아 연구의 대상에서 제외된다. 또한 국제환경 분야에서 협력적인 장치(cooperation arrangement)에 의해 미약하게 관리되거나 전혀 관리되지 않는 활동 가운데 환경에 미치는 함의가 큰 활동이 있음에도 불구하고 이들을 중요한 연구의 대상으로부터 제외한다. 따라서 신자유주의적 제도주의 이론이 설명력을 강화하려면 성공하지 못한 협정을 비롯하여 연구의 대상에서 제외된 것들을 연구의 대상으로 하여 정보의 부재와 같은 국제레짐 기능의 부재가 이러한 실패를 가져왔다는 것을 보여주어야 한다.

---

94) 그러나 제안 그 자체는 필연적으로 최종적인 합의로 이어지지는 않았는데 이는 국가들이 기후변화 문제에 직면하여 가지는 관심과 우려가 서로 달랐기 때문이다.

둘째, 신자유주의적 제도주의 이론은 신현실주의 이론과 마찬가지로 국가의 정체성과 이익을 주어진 것으로 가정함으로써 특정 국가가 시간이 흐름과 더불어 협상에 있어서 입장을 바꾸는 것과 같은 현상을 제대로 설명하지 못한다. 예컨대 일본과 같은 국가가 교토의정서의 제1차 공약기간(the first commitment period)인 2008년부터 2012년까지와는 달리 2013년부터 2020년까지의 제2차 공약기간에 교토의정서로부터 탈퇴한 것을 제대로 설명하지 못한다.

셋째, 신자유주의적 제도주의 이론은 국제환경 문제의 대응에 있어서 국가들 사이에 실질적으로 존재하는 차이를 설명하는 데 한계를 가지고 있다. 이러한 한계는 신자유주의적 제도주의 이론이 국제환경 문제에 대해 국가들 간의 차이를 무시하고 국가들 모두가 국제제도의 수립에 대해 공동의 이해관계를 가진다는 것을 전제로 함으로써 개개 국가의 국내요인들을 암상자(black box)에 가두어 두고 있기 때문이다. 따라서 국제환경제도 형성에의 참여와 국제환경제도가 가하는 제약과 압력에의 대응 등에 있어서의 국가 간 차이를 설명하려면 국내정치를 비롯한 국내요인을 고려해야 한다는 주장이 제기된다.

넷째, 신자유주의적 제도주의 이론은 국제경제 분야에 있어서의 국제적인 협력을 설명하기 위해 고안된 것이다. 따라서 국제경제 문제와는 성격이 다른 국제환경 분야에서의 협력문제를 설명할 경우 차이가 존재할 수 있다. 이러한 차이에는 다음과 같은 것들이 포함된다고 지적된다.

첫째, 다른 국제문제 분야와는 달리 국가들의 환경분야에서의 자기중심적인 이익추구 행위는 지구의 파멸과 같은 전 지구적인 공공재의 비극으로 이어질 수 있다. 따라서 한편으로 국가들은 궁극적으로 협력을 회피할 수 없을 것이다.

둘째, 안보분야나 국제무역 분야와는 달리 국제환경 분야의 경우 일국의 국제제도 위반에 대한 보복(tit-for-tat)으로서 다른 국가가 동일한 국제제도를 위반하는 것이 불가능하다. 따라서 보복에 대한 두려움으로 국가들은 협력을 하려고 하고 국제제도가 이러한 것을 촉진한다고 보는 신자유주의적 제도주의 이론의 적실성이 일정한 정도 한계를 가질 수 있다. 물론 국제사회에서 일국의 환경레짐에 대한 위반에 대해 무역에 있어서의 보복조치 등을 수반할 수는 있다.

셋째, 신자유주의적 제도주의 이론은 평판(reputation)에 대한 국가들의 관심이 이들로 하여금 앞을 내다보고 행동하게 하여 협력을 하도록 유도하며 국제제도가 이를 돕는다고 본다. 그러나 국제환경 분야에서 국제제도가 가입이나 의무의 준수가 가져다주는 평판효과가 작기 때문에 신자유주의적 제도주의의 논리가 완벽한 적실성을 갖는다고 보기 어렵다.

마지막으로 신자유주의적 제도주의에 관한 좀 더 본질적인 비판들을 소개하고자 한다. 앞서 언급했듯이 국제제도가 국가의 행동과 국제적 결과에 미치는 영향을 둘러싸고 신현실주의 이론과 신자유주의적 제도주의 이론이 지속적인 논쟁을 전개해오고 있다. 신현실주의 이론은 국제제도의 효과는 아주 미미한 주변적인 것이라고 보면서 힘(power)의 영향만을 되풀이해서 강조한다. 이에 반해 신자유주의적 제도주의 이론은 국제제도가 국가이익과 정책에 영향을 주어 국가의 행동과 국제적 결과에 영향을 미친다는 주장과 더불어 국제협력을 가능하게 하는 요인으로서 오로지 국제제도의 역할만을 강조하고 있다.

이와 같이 국가의 행동과 국제적 결과에 미치는 요인과 관련하여 견해차이가 존재하는 가운데 신자유주의적 제도주의 이론을 옹호해온 학자들 내부에서 「국가의 행동과 국제적 결과에 영향을 미치는 요인에는 과연 국제제도만 있는 것인가?」와 「있다면 어떤 요인들이 존재하는가?」라는 본질적인 질문이 제기되고 있다. 이러한 학자의 대표적인 경우로서 영(Oran R. Young)의 논의를 살펴보고자 한다.[95)]

영은 구체적으로 「국제사회에서 행위자들 간의 상호작용의 결과에 있어서의 변이의 어느 정도를 국제제도의 영향으로 볼 수 있을 것인가?」의 질문을 던지고 있다. 국제제도는 일정한 조건들 하에서 국제적 결과에 상당한 차이를 가져오지만 국제사회에서의 행위자간의 상호작용의 결과에 있어서의 변이 모두를 설명할 수 있는 것은 아니라고 본다.

영은 국제환경 이슈영역에서 이러한 논의를 전개하고 있는데 그에 따르면 국제환경 문제와 관련해서 인구・소비의 정도・기술뿐만 아니라 생태지구물리적 조건(biogeophysical condition)・문화・역사・리더십 등 또한 차이를 가져온다. 국제제도가 국제사회에서 행위자들의 상호작용의 과정에 영향을 미치는 단일의 애매모호하지 않은 기제(mechanism)가 존재하는 것도 아니다. 좀 더 일반적으로 유인(incentives)의 역할・이익과 비용의 계산・합리적 선택의 생각을 강조하는 실용본위의 사고에만 기초한 진술이 사회적 제도의 모든 결과를 설명할 수는 없다.

95) Oran R. Young, "Regime Theory Thirty Years On: Taking Stock, Moving Forward," http://www.e-ir.info/2012/09/18/regime-theory-thirty-years-on-taking-stock-moving-forward/ (검색일: 2014년 11월 12일).

따라서 제도적 결과를 설명하는 집단행동 모델과 사회관습 모델(collective-action model and social-practice model of institutional consequence)의 상대적인 중요성에 대해 추가적인 연구의 필요성이 있다.

그러나 국제제도 이외에 생태지구물리적 조건·인구·기술과 같은 동인들을 국제적 결과에 미치는 다양한 요인들로 간주할 경우 이러한 요인들 사이의 상관관계로 인해 국제적 결과를 인과론적으로 설명하는 것이 쉽지 않다는 점도 문제이다. 예컨대 생태지구물리적 조건·인구·기술과 같은 동인들이 사회제도의 성격에 영향을 명백히 미치는데 거꾸로 사회제도가 이러한 요인들에게 영향을 미치는 것도 사실이기 때문이다.

이런저런 것들을 고려하여 영은 이러한 신자유주의적 제도주의 이론이 국제관계의 연구자들에게 분석의 생산적인 도구로서 미래가 있는가를 묻는다. 영은 대안적인 접근은 추구할 가치가 있으나 신자유주의적 제도주의 이론이 여전히 제공할 수 있는 것이 아직 많다는 입장이다. 이와 더불어 영은 국제제도 분석의 매력적인 특징을 신자유주의적 제도주의 이론(neoliberal institutionalist theory)뿐만 아니라 신현실주의 이론(neorealist theory)과 구성주의 접근법(constructivist approach)도 양립할 수 있다는 점을 강조하고 있다.[96]

즉 국제제도란 종종 효과적으로 권력을 행사할 수 있는 행위자 혹은 일단의 행위자들에 의해 수립되며 이러한 제도들은 지속력을 획득하여 이러한 수립자들이 소멸하거나 미약해진 이후에도 오랜 동안 지속적으로 영향력을 발휘한다. 이와 유사하게 모든 사회적 제도들은 생각(idea)에 의존한다. 이러한 생각들이 오랜 동안 존재해 온 관계로 관련된 생각의 출처를 밝혀내고 영향력을 가지게 되는 경로를 추적하는 것이 어렵다. 여러 이론이 적실성을 둘러싸고 갈등적인 관계에 있지만 이를 개개 이론들로부터의 통찰력을 섭취하는 것이 필요하다고 본다.

영은 이러한 국제제도 분석의 미래는 국제사회에서 전개되고 있는 이미 중요하면서 사회적 환경의 성격에 영향을 미치지 않을 수 없는 두 가지의 변화들을 어떻게 다룰 것인가에 의해 영향을 받을 것이라는 본다. 하나의 변화란 국제사회

96) 영(Oran R. Young)은 국제레짐이 강요의 결과·자발성에 따른 결과·협상의 결과로서 등장한다고 하면서 3가지 국제레짐의 창설방식을 제시한 바 있는데 이 역시 신현실주의 이론·신자유주의적 제도주의 이론·구성주의 접근법의 상호보완성을 언급한 것으로 볼 수 있다: Oran R. Young, *International Cooperation: Building Regimes for Natural Resources and the Environment* (Ithaca and London: Cornell University Press, 1989).

라는 것이 국가사회(a society of states)로부터 국가가 지속적으로 중요한 행위자이지만 다국적기업(MNC)과 광범위한 비정부기구(NGO)를 포함한 다양한 행위자들이 그 스스로 주요한 행위자가 되는 훨씬 더 복잡한 사회로 변화하면서 증가하는 국제사회의 복잡성이다. 영은 이러한 전환이 사회제도의 역할의 감소를 의미하지는 않지만 국가를 주요한 행위자로 간주하는 주류의 국제제도 분석에 도전이 될 것으로 본다.

또 다른 변화는 인간의 행동이 지구를 지배하면서 발생하는 변화인데 기후변화(climate change)가 이러한 변화의 상징적인 사례가 될 수 있다고 본다. 인류가 환경에 중요한 영향을 미치기 시작한 산업혁명 이후 지금까지의 시대를 통칭하여 「인류세(Anthropocene)」라고 부르는데 이러한 시대는 상승하는 불안정(turbulence)의 수준과 비선형적(non-linear)이며 때때로 갑작스럽고 종종 불가역적인 변화의 패턴으로 특징 지워진다.

영은 국제사회에서 결과의 결정자로서의 국제제도의 역할이 감소할 것으로 볼 수 없지만 만약에 현존하는 국제제도들의 성과를 개선하기 위해 이러한 제도들을 재구성하지 않는다면 21세기의 문제들을 제대로 다룰 수 없는 도전적인 상황에 직면할 수 있다고 본다. 이러한 상황의 예로서 영은 이해관계의 충돌로 당사국총회(COP)가 국제제도의 강화를 위해 필요한 조치에 대해 합의에 이르는 못하고 있는 기후변화의 문제를 들었다.

영은 이러한 것이 사실인 한 국제사(international affairs)의 진행의 결정자로서 국제제도가 수행하고 있는 역할을 이해한다는 것은 우리의 역경에 대한 해결책을 가져오는 데 충분하지 않다고 비판적으로 보는 한편 그럼에도 불구하고 필요한 조건은 될 것으로 본다.

노이마이어(Eric Neumayer)와 같은 학자는 「어떤 경우에는 국제적인 환경협력이 발생하고 다른 경우에는 발생하지 않는가?」 그리고 「어떤 경우에는 환경협력이 광범위하고 깊이가 있는데 반해 다른 경우는 그렇지 않은가?」와 같은 질문에 제대로 답을 하려면 국제제도에 관한 이론만으로는 어렵다고 보고 국제환경협력에 관한 경제이론(economic theory)과 상호 협력하는 것이 필요하다는 주장을 제기하고 있다.97)

---

97) Eric Neumayer, "How Regime Theory and the Economic Theory of International Environmental Cooperation Can Learn from Each Other," *Global Environmental Politics,*

패터슨(Matthew Paterson)과 같은 학자는 이러한 비판에서 더 나아가 국제환경 문제를 다루는 데 있어서 신자유주의적 제도주의 이론이 지니는 본질적인 한계를 비판하고 있다. 그는 신자유주의적 제도주의 이론이 환경문제의 원인이 초국경적이고 영향도 초국경적이어서 대응도 초국경적이어야 하는데 현재의 국제체제가 주권국가를 기본단위로 하고 있는 분권적인 체제이기 때문에 해결이 어렵다고 보면서도 이러한 문제의 해결을 세계정치의 권력구조의 변화 속에서 추구하지 않고 기존의 세계정치의 권력구조를 전제로 하여 국가들 간의 협력을 강조한다고 진단한다.

그는 신자유주의적 제도주의 이론이 환경문제의 본질적인 원인보다는 국제레짐을 통해 이미 발생한 환경문제에 대응하는 데에 주된 관심을 두고 있으며 이러한 대응조차도 기존의 세계정치의 권력구조의 틀 내에서 이루어지고 있다고 비판을 가하고 있다.[98] 그는 이러한 환경문제를 해결하기 위해서는 이러한 문제를 지속적이고 본질적으로 야기하고 있는 이러한 세계정치의 권력구조에 대한 변혁이 있어야 함을 강조한다.[99]

2) 전 지구적 관리체제 접근법

국제문제와 관련하여 국가중심주의적 시각에서 벗어나 정부나 국제기구와 같은 전통적인 행위자 이외에 비정부기구나 기업과 같은 새로운 행위자들 사이의 상호작용을 살펴보고자 하는 전 지구적 관리체제 접근법은 일단의 학자들에 의해 국제환경정치를 분석하는 데도 적용되고 있다.

국제체계의 전통적인 행위자인 정부나 국제기구가 환경문제의 해결과 관련하여 보여주고 있는 무기력함과 환경정치에 있어서 국경을 넘어 영향력을 점차적으로 강화하고 있는 비정부기구를 위시한 비전통적인 행위자의 역할 등이 국제환경문제를 바라봄에 있어서 전통적인 행위자와 더불어 비정부기구나 기업 등을 포함한 새로운 행위자들을 통합적으로 살펴보도록 하고 있다.

Vol. 1, No. 1 (February 2001), pp. 122-147.

98) 신자유주의적 제도주의의 경우 앞서 살펴보았듯이 환경문제의 원인을 합리적인 행위자들의 단기적인 자기중심적인 이익의 추구에 의한 시장의 실패 등에서 찾는 등 환경문제의 원인진단을 전혀 하고 있지 않은 것은 아니지만 패터슨의 관점에서는 이러한 원인진단이라는 것은 구체성을 지니지 않은 것으로서 본질적인 원인진단으로서 부적절한 것으로 본다.

99) Matthew Paterson, *Understanding Global Environmental Politics: Domination, Accumulation, Resistance* (London: Macmillan, 2000).

「전 지구적 관리체제 이론」이라고 하지 않고 「전 지구적 관리체제 접근법」이라는 말을 사용하는 이유는 아직 변수간의 관계 등 이론으로서 갖추어야 할 조건들이 제대로 적립되어 있지 않기 때문이며 현재 이론화를 추구하는 노력들이 행해지고 있다. 에를 들어 살펴보면 다음과 같다.

나잠(Adil Najam) 등은 「새롭게 등장하는 전 지구적 환경 관리체제(The Emergent "System" of Global Environmental Governance)」라는 제하의 논문을 통해 1972년 유엔인간환경회의(UNCHE) 이후로 환경 행위자와 제도의 전 지구적 연계망(global network of environmental actors and institutions)이 초기단계로서 불완전하기는 하지만 체제로서의 정형(prototype)을 발전시켜 오고 있다고 진단하고 있다.

이들은 이러한 전 지구적 환경 관리체제를 비록 영향력에 있어서 차이가 존재하지만 국가(states)·국제환경기구(international environmental organizations)·관련 국제기구(related international organizations)·비국가적 행위자(non-state actors)·대중의 관심과 행동(public concern and action)이라는 5개 그룹의 다양한 요소가 상호작용을 하는 체제로 바라보고자 한다.100)

이처럼 전 지구적 환경 관리체제를 개념화하려는 노력이 진행되는 한편 또 다른 한편에서는 현재의 전 지구적 환경 관리체제가 효과적이 되기 위해서는 어떻게 개혁이 되어야 하는가에 대한 논의도 진행되고 있다.

예컨대 나잠(Adil Najam) 등은 「전 지구적 환경관리: 개혁의제(Global Environmental Governance: A Reform Agenda)」라는 제하의 책을 통해 전 지구적 환경관리(global environmental governance, GEG)를 「전 지구적 환경보호 과정들을 통제하는 기구·정책수단·재정기제·규칙·절차·규범의 총합(the sum of organizations, policy instruments, financing mechanisms, rules, procedures and norms that regulate the processes of global environmental protection)」이라고 정의하고 전 지구적 환경관리가 직면한 도전 여섯 가지를 지적하고 있다.101)

여섯 가지의 도전이란 구체적으로 i) 국제환경협약이 급증하고 있고 전 지구

100) Adil Najam, Ioli Christopoulou, and William R. Moomaw, "The Emergent "System" of Global Environmental Governance," *Global Environmental Politics*, Vol. 4, No. 4 (November 2004), pp. 23-35.

101) Adil Najam, Mihaela Papa, Nadaa Taiyab, *Global Environmental Governance: A Reform Agenda* (Winnipeg, MB: International Institute for Sustainable Development, 2006).

적 환경 관리체제가 분절화되어 있다. ii) 환경문제를 다루는 국제기구들 간의 협력과 조정의 결여되어 있다. iii) 국제환경협약의 빈약한 집행(implementation)·준수(compliance)·강제(enforcement)·효과성(effectiveness)으로 인해 국제환경협약의 성과가 부족하다. iv) 자원이 비효율적으로 사용되고 있다. v) 환경에 중요한 영향을 미치는 결정들이 공식적인 환경 관리체제 밖에서 환경적인 고려가 부족한 가운데 이루어지고 있다.102) vi) 환경문제에서 중요성을 더해가고 있는 비국가적 행위자들의 활동이 국가 중심적 체제에서 많은 제약을 받고 있다.103)

이들은 이러한 도전에 대응하여 다음과 같은 다섯 가지 개혁과제를 제시하고 있다. 첫째, 전 지구적 환경 관리체제가 세간의 이목을 끌며 존경받는 지도자의 관심과 지원을 끌어들여야 한다. 둘째, 과학이 환경정책과 전 지구적 환경 관리체제의 기초가 되어야 한다. 셋째, 전 지구적 환경 관리체제는 일정한 수준의 조정과 소통 그리고 전 지구적 환경관리체제의 다양한 구성요소 사이의 공유된 방향감각과 더불어 좀 더 일관성을 가져야 한다. 넷째, 전 지구적 환경 관리체제의 훌륭한 성과를 위해 훌륭한 경영·충분한 재정적 자원·재정적 자원의 효율적 사용·집행에 있어서의 효과성이 확보되어야 한다. 다섯째, 환경에 대한 관심이 비환경적인 국제제도와 국제정책(nonenvironmental international institution and international policy)에 주류가 되어야 한다.

3) 자유주의 국제관계 이론

앞서 신자유주의적 제도주의 이론에 대한 비판의 하나로서 언급했듯이 신자유주의적 제도주의 이론은 모든 국가들을 국제제도의 수립에 대해 공동의 이해관계를 가지는 존재로서 전제하고 있다.

그 결과 국제환경제도 형성에의 참여와 국제환경제도가 가하는 제약과 압력에

102) 환경에 영향을 미치는 중요한 결정의 대부분이 공식적인 전 지구적 환경관리체제를 구성하고 있는 국제조약과 국제기구의 복합적인 연계망 밖에서 일어난다는 의미이다. 예컨대 자연자원의 이용과 더불어 생산과 소비의 패턴에 영향을 미치는 결정이 경제·투자·개발·무역·안보·보건 등과 같은 환경 이외의 분야에서 이루어진다. 따라서 이러한 환경 이외의 분야에서 결정이 일어날 때 환경에 대한 고려가 좀 더 효과적으로 이루어져야 한다.

103) 시민사회와 사적 부문이 전 지구적 환경관리체제에 있어서 중요한 행위자이고 이들의 중요성이 점차적으로 증가하고 있으며 이들이 전 지구적 환경관리체제의 효과성에 좀 더 기여할 수 있는 잠재력을 가지고 있다. 비록 유엔이 비국가적 행위자들의 정책결정 포럼에의 접근 허용과 비국가적 행위자들과의 파트너십을 통해 비국가적 행위자들을 전 지구적 환경관리체제로 통합시켜 오고 있지만 전 지구적 환경관리체제의 국가 중심적인 성격으로 말미암아 비국가적 행위자들이 잠재력 모두를 발휘할 수 있는 제도적인 공간이 허용되고 있지 않다는 의미이다.

의 대응 등에 있어서 국가들의 차이를 설명하는 데 한계를 가지고 있을 뿐 아니라 협력적인 국제환경협약에 이르는 것이 어려운 경우를 제대로 설명하지 못하는 한계 역시 가지고 있다. 또한 국가들이 구체적으로 언제 어떻게 실질적으로 국제제도를 형성하는가를 제대로 설명하지 못한다.

이러한 비판에 대응하여 국제환경 분야에 있어서 국내요인들을 분석에 끌어들이는 노력들이 행해지고 있다. 국내요인에 중점을 두는 이러한 자유주의 국제관계 이론에 따르면 국가들이 협력적인 합의에 이르기가 어려운데 이는 국가들이 상이한 선호(preference)와 정체성(identity)을 가지고 있기 때문이다. 다시 말해 국가들이 협력적인 합의에 이르기 위해서는 국가의 선호들이 양립할 수 있어야만 한다.[104)]

이러한 설명을 가하려는 여러 시도들이 있어 왔으며 이들을 통칭하여 「이익에 기반을 둔 설명(interest-based explanation)」이라고 칭한다.[105)] 스프린츠와 바토란타(Detlef Sprinz and Tapani Vaahtoranta)가 대표적인 학자이다.[106)] 이들은 환경문제를 다루는 데 필요한 저감비용(abatement costs of addressing environmental problems)과 환경위협에의 생태적인 취약성(ecological vulnerability to the environmental threat)이라는 두 요인을 기초로 하여 국제환경협상에서의 국가의 입장이 결정된다는 모델을 제시하고 있다.[107)]

구체적으로 이 모델은 국가이익이라는 것을 비용(환경문제를 다루는 데 필요한 저감비용)과 혜택(환경위협에의 생태적인 취약성의 완화)이라는 두 요인의 함수라고 개

104) 이렇게 신현실주의 이론과 신자유주의적 제도주의 이론이 결하고 있는 국내요인에 중점을 두고 국제환경정치를 설명하고자 하는 자유주의 국제관계 이론이 있는가 하면 이와는 달리 국외 요인과 국내요인 모두를 동시에 고려하는 퍼트남(Robert D. Putnam)의 양면게임이론(two-level game theory)과 같은 분석틀을 통해 국제환경정치를 설명하려는 시도도 존재한다.

105) 통상 국제제도의 생성과 국제협력을 설명하는 대표적인 이론이나 접근법으로서 신현실주의 이론·신자유주의적 제도주의 이론·구성주의 접근법을 언급하곤 한다. 이들은 앞서 언급했듯이 각각 「힘에 기반을 둔 이론(power-based theory)」·「이익에 기반을 둔 이론(interest-based theory)」·「지식에 기반을 둔 이론(knowledge-based theory)」이라고도 불린다. 이들 모두는 국제체제 수준에서 일반화된 이론 내지는 접근법을 의미한다. 「이익에 기반을 둔 이론」이라고 할 경우 이처럼 통상적으로 「신자유주의적 제도주의 이론」을 일컫는다. 그러나 스프린츠를 비롯한 일단의 학자들이 국제환경정치에 있어서의 국가들의 상이한 입장을 설명하고자 할 때 국제체제 수준에서 일반화된 이론들이 국가들의 상이한 입장을 제대로 설명하지 못하는 관계로 단위수준(즉 국가수준)의 변수인 국내변수를 불러들여 국가들 간의 차이를 설명하고자 하면서 이러한 접근이나 설명을 「이익에 기반을 둔 접근(interest-based approach)」 혹은 「이익에 기반을 둔 설명(interest-based explanation)」이라고 칭한다.

106) Detlef Sprinz and Tapani Vaahtoranta, "The Interest-based Explanation of International Environmental Policy," *International Organization*, Vol. 48, No. 1 (Winter 1994), pp. 77-105.

107) 여기에서 언급되는 두 요인은 체제수준의 요인이 아니라 단위수준(즉 국가수준)의 요인들이다.

념화하고 생태적 취약성이 높을수록 그리고 저감비용이 낮을수록 환경문제를 다루기 위한 국제적인 행동에 대한 국가의 지지의 정도가 강해진다고 본다. 거꾸로 생태적 취약성이 낮을수록 그리고 저감비용이 높을수록 국가는 국제환경 문제를 다루기를 꺼린다고 본다.

이들은 두 요인의 결합에 따라 국제환경협상에 있어서의 국가들의 역할(국가가 국제제도의 형성을 지지할 것인가의 여부)이 달라진다고 보고 국가들의 역할을 방관자(bystander)・추진자(pusher)・지연자(dragger)・중간자(intermediate)로 구분하고 있다.[108] 이들은 구체적으로 낮은 수준의 취약성과 낮은 저감비용의 경우 방관자, 높은 수준의 취약성과 낮은 저감비용의 경우 추진자, 낮은 수준의 취약성과 높은 저감비용의 경우 지연자, 높은 수준의 취약성과 높은 저감비용의 경우 중간자의 역할을 취하게 된다는 가설을 세우고 이를 오존층 파괴와 산성비라는 두 가지 환경문제에 적용하여 검증하고 있다.

		Ecological vulnerability	
		Low	High
Abatement costs	Low	(1) Bystanders	(2) Pushers
	High	(3) Draggers	(4) Intermediates

Classification of a Country's Support for International Environmental Regulation

이들의 가설에 따르면 ⅰ) 추진자의 경우는 엄격한 국제적인 규제를 위해 노력한다. ⅱ) 지연자의 경우는 국제적인 규제에 반대한다. ⅲ) 중간자의 경우는 불안정한 상황에 놓여 있는 경우로서 높은 취약성으로 말미암아 국제적인 환경규제에 참가할 인센티브는 있지만 높은 비용을 떠맡는 것을 꺼리게 된다. ⅳ) 방관자의 경우는 낮은 취약성으로 인해 국제적인 환경규제에 참가할 국가이익이 거의 없으며 낮은 비용으로 인해 높은 비용을 지불하여야 하는 지연자보다는 좀 더

108) 여기에서 「dragger」를 「지연자」라고 번역했지만 「열의가 없이 꾸물꾸물 하는 사람」을 가리킨다.

의욕적인 입장을 견지할 가능성이 높다.

로우랜즈(Ian H. Rowlands)는 기후변화 이슈를 탐구하는 데 있어서 국제환경정책을 분석하는 이론적 틀로서 스프린츠와 바토란타의 이익에 기반을 둔 설명을 적용했다. 24개 경제협력개발기구(OECD) 국가들의 취약성(vulnerability)과 저감비용(abate cost)을 평가하여 개개 국가의 정책적 입장을 예측했다. 이러한 예측을 실제의 기후변화 문제를 다루는 국제적인 토론에서 드러난 정책과 비교를 한 결과 24개 국가 가운데 11개 국가의 정책입장이 정확하게 예측되었으며 13개 국가의 경우 실패했다. 이 결과만으로 이러한 이익에 기반을 둔 설명을 평가하기는 어렵지만 저자는 한계와 더불어 잠재성을 가지고 있는 것으로 결론짓고 있다.[109)]

가와시마(Yasuko Kawashima)는 1980년대 말부터 1992년까지의 기후변화의 문제를 다루는 국제협상에 대한 개개 국가들의 정책결정에 있어서 가장 영향을 미친 요인들을 찾아내고자 했다. 이를 위해 유력하다고 생각되는 6개의 요인들을 설정한 후 이러한 요인들 가운데 어떤 요인들이 실제로 중요한 역할을 했는가를 알아내기 위해 네덜란드·독일·영국·일본·미국을 포함한 5개 선진국을 선택하여 이들 국가의 의사결정 과정에 실제로 관여했던 사람들과 인터뷰를 가졌다.

가와시마는 인터뷰의 결과를 다음과 같이 제시하고 있다. i) 협상에서 지도적인 역할을 한 국가들의 경우 국가 내에서의 정치적 리더십이 주요한 요인으로 작용했다. ii) 협상에 대해 점진적으로 긍정적이게 된 국가들의 경우에는 다른 국가들로부터의 압력이 가장 중요한 요인이었다. iii) 기후변화협정에서 강력한 공약에 반대한 국가들의 경우 이산화탄소 배출을 줄이는 데 요구되는 경제적 비용이 가장 중요한 요인이었다.[110)]

돌삭(Nives Dolsak)은 국가들이 기후변화를 완화하기 위한 의지(willingness)의 면에서 차이가 있다고 보고 이러한 차이를 「공약수준(commitment level)」이라는 종속변수로 하여 이러한 차이가 어떤 요인(독립변수)으로부터 유래되는가를 분석하고자 했다. 구체적으로 그는 국가들을 단지 기후변화협약에 서명만 한 국가·서명에서 나아가 비준까지 한 국가·온실가스 배출을 저감하기 위한 정책을

109) Ian H. Rowlands, "Explaining National Climate Change Policies," *Global Environmental Change*, Vol. 5, No. 3 (June 1995), pp. 235-249.

110) Yasuko Kawashima, "A Comparative Analysis of the Decision-making Process of Developed Countries Toward CO2 Emissions Reduction Targets," *International Environmental Affairs,* Vol. 9, No. 2 (1997), pp. 95-126.

수립한 국가 · 정책수립에서 나아가 정책을 실질적으로 집행한 국가 등 9개의 공약수준으로 분리하고 이러한 공약수준에 있어서의 차이가 「순이익(positive net benefit)」이라는 요인과 「전 지구적 배출에 영향을 미치는 능력(ability to affect global emission)」이라는 요인의 결합에 의해 온다고 보고 「유인-능력 모델(incentive-ability model)」이라는 모델을 제안했다.[111]

		Positive Net Benefits	
		Low	**High**
Ability to affect global emissions	**Low**	Low	Medium
	High	Medium	High

National Commitment as a Function of Incentives and Ability to Affect Global Emissions

여기서 순이익이란 배출가스 감소를 통해 얻을 수 있는 이익에서 감소를 위해 소요되는 비용을 뺀 결과를 의미한다. 만약에 이익이 비용을 초과할 경우 국가는 감소시킬 유인을 가지게 된다. 전 지구적 배출에 영향을 미치는 능력이란 특정 국가가 자신의 배출량 감소를 통하거나 다른 국가들에게 유인(incentive)을 제공하거나 위협을 가해 전 세계의 배출가스 감축총량에 미칠 수 있는 능력을 의미한다. 배출을 줄이려는 국가는 전 지구적 수준에서의 배출총량이 줄지 않는다면 자신의 감축으로부터 이득을 얻을 수 없다. 따라서 전 지구적 배출총량이 감소할 것이라는 확신이 있는 경우에라야 비용을 수반하는 배출가스 감축에 관여할 것이라고 본다. 이러한 맥락에서 특정 국가가 전 세계 배출량에서 차지하는 자국의 배출량의 비중이 높을 경우 다른 국가들이 감축을 안 한다고 해도 자신의 감축만으로도 전 세계의 배출총량이 감소하기 때문에 감축에 관여할 것으로 본다.

111) 여기에서 「유인(incentive)」이란 배출량 감소에 따른 이득이 배출량 감소에 소요되는 비용보다 많은 경우를 의미한다.

이러한 순이익이라는 요인과 전 지구적 배출에 영향을 미치는 능력이라는 요인을 결합하여 다음과 같은 가설을 수립하고 있다. i) 순이익이 높고 동시에 전 지구적 배출에 미칠 수 있는 영향력이 높은 경우에 가장 높은 공약수준을 보일 것이다. ii) 순이익이 낮고 전 지구적 배출에 미치는 영향력이 낮은 경우는 가장 낮은 공약수준을 보일 것이다. iii) 순이익 수준이 낮고 전 지구적 배출에 미치는 영향력이 높을 경우와 순이익 수준이 높고 전 지구적 배출에 미치는 영향력이 낮은 경우는 모두 중간의 공약수준을 보일 것이다.[112)]

91개 국가를 대상으로 한 연구결과 가설이 검증되었다. 좀 더 구체적인 결과를 분석하기 위해 공약수준에 미치는 요인을 좀 더 세분화하고 이들의 상대적인 설명력을 살펴보고자 회귀분석(regression analysis)을 시도했다. 구체적으로 전 지구적 총배출량에 미칠 수 있는 영향력과 더불어 순이익을 두 가지 요인으로 분리하여 이익과 비용으로 구분하였고 새롭게 국내제도라는 요인을 추가하였다.[113)] 회귀분석의 결과 비용이 공약수준에 미치는 영향이 전 지구적 총배출량에 미칠 수 있는 영향력보다 더 강한 것으로 나왔다. 이를 바탕으로 공약수준을 높이기 위해서는 배출량 감축을 위한 비용을 줄여주는 것이 공약수준을 높이는 길이라고 결론짓고 있다.

차섹(Palmela S. Chasek) 등은 국제환경레짐의 창출과정에서 국가들은 주도국(lead state)·주도국을 돕는 지원국(supporting state)·사전에 정한 입장이 없이 국익에 따라 입장을 달리하는 유보국(swing state)·반대하는 거부국(veto state)이라는 4가지의 역할 가운데 하나의 역할을 취한다고 본다.[114)] 그러나 국가는 전략적인 필요에 따라 시간을 달리하면서 역할을 변경하기도 하며 모든 환경문제에 있어서 일관된 역할을 취하는 것이 아니라 어떤 환경문제인가에 따라 다른 역할을 취하기도 한다고 본다.

국가들의 역할에 영향을 미치는 변수군으로서 이들은 국내정치적 요인, 환경적 위협이 가하고 있는 위험과 비용 및 제안된 환경레짐을 따를 경우 예상되는

---

112) Nives Dolsak, "Mitigating Global Climate Change: Why Are Some Countries More Committed Than Others?" *Policy Studies Journal*, Vol. 29, No. 3 (2001), pp. 414-436.

113) 여기에서 국내제도(domestic institution)란 정부가 대통령제인가 의원내각제인가, 국가와 사회와의 관계를 기반으로 강한 국가(strong state)인가 약한 국가(weak state)인가와 같은 것을 의미한다.

114) 입장이 확실하게 정해진 바 없이 그네처럼 이리 왔다 저리 갔다 하면서 어디로 갈지 모르는 부동층 국가를 의미한다.

비용과 혜택, 국가의 이미지에 미치는 영향을 포함한 국제정치적·외교적 결과에 대한 기대라는 세 가지 변수군을 제시한다. 이들 변수군들을 하나씩 구체적으로 살펴보면 다음과 같다.

첫째, 국내정치적 요인들에는 구체적으로 강력한 경제세력·관료세력·환경운동의 상대적인 힘 및 영향력과 더불어 정책수립자의 이념이나 믿음의 체계(ideology or belief system)가 속한다. 우선 정치적 영향력을 발휘할 수 있는 산업체나 지배적인 사회적·경제적 엘리트와 같은 강력한 경제세력의 존재는 국가로 하여금 유보국이나 거부국으로서의 역할을 촉진한다.

정부 내에서 환경부의 입장과 대치하여 산업계의 이익을 강력하게 대변하고자 하는 정부부서의 관료들의 존재 역시 국가로 하여금 유보국 내지 거부국으로서의 역할을 취하도록 한다. 권위주의적 정부는 환경규제에 대한 강력한 경제적·관료적 이익의 저항 능력을 높여준다.

강력한 환경운동의 존재는 특히 선거에서 환경이슈가 부동표의 향배에 중요한 영향을 미쳐 선거결과를 결정지을 경우 국가로 하여금 지원국 내지 주도국의 역할을 맡도록 한다.

국제환경레짐에 있어서 이익의 규정에 영향을 미치는 이념적 요인 역시 국가의 입장에 영향을 준다. 이념도 국가의 입장에 중요한 영향을 미치는데 미국이 유해폐기물을 타국에 거의 수출하지 않음에도 불구하고 개도국에게로의 유해폐기물의 수출금지에 대항하는 거부연합을 주도한 것은 국내나 국제시장에의 국가개입에 대한 적대적인 이념의 결과라고 분석한다.

둘째, 국가의 역할에 영향을 미치는 두 번째 변수군은 환경적 위협이 가하고 있는 위험과 비용이라는 변수와 더불어 제안된 국제환경레짐을 따를 경우 예상되는 비용과 혜택이라는 변수로서 구성된다. 환경파괴로 인한 위협이 가하는 위험과 비용의 정도라는 변수의 역할과 관련하여 통상적인 개도국들과 달리 해수면의 상승으로 국가소실의 가능성을 우려하는 군소도서국가들과 다수의 인구가 해안가에 밀집해 있는 방글라데시와 이집트 등이 기후변화 협상에 적극적인 것을 예로 들 수 있다.

또 다른 변수는 환경문제에 대응하기 위해 제안된 국제환경레짐을 준수하기 위해 소요되는 비용의 정도이다. 오존층 파괴의 주된 요인으로 알려진 프레온가스(CFC)의 생산과 판매를 금하는 내용의 협상에서 프레온가스의 대체가스 개발에 성공한 미국이 주도적인 역할을 한 것을 하나의 예로 들 수 있다.

셋째, 국가의 입장은 국제정치적·외교적 고려에 의해서도 영향을 받는다. 국가들은 특정 환경이슈에 있어서 주도국으로서의 역할을 맡음으로서 국제적인 위신(international prestige)을 얻기를 희망할 수 있고 환경문제가 국가의 중대사인 국가들과의 관계에 부정적인 영향을 미치지 않기 위해 거부국으로서의 입장을 갖지 않을 수도 있다.[115]

제 3 절 인식론적 접근법과 구성주의 접근법

1. 이론의 핵심내용

국제협력을 설명하는 이론으로서 앞에서 힘에 기반을 둔 신현실주의 이론과 이익에 기반을 둔 신자유주의적 제도주의 이론을 살펴보았다. 여기에서는 인식론적 접근법과 구성주의 접근법을 함께 살펴보고자 한다.

인식론적 접근법(cognitive approach)과 구성주의 접근법(constructivist approach)은 상이하지만 이 둘 모두 실체(reality)가 인식(cognition)을 벗어나 객관적으로 존재한다고 보는 존재론과는 달리 실체라고 하는 것이 인식에 종속된다는 인식론적 견해를 공유하고 있기 때문이다.

이미 살펴보았듯이 신현실주의 이론과 신자유주의적 제도주의 이론이 국제협력에 관해 상이한 설명을 제시하고 있다. 그러나 이들은 국가만을 주요한 행위자로 간주하고 이들의 합리성을 전제하고 있다는 점에서 차이가 없다. 이들은 또한 국가행동의 중요한 원천이 되고 있는 자기중심적 이익(좀 더 구체적으로 신현실주의 이론의 경우 힘의 동기나 신자유주의적 제도주의 이론의 이익의 동기)이라고 하는 것이 변화할 수 없는 고정되어 있고 주어진 것으로 간주한다는 점에서 동일하다.[116]

이와는 달리 인식론적 접근법과 구성주의 접근법은 신현실주의 이론과 신자유주의적 제도주의 이론이 가정하고 있는 국가이익이라는 것이 주어진 고정된 것이라는 것을 부인하면서 이러한 국가이익이 국가들의 합리적인 정책을 위한 전략의

115) Pamela S. Chasek, David L. Downie and Janet Welsh Brown, *Global Environmental Politics,* 5th Edition, (Boulder: Westview Press, 2010). pp. 53-63.

116) 이러한 점에서 신자유주의적 제도주의 이론을 「낙관적 현실주의」라고 불리기도 한다.

기초로서 가정될 수 없다고 강조한다. 대신에 이들은 국가이익이 정치적 행위자들이 실체에 대해 지니고 있는 변화하는 인식에 종속된다고 본다.

인식론적 접근법은 인과적이고 원칙적인 믿음(causal and principled belief)을 공유한 인식공동체(epistemic community)가 합의적 지식(consensual knowledge)을 창출하고 이렇게 창출된 합의적 지식이 국가이익을 변화시켜 국제적인 결과에 영향을 미친다고 본다.[117] 구성주의 접근법도 공유된 이해(공유된 이념·가치·지식 등)가 국가이익을 변화시킴으로써 국제적인 결과물에 영향을 미친다고 본다. 따라서 신현실주의 이론을 「힘에 기반을 둔 설명」이라고 하고 신자유주의적 제도주의 이론을 「이익에 기반을 둔 설명」이라고 칭하는 것과 구별하여 인식론적 접근법과 구성주의 접근법을 「지식에 기반을 둔 설명(knowledge-based explanation)」이라고 일컫는다.[118] 인식론적 접근법과 구성주의 접근법을 구분하여 살펴보면 다음과 같다.

1) 인식론적 접근법

인식론적 접근법은 통상적으로 국가의 대외정책에 영향을 미치는 인식(perception)·오식(misperception)·믿음의 체계(belief system)와 같은 심리적인 과정의 역할을 살피는 접근법을 일컫는다. 이러한 접근법은 국가 의사결정자의 심리적인 동학에 중점을 두기도 하고 조직체의 공유된 인식에 중점을 두기도 하며 혹은 국가의 공유된 믿음의 체계(shared belief system)에 중점을 둠으로써 개인이나 조직 혹은 국가가 분석의 대상이 된다.

신현실주의 이론과 신자유주의적 제도주의 이론이 각각 국가행동을 추동하는 요인으로서 힘의 추구와 이익의 추구라는 고정된 요인에 중점을 두고 있는 것과는 달리 인식론적 접근법은 고정되지 않고 동적인 인식(cognition)과 지식

117) 인식공동체란 「특정 영역에서의 인정받는 전문성과 능력(competence)을 가지고 있고 이러한 영역이나 문제영역 내에서 정책과 관련된 지식에 대한 권위적인 주장을 가지고 있는 전문가들의 연계망(network)」을 의미한다: Emanuel Adler and Peter M. Haas, "Conclusion: Epistemic Communities, World Order, and the Creation of a Reflective Research Program," *International Organization*, Vol. 46, No. 1 (Winter 1992), p. 3. 좀 더 구체적으로 말해 의사결정자들로 하여금 그들이 직면한 문제를 정의하고, 다양한 정책적인 해결책을 찾아내며, 정책결과를 평가하는 것을 돕는 지식에 기반을 둔 전문가들의 초국적인 연계망을 의미한다: Wikipedia, "Epistemic Community," http://en.wikipedia.org/wiki/Epistemic_community (검색일: 2014년 11월 10일).

118) 여기에서 「지식(knowledge)」이란 「특정 대상에 대해 교육이나 경험을 통해 얻게 된 인식이나 이해 혹은 정보」를 의미한다.

(knowledge)이라는 요인의 역할에 중점을 두고 이러한 요인이 국가이익을 변화시키고 이러한 변화된 국가이익이 국가행동에 영향을 미친다고 본다. 이러한 인식론적 접근법은 신현실주의 이론과 신자유주의적 제도주의 이론에 대한 직접적인 도전이라고 볼 수 있다. 왜냐하면 신현실주의 이론과 신자유주의적 제도주의 이론 모두 국가행동을 추동하는 요인인 힘의 추구와 이익의 추구에 의해 동일하게 반응한다는 것을 전제로 하고 있는 데 반해 인식론적 접근법은 인식에 따른 상이한 반응을 전제로 하고 있기 때문이다.

이러한 인식론적 접근법은 국가들 간의 협력의 문제를 설명하는 데도 적용이 된다. 국제협력과 관련하여 인식론적 접근법의 핵심적인 주장은 협력은 행위자의 이념·가치·지식 등에 의해 영향을 받기 때문에 이러한 요인들과 연관시키지 않고는 국가들 사이의 협력을 완벽하게 설명할 수 없다고 본다. 구체적으로 「무정부적 속성의 국제정치의 현실에서 국가들 간의 협력을 어떻게 이끌어 낼 수 있을까?」라는 질문에 이념·가치·지식 같은 요인의 역할을 강조한다. 따라서 인식론적 접근법은 자유주의 이념(liberal ideology)과 같은 요인이 국가들로 하여금 협력을 하도록 제도화가 되어 영향을 미치는 방식과 같은 현상에 주목한다.

인식론적 접근법을 수용하는 대표적인 학자의 예로서 하스(Ernst B. Haas)를 들 수 있다.[119] 그는 제도화된 협력이란 변화하는 지식과 변화하는 사회적인 목표 간의 상호작용의 관점에서 탐구되어질 수 있다고 주장한다. 하스는 공동의 이해관계와 전문성을 갖고 국경을 넘나들며 특정의 문제에 대한 공유된 이해(shared understanding)로 통합된 인식공동체(epistemic community)를 구성하고 있는 전문적인 기술자의 역할을 부각시킨다. 예컨대 전문적인 기술자들은 이들만이 전 지구적 기후의 관리와 같이 정부가 의존하지 않을 수 없는 복잡한 문제에 관한 지식을 가짐으로써 영향력을 갖게 되며 그 결과 이들이 지니고 있는 합의적 지식(consensual knowledge)이 국제제도의 형성에 중요한 역할을 한다고 본다.

인식공동체 문헌들은 불확실한 조건하에서 인식공동체가 설득을 통하거나 의사결정 채널을 장악함으로써 국제제도의 형성을 위한 촉매(catalyst)가 된다고 본다. 즉 불확실성으로 인해 상이한 선택을 했을 때 어떠한 결과가 초래될 것인가

119) Ernst B. Haas, "Is There a Hole in the Whole? Knowledge, Technology, Interdependence and the Construction of International Regimes: A Regime Analysis," *International Organization*, Vol. 29, No. 3 (Summer 1975), pp. 827-876.

에 대한 확신이 없을 때 행위자들은 그들의 이익을 계산하는 것이 쉽지 않아 전문가의 지식에 의존하게 된다고 본다.

이러한 인식론적 접근법은 국제제도의 창설의 이면에 내재해 있는 이해관계에 대한 이해와 평가에 있어서의 변화뿐 아니라 이러한 국제제도들이 어떻게 자신들에 대한 충성(allegiance)을 이끌어 내고 국가의 행동에 일정한 방향을 부여하는가를 설명하는 것을 돕는다. 이러한 맥락에서 투즈(Roger Tooze)와 같은 학자는 국제레짐에 대한 분석은 인식론적 접근법이 더욱 발전되기 전에는 그 목적을 달성할 수 없다고 본다.[120)]

인식론적 접근법에 대한 비판으로서 해거드와 시몬스(Stephan Haggard and Beth A. Simmons)는 인식론적 접근법이 이론적인 측면에서 일반화가 힘들고 예측이 힘들다는 점을 지적한다. 또한 국제제도는 힘의 양태(configuration of power)뿐만 아니라 여러 가지 인식적인 요소들의 반영일 수 있는데 이러한 힘과 인식적인 요소들이 어떻게 상호작용을 하는지를 명백히 설명하지 못한다는 점을 지적한다.[121)]

2) 구성주의 접근법

구성주의 접근법에 대한 자세한 설명에 앞서 분석수준에 따라 국가 수준의 구성주의 접근법(nation-level constructivist approach)과 국제체제 수준의 구성주의 접근법(system-level constructivist approach)이 있다는 것을 염두에 두어야 한다. 전자는 일국 내에서 어떻게 국가의 행동이 규정되고 국가의 규범이나 제도와 같은 것이 만들어지는가에 대한 구성주의적 시각이라는 점이다. 후자는 국제체제 내에서 어떻게 국가들 간의 행동이 규정되고 국제규범이나 국제제도와 같은 것이 만들어지는가에 대한 구성주의적 시각이다.

좀 더 구체적으로 말해 국가수준의 구성주의 접근법은 개인이나 집단을 분석단위(unit of analysis)로 하고 분석수준(level of analysis)을 국가차원에 두어 일국에 있어서 국가의 정체성이 어떻게 생기고 이러한 정체성이 국가이익을 어떻게

120) Roger Tooze, "Regimes and International Cooperation," in A. J. R. Groom and Paul Taylor, eds., *Frameworks for International Co-operation* (New York: St. Martin's Press, 1990), p. 205.

121) Stephan Haggard and Beth A. Simmons, "Theories of International Regimes," *International Organization*, Vol. 41, No. 3 (Summer 1987), pp. 491-517.

규정하며 이렇게 규정된 국가이익이 국가행동에 어떤 영향을 미치는가에 관심을 둔다.

이와는 달리 체제수준의 구성주의 접근법은 국가를 분석단위로 하고 국제체제를 분석수준으로 하여 일국의 내부가 아닌 국제사회에서 집단적 정체성(collective identity)이 국가들 간의 상호작용을 통해 어떻게 구성되고 이를 기초로 국가들의 집단적인 이익이 어떻게 형성되며 이러한 집단적인 이익이 이들 국가들 사이의 국제관계에 어떠한 결과가 가져오는가를 살펴보고자 한다.

우선 국제체제 수준에서의 구성주의 접근법을 살펴보기 전에 국가 수준의 구성주의 접근법을 살펴보고자 한다. 구성주의 접근법은 신현실주의 이론과 신자유주의적 제도주의 이론이 국가의 정체성(identity)이나 이익(interest)이라는 것을 외생적으로 주어진 것으로 바라봄으로써 이러한 정체성과 이익이 어떻게 구성되는가를 무시하고 시간을 두고 이러한 정체성과 이익에 있어서의 변화를 설명하지 못하며 정체성이 국가이익을 어떻게 규정하는가를 무시한다고 점을 비판한다.

국가이익의 형성과 관련하여 구성주의 접근법은 신현실주의 이론과 신자유주의적 제도주의 이론이 국가로 하여금 특정의 행위를 하도록 하는 이익(신현실주의의 경우는 상대적인 힘의 우위의 추구와 신자유주의적 제도주의 경우는 절대적 이익의 추구)이라는 것이 사회적이거나 문화적인 요인과 독립하여 외생적으로 주어진 것으로 보는 것과는 달리 이념·가치·지식 등과 같은 관념이 구성원들의 사회적인 상호작용을 통해 공유되면서 국가의 정체성(identity)을 구성하고 이러한 국가의 정체성이 국가이익을 형성한다고 본다.122) 즉 국가이익이라고 하는 것이 신현실주의 이론이나 신자유주의적 제도주의 이론이 주장하는 것과는 달리 물질적인 이익이 아닌 독특한 사회적이거나 문화적인 요인들로부터 유래된 관념적인 이익일 수 있다는 것이다. 따라서 사회적인 상호작용의 결과 새로운 이념·가치·지식이 공유되면 이익이라는 것은 변할 수 있는 것으로 본다.

구성주의 접근법은 국내규범이나 국내제도의 형성과 관련하여 사회적인 상호작용을 통해 공유되어 형성된 정체성과 이를 통해 형성된 국가이익이 국가차원의

122) 「정체성(identity)」이란 일반적으로 다른 대상과의 관계 속에서 자신을 인식하는 방식을 의미한다. 구성주의 접근법은 사회적인 상호작용(social interaction)을 통해 정체성이 구성되고 이렇게 구성된 정체성이 이익 형성의 기초를 제공한다고 본다. 이러한 면에서 구성주의 접근법은 이익을 구성하는 정체성의 형성(identity-formation)에 대한 연구에 중점을 두고 있다. 정체성에 의해 형성된 이익은 선호(preference)에 영향을 주고 이러한 선호가 정책이나 행동으로 표출된다고 본다.

규범이나 제도 등으로 발현된다고 본다. 따라서 국내규범이나 국내제도의 생성을 이해하기 위해 사회에 있어서의 공유된 이해(shared understanding)의 연구에 집중하고 이러한 공유된 이해를 가져올 수 있는 지배적인 담론(discourse)에 주의를 기울인다.[123] 지배적인 담론에 주목하는 이유는 이러한 담론이 공유된 믿음과 가치를 반영하고 규정지음으로써 궁극적으로 행위의 수용된 규범이나 제도를 수립하기 때문이다.

이렇게 국가 구성원들의 사회적 상호작용을 통해 생성되어 사회 전반에 의해 수용된 규범이나 제도는 거꾸로 개개 구성원들의 정체성과 여기에서 더 나아가 이익에 영향을 주어 행동을 규정한다고 본다. 이처럼 구성주의 접근법은 규범이나 제도가 구성원들의 상호작용을 통해 생성될 뿐만 아니라 구성원들에 의해 생성된 규범과 제도가 사회화(socialization)와 학습(learning)을 통해 구성원들에게 영향을 미치는 쌍방향성을 강조한다.

이제 국제체제 수준의 구성주의 접근법을 살펴보고자 한다. 국가의 행위와 국제관계에 영향을 미치는 요인과 관련하여 구성주의 접근법은 힘이라는 요인을 중요시하는 신현실주의 이론과 물질적인 이익을 중요시하는 제도주의 이론과는 달리 공유된 이념·가치·지식과 같은 요인을 통해 국가의 행위와 국제관계를 설명하고자 한다. 즉 구성주의 접근법은 인식론적 접근법과 더불어 공유된 이해(공유된 이념, 가치, 지식 등)가 국제적인 결과물에 영향을 미친다고 본다.

국제규범과 국제제도의 생성과 관련하여 합리주의적 전통의 신현실주의 이론과 신자유주의적 제도주의 이론은 이들을 합리적이고 전략적인 행위자인 국가들의 자기중심적 이익의 반영물로 본다. 구성주의 접근법은 이와는 대조적으로 이들 국제규범과 국제제도를 국가들 간의 상호작용을 통해 형성된 집단적 정체성과 이익이 반영된 것으로 본다.[124] 좀 더 구체적으로 구성주의 접근법은 패권국의 군사력이나 경제력과 같은 힘의 결과로 보는 신현실주의 이론의 한 지류인 패권안정론과 거래비용을 줄이기 위한 노력 등의 결과물로 보는 신자유주의적 제도주의 이론과 달리 국제제도란 국가들 사이의 지속적인 상호작용에 따른 정당성과 사회적 동의의 결과물로 본다.

---

123) 「담론(discourse)」이란 사전의 정의에 따르면 「심각한 대화 혹은 사람들 사이의 토론(serious conversation or discussion between people)」을 의미한다.

124) 이처럼 구성주의 접근법은 합리주의와 달리 국제규범이나 국제제도의 형성에 보다 풍부한 설명을 가할 수 있는 여지를 제공하고 있다.

구성주의 접근법은 신현실주의 이론의 바탕이 되고 있는 국제체제의 무정부성 역시 이러한 산물 중 하나로 본다. 웬트는 국제체제의 무정부성(anarchy)이라는 것이 신현실주의 이론이 주장하듯 외부적으로 주어진 고정된 실체가 아니라 구성국들의 상호작용에 의해 만들어진 사회적 산물로 바라보고 신현실주의 이론이 주장하듯 항상 국제협력을 어렵게 하는 것이 아니라 국가들이 어떤 집단적 정체성(collective identity)을 가지느냐에 따라 협력적인 것이 될 수도 있다고 본다. 이러한 관점에서 구성주의 접근법은 국가 간에 공유할 수 있는 이해를 확장하여 집단적 정체성을 만들어 가면 갈등을 어느 정도 줄일 수 있다고 판단한다.[125]

구성주의 접근법은 무정부성과 국제규범이나 국제제도가 어떻게 생성되는가와 더불어 이러한 것들이 생성되고 나서 역으로 국가들의 정체성과 이익에 어떠한 영향을 미치는가에 관심을 둔다.[126] 신현실주의 이론의 경우 국가행동에 영향을 미치는 구조를 힘의 배분과 같은 단순히 물질적인 구조로만 바라보나 구성주의 접근법은 이것과 더불어 국제규범이나 국제제도와 같은 규범적인 요소를 첨부하여 이러한 규범적인 구조가 국가의 정체성과 이익에 영향을 미치고 그 결과 정책이나 행위의 변화를 가져오는 것에 관심을 둔다.[127] 이러한 맥락에서 국가는 문명화된 국제공동체의 일원으로서의 지위를 상실하지 않기 위해 자기이익 중심적인 합리성과 거리가 멀다고 해도 규범에 순응할 수도 있다고 본다. 이러한 점에서 구성주의 접근법은 국제정치이론에 있어서 규범적 요소의 역할을 중요시하고 있다.[128]

신자유주의적 제도주의 이론이 이러한 구성주의 접근법에 앞서 규범적 요소를

---

125) Alexander E. Wendt, "Anarchy is What States Make of It: The Social Construction of Power Politics," *International Organization,* Vol. 46, No. 2 (Spring 1992), pp. 391-425.

126) 구성주의 접근법은 이러한 사회적 구조가 국가행동에 영향을 줌과 동시에 이러한 사회적 구조가 국가들에 의해 만들어지는 쌍방향성을 강조한다. 즉 구성주의 접근법은 관념적 요소가 어떻게 국제체제의 구조를 형성하고 형성된 구조가 국가의 정체성과 이익에 영향을 주는가에 관심을 두고 있다고 할 수 있다. 이러한 쌍방향성은 무정부적 구조가 일방적으로 국가행위를 영향을 미치는 것만을 바라보는 신현실주의와 크게 대조를 이룬다.

127) 그러나 실상 구성주의 접근법은 구조의 물질적인 측면과 규범적인 측면 중에서 규범적인 측면을 강조하며, 동일한 물질적 구조 하에서도 상이한 규범적인 구조가 가능하다고 본다. 예컨대 동일한 힘의 배분이라는 국제체제의 구조 하에서 신현실주의 이론이 주장하는 자력구제(self-help)라는 행동논리와 다른 행동논리가 가능하다고 본다.

128) 구성주의 접근법이 국제체제를 「특정한 시기의 특정한 장소에 소재한 사람들에 이해 구성된 일련의 관념 · 사유체 · 규범체제(a set of ideas, a body of thought, a system of norms, which has been arranged by certain people at a particular time and place)」로 인식하는 것에서 알 수 있듯이 구성주의 접근법은 국제체제를 규범을 포함한 관념체제(ideational system)로 인식한다.

다시 국제정치이론에 불러들였다고 본다. 신자유주의적 제도주의 이론은 일반적으로 크라즈너의 정의에 따라 특정 문제영역에서 행위자들의 기대하는 바가 수렴하는 명시적 혹은 묵시적인 원칙·규범·규칙·의사결정절차를 국제레짐의 구성요소로 본다. 여기서 규칙과 어떻게 구분되는지 명백하지는 않지만 규범을 국제레짐의 하나의 요소로 언급하고 있다.[129] 국제레짐론은 국제레짐이 무정부하에서 국가에 영향을 미쳐 협력을 가능하게 한다고 함으로써 국제레짐의 한 규성요소인 규범의 역할을 이야기하고 있다고 볼 수 있다.

그러나 구성주의 접근법이 국제규범이 국가의 이익에 영향을 미쳐 행동의 변화를 가져온다고 바라보는 것과는 대조적으로 신자유주의적 제도주의 이론은 규범을 포함한 국제레짐이 국가의 이익에는 영향을 미치지 않는 가운데 단순히 협력을 촉진하는 것으로 바라본다. 이러한 점에서 신자유주의적 제도주의 이론은 국제제도가 구체적으로 어떻게 국가의 행동에 영향을 미치는가의 인과관계(causality)에 큰 관심을 두고 있지 않다.

요약하자면 신현실주의 이론에 있어서 국제규범은 기본적으로 중요한 것이 아니다. 왜냐하면 무정부하에서 생존을 위한 힘의 추구가 가장 우선하는 목표이기 때문이다. 현존하는 국제규범은 또한 힘의 투쟁(power struggle)의 결과물로 바라본다. 신자유주의적 제도주의 이론은 국제레짐의 한 구성요소인 국제규범이 국제협력을 어떻게 촉진하는가를 살피고자 한다. 구성주의 접근법은 국가가 추구하는 이익이 국가의 정체성을 규정짓는 규범과 가치에 기초하고 있다고 봄으로써 규범을 중요한 요인으로 바라본다.

이처럼 구성주의 접근법은 국가들 사이의 정치적 결과물을 규정짓는 데 있어서 규범의 역할에 관심을 집중한다. 좀 더 자세히 말해 구성주의 접근법은 무엇이 규범이고 이러한 규범은 어떻게 생성되고 변화하며 국가에 어떤 영향을 미치는가에 관심을 두고 있으며 이로 인해 국제정치에서 국제규범의 동학(dynamics)에 대한 연구가 활발하게 전개되는 계기를 가져다주었다.

구성주의 접근법을 평가해 보면 다음과 같다. 첫째, 구성주의 접근법은 국가의 정체성과 이익이란 합리적으로 주어진 것이라고 바라보는 합리주의에 비판을 가하고 공유된 이념·가치·지식 등 비합리적일 수도 있는 요인들을 가지고 국

---

129) 규범은 「일반적으로 일단의 그룹의 사람들에 의해 수용된 행위의 기준」을 의미한다. 규범은 좀 더 포괄적인 개념으로서 모든 규칙이 규범에 속하지만 모든 규범이 규칙인 것은 아니다.

가의 정체성과 이익이 어떻게 형성되는가에 관심을 보임으로써 국제정치 이론 특히 신자유주의적 제도주의 이론이 관심을 보이고 있는 국제제도의 형성에 보다 풍부한 설명을 가할 수 있는 여지를 만들었다.

둘째, 이미 형성된 국제제도가 어떻게 국가행동에 영향을 미치는가에 대해서도 합리주의 이론들은 국가의 합리성을 선험적으로 가정함으로써 국제제도가 실질적으로 어떻게 국가의 정체성과 국가이익에 영향을 미쳐 행동에 변화를 가져오는가의 과정을 암상자(black box)에 넣었으나 구성주의 접근법은 이것을 암상자로부터 꺼내 살펴보고자 한다는 점에서 보다 풍부한 설명을 제공할 수 있는 여지를 가진다.

셋째, 구성주의 접근법은 또한 지구화(globalization)로 인해 전통적이 주권(sovereignty) 개념에 커다란 변화가 도래하는 등 국제사회가 미증유의 본질적인 변화에 직면해 있는 상황에서 주권과 같이 기존에 당연시 되어온 것들이 실질적으로 어떠한 과정 속에서 생성되었으며 어떠한 과정을 거쳐서 변화될 수 있는 것인가에 대해 우리의 관심을 유도하고 이러한 질문에 대해 나름의 통찰력을 제시해 준다.

넷째, 구성주의 접근법의 논의는 서구적인 시각과 개념으로 국제정치 현상을 바라보는 데에 익숙해져 있는 우리들에게 서구적인 국제사회의 확장으로만 설명하기 어려운 나름의 독자성을 지니고 있다고 판단되는 지역(예컨대 아시아) 내의 국제정치 질서가 어떻게 형성되었고 어떻게 변화할 것인가에 대한 통찰력을 제공할 수 있다.[130)]

구성주의 접근법의 국제제도에 대한 이러한 접근이 실제적인 국제정치의 현상에 어떻게 적용되고 있는가의 예를 살펴보고 이를 바탕으로 구성주의 접근법이 국제제도의 연구에 어떠한 기여를 하고 있는가를 살펴보고자 한다.

냉전의 종식과 더불어 양극적 대립이 없어지고 소련이 해체되어 위협이 사라진 상황에서 중앙유럽과 동유럽 국가들이 북대서양조약기구(NATO)에 가입하여 NATO가 확대되고 있고 유럽연합(EU) 역시 확대되고 있다. 냉전종식 후의 새로운 현상으로서의 이러한 국제제도의 확장을 설명하는 데 있어서 기존의 주요 국제정치이론인 신현실주의 이론과 신자유주의적 제도주의 이론이 한계를 보이는

---

130) 정진영, "국제정치 이론논쟁의 현황과 전망: 새로운 이론적 통합의 향방," 『국제정치논총』, 제40집 3호(2000), p. 31.

가운데 여러 대안이론들이 합리주의에 대항하여 등장하였다. 이러한 이론 가운데 구성주의 접근법이 가장 활발하게 이러한 것을 포함한 국제정치 현상을 새롭게 설명하고자 한다.

구성주의 접근법은 중앙유럽과 동유럽 국가들이 NATO에 가입하고자 하는 것을 공유된 위협(shared threat)에 대한 반응보다는 공동의 정체성(common identity)의 현상으로 보고자 한다. 이들 국가들의 NATO 가입을 단순히 자기중심적인 국가들 사이의 동맹의 형성이 아니라 이들 국가와 NATO 사이의 집단적 정체성(collective identity)의 형성 즉 서구의 가치와 규범과의 일체화의 제도화로 보고자 한다.

구성주의 접근법은 유럽연합(EU)이 동유럽 국가들에게 회원가입을 허용한 것은 현실주의 통합이론이 주장하는 바와 같이 정부간의 협상의 결과가 아니라 이들 동유럽 국가들이 유럽의 가치와 규범을 채택한 것을 보여주었기 때문이라고 분석한다.131) 구성주의 접근법은 소련의 해체가 힘의 정치만이 아니라 정체성의 변화에 의해서도 초래되었다고 주장한다. 이처럼 구성주의 접근법은 국가를 고정된 것으로 바라보지 않음으로써 유럽연합(EU)에 있어서처럼 국가들이 스스로 주권을 제한하면서 통합을 추구하는 것이나 국가들이 소련처럼 분해되는 것에 대해 적절한 설명을 제공한다고 볼 수 있다.132)

이러한 긍정적인 평가와는 달리 부정적인 평가도 존재한다. 첫째, 구성주의 접근법은 국가행동에 영향을 미치는 구조를 사회적 구조로 인식하면서 이 구조가 물질적 요소와 규범적 요소로 구성되어 있다고 본다. 국가행동에 대한 물질적인 제약의 중요성을 전적으로 부인하지 않는 한 국가행동의 패턴을 설명하는 데 있어서 물질적 요소와 규범적 요소라는 두 변수의 상대적인 중요도란 무엇인가에 대한 의문이 여전히 남는다. 신현실주의 이론이 규범적 요소로서 국제제도의 중요성을 지나치게 부인하는 것에 반해 구성주의 접근법은 행위자들의 행위를 규정하는 규범적 요소의 영향을 지나치게 강조함으로써 행동에 가해지는 물질적인 제약의 요인을 경시한다는 비판을 받는다.

---

131) Frank Schimmelfennig, "The Community Trap: Liberal Norms, Rhetorical Action, and the Eastern Enlargement of the European Union," *International Organization*, Vol. 55, No. 1 (Winter 2001), pp. 47-80.

132) 구성주의 접근법은 기존의 유력한 국제정치이론인 신현실주의와 신자유주의적 제도주의 이론이 소련의 붕괴와 같은 중요한 국제정치 현상을 예측하지 못했다는 것과 더불어 주목을 더 끌게 되었다.

둘째, 구성주의 접근법은 신현실주의 이론이 공유된 이해(공유된 이념·가치·지식 등)라는 관념적인 요소들이 힘(power)과 이익(interests)을 규정한다는 점을 무시한다고 한다. 그러나 현실주의의 관점에서 볼 때 구성주의 접근법은 규범이 종종 강력한 행위자에 의해 지켜지지 않고 좌절된다는 점을 간과한다.

셋째, 구성주의 접근법은 국제체제의 구성요소로서 국가들이 집단적으로 동일한 생각을 부단히 하게 되면 이러한 생각이 실제로 구현된다고 주장한다. 이러한 주장에 알 수 있듯이 구성주의 접근법은 집단적 정체성(collective identity)이라는 것이 국가들 간에 갈등 없이 조화롭게 성립될 수 있을 것이라는 낙관론적인 가정을 묵시적으로 가지고 있다. 그런데 과연 이러한 집단적 정체성이라는 것이 상대적인 권력에 있어서 큰 차이를 가지고 있는 국가들로 구성된 국제사회에서 민주적으로 구성될 수 있는 것인가에 대해서는 회의적이지 않을 수 없다.

넷째, 국제체제 수준에서의 구성주의 접근법은 다음과 같은 문제점을 지닌다. 앞서 언급했듯이 구성주의 접근법은 두 수준에서 작동한다고 볼 수 있다. 국가적 수준의 구성주의 접근법은 개개 국가의 정체성이 어떻게 형성되어 국가이익을 구성하고 이러한 국가이익이 국가행동에 어떠한 영향을 미치는가를 설명하고 예측하고자 한다.

국제체제 수준에서의 구성주의 접근법은 국가들이 상호간에 사회적 관계를 형성하여 물질적인 환경과는 독립적으로 의미를 형성한다고 주장하고 국가들이 대결적이냐 협력적이냐는 간주관적인 의미(intersubjective meaning)의 구성에 달려 있다고 본다.[133] 이 수준의 구성주의 접근법은 정체성과 이익이라는 것이 개개 국가들과 이들에 속해 있는 사회들 간의 상호작용에 의해 만들어진다고 본다.

국제체제 수준의 구성주의 접근법은 체제수준에서 국가를 주요한 행위자로 간주하고 국제비정부기구(INGO)를 포함한 다양한 비국가적 행위자(non-state actor)를 분석에서 배제하는 접근법과 국가 이외의 행위자까지도 포함하는 접근법으로 구분된다.

전자의 경우는 국제정치 분야에서 구성주의 접근법을 이끌고 있는 웬트(Alexander E. Wendt)와 같은 학자에 의해 옹호되고 있는데 이러한 접근법은 국

133) 「간주관적 의미(intersubjective meaning)」란 사물의 의미·중요성·특징에 대한 공유된 이해와 믿음을 의미하며 행위자들 간의 상호작용과 관계로부터 유래한다. 이러한 행위자란 국가·집단·개인일 수 있다. 관념·정체성·기대가 간주관적 의미의 구성과 재구성으로부터 유래되고 유지되거나 변화한다. 간주관적 의미는 지속적으로 갱신되고 재구성되면서 정체성의 변화를 가져온다.

제체제 수준에서의 비국가적 행위자의 역할을 무시할 뿐 아니라 국가를 주요 행위자(primary actor)이자 통합된 행위자(unitary actor)로 바라보면서 국가를 국제정치의 기본단위로 설정함으로써 국가수준에서도 비국가적 행위자의 역할 등 국내정치적 요소들을 무시한다. 국가를 유일하고 통합된 행위자로 간주한다는 점에서 국제체제 수준의 구성주의 접근법은 신현실주의 이론뿐 아니라 신자유주의적 제도주의 이론과도 궤를 같이 한다.

이러한 종류의 국제체제 수준의 구성주의 접근법은 국가의 정체성과 이익이 국가 간 상호작용을 통해서만 만들어지는 것으로 바라보면서 명시적으로 국내요인들을 암상자 속에 가두어 두었다. 즉 체제의 정체성(systemic identity)에 집중하고 국내 정체성(domestic identity)을 무시하고 있다. 국가의 정체성과 이익이라는 것은 기실 국내수준의 요인과 체계수준의 요인의 상호작용에 의해 만들어지는 것임을 감안할 때 국제체제 수준의 구성주의 접근법은 이러한 비판으로부터 자유롭지 않다.

2. 국제환경정치에의 적용

1) 인식론적 접근법

하스(Peter M. Haas)와 같은 인식론적 접근법을 기초로 하여 인식공동체론을 주장하는 학자들은 지식 기반의 초국적인 인식공동체(knowledge-based, transnational epistemic communities)가 종국적으로 국제환경레짐을 비롯한 국제제도의 구성방식을 결정한다고 본다.[134] 예컨대 인식론적 접근법은 오존층의 보호에 관한 국제환경레짐이 과학 전문가로 구성된 인식공동체가 과학에 기초하여 정치적인 합의를 만들어내려고 하는 노력으로부터 생성되었다고 본다.

1987년에 오존층의 파괴를 막기 위해 역사적인 「오존층 파괴물질에 관한 몬트리올 의정서(Montreal Protocol on Substances that Deplete the Ozone Layer)」라는 국제레짐이 탄생했다. 이러한 국제레짐의 생성을 둘러싸고 이론을 달리하는 여러 견해가 이러한 국제환경협약의 체결을 설명하고자 했다.

우선 주된 행위자에게 자기중심적인 경제적인 이익을 가져다 줄 수 있었기

---

134) Peter M. Haas, "Introduction: Epistemic Communities and International Coordination," *International Organization*, Vol. 46, No. 1 (Winter 1992), pp. 1-35.

때문에 이러한 국제레짐이 체결될 수 있었다는 주장이 그 중 하나이다. 그러나 프레온가스(CFC 가스)에 대한 통제를 수용하기 시작할 당시에는 듀퐁(DuPont)사에게 대체물질이 가용하지 않았다는 점을 강조하면서 대안적인 설명들이 제시되었다.135)

그 중 하나가 하스와 같은 학자에 의해 제시된 인식론적인 설명이다. 하스는 공동의 가치와 인식적인 믿음에 의해 통합된 인식공동체가 정보를 수집하고, 오존층 고갈의 원인과 결과에 관한 합의를 형성하며, 이러한 주장을 정부와 기업의 의사결정자에게 전파하고, 이들이 프레온가스의 통제정책을 형성하는 것을 도움으로써 오존에 관한 국제레짐을 가져오는 데 주도적인 역할을 했다고 주장한다.136)

리트핀(Karen T. Litfin)은 과학적 지식은 객관적인 것으로서 물질적 자원이나 이익과는 독립적이며 다소 직접적으로(more or less directly) 정치적인 행동으로 전환된다는 하스의 입장을 포함한 기존의 인식론에 도전을 가하고 있다. 구체적으로 그는 국제환경정치 분야에서 환경에 관한 과학적 지식이 있는 그대로 국가이익에 영향을 미치는 것이 아니라 정치와의 상호관계를 통해 국가이익에 영향을 미친다고 본다.

이처럼 리트핀은 일반적인 인식인 과학적인 합의가 정치적인 합의와 국제환경레짐의 원천이라는 기존의 입장에 도전을 가하면서 과학과 정책의 관계와 과학자와 정책결정자들의 관계가 다면적임을 입증하고자 했다. 즉 지식이 권력에 영향을 미치나 권력 또한 지식에 영향을 미치며 일국의 물질적인 이해관계(material interest)가 국가로 하여금 어떤 지식을 수용할 것인가를 결정하게 하지만 또한 국가가 어떤 지식을 수용할 것인가가 국가의 이해관계를 결정한다고 보고자 했

135) 1985년에 영국의 과학자들이 남극지방의 상층부에 오존층이 비정상적으로 얇아진 것을 발견하고 이러한 현상이 프레온가스의 과도한 사용에서 온 것이라고 추론했다. NASA 등에 의해 오존층의 농도가 낮아진 것이 확인되면서 1985년에 프레온가스의 주요 생산국을 비롯한 20개 국가가 「비엔나 협약」을 체결하여 오존층 고갈물질에 대한 국제적인 규제를 협상할 틀을 마련했고 1987년에 법적 강제력을 갖는 「몬트리올 의정서」가 채택되었다. 그러나 프레온가스를 생산하는 산업계는 이러한 일련의 움직임을 수용하려 하지 않았다. 1986년에 듀퐁사에 의해 설립된 프레온가스 생산업계의 연합체가 프레온가스와의 연관성을 부인했으며 1987년에는 듀퐁사가 미국의회에서 일방적인 규제조치를 요구할 시급한 위기가 없다고 믿는다는 증언까지 했다. 1988년 초까지도 극적인 프레온가스의 감축의 필요성에 대한 과학적인 증거가 없었다. 이처럼 1987년에 법적 구속력을 가지는 몬트리올 의정서가 체결될 전후에도 듀퐁사는 프레온가스의 대체물질을 개발하여 제조할 수 있는 상태가 아니었다.

136) Peter M. Haas, "Banning Chlorofluorocarbons: Epistemic Community Efforts to Protect Ozone," *International Organization*, Vol. 46, No. 1 (Winter 1992), pp. 187-224.

다. 이러한 인식 하에 국제환경협상에서 과학과 정치의 동태적인 상호작용과 아울러 지식과 권력의 동태적인 상호작용을 이해하고자 했다.

이러한 현상을 「지식정치(knowledge politics)」라고 할 수 있는데 지식이라고 하는 것이 담론(discourse)을 통해 사회적이고 정치적인 과정 속에서 형성된다고 보고, 이러한 담론이 오존층 파괴를 막기 위한 1987년의 몬트리올 의정서의 협상을 조건지운 과학적 조건과 정책결정 사이의 복합적인 관계를 포괄한다고 본다.

리트핀은 이처럼 과학적인 지식이란 정책결정자들과의 협력 속에서 정책전략(policy strategy)으로 발전될 경우라야 비로소 정책적인 영향을 가지게 된다고 보고 과학자와 정책결정자가 특정 담론을 둘러싸고 「담론연합(discourse coalition)」을 결성하는 것에 주목했다.

리트핀은 하스가 프레온가스의 의무적인 사용 및 생산의 금지를 규정한 몬트리올 의정서의 채택을 인식공동체의 합의적인 과학지식의 순수한 결과물이라고 간주하는 것을 비판하고 대신에 이러한 의정서의 채택을 1985년에 남극에서의 오존구멍의 발견으로 지배적인 견해가 된 사전배려의 담론(precautionary discourse)이 만들어 낸 결과물로 보고자 한다.

즉 리트핀은 하스가 이익(interests)을 규정짓는 지식의 역할을 과도하게 강조하면서 거꾸로 지식을 규정짓는 가치와 이익(values and interests)의 역할을 무시했다고 비판하고 이러한 과학적인 지식이 가치 및 이익과 상호작용을 하면서 생성되는 지배적인 담론의 역할을 통해 몬트리올 의정서의 체결을 설명하고자 했다. 아울러 리트핀은 하스가 남극에서의 오존층의 발견과 같은 맥락적인 요인(contextual factor)을 무시한다고 비판하면서 이러한 요인이 사전배려의 담론에 힘을 크게 실어주고 이러한 담론이 궁극적으로 몬트리올 의정서의 체결에 영향을 미친 것으로 보고자 했다.

여기서 사전배려의 담론이란 사전배려의 원칙(precautionary principle)을 수용하는 담론인데 사전배려의 원칙이란 과학적인 불확실성에 직면하여 규제자(regulator)는 피해가 발생할 때까지 기다리기보다는 피해를 방지하기 위해 행동을 취해야 함을 주장하는 원칙으로서 과학적인 판단에 근거한 것이 아니라 철학적인 판단에 근거한 것이다.[137]

137) Karen T. Litfin, "Framing Science: Precautionary Discourse and the Ozone Treaties," *Millennium: Journal of International Studies*, Vol. 24, No. 2 (Summer 1995), pp.

2) 구성주의 접근법

앞서 살펴보았듯이 실체의 사회적 구성(social construction of reality)을 바탕으로 국제관계를 규정하는 데 있어서 사회적으로 상호작용을 통해 형성된 공유된 이해(shared understanding)의 역할을 강조하는 구성주의 접근법은 국가의 힘(power)과 이익(interest)을 국제관계를 규정짓는 가장 중요한 변수임을 강조하는 신현실주의 이론과 신자유주의적 제도주의 이론에 대한 비판으로서 등장했다.

따라서 이러한 힘이나 이익을 적용하여 설명할 수 없거나 설명하기 어려운 국제환경과 관련한 현상을 설명하기 위해 국제환경정치 학자들이 구성주의 접근법을 적용하고 있다. 구성주의 접근법은 인식론적 접근법과 마찬가지로 공유된 이해(공유된 이념 · 가치 · 지식 등)가 국제적인 결과물에 영향을 미친다고 볼 뿐 아니라 이러한 국제적인 결과물에 영향을 미치는 요인들을 변화할 수 있는 것으로 봄으로써 국제환경 분야에서 국제적인 결과의 변화를 설명하는 데도 적용되어 오고 있다.

구성주의 접근법은 환경이슈들을 역사적이고 사회적인 맥락(historical and social context) 속에서 살피고자 하며 국가의 정체성과 이익이라는 것은 주어진 것이 아니라 역사적인 뿌리를 가지고 있으면서 합리성에 기반을 두고 설명되지 않는 요인들에 의해 진화한다는 것을 분석하고자 한다.

구성주의 접근법은 1세기가 넘게 환경주의(environmentalism)의 규범이 전 지구적으로 퍼져나가면서 꾸준히 증가해왔다는 사실에 주목한다. 이와 관련하여 구성주의 접근법은 전 지구적 환경문화(global environmental culture)가 점차적으로 세계로 확산되면서 좀 더 많은 국가들이 전 지구적인 제도적 구조 속으로 들어오고 있다고 본다. 공동의 전 지구적 가치(common global value)가 전통적인 국제정치세계를 포괄하는 사회체제(social system)를 창출한다고 본다.

구성주의 접근법은 「지속가능한 개발(sustainable development)」과 같은 개념을 포함하여 오늘날 국제환경레짐의 원칙으로 일반적으로 받아들여지고 있는 개념들이 어떻게 등장하여 광범위하게 수용되게 되었으며 그렇지 못한 개념들은 무슨 이유로 광범위하게 수용되지 못하게 되었는가에 대한 설명을 제공한다. 이와 아울러 환경문제로 인해 야기된 위협에 대한 역사적 책임과 관련하여 국가들 간

251-277.

에 존재라는 인식이 차이가 어디에서 유래되었는가와 같은 것을 설명하는 데도 유용한 역할을 하고 있다. 구성주의 접근법은 국가들이 기후변화 정책을 국가이익으로 간주하게 된 이유와 국가가 힘(power)과 부(wealth)의 추구라는 전통적인 국가목표에 생태학적 온전성(ecological integrity) 규범을 추가하게 되었는가에 대한 이유를 분석하도록 한다.

구성주의 접근법 가운데 국가 이외의 행위자를 포괄하는 구성주의 접근법은 국가수준에서 환경정책에 점차적으로 중요한 영향을 행사해 오고 있는 비국가적 행위자들(non-state actors)의 영향에 주목하게 할 뿐 아니라 국제수준에 있어서의 이들의 역할에도 주의를 기울이게 한다. 구체적으로 이러한 구성주의 접근법은 수적으로 증가하고 있는 과학자들의 전 지구적 연계망(global network)과 국제비정부기구(INGO)가 그들이 지닌 전 지구적 환경에 관한 생각과 가치(global environmental ideas and values)를 전파하는 중요한 역할을 하고 국가들은 이렇게 진화하는 문화클럽(cultural club) 내에서 정당성(legitimacy)을 얻고 정당성을 유지하기 위해 국제환경레짐에 참여한다고 본다. 이와 관련하여 국제비정부기구라든가 국제과학자연합과 같은 국제적인 규범을 설정하는 기구에의 가입의 수가 비준한 환경조약의 수와 상관관계가 있다고 본다.

특정 국가(군)의 힘(또는 힘으로 정의된 이익)을 추구하기 위해 설립된 국제제도의 창설에 대해 신현실주의 이론이 적절한 설명을 제시하고 상호성이 있는 국제제도의 창설에 대해 신자유주의적 제도주의 이론이 적절한 설명을 제공한다. 이와는 달리 특정 국가 또는 특정 그룹에 속하는 국가의 이익이라는 개념으로도 설명되지 않고 상호성이 있는 공동의 이익이라는 개념으로도 설명되지 않는 인류의 공동이익을 위해 국제제도가 창설되는 경우가 있는데 이러한 경우에 대해 구성주의 접근법이 적절한 설명을 제시한다고 볼 수 있다.[138)]

국제환경정치를 설명하는 데 있어서 구성주의 접근을 택하는 학자들은 두 그룹으로 분리된다. 한 그룹은 적절한 행위(appropriate behavior)에 대한 사회적 기대를 강조하는 좀 더 규범에 기초한 접근이고 다른 그룹은 언어(language)의 사

138) 당장 자국에 피해를 가져다주지 않는 환경파괴의 방지뿐 아니라 자국과 직접적으로 관련이 없는 타국의 인권침해의 구제와 타국민의 빈곤의 해소라는 것이 이러한 부류에 속하는 인류 전체의 이익의 예이다. 국가이익을 초월하여 이러한 규범적이고 도덕적인 가치가 동인이 되어 창설되는 국제기구에는 유엔환경계획(UNEP)·유엔의 인권이사회(Human Rights Council)·유엔개발계획(UNDP) 등이 있다.

용과 이의 정치적 행위에 대한 관계에 초점을 두는 담론적인 접근(discursive approach)이다.

규범적 분석의 예로는 베른스타인(Steven F. Bernstein)과 카스(Loren R. Cass)를 들 수 있는데 이들은 국제적 규범의 진화 · 환경규범과 자유경제규범의 합류 · 국제환경정책에의 이들의 영향을 분석한 바 있다.139)

베른스타인은 규범을 「적절한 행위나 행동의 공유된 관념(shared conceptions of appropriate behavior or action)」이라고 정의를 내리고 이러한 규범이 국가나 다른 중요한 행위자들의 정체성 · 이익 · 행위를 정의하고 규제하고 정당화한다고 본다. 그는 기존의 국제규범에 관한 연구들이 왜 특정의 어떤 규범은 적절한 행위를 정의하고 규제하도록 선택되는가를 제대로 설명하지 못한다고 하면서 아이디어와 이러한 아이디어가 만나는 사회구조(social structure)의 상호작용에 초점을 두고 있는 규범의 등장과 진화에 관한 사회진화적 설명(socio-evolutionary explanation)을 도입했다. 베른스타인에 따르면 이러한 설명은 지난 30년에 걸친 환경관리체제(environmental governance)에 있어서의 가장 중요한 변화 즉 환경과 자유경제 규범의 「자유주의적 환경주의(liberal environmentalism)」로의 놀라운 수렴을 가장 잘 설명한다.

1992년의 유엔환경개발회의(UNCED)는 이러한 자유주의적 환경주의라는 규범을 제도화시켰는데 이러한 규범은 환경의 보호를 자유경제질서의 촉진과 유지에 바탕을 두었다는 점에서 커다란 변화였다. 베른스타인은 「지속가능한 개발(sustainable development)」이라는 개념 속에 들어가 있는 이러한 자유경제질서의 촉진과 유지를 바탕에 둔 환경보호라는 규범이 1992년의 유엔환경개발회의에서 제도화 된 이후에도 광범위하게 국가 · 국제기구 · 비정부기구에 의해 환경과 관련한 정책 등에 정당성의 기초로서 수용되어 오고 있는 것을 지적하고 이러한 규범이 제도화가 되기 이전에는 환경보호와 경제개발(경제성장)이 평행선을 그어온 대립적인 개념이었는데 어떻게 통합적인 개념이 되었는가를 살펴보고자 했다. 그의 결론은 환경보호라는 아이디어가 그 당시 지배적인 경제규범인 「신자유주의

139) Steven F. Bernstein, The Compromise of Liberal Environmentalism (New York: Columbia University Press, 2001); Steven Bernstein, "Liberal Environmentalism and Global Environmental Governance," *Global Environmental Politics*, Vol. 2, No. 3 (August 2002), pp. 1-16: Loren R. Cass, *The Failure of American and European Climate Policy: international norms, domestic politics and unachievable commitments* (Albany, NY: SUNY Press, 2006).

(neoliberalism)」라는 사회구조(social structure)와의 상호작용을 거치면서 「자유주의적 환경주의(liberal environmentalism)」라는 규범이 탄생했다고 본다.

국제환경제도에 관한 현재의 학문은 형식과 기능(form and function)에 매몰되어 있어서 환경문제에 대한 대응의 규범적인 기초를 무시하며 이 때문에 이러한 변화를 설명하지 못한다고 본다. 이러한 설명은 또한 인식공동체(epistemic community)적 설명을 능가하면서 환경관리체제(environmental governance)에 있어서 과학을 우선시하는 것에 도전을 가하고 있다. 이러한 접근은 힘과 이익 그리고 규범의 발전에 대한 현존하는 관념적 접근법(existing ideational approaches to normative development)에 대해서도 장점을 지닌다고 본다.

결론적으로 말해 이전의 구성주의 접근법은 아이디어의 역할을 단순하게 언급하는 데 그쳤는데 베른스타인은 이러한 아이디어가 국제체제에서 내재된 일련의 제도화된 정치적·경제적 규범(underlying sets of institutionalized political and economic norms in the international system)이라는 사회적 구조를 만나 상호작용을 통해 이를 포용한 규범이 탄생됨을 밝히고 있다.

종합하여 볼 때 인식론적 접근법이나 구성주의 접근법의 경우는 공유된 지식이나 아이디어 혹은 규범 등이 그대로 국제환경과 같은 결과에 영향을 미친다고 보는 입장과 이러한 요인들이 환경적 혹은 구조적 요인들과의 상호작용을 통해 결과에 영향을 미친다고 보는 두 가지 견해가 존재한다고 정리할 수 있을 것이다.

베른스타인은 또 다른 연구에서 탄소시장(carbon market)에 대한 규범적인 합의의 역할과 더불어 이러한 규범적인 합의가 기후변화정치를 규정짓는 중요한 요소로서 전 지구적 기후변화 관리체제의 구조에 미치는 영향을 강조한다.140)

카스(Loren R. Cass)는 「미국과 유럽의 기후정책의 실패: 국제규범, 국내정치, 지킬 수 없는 약속(The Failures of American and European Climate Policy: International Norms, Domestic Politics, and Unachievable Commitments)」이라는 저서를 통해 왜 유럽연합의 경우(유럽연합 자체와 더불어 독일과 영국을 별도의 연구대상으로 함)는 기후변화와 관련한 국제적인 규범을 따르고 미국과 중국 같은 국가들은 거부하는가를 묻고 이에 대한 답을 구성주의 접근법을 통해 제시하고자 했

140) Steven F. Bernstein, Michele Betsil, Matthew M. Hoffmann, Matthew Paterson, "A Tale of Two Copenhagens: Carbon Markets and Climate Governance", *Millenium: Journal of International Studies*, Vol. 39, No. 1 (August 2010), pp. 161-173.

다.[141]

신현실주의 이론가들과 신자유주의적 제도주의 이론가들이 국가이익을 외생적으로 주어진 고정된 것이라고 보는 것과는 달리 카스는 국제규범(international norms)과 규범에 대한 토론(normative debate)을 살피는 것이 전 지구적인 기후변화가 가하는 위협에의 국내적·국제적인 대응이 어떻게 변화해 가는가를 이해하는 데 가장 중요하다고 보고 기후변화와 관련하여 부상하는 국제규범에 대한 토론이 국가이익과 국가행동에 영향을 미쳐 국가정책의 차이를 가져온다고 본다. 카스는 국내영역과 국제영역 모두에 있어서 누가 전 지구적인 온실가스 배출을 줄이는 일차적인 책임을 져야만 할 것인가와 어떤 원칙이 이러한 온실가스 배출의 감축을 이끌어 가도록 할 것인가에 관한 토론을 기후변화와 관련한 국제규범에 대한 가장 중요한 토론의 대상으로 본다.

그는 「국제규범의 국내적 현저성(domestic salience of international norms)」이라는 개념을 제시하고 이를 측정하여 국가들 간의 비교를 했으며 그 결과 국제규범의 국내적 현저성에 있어서의 차이가 국가의 기후변화에 관한 대내외 정책에 있어서의 차이를 가져온다고 결론을 짓고 있다.[142] 여기에서 국제규범의 국내적 현저성이란 기후변화와 관련된 국제규범이 국내의 기후변화와 관련된 에너지·교통·상업·과세·대외정책을 포함한 여러 분야에서의 정책적 대응에 통합되어 구체화되어 있는 정도를 일컫는다.

카스는 유럽연합(EU)·영국·독일·미국·중국에 있어서 기후변화 관련한 국제규범의 국내적 현저성을 측정하고자 했다. 이러한 복수의 사례연구를 통해 기후변화 관련한 국제규범의 국내적 현저성의 차이가 국가정책에 있어서의 차이를 가져오는 것을 밝히고 이러한 국내적 현저성에 영향을 미치는 요인들을 분석하여 가설을 수립하고자 했다.

카스를 포함하여 국제환경정치를 다루는 일단의 학자들이 부상하는 환경위협에 대한 국제적인 대응을 규정짓는 가장 중요한 변수로서 국제규범에 관심을 기울이고 있다. 국제규범에 관한 문헌들은 국제규범의 등장 과정에서 설득과 정치지도자들 사이에 있어서의 사회적 학습(social learning)의 역할을 강조해 왔다.

---

141) Loren R. Cass, *The Failures of American and European Climate Policy: International Norms, Domestic Politics, and Unachievable Commitments* (Albany, NY: State University of New York Press, 2006).

142) 「국제규범의 국내적 현저성」이란 국제규범이 국내에 미치는 강도(strength)를 의미한다.

그러나 환경문제의 경우 정치지도자가 규범의 적절성(appropriateness)에 대해 설득되는 것만으로는 국가의 행동을 바꾸기에 충분하지 않다. 왜냐하면 그 규범은 국내정치의 담론에 내재되어야 하고 궁극적으로 일국의 대내외 정책에 통합되어 구체화되어야만 하기 때문이다. 국가 지도자들은 이러한 과정에서 가장 중요한 역할을 한다. 그러나 대부분의 경우에 있어서 규범이 국가의 행동을 바꾸려면 이러한 규범이 충분한 수의 국내 행위자에 의해 수용되어야만 한다.

카스와 같이 국제규범이 국가이익과 국가행동에 영향을 미친다고 보는 학자들은 국제규범이 국내정치 담론과 정책으로 구체화되는 현상에 주목하고 어떤 국제규범이 어떤 이유로 국내정책으로 전환되는가・언제 국제규범이 부상하는 문제에 대한 국내외 정책의 형성에 영향을 주는가・어느 정도로 국제규범이 국가행동을 제약하거나 행동의 의무를 창출하는가・어느 정도로 정치지도자들은 국내정책을 정당화하거나 정책변화를 막기 위해 규범에 호소할 것인가・규범이 국내의 정치적 대화와 행동을 규정하는 데 얼마나 영향력이 있는가에 관심을 가지고 이러한 문제들을 연구하고자 한다.

이러한 규범적인 접근과는 달리 담론적인 접근을 사용하는 학자들은 환경문제와 해결책을 정의하는 데 있어서 담론의 중요성을 강조한다. 또한 힘과 이익을 규정짓는 것을 탐구하기 위해 담론적인 분석을 적용한다. 예컨대 엡스타인(Charlotte Epstein)은 포경(whaling)의 경우에 있어서 힘과 이익의 규정을 탐구하는 데 담론적인 분석을 적용했다.

엡스타인에 따르면 20세기 후반에 포경에 관한 세계의 태도가 광범위한 수용으로부터 도덕적인 비난으로 바뀌었다. 오늘날 석유만큼 세계경제에 중요했던 포경이었던 관계로 국가들은 지속적으로 포경을 지지해 왔었는데 이러한 과거로부터의 커다란 변화는 물질적인 이해관계의 변화에 의한 것이 아니라 고래를 보호가 필요한 특별하고 지능이 높은 멸종위기에 놓인 포유동물로서 성공적으로 재투사하는 강력한 반포경 담론(discourse)에 의한 것이었다.[143]

143) Charlotte Epstein, *The Power of Words in International Relations: Birth of an Anti-whaling Discourse* (Cambridge: Cambridge University Press, 2008).

제 4 절 국제정치경제 접근법

1. 이론의 핵심내용

국제정치경제 접근법(international political economy approach)은 1970년대에 경제적인 상호의존의 심화 · 다국적기업(MNCs)의 성장 · 브레턴우즈체제의 붕괴 · 석유위기 · 개도국의 신국제경제질서(NIEO)에 대한 요구 · 선진국 간의 무역 갈등의 심화 등과 같은 현상에 대응하여 탄생했다.[144)]

이러한 국제정치경제 접근법은 간단히 말해 국제적인 수준에서 정치와 경제의 복합적인 상호작용에 중점을 둔 접근방법이다. 국제관계에 있어서의 국가 간의 상호의존성의 심화가 정치와 경제 사이의 상호성의 심화를 가져오면서 정치와 경제를 분리한 채로는 복잡한 국제관계의 실체를 파악하는 것이 어렵게 되었다. 따라서 이러한 필요에 의해 1970년대 초에 등장한 통합적인 시각이 바로 국제정치경제 접근법이다. 냉전이 종식되고 지구화(globalization)가 심화되면서 이러한 시각의 중요성이 더해졌다.

이러한 국제정치경제 접근은 자유주의 · 현실주의(중상주의) · 급진주의(마르크스주의)라는 3가지 다른 관점들을 지니고 있다. 이들은 여러 측면에서 구별이 되지만 그 가운데 정치와 경제의 관계의 성격을 둘러싸고 가장 현저하게 구별된다. 구체적으로 자유주의적 국제정치경제 접근은 경제가 정치로부터의 독립적이거나 우위에 있다고 바라보나 현실주의적 국제정치경제 접근은 정치가 경제의 우위에 있다고 바라본다. 급진주의적 국제정치경제 접근의 경우는 경제가 정치구조를 결정한다고 본다.

국제정치경제 접근법은 다양한 학문적 배경을 가진 다양한 학자들에 의해 분석의 도구로서 사용되어 오고 있지만 이들이 공통적으로 관심을 집중하는 문제는

---

144) 「국제정치경제(international political economy)」라는 용어는 종종 말 그대로 국가를 전제로 한 국가 사이의 정치경제라는 의미를 지닌다. 그러나 교통과 통신의 발전 등으로 국가라는 물리적인 경계가 낮아지거나 무너지면서 국제화(internationalization)를 넘어 국제체계를 하나의 단위로 인식해야 할 정도로 지구화(globalization)가 가속화되면서 「국제」라는 말 대신에 「지구」라는 말을 쓰기도 한다. 이러한 구별 없이 종종 「국제정치경제」와 「지구정치경제」가 동일한 의미로 사용되기도 한다.

주로 정치와 경제의 관계·국제체제에서 국가와 시장의 상호작용·국제수준에서 힘의 추구와 부의 추구의 상호연계 방식 등이다. 물론 이러한 동일한 문제들을 둘러싸고 위에서 언급한 시각 중 어떤 시각에서 바라보는가에 따라 진단과 처방을 달리한다.

2. 국제환경정치에의 적용

환경에 대한 국제정치경제 접근법은 다양한 정치경제적 요인을 통해 전 지구적 환경문제나 전 지구적 환경의 변화를 설명하고자 하는 접근법을 의미한다. 기하급수적으로 증가하는 인구가 산술적으로 증가하는 식량을 추월함으로써 인류에게 위기가 올 것으로 예견한 맬서스(Thomas R. Malthus)의 「인구론」이 생태계에 대한 국제정치경제적 접근의 출발점으로 간주될 수 있을 것이다.

앞서 살펴본 카슨(Rachel Carson)의 저서 「침묵의 봄(Silent Spring)」, 에를리히(Paul R. Ehrlich)의 저서 「인구 폭탄(Population Bomb)」, 로마클럽의 보고서 「성장의 한계」, 슈마허(Ernst F. Schumacher)의 저서 「작은 것이 아름답다」 등 역시 환경에 대한 국제정치경제적 접근의 예들로 볼 수 있다.[145)]

1970년대에 접어들어 환경에 대한 관심이 커지면서 국제정치경제 접근 역시 환경문제에 관심을 가지기 시작했다. 그 결과 국제정치경제 접근은 국제무역의 자유화와 확대가 환경에 미치는 영향이나 산업과 자원에 집중된 다국적기업(MNC)의 활동이 환경에 미치는 영향 등에 관심을 가지고 본격적으로 연구하기 시작했다. 국제정치경제 접근법이 중점을 두는 대표적인 정치경제적 요인들을 살펴보면 다음과 같다.

전통적으로 가장 빈번하게 언급되는 이러한 요인에는 산업화·변화하는 생산의 성격·경제성장의 역할 등이 포함된다. 비교적 최근에는 소비주의(consumerism)와 자동차 문화(car culture)와 같은 전 지구적인 소비문화라는 요인들도 언급된다. 지구화(globalization)의 과정이라는 요인도 중요한 요인들 가운데 하나이다. 북반구 국가의 경제가 남반구 국가의 생태계에 미치는 영향과 같은 남북 간에 존재하는 구조적인 불평등(structural inequality) 등도 언급된다.[146)] 이들 이외에 자본

---

145) Peter Dauvergne, “Research in Global Environmental Politics: History and Trends,” in Peter Dauvergne, ed., *Handbook of Global Environmental Politics* (Cheltenham, UK and Northampton, MA: Edward Elgar Publishing, 2005), pp. 16-18 참조.

주의(capitalism)라는 요인도 생태계에 미치는 영향도 중요한 연구의 대상이 되고 있는데 구체적으로 자본주의 자체와 더불어 금융위기 · 개도국의 외채 · 무역 · 다국적기업을 포함한 기업과 같은 자본주의의 구체적인 측면 역시 전 세계의 생태에 영향을 미치는 요인들로 본다.

그러나 이러한 요인들이 환경에 미치는 영향을 둘러싸고 논쟁이 지속되고 있다. 예컨대 무역이란 요인과 환경의 관계와 관련하여 일단의 학자들은 무역에 있어서 상품이나 서비스의 가격이 모든 생태비용을 반영하고 있지 않으며 그 결과(즉 부정적 외부효과의 결과) 과소비를 부추김으로써 환경에 부정적인 영향을 미친다고 주장한다. 또 다른 일단의 학자들은 무역이란 경제성장을 촉진하거나 혹은 지구자원의 효율적인 사용을 촉진함으로써 지구의 지속가능성과 양립할 수 있을 뿐 아니라 나아가 지구의 지속가능성에 필수적이라고 주장한다. 또 다른 일단의 학자들은 세계무역기구(WTO)와 같은 국제제도가 환경문제에 관심을 둠으로써 무역이 점차적으로 환경적인 목표와 양립할 수 있다고 주장한다.[147] 또 다른 예로서 경제성장이 환경에 해가 되는가의 여부를 둘러싸고도 논쟁이 지속되고 있다

국제정치경제 접근을 하고 있는 학자들 가운데도 환경에 영향을 미치는 다양한 정치경제적 요인들 가운데 어떠한 요인(들)에 중점을 둘 것인가를 둘러싸고 견해를 달리한다. 클랩과 헬라이너(Jennifer Clapp and Eric Helleiner)와 같은 학자는 국제금융시장의 지구화 · 주요 국가들의 경제력에 있어서의 중대한 변화(즉 지구경제에 있어서의 새로운 강대국의 등장) · 높고 불안정한 세계시장에서의 일용품 가격이라는 국제정치경제에 있어서의 3가지 중요한 경향이 환경에 미치는 영향에 중점을 두고자 한다.[148]

국제정치경제 접근 가운데 하나인 급진주의에 대해 자세히 살펴보고자 한다.[149] 급진주의 시각의 핵심적인 내용을 우선 살펴보면 다음과 같다. 마르크스주의의 역사적 유물론적 관점에서 국제적인 분쟁과 갈등은 국제사회의 무정부성

---

146) 남북 간의 구조적인 불평등과 관련하여 사람들의 현재의 삶의 유형을 지탱하는 데 얼마나 많은 자원을 필요로 하는가를 측정하는 것을 목표로 하여 개발한 「생태발자국(Ecological Footprint)」이라는 개념 역시 소비에 있어서 남북 간에 커다란 불평등이 존재하고 있음을 보여준다.

147) Peter Dauvergne, op. cit., pp. 16-18.

148) Jennifer Clapp and Eric Helleiner, "International Political Economy and the Environment: Back to the Basics?" *International Affairs*, Vol. 88, No. 3 (2012), pp. 485-501.

149) 이들은 「급진적 환경정치론(Radical Ecopolitics)」이라고도 불린다.

(anarchy)에서 오는 것도 세력균형체제(balance of power system)의 붕괴에서 오는 것도 아니다. 이들의 관점에서 국제적인 분쟁과 갈등은 세계자본주의(world capitalism) 내에서의 모순에 필연적으로 기인한다고 본다. 이러한 관점에서 레닌은 제1차 세계대전이 자본주의적 축적에 의한 불가피성(특히 투자에 대한 회수율의 저하)에 의해 발생한 제국주의로부터 유래되었다고 보았다. 또한 일부 마르크스주의 전통의 학자들은 자본주의의 위기(특히 과소비)로 인하여 국가들은 종종 공격적인 행태를 취하게 된다고 설명한다.

이러한 마르크스주의 전통은 국제정치경제 현상을 설명함에 있어서 국제체제에서의 자본주의적 축적의 내재적인 동학과 남북관계에서 발생하는 지배와 종속의 패턴에 연구의 중점을 두었다. 이러한 지배와 종속은 소유에 있어서의 불균형과 물질적 부의 지배에 기초를 두고 있을 뿐 아니라 아이디어의 영역에서도 작동하고 있다고 보는데 이러한 후자의 주장을 전개한 대표적인 학자로서 패권이론(hegemony theory)을 주장한 그람시(Antonio Gramsci)가 있다.

국제환경 문제는 20세기 마르크스주의 국제관계 학자들의 중심적인 관심사가 아니었다. 이들은 계급에 기초한 혁명이야말로 새롭고 더욱 공정한 국제질서를 위해 필요한 기초임을 옹호하면서 사회주의 사회가 환경적으로도 도덕적인 사회(virtuous society)가 된다고 생각했다.150)

그럼에도 불구하고 환경문제가 국제적인 관심사가 되면서 이들은 자본주의체제의 자본축적에 대한 기존의 비판을 세계경제의 위기와 더불어 환경의 위기와 관련 지었다. 이들은 또한 시장주의에 의해 추동되고 있는 지구화(globalization)를 환경파괴의 주된 요인으로 보고자 했으며 국가를 자본의 대리인으로 인식하는 이들은 국가를 환경문제를 해결하는 행위자가 아닌 환경문제의 일부분이라고 생각했다.

이들은 전 지구적 환경의 위기는 국가들 간의 집단행동의 문제(collective action problem)가 아니라고 생각하고 국제레짐(international regimes)은 전 지구적 자본주의의 작동에 영향을 미치지 않은 채 무엇인가가 이루어지고 있다는 인상만을 단순히 주고 있다는 점에서 주변적인 것이라고 생각한다.151)

---

150) 이들의 논리대로 자본주의 세계의 발전이 자원의 대량 소비와 더불어 생태계의 파괴를 야기한 것이 사실이지만 소련과 그 밖의 다른 사회주의 국가들의 추구한 정책 역시 환경에 해악을 가져온 것 역시 사실이다.

151) 환경문제와 자본주의를 다루고 있는 대표적인 저서로는 다음과 같은 것이 있다: John Bellamy

패터슨(Matthew Paterson)은 국제환경정치에 관한 국제관계 이론들(특히 신현실주의 이론과 신자유주의적 제도주의 이론)이 전 지구적인 환경문제의 원인을 공유자산의 비극 논리와 개념적이거나 이론적 연구 외적인 것으로 간주되는 일련의 세속적인 경향(a set of secular trends which are treated as exogenous to any conceptual or theoretical enquiry)에서 찾는 등 근본적인 원인을 체계적으로 경시한다고 비판한다.152)

좀 더 근본적으로 기존에 국제관계 이론의 주류를 이루는 신현실주의 이론과 신자유주의적 제도주의 이론이 현실에 대한 비판이론(critical theory)이 아니라 문제해결 이론(problem-solving theory)으로서의 한계를 지닌다고 비판한다. 즉 이들 이론들은 세계를 있는 그대로 수용하고 현존하는 관계와 제도가 좀 더 원만하게 작동하도록 하는 데에 주의를 집중하는 현상유지적인 이론이라는 것이다.

그는 이러한 비판과 더불어 국제환경문제는 상호 연관된 세계정치의 주요한 권력구조(power structure)인 국가체제(state system)・자본주의(capitalism)・지식(knowledge)・가부장제(patriarchy)의 결과물이라는 구조주의적 설명을 제시하고 있다. 여기에서 국가체제란 국제체제가 주권국가를 기본단위로 하고 있다는 것을 의미하는 것으로서 이러한 체제의 특성 때문에 발생하는 군사적 경쟁과 일국에서 발생한 오염물질이나 폐기물의 타국으로의 이동 등이 환경문제를 야기한다고 본다.

자본주의의 경우 지속적으로 필요한 성장과 상품화 등이 무한한 원료를 필요로 하는 관계로 환경문제를 야기한다. 지식과 환경문제의 관계와 관련하여서는 주류의 이론이 합의적인 과학적 지식이 환경문제의 해결에 기여한다고 하나 기실 이러한 지식이 국가의 성격과 이해관계에 종속되어 있고 과학적 지식이 인간을 자연으로부터 분리하고 자연에 대한 인간의 지배에 기반을 두고 있음으로써 오히려 환경문제의 원인이 되고 있다고 본다.

가부장제란 남성이 정치적 지도력・도덕적 권위・사회적 특혜・재산의 통제권에 대하여 독점적 역할을 수행하는 제도를 의미하는데 이러한 가부장제가 환경

Foster, *Ecology Against Capitalism* (New York: Monthly Review Press, 2002). 이 책은 우리말로도 번역되어 있다: 존 벨라미 포스터, 추선영 옮김, 『생태계의 파괴자 자본주의』 (서울: 책갈피, 2007).

152) 여기에서 「세속적 경향(secular trend)」은 「분리된 경향(discrete trend)」이라고도 불리는데 이는 구체적으로 국가로 하여금 자연을 착취하도록 만드는 인구성장・소비증가・산업화 등을 지칭한다.

문제의 원인이 된다는 것이다. 구체적으로 남성이 여성을 지배하고 통제해 온 것과 마찬가지로 남성은 자연을 지배하고 통제해 오면서 환경을 파괴하고 여성들에게는 파괴된 환경을 위한 뒤치다꺼리의 역할을 부여한다는 것이다.

이처럼 세계정치의 권력구조가 자연을 지배하고 착취한 결과 우리가 직면하고 있는 환경문제를 야기한다고 하면서 그는 이러한 권력구조가 존재하는 한 환경운동을 하는 비정부기구(NGO) 등을 포함한 지구시민사회는 다국적기업과 정부 그리고 소비자를 변화시키지 못한다고 보고 국제환경 위기를 해결하려면 국제제도(국제레짐과 국제기구)의 작동방식을 개선하는 정치가 아니라 저항의 정치가 필요하다고 주장한다.

구체적으로 그는 국제환경정치에 대해 새롭고 비판적인 접근을 발전시키고자 하는데 그 핵심은 현재의 세계정치의 권력구조가 지구온난화와 같은 환경의 도전을 해결하는 데 무기력하기 때문에 이러한 도전에 대응하기 위해서는 단순히 새로운 국제제도의 수립이 아닌 대안적인 사회·정치적 구조를 수립해야 됨을 강조한다.

이러한 주장을 바탕으로 그는 국제관계의 주류이론에 대항하여 생태사회주의(ecosocialism)·사회생태주의(social ecology)·생태여성주의(ecofeminism)·녹색정치(green politics)·심층생태주의(deep ecology)를 구축하고자 한다.153)

이러한 급진적 국제정치경제 접근이 환경문제의 해결에 있어서 국가의 중요성과 국가들 사이의 협력의 전부를 거부하는 것은 주류의 국제관계이론에 대한 본질적인 공격이다. 그러나 이러한 종류의 비판적인 접근은 마르크스와 그의 유물론을 받아들이는 학자들만의 주장은 아니다. 즉 환경문제의 뿌리는 환경문제를 둘러싼 국가들 간의 협력을 고무하고 발전시킴으로써 해결될 수 있는 성질의 것이 아니라고 생각하는 다른 종류의 급진적인 학자들이 적지 않다.

대표적인 예의 하나로서 국제관계를 여권주의자(feminists)의 관점에서 바라보는 학자들을 들 수 있는데 이들은 국가체제(state system)뿐만 아니라 전 지구적인 환경관리체제(global environmental governance)와 관련 있는 비정부기구(NGO)를 비롯한 다른 행위자들에도 본질적으로 내재해 있는 성에 대한 편견(gender bias)을 들추어 내고자 한다. 이러한 비판적 접근은 환경분야에서 문제의 원인을

153) Matthew Paterson, *Understanding Global Environmental Politics: Domination, Accumulation, Resistance* (London: Macmillan, 2000).

다른 곳에서 찾고 환경관리에 관한 주류의 접근법에 도전을 가하고자 한다.

다른 학자들은 급진적인 녹색정치사상(radical green political thought)으로부터 유래되는 생각을 차용하기도 한다. 이러한 접근법은 지구환경정치에 대한 연구를 국가 간 제도(interstate institution)의 몰입으로부터 큰 거리를 두도록 했다. 예컨대 쾨팅(Gabriela Kütting)과 같은 학자는 지방적 수준과 전 지구적 수준에서 복합적인 상호작용을 야기하는 지구경제에 있어서의 생산과 공급의 연계를 깊이 연구하고 환경을 개발과 연결시켜 경제성장과 환경악화 모두를 추동하는 요인을 규명하고자 했다.

이러한 일련의 전 지구적 환경정치에 대한 급진적인 접근은 우리들로 하여금 지구환경정치라는 것이 환경보전을 위해 국제레짐을 제도화하려는 선진국의 개혁주의자들의 시도에만 달려 있는 것이 아니라 개발과 재분배(development and re-distribution)에 대한 개도국들의 시급한 요구에도 달려 있다는 것을 이해하도록 돕는다.

마지막으로 생태학적 제국주의 혹은 환경 제국주의에 대해 살펴보고자 한다.[154] 생태학적 제국주의(ecological imperialism)는 크로즈비(Alfred Crosby)가 1986년에 발간된 그의 책 「생태학적 제국주의: 유럽의 생물학적인 팽창, 900-1900 (Ecological Imperialism: The Biological Expansion of Europe, 900-1900)」에서 사용한 용어로서 통상적인 경제적 현상으로서의 제국주의에서 나아가 생태계 혹은 환경에 가해지는 제국주의로 우리의 인식의 지평을 넓히는 계기를 제공했다.

크로즈비에 따르면 식민주의자들이 정착할 때마다 토착민들과 식물 및 동물을 황폐화시키는 질병을 유입시키고 서식하고 있는 동식물을 잠식하는 잡초를 가져와 이들을 끝내 멸종시켜 버렸다. 또한 호주와 남아프리카공화국과 같은 건조한 지역에서 사용된 유럽식의 농사법은 치명적인 환경적인 영향을 미쳤다. 이 책은 토착적인 환경이 유럽에 의해 세계 나머지 대부분이 식민지화할 때마다 어떻게 파괴되었다고 설명함으로써 현재 인류가 직면하고 있는 환경문제가 역사적으로 어떤 과정을 통해 야기되었는가를 보여준다.[155]

---

154) 생태학적 제국주의 혹은 환경 제국주의는 일반적으로 동일한 의미로 사용되며 선진 산업국가들에 의한 생태학적 수탈을 특징으로 하는 지배구조를 의미한다.

155) Alfred W. Crosby, *Ecological Imperialism: The Biological Expansion of Europe, 900-1900* (Cambridge: Cambridge University Press, 1986). 한국에서는 다음과 같은 제목으로 번역되어 출간되었다: 앨프리드 W. 크로스비, 안효상·정범진 옮김, 『생태 제국주의』 (서울: 지식의 풍경, 2000년).

크로즈비는 그의 책 부제에서 볼 수 있듯이 생태학적 제국주의를 단순히 생물학적 팽창의 관점에 치중하여 다룸으로써 경제적 현상으로서 제국주의와의 연결을 시도하고 있지 않다. 즉 유럽 국가들에 의한 생태환경의 파괴가 자본주의와 어떤 관련을 가지는가에 대해서는 언급을 하고 있지 않다.

통상적으로 「생태학적 제국주의」나 「환경 제국주의」라는 용어를 사용할 때는 생태 혹은 환경의 파괴가 어떻게 자본주의에 의해 추동되는 경제적 제국주의와 연계되어 있는가에 초점을 둔다. 이러한 용어는 여기에서 더 나아가 환경보호를 빌미로 한 보호무역정책 등도 포함하고자 한다.

여기에서는 우리가 통상적으로 일컫는 생태학적 제국주의나 환경 제국주의가 역사를 통해 어떤 방식으로 전개되어오고 있는가를 살펴보는 것은 흥미로운 일일 것이다. 이러한 전개과정을 3단계로 나누어 보는 학자가 있는가 하면 좀 더 세분하여 4단계로 구분하는 학자가 있다. 여기에서는 이들의 논의를 중심으로 환경 제국주의의 4단계로 살펴보고자 한다.[156]

첫 번째 단계는 15세기에서 19세기에 유럽인들이 북미・호주・뉴질랜드・아프리카 등 다른 대륙으로 이동하면서 생태계의 확장을 가져옴으로써 토착적인 생태계가 파괴된 시기이다. 구체적으로 유럽의 질병과 동식물이 토착지역에 유입됨으로서 원주민의 대량 사망과 동식물의 멸종 등을 가져왔다. 이 시기는 크로즈비가 언급한 생태적 제국주의의 시대와 일치한다.

두 번째 단계는 19세기 후반 자본주의가 고도로 발전하면서 후진국을 식미지화하여 이들로부터 원료를 수탈하고 이들에게 잉여 생산물을 판매하는 제국주의 시대에 전개된 단계이다. 이때 후진국이 제국주의 국가들에 의해 자연자원을 수탈당하고 후진국이 자국민을 위한 작물의 재배보다는 식민 모국으로의 수출을 위한 단일한 작물(예컨대 커피와 같은 기호식품)의 생산에 크게 의존함으로써 생물다양성이 축소되었다.

세 번째 단계는 후기 자본주의 시대에 접어들어 선진국들이 자본주의 발전의 부산물로서 심각한 환경오염에 직면하게 되자 환경보호단체들의 활동이 활발해지고 일반인들의 환경의식이 강화된 시기에 나타나는 환경 제국주의의 단계이다.

---

156) 황태연은 3단계로 나누고 있다: 황태연, 『환경정치학과 현대정치사상』 (서울: 나남출판, 1994). 이와는 달리 윤순진은 4단계로 나누고 있다: 윤순진, "기후불의와 신환경제국주의: 기후담론과 탄소시장의 해부를 중심으로," 『환경정책』, Vol. 16, No. 1 (2008), pp. 135-167.

이러한 경향은 1960년대 이래로 두드러지게 드러났다. 이 단계에선 선진국들은 유해한 산업폐기물을 후진국에 수출을 하고 공해산업을 후진국에 이전하여 후진국의 환경을 파괴했다. 이 시기에는 또한 후진국들이 과중한 외채를 부담하고 있는 관계로 이의 상환을 위한 노력의 일부로서 자국의 자연자원을 과도하게 채취함으로써 생태계가 급속하게 파괴된 시기이기도 하다.

네 번째 단계는 선진국들이 지구온난화와 같은 환경위기를 빌미로 후진국들이 충족시키기 힘든 환경기준을 제시하고 이를 충족시키지 못할 경우 아예 수출을 금지하거나 상계관세(countervailing duties) 등과 같은 무역장벽을 쌓아 자국 상품을 보호함과 동시에 후진국에게 환경 친화적인 기술과 설비를 판매하여 경제적인 지배력을 강화하는 시기이다. 이러한 것은 선진국들이 리우환경회의와 이에 뒤이어 환경과 무역에 관한 다자간 협상인 그린라운드(Green Round)의 공식적인 출범을 위한 적극적인 노력과 2012년 리우에서 개최된 유엔지속가능개발회의(Rio +20)에서 녹색성장(Green Growth)을 전 세계 모든 국가들이 발전을 위한 패러다임으로 택할 것을 종용한 것에서 드러난다.

제 3 장

국제환경정치의 주요 연구주제

제 3 장

국제환경정치의 주요 연구주제

제 1 절 환경문제의 특징

국제적인 문제로서의 환경문제는 다음과 같은 속성을 지니고 있다고 흔히 언급된다. 따라서 환경문제에 대한 처방도 이러한 속성에 기반을 두고 이루어져야 한다. 이러한 속성을 하나씩 개괄적으로 살펴보면 다음과 같다.

첫째, 서유럽 국가들(특히 영국과 독일)의 급속한 산업화 과정에서 배출된 유해성 가스가 대기의 흐름을 따라 국경을 넘어 북유럽 호수의 심각한 산성화를 가져오고 산업화를 일찍 경험한 선진국들의 배기가스가 전 지구적인 기후온난화를 초래한 것 등의 예에서 보듯이 환경문제는 발생지로부터 국경을 넘어 광범위한 지역으로 확산되는 광역성을 가진다. 따라서 한 국가만의 국지적인 대응 노력만으로 환경문제는 해결될 수 없기 때문에 인접국이나 전 세계 모든 국가의 공통된 문제로서 다루어져야 한다.

둘째, 지구온난화와 오존층 파괴 등의 경우에서 전형적으로 보듯이 환경문제는 문제의 발생시점으로부터 그 결과가 발현되는 시점까지 상당한 시간의 격차가 존재한다는 시차성의 특성을 지닌다. 이러한 시차성으로 인해 환경문제를 야기하는 인과적인 원인을 찾아내는 것이 쉽지 않고 설혹 원인을 찾아낸다고 해도 이미 문제가 심각해진 이후라서 해결이 원초적으로 불가능하거나 해결에 막대한 시간과 재정을 요하게 된다. 이 때문에 환경문제는 예방과 신속한 조기대응이 긴요하며 환경보호를 위해서는 정보의 수집과 정보의 과학적 분석이 전 세계적인 규모로 이루어져야 하며 이러한 활동은 장기적이고 지속적으로 행해져야 한다.

셋째, 하나의 환경문제는 그 자체로서 끝나지 않고 연쇄반응(chain reaction)을 일으켜 또 다른 환경문제를 야기하는 복합성을 지닌다. 예컨대 온실가스의 과도한 배출로 인한 지구온난화는 해수와 대기의 흐름을 바꾸어 놓으면서 강수량과 수분 증발량에 있어서의 변화를 가져오고 이러한 변화는 기상이변을 야기하여 집중호우와 폭풍우로 인한 홍수를 가져오는 한편 적지않은 지역에 가뭄으로 인한 사막화를 가져온다. 이러한 강수량과 수분 증발량의 변화는 또한 해수의 염도를 변화시켜 해류의 구조와 해양 생태계의 큰 영향을 미치기도 한다.

지구온난화는 극지대의 빙하를 녹여 해수의 염도를 변화시킬 뿐 아니라 주변 해수의 온도를 떨어뜨림으로써 해양 생태계를 교란시키는 한편 해수면을 상승시켜 방글라데시와 같이 인구가 해변에 밀집되어 있는 국가에서 육지의 침수와 홍수를 가져와 식수를 오염시키고 경작지와 주거지를 사라지게 하면서 대규모 인구의 이주를 가져오게 된다. 삼림지역이 이주 인구의 경작지와 거주지로 용도가 변경됨으로써 생물의 다양성이 소실되고 그 결과 생태계가 파괴될 뿐 아니라 이산화탄소 흡수원(carbon sink)이 감소되어 지구온난화가 가속되는 악순환이 초래된다.

지구온난화는 산림지역의 전용을 통해 생태계의 파괴를 가져오기도 하지만 기후변화의 직접적인 영향으로 식물들을 멸종시키거나 멸종의 위기에 처하도록 함으로써 생태계를 파괴하기도 한다. 이처럼 지구온난화가 연쇄적으로 환경문제를 야기하기 때문에 환경문제의 해결을 위해서는 단편적인 대책이 아닌 종합적인 대책을 추구해야 한다.

넷째, 세계은행의 「1992년 세계개발보고서(World Development Report 1992: Development and the Environment)」가 환경파괴가 인류의 건강을 악화시킬 뿐 아니라 노동생산을 낮추어 종국적으로 경제생산성을 감소시킨다고 경고하고 있는 것과 마찬가지로 환경문제는 환경문제가 아닌 다른 정치·안보·경제·사회·문화라는 문제영역(issue area)과도 긴밀하게 연계되어 있다. 즉 환경이 변화는 자연적·생물적인 것이지만 동시에 사회적인 것이라는 것이다. 따라서 환경문제를 환경문제로만 접근하여서는 본질적으로 해결이 불가능하다는 것이다.

다섯째, 하나의 환경문제는 여러 요인에 의해 발생하며 하나의 환경문제 요인은 여러 환경문제의 요인이 되기도 한다. 하나의 환경문제가 여러 요인에 의해 발생하는 예로는 해양오염을 들 수 있다. 구체적으로 해양오염은 육상에 기인한 요인(인간의 생활에서 발생하는 오수·분뇨·산업폐수·축산폐수·농약 등의 하천을 통한 유입), 해상에 기인한 요인(선박과 해양시설의 오수와 폐수·해양투기·해저개발과 해난

사고로 인한 기름유출), 대기에 기인한 원인(산성비나 방사성 물질의 낙진 등) 등에 의해 발생한다.

하나의 요인이 여러 환경문제를 야기하는 경우로는 이산화탄소를 들 수 있는데 이산화탄소는 지구온난화의 원인이기도 하지만 오존층 파괴의 원인이기도 하다. 이러한 원인의 다양성과 중첩성으로 인해 환경문제는 해결에 있어서 복합적이고 종합적인 처방을 필요로 한다.

여섯째, 독립적으로 환경문제를 야기하는 다양한 요인들이 합쳐져 새로운 형태의 환경문제를 야기한다. 예컨대 화석연료인 석탄과 석유에 함유된 유황성분이 연소되면서 배출되거나 자동차 배기가스에서 배출되는 아황산가스(SO_2)는 그 자체로도 독성이 강해 인체의 점막을 해치는 등의 환경문제를 야기한다. 자동차·산업시설·발전소 등에서 연료를 태울 때 생성되는 일산화질소(NO)는 공기 중의 산소와 결합하여 이산화질소(NO_2)가 되는데 이 가스 역시 강한 독성으로 인해 인간의 호흡기에 위해를 가하는 등의 환경문제를 발생시킨다. 이러한 아황산가스와 이산화질소가 공기 중의 수증기와 결합하여 산성비(acid rain)를 만들어냄으로써 산림·농작물·토양·호수·지하수·건축물뿐 아니라 인체에도 심각한 피해를 준다.

제 2 절 환경문제의 원인

환경문제의 원인과 관련하여 앞서 국제환경 문제의 역사 부분에서 「I=PAT」라는 공식을 살펴본 바 있다. 이 공식은 인구·소비된 물건의 양·소비되는 물건을 만드는 기술을 환경문제의 중요한 원인으로 지적하고 있다. 지금도 이 공식이 만들어진 때와 마찬가지로 환경파괴의 원인을 둘러싸고 논쟁이 격하게 전개되고 있지만 이러한 공식이 제시하고 있는 원인들에서 크게 벗어나지 않는다.

구체적으로 인구의 폭발적인 과도한 증가를 환경파괴의 근본적 원인으로 보는 주장과 과학기술의 발전으로 인한 물질적인 풍요와 경제성장을 원인으로 보는 주장이 가장 치열하게 대립되어 오고 있다. 즉 인구가 증가하면 그에 비례하여 더 많은 의식주가 필요해지고 이에 비례하여 폐기물도 더 많이 발생할 것이라는 주장과 과학기술의 발전으로 인한 물질이 풍요해지고 경제가 성장할수록 더 많은 자연자원을 필요로 하고 이에 비례하여 더 많은 폐기물과 오염물질이 배출되어 환경파괴로 이어진다는 주장이다.

여기에서는 이러한 주장을 포함하여 환경문제의 원인을 인구문제·경제성장과 소득증대·환경파괴적인 생산기술·빈곤으로 국한하여 살펴보고자 한다. 앞서 국제정치경제 접근에서 살펴보았듯이 이러한 요인들 이외에 다양한 요인들이 환경파괴의 원인으로 언급되고 있다. 정치생태학(political ecology)의 경우 인구문제·경제성장과 소득증대·환경파괴적인 생산기술·빈곤을 환경문제의 원인으로 보는 견해에 대해 환경문제를 탈정치화하는 견해라고 비판하면서 세계정치의 권력구조(주권국가를 단위로 하는 국제정치체제·세계자본주의 국제경제체제·지식·가부장제)를 환경문제의 원인으로 보고 이러한 세계정치의 권력구조의 변혁이 없이 환경문제의 본질적인 해결이 어렵다고 본다. 여기에서는 환경문제의 원인으로서 이러한 비판적인 시각을 수용하면서 환경문제의 원인으로서 가장 빈번하게 언급되는 요인들을 한번 살펴본다는 데에 의의를 두고자 한다.

1. 인구문제

인구가 증가하면 자원의 고갈시키면서 환경문제를 야기한다. 인구가 증가하게 되면 기본적인 의식주를 해결하기 위해 더 많은 재화와 서비스가 요구된다. 이러한 재화와 서비스를 생산하기 위해서는 더 많은 자원이 필요하며 자연적으로 자원의 고갈과 환경문제를 일으키게 된다.

인구가 증가와 더불어 인구의 집중과 도시화가 환경문제를 야기하게 된다. 농업 생산력이 증대하면 동일한 식량을 생산하는 데 보다 적은 노동력을 필요로 하게 되고 그 결과 필연적으로 유휴 노동력이 생기며 이들은 직업과 편리한 생활을 찾아 도시로 유입된다. 인구가 몰리게 되면 이에 비례하여 일자리는 물론 주거시설과 상하수도시설 등 배후시설이 마련되어야 하나 이러한 시설이 제대로 확보되지 못할 경우 물과 대기의 오염을 비롯한 각종 환경문제를 야기한다. 이는 산업혁명기의 영국이 경험한 바가 잘 보여준다.

여기에서는 환경문제의 원인으로서의 인구문제에 대한 역사적인 논의를 살펴보고 이러한 인구문제가 환경문제에 미치는 영향을 살펴보고자 한다. 산업혁명이 18세기 중엽(1760년을 기점으로 보는 견해가 많다)에 영국에서 시작되어 유럽의 다른 국가들로 확산되면서 혁명적인 급격한 산업생산력의 증대를 가져왔다. 이러한 급격한 산업생산력의 증대는 증기기관이라는 새로운 동력과 기계의 결합으로 가능했다.

이러한 산업혁명으로 영국을 중심으로 유럽의 경제가 양적으로 급격하게 성장하던 즈음에 영국의 경제학자인 아담 스미스(Adam Smith, 1723-1790)는 1776년에 「국부론」이라는 책을 저술하여 중상주의 정책을 비판하고 모든 개인들이 자기 중심적인 이익을 추구하면 「보이지 않는 손(invisible hand)」에 의해 공익이 증대한다는 주장을 핵심으로 하는 자유방임주의 시장경제를 옹호했다.

이즈음 증기기관을 원동력으로 하는 기계가 널리 보급되면서 수공업이 몰락하고 이러한 수공업이 소수의 자본가가 대규모로 노동자를 고용하여 기계를 통해 대량으로 생산하는 체제로 대체되었다. 그 결과 대부분의 수공업자들이 대규모 기계생산의 노동자로 전락하게 되었다.

양모의 생산을 늘리기 위해 농토에서 농민들을 몰라내는 인클로저운동(enclosure movement)이 1760년 이후에 급속히 전개되면서 농민들이 도시로 대거 유입되었다. 이와 더불어 18세기 후반부터 급속하게 증가하기 시작한 영국의 인구로 인해 도시의 노동력이 과잉공급 상태에 놓였다. 그 결과 도시의 노동자들은 실업상태에 빠지거나 최저생활마저 보장되지 않는 저임금과 고된 노동에 시달리게 되었다. 여기에 더하여 노동자들에게는 투표권이 주어지지 않았을 뿐 아니라 집단행동이 법적으로 금지되었다. 사회보장제도 또한 자유방임주의 사상의 영향으로 존재하지 않았다. 이러한 상황 아래 도시 노동자들의 삶의 질이 악화되어 도시빈민으로 전락했고 빈부격차가 급속도로 심화되었다. 이로써 18세기 말엽에 사회·경제적인 불평등과 대중의 빈곤이 중대한 사회문제로 등장했다.

이러한 배경하에 방직기가 노동자의 일거리를 줄인다는 생각으로 대규모 기계파괴 운동인 러다이트운동(Luddite Movement, 1811-1817)이 전개되었다. 이러한 러다이트 운동은 단순한 기계파괴운동에 그친 것이 아니라 산업혁명과 더불어 자리를 잡아가던 자본주의 시장경제에 대한 저항이었던 것이다.

이 당시 주목해야 하는 것은 영국이 단순히 도시 노동자들의 빈곤이라는 정치·경제적인 문제에만 직면해 있는 것이 아니라 급격한 오염과 같은 환경문제를 안고 있었다는 점이다. 구체적으로 산업혁명의 중심지인 영국의 런던은 급격한 산업발달과 더불어 인구 자체의 증가와 인구의 급격한 유입으로 인해 각종 오염에 시달리고 있었다. 골목마다 썩은 쓰레기가 방치되어 넘치고 하늘은 시커먼 매연으로 뒤덮여 있었으며 오수 저장소는 흘러 넘쳤다. 오염된 물로 인해 콜레라와 장티푸스 같은 수인성 전염병이 창궐하고 호흡기 질환이 만연했다.

노동자들의 빈곤과 빈부격차의 확대에 직면하여 이러한 문제를 해결하기 위한 다양한 진단과 처방이 제시되었다. 아담 스미스의 경우는 사유재산권을 인정하는 바탕하에 생산력의 발전을 통해 이러한 빈곤의 문제를 해결할 수 있다고 보았으나 이러한 아담 스미스의 자유방임주의적인 시장경제에 기초한 자본주의는 공격의 대상이 되었다.

이 당시 영국의 지식인들 다수는 프랑스대혁명(1789년 7월-1794년 7월) 이후 프랑스에서 유행하던 급진적인 자유주의 진보사상의 영향을 받은 결과 산업혁명의 폐해를 비판하고 급진적인 사회개혁을 요구했던 것이다. 이러한 대열에 합류한 대표적인 사람이 프랑스인으로서 프랑스 대혁명에 참가한 과격한 철학자인 콩도르세(Marquis de Condorcet, 1743-1794)와 영국인으로서 언론인이자 정치철학자이며 작가였던 고드윈(William Godwin, 1756-1836)이었다. 콩도르세는 생활능력이 결여되어 있는 사람들을 위한 복지기금의 설치라든가 자본가로부터 노동자의 독립을 도울 수 있는 은행신용지원책과 같은 온건한 정책을 제안했다. 고드윈은 빈곤의 원인을 정치제도에서 찾고 평등에 기초를 둔 이상사회의 실현을 제시하고자 했다. 구체적으로 고드윈은 사유재산제도와 사회계급의 폐지뿐 아니라 여기에서 더 나아가 부자들의 이익만을 옹호하는 정부의 폐지(무정부)를 주장하기까지 했다.

그러나 다른 한편 귀족과 자본가 등이 이러한 급진적인 자유주의 진보사상의 확산을 막으려는 보수주의의 움직임도 동시에 존재했다. 이렇게 진보적인 생각과 보수적인 생각이 맞닥치고 있는 상황에서 맬서스는 「인구론」이라는 저서를 통해 그 당시 가장 중요한 문제로서 부상하고 있던 빈곤의 문제를 보수주의 시각에서 진단하고 처방을 내놓으면서 급진적인 자유주의 진보사상에 대한 견해를 제시하여 이들에 반격을 가하고자 했던 것이다.

맬서스는 1798년에 흔히 「인구론」이라고 불리는 「사회의 향후 개선에 영향을 미치는 인구의 원리에 관한 에세이와 고드윈과 콩도르세 그리고 그 밖의 작가들의 사유에 대한 논평(An Essay on the Principle of Population as it affects the Future Improvement of Society, with Remarks on the Speculations of Mr. Godwin, M. Condorcet, and other Writers)」이라는 제목의 책을 출간

했다.

이 책에 자극적이고 끔찍한 내용이 포함되어 있는 관계로 세간의 비난이 우려되어 익명으로 출판했다고 한다. 그러나 초판이 예상과는 달리 세간의 주목을 받게 되자 맬서스는 1803년에 「인구의 원리; 즉 인구의 원리가 인류의 행복에 미친 과거와 현재의 영향에 대한 견해; 더불어 인구의 원리가 야기하는 폐해의 향후 제거나 완화에 관한 전망에 대한 고찰(An Essay on the Principle of Population; or, a view of its past and present effects on human happiness; with an enquiry into our prospects respecting the future removal or mitigation of the evils which it occasions)」이라고 서명을 바꾸어 제2판을 출간했다. 우리가 보통 이야기 하는 「인구론」의 내용이라고 하는 것은 제2판에 기초한 것이다.

인구통계학자이면서 정치경제학자인 맬서스가 제시한 「인구론」의 핵심은 빈곤의 악순환의 원인을 찾는 것이었으며 그는 이를 인간의 무절제한 성욕으로 인해 인구는 기하급수적으로 성장하나 식욕을 채우는 데 필요한 식량은 산술급수적으로 성장한다는 것에서 찾고자 했다. 그는 식량의 증가가 인구의 증가에 미치지 못하기 때문에 인류는 빈곤으로 벗어날 수 없다고 진단했다. 좀 더 구체적으로 말해 인구의 증가는 항상 식량공급을 초과하기 때문에 소득증대나 농업생산량의 개선에 의해 하층계급의 조건을 향상시키고자 하는 어떠한 시도도 의미가 없다고 본다. 여분의 생존수단의 공급은 인구의 증가를 유인하게 되며 이렇게 하여 증가된 인구는 이러한 여분의 생존수단을 완전히 흡수해 버린다고 보았다. 즉 임금인상과 같은 조치를 통한 하층계급의 소득증대는 출산율의 증가를 가져오고 이러한 출산율의 증가는 노동의 과잉공급을 초래하고 이는 지속적인 임금하락으로 이어져 빈곤과 비참함의 나락으로 떨어지게 된다. 이러한 빈곤과 비참함은 질병과 기아를 수반하면서 노동의 공급을 감소시키게 된다. 인구론의 핵심 주장을 간단하게 요약하자면 인구법칙으로 인해 다수 대중의 비참한 생활은 면할 수 없다는 것이다.

빈곤의 원인을 식량이 감당할 수 없는 인구로 본 맬서스는 식량생산을 증가시키는 데에는 한계가 있으므로 빈곤을 억제하기 위해서는 인구를 억제하지 않으면 안 된다고 주장하면서 인구증가의 억제 수단으로서 「예방적 억제(preventive check)」와 「적극적 억제(positive check)」를 제시했다. 예방적 억제란 출산율을 떨어뜨리는 것을 목표로 하는 자발적인 행동의 것으로서 맬서스는 이를 도덕적인 것과 비도덕적인 것으로 분리하고 전자에 가족 부양능력이 있을 때까지 결혼을 하지 않거나 늦추는 것을 포함시키고 후자에는 산아제한·낙태·영아살해·간통·매춘·동성연애 등을 포함시켰다. 적극적 억제란 사망률을 높여 인구증가율을 떨어뜨리는 것을 의미라는데 이에는 기아·질병(전염병 포함)·전쟁·열악한 생활환경과 노동환경 등이 포함된다.

맬서스는 이러한 인구증가 억제의 수단 가운데 그의 종교적 믿음 때문에 예방적 억제 가운데 「도적적인 자제(moral constraint)」를 지지하고 비도덕적인 억제는 지지하지 않았다. 즉 우선 피임법이 보편화 되지 않은 그 당시 여건에서 출산율을 떨어뜨리기 위해 결혼을 아주 안하거나 늦게 하거나 결혼을 하더라도 금욕을 통해 출산을 줄이는 것이 가장 좋다고 보았다. 이처럼 맬서스는 인류가 급박한 비참함으로부터 벗어나려면 도덕적인 예방적 억제가 필요하다고 권장을 하는 한편 이러한 예방적 억제가 효과적으로 작동되지 않으면 필연적으로 적극적 억제가 작동하게 되어 이를 통해 인구는 가용한 식량공급의 양에 의해 지속될 수 있는 수준으로 감소될 것으로 보았다. 이러한 현상을 맬서스는 자연의 법칙으로 생각했다.

총체적으로 보아 맬서스는 성욕을 자제하는 것은 도덕적으로 훌륭한 합리적인 사람들만이 취할 수 있는 것으로 봄으로써 인구의 억제란 인간의 평균수명을 줄이는 적극적인 억제를 통해 가능한 것으로 바라보았다고 평가된다. 맬서스는 이러한 적극적 억제는 도덕적인 자제를 하지 않은 사람들에 대한 처벌로 바라본다. 이러한 맥락에서 맬서스는 인구론의 제2판에서 사람들의 사망을 초래하는 자연의 작용을 방해하지 말고 용이하게 할 것을 권고하면서 끔찍한 적극적인 억제책을 권장했다. 맬서스는 구체적으로 질병을 퇴치하려는 노력을 비난하고, 도시의 거리를 좀 더 협소하게 만들고 가가호호 더 많은 사람들로 북적거리게 하여 전염병이 잘 돌도록 하며, 빈민들에게 청결한 습관을 가지도록 장려하지 않고, 시골에서는 썩은 연못 근처에 마을을 조성하여 사람들로 하여금 이러한 불결한 환경 속에 거주하도록 할 것 등을 권장했다.

맬서스는 빈곤과 비참함은 하층계급의 출산억제의 실패에 대한 자연스러운 처벌이라고 보았기 때문에 빈자들에 대한 정부의 구제가 있어서는 안 된다고 믿었다. 그는 특히 노동자를 비롯한 하위계층 사람들 대다수가 성욕을 억제하지 못하며 정부로부터 빈민 보조금을 더 받아내 물질적인 삶을 향상시키기 위해 출산을 많이 하려 한다고 전제하고 이들을 위한 최저 생계비를 넘는 임금인상과 같은 구호대책은 오히려 이들의 인구를 증가시키는 결과를 가져온다고 하여 이에 반대했다. 즉 맬서스는 빈민구제법이 빈민층의 결혼과 임신을 증가시켜 그들의 사회경제적 처지를 더욱 악화시킬 것으로 보았다.

맬서스의 인구론은 이처럼 콩도르세와 고드윈 등이 제시한 사회개혁론이 비현실적인 것이라고 비판하고 인구의 법칙(인간의 본능인 성욕으로 말미암아 산술급수적으로 증가하는 식량이 감당할 수 없는 기하급수적인 인구의 증가)으로 인해 대중들의 빈곤은 피할 수 없는 것이기 때문에 대중을 이러한 빈곤으로부터 구제하고자 하는 어떠한 노력도 허망한 것이 될 것이라는 점을 강조하고 있다.

산업혁명 이래로 서구 자본주의 사회는 맬서스의 예측과는 반대로 식량생산의 증가율이 오히려 인구의 증가율보다 커졌으며 이로 인해 맬서스의 인구론은 자본주의에 대해 낙관적이고 성장의 가능성을 낙관하고 있던 경제학자들에 의해 비판의 대상이 되었다. 맬서스의 인구론에 가해진 비판의 주요 내용을 살펴보면 다음과 같다.

우선 맬서스의 인구론이 농업과 공업기술에 있어서의 혁명적인 발달을 염두에 두지 않음으로서 식량도 기하급수적으로 증가할 수 있다는 가능성을 닫아두었다는 비판이다. 또 다른 비판은 피임기술의 발달·여성의 사회진출·자녀양육의 구속에서 벗어나 자신의 삶에 있어서의 여유를 가지려는 생각의 변화 등이 인구가 기하급수적으로 증가하는 것을 억제할 수 있다는 가능성을 닫아두었다는 비판이다. 또한 맬서스의 인구론이 인구문제를 식량문제에만 국한시킴으로써 인구문제가 식량 이외에 인간에게 필요한 다양한 자원에 미치는 영향을 도외시했다는 비판도 존재한다.1)

맬더스의 인구론은 제2차 세계대전 이후 인구가 폭증한 개도국 중 중국이나 한국과 같은 일부 국가의 인구증가율 감소에 적지 않은 영향을 미쳤던 것은 사실이지만 총체적으로 보아 맬서스의 인구론은 잘못된 예측을 제시했다고 비판 속에 무시되어 왔다. 이러한 맬서스주의를 다시 일깨운 것은 환경문제가 불거지는 것을 목격하고 인구문제와 이를 연관지은 생태학자인 에를리히(Paul R. Ehrlich)

1) 폭발적인 인구증가가 가져올 결과에 대한 비관적인 견해의 중심에는 증가하는 인구를 어떻게 먹여 살릴 것인가의 식량문제가 자리하고 있다. 이러한 식량문제의 해결에는 높은 생산력과 병충해에 강한 종자의 개발 등이 크게 기여했다.

였으며 이로 인해 그는 신맬서스주의자의 창시자로 평가되었다.

이처럼 인구문제의 심각성을 주장하는 맬서스의 주장이 신맬서스주의에 의해 계승되었지만 신맬서스주의는 맬더스의 주장과는 차이점을 가지고 있었다. 우선 신맬서스주의는 경험적 사실에 근거하여 맬서스의 주장에 수정을 가하여 인구문제의 심각성을 인식한 사람들에 의한 피임과 같은 방식을 통한 자발적 출산억제의 가능성을 열어두고 이로 인해 급격한 인구증가로 인한 비극을 줄일 수 있다는 주장을 제시했다. 또한 맬서스가 인구문제를 식량의 문제에만 연관을 지었던 것에서 나아가 식량문제뿐 아니라 다른 자원의 문제로 확대했다.

세계가 자원으로서의 에너지 문제(oil shock)가 발생했을 무렵에 로마클럽은 1972년에 「성장의 한계」라는 보고서를 발간하여 인구증가를 당장 멈추지 않을 경우 천연자원의 고갈과 환경오염으로 인해 지구는 지금으로부터 100년 이상을 지탱하기 어렵다는 비관적인 진단을 제시함으로써 세계 전체에 커다란 충격을 던졌으며 이를 통해 맬서스의 인구문제와 관련한 비관론을 다시 부상시켰다. 식량문제가 녹색혁명 등에 의해 일정한 정도 해결된 상황이기는 하지만 세계가 천연자원의 고갈이나 환경오염의 문제와 같은 새로운 문제에 직면하게 되면서 이러한 문제의 주된 원인으로서 인구문제가 다시금 주목을 받게 되었던 것이다.

그러나 이러한 신맬서스주의의 주장은 자본주의의 시장경제에 대해 낙관적인 견해를 지닌 과학기술 낙관론자들과 성장주의자들의 비판의 대상이 되면서 주류의 관심으로부터 점차적으로 멀어져 갔다. 이들 과학기술 낙관론자와 성장주의자들은 과학기술의 혁신적인 발달로 자원의 효율성의 제고되고 기존의 자원을 대체할 수 있는 대체재가 만들어짐으로써 천연자원의 고갈문제가 크게 우려할 수준이 아니며 환경 친화적인 과학기술의 개발과 시장경제의 원리에 근거한 제도의 도입을 통해 환경오염의 문제도 크게 우려하지 않아도 된다고 보았다. 이들의 주장대로 자원의 고갈이나 환경의 오염이 당장의 문제는 아닌 듯 보였던 것은 사실이다.

그러나 긴급한 행동을 필요로 하는 이슈로서 지구온난화의 문제가 전 지구적으로 부각되면서 인간의 이성에 바탕을 둔 낙관론의 설득력에 타격을 가했고 이와 때를 같이 하여 지구온난화를 비롯한 환경문제가 인구문제와도 연계되어 있어 맬서스주의와 신맬서스주의가 제기하는 인구증가로 인한 우려를 현실로 받아들여야 한다는 인식이 제고되어 오고 있다.

인간에게 없어서는 안 되는 자원 중 하나인 물 부족 문제가 인간의 생존을 심각하게 위협하고 있는데 이 역시 인구문제와 직결되어 있다. 유엔의 예측에 의하면 2025년에 세계의 인구는 총 81억 명에 이를 것이며 이 중에서 $\frac{1}{3}$이 기아 상태에 놓이고 18억 명이 물 부족으로 고통을 받을 것으로 본다. 이처럼 과도한 인구로 인한 문제를 단순히 식량의 문제로만 보지 않고 물을 포함한 인간의 생존에 필수적인 다른 자원들로 확대할 경우 맬서스와 신맬서스주의자들이 던지는 경고는 무시해서는 안 된다.

와이즈만(Alan H. Weisman)이라는 미국의 유명 저널리스트이면서 애리조나 대학의 국제저널리즘 교수는 「인간 없는 세상(The World Without Us)」이라는 책에서 만약에 지구에서 인간이 사라진다면 인간의 족쇄로부터 풀려난 자연이 어떻게 반응하며 인간이 만든 인공적인 것들이 어떤 운명을 맞을 것인가에 대한 질문을 던졌다. 그는 실제로 인간이 사라진 세상이 된 한국의 비무장지대(DMZ)와 체르노빌 원전사고 지역 등 세계 각지를 방문하여 관찰하고 고생물 학자 등 다양한 분야의 전문가들과 인터뷰하여 이러한 질문에 대한 답을 추론하여 제시하고 있다.[2)]

와이즈만은 이 책에서 인간이 부재한 세상에서 자연이 지니고 있는 놀라운 복원력과 치유력을 기술하면서 인간이 부재야말로 지구가 다시 살아날 수 있는 방도라고 설파하고 있다. 그러면서 자연의 파괴에 의한 지구온난화 등을 겪고 있는 이러한 지구에서 인간이 자연과 공생하기 위한 방도로서 최소한 산아제한을 통한 출산율 감소시켜 인가의 증가를 억제함으로써 인간이 지구에 가하고 있는 압력을 줄이는 것이 필요하다고 본다.

나아가 와이즈만은 2013년에 「카운트다운(Countdown: Our Last, Best Hope for a Future on Earth?」)이라는 책을 통해 인구가 늘어날 필요가 있다는 것을 주장하고 있는 경제학자들의 주장을 반박하면서 녹색혁명 이후 인구폭증으로 개개 국가가 직면해 오고 있는 갈등과 참상을 적나라하게 보여주고 있다. 그는 맬서스와 에를리히가 각각 「인구론」과 「인구폭탄」이라는 저서를 통해 인구문제가 가져올 재앙에 대한 예측이 녹색혁명(green revolution)으로 인해 다행히 벗어났지만 이는 인구문제를 해결하는 데 한 세대 정도의 시간을 벌어준 것뿐이라고 본다.

2) Alan H. Weisman, *The World Without Us* (New York: St. Martin's Thomas Dunne Books, 2007). 이 책은 한국어로도 번역되어 출간되었다: 앨런 와이즈만, 이한중 옮김, 『인간 없는 세상』 (서울: 랜덤하우스 코리아, 2007). 타임지가 이 책을 전 세계가 함께 읽어야 할 논픽션으로 선정한 바 있다.

지금의 인구증가의 추세가 지속된다면 2082년에는 세계인구가 100억 명을 넘을 것으로 추산되는데 이는 과학기술의 힘을 빌려 제2의 녹색혁명을 이룬다고 해도 감당할 수 있는 범위를 크게 이탈하는 것이라고 본다.3)

역사적으로 인구의 증가가 미치는 영향과 관련하여 두 가지 주장인 「맬서스주의(Malthusianism)」와 「풍요주의(Cornucopianism)」가 대립되어 오고 있다. 맬서스주의는 현재와 같은 인구의 증가와 자원의 소비가 지속된다면 범세계적 환경파괴나 빈곤문제는 여하한 과학기술로도 해결될 수 없다고 단언한다. 과도한 인구가 환경파괴를 유발하고 삶의 질을 저하시킨다고 주장한다. 또한 벌목으로 인한 삼림 훼손이나 끊임없이 제기되는 대기오염과 지구온난화 문제 등도 인구의 압력이 빚어온 결과라고 본다. 에를리히(Paul R. Ehrlich)·메도우스(Donella H. Meadows)·브라운(Lester R. Brown) 등이 이러한 입장에 서 있는데 이들은 이러한 문제의 근본적인 원인을 과도한 인구의 증가에 있다고 본다.

과도한 인구를 위기의 재앙 편에서 이해하고 우려하는 맬서스적 비관론자와는 달리 덴마크의 경제학자인 보서럽(Ester Boserup, 1910-1999)이나 미국과 호주에서 경제학자로서 활동한 클라크(Colin G. Clark, 1905-1989) 등 풍요주의적 입장에 선 학자는 인구성장은 곧 새로운 기술창조와 자원개발을 필연적으로 유도하는 자극제라고 주장한다.

보서럽은 식량결핍에 봉착하는 인구문제는 인간으로 하여금 기술적 지식에 보다 빠르게 적용하도록 하며 특히 증가하는 인구밀도는 농업기술 진보에 자극제가 된다고 설명한다. 인구증가가 기아선상에 이르는 시점이면 이를 해결하려는 새로운 농업기술이 개발될 수밖에 없기 때문에 식량위기는 언제나 극복될 수 있다는 낙관론적인 주장을 편다. 그에 따르면 인구성장과 기술변화는 피드백(feedback)을 지속하는 상호 역동적인 관계인 것이다.4)

---

3) Alan H. Weisman, *Countdown: Our Last, Best Hope for a Future on Earth?* (New York, Boston, and London: Little, Brown and Company, 2013). 한국어로도 번역되어 출간되었다: 앨런 와이즈만, 이한음 옮김, 『인구쇼크-과잉인구 시대, 지구와 인류를 위한 최선의 선택』(서울: 알에이치코리아(RHK), 2015년).

4) 덴마크의 경제학자인 보서럽은 농업방식이 식량공급을 통해 인구를 결정한다는 맬서스적 주장에 도전하여 인구가 농업방식을 결정한다고 주장한다. 즉 맬서스식 주장이 인구의 크기와 성장은 농업방식에 달려 있다고 보는 것과는 달리 농업방식은 인구의 크기에 달려 있다고 주장한다. 간단히 말해 필요는 발명의 어머니라는 것이다. 맬서스적 견해는 따르면 식량이 모든 사람들에게 충분하지 않았을 때 과도한 인구가 사망할 것이라고 보았지만 보서럽은 이러한 압박을 받을 경우 사람들은 인력·기계·비료 등을 증가시킴으로써 식량생산을 증가시키는 방법을 찾아낼 것이라고 본다.

이 외에도 맬서스주의를 비판하는 학자는 적지 않다. 앞서 살펴보았듯이 고드윈(William Godwin, 1756-1836)과 같은 학자는 맬서스가 말하는 빈곤이 식량부족이 아니라 잘못된 식량분배 탓이라고 믿는다. 합리적 분배를 위한 사회제도가 제대로 갖춰지지 않았기 때문에 빈곤의 문제가 생긴다는 논리다.

지리학자 앨리슨(Archibald Alison)은 식량이 산술급수적으로 증가한다는 맬서스식 사고의 근거가 도대체 무엇이냐고 묻는다. 노동 증가와 생산의 정비례적 관계를 인정하지 않는다 하더라도 거기에는 제3요소로서 과학기술이 존재하며 과학적 진보야말로 가히 인구 증가를 능가할 정도로 기하급수적이라는 주장이다.

사이먼(Julian L. Simon)은 인간은 끝없이 창의적인 존재인 것을 강조하면서 발명 등으로 이어지는 이러한 창의성으로 말미암아 자원의 효율적 사용방법을 발견해 내거나 대체재를 개발함으로써 자원의 부족문제가 없을 것으로 보며 발명의 재능을 지닌 인간이기에 인구야말로 부의 원천이요 최대의 자원이며 인구가 많을수록 노동력과 창조력도 그만큼 확보될 수 있다고 말한다.[5)]

롬보르(Bjørn Lomborg)는 생태주의자들이 식량의 위기나 환경 문제의 심각성을 지나치게 과장하고 있다고 비난한다.[6)] 이와 같이 풍요주의자는 맬서스주의적 환경론자가 우려하는 지구환경의 위기가 결국 과장된 통계나 예측에서 비롯된 것이고 하나의 기우에 불과하므로 종말론적 위기의식은 당연히 불식되어야 한다는 논리를 전개하고 있다.

일반적으로 선진국들은 인구감소가 생산인구의 감소와 소비의 감소를 가져와 결국에는 국가경제 기반의 약화를 초래할 것이라는 논리를 통해 인구감소에 예민하게 반응하고 있는데 이러한 논리는 인구의 증가를 통해 소비를 증대시켜 이윤을 높이고 생산인구의 증대를 통해 임금을 줄일 수 있다는 기업과 자본의 논리를 대변하는 것이라는 주장도 존재한다. 다시 말해 대다수의 경제학자들이 인구

---

5) Julian L. Simon, *The Ultimate Resource* (Princeton: Princeton University Press, 1981).

6) Bjørn Lomborg, *The Skeptical Environmentalist: Measuring the Real State of the World* (Cambridge: Cambridge University Press, 2001): 덴마크의 통계학 교수이자 그린피스의 회원이었던 롬보르는 인구폭탄과 자원고갈로 인해 환경이 위기에 처해 있다고 주장하는 환경주의자들을 공격하는 사이먼(Julian L. Simon)에 반감을 가지고 그의 논리를 객관적인 통계를 통해 반박하고자 이 책을 쓰고자 했으나 자료를 수집하고 연구하는 과정에서 오히려 사이먼의 주장을 옹호하게 되었고 환경단체와 환경주의자들이 환경과 관련하여 제공하는 정보와 이들의 주장이 과장됐다는 결론에 이르게 되었다. 이 책은 다음과 같이 한국어로도 번역되어 있다: 비외른 롬보르, 김기응 옮김. 「회의적 환경주의자」(서울: 살림출판사, 2008).

증가를 선호하는 두 가지 이유는 소비증대를 통한 경제의 성장 그리고 생산인구의 증대를 통한 기업의 비용의 감소이다.

이러한 인구증가에 대한 비관론과 낙관론 사이에 중간의 입장을 택하고 있는 사람이 저널리스트인 피어스(Fred Pearce)이다. 그는 2010년에 발간한 저서인 「다가오는 인구 붕괴: 우리 행성의 놀라운 미래(The Coming Population Crash: and Our Planet's Surprising Future)」에서 지금 세계는 에를리히가 말한 인구폭탄(population bomb)을 해체하는 중이라고 주장하고 있다.[7)]

구체적으로 그는 출산과 육아로부터 해방되려는 여성들로 인해 선진국은 물론 개도국(아프리카 제외)에서도 출산율이 떨어지고 있다고 진단하면서 21세기 중반에 세계 인구는 약 90억 명 내지 100억 명 정도를 정점으로 하여 점진적으로 하락할 것으로 예측한다. 이러한 진단 하에 그는 우리가 우려해야 하는 것은 인구의 증가가 아니라 소비의 증가(과소비)라고 주장한다. 인구가 감소한다고 해도 전 세계 사람들이 미국인과 같은 소비생활을 누리고자 한다면 지구는 파멸할 것으로 본다.

2. 경제성장과 소득증대

경제성장이 환경위기를 가져온다는 이러한 생각은 오래 전부터 있어 왔으며 그 논리는 다음과 같다. 경제가 성장하면 소득이 증대되고 증대된 소득은 보다 많은 재화의 생산과 더불어 보다 많은 소비를 불러온다. 보다 많은 생산을 위해 보다 많은 자연자원이 사용되고 보다 많은 소비는 쓰레기 등 보다 많은 폐기물을 남기게 되며 그 결과 환경이 훼손되게 된다.

구체적으로 이러한 생각은 현재의 경제성장이 지속된다면 한 세기 이내에 자원고갈과 환경오염으로 지구는 성장의 한계에 직면할 것이라고 예언한 바 있는 로마클럽의 「성장의 한계」라는 보고서에 그대로 드러나 있다. 이 보고서는 자연자원의 고갈과 환경오염을 막기 위해서는 경제성장이 둔화되어야 한다는 처방을 내놓은 셈이었다.

그러나 경제성장과 환경오염은 상충하는 것으로서 병행할 수 없다는 이러한

---

7) Fred Pearce, *The Coming Population Crash: and Our Planet's Surprising Future* (Boston: Beacon Press, 2010).

생각에 수정이 가해진 것은 「지속가능한 개발(sustainable development)」이라는 개념이 등장하면서 부터였다. 이 개념의 등장으로 인류에게 경제성장과 환경보호는 모두 필요한 것으로서 상충하는 것이 아니라 함께 추구되어야 한다는 당위론이 제시되었던 것이다.

경제성장으로 인한 소득의 증대는 단순히 소요되는 자원의 양을 증가시키고 소비의 결과로 발생하는 폐기물의 양의 증가로 인해 환경의 훼손을 가져오는 것은 아니다. 보다 구체적으로 소득의 증가는 소비행태에 변화를 가져와 더 급속하게 자원을 소모하고 폐기물을 증가시켜 환경의 훼손을 가속화한다는 것이다.

예를 들면 소득의 증가는 육류소비를 증가시키고 증가된 육류소비는 대규모의 축산업을 불러오고 이로부터 발생하는 축산 배설물이 환경오염을 가속화한다. 육류증가는 소와 같은 가축의 방목을 위한 초지를 더 많이 필요로 하면서 열대림의 파괴로 이어진다. 가축을 먹이기 위한 콩을 비롯한 곡류를 재배하기 위해 경작지가 필요하고 이 때문에도 열대림이 파괴되고 있다. 가축들은 기르는 과정에서 식수의 엄청난 소비를 동반하며 이들이 대거 내뿜는 메탄가스는 온실가스의 하나로서 지구온난화에 적지 않게 기여하고 있다.

위에서 경제성장으로 인한 소득증대가 환경파괴로 이어진다는 견해를 살펴보았다. 이러한 견해는 논란을 불러일으켜 이들 간의 상관관계에 대해 좀 더 세밀한 연구들이 진행되었고 그 결과 다양한 주장들이 제시되어 오고 있다. 즉 경제성장이 필연적으로 환경훼손을 야기하기 때문에 경제성장과 환경보호를 병행하여 추구하는 것이 가능하지 않다는 견해와는 달리 이 둘 사이가 상호 보완적인 관계를 지니고 있어 지속적인 경제성장이 환경문제의 개선에 기여할 수 있다는 주장도 존재한다. 예컨대 베커맨(Wilfred Beckerman)은 소득의 증대가 환경에 대한 일반인들의 인식제고와 정부규제의 강화로 이어져 소득의 증대와 양질의 환경이 같은 방향으로 나아간다는 주장을 제기한 바 있다.[8)]

여기에서 더 나아가 상충하는 두 견해의 절충안을 제시하는 경험적인 연구들도 제시되고 있다. 세계은행은 1992년에 발간된 「세계개발보고서(World Development Report 1992: Development and the Environment)」라는 보고서를 통해 부제가 보여주듯이 경제개발과 환경 사이의 관계를 규명하고자 했다.

8) Wilfred Beckerman, "Economic Growth and the Environment: Whose Growth? Whose Environment?" *World Development*, Vol. 20, No. 4 (1992), pp. 481-496.

보고서는 소득이 증가할수록 양질의 환경에 대한 수요가 증가하고 환경개선을 위한 투자도 증가할 것이라고 주장했다.[9] 1993년에 세계은행은 「환경전환점(a turning point of the environment)」이라는 용어의 제시와 더불어 「경제가 성장하지 않았을 때는 경제성장과 환경보호가 대체적으로 상충관계에 있지만 경제가 성장하여 환경전환점을 통과하게 되면 이 둘의 관계가 상호 보완적인 관계로 바뀌어 양질의 환경과 더 풍요로운 소비를 할 수 있다」는 가설을 제시했다.

이 가설은 「환경쿠즈네츠 곡선(Environmental Kuznet Curve, EKC) 가설」이라고 불리는 것으로서 경제성장 초기에는 경제성장으로 환경훼손이 가중되지만 경제성장이 일정한 수준에 도달할 경우 훼손된 환경에 대한 개선의지를 갖게 되고 정부가 환경문제 개선에 적극적으로 관여함으로써 환경의 질이 개선되어 경제성장과 환경훼손 사이에 종(bell)과 같은 모양의 역U자 곡선(an inverted U-shaped curve) 형태의 관계가 존재한다고 주장했다.

이 가설은 그로스맨과 쿠르거(Gene M. Grossman and Alan B. Krueger)의 경험적인 연구에 의해 증명이 되었다.[10] 즉 이들은 경제발전의 초기단계에는 환경의 질이 점점 하락하다가 경제발전이 성숙단계에 접어들어 다시 상승함을 국가별・시계열 자료로 통해 입증했다.

이후에도 다수의 학자들에 의해 국가나 도시들을 달리한 실증적인 연구가 지속되면서 국가상황・국민의 환경의식 수준・다양한 환경정책 등 다양한 변수에 따라 상이한 결론이 제시되었다. 예컨대 경제성장으로 인한 소득의 증대가 자동적으로 환경의 개선으로 이어지는 것이 아니라 어떠한 환경정책이 실시되는가에 따라 달라질 수 있다는 것이다.

이러한 연구와 더불어 여러 환경문제 가운데 어떤 환경문제인가도 소득증대의 결과에 영향을 미친다. 예컨대 식수오염의 경우는 소득증대와 일치하여 질이 꾸준히 개선되는 모습을 보인다는 것이다.

---

9) World Bank. *World Development Report 1992: Development and the Environment* (New York: Oxford University Press, 1992).

10) Gene M. Grossman and Alan B. Krueger, "Economic Growth and the Environment," *Quarterly Journal of Economics,* Vol. 110, No. 2 (May, 1995), pp. 353-377.

3. 환경파괴적인 생산기술

산업혁명 이후 생산기술의 급격한 발전은 작업효율을 크게 향상시킴으로써 경제성장의 견인차 노릇을 해오고 있다. 그러나 환경 친화적이지 않은 기술의 발전은 유한한 자연자원을 고갈시켜 오고 있고 폐기물을 양산함으로써 심각한 환경문제를 야기하고 있다.

미국의 대표적인 환경생태학자인 코모너(Barry Commoner)는 제2차 세계대전 후에 있어서의 미국 환경오염의 근본적인 원인이 산업사회의 생산기술의 변화에 있다고 주장했다. 그는 구체적인 실례로서 제2차 세계대전 후 미국 경제에서는 환경파괴적인 신기술이 상대적으로 오염을 적게 일으키던 기존기술을 급격히 대체하는 과정에서 환경오염이 더욱 심각해졌다는 것을 입증했다.

이처럼 코모너는 환경오염은 인구증가나 경제성장으로 인한 소득의 증가와 이에 따른 생산과 소비의 증가에 기인하기보다는 생산기술 속에 환경오염의 원인이 내포되어 있다고 보았다. 따라서 환경 친화적인 생산기술(즉 생태계와 조화를 이루는 청정 생산기술)이 없이는 환경문제의 근본적인 해결이 요원하다고 보았다.

이처럼 과학기술을 환경훼손의 주된 요인으로 비난하는 반과학기술 정서가 존재하는 것은 사실이다. 예컨대 냉장고의 냉매로 쓰였던 프레온가스(CFC)는 자연계에 존재하지 않던 물질로서 과학기술의 결과로 만들어진 인공적인 물질인데 인류를 위협하는 오존층파괴의 주요 요인으로서 판명된 바 있다.

그러나 또 다른 한편 환경문제를 해결하고 인류의 번영을 위해 필요한 것 역시 과학기술의 발전인 것이다. 즉 과학기술이 환경문제를 야기하지만 또 다른 한편 환경문제는 오염문제를 해결할 뿐 아니라 천연자원의 사용도 줄일 수 있는 친환경적 과학기술의 발전을 통해 일정한 부분 해결되어 오고 있다. 예컨대 과학기술의 발전으로 자동차의 연비가 점차적으로 높아지고 전기자동차와 같은 무공해 자동차가 실용화되면서 환경의 개선이 일어나고 있다.

4. 빈 곤

빈곤도 환경문제를 야기하는 중요한 원인의 하나로 간주된다. 빈곤은 환경문제에 관심을 기울일 수 없게 한다. 구체적으로 빈곤한 사람들은 땔감과 식량의 부족을 해결하기 위해 무조건 개간하고 야생동식물을 무차별하게 포획하여 자연을 파괴하고 자연자원을 고갈시킨다.

농업과 목축업을 중심으로 하는 개도국에서는 자연이 중요한 생산요소가 된다. 이러한 자연훼손은 토양침식과 더불어 홍수와 가뭄 등을 일으켜 토지를 황폐화시키고 농업생산성을 감소시킨다. 이러한 현상은 다시 가난의 원인이 되어 「빈곤의 악순환(Vicious Circle of Poverty)」이 되풀이 된다.

오늘날 아프리카와 서남아시아의 여러 나라에서 보는 기아와 빈곤의 문제는 자연환경이 파괴된 결과이다. 이 국가들은 빈곤의 문제를 해결하기 위해 삼림의 개간을 통해 농경지를 확보하고자 했으며 땔감을 구하기 위해 삼림을 파괴했다. 황폐화된 삼림은 농작물의 수확을 감소시키고 농업생산성이 저하시켰다.

제 3 절 국제환경정치의 중요 행위자

환경을 보호하기 위한 활동은 여러 방식으로 이루어진다. 우선 개별 국가에 의한 독자적인 보호활동이 있고 한국과 중국 사이에 1993년에 체결된 한중환경협력협정을 통해 양국 간에 협력이 이루어지는 것과 같은 쌍무적인 보호활동도 있다. 또한 북서태평양을 공유하는 한국 · 중국 · 일본 · 러시아가 해양환경의 보호를 위해 북서태평양보존실천계획(Northwest Pacific Action Plan, NOWPOP)을 통해 협력하는 것과 같이 지역을 단위로 이루어지는 보호활동과 전 세계 국가들이 기후변화협약 파리합의문을 통해 지구온난화 문제를 위해 협력하는 것과 같이 전 지구적 단위에서 다수의 국가들에 의한 보호활동이 있다. 여기에서는 전 지구적 차원에서 다수 국가들에 의한 보호활동에 중점을 두고 국제환경문제의 해결에 참여하는 다양한 행위자들을 살펴보고자 한다. 이러한 행위자에는 국가 · 국제기구 · 과학자 공동체 · 기업과 기업연합체 · 비정부기구(NGO) · 대중매체 · 소비자 · 유권자 · 종교공동체 등이 포함된다.

앞서 국제환경정치 이론 부분에서 살펴보았듯이 이론에 따라 국제환경정치에 있어서 어떤 행위자가 주요한 행위자인가에 대해 견해를 달리한다. 예컨대 신현실주의 이론 · 신자유주의적 제도주의 이론 · 구성주의 접근법의 경우는 국가를 지배적인 행위자로서 사회와 독립된 행위자로 바라보고 국가 이외의 행위자들의 영

향을 중요시하지 않는다.[11)]

신자유주의적 제도주의 이론과 구별되는 자유주의 국제관계 이론들 가운데 다원주의 성격의 이론들은 국가(정부) 이외의 행위자들의 영향을 중요시하면서 국가의 주요 역할을 다양한 이해관계의 조정자로서 사회 타협물의 단순한 집행자로 바라본다.

여기에서는 환경과 관련한 일개 국가의 입장에 영향을 미치는 국내 행위자들이 아니라 환경과 관련한 국제관계의 결과에 영향을 미치는 국제적인 활동을 하는 행위자들을 살펴보고자 한다. 이러한 행위자들을 살펴봄에 있어서 국가중심적인 관점에서 벗어나 다원주의적 관점에서 다양한 행위자들을 살펴보고자 한다.

1. 국가(정부)

앞서 언급했듯이 신현실주의 이론·신자유주의적 제도주의 이론·구성주의 접근법은 국가를 유일한 분석대상으로 간주한다. 이 경우 국가에 영향을 미치는 국내요인들을 무시한다. 이와는 달리 자유주의 국제관계 이론들은 국제환경문제에 있어서의 대외적인 대표기관인 국가의 입장은 국내의 다양한 행위자들 사이의 복잡한 이해관계의 갈등과 거래를 거쳐 결정된다고 본다.

자유주의 국제관계 이론에 따르면 국가의 입장은 국민의 인식·환경단체의 입장·산업계의 태도·관료조직의 이해관계 등의 요인에 의해 영향을 받는다. 이들에 더해 국가의 입장에 영향을 미치는 배경요인으로서 지리적 요인·과학기술의 상태·산업구조·자원·이념·국내 선거정치·관료정치·정경유착 등이 언급된다. 그러나 이들 다양한 행위자들이 환경협상에 영향을 미치는가의 여부와 미친다면 얼마나 많은 영향을 미치는가의 영향의 정도는 국가마다 상이하다.

어느 이론적 입장을 택하든 국가는 대내적으로 경제정책과 개발정책 등 환경에 영향을 미치는 각종 정책을 최종적으로 결정하는 지위에 있을 뿐 아니라 대외적인 대표기관으로서 국제사회가 논의할 환경의제를 설정하고 국제환경레짐을 창출하며 나아가 창출된 국제환경레짐을 집행하는 행위자이기 때문에 국제환경문제와 관련하여 중요한 행위자이다. 국가의 중요한 역할이란 단일한 국가정책을

11) 앞서 국제환경정치 이론 부분에서 언급했듯이 구성주의 접근법의 경우 일부 학자들은 비국가적 행위자들의 역할을 인정한다.

도출하기 위해 국가 내에서 다양한 이해관계를 조정하는 일이다.

전통적으로 대외적으로 국가를 대표해 온 중앙정부는 지구화(globalization)로 인한 국가 간 상호의존의 증가와 더불어 지방화(localization)로 인한 중앙정부 권한의 지방정부로의 이양과 같은 현상으로 인해 대외적으로 통합된 행위자(unified actor)로서의 대표성을 가지기 어렵게 되었다. 즉 중앙정부의 외교부와 환경부를 비롯한 다양한 부서들이 제 각기 다른 이해관계를 가지고 내부적으로 갈등을 빚는 관료정치(bureaucratic politics)의 여파로 중앙정부가 대외적으로 확고한 단일한 입장을 대표하고 견지하기 어렵게 되었다. 또한 다양한 부서들이 환경과 관련한 국제협상에서 자신들의 부서가 대표되어야 한다고 주장함으로써 과도하게 대규모의 대표단이 형성되곤 한다.

이러한 관료정치 현상과 더불어 지방정부가 중앙정부와는 다른 환경정책을 수립하여 실행하고 대외적으로 중앙정부를 거치지 않고 직접 타국의 상대방(counterpart)과 직접 협상을 하고 결과물을 도출하기도 한다. 이로써 국제환경정치에 있어서의 중앙정부는 여전히 가장 중요한 행위자로서의 역할을 수행하지만 과거처럼 일관된 국가이익을 대외적으로 추구하는 것이 어렵게 되었다.

행정부뿐만 아니라 입법부도 국제환경문제와 관련하여 점차적으로 중요한 역할을 수행하고 있다. 입법부의 관련된 여러 활동 가운데 특히 청문회(public hearing)는 상충하는 경제적·사회적 이해관계를 표출하는 공론의 장으로서의 중요한 기능을 수행한다.

2. 국제기구

환경문제가 지니는 특징으로 인해 환경문제는 인접국이나 세계 모든 국가가 공동으로 대응해야 하며 이러한 대응은 신속하고 효율적이면서 지속적으로 이루어져야만 한다. 따라서 국제환경문제는 국제사회의 거의 모든 국가를 포함하고 있는 국제기구를 크게 필요로 한다.

또한 환경보호를 위해 세계 전반에 걸쳐 환경에 대한 정보를 수집하고 이를 전문적이고 과학적으로 분석하여야 할뿐 아니라 개개 국가의 보호정책의 이행을 효율적으로 감시할 수 있어야 하며 이러한 활동은 장기적이고 지속적으로 행해져야 한다. 따라서 상설적인 조직을 지니고 있을 뿐 아니라 회의의 소집과 서류작성 등을 통해 수년간 계속되는 협상의 지속성을 유지시켜 주는 국제기구를 크게 필요로 한다.

국제환경정치와 관련하여 국제기구가 수행하는 구체적인 역할을 살펴보면 국제기구는 환경분야에서 정보와 자료를 수집하고 분석하며 나아가 자체의 연구활동을 통해 관련부문에 있어서의 과학적인 지식 등을 산출해 내고 이를 전파함으로써 환경문제에 대한 인식을 제고시키고 문제에 대한 경고를 한다. 이를 통해 국가 간의 협력관계와 국제환경레짐의 형성과 발전을 유도해 나가는 역할을 한다. 즉 환경과 관련한 국제협약 등을 입안하는 과정에 직접 참여하기보다는 지구적 차원의 행동을 필요로 하는 환경문제를 의제화하고 이러한 의제의 논의를 간접적으로 지원하는 역할을 담당한다.

환경 관련한 국제기구 사무국의 책임자(사무총장이나 사무국장)가 간혹 국가들 간의 교섭에 직접 참여하여 타협을 유도하고 조정의 역할을 수행하기도 하지만 일반적으로 정부대표들의 논의와 결과물 도출에 조력하는 등 환경문제의 논의와 결과물 도출에 간접적인 역할을 주로 한다. 이러한 간접적인 역할에는 쟁점의 규정・우선과제의 설정・의제의 설정・국가들의 입장에 있어서의 중요한 차이점의 체계적인 비교 등이 포함되고 국가대표들에 의한 환경관련 조약 등의 체결을 위한 국제교섭을 주최하거나 지침(guidelines)이나 선언 등과 같이 구속력이 없는 행동규범의 기초를 마련하거나 창출하는 역할을 수행한다. 이와 더불어 환경계획과 개발계획을 지원하거나 실행에 옮김으로써 해당 국제기구 회원국의 환경정책에 직접적으로 영향을 미친다. 앞서 제2장의 신자유주의적 제도주의 이론 부분에서 살펴보았듯이 영(Oran R. Young)은 국제기구가 수행하는 이러한 기능을 정보와 생각을 제공하는 리더십(informational leadership) 기능이라고 부른다.[12)]

국제환경협약이 협약의 효율적인 관리를 위해 국제기구를 창설하는 한편 기존의 국제기구들이 새로운 국제환경협약을 형성시키고 발전시키거나 기존의 국제환경협약 내에서의 새로운 원칙들에 대한 합의를 촉진하는 데 중요한 역할을 수행해 오고 있다. 국제기구가 국제환경협약의 형성에 중요한 역할을 한 예를 들면 다음과 같다.

---

12) Oran R. Young, "Political Leadership and Regime Formation: On the Development of Institutions in International Society," *International Organization*, Vol. 45, No. 3 (Summer 1991), pp. 281-308.

유엔환경계획(UNEP)은 오존층 고갈의 문제를 다루기 위한 협상과정 전체에 걸쳐 과학자들 사이의 합의를 이끌어내는 데 전력을 다했고 실효적인 오존층 파괴물질에 대한 규제조치의 필요성을 부각시키는 데 주도적인 역할을 하여 몬트리올 의정서 체제의 구축을 가져왔다. 구체적으로 UNEP는 1985년 오존층 보호를 위한 비엔나협약(Vienna Convention for the Protection of the Ozone Layer)을 주도했고, 1987년 오존층 파괴물질에 관한 몬트리올 의정서(Montreal Protocol on Substances that Deplete the Ozone Layer)의 탄생을 유도했고 1990년의 몬트리올 의정서에 대한 런던개정과 1992년의 코펜하겐 개정에 주도적 역할을 했다.

또한 유엔환경계획은 1989년 유해폐기물의 국가 간 이동과 그 처리의 통제에 관한 바젤협약(Basel Convention on the Control of Transboundary Movements of Hazardous Wastes and their Disposal)의 채택과 기후변화협약의 골격에 대한 협상에 있어서도 주도적인 역할을 했다.

국제환경 분야의 국제기구의 한계를 살펴보면 국제환경협약은 다른 국제문제 분야에 비해 늦게 생성되기 시작했고 이러한 국제환경협약을 관리하는 국제기구 역시 발전의 초기단계에 머물러 있다. 그 결과 적지 않은 국제환경협약이 주권국가에 대한 강제성을 보유하지 않는 한계를 지니며 이러한 국제환경협약을 관리하는 국제기구들 역시 한계점을 가지고 있다. 환경분야를 대표하는 국제기구인 유엔환경계획(UNEP)의 경우 아직 독립적인 재원을 확보하고 있지 못하며 사무국의 크기도 과업수행을 위해 턱없이 작은 편이고 권한도 상당히 제한적으로 주어져 있다. 또한 국제환경 문제를 다루는 국제기구들 사이에 활동의 중복이 많고 이들 간에 자원을 효율적으로 사용하기 위한 체계적인 공동의 프로그램이 제대로 운영되고 있지 않다는 점도 국제기구의 문제점으로 자주 지적되곤 한다.

이러한 문제점을 해결하기 위한 노력과 한계를 살펴보면 다음과 같다. 1970년까지 환경문제가 전문기구들(specialized agencies)의 의제로서 많이 등장했다. 그러나 이들은 유엔과는 독립된 자율적인 기구들로서 이들이 개별적으로 추진하는 프로그램들이 체계적인 조정을 결하고 있어 효율적인 공동의 프로그램 등을 추진하지 못하고 중복된다는 비판을 받아왔다. 유엔의 경제사회이사회(ECOSOC)는 유엔헌장의 규정에 따라 전문기구와 협정을 체결할 수 있고 협의와 권고를 통해 전문기구의 활동을 조정할 수 있는 권한을 보유하고 있으나 환경문제만을 전담하는 기구가 아닌 관계로 조정을 제대로 할 수 없었다.

1972년에 개최된 유엔인간환경회의(UNCHE)의 목적 중의 하나가 바로 이러한 조정을 위한 제도적인 틀을 만드는 것이었으며 이러한 목적을 위해 환경문제를 전담하는 유엔의 기구로서 유엔환경계획(UNEP)을 설립했다. 그러나 UNEP는 유엔인간환경회의가 의도한 유엔체계(UN System) 전반에 걸친 조정자로서의 역할을 떠맡지 못하고 단지 국가 간 협력을 위한 촉매로서의 역할이 주어지는 데 그쳤다. 초기에 UNEP 집행이사회(Governing Council)에서 개도국들과 힘의 보유자이자 주된 기금의 제공자인 선진국 사이에 갈등이 야기되었고 이러한 여파로 환경과 관련하여 다른 기구들의 활동을 조정할 수 있는 권한과 재정적 자원 등이 주어지지 않았다.

유엔총회가 세계 환경문제의 현황을 조사하고 대책을 권고하기 위해 1983년에 독립적인 세계계환경개발위원회(World Commission on Environment and Development, WCED)를 창설한 것이 UNEP의 주변화를 단적으로 보여준다. 1992년에 개최된 유엔환경개발회의(UNCED)가 의제 21(Agenda 21)의 이행상황을 평가하고 감시하기 위한 조직으로서 지속가능개발위원회(Commission on Sustainable Development, CSD)를 유엔 경제사회이사회(ECOSOC)의 산하기관으로 독립적으로 설립한 것도 UNEP의 주변화에 기여했다.

더불어 유엔환경개발회의에서 채택된 의제 21은 UNEP를 환경분야에 있어서의 정책의 지도·조정·촉매의 기능만 하도록 기능을 제한했으며 유엔환경개발회의로 하여금 UNEP가 아닌 유엔총회에 보고하도록 했다. 1995년 UNEP 집행이사회는 UNEP의 기능을 의제 21에 의해 부여된 유엔체제 내의 활동과 집행이사회에서 결정된 환경분야 정책사항만을 수행하도록 더욱 제한시켰다.

이로 인해 유엔환경개발회의에 의해 창설된 지속가능개발위원회(CSD)의 위상이 강화되고 UNEP의 위상이 상대적으로 약화되었다. 그러나 CSD도 역시 공식적인 목적은 환경문제에 있어서 유엔의 활동을 조정하고 의제 21의 국내적·국제적 이행을 감시하는 것이었으나 UNEP와 마찬가지로 조정이란 업무를 제대로 수행하지 못하고 있다.

이러한 상황에서 환경관련 국제기구의 업무를 효율적으로 조정하기 위해 UNEP의 역할을 강화시키자는 제안과 새로운 국제기구를 창설하자는 제안이 제기되어 오고 있다. 구체적으로 지구환경질서 수립을 위해 국제환경협약이 잘 준수되어 이행되고 있는가를 체계적으로 감시하고, 국가 간 환경보호와 협력을 촉진하며, 세계 환경문제를 종합적으로 조정·관리할 수 있는 세계환경기구(World Environmental Organization, WEO)와 같은 새로운 국제기구의 설립이 긴요하다는 입장과 현재 환경에 관한 제반 활동을 관리하고 있는 UNEP의 기구 조정과 확대개편을 하자는 두 입장에 엇갈리고 있다.

2012년 6월에 개최된 유엔지속가능개발회의(Rio+20)에서도 이 문제가 중요문제로서 논의가 되었으나 치열한 논쟁의 결과 지속가능한 개발을 체계적으로 추진할 국제기구의 신설이 아닌 현재 유엔총회의 산하기구 형태인 유엔환경계획(UNEP)의 위상을 강화하는 방향으로 결론을 도출하는 데에 그쳤다.

3. 비정부기구(NGO)

국제환경문제에 효과적으로 대처하기 위해 비정부기구(NGO)의 역할이 중요하다. 그 이유는 국가들의 경우 환경보호를 외치면서 또 다른 한편 자국의 경제적 이익에 여전히 집착하고 있기 때문에 환경문제의 해결을 정부의 차원에 의존한다는 것은 일정한 한계를 갖기 때문이다.

즉 공권력을 소지한 중앙정부가 부재한 국제체제에서 모든 국가들에게 영향을 미치는 환경문제와 같은 도전에 직면할 경우 이러한 문제를 해결하여야 할 필요가 있으나 국제체제는 국익을 추구하려는 국가들 간의 경쟁을 특징으로 하는 모순에 직면한다. 따라서 공익의 관점에서 조정 등을 통해 환경문제를 해결해 나가는 데 있어서 비정부기구의 노력이 긴요하게 요구된다.

NGO의 역할이 중요한 이유는 비록 NGO들마다 문화적 요인이나 개별적인 특성에 의해 차이가 존재하는 것은 사실이지만 그럼에도 불구하고 지구의 환경을 지켜야 한다는 공감대를 형성하고 있기 때문이다. 따라서 NGO들은 공통의 입장을 견지함으로써 남반구 국가와 북반구 국가들이 그들 간의 견해차이로 합의에 이르지 못할 때 차이를 좁히는 가교의 역할을 한다. NGO들은 일반적으로 환경과 관련하여 선진국의 이익을 대변함으로써 개도국들은 환경관련 회의에의 NGO 참여가 증가하는 것에 저항하기도 한다.

지구화(globalization)는 전통적인 국제문제의 해결의 과정과 방식에 큰 변화를 가져왔다. 국제사회가 점차적으로 경제적으로 통합되면서 국가의 힘은 감소하고 대신에 비국가적 행위자들(non-state actors)의 역할이 증대되었다. 1990년대에

NGO의 전 지구적 관리체제(global governance)에의 관여가 대폭적으로 증대되었다. 전 지구적 관리체제의 효과성에 관심을 가지고 있는 정책결정자들에게 있어서 NGO로 하여금 전 지구적 환경관리체제(global environmental governance)에 건설적으로 참여하도록 하는 일은 가장 중요한 일 가운데 하나였다. 여기에서는 국제환경 분야에 있어서의 NGO의 기능과 NGO의 참여 채널을 중점적으로 살펴보고자 한다.

1) NGO의 기능

첫째, NGO는 환경과 관련한 정보를 수집하고 분석하며 이를 교환하고 전파하는 정보기능(informational function)을 수행한다. 구체적으로 NGO는 세계 각지에 있어서의 환경파괴에 관한 실태에 대한 정보를 제공하여 문제에 대한 관심과 문제해결을 위한 노력을 촉구한다. 예컨대 NGO는 인구증가에 상응하는 수자원 확보의 어려움이 국가들 간에 갈등의 원인이 될 것이라는 경고와 더불어 이를 위해 전 세계에 걸쳐 식수 보호구역의 감시와 지표수를 포함한 물의 사용에 관한 협약마련을 촉구한다.

NGO는 이러한 정보기능과 관련하여 조기경보(early warning)에 대한 관심을 높이고 있다. 문제가 발생하여 심각한 상태로 악화되기 이전에(즉 문제가 발생하기 전이나 문제가 발생한 초기에) 적절하게 대처하기 위한 사전 정보수집에 주력하고 있다. 예컨대 싱크탱크형 NGO이면서 환경문제에서 최고의 국제적 권위를 가진 미국의 월드워치 연구소(Worldwatch Institute)는 매년 「세계의 상태 보고서(State of the World Report)」를 발간하여 환경과 관련한 경고를 해오고 있다.

둘째, NGO는 환경정의를 옹호하고 이를 위한 정책의 비판과 제언의 기능을 수행한다. 정책의 비판과 제언기능이란 말 그대로 정부나 국제기구 등의 정책을 비판하고 대안을 제시하는 등의 주장과 제언을 하는 기능이다.[13] NGO는 현안에 대해 로비와 압력의 행사를 통해 자신들의 입장이 이들 주요한 의사 결정자들에 의해 수용되어 국내정책이나 국제공공정책(international public policy)에 반영되기를 희망한다.

NGO는 비판과 제언의 기능을 통해 다음과 같은 역할을 수행할 수 있다.[14]

13) 여기서 말하는 「비판과 제언의 기능」이란 영어의 「advocacy function」이라고 말을 우리말로 옮긴 것으로서 때때로 「권익옹호 기능」이라고도 칭한다.

우선 NGO는 환경문제를 이슈화할 수 있다. 여기서 이슈화란 구체적으로 이전에 공개적인 토의의 대상이 되지 않았던 문제들을 쟁점화시키는 행위를 의미한다. NGO들은 미디어의 주목을 야기하고 토론회나 공청회 등을 개최함으로써 이슈화를 이끌어 낼 수 있다.

NGO는 이러한 이슈화에서 더 나아가 이러한 이슈를 유엔과 같은 국제기구의 공식적인 논의의 대상이 되게 하는 소위 의제화(agenda-setting)에 영향을 미칠 수 있다. 일반적으로 국제기구나 국제회의에서 공식적으로 의제를 설정할 수 있는 권한은 국가에게 주어져 있기 때문에 NGO들은 여러 방식으로 의제화를 위한 비공식적인 힘을 행사한다. 즉 NGO에 의한 의제설정은 일반적으로 공식적인 정부 간 과정(intergovernmental process)의 밖에서 벌어진다. 구체적으로 정치가나 관리들과의 직접적인 대화·미디어·대중에 초점을 둔 행동, 혹은 이러한 것들의 혼합을 통해 NGO의 의제설정이 이루어진다.

NGO는 환경문제의 의제화에 그치지 않고 비판과 제언의 대상의 입장변화에 영향을 미치는 역할을 할 수 있다. 즉 NGO들은 국가의 정부나 국제기구로 하여금 국제적인 선언을 지지하도록 설득하거나 혹은 기존의 국내정책에 관한 입장을 바꾸도록 설득함으로써 이들의 입장에 영향을 미칠 수 있다. NGO들은 또한 국가의 정부나 국제기구로 하여금 국제협약 등에 서명하도록 함으로써 좀 더 구속력 있는 약속을 하도록 압력을 가할 수 있다.

NGO는 대상의 입장변화에서 더 나아가 대상의 정책변화에 영향을 미치는 역할을 수행할 수 있다. NGO들은 자신들의 국가의 정부나 타국 정부 혹은 국제기구의 정책에 있어서의 변화를 가져오는 데 영향을 미칠 수 있다. 이러한 역할이 중요한 것은 NGO가 비판과 제언을 통해 대상의 입장을 변화시켰다고 해도 단순히 입장의 변화에 그치고 정책의 변화로 이어지지 않을 수 있기 때문이다.

NGO는 대상의 정책변화를 넘어서 대상의 행위변화에 영향을 미칠 수 있다. 정책의 변화와 관련하여 유의할 점은 정책변화가 반드시 행위에 있어서의 변화를 동반하지 않을 수도 있기 때문에 정책의 변화와 행위에 있어서의 변화를 구별할 필요가 있다는 점이다. 정책이 변경되기는 했으나 이를 강제할 수 있는 기제

14) 예외적으로 유엔 경제사회이사회(ECOSOC)로부터 포괄적인 협의지위를 부여받은 NGO는 경제사회이사회와 그 산하기관에서 의제를 제안할 수 있는 권한을 부여받고 있으나 제안한 의제의 최종적인 채택여부는 여전히 주권국가의 손에 달려 있다.

(mechanism)가 부재하거나 미약할 경우 행위에 있어서의 변화를 가져오지 않을 수도 있기 때문이다.

셋째, NGO는 기술과 전문성을 바탕으로 재화나 서비스를 제공하는 운용활동(operational activities)의 기능을 한다. 구체적으로 NGO는 정부나 국제기구가 할 수 없거나 하지 않으려는 환경 관련한 과업을 재정적 자원과 물자 그리고 자원활동가(volunteers)를 동원하여 계획하고 집행하는 역할을 한다. NGO는 정부나 국제기구와의 동반자 관계 속에서 이들이 의뢰하는 정책을 집행하는 기능을 수행하기도 한다. 이러한 기능은 NGO가 잘 정립된 다양한 경험과 전문성 그리고 역량을 지니고 있기 때문에 주어진다.

국제기구와의 협력을 통한 국제기구 정책의 집행은 나아가 NGO 자체가 환경과 관련한 협약의 사무국(secretariat) 역할을 대행함으로써 이루어지기도 한다. 예컨대 람사르협약의 사무국 역할을 국제자연보전연맹(IUCN)이 수행하고 있다.[15]

NGO의 기능은 정부와 국제기구의 정책의 집행에 그치지 않고 여기에서 더 나아가 정책의 형성과정에의 참여를 통해 정책에 영향을 미치는 쪽으로 진전해오고 있다. 이러한 정책형성 과정에의 투입은 주로 협의(consultation)와 전문적인 자문의 제공을 통해 이루어진다. 구체적으로 NGO는 정부대표들에게 정책에 대한 분석을 제공하고 정책에 대해 권고를 하며 정부대표들에 의해 제안된 정책에 대한 평가를 제시한다.

넷째, NGO는 환경상태(environmental condition)를 평가하고 감시할 뿐 아니라 정부의 환경협약의 준수를 평가하고 감시하는 역할을 수행한다. 예컨대 「트래픽(Trade Records Analysis of Flora and Fauna in Commerce, TRAFFIC)」이라는 NGO는 「멸종위기에 처한 야생 동식물 종의 국제거래에 관한 협약(CITES)」의 준수를 감시하는 데 있어서 대단히 중요한 역할을 수행하는 것으로 유명하다.[16]

---

15) 환경과 관련한 조약들은 사무국과 관련하여 어떤 형태로든 상설 사무국을 가지고 있지 않은 경우·자체의 독립적인 상설 사무국을 가지고 있는 경우·국제기구에게 상설 사무국의 역할을 대행하도록 하는 경우·비정부기구에게 상설 사무국의 역할을 대행하는 경우 등으로 구분될 수 있다. 람사르협약은 IUCN이 사무국 역할을 대행하고 있으며 멸종위기에 처한 야생 동식물종의 국제거래에 관한 협약(CITES)의 경우는 UNEP가 이러한 역할을 대행하고 있다.

16) NGO들은 기존 국제레짐에 대한 감시(monitoring)와 검증(verification)의 일환으로서 이러한 국제레짐에 대한 위반을 조사하고 보고함으로써 국제레짐의 유지에 공식적·비공식적으로 중요한 역할을 한다. 멸종위기에 처한 야생 동식물 종의 국제거래에 관한 협약(CITES)의 경우를 예로 들자면 당 협약은 유엔환경계획(UNEP)과의 계약 하에 국제자연보호연맹(IUCN-The World Conservation Union)으로 하여금 사무국 서비스를 제공하도록 하고 있다. IUCN은 세계자연기금(World Wide Fund for Nature, WWF)이라는 NGO와 합동으로 야생 동식물 거래 감시를 위한 국제적인 네트워크인 「트

NGO는 국가들이 실천하겠다고 약속한 것과 실제로 이들이 수행한 것을 분석하여 환경협약에 가입한 국가들의 행동에 관한 정보를 서로에게 가용하도록 한다. 다수의 환경 NGO들로 구성된 기후행동네트워크(Climate Action Network, CAN)는 기후변화와 관련한 국가들의 약속과 행동에 관한 포괄적인 보고서를 작성하여 매년 공개한다.[17)]

NGO는 감시자(watchdog)로서 환경규제의 실질적인 이행 여부를 감시하고 나아가 이러한 것에 대한 위반을 경고하는 중요한 기능을 수행한다. 예컨대 그린피스(Greenpeace International)는 인공위성 등 첨단장비를 동원하여 환경에 대한 감시를 하고 있다. NGO들은 국가수준의 연계망에서 나아가 지역적 그리고 세계적인 연계망(networks)을 발전시켜 이를 통해 감시 기능을 강화하고 있다. 이는 대만이 핵폐기물을 북한 지역으로 반입하고자 했을 때 한국의 환경관련 NGO가 그린피스와 같은 국제환경 NGO와 연계하여 저지운동을 전개했던 것에서도 잘 알 수 있다.

다섯째, NGO는 환경과 관련한 교육을 제공하는 역할을 수행한다. NGO는 대중교육 캠페인 등을 통해 일반대중들을 교육시켜 여론을 형성하고 이들 대중들을 동원함으로써 정부의 입장에 영향을 미치고 나아가 정부로 하여금 특정 국제기구에 참가하여 국가 간의 의사결정에 영향을 미치도록 한다. 즉 환경관련 NGO의 경우 일반대중을 대상으로 환경문제에 대한 인식을 제고시키고 궁극적으로 이를 정치적인 의제로 부각시키는 역할을 한다. 그린피스(Greenpeace International, GI)가 대중교육 캠페인의 일환으로서 유전자 변형식품(GMO)이 함유된 제품들을 자체 인터넷 홈페이지에 공개한 것과 같은 활동을 대표적인 예로 꼽을 수 있다.

NGO들이 수행하는 이러한 교육적 기능은 전 지구적인 이슈들을 다루는 데 있어서 일반인들의 관심과 나아가 참여를 촉진함으로써 국제관계의 민주화를 대변한다고 볼 수 있다.[18)] NGO들은 이러한 기능을 통해 민족국가로부터 국민들에

래픽(TRAFFIC)」을 구성하여 연구와 감시 그리고 기술지원의 기능을 위임했다. 이러한 트래픽(TRAFFIC)에서 세계자연보호기금(WWF)은 탁월한 기능을 발휘하고 있다. 구체적으로 전 세계에 걸쳐 부두(shipping dock)와의 오랜 기간에 걸친 실무 관계를 바탕으로 멸종위기에 처한 야생 동식물 종의 국제거래에 관한 협약의 위반을 발견하고 이를 사무국에 보고함으로써 당 협약의 유지에 중요한 역할을 담당하고 있다.

17) Kal Raustiala, "Nonstate Actors in the Global Climate Regime," in Urs Luterbacher and Detlef F. Sprinz, eds., *International Relations and Global Climate* Change (Cambridge, Mass. and London: The MIT Press, 2001), p. 108.

18) Karen A. Mingst and Margaret P. Karns, *The United Nations in the Post-Cold War Era*

게로 주권을 이동시키는 역할을 한다고 볼 수 있으며 일반 대중들에게 새로운 참여의 통로를 제공하고 있다.

2) NGO의 참여채널

예외가 전혀 없는 것은 아니지만 대부분의 국제기구들은 시민사회를 대표하는 NGO와 어떠한 형태로든 관계를 가짐으로써 정당성(legitimacy)을 획득하고자 한다. 1972년에 개최된 유엔인간환경회의(UNCHE)는 NGO 성장의 출발점으로 언급되며 1992년 유엔환경개발회의(UNCED)를 계기로 정부간회의와 병행하여 NGO 포럼이 개최되면서 정부간회의의 하나의 정형(pattern)이 되었다.

유엔환경개발회의에서 채택된 행동계획인 의제 21(Agenda 21)은 제27장(Chapter 27)에 「NGO 역할의 강화: 지속가능한 개발을 위한 파트너(Strengthening the role of Non-Governmental Organizations: Partners for Sustainable Development)」라는 제목을 붙이고 환경과 관련한 NGO의 새로운 형태의 참여의 필요성을 선언했다. 즉 유엔체제는 NGO와의 협의 속에 정책과 프로그램의 설계·집행·평가에 NGO의 전문성과 견해를 끌어들이기 위해 개개 기구 내에 있어서 현재의 장치와 절차를 제고시키는 조치를 취해야 하며 만약 이러한 장치나 절차가 없다면 새롭게 수립하여야 한다고 언급하고 있다. 즉 이 회의는 NGO의 관여와 개입(committment and involvement)이야말로 지속가능한 개발에 지극히 중요하다는 것을 확인하고 있다.

비록 NGO의 참여를 위한 공식적이고 제도적인 기제가 제한적이기는 하지만 NGO는 다양한 기제를 통해 환경과 관련한 국제적인 심의(international deliberation)에 참여하여 영향을 미쳐오고 있다. 이러한 기제에는 다음과 같은 것들이 있다. 단 이러한 기제가 NGO에게 보편적으로 주어지는 것이 아니라는 점에 주의해야 한다. 국제기구에 따라서는 NGO의 접근을 전혀 허용하지 않는 경우도 있고 극히 제한적으로 일부의 기제만을 허용하기도 한다.[19]

첫째, NGO는 국제기구로부터 협의지위(consultative status)를 획득하거나 정

(Boulder, Colorado: Westview Press, 1995), pp. 57-58.

19) 채널의 일부분에 대한 설명은 다음 글을 참고하였음: Barbara Gemmill and Abimbola Bamidele-Izu, "The Role of NGOs and Civil Society in Global Environmental Governance," in Daniel C. Esty and Maria H. Ivanova, eds., *Global Environmental Governance: Options & Opportunities* (New Haven, CT: Yale School of Forestry & Environmental Studies, 2002), pp. 77-100.

부간회의로부터 공인(accreditation)을 받아 국제회의를 위한 공식적인 준비위원회(preparatory committee, PrepCom)나 비공식적으로 조직된 회의에 참가하여 선언문이나 행동계획(action plan)과 같은 공식문서의 초안 작성 등에 참가하는 등 사전협상 과정(prenegotiation process)에서 중요한 역할을 한다. 예컨대 1972년 유엔인간환경회의(UNCHE)에서 채택된 인간환경선언(Declaration on the Human Environment)과 1992년 유엔환경개발회의(UNCED)에서 체결된 생물다양성협약은 국제자연보전연맹(IUCN)이라는 NGO가 작성한 초안에 기초를 두었던 것으로 잘 알려져 있다.

둘째, NGO는 국제기구로부터 협의지위를 획득하거나 정부간회의로부터 공인을 받아 제한적이기는 하나 국제회의에 참가하여 구두진술과 문서회람을 통해 의견을 제시하고 정부대표단들을 대상으로 로비를 하거나 브리핑을 한다. 좀 더 구체적으로 NGO는 정부대표단들과 부대행사나 워크숍 등을 통해 비공식 접촉을 하고 정부 간 협상에 공식적으로 참가하여 공식적 혹은 비공식적인 입장문(position paper)을 제출하고 우호적인 정부대표단에게는 전문적인 조언을 제공한다. 이와 더불어 협상장 밖에서 데모를 비롯한 캠페인을 전개할 수 있다.

셋째, 국제회의에 참여하는 정부대표단의 공식적인 일원이 되어 정부대표들에게 자문을 제공하거나 NGO를 대변한다. 선진국의 경우 환경과 관련한 다자협상에 NGO를 정부대표단의 일원으로 참여시키는 경우가 종종 있는데 이는 다자교섭에 있어서 NGO이 전문성을 이용하여 협상력을 제고시키고 특정 이슈의 다자적인 논의에 있어서 투명성을 촉진하기 위한 노력의 일환이다.

넷째, NGO 대표가 특정 국가의 정부대표를 대신하기도 한다. 드문 경우이지만 특정 국가가 인적·물적 자원의 부족으로 정부대표를 파견하기 어려운 경우 NGO가 이들 국가의 정부대표를 대행하기도 한다. 이러한 현상은 소국에서 종종 발생하는데 예를 들자면 태평양의 도서국가인 나우루(Nauru)의 경우 2명의 미국 환경운동가들이 런던덤핑협약 회의에 대신 참가한 바 있다.

또 다른 초미니 국가인 바누아투(Vanuatu)의 경우는 국제법에 전문적인 지식을 가지고 있는 영국 소재 NGO로 하여금 지구온난화를 막기 위한 회의에서 자국을 대표하여 중요한 행위자로서의 역할을 하도록 한 바 있다.[20] 영국 소재

20) Jessica T. Mathews, "Power Shift," *Foreign Affairs*, Vol. 76, No. 1 (Jan./Feb. 1997), p. 55.

NGO는 「국제환경법과 개발재단(Foundation of International Environmental Law and Development, FIELD)」으로서 환경문제와 관련한 전문성을 결하고 있는 군소도서국가연합(AOSIS)의 국가들의 정부대표가 되어 이러한 국가의 협상력을 높여주고 있다.21)

다섯째, 국제자연보전연맹(IUCN)의 경우 국가와 정부기관 이외에 NGO(국내 비정부기구와 국제 비정부기구) 및 제휴기관(affiliates)을 구성요소로 하는데 이러한 경우 NGO는 이러한 기구에 대표단으로 참여하여 각국의 정부대표 및 정부기관과 논의에 참가할 수 있다.22)

여섯째, 국제기구가 설립한 자문그룹(advisory group)이나 실무그룹(working group)에 NGO 소속의 전문가가 NGO를 대변하는 자격으로서가 아니라 개인의 자격으로서 참여할 수 있다.

일곱째, 「멸종위기에 처한 야생 동식물 종의 국제거래에 관한 협약(CITES)」의 경우처럼 NGO가 일정한 자격을 갖춰 옵서버(observer)의 지위를 획득할 경우 당사국총회(COP)의 본회의와 위원회에 참가하여 어떠한 이슈에 관한 것이든 상관없이 논평을 할 수 있다. 물론 의사결정을 위한 투표권은 인정이 되지 않는다.

여덟째, 유엔환경개발회의(UNCED)에서 채택된 의제 21이 NGO를 당 회의에서 논의 된 것을 이행하고 감시하는 주요그룹(major group)으로서의 지위를 부여한 경우처럼 NGO가 국제기구의 정책이나 프로그램의 집행자와 감시자로 참여할 수 있다.23)

아홉째, NGO의 기능 부분에서 이미 언급했듯이 NGO는 국가들이 체결한 환경과 관련한 협약을 관리할 사무국의 역할을 잠정적으로 대행함으로써 나름의 영향을 미칠 수 있는 기회를 가질 수 있다. 현재 NGO가 이러한 역할을 하고 있는 예로서 람사르협약의 사무국 역할을 하고 있는 국제자연보전연맹(IUCN)을 들 수 있다. 이렇게 국제환경협약의 사무국 역할을 수행하는 것 이외에 사무국에 전문

21) Kal Raustiala, "Nonstate Actors in the Global Climate Regime," in Urs Luterbacher and Detlef F. Sprinz, eds., *International Relations and Global Climate* Change (Cambridge, Mass. and London: The MIT Press, 2001), pp. 106-107.

22) 2015년 10월 26일 현재 제휴기관 48, 국가 89, 국제 NGO(INGO) 110, 정부기관 126, 국가 NGO (NNGO) 940이 회원을 구성하고 있다 (http://www.iucn.org/about/union/members/who_members/).

23) 의제 21은 비정부기구 이외에 여성·아동과 청소년·토착인과 토착 공동체·근로자와 노동조합·과학과 기술 공동체·기업과 산업·농부를 추가적인 그룹으로 인정하고 있다.

적인 지식과 조언을 제공할 수도 있다.

위에서 살펴본 다양한 참여채널은 제도적으로 공식적으로 구축된 것들도 있지만 그렇지 않고 임시방편적으로 주어지는 경우도 빈번하다. 따라서 이러한 기제가 공식적으로 제도화된 기제에 의해 대체되어야 한다는 것이 NGO들의 공통된 요구사항이다.

4. 과학자들의 인식공동체

앞서 살펴보았듯이 국제정치학 이론 가운데 하나인 인식론적 접근법의 경우 국제적인 협력을 촉진하는 데 있어서 초국가적인 전문가로 구성된 인식공동체(epistemic community)의 역할에 주목해 오고 있다.

인식공동체는 「특정 영역에서 인정을 받는 전문성과 능력을 소지하고 그러한 영역 혹은 쟁역에서 정책과 관련된 지식에 대한 권위적인 주장을 지닌 전문가의 연계망(a network of professionals with recognised expertise and competence in a particular domain and an authoritative claim to policy relevant knowledge within that domain or issue-area)」을 일컫는다.

좀 더 구체적으로 인식공동체는 규범적 믿음·인과적인 믿음·지식의 유효성에 대한 기준·공통의 정책을 공유하고 있는 전문가들의 비공식적인 연계망을 일컫는다.[24] 이러한 인식공동체는 NGO와는 달리 조직의 요소들을 지니지 않는, 단지 생각을 공유하는 영향력 있는 개인들의 비공식적인 연합체이다.

하스(Ernst B. Haas)는 제도화된 협력(institutionalized cooperation)이란 변화하는 지식과 변화하는 사회적인 목표 사이의 상호작용의 관점에서 탐구되어질 수 있다고 주장하면서 공동의 이해관계와 전문성을 갖고 국가의 경계를 넘나들며 특정의 문제에 대한 공통적인 이해로 통합된 인식공동체를 구성하고 있는 전문적인 기술자의 역할을 부각시킨다. 전문적인 기술자들은 이들만이 전 지구적 기후의 관리와 같이 정부가 의존하지 않을 수 없는 복잡한 문제에 관한 지식을 가짐으로써 영향력을 갖게 되며 그 결과 이들이 지니고 있는 합의적 지식(consensual knowledge)이 국제레짐의 형성에 중요한 역할을 한다고 본다.[25]

---

24) Peter M. Haas, "Introduction: Epistemic Communities and International Policy Coordination," *International Organization*, Vol. 46, No. 1 (Winter 1992), p. 3.

25) Ernst B. Haas, "Is There a Hole in the Whole? Knowledge, Technology, Interdependence and

한 마디로 환경문제를 둘러싼 국제적인 협상이 성공하기 위해서는 불확실성의 범위를 좁힐 수 있는 국제적인 과학적 합의를 구축하는 것이 필수적인데 이들 인식공동체가 이러한 역할을 수행한다. 이들은 주권국가의 편협한 정치적이고 상업적인 이해관계를 초월함으로써 산업계의 로비를 견제하는 역할도 수행한다. 오존층 고갈문제를 다루는 협상과 기후변화의 문제를 다루는 협상에서 인식공동체가 중요한 역할을 수행했다.

이러한 과학자들의 인식공동체는 유엔환경계획(UNEP)·세계기상기구(WMO)·국제과학연맹이사회(International Council of Scientific Union, ICSU) 등의 조력을 받아왔으며 특히 오존층 고갈문제 문제와 기후변화 문제를 다루는 데 중요한 역할을 수행해 오고 있다.

과학자들의 인식공동체가 지니고 있는 문제 가운데 하나는 우수한 환경관련 연구시설과 과학자들이 북반구 국가들에게 편중되어 있어 극히 제한된 수의 개도국 과학자들만이 국제환경문제에 영향력을 행사할 수 있는 기회를 가진다는 점이다. 이 때문에 개도국들은 훈련·기술지원·과학적 역량의 배양을 위한 규정을 국제환경협약에 둘 것을 지속적으로 요구해 오고 있다.

5. 기업과 기업연합체[26]

기업은 환경파괴의 행위자이면서 동시에 대체물질의 개발을 통한 환경문제의 주요 해결자라는 이중적인 성격을 보유하고 있다. 기업은 환경협상의 결과에 따라 상업적·경제적 이해관계에 민감하게 영향을 받는 행위자들이다. 따라서 기업은 특히 환경문제에 있어서의 의사결정에 영향력을 미치고자 하며 실제에 있어서 상당한 영향력을 미치고 있다.

1992년에 유엔환경개발회의(UNCED)가 개최되었을 때 다국적기업(MNC)은 연합체를 구성하여 정부간 대표들의 회의비용의 일부를 지원하는 등 영향력 행사를 위한 노력을 전개했으며 이러한 로비에 의해 리우선언이나 의제 21에 환경파괴에 대한 다국적기업의 책임에 대한 조항을 두려는 노력이 좌절된 바 있다.

오존층 고갈문제를 다루는 협상기간 중 비정부 부문의 옵서버(observer) 자격

---

the Construction of International Regimes: A Regime Analysis," *International Organization*, Vol. 29, No. 3 (Summer 1975), pp. 827-876.

26) 조선일보, 1997년 8월 29일.

으로 참여한 사람들 중 압도적인 다수가 산업계 대표들이었다. 그러나 환경에 대한 일반인들의 인식이 높아지고 환경과 관련된 기업의 사회적 책임(corporate social responsibility, CSR)이 강조되면서 환경과 관련한 기업의 이미지가 기업의 활동에 중요해졌다. 따라서 국제적인 협약의 결과로서 기업의 활동이 제한되고 있음에도 불구하고 이를 적극적으로 반대할 수 없는 딜레마를 가지고 있는 것이 현실이다.

이러한 기업들 모두가 환경문제에 동일한 입장을 갖는 것은 아니다. 이들은 사업의 성격에 따라 각기 다른 입장을 보여 국제기구의 의사결정을 더욱 어렵게 하는 경우가 있다. 예컨대 지구온난화 방지를 위한 국제협약이 체결될 움직임을 보이던 1990년대 초까지만 해도 기업들은 모두 온실가스에 대한 강제규제 움직임에 이구동성으로 반대했으나 선진국 기업들은 이제 이 문제를 둘러싸고 다양한 견해를 보이고 있다.

적지 않은 기업들은 여전히 지구온난화 문제에 회의적인 시각을 가지고 있으며 대표적인 경우가 바로 에너지 제조업체들의 로비스트 단체인 지구기후연합(Global Climate Coalition, GCC)이다. 이들은 화석연료의 사용과 지구의 온난화에 대한 인과관계를 불확실한 것으로 간주하고 경제적 손실을 일방적으로 강요당할 수 없다는 입장을 보이고 있다. 미국 기업들의 후원으로 운영되는 미국의 경제전략연구소(ESI)는 온실효과 방지를 위한 미국의 이산화탄소 억제조치는 미국 산업의 경쟁력을 약화시킬 것이라는 보고서를 발표했으며 이 보고서가 비용의 상승을 우려하는 업계의 반대 로비활동에 적극 활용되었다.27)

이와는 달리 적지 않은 기업들은 과학자들이 제시하고 있는 이러한 인과관계를 받아들이고 보다 적극적으로 이 문제를 해결하려고 하고 있다. 대표적인 일례로서 세계 3위의 석유회사인 영국석유(British Petroleum, BP)가 1997년 초 다른 석유회사들과의 공조를 깨고 화석연료가 지구온난화를 유발한다는 주장은 과학적인 근거가 있다고 선언하고 NGO인 환경방어기금(EDF)과 협력하여 자사의 온실가스 배출량 측정과 감소방안 그리고 대체 에너지 기술개발 등을 추진한 바 있다. 더 나아가 국제기후변화파트너십(International Climate Change Partnership, ICCP)이란 조직을 이끌며 다른 기업의 참여를 유도했다.

그러나 영국석유를 비롯한 대부분의 선진국 기업들은 일률적인 온실가스 배출

---

27) 한겨레신문, 1997년 10월 1일.

규제에는 반대하는 입장을 보이고 있으며 자신들이 개도국의 기업과 경쟁을 하면서 불이익을 당하는 것을 우려해 온실가스 배출 감소기준을 개도국에게도 평등하게 적용되어야 한다고 주장한 바 있다.

1995년 4월 베를린에서 기후변화협약 제1차 당사국총회(COP1)가 개최되었는데 여기에 세계의 주요 보험회사 관계자들이 대거 참가하여 치열한 로비를 벌였다. 보험사들은 지구온난화로 인해 비롯된 것으로 보이는 대홍수와 허리케인 등 각종 기상이변으로 막대한 손실을 보자 기후협약회의에서 환경단체들과 공동보조를 취하여 합의도출을 주장했던 것이다. 이들은 또한 기상의 이변이 증가하면 결국은 보험료가 인상되지 않을 수 없다는 점도 상기시켰다. 다른 한편 발전과 철강 등의 업계에서도 동 회의에 대규모 대표단을 보내 각국 정부들에 이산화탄소 배출 규제조치가 취해지지 않도록 막후 로비활동을 활발하게 전개하여 유엔의 기후협약회의가 두 업계 집단의 대리전으로 변모하는 양상을 보이기까지 했다.[28]

2009년 코펜하겐에서 개최된 기후변화협약 제15차 당사국총회(COP15)에서 법적으로 구속력이 있는 기후변화협약을 체결하고자 하는 과정에서 세계자연기금(World Wide Fund for Nature, WWF)과 그린피스(Greenpeace International, GI)와 같은 NGO가 회의의 결과에 영향을 미치고자 했다. 또 다른 한편 국제상공회의소(International Chamber of Commerce, ICC) 및 세계지속가능개발기업협의회(World Business Council for Sustainable Development, WBCSD)와 같은 기업협의체가 회의의 결과에 영향을 미치고자 했다.[29]

신자유주의를 동력으로 하는 지구화(globalization)가 가속되면서 기업들이 국내외적으로 환경에 미치는 영향이 커지고 있으며 환경정책에 미치는 영향력 역시 커지고 있다. 이와 관련하여 환경 관련 행위자들 가운데 특히 비정부기구(NGO)가 중심이 되어 기업에게 법적 강제력을 가지는 환경규범(구체적으로 환경협약)을 만들어 이들을 구속하고자 하는 움직임을 보여 오고 있다. 기업들은 로비를 하거나 경제분야에서의 구조적인 힘을 영향력으로 하거나 자율규제라는 방식을 통해 이러한 움직임에 대응해오고 있다.[30]

---

28) 조선일보, 1995년 4월 3일.

29) Christian Downie, "Strategies to Influence Outcome in Long Environmental Negotiations," http://www.e-ir.info/2014/05/02/strategies-to-influence-outcomes-in-long-environmental-negotiations/ (검색일: 2015년 10월 29일).

30) Jennifer Clapp, "Transnational corporation and global environmental governance," in Peter Dauvergne, ed., *Handbook of Global Environmental Politics*, 2nd Edition (Cheltenham,

우선 기업들은 주요 전략으로서 일국 정부가 국제환경 협상장에 대표단을 파견하기 전에 자국정부에 로비를 하여 자국정부의 입장에 영향을 주는 전략을 구사해 오고 있다. 기업들은 이와 더불어 점차적으로 국제수준에서 전 지구적인 환경협상에 영향을 주기 위한 로비도 적극적으로 해오고 있으며 이러한 로비는 주로 옵서버의 지위를 이용해서 이루어지고 있다.

구체적으로 기업은 투표권이 없는 옵서버로서 발언권이 주어질 경우 이를 활용하고 주로 실무그룹(working group)이나 기술그룹(technical group)에서 적극적으로 활동하면서 대표단들을 대상으로 로비를 한다. 이러한 국제수준에서의 로비를 위해 구성된 대표적인 기업연합체로는 국제상공회의소(International Chamber of Commerce, ICC)와 세계지속가능개발기업협의회(World Business Council for Sustainable Development, WBCSD)가 있다. 특정한 환경분야의 경우도 기업연합체들이 조직되어 있는데 생명공학 분야의 경우 세계산업연합(Global Industry Coalition, GIC)과 기후변화 분야의 경우 세계기후변화연합(Global Climate Coalition, GCC)을 그 예로 들 수 있다.

기업들은 직접적인 수단을 사용하지 않은 채 세계경제에 있어서의 지배적인 지위를 이용하여 간접적으로 국제환경 문제에 구조적인 힘(structural power)을 행사하고 있다. 구체적으로 이러한 구조적인 힘은 「지속가능한 개발(sustainable development)」이라는 개념 및 기업의 역할(role of industry)과 관련하여 공식적인 문건에 사용되는 언어에 영향을 미침으로써 행사된다. 즉 기업들은 지속가능한 개발이라는 개념을 논함에 있어서 기업을 이러한 지속가능한 개발의 촉진자로서 해석하도록 적극적으로 압박을 가함으로써 기업의 활동에 대한 직접적인 규제의 요청을 회피할 수 있었다. 또한 구조적인 힘은 국가들이 다국적 기업들의 투자를 유지하거나 유치하기 위해 기업이 수용할 수 있는 정책을 나서서 수립하거나 기업들이 다른 곳으로 이전하겠다는 위협을 가함으로써 행사되어질 수 있다.

기업들은 국내적인 혹은 국제적인 규제를 못하도록 선제적으로 자신들의 행동강령(code of conduct)을 자발적으로 개발하여 시행함으로써 국제적인 환경지배체제에 영향을 미친다. 국제표준화기구(ISO)의 환경관리표준인 ISO 14000 · 국제상공회의소(ICC)의 지속가능한 개발을 위한 기업헌장(Business Charter for Sustainable Development) · 화학업계의 세계적인 환경안전개선운동인 책임 있는

UK and Northampton, MA, USA, Edward Elgar, 2005), pp. 284-297.

배려(Responsible Care)·환경적으로 책임 있는 경제활동을 위한 원칙(Coalition for Environmentally Responsible Economies Principles) 등이 이러한 예에 속한다.

ISO 14000은 환경분야에서 기업들이 자신들에게 주어질지 모르는 좀 더 엄격한 규제를 피하기 위해 광범위하게 수용하고 있는 전 지구적 수준의 자발적인 기준이다.[31] 개도국과 선진국 모두에 있어서 점차적으로 많은 수의 기업들이 ISO 14000이 제시한 기준을 채택하면서 이 기준은 세계시장에서 사업을 위한 사실상의 전제가 되어가고 있다. 그러나 비정부기구들(NGOs)은 이러한 기준이 기업들의 환경적인 성과 면에서 실질적인 차이를 가져온다고 하는 것에 회의적이며 실제로 환경에 부정적인 제품을 생산하면서 ISO 14000의 인증을 통해 친환경적인 이미지를 내세우는 위장환경주의(greenwash)를 경계한다.

기업들은 또 다른 한편 2000년에 유엔에 의해 제안되고 출범한 글로벌콤팩트(Global Compact)에 가입함으로써 비정부기구들의 의해 점증적으로 수립이 요구되고 있는 기업의 환경훼손에 대한 법적 책임으로부터 벗어나고자 한다.[32] 기업들은 글로벌콤팩트를 통해 유엔이 설정한 인권·노동·환경·반부패라는 4개 분야에 걸친 10개의 원칙(principles)을 지키겠다고 약속을 하게 되는데 이는 기업의 자발적인 의사에 의한 것으로서 보고서 제출 의무를 제외하고는 실효적인 감시기제(monitoring mechanism)를 가지고 있지 않다. 따라서 이 역시 실제로 환경에 부정적인 활동을 하면서 글로벌콤팩트로의 가입을 내세워 환경 등의 분야에 있어서 친화적인 이미지를 조작할 수 있다는 비판으로부터 자유롭지 않다.[33]

6. 대중매체·소비자·유권자·종교단체

대중매체는 환경문제와 관련하여 여론을 형성하고 정부의 태도를 변화시키는데 중요한 역할을 한다. 민주주의 사회일수록 이러한 여론의 힘이 크다.

소비자단체에는 환경보호 경향의 소비자단체와 기업에 우호적인 소비자그룹이 존재한다. 후자의 대표적인 예로서 미국의 소비자 단체의 하나인 쿨러헤즈연합(Cooler Heads Coalition)을 들 수 있다. 이 조직은 미국의 전국소비자연합(National

31) ISO 인증제도에 관한 보다 자세한 것은 제10절 환경보호를 위한 국제적인 노력들을 참조하시오.
32) 글로벌콤팩트에 관한 보다 자세한 것은 제10절 환경보호를 위한 국제적인 노력들을 참조하시오.
33) 이렇게 유엔을 내세워 환경 등의 분야에서 실제와는 달리 친화적인 모습을 보이는 것을 「블루와시(bluewash)」하고 한다. 여기에서 「블루(blue)」란 유엔을 상징하는 색으로서 유엔을 의미한다.

Consumer Coalition, NCC)의 일부로서 1997년에 설립된 조직으로서 잘못된 경제적·과학적·위험 분석을 드러내어 지구온난화라는 신화를 몰아내는 것을 목적으로 한다. 즉 지구온난화의 위험은 사변적인 것인데 반해 지구온난화 정책의 위험은 너무나 사실적인 것이라고 주장한다. 이러한 두 종류의 소비자 단체는 모두 환경문제에 있어서 중요한 행위자들로서 영향력을 행사하고 있다.

유권자들은 환경문제를 선거이슈의 하나로서 쟁점화함으로써 영향력을 행사할 수 있다. 종교단체는 비교적 최근에 환경문제와 관련하여 영향력을 가진 새로운 행위자로 등장하고 있다.

제 4 절 국제환경레짐의 특징[34]

국제환경레짐의 특징은 여러 가지인데 이러한 특징의 대부분은 주권국가들로 구성된 분권적인 국제체제라는 국제사회의 구조적인 특징으로부터 유래된다고 볼 수 있다. 따라서 국제환경레짐은 이러한 주권국가들의 합의의 결과물로서 합의에 도달하기 위해 적지 않은 시간과 노력을 필요로 할 뿐 아니라 내용적으로 주권국가들의 상이한 이해관계로 인해 서로 다른 입장들이 접점을 찾을 수 있는 최소한의 공통분모(lowest-common-denominator)를 반영하기 마련이다. 당사국들이 구체적인 행동과 정책을 취할 것을 주요한 내용으로 하는 국제환경레짐에 합의한다고 해도 당사국에 대한 효과적인 지렛대가 부재하여 국제환경레짐의 준수를 확보할 수 있는 신뢰할 수 있고 실효적인 수단이 없다.

이러한 것을 전형적으로 보여주는 예가 「특히 물새 서식지로서 국제적 중요성을 갖는 습지에 관한 협약」인 람사르협약이다. 이 협약은 단순히 당사국들에게 그들의 관할권 내에 있는 중요한 습지를 한 군데 이상 등록하고 현명하게 사용할 의무를 부과하였지만 이러한 습지를 특별하게 규제하거나 보호할 의무를 부과하고 있지 않다. 그리고 중요한 습지가 있는데도 추가적으로 등록을 하지 않거나 현명하게 사용을 하지 않아도 실제에 있어서 이를 규제할 수단을 보유하고 있지 않다. 여기에서는 이러한 일반적인 특징과 더불어 국제환경레짐이 다른 국제문제

34) 국제법은 국제레짐의 한 형태이기 때문에 국제레짐이라는 용어와 더불어 국제법이라는 용어를 혼용하여 사용하고자 한다.

와 구별되어 가지는 여러 가지 특징을 좀 더 세분하여 살펴보고자 한다.

1. 유연한 법의 구조

국제환경협약의 기본협약(framework convention)이나 후속적인 의정서(protocol)는 부속서(annex)나 부록(appendix)을 두는 경우가 많은데 몇 개의 예를 들어보면 다음과 같다. 우선 기후변화협약은 협약 자체에 부속서를 둔 경우인데 협약의 당사국들을 부속서 I(Annex I), 부속서 II(Annex II), 비부속서(Non-Annex I) 국가로 구분해 각기 다른 의무를 부담토록 규정하고 있다. 멸종위기에 처한 야생동식물 종의 국제거래에 관한 협약(CITES)은 협약 자체에 부록을 둔 경우로서 야생 동식물을 멸종위기의 정도에 따라 부록 I(Appendix I), 부록 II(Appendix II), 부록 III(Appendix III)로 구분하고 있다.

오존층 파괴물질에 관한 몬트리올 의정서는 의정서에 부속서를 두고 있는 경우로서 금지대상의 물질들을 부속서 A 물질, 부속서 B 물질, 부속서 C 물질, 부속서 D 물질, 부속서 E 물질로 구분하고 있다.

국제환경협약이 이러한 부속서나 부록을 두고 있는 이유는 기본협약이 체결된 당시의 상황이 변화하여 개정의 필요성이 제기될 경우 기본조약은 그대로 놓아둔 채 부속서만의 개정을 통해 변화된 상황에 유연하게 대처하기 위한 것이다. 과학적인 불확실성 때문에 애초에 규제대상에 포함되지 않았던 물질이 나중에 환경문제를 야기하는 원인물질이라는 과학적인 자료가 가용하게 되었을 경우 부속서의 개정을 통해 보다 수월하게 첨가되는 경우들을 쉽게 볼 수 있다.

2. 유연한 이행수단

대부분의 국제환경협약은 실효적인 통제기제(control mechanism)를 가지고 있지 않으며 법적 구속력이 있는 분쟁해결절차를 가지고 있지 않다.[35] 구체적으로 국제환경협약은 협약의 의무를 준수하지 않는 국가에 대해 제재(sanction)나 벌칙(penalty)을 동원하여 준수를 강제하는 기제보다 협약의 준수를 촉진하기 위해 대화와 지원(재정지원과 기술지원)을 제공하는 것을 목표로 하는 촉진적 기제(facilitative mechanism)가 주를 이루고 있다.

35) 국제환경레짐의 준수 부분에서 이러한 특징에 대해 상론하고 있다.

대부분의 국제환경협약은 당사국의 자발적인 협약의무의 준수와 당사국이 협약의무의 이행과 관련하여 자체적으로 제출하는 국가보고서(national report)의 검토에 상당 부분 의존하는 등 효과적인 집행수단을 결하고 있다. 다른 주체에 의해 감독되기 보다는 국가 스스로 자기의 행동에 대해 보고하는 자기보고체제(self-reporting system)는 전형적으로 국제환경협약의 취약성을 보여주는 것이다.

3. 구체적인 규칙의 국내법에의 위임

국제환경협약들이 환경보호의 필요성을 강조하면서 법적 구속력이 없는 기본원칙만을 규정하는 기본협약을 체결 한 후에 구체적인 의무를 부과하는 의정서를 후속적으로 채택하는 것과 유사한 맥락에서 대부분의 국제환경협약은 당사국들이 준수하여 이행하여야 할 구체적이고 세부적인 규칙이나 기준 등을 국제환경협약 자체에서 제시하지 않고 단지 지침(guideline)으로서 일반적인 원칙만을 제시하고 개개 당사국들이 국내입법을 통해 자율적으로 규정하도록 하고 있다. 이 때문에 국제환경협정이 의도하고 있는 환경과 관련한 구체적인 조치들이 모든 당사국들에 의해 이행될 것이라는 것을 기대하기 어렵다.

국제법의 국내법이 관계에 있어서 이원론을 택하고 있는 국가와 일원론을 택하고 있는 국가가 있다. 전자의 경우는 국제법이 국내적으로 편입되어 효력을 발생하기 위해서는 국내입법이 반드시 필요하나 후자의 경우 국제법이 국내법 질서로 편입되어 효력을 가지려면 국내입법과 같은 부차적인 행위를 필요로 하지 않고 국제법이 자동으로 국내법의 일부로 수용된다.

이처럼 일원론적 방식으로든 이원론적 방식으로든 국제법이 국내적 효력을 가지게 된다고 해도 국내적으로 직접 적용이 가능한가의 여부는 별개의 문제이다. 즉 국제법이 국내법적 효력을 가진다고 할지라도 국내 재판소에서 직접 적용할 수 있을 만큼 국제법이 구체성을 띄고 있는가가 문제가 된다.

이는 국제법의 내용이 구체적이라 별도의 조치 없이 국내적으로 직접 적용하는 것이 가능한 자기집행적(self-executing) 국제법과 내용이 구체적이지 않은 국제법의 적용을 위해 국제법의 내용을 구체화하는 입법부의 입법조치와 같은 별도의 조치를 필요로 하는 비자기집행적(non-self-executing) 국제법이 존재하기 때문이다.[36)]

자기집행적 국제법은 일원론의 경우 별도의 입법절차 없이 국내적으로 적용되며 이원론의 경우 입법절차를 거친 후 국내적으로 적용이 된다. 비자기집행적 국제법은 일원론의 경우와 이원론의 경우 모두 국내적인 적용을 위해서는 구체적인 입법과정을 필요로 하게 된다. 조약의 자기집행적 조약인지 아닌지의 여부는 조약체결 당사국의 의사에 따라 결정이 된다.

비자기집행적 국제환경협약은 당사국들로 하여금 국내법 제정을 의무로서 부과한다. 예컨대 멸종위기에 처한 야생 동식물종의 국제거래에 관한 협약(CITES)의 경우 제8조에 당사국들이 취해야 할 조치(Measures to Be Taken by the Parties)에 대한 규정을 두고 있다. 특히 제8조의 1항은 「당사국은 협약의 규정을 집행하고 거래를 허용하지 않는 종의 거래를 금지하기 위해 적절한 조치를 취할 의무가 있다(The Parties shall take appropriate measures to enforce the provisions of the present Convention and to prohibit trade in specimens in violation thereof)」고 명시하고 있다.

4. 시장논리에 맞는 경제적 유인제도의 도입[37)]

전통적으로 국제환경문제의 해결은 국제환경협약이 일정한 기준을 설정하고 당사국이 이러한 기준을 준수하지 못하는 경우 제재나 벌칙을 통해 강제하는 규제방식을 통해 이루어져 왔다. 이러한 규제 일변도의 강제적 방식만으로는 국제환경문제의 해결이 쉽지 않자 국제환경협약들은 협약의 의무를 자발적으로 준수하도록 유도하는 제도를 도입해 오고 있다.

그 중 하나가 당사국(특히 개도국)의 능력을 함양시키고 재정과 기술의 지원 등을 통해 국제환경협약의 위반을 사전에 예방하고 부득이 발생한 위반에 대해서도 사후적으로 대화와 지원을 통해 위반 이전의 상태로 돌려놓는 관리적 방식을 도입하고 있다. 그 결과 대부분의 국제환경협약은 강제적 방식과 관리적 방식을 모두 포함하고 있다.

---

36) 자기집행적이라는 말은 추가적인 조치 없이 적용된다는 것을 의미하는 것으로서 국제법의 시행을 위한 추가입법 없이 국내 재판소가 직접 적용할 수 있는 경우를 일컫는다. 이와는 달리 비자기집행적 국제법은 국내의 재판소가 적용할 수 있는 국내적 권리나 의무의 창설을 목적으로 하지만 추상적 기준만을 제시하거나 프로그램적인 규정만을 둠으로써 국내에의 적용을 위해 이를 구체화하는 별도의 국내입법을 필요로 한다.

37) 이 부분의 보다 체계적인 이해를 위해 국제환경정치 이론 부분에서 설명한 부정적 외부효과의 내재화를 위한 4가지 방식을 참고하시오.

또 다른 방식은 시장경제에 기초한 경제적 유인제도의 도입이다. 이는 전통적인 규제 위주의 방식이 비자발적인 국제환경협약의 준수를 이끌어 온 긍정적인 측면은 있지만 이러한 과정에서 적지 않은 비용을 지불하여야만 할 뿐 아니라 환경오염의 방지와 감소에 대한 투자를 비용으로만 인식하는 등으로 인해 환경오염의 방지와 감소를 위한 기술의 발달을 늦추는 등의 비효율성을 점차적으로 노정하게 되었다.

따라서 경제적 효율성의 제고를 위해 국제환경협약은 시장논리에 기초한 경제적 유인제도를 도입하기 시작했다. 이러한 제도의 대표적인 실례가 기후변화협약 교토의정서가 채택한 배출권거래제도이다.[38] 이는 전체 오염배출 허용량을 정한 뒤 각국별로 오염배출 허용량을 할당하여 재산권으로 인정함으로써 할당량을 초과하는 국가와 여분이 있는 국가 간에 시장원리에 따라 거래를 허용하는 제도이다.

배출권거래제도란 오염물질의 배출을 감소시키는 비용이 적게 드는 국가가 배출량을 삭감하여 상대적으로 배출감소 비용이 많이 드는 국가에게 배출권을 판매함으로써 거래가 이루어져 그 결과 총 배출량이 증가하지 않으면서 거래에 참여하는 국가 모두가 이익을 얻을 수 있는 경제적인 효율성이 높은 제도이다. 즉 배출저감 비용이 상대적으로 많이 들어가는 국가의 경우 배출감소를 위한 국내적인 노력에 집중하기보다 저렴한 비용으로 배출허용량을 초과하여 줄인 다른 국가로부터 배출권을 사들여 비용을 절감할 수 있기 때문에 배출권을 판매하는 국가와 구입하는 국가 모두에게 이익이 된다.

이 제도의 가장 큰 장점은 외부의 간섭 없이 국가들이 자발적으로 오염을 최대한 줄이려는 유인을 갖게 되며 총량제의 도입으로 목표배출량을 달성함과 동시에 비용절감의 효과도 가져올 수 있다는 점이다. 좀 더 정확히 말하자면 전통적인 규제방식이나 과세방식의 경우 배출허용량 이하로 배출량을 줄일 유인이 없어 배출로 인한 오염문제의 개선효과에 한계가 있는 것과는 달리 배출허용량 이하로 배출을 감소시킬 수도 있다. 더불어 배출권거래제도는 오염물질의 배출을 저감하는 데 비용이 적게 드는 기술의 개발을 촉진하는 부수적인 기능도 수행한다.

경제적 유인제도로서 기후변화협약 교토의정서가 채택한 제도에는 배출권

38) 직접적인 규제방식에 대한 대안으로서의 경제적 유인제도에는 일명 「피구세」라고도 불리는 세금을 부과하는 방식도 포함된다. 그러나 이러한 방식은 공권력을 지닌 중앙정부가 부재한 국제사회에서는 대안의 하나가 되기 어렵다.

거래제도 이외에 공동이행제도(Joint Implementation)와 청정개발체제(Clean Development Mechanism)도 있다. 공동이행제도는 교토의정서에서 부속서 I 국가(감축의무를 지는 선진국) 사이에 온실가스 감축사업을 공동으로 이행하는 것을 인정하는 제도로서 이들 국가 중 한 국가가 다른 국가에 투자하여 감축한 온실가스 감축량을 투자국의 감축실적으로 인정하는 제도이다.

청정개발체제는 교토의정서에서 부속서 I 국가(감축의무를 지는 선진국)가 비부속서 I 국가(개도국)에서 온실가스 감축사업을 수행하여 달성한 실적을 부속서 I 국가의 감축목표 달성에 활용하는 것을 허용하는 제도이다. 이를 통해 선진국은 감축목표 달성에 사용할 수 있는 온실가스 감축량을 얻고 개도국은 선진국으로부터 기술이전과 재정지원을 받음으로써 상호이익을 가져다주는 제도이다.

공동이행제도와 청정개발체제는 어떤 국가들 사이에 적용되는가를 두고 차이를 보이지만 자국 내에서 온실가스 배출을 적은 비용으로 줄이기 위한 노력이 이미 행해져 더 이상의 비용감소가 어려운 상황에서 온실가스의 배출감소가 이루어져야 할 필요가 있을 경우(즉 국내에서의 노력만으로는 온실가스의 배출감소를 위해 큰 비용이 예상될 경우) 자국 내의 비용보다 적은 비용으로 배출을 감소시킬 수 있는 국가에 투자하여 온실가스를 줄여주고 감소된 양만큼을 자신의 감축량으로 인정을 받는다는 점에서 동일하다. 이때 배출허용량의 달성을 위한 감축량보다 초과 감축한 국가는 이 초과분을 다른 국가와 배출권거래를 할 수 있다는 점에서 배출권거래제도와 다르지 않다.

공동이행제도와 청정개발체제가 배출권거래제도와 다른 점이란 자국 내에서 감축된 부분만을 다른 국가에 판매할 수 있는 배출권거래제도와는 달리 다른 국가에 진출하여 감축된 부분도 다른 국가에게 판매할 수 있다는 점이다.

5. 가입을 유인하기 위한 수단의 도입

국제사회의 다양한 문제 가운데 국제환경 문제만큼 문제해결을 위해 모든 국가의 참여가 절실한 문제가 없다. 이 때문에 국제환경협약은 가입국의 수를 늘리기 위해 인센티브와 더불어 제재수단을 도입하는 경향을 보인다. 우선 인센티브와 관련해서는 선진국을 대상으로 하는 경우와 개도국을 대상으로 하는 경우로 나누어서 살펴볼 수 있다.

선진국에게 인센티브를 제공하는 전형적인 예는 기후변화협약 교토의정서에서 볼 수 있다. 교토의정서는 신축성체제라고도 불리는 제도를 도입하고 있는 있는데 이 제도는 앞서 언급한 바 있는 배출권거래제도(Emission Trading, ET)・공동이행제도(Joint Implementation, JI)・청정개발체제(Clean Development Mechanism, CDM)로 구성되어 있다. 개도국의 가입을 유인하기 위해 제공되는 인센티브는 주로 기술의 지원 및 이전과 더불어 재정지원이다.

선진국이든 개도국이든 가입을 유인하기 위해 비당사국에 대한 규제가 행해지기도 한다. 통상적으로 이러한 규제는 비당사국과의 거래를 금지하거나 제한하는 등의 무역규제를 통해 이루어진다. 멸종위기에 처한 야생 동식물 종의 국제거래에 관한 협약(CITES)・유해폐기물의 국가 간 이동과 그 처리의 통제에 관한 바젤협약・오존층 파괴물질에 관한 몬트리올 의정서 등에서 전형적으로 볼 수 있다.

멸종위기에 처한 야생 동식물 종의 국제거래에 관한 협약은 기본적으로 비당사국과의 거래를 금지하고 있으나 비당사국이 당사국에게 요구되는 것에 상응하는 문서(비당사국의 권한 있는 당국이 협약상의 허가서와 증명서의 요건과 본질적으로 상응하게 발급한 문서)를 제공하는 경우에 한해 비당사국과의 거래를 허용하고 있다. 이는 비당사국을 통해 협약의 의무를 우회하여 회피하는 것을 방지하고자 하는 의도이다.

오존층 보존을 위한 몬트리올 의정서는 당사국으로 하여금 오존층 파괴물질을 비당사국으로 수출입을 모두 할 수 없으며 또 관련 기술을 비당사국에 수출해서도 안 되도록 규정하고 있다. 유해폐기물의 국가 간 이동과 그 처리의 통제에 관한 바젤협약은 당사국과 비당사국 사이의 유해폐기물의 수출입을 허용하지 않는다.

이렇게 비당사국을 차별하는 이유는 가능한 한 다수의 국가들을 협약에 가입시키기 위한 것이다. 이와 관련하여 특정 국가가 비당사국에 대한 무역규제를 가하고 있는 국제환경협약의 비당사국이지만 세계무역기구(WTO)의 당사국인 경우 문제가 발생할 소지가 있는데 이는 WTO가 당사국 일방이 다른 당사국에게 규정에 위배되는 차별적인 무역규제 조치를 가하는 것을 금하고 있기 때문이다.

6. 인류의 공동 관심사라는 개념의 등장

심해저 · 우주 · 남극 등 국가의 관할권 밖에 존재하는 국제공유지역(global commons)에 대해 선진국과 개도국은 입장을 크게 달리한다. 개도국들은 국제공역을 인류의 공동유산으로 간주하여 특정국가나 개인의 소유대상이 되어선 안 되며 이 지역과 자원은 국제사회가 공동으로 관리하고 보존하며 개발에서 나오는 이익을 인류 전체에게 형평성 있게 배분되어야 한다고 보았다.

이에 반해 자본과 기술을 가지고 심해저와 같은 국제공역에서 자원을 개발할 수 있는 능력을 보유하고 있는 선진국들은 이러한 국제공역에 대한 인류의 공동유산이라는 개념의 수용을 거부하고 국가가 이들 지역과 자원에 자유로이 접근하여 개발할 수 있다고 보았다.

1967년 몰타의 유엔대사인 파르도(Arvid Pardo)가 유엔총회의 연설을 통해 국가관할권 밖의 심해저와 자원은 인류의 공동유산으로서 특정국가의 배타적 소유물이 되어서는 안 되며 국제사회 공동으로 소유하고 관리하여야 한다는 주장을 제기한 이래 「인류의 공동유산」이라는 개념이 본격적으로 논의되면서 개도국을 중심으로 한 국제사회의 다수의 국가가 이를 지지했다.

이러한 주장은 대세가 되어 인류의 공동유산이라는 개념이 여러 영역으로 확대되어 외기권 우주조약(1967년) · 달에 관한 조약(1979년) · 유엔해양법(1982년)에 새로운 국제법의 원칙으로서 채택되었다. 남극의 경우도 개도국들은 인류의 공동유산으로 규정하고 이를 유엔의 관리하에 두자는 주장을 제기하고 있으나 선진국들의 강력한 반대로 아직 실현이 미지수이다.

이러한 인류의 공동유산이라는 개념은 야생 동식물 및 생물다양성과 같은 국제환경의 영역으로까지 확대되어 적용하려는 움직임이 있다. 그러나 앞서 살펴본 우주 · 달 · 심해저 등은 국가의 관할권 밖의 국제공역에 속하는 지역인데 반해 야생 동식물과 생물다양성은 특정 국가의 관할권 내에 속해 있다는 점에서 차이를 보인다. 이러한 경우에 인류의 공동유산이라는 개념을 확대하여 적용을 하게 되면 개개 국가의 주권과 관련하여 문제가 되지 않을 수 없다.

이러한 것을 잘 보여주는 것이 생물다양성의 보호라는 국제환경 영역이다. 국가의 관할권에 속하지 않는 국제공유지역에 있어서의 인류의 공동유산이라는 개념의 적용에 대해 개도국이 전폭적으로 지지하고 선진국들이 반대했던 것과는 달리 생물다양성 영역에서는 이러한 개념의 적용에 대해 개도국과 선진국 모두 찬성하고 있지 않다.

개도국의 경우는 자국의 관할권 내의 생물자원과 유전자원의 이용에 대한 이익의 공유라는 점은 수용할 수 있으나 이러한 자원에 대한 자유로운 접근과 국제적 관리는 수용하기 어렵고 선진국의 경우는 이와는 반대로 자유로운 접근과 국제적인 관리는 수용할 수 있으나 이익의 공유는 수용하기 어렵기 때문이다. 이러한 가운데 「인류의 공동유산」이라는 개념이 「인류의 공동 관심사」라는 개념으로 대체되는 변화를 보이게 되었다.

생물다양성협약이 채택되기 이전에는 자연적인 생물자원과 유전자원 모두 인류의 공동유산이라고 보는 견해가 우세했다. 즉 지구상에 존재하는 모든 생물자원과 유전자원은 소재지에 관계없이 인류의 공동유산으로서 누구든지 자유로운 접근이 보장되고 무상으로 이용할 수 있는 것으로 간주되었다.

그러나 1980년대 초반 이래 개도국들은 개도국의 유전자원으로부터 생산된 제품에 대해 지적재산권을 이유로 개도국의 기술접근을 제한하고 이익의 공유를 거부하는 선진국에 대항하여 자연적인 생물자원과 유전자원에 대한 선진국들의 무제한적이고 자유로운 접근을 거부하고 그들의 관할권 내에서의 유전자원에 대한 접근권에 제한을 가하는 법안을 통과시키는 경향을 보이면서 생물다양성협약은 유전자원에 대한 접근을 결정하는 권한을 각국의 주권적 권한으로서 인정하였다.

이와 더불어 유전자원에 대한 접근권이 유전자원의 제공국에 의해 통제됨으로써 유전자원을 이용한 새로운 발견이 저해되어서는 안 된다는 인식하에 합의된 조건에 의해 유전자원을 이용하고자 하는 국가에게 제공하되 이로부터 생긴 이익에 대한 접근권을 제공국도 나누는 방식이 채택되었다

이처럼 생물다양성협약은 변화된 국제적 인식과 관행을 반영하여 소유권적인 성격을 지니는 인류의 공동유산 원칙을 폐지하고 대신에 인류의 공동관심사 원칙을 천명했다. 공동유산(common heritage)이란 유전자원에 대한 접근과 그 유전자원의 이용으로부터 발생하는 이익에 대한 공동의 권리(common rights)를 의미하는 것으로 이해되고 공동관심사(common concern)는 국제공동체에게 가장 중요한 문제인 생물다양성의 보존에 대한 공동의 의무(common obligation)를 의미하는 것으로 이해된다.[39]

즉 인류의 공동 관심사란 생물다양성이 모든 국가에게 중요한 것이기 때문에 모든 국가들은 생물다양성의 보존을 위해 협력을 하여야 할 의무가 있다는 의미이다. 따라서 여기에는 생물다양성 보존을 위한 선진국들로부터의 지술지원·기술이전·재정지원 등의 의무가 포함된다고 볼 수 있다.

국제환경 영역에서 인류의 공동유산이라는 개념을 대체한 인류의 공동관심사라는 개념은 최근에는 생물다양성 이외의 다른 국제환경 영역에도 적용이 검토되기도 한다. 특정 국가의 상부에 존재하는 대기권 중에서 관할권에 속하는 영공을 제외한 나머지 부분에 대해 인류의 공동관심사라는 개념이 제기되고 있는 것을 그 예의 하나로 들 수 있다. 이러한 부분은 오존층의 파괴 및 지구온난화와 밀접한 관련을 가지고 있기 때문이다.

7. 국제환경협약을 관리하는 조직의 구조

국제환경협약에 따라 약간의 차이가 존재하나 통상적으로 국제환경협약은 협약을 관리하기 위한 일련의 국제적인 조직을 창설한다. 이러한 조직에는 통상적으로 사무국(Secretariat)·당사국 총회(Conference of the Parties, COP)·보조기관으로서 과학기술위원회(Committee on Science and Technology, CST)가 포함된다.

사무국은 당사국 총회 회의와 협약에 의해 설치된 보조기관의 회의준비와 용역을 제공한다. 당사국 총회는 최고 의사결정 기관으로서 매년 혹은 격년을 주기로 개최되며 당사국이 제출한 보고서에 기초하여 협약의 이행을 검토하고 정부나 비정부기구 혹은 개인으로부터의 정보를 고려하여 협약의 이행에 관해 당사국에게 권고를 한다. 또한 협약의 효과적인 이행을 촉진하기 위해 필요한 결정을 하고 중요한 사안에 대한 토론의 장으로서의 역할을 수행하며 필요한 경우 협약을 개정하기도 한다. 이행상황을 점검하고 필요한 경우 협약을 변경하거나 수정하는 권한을 가진다.[40] 보조기관인 과학기술위원회는 전문가들로 구성되어 과학기술에 관한 보고서를 작성하여 제출하고 과학기술적 정보와 자문을 제공하는 역할을 담당한다.

---

39) Francoise Burhenne-Guilmin and Susan Casey-Lefkowitz, "The Convention on Biological Diversity: A Hard Won Global Achievement", Gunther Handle, eds., *Yearbook of International Environmental Law*, Vol. 3, No. 6 (1994), pp. 47-48, notes 14 and 15.

40) 이들 이외에 협약이행검토위원회(Committee for the Review of the Implement of the Convention, CRIC)를 별도로 두어 협약의 이행사항을 정기적으로 평가하기도 한다.

제 5 절 국제환경레짐의 원칙

국제레짐은 일반적으로 「국제관계의 주어진 특정 영역에서 행위자들의 기대하는 바가 일치하는 명시적이거나 묵시적인 일련의 원칙(principle)・규범(norm)・규칙(rule)・의사결정 절차(decision-making procedure)」로 정의된다.[41] 이와 관련하여 우리가 관심을 가지는 것은 다수의 국제환경레짐에 의해 보편적으로 수용되고 있는 원칙(principle)의 존재 여부와 존재한다면 구체적으로 어떤 원칙들이 국제환경레짐을 구성하고 있는가이다. 여기에서는 국제환경레짐에 명시적이거나 묵시적으로 포함되어 있는 일반적인 원칙들을 살펴보고자 한다.

국제법의 법원은 조약・관습・법의 일반원칙・판례와 학설・형평과 선 등이 있다. 여기에 살펴보고자 하는 국제환경레짐의 원칙들 가운데 일부는 국제관습으로 존재하는 것을 명시적으로 수용한 것도 있고 아직 국제관습법으로서의 지위를 가지지 못한 것 등 다양하다.

1. 지속가능한 개발의 원칙

지속가능한 개발의 원칙(Principle of sustainable development)은 국제환경협약의 가장 기본적이고 보편적인 원칙이 되어 가고 있다. 이 원칙은 앞서 살펴보았듯이 1983년에 유엔총회에 의해 설립된 세계환경개발위원회(World Commission on Environment and Development, WCED)가 1987년에 「우리의 공동 미래(Our Common Future)」라는 제목의 보고서에서 본격적으로 제시된 개념으로서 「미래세대가 그들 자신의 필요를 충족시킬 수 있는 능력을 저해하지 않으면서 현재세대의 필요를 충족시키는 개발」을 의미한다.

이러한 지속가능한 개발의 원칙은 여러 하위 원칙으로 구성되어 있으나 이러한 하위 원칙에 무엇이 포함되어 있는가와 관련하여 학자들 사이에 견해의 차이가 다소 존재한다. 여기에서는 리우선언에서 언급하고 있는 하위 원칙들인 개발권의 원칙(principle of the rights of development)・환경과 개발의 통합 원칙

41) Stephen D. Krasner, "Structural Causes and Regime Consequences: Regimes as Intervening Variables," *International organization*, Vol. 36, No. 2 (Spring 1982), p. 186.

(principle of integration) · 지속가능한 사용의 원칙(principle of sustainable use) · 세대 간 형평의 원칙(principle of inter-generational equity) · 세대 내 형평의 원칙(principle of intra-generational equity)을 중심으로 살펴보고자 한다.

첫째는 개발권의 원칙으로서 각 국가의 개발권은 인정하되 현재 세대와 미래 세대의 필요를 동시에 충족시키는 방향으로 실현되어야 한다는 것을 내용으로 한다. 이 하위 원칙은 국제사회에서 개발권을 하나의 권리로 인정하라는 개도국의 주장이 반영된 것으로서 선진국들은 대체적으로 이에 반대하고 있다. 둘째는 환경과 개발의 통합의 원칙으로서 환경보호와 경제적 발전은 일체적으로 추진되어야 한다는 것을 의미한다. 셋째는 지속가능한 이용의 원칙으로서 자연자원이 재생산 능력을 넘지 않은 범위에서 이용 또는 개발되어야 한다는 원칙을 의미한다. 넷째는 세대 간 형평의 원칙으로서 개발에 대한 권리는 현재 세대뿐 아니라 미래 세대의 필요성을 고려하여 세대 간 형평성 있게 행사되어야 한다는 원칙이다.[42] 다섯째는 세대 내 형평의 원칙으로서 국가 대 국가 간의 형평의 원칙을 포함한다. 예컨대 개도국이 보유한 유전자원에 대한 적절한 접근과 선진국의 기술이전을 통해 생물다양성을 보전하고 유전자원을 보유한 개도국과 이를 기술적으로 개발한 선진국 사이에 이익을 공평하게 분배하는 것을 의미한다.[43]

---

42) 프랭클린(Benjamin Franklin)의 다음과 같은 어록이 이러한 세대 간 형평성의 개념과 밀접한 관련을 가진다: It has been my opinion, that he who receives an Estate from his ancestors is under some kind of obligation to transmit the same to their posterity.": United States Department of State, "Environmental Diplomacy: The Environment and U.S. Foreign Policy." http://www.state.gov/www/global/oes/earth.html (검색일: 2014년 9월 1일)

43) 2010년 10월 29일 일본 나고야에서 열린 제10차 생물다양성조약(CBD) 당사국총회(COP10)에서 채택된 의정서(나고야의정서)에 가입한 국가가 50개국을 넘어 2014년 10월 12일부터 조약이 발효됐다. 당 의정서는 생물의 유전자원을 활용해 개발한 의약품 등의 수익을 관련 기업이 원산지 국가와 나누도록 규정하고 있다. 생물이나 자연의 혜택을 받아 생산된 제품에서 얻은 이익을 해당 기업이 대부분 개발도상국인 원산국과 공평하게 나누기 위한 절차를 정하고 있다. 해당 기업은 원산국과 제품 개발로 얻은 이익이나 연구 성과를 배분하는 계약을 체결하도록 했다. 지금까지는 서구의 거대 다국적 기업들이 아프리카나 남미 등의 희귀 약초나 미생물, 전통 요법을 이용해 신약이나 제품을 개발한 뒤 특허를 취득하여 막대한 수익을 독점하는 구조였다. 의정서는 이를 바꿔 수익을 공정하게 나누고 생물다양성을 보전하기 위해 개발도상국에 자금을 지원하자는 취지를 담고 있다. 현재까지 비준한 54개국은 유전자원 제공국인 아프리카 · 아시아 · 남아메리카 등의 저개발 국가와 개발도상국들이 대부분이다. 선진국의 경우 미국 · 독일 · 영국 · 프랑스 등 대부분이 비준을 하지 않았으며 노르웨이 · 덴마크 · 스위스 · 스페인만이 비준을 완료했다. 나고야 의정서가 채택된 당사국총회의 개최국인 일본 역시 비준을 하지 않았다. 생물 유전자원의 이용으로 발생하는 이익의 공평한 공유라는 의정서의 취지를 실현하려면 자원 제공국과 자원 사용국이 모두 의정서 체제에 들어와야 하지만 이익을 나눠줘야 할 자원 사용국들은 빠진 상태로 반쪽 출발을 하는 셈이다. 한국의 강원도 평창에서 2014년 10월 12일부터 17일까지 제1차 나고야 의정서 당사국회의가 열려 의정서 의무의 이행과 이익의 공유방안 등을 의제로 논의했다. 한국은 2011년 9월 20일 의정서에 서명은 했으나 비준은 하지 않아 옵서버(observer)로서만 참가했다. 한국 정부는 조만간 「유전자원 접근 및 이익 공유에 관

이러한 지속가능한 개발의 원칙은 국제환경협약들 가운데 생물다양성협약에 가장 적극적으로 수용되어 있다는 평가를 받는다. 구체적으로 당 조약은 생물종·유전자원·생태계의 다양성의 보전과 더불어 생물자원의 지속가능한 이용과 유전자원의 접근 및 이익의 공유 등을 규정하고 있다.

이 원칙은 개념의 불확실성으로 인해 그 자체로 법적인 구속력을 지니지는 못하지만 국제법상 인정된 국제환경법의 일반원칙으로서 국제법원의 판결·무역과 관련된 분쟁의 판정·조약의 해석과 적용·국가관행과 국제기구에 영향을 미칠 수 있는 주요한 원칙으로 보는 것이 다수의 견해이다.

2. 공동의 그러나 차별화된 책임의 원칙

공동의 그러나 차별화된 책임의 원칙(Principle of Common but Differentiated Responsibilities)은 「환경과 개발에 관한 리우선언」의 원칙 7에 최초로 규정된 원칙으로서 환경문제 발생에 모든 국가의 공동의 책임이 있으나 산업혁명 이후의 경제발전 과정에서 선진국의 환경파괴에 대한 기여가 훨씬 큰 점에 비추어 의무부담에 있어서는 차별적인 책임이 적용되어야 한다는 원칙이다. 이 원칙은 모든 당사국은 책임을 분담해야 하며 그 책임은 당사국 간에 차별적일 수 있다는 것이다.

교토의정서(Kyoto Protocol)는 공동의 그러나 차별화된 책임의 따라 모든 당사국에 온실가스 배출량 감축을 위한 국가전략을 수립해 시행 및 공개하고 국가보고서를 작성하도록 하는 한편 당사국을 부속서 I(Annex I), 부속서 II(Annex II), 비부속서(Non-Annex I) 국가로 구분해 각기 다른 의무를 부담토록 규정하고 있다.

부속서 I 국가는 총 38개 국가로서 여기에는 경제협력개발기구(OECD) 국가들과 동유럽 국가들이 포함되어 있으며 이들은 2008-2012년(1차 의무 감축기간) 동안 온실가스 배출량을 1990년과 대비하여 평균 5.2% 줄여야 한다.[44] 의정서

한 법률안」을 국회에 제출할 예정이지만 비준 시기는 아직 정하지 않았다. 현재 지구상의 생물종 소멸속도는 역사적인 평균에 비해 100-1,000배 빠르게 진행되고 있다고 의정서 총회에서 나온 보고서는 밝혔다. 나고야 의정서는 현재의 생물종 소멸속도를 2020년까지 절반 이상으로 줄인다는 목표를 세우고 있다. 유엔이 후원하는 「환경체계와 생물다양성 경제학」 프로젝트는 세계 빈곤 지역이 생물종 소멸로 인해 해마다 2조~5조 달러의 비용을 치르고 있다고 보고했다. (한겨레, "나고야 의정서 '반쪽' 출발…생물다양성 보존취지 실종," http://www.hani.co.kr/arti/international/international_ general/659589.html (검색일: 2014년 10월 14일)

서명 당시 미국은 7%, EU는 8%, 일본과 캐나다는 6%를 감축하기로 합의하는 등 감축 의무 국가들 내에서도 국가별로 차별화가 이루어졌다. 부속서 II 국가는 부속서 I 국가에서 동구권 국가가 제외된 국가들인 OECD 24국과 EU로 비부속서 I 국가인 개도국에 재정지원과 기술이전의 의무를 지닌다. 비부속서 I 국가는 한국 등 부속서 I에 포함되지 않은 국가로서 국가보고서 제출 등 협약 상의 일반적 의무만을 지도록 되어 있다.

3. 자연자원에 대한 주권과 타국 환경을 침해하지 않을 책임의 원칙

1962년 유엔은 결의문(RES/27/1803)을 통해 모든 국가는 개발과 복지를 위하여 자국의 자연자원을 활용할 수 있으며 국가는 이들 자연자원에 대해 영구주권을 향유한다는 내용의 「천연자원에 대한 영구주권의 권리선언(Declaration on Permanent Sovereignty over Natural Resources)」을 채택했다. 「특히 물새 서식지로서 국제적 중요성을 갖는 습지에 관한 협약」인 람사르협약·생물다양성협약·유해폐기물의 국가 간 이동과 그 처리의 통제에 관한 바젤협약 등 다수의 국제환경협약이 이러한 원칙을 수용하고 있다.

이러한 자국 내의 자연자원에 대한 영구주권의 원칙에도 불구하고 모든 국가는 자국의 관할권 내의 활동이 다른 국가의 환경에 피해를 주지 않도록 할 의무를 진다는 것이 국제관습법상의 원칙으로 수용되고 있다. 국가는 자국 영역을 사용함에 있어서 타국에 피해를 주지 않도록 사용할 의무가 있다는 이러한 원칙은 1926년에 시작되어 1941년에서야 결론이 난 「트레일 제련소(Trail Smelter) 사건」의 중재재판에서 처음으로 적용되었다.[45]

1972년에 개최된 유엔인간환경회의(UNCHE) 역시 「인간환경선언」 원칙 21에서 각국은 자국 관할권 내의 행위가 타국의 환경을 해치지 않도록 할 책임이 있다고 선언한 바 있는데 이는 국경을 넘은 환경오염에 관한 국제관습법의 원칙을 성문화한 것이라고 본다. 1992년에 개최된 유엔환경개발회의(UNCED)에서 채택된 「리우선언」의 원칙 2 역시 각국은 자국 관할권에서의 행위가 타국의 환경을 해치지 않도록 할 의무가 있다고 선언함으로써 이 원칙이 국제관습법상으로 확립

44) 부속서 I에는 38개 국가 이외에 유럽연합(EU)이 포함되어 있다.
45) 트레일 제련소 사건은 캐나다 소재의 트레일 제련소에서 배출된 아황산가스가 국경을 넘어 미국 워싱턴 주 북부의 사과농장들에 피해를 크게 미친 사건이다.

되었다고 볼 수 있다.

타국의 환경에 피해를 입히지 않을 책임이 있기 때문에 이러한 피해가 발생할 경우 국가의 국제적인 법적 책임(international legal responsibility)의 문제가 발생하게 된다. 이와 관련하여 「인간환경선언」의 원칙 22는 국가는 자신의 관할권 혹은 통제 내에서의 활동에 의해 관할권 밖의 지역에 야기한 오염과 그 밖의 다른 환경피해를 받은 희생자를 위한 책임과 보상에 관한 국제법을 더 발전시키기 위해 협력해야 한다고 선언하고 있다.[46)]

원칙적으로 국가의 국제책임이 성립되기 위해서는 다음 조건이 충족되어야 한다. ⅰ) 우선 국가의 국제법의 의무에 대한 위반 즉 국가의 국제법 위반행위가 있어야 하고 이로 인해 손해나 피해가 발생해야 한다. 이러한 의무의 위반은 작위(action)에 의한 것뿐만 아니라 부작위(inaction)에 의한 것도 포함된다. ⅱ) 이러한 국제법 의무에 대한 위반이 국제법상의 주체인 국가의 행위이거나 국가의 행위로 귀속되어야 한다.[47)]

여기에서 국가의 국제책임의 두 번째 성립요건부터 좀 더 구체적으로 살펴보고자 한다. 국가의 국가책임이 성립되기 위해서는 국제법 의무에 대한 위반이 국가의 행위이거나 국가의 행위로 귀속되어야 한다. 국가는 자신의 행위에 대해서 책임을 당연히 지지만 사인(좀 더 구체적으로 개인이나 기업 등)의 행위의 경우라도 일정한 조건하에서 국가는 책임을 지게 된다.

사인의 불법행위일지라고 국가가 사전에 이를 방지하기 위해 「상당한 주의(due diligence)」를 기울이지 않았을 경우 부작위로 인해 국가의 행위로 귀속된다.

---

46) 영어 원문으로 표기하면 다음과 같다: States shall cooperate to develop further the international law regarding liability and compensation for the victims of pollution and other environmental damage caused by activities within the jurisdiction or control of such States to areas beyond their jurisdiction.

47) 국가의 국제책임이 이루어지기 위한 조건으로서 국제법 위반행위와 국가의 행위여야 한다는 조건 이외에 이러한 위반행위가 고의나 과실에 기인한 것이어야 한다는 조건을 추가적으로 언급하는 학자들도 있다. 그러나 일반적으로 고의나 과실은 자연인에나 해당되는 심리적이고 주관적 요소이기 때문에 국가의 경우 고의 또는 과실을 책임의 성립요건으로 간주하지 않는다. 따라서 국가의 고의나 과실과 관계없이 그 행위가 국제법상의 의무위반을 구성하면 책임이 성립하며 이를 「객관적 책임의 원칙」이라고 칭한다. 이와 같이 실질적 행위주체의 고의나 과실과 같은 주관적인 요건과는 관계없이 단순히 법규위반 사실의 발생만으로 책임을 묻는 것을 「결과책임」을 묻는다고 칭한다. 과실이란 어떤 특정의 상황 속에서 평균적인 사람이라면 할 수 있었을 것으로 예상되는 행위를 하지 않거나(부작위의 경우) 평균적인 사람이라면 하지 않았을 것으로 예상되는 행위를 한 경우(작위의 경우)를 의미한다. 이러한 과실은 고의성이 없이 행위자가 부주의로 인해 인식이 없는 가운데 발생한 것이기 때문에 형법상 고의에 비해 처벌 수위가 낮다. 형법은 고의범을 원칙적으로 처벌하고 과실범은 예외적으로 법률에 과실범을 처벌하는 명문규정이 있는 경우에 한하여 처벌하게 되어 있다.

즉 사인에 의한 불법행위가 발생하지 아니하도록 사전에 충분한 조치를 취할 의무(사전방지 의무)를 이행하지 않았을 경우에 국가의 국제책임이 발생하게 된다. 이와 더불어 사인의 위법행위가 발생한 연후에 국내구제(local remedy)를 부여하지 않을 경우에도 국가의 국제책임이 발생한다. 즉 국가는 사인에 의한 불법행위가 발생할 경우에 대해 적절한 사후구제책을 마련할 의무를 진다.

이제 국가의 국제책임에 대한 첫 번째 요건인 국가에 의한 국제법의 위반행위에 대해 살펴보자. 국가책임은 전통적으로 국제법의 의무에 위반되는 행위만을 대상으로 하기 때문에 국제법상의 의무를 위반하지 않은 경우에는 책임이 발생하지 않았다. 그러나 환경에 대한 피해란 국제법에 대한 위반이 없이도 발생할 수 있다.

국제법에 대한 위법성 없이도 중대한 환경피해가 생기는 이유는 우선 과학의 발전과 더불어 불확실성(uncertainty) 역시 커졌기 때문이다. 전통적으로 과실책임주의는 개인과 기업의 경제활동의 활성화에 큰 기여를 해 왔으나 과학문명의 급속한 발달과 더불어 세심한 주의에도 불구하고 예기치 못한 재해가 발생하여 큰 손해와 피해를 입히게 되었다. 이러한 경우에 피해자는 과실책임주의 원칙으로 손해와 피해에 대한 구제를 받을 수 없는 불합리성이 직면하게 되었던 것이다.

또 다른 이유는 국제법에 대한 위법이 있기 위해서는 환경피해를 막기 위한 의무를 규정하고 있는 환경관련 조약이나 관습법이 존재하여야 하나 국제환경법의 미성숙으로 인해 국제법이 커버하지 못하는 영역들이 존재한다. 마지막으로 국제법의 특성상 조약은 당사국만을 규율하기 때문에 환경피해를 유발한 국가가 조약의 체결국이 아니라면 위법성의 문제가 생기지 않는다.

이러한 이유로 국제법상의 의무위반에 대해 책임(responsibility)을 묻는 것과 더불어 국제법상의 의무위반 즉 불법은 아니지만 해로운 결과가 발생할 경우에 책임(liability)을 물어야 할 필요가 생긴다.[48] 즉 국제법상 허용된 행위나 금지되지 않은 행위로 인해 발생한 피해로 인한 책임도 물어야 할 필요가 존재한다. 이러한 책임을 「위법행위 책임」과 구별하여 통상적으로 「무과실 책임(responsibility without fault)」이라고 부른다.[49]

48) 국가책임과 관련해서 우리말로 모두 「책임」이라고 번역되지만 「responsibility」와 「liability」를 구분하여야 한다. 국제법이 규정하고 있는 의무에 대한 위반의 결과로 발생한 (환경)피해에 대한 책임의 경우는 「responsibility」라는 말을 사용하고 국제법상 금지되지 않은 행위로 인해 발생한 (환경)피해에 대한 책임의 경우는 「liability」이라는 말을 사용한다.

그러나 위법성이 없음에도 불구하고 국제법상 금지되지 않은 행위로 인해 발생한 위험한 결과에 대해 국가에게 책임을 묻는 것에 대해 적지 않은 이견이 존재한다. 우선 환경보존을 중요시하는 환경론자와 산업활동의 위축을 우려하는 산업활동 종사자 사이에 견해 차이가 적지 않다.

또한 무과실 책임주의를 수용한 경우에도 이를 둘러싼 해석상의 이견이 존재한다. 현재 극도로 위험할 수 있거나 피해의 정도가 극심할 수 있는 분야를 다루는 국제법이 무과실 책임주의를 규정하고 있다. 구체적으로 우주조약 · 우주물체로 인한 손해에 대한 국제책임에 관한 협약 · 우주물체에 의하여 발생한 손해에 대한 국제책임에 관한 협약 · 핵 선박의 운행자의 책임에 관한 협약 · 핵 피해로 인한 민사책임에 관한 비엔나협약 등이 이에 속한다.

그러나 이러한 조약들이 무과실 책임주의를 수용하고 있지만 이는 국제법상 실질적인 무과실 책임을 묻기보다 활동에 내재해 있는 위험성을 고려하여 활동의 관리와 감독에 주의를 기울여야 할 의무를 부과한 것에 불과하다는 해석도 존재한다. 이러한 문제점과 더불어 국제법상 이러한 무과실책임을 부과한다 해도 실제로 국가들이 책임을 질 것인가의 또 다른 문제가 있다.

이러한 무과실 책임과 관련하여 유엔의 국제법위원회(International Law Commission, ILC)가 1978년부터 현재까지 「국제법상 금지되지 않은 활동으로 인한 해로운 결과에 대한 국제책임(International Liability for Injurious Consequences Arising Out of Acts Not Prohibited by International Law)」에 대해 연구를 거듭하고 있으나 아직 결론이 나지 않고 있다.

유해폐기물의 국가 간 이동과 그 처리의 통제에 관한 바젤협약의 책임배상의정서(Basel Protocol on Liability and Compensation for Damage resulting from the Transboundary Movements of Hazardous Wastes and their Disposal)는 유해폐기물의 월경이동 등에 수반하여 생긴 손해의 책임에 대해 무과실 책임원칙을 적용하고 있다.

---

49) 이러한 「무과실 책임(responsibility without fault」은 「해로운 결과 책임」, 「엄격 책임(strict liability)」, 「위험에 대한 책임(responsibility for risk)」, 「절대책임(absolute responsibility), 「객관적 책임(objective responsibility」, 혹은 「결과 책임(responsibility for result)」이라고도 칭한다.

4. 방지행위 원칙

방지행위의 원칙(Principle of Preventive Action)은 「예방조치의 원칙」이라고도 불린다. 이 원칙은 앞서 살펴 본 타국에게 피해를 주지 않아야 할 의무의 원칙과 가장 밀접하게 연관되어 있는 원칙으로서 국가가 자국의 관할권 내에서의 환경손상을 방지하거나 감소, 제한, 혹은 완화시키기 위해 행정적이거나 입법적 수단 등을 동원하여 예방조치를 취해야 한다는 것을 의미한다. 이 원칙은 환경의 경우 일단 파괴되면 복귀하는 데 오랜 시간이 소요되거나 아예 복구가 불가능한 경우가 있어 사전예방이 가장 경제적이고 효과적인 방법이라는 전제하에 수립되고 있는 원칙이다.

1992년에 개최된 유엔환경개발회의(UNCED)에서 채택된 「환경과 개발에 관한 리우선언(Rio Declaration on Environment and Development)」의 원칙 11에 잘 나타나 있다. 국내 환경법규의 제정의무를 규정하고 있는 리우선언 원칙 11은 모든 국가에게 자국의 관할권 내에서 환경을 손상하는 행위가 발생하기 이전에 효과적인 환경법규를 제정함으로써 예방조치를 취할 의무를 부과하는 것으로 해석된다.

이러한 방지행위의 원칙은 생물다양성협약의 생물다양성의 손상방지 의무·기후변화협약의 기후체계에 대한 위험한 인위적 간섭방지 의무·유엔해양법협약의 해양오염의 방지의무·멸종위기에 처한 야생 동식물종의 국제거래에 관한 협약(Convention on International Trade in Endangered Species of Wild Flora and Fauna, CITES)의 야생동식물 종의 보호의무 등에도 일반원칙으로서 반영되어 있다.

5. 국제협력의 원칙

국제협력의 원칙(Principle of International Cooperation) 역시 국경을 넘어 타국에게 피해를 주지 않아야 할 의무의 원칙과 긴밀하게 연결되어 있다. 대다수의 국제환경선언과 협약들은 국경을 넘어 타국에게 영향을 미치는 환경문제에 효과적으로 대처하기 위해 국가들 간의 상호협력을 규정하고 있다.

예컨대 1972년 유엔인간환경회의(UNCHE)의 인간환경선언(일명 스톡홀름선언)의 원칙 24는 「환경의 보호와 개선에 관한 국제적 문제들은 국가의 대소를 불문하고 평등한 발판 위에 협력적인 정신에 따라 다루어져야 한다. 다자 간이거나 양자 간 제도 혹은 그 밖의 적절한 수단을 통한 협력은 국가의 주권과 이익을 적절히 고려하는 방식으로 모든 영역의 활동에서 생기는 환경에 대한 부정적인 영향을 효과적으로 통제하고, 방지하며, 감소시키고, 제거하는 데 필수적이다」고 규정했다. 이러한 국제협력의 원칙은 1985년 오존층 보호를 위한 비엔나협약과 1992년 생물다양성협약 등과 같은 국제환경협약에 도입되었다.

이러한 국제협력의 원칙은 구체적으로 정보교환의 의무·사전고지와 협의의 의무·비상사태하의 신속한 고지와 지원의 의무·환경영향평가제도(environmental impact assessment system)의 실시 등을 그 주요 내용으로 한다.

환경분야의 정보교환 의무는 정보교환이 국제환경협약의 체약국들 간에 협약의 이행상황을 점검할 수 있는 장치로서 대부분의 국제환경협약들에 의해 수용되고 있다.

사전고지와 협의의 의무는 일국의 계획된 활동이 타국의 환경 혹은 자국의 관할권 밖의 환경이 심각하게 영향을 미칠 것이라고 생각되는 경우 사전에 이를 고지하고 필요한 경우 협의를 해야 한다는 것을 의미한다. 리우선언 원칙 19는 「각 국가는 국경을 넘어서 환경에 심각한 악영향을 초래할 수 있는 활동에 대하여 사전의 적절한 시기에 피해가 예상되는 국가에게 고지하고 관련 정보를 제공하여야 하며 초기 단계에서 성실하게 이들 국가와 협의하여야 한다」고 규정하고 있다. 통보시기에 따라 타국에 유해한 결과를 줄 수도 있기 때문에 사전 통보의 시점이 문제가 되는데 원칙 19는 「사전의 적절한 시기(prior and timely)」라고만 언급하고 있다.

비상사태하의 신속한 고지와 지원의 의무는 리우선언 원칙 18에 잘 나타나 있는데 당 원칙은 「각 국가는 다른 국가의 환경에 급격한 위해를 초래할 수 있는 어떠한 자연재해나 기타의 긴급사태를 상대방 국가에 즉시 통고해야 하며 국제사회는 이러한 피해를 입은 국가를 돕기 위하여 모든 노력을 기울여야 한다」고 규정하고 있다.

환경영향평가(environmental impact assessment, EIA)란 제안된 특정 사업이 환경에 미치는 영향을 알아내고 부정적 영향을 제거하거나 축소시킬 수 있는 적절한 대책을 세우기 위하여 사용되는 절차이다. 국제협력의 일환이면서 특히 환경영향평가를 강조할 목적으로 채택된 것도 있는데 이에 해당하는 가장 대표적인 것이 1991년에 체결된 일명 「에스푸 협약(Espoo Convention)」이라고도 불리는 「유엔유럽경제위원회 초국경적 환경영향에 관한 협약(The United Nations Economic Commission for Europe Convention on Environmental Impact Assessment in a Transboundary Context)」이다.

동 협약은 환경위험의 경우에 국제적 절차의무를 상세하게 규정한 최초의 다자협약으로 각 당사국에게 대중의 참여나 환경영향 평가서류를 준비할 수 있도록 허용하는 환경영향 평가절차를 확립하였다. 또한 체약국에게 자국 관할권 내의 일정 행위에 대하여 그 행위가 초래할 초국경적 환경영향을 평가하도록 하고 그 영향에 대하여 영향을 받을 국가들에게 통지의 의무와 협의의 의무를 부과하고 있다. 영향을 받을 수 있는 다른 국가도 고지를 받고 협의에 참여할 수 있는 기회가 주어져야 하며 환경평가에 관한 의견을 제시할 수 있다. 또한 협약은 당사국이 합의하는 경우에 사전평가를 받지 않을 수 있는 활동을 규정하고 있고, 계획의 크기·위치·영향에 근거하여 그러한 판단을 함에 있어서 주장할 수 있는 기준을 제시하고 있다. 이처럼 협약은 국경을 넘어 타국의 환경에 영향을 미치는 사업을 수행할 때 환경영향 평가를 하도록 하고 특히 피해가 예상되는 지역의 거주민에 대해서는 국적을 불문하고 환경영향 평가절차에 참여하도록 하고 있다.

6. 환경비용의 오염자부담 원칙

1) 오염자부담 원칙의 내용

오염자부담 원칙(Polluter Pays Principle, PPP)이란 오염발생에 책임이 있는 자가 오염의 방지·저감·제거에 필요한 비용을 부담해야 한다는 원칙이다. 앞서 자연자원에 대한 주권과 타국 환경을 침해하지 않을 책임의 원칙에서 살펴보았듯이 1972년 유엔인간환경회의(UNCHE)의 결과 채택된 「인간환경선언」의 26개 기본원칙 중 원칙 21은 월경오염 방지의무를 국제법상 일반원칙으로 확인했고 원칙 22는 국제 환경오염으로 인한 책임과 손해배상을 위한 국제협력의 의무를 언급하고 있다.

보다 구체적으로 1992년에 채택된 「환경과 개발에 관한 리우선언」의 원칙 16은 「국가 당국은 오염을 발생시킨 자가 원칙적으로 오염의 비용을 부담한다는 접근을 고려하여, 공공의 이익을 적절히 감안하고 국제무역과 투자를 왜곡시키지 않는 가운데, 환경비용의 내부적 반영과 경제적 수단의 사용을 증진시키도록 노력하여야 한다」고 함으로써 오염자부담의 원칙을 규정하고 있다. 이 원칙은 앞서 살펴본 트레일 제련소 사건을 비롯한 일련의 환경을 둘러싼 국가 간의 분쟁에 적용되어 오는 등 환경관련 국제협약에서 분쟁해결의 원칙의 하나가 되고 있다.

이 원칙이 국제환경협약에 수용되는 이유는 피해를 유발한 국가가 환경정화의 비용을 부담하는 것은 당연하다는 일반적인 정서에 기인한다. 즉 피해를 유발한 국가가 환경비용을 부담하는 것은 환경정의에 부합한다는 것이다. 또한 환경문제를 둘러싼 국제적인 갈등을 해결하는 가장 상식적인 가치기준으로서 협상을 할 때 각국 내부에서 명분을 찾기에도 적합하다는 장점이 있다.

이러한 오염자부담 원칙은 원래 법의 원칙이라기보다는 환경오염과 그 방지의 비용을 분담하고 자원배분을 극대화하기 위한 경제정책상의 원칙으로 등장하였다. 즉 오염자부담 원칙은 오염이 발생하였을 때 이에 대한 책임을 규명하여 책임자에게 배상하도록 하려는 원칙이 아니라 국제무역의 관점에서 자원의 적정배분을 달성하려는 것이었다.

이러한 것은 1972년에 경제협력개발기구(OECD) 각료이사회(Ministerial Council Meeting, MCM)가 채택하여 가맹국들에게 권고한 「환경정책의 국제경제적인 측면에 관한 지도원칙 상의 권고(Recommendation on Guiding Principles Concerning International Economic Aspects of Environment Politics)」에 드러나 있다. 이 권고는 환경자원의 합리적인 이용과 배분을 조장하고 동시에 국제무역이나 투자의 부작용을 방지하기 위해 오염방지에 필요한 비용을 오염 유발자가 부담해야 한다는 「오염자부담의 원칙」을 경제정책상의 원칙으로서 제시함으로써 국제환경레짐의 원칙으로서의 출발점을 제공했다.

OECD가 이러한 권고를 채택한 이유는 경제정책으로서 오염자부담 원칙을 통해 부족한 환경자원의 합리적 사용을 고무하고 환경비용의 보조로 인한 국제무역과 투자에 있어서의 왜곡을 피하기 위해 오염방지와 통제조치 비용을 할당하거나 내재화하기 위해서였다. 이러한 맥락에서 OECD는 국가에 따라 국가가 민간기업에 오염방지를 위한 보조금을 주거나 주지 않음으로써 시장에서 유리한 기업과 불리한 기업이 생기면서 발생하는 무역에 있어서의 왜곡을 해결하기 위해 OECD 회원국 사이에 오염방지의 기본적인 원칙으로서 오염자부담 원칙을 실시하여 오염의 유발자에게 보조금을 지불하지 않기로 결정했다.

요약하자면 OECD는 환경문제를 효율적으로 해결하고 국제적으로는 국제무역에 있어서 수출업자에게 환경오염으로 인한 피해를 복구하기 위해 소요되는 비용을 부담하게 하여 국제무역에 있어서 왜곡을 방지하고 나아가 장기적으로는 환경을 개선하기 위한 기술의 발전을 촉진하기 위해 오염자부담의 원칙을 채택했던 것이다.

이처럼 오염자부담 원칙은 시장원리에 입각한 환경규제제도이다. 즉 이 원칙은 오염방지 사업에 필요한 비용을 오염물질을 배출하여 이러한 사업을 하도록 만든 행위자에게 부담하도록 하여 오염물질을 줄이거나 배출하지 않도록 하는 경제적 유인수단을 제공함으로써 시장을 통해 해결하려는 제도이다. 이러한 오염자부담 원칙은 통제하고 명령하는 방식의 직접규제에 비해 저렴한 비용으로 오염을 억제하는 효과를 거둘 수 있을 뿐 아니라 환경기술의 발전을 촉진하는 장점을 지니고 있다.

환경과 관련하여 전 세계적으로 가장 광범위하게 실시되고 있는 정책은 법적 규제나 직접적인 규제정책으로서 환경의 질에 대한 기준과 환경오염 물질의 배출량과 방법에 대한 법규를 제정하고 이의 준수를 오염 유발자에게 강제하는 환경정책이다. 그런데 이러한 환경정책은 환경문제를 효과적으로 해결할 수는 있을지 모르지만 효율적으로 해결해 주지 못한다.[50] 따라서 이에 대한 대안으로서 환경세 · 배출부과금 · 종량제 쓰레기 수거료 · 배출권거래제도 등과 같이 소위 시장원리에 입각해서 경제적 유인(incentive)을 최대한 활용하는 수단들이 경제적으로 효율적이라는 것이다.

이러한 정책수단으로 대변되는 오염자부담 원칙은 시장경제체제를 지탱하는 경제원리에 가장 부합하는 원칙이라고 할 수 있다. 경제학적으로 오염자부담 원칙은 환경을 오염시키는 행위에 의해 발생하는 부정적 외부효과(negative external effect)에 상응하는 가격을 치르게 함으로써 시장실패(market failure)를 교정하기 위한 원칙으로 이해할 수 있다.[51] 또한 오염자부담 원칙은 가장 효과적으로 환경 친화적 기술진보를 촉진한다는 장점을 가진 원칙이기도 하다. 한 마디로 말해 오염자부담 원칙은 엄격한 규제장치(regulatory mechanism)보다는 시장기제

50) 이러한 규제정책은 효과에 비해서 많은 비용을 치러야 한다는 것이 입증되고 있다.
51) 「외부효과(external effect)」란 어떤 시장 참여자의 경제적 행위가 사람들에게 의도하지 않은 이익이나 손해를 가져다주는 데도 불구하고 아무런 대가를 받지도 지불하지도 않는 현상을 말한다.

(market instrument)를 지지하는 원칙인 것이다.[52)]

환경재(environmental goods)란 공공재(public goods)로서 깨끗한 물과 공기와 같이 모든 사람이 공동으로 사용하는 재화를 지칭한다. 통상적으로 환경재는 낮은 가격이 매겨져 있거나 가격이 아예 매겨져 있지 않은 관계로 오염유발자는 환경오염에 상응한 대가의 지불 없이 환경재를 과도하게 사용함으로서 부정적 외부효과(negative external effect)를 발생시킨다.

앞서 신자유주의적 제도주의 이론 부분에서 언급했듯이 이러한 부정적 외부효과를 줄이기 위한 수단에는 법적인 강제규제를 통하는 방법·재산권을 설정하는 방법·환경세와 같은 조세를 부과하는 방법이 있다. 여기에서 오염자부담의 원칙이란 환경세와 같은 조세를 통해 환경재의 과도한 사용을 막으려는 방식인 것이다.

2) 오염자부담 원칙의 한계

다음과 같은 이유로 오염자부담 원칙은 국제환경을 둘러싼 분쟁의 해결원칙으로서의 한계점을 가진다. 첫째, 국가 간에 환경분쟁이 존재할 때 분권적인 국제사회에 오염의 유발자에게 부담을 강제할 초국가적인 공권력이 존재하지 않기 때문에 궁극적으로 국가에게 오염에 대한 책임을 실질적으로 지도록 강제하는 것이 가능하지 않다. 즉 국제적인 환경분쟁의 해결책으로서의 오염자 부담의 원칙은 초국가적 권력에 의해서만 실현이 가능하기 때문에 이를 고수할 경우 국가 간 환경갈등을 현실적으로 해결하기가 어려워진다. 국내에서 발생하는 환경갈등은 관련 법률을 적용시켜 오염자가 피해자에게 보상을 하고 이에 대한 일체의 책임을 지도록 하는 것이 가능하나 국가의 주권이 보장되는 국제사회에서는 한 국가에게 오염에 대한 책임을 법적으로 부과시킬 수 없기 때문이다.

유엔과 경제협력개발기구(OECD) 등 현존하는 국제기구 중에서 환경과 관련한 사안을 초국가적으로 해결할 수 있는 기관은 없다. 경제공동체를 이미 이룩하고 정치공동체로 발전하고 있는 유럽연합(EU)조차도 각국 헌법의 상위법인 유럽법령과 이를 조직적으로 관리할 수 있는 입법·사법·행정체계를 갖추고 있음에도 불구하고 환경문제에 있어서는 회원국 간의 갈등을 해결하지 못하고 있다. 국제환경문제가 오염자부담의 원칙이 적용되어 해결된 예는 거의 찾아볼 수 없다. 자

---

52) 이정전, "지속가능발전의 이념을 실천하기 위한 원칙들," http://greenvi.pe.kr/cgi-bin/technote/read.cgi?board=pjh59621&y_number=112 (검색일: 2014년 10월 13일).

국의 이해를 극대화하려는 합리적 정부라면 스스로 비용을 부담하며 다른 국가의 환경을 개선하려 하지 않을 것이기 때문이다.

둘째, 환경오염의 책임소재를 입증하는 것이 쉽지 않은 경우들이 존재한다. 설혹 환경오염 유발자를 찾아낸다고 해도 환경오염이 하나의 특정 국가가 아닌 불특정 다수의 국가에 의해 유발되었을 경우에 누가 얼마만큼의 환경오염에 책임이 있는가를 가리는 것이 쉽지 않다.

셋째, 환경오염으로 인한 피해는 장기간에 걸쳐 드러날 수 있는데 이러한 불확실성 속에서 책임을 어느 정도 물어야 할 것인가를 알기 어렵다. 책임을 어느 정도 물어야 할지 알 수 있다고 해도 오염의 유발자가 비용을 부담할 능력을 가지고 있지 못한 경우 책임을 실효적으로 물을 수가 없다. 이 원칙이 실제로 적용되어 해결된 환경문제는 대체적으로 환경오염의 가해자가 비용을 부담할 능력을 보유한 선진국이라는 공통점을 가지고 있다. 이와는 달리 개도국이 가해자일 경우 이러한 원칙이 동일하게 적용될 수 있을 것인가에 대한 우려가 있는데 실제로 다수의 개도국들은 이러한 원칙을 수용하려 하지 않고 있다.

3) 피해자부담 원칙

이러한 오염자부담 원칙과는 반대로 일명 「수익자부담의 원칙」이라고도 불리는 「피해자부담 원칙(victim pays principle)」이 있다. 이 원칙은 오염의 방지·저감·제거로 인해 이익을 보는 자가 이를 위한 비용을 부담하여야 한다는 것을 의미한다. 다시 말해 이는 오염저감을 위한 모든 비용을 피해자 측이 부담한다는 원칙으로서 이 원칙하에서는 오염저감의 수익자인 피해국이 가해국에게 보상을 하고 비용을 부담함으로써 문제를 해결하게 된다.

오염된 물을 개선하는 비용을 물의 사용자들이 수질개선부담금으로 지불하는 것을 하나의 예로 들 수 있다. 환경오염의 피해국은 자국이 환경오염으로 인해 입게 되는 피해보다 자신이 지불해야 하는 비용이 적다면 오염의 방지·저감·제거를 위한 비용을 지불하고도 추가적 이익을 얻게 되기 때문에 피해자부담 원칙은 합리적인 환경분쟁의 해결원칙으로서의 소지를 가지고 있다. 그러나 이 원칙에는 다음과 같은 문제가 존재하여 현실적으로 실행되기 어렵다.

우선 반발할 수밖에 없는 국민들의 심리에서 찾아볼 수 있다. 피해국이 환경오염의 피해를 받는 것만도 수용하기 힘든데 문제의 해결을 위한 비용까지 감당한다는 것은 일반적인 정서에서 수용하기 어렵다. 또 다른 이유는 당사국들의 전략적 행동에서 찾아볼 수 있다. 피해자가 오염저감 비용을 지불할 의사가 있다해도 가해국 측이 약속을 이행하여 협약된 양의 오염물질의 배출을 억제하느냐에 대한 법적 보장이 없다는 사실이 피해자부담 원칙의 실행을 어렵게 만들고 있다. 즉 오염의 피해국이 오염과 관련한 비용을 지불할 의사가 있다고 해도 오염을 유발한 국가가 응분의 조치를 취하겠다는 약속을 지킨다는 것을 보장할 수 없다.

이러한 문제점에도 불구하고 그 동안 지구환경 문제에 있어서 전통적인 원칙으로서 주장되어 온 오염자부담 원칙이 별다른 성과를 보이지 못해온 것과는 달리 환경분쟁이 해결된 경우는 거의 대부분 피해자부담 원칙이 적용된 결과이다. 이는 비록 피해자부담 원칙이 국제환경 분쟁의 공식적인 해결책으로는 수용되고 있지는 않지만 국제적인 수준에서 오염자부담 원칙보다 설득력과 타당성을 가지고 문제의 현실적인 해결에 보다 근접해 있음을 시사해 주고 있다.

이러한 피해자부담 원칙을 적용할 수밖에 없는 것은 오염을 유발한 국가를 특정화하는 것이 어렵다는 점을 포함하여 앞서 살펴본 바 있는 오염자부담 원칙의 여러 한계로 인해 환경의식이 상당히 높고 비용부담 능력을 소지한 오염의 피해국이 환경오염으로 인한 피해가 상당한 정도로 위험한 상황에서 오염의 방지·저감·제거를 위한 비용을 떠맡기 때문이다.

오염자부담 원칙과 피해자부담 원칙은 환경오염으로 인한 비용을 오염을 유발한 국가가 부담하기도 하고 오염으로 인해 피해를 본 국가가 부담하기도 한다는 사실을 이야기 하지만 현실 세계에서는 환경오염으로 인한 비용을 유발한 국가나 피해를 본 국가만이 전적으로 부담하는 것은 아니다.

즉 실제의 국제사회에서는 환경비용의 부담에 오염 유발자가 부담하는 경우·수혜자(피해자)가 부담하는 경우·오염 유발자와 수혜자가 공동으로 부담하는 경우·오염 유발자도 수혜자도 아닌 국제기구와 같은 제3자가 부담하는 경우 등으로 진화하고 있다.

실례로는 트레일 제련소 사건과 같이 오염을 유발한 국가가 부담하는 경우·흑해 오염사건이나 체르노빌 원전사고와 같이 수혜자가 주로 그 비용을 부담한 경우·황사로 인한 대기오염의 사례와 같이 오염 유발자와 수혜자가 공동으로 비용을 부담하는 경우·아프리카의 사막화와 같이 오염을 야기한 빈곤한 다수의 국가들을 대신하여 국제기구나 비정부기구(NGO)가 부담하는 경우 등이 존재한다.

7. 사전배려의 원칙

환경문제와 관련하여 과학적 불확실성(scientific uncertainty)이 존재하는 상황에서 정책의 결정과 법의 제정을 어떻게 할 것인가는 중요한 문제이다. 왜 중요한 문제가 되는가 하면 아직 확실한 증거가 좀 미미하다는 이유로 과학적 인과관계가 무시될 경우 후일 회복이 불가능한 환경재앙을 초래할 수 있으며 또 다른 한편 아직 불확실한 가운데 과학적 지식을 받아들일 경우 과잉규제 등으로 인한 산업생산이 위축되는 것과 같은 사회적 비용(social cost)이 요구되기 때문이다. 이러한 문제를 다루기 위해 등장한 것이 「사전배려의 원칙(Precautionary Principle)」이다.

이 원칙은 환경과 개발에 관한 리우선언의 원칙 15에도 수용되었는데 이 규정에 따르면 이 원칙은 「심각하거나 회복이 불가능한 피해가 우려되는 경우 충분한 과학적 확실성이 없다는 것이 환경악화를 방지하기 위한 비용효과적인 조치를 지연하는 근거로 사용되어서는 안 된다」는 것을 의미한다.[53] 이 원칙은 오존층 보호를 위한 비엔나협약과 몬트리올 의정서·기후변화협약·생물다양성협약 등에 수용되어 있다.

사전배려의 원칙과 관련하여 누가 증거를 제시할 거증책임(onus probandi, burden of proof)을 져야할 것인가의 문제가 있다. 과학적 확실성이 아직 없어도 환경손상이 우려되어 환경보호를 위한 조치를 사전에 취하여야 한다는 측이 아니라 과학적 확실성이 없어 사전조치를 취할 필요가 없다는 측이 특정 행위가 환경에 무해하다는 것을 입증하여야 한다.[54]

---

53) 이 원칙을 「선제적인 위험회피(preemptive risk aversion)의 원칙」이라고도 칭한다.

54) 거증책임은 부정하는 자에게 있는 것이 아니라 주장하는 자에게 있다(Affirmati Non Neganti Incumbit Probatio, the burden of proof is upon him who affirms - not on him who denies. 일반적으로 무엇인가를 입증하기 위해 증거를 제시하는 것은 그것을 주장하는 사람의 의무이다. 주장의 퇴짜를 피하기 위해 특정 이슈에 대한 충분한 증거를 제출하는 것은 무엇인가를 주장하는 당사자의 의무이다.

제 6 절　국제환경레짐의 효과성

1. 국제환경레짐의 효과성의 정의와 지표

신자유주의적 제도주의 이론은 여러 비판에도 불구하고 연구의 깊이와 폭을 더해가고 있다. 여기에서는 신자유주의적 제도주의 이론의 연구동향 속에서 국제환경레짐의 효과성(effectiveness)에 대해 살펴보고자 한다.

국제레짐론은 처음에 국제경제 분야와 국제환경 분야의 국제레짐을 주로 다루었으나 점차적으로 국제안보와 국제인권 분야의 국제레짐을 포함하면서 다루는 분야를 확장시켜 나갔다. 특히 냉전의 종식과 유럽통합의 진전은 과거 비안보 분야에 국한되었던 신자유주의적 제도주의 이론의 분석대상을 안보 분야로까지 확장시키는 중요한 계기가 되었다.

국제레짐의 연구방법도 질적 연구(qualitative research)가 위주였던 것으로부터 벗어나 계량적 연구(quantitative research)가 점차적으로 증가했다. 국제레짐 연구의 상당한 부분이 질적인 연구인 관계로 연구의 결과들이 쌓여도 이들을 과학적으로 비교하는 것이 쉽지 않았다. 그러나 점차적으로 국제레짐을 다루는 계량적인 연구가 늘어나면서 연구의 결과를 바탕으로 결과를 비교하고 대조하는 것이 가능해졌다.

국제제도에 관한 포괄적인 연구는 국제레짐에 관한 연구인 국제레짐론으로부터 시작되었다. 국제레짐론은 기본적으로 국가 간의 협력을 지배하고 있는 조건을 연구하는 것에 관심을 두고 있는 학자들에 의해 제기된 이론이다. 국제레짐론의 관점에서 국제협력이란 단지 국제법과 같은 법의 규칙이나 국제기구와 같은 공식적인 기구에 의존하는 것만이 아니고 국제레짐의 무형적인 구성요소인 일단의 원칙과 규범에도 의존하는 것이다. 이처럼 국제레짐론의 본질적인 의도는 국제법이나 국제기구를 뛰어넘어 국제협력을 가능하게 하는 내재적인 공유된 가정과 규칙 등을 이해하려는 것이다.[55]

---

55) 국제레짐론은 달리 말해 국제수준에서 「정부가 없는 가운데 이루어지는 관리체제(governance without government)」를 이해하려는 것이다: James N. Rosenau and Ernst-Otto Czempiel, eds., *Governance without government: Order and Change in World Politics* (Cambridge:

따라서 국제레짐론의 중요한 과업은 국제레짐의 정의가 말해 주듯이 국제관계의 주어진 특정 영역에서 행위자들의 기대하는 바가 일치하는 일련의 규칙과 의사결정 절차(rules and decision-making procedures)뿐 아니라 원칙과 규범(principles and norms)을 밝히고 이러한 것들이 어떻게 생성되며 진화하는가를 이해하는 것이었다. 이처럼 국제레짐은 설명을 필요로 하는 종속변수로서 간주되었던 것이다. 이와는 대조적으로 문제의 중요성에도 불구하고 이미 형성된 국제레짐이 국가행위와 국제적 결과에 미치는 영향의 문제는 상대적으로 심도 깊은 논의의 대상이 되지 못했다.

그러나 1980년대와 1990년대에 국제레짐의 수가 크게 증가하면서 학자들의 관심이 국제레짐의 생성과 진화로부터 국제레짐이 국가의 행동과 국제적 결과에 미치는 영향으로 확장되었다. 즉 국제레짐이 설명을 필요로 하는 종속변수로부터 무언가를 설명하는 독립변수로 활발하게 취급되기 시작한 것이다. 이러한 맥락에서 국제레짐이 국가의 행동에 미치는 실질적인 영향이라는 「레짐 효과성(regime effectiveness)」의 문제로 이동했다.56)

국제레짐론의 레짐 효과성에 대한 연구는 레짐의 효과성이란 구체적으로 무엇을 의미하는가에 대한 논의를 불러일으켰다. 아직 국제레짐의 효과성에 대해 일반적으로 수용된 정의는 존재하지 않는 가운데 이를 ⅰ) 법의 공표(legal promulgation)나 집행된 정책과 같은 산출(output)의 여부를 효과성으로 보는 경우 ⅱ) 정치적인 행위자들의 행동의 변화와 같은 결과(outcome)를 효과성으로 보는 경우 ⅲ) 국가의 행동이 바뀌고 이를 통해 국제레짐이 궁극적으로 목표하는 문제의 해결(problem-solving)을 효과성으로 보는 경우 등 다양하게 존재한다.

영(Oran R. Young)은 국제레짐의 효과성의 의미를 설명함에 있어서 다음과 같이 다섯 가지의 접근법을 제시하고 있다: ⅰ) 국제레짐이 국제레짐의 창출을 촉발한 문제를 제거하거나 완화시키는 정도에 집중하는 문제해결 접근법(problem-solving approach), ⅱ) 규칙이 준수되고 정책이 변경되며 프로그램이 시작되는

Cambridge University Press, 1992).

56) 이리하여 학자들은 관심을 국제레짐의 생성뿐 아니라 이미 생성된 국제레짐이 국가나 국제관계에 어떠한 영향을 미치는가에 대해서도 두게 되었다. 후자의 관점에서 볼 경우 국제레짐론이나 국제제도론은 체제수준의 이론(systemic level analysis)이다. 신현실주의 이론이 국제체제의 성격을 무정부성으로 보고 힘의 배분 상태를 변수로 하여 국가들의 행동과 국제관계를 설명하려고 한 것과는 달리 신자유주의적 제도주의 이론은 국제체제의 성격을 제도화(institutionalization)를 가지고 특징화하면서 이러한 제도화의 정도가 국가행동과 국제관계에 미치는 영향을 설명하고자 한다.

것과 같은 약정상의 의무(contractual obligation)가 충족되는 정도를 측정하고자 하는 법률적 접근법(legal approach), iii) 국제레짐이 올바른 결과를 생성하는가의 여부뿐 아니라 국제레짐이 올바른 결과를 최소한의 비용으로 생성하는가를 평가함으로써 계약적인 의무를 포함시키는 것 이외에 효율성(efficiency)을 측정하고자 하는 경제적 접근(economic approach), iv) 효과성을 공정성이나 정의·책무(stewardship)·참여 등과 같은 가치의 달성과 동일시하는 규범적인 접근(normative approach), v) 해결을 목표로 하는 문제의 긍정적인 관리에 기여하는 방식으로의 행위자의 행태·행위자의 이해관계·제도의 정책과 성과에 있어서의 변화에 대한 책임이 국제레짐에 있다고 간주하는 정치적인 접근(political approach).[57]

이렇게 다양한 면에서 국제레짐의 효과성이 측정될 수 있는데 이와 관련하여 유의할 점이 있다. 우선 국제레짐의 영향이 국가정책의 변화를 가져올 수 있지만 실질적인 행동이 없이 단지 정책상의 변화에 그칠 수가 있다는 점을 고려해야 한다. 이는 국가가 국제레짐의 압력에 의해 구체적인 실천계획 없이 마지못해 정책의 변화만을 취할 수 있기 때문이다. 또한 이러한 정책의 변화가 실제적인 행동의 변화로 이어진다고 해도 국제레짐이 궁극적으로 목표하는 문제의 해결에 미치지 못하는 경우들도 존재한다는 점 역시 고려해야 한다. 또한 정책상의 변화로까지 이어지지는 않았지만 국제레짐에 의해 정책결정자의 인식에 있어서 변화가 생겼다면 이 역시 국제레짐의 효과로 보아야 한다는 견해도 존재한다는 점을 고려해야 한다.

이처럼 특정 분야에 있어서의 국제레짐의 효과성을 어떻게 경험적으로 측정할 것인가의 문제가 있는데 여기에서 더 나아가 다양한 쟁역(issue area)에 걸쳐 존재하는 국제레짐들의 효과성을 어떻게 비교할 것인가의 비교의 문제가 있다. 여기에서는 이러한 비교의 문제를 살펴보고자 한다.

국제레짐의 효과성을 측정하기 위해 방식의 일환으로서 언더달(Arild Underdal)은 세 가지 개념을 가지고 두 가지 대안을 제시했다.[58] 세 가지 개념이란 구체적으로 실질적 성과(actual performance, *AP*)·레짐부재의 사후가정(no-regime

---

57) Oran R. Young, *The Effectiveness of International Environmental Regimes: Causal Connections and Behavioral Mechanisms* (Cambridge, MA: The MIT Press, 1999).

58) Arild Underdal, "The Concept of Regime 'Effectiveness'," *Cooperation and Conflict*, Vol. 27, No. 3 (1992), pp. 227-240.

counterfactual, *NR*) · 집단적 최적(collective optimum, *CO*)을 지칭한다.

대안 가운데 하나는 특정 국제레짐하에서의 실질적 성과를 국제레짐이 존재하지 않았다고 가정했을 때의 상태와 비교하는 것이다. 또 다른 대안은 특정 국제레짐하에서의 실질적인 성과를 달성될 수 있었던 최상의 해결(best solution) 즉 최적의 해결(optimal solution)과 비교하는 것이다. 여기에서 최적의 해결이란 그 당시의 지식의 상태를 주어진 것으로 하고 성취될 수 있는 모든 것을 성취한 상태로서 이상적인 결과(ideal outcome)를 의미한다.

전자의 대안은 국제레짐이 중요한지의 여부와 중요하다면 어느 정도 중요한 것인가를 측정하고자 하는 데 중점을 둔 대안이다. 이와는 달리 후자의 대안은 현재 존재하는 국제레짐이 특정의 문제를 해결하는지의 여부와 해결한다면 어느 정도로 특정의 문제를 실제로 해결하는가를 측정하는 데 중점을 둔 대안이다.

국제레짐의 효과성의 측정과 관련하여 하나의 연장선(continuum)이 있다고 가정할 때 연장선의 한 쪽 끝에는 국제레짐이 없을 때 존재한다고 생각할 수 있는 상태(*NR*)가 있고 반대편의 끝에는 국제레짐이 완벽하게 작동했을 때 존재할 것이라고 생각할 수 있는 상태(*CO*)가 존재한다. 실질적인 국제레짐의 성과(*AP*)는 이러한 두 극단의 사이의 어느 지점에 존재하게 된다.

헬름과 스프린츠(Carsten Helm and Detlef Sprinz)는 위에서 살펴본 세 가지 개념(*AC* · *NR* · *CO*)을 가지고 하나의 공식을 만들어 다양한 쟁역들에 있어서의 국제레짐의 효과성을 비교하는 것을 개념적으로 가능하게 했는데 이러한 공식은 다음과 같다.[59)]

$$E = \frac{AP - NR}{CO - NR}$$

59) Carsten Helm and Detlef Sprinz, "Measuring the Effectiveness of International Environmental Regimes," *Journal of Conflict Resolution*, Vol. 44, No. 5 (October 2000), pp. 630-652.

E = *Effectiveness Score*
NR = *Non-Regime Counterfactual*
CO = *Collective Optimum*
AP = *Actual Performance*

여기에서 $CO-NR$은 국제레짐이 존재함으로써 존재하지 않은 상태로부터 개선될 수 있는 잠재적인 여지를 의미한다. $AP-NR$은 국제레짐에 의해 실현된 개선의 정도를 의미한다. $AP-NR$을 $CO-NR$으로 나눔으로써 국제레짐의 효과성의 단순계수(simple coefficient)가 구해지며 이러한 계수는 표준화된 간격(standardized interval)인 0과 1 사이의 수치가 된다. 따라서 각 쟁역에 있어서의 국제레짐의 효과성 계수를 계산한 후 이들을 상호 비교함으로써 국제레짐이 어떤 영역에서 상대적으로 효과적인가를 알 수 있다.

2. 국제환경레짐의 효과성과 준수의 관계

이처럼 국제레짐 효과성이 단지 정책결정자의 인식의 변화를 의미하는지, 국제레짐이 규정하고 있는 사항의 정책화를 의미하는지, 국가행위의 실질적인 변화를 의미하는지, 아니면 궁극적인 문제의 해결인지에 대한 합의가 존재하지 않는 가운데 국제레짐의 효과성을 국제레짐의 준수 여부나 준수의 정도와 같은 「준수(compliance)」의 문제로 보는 경우가 적지 않다. 이는 국제레짐의 준수 여부와 준수의 정도는 덜 논쟁적인 법률적인 개념으로서 다른 지표들(indicators)에 비해 측정이 상대적으로 용이하기 때문이다.

그러나 국제레짐의 준수가 국제레짐의 효과성을 측정하는 데에 있어서 부실한 지표가 될 수 있다는 점을 고려해야 한다. 왜냐하면 실질적인 국가행동에의 변화 없는 국제레짐 규정의 준수가 있을 수 있기 때문이다. 국제법이 국가들 간의 상이한 이해관계로 인해 법적 강제력을 지니지 못하고 있는 경우 위반이 없이 준수되고 있다는 이유만으로 국제법의 효과성을 이야기 할 수 없다. 즉 준수의 정도가 높다고 해도 이는 국제레짐 자체가 쉽게 따를 수 있는 낮은 수준의 비효과적인 기준을 가지고 있기 때문일 수도 있다는 것이다.

이러한 사실은 많은 국제환경협약들이 당사국들의 합의할 수 있는 최소한의 공통분모(common denominator)를 반영하면서 준수가 용이하고 당사국들의 행위에 미치는 영향이 무시할 정도에 그치도록 설계되어 있다는 것을 의미한다. 예컨대 초기의 포경(whaling)에 관한 국제레짐은 상대적으로 높은 준수를 기록했는데 이는 포획할 수 있도록 할당된 고래의 수 자체가 그 당시 통상적으로 포획해 왔던 고래의 수와 크게 다르지 않았기 때문이다. 이처럼 준수는 잘 되지만 당사국의 행위나 국제레짐이 해결하고자 하는 문제에 대한 영향이 거의 없는 경우가 있다는 점을 주목해야 한다.60)

효과성이라는 것은 이처럼 준수와 관련되어 있지만 동일한 것은 아니다. 국가가 특정 조약을 준수하고 있지만 그 조약은 조약의 목적을 달성하는 데 있어서 효과적이지 못할 수 있다. 조약이 자신의 목표를 달성하는 데 효과적이었다고 해도 조약이 다루고자 의도한 문제를 해결하는 데 있어서 효과적이지 않을 수 있다. 예컨대 어떤 조약에 대한 준수로 인해 오염을 야기하는 활동을 중단시킬 수 있지만 다른 활동을 대안으로서 부추김으로써 오염의 총체적인 양을 증가시켜 오염을 더욱 악화시킬 수도 있다. 또한 특별한 종류의 원숭이 교역을 금지하는 조약의 경우 국경을 넘는 교역을 효과적으로 중지시킬 수 있었지만 원숭이가 서식하고 있는 국가의 국경 내에서의 소비를 촉진하여 원숭이의 대량살상에 영향을 거의 미치지 않는다.61)

위에서 살펴보았듯이 준수와 효과성은 일치하는 동일한 개념이 아닌 상이한 개념이다. 그러나 이미 언급했듯이 항상은 아니지만 국제법의 준수가 효과성의 일면을 보여주는 것이 될 수 있다(준수는 그 자체가 목적이 아니라 효과성의 하나의 중요한 수단이다). 따라서 국가가 왜 국제법을 준수하는가(혹은 국가가 왜 국제법을 준수하지 않는가)에 대한 이해를 통해 국제법의 효과성을 어떻게 증대시킬 수 있는가에 대한 이해를 가질 수 있을 것이다.62) 더불어 국가가 왜 국제법은 준수하는

60) Karen Kline and Kal Raustiala, "International Environmental Agreements and Remote Sensing Technologies (Workshop on Remote Sensing and Environmental Treaties: Building More Effective Linkages, Woodrow Wilson International Center, Washington, DC, December 4-5, 2000)," http://sedac.ciesin.columbia.edu/rs-treaties/rs-treaties_bckgnd.pdf, (검색일: 2016년 12월 13일).

61) Edith Brown Weiss and Harold Karan Jacobson, eds., *Engaging Countries: Strengthening Compliance with International Environmental Accords* (Cambridge, MA: The MIT Press, 1998), p. 5.

62) 현재의 국제환경협약의 연구는 다음 연구주제에 집중하고 있다고 볼 수 있다: 1) 국제환경협약의 효과성을 어떻게 정의하고 측정할 것인가? 2) 국제환경협약에 따라 효과성과 준수가 다른데 무슨 요인들이 이러한 차이를 설명할 수 있는가? 3) 어떻게 국제환경협약의 효과성과 준수를 향상시킬 수 있을 것인가?

가에 대한 이해를 바탕으로 준수를 확보하기 위해 국제환경협약을 어떻게 설계할 것인가를 알게 된다.

3. 국제환경레짐의 효과성에 영향을 미치는 요인

이러한 레짐 효과성에 대한 구체적인 연구는 어떤 요인들이 국제레짐의 효과성에 영향을 미치는가에 대한 연구와 더불어 활발하게 전개되었다. 이러한 연구는 하나의 국제레짐을 대상으로 하기도 했지만 복수의 국제레짐을 대상으로 하여 국제레짐에 따른 효과성의 차이를 비교하여 설명하고자 하는 비교연구(comparative analysis)를 통해서도 활발하게 전개되었다.

레짐의 효과성에 영향을 미치는 요인들은 크게 두 방향에서 연구되어 오고 있다. 하나의 방향은 국제레짐 외부의 특성에서 요인을 찾는 경우이고 다른 방향은 국제레짐 내부의 특성으로부터 요인을 찾는 경우이다.

전자의 경우는 패권국가의 존재 여부를 비롯하여 국제레짐이 다루는 문제와 이슈영역의 구조·국제레짐의 가입자 등 구성원의 특성·전반적인 경제상황과 같은 총체적인 배경적인 요인을 일컫는다.

후자의 경우는 투명성·책임성·상호성·제재·보상·검증 등 국제레짐이 지닐 수 있는 국제레짐 자체의 특성이 국가의 행동에 제약을 부과할 수 있다고 본다.[63] 이러한 견해는 국제레짐의 준수나 강제란 오로지 힘에서 나온다고 보는 신현실주의 이론의 주장과는 달리 국제레짐 자체가 독립성을 가지고 국가의 행동에 대한 제약을 부과한다고 보고 힘만으로는 국제레짐에 대한 준수를 설명할 수 없다고 본다.

배렡(Scott Barrett)은 국제환경레짐의 효과성에 영향을 미치는 요인으로서 국가이익에 대한 고려를 제시하고 있는데 구체적인 내용을 살펴보면 다음과 같다. 우선 그는 국제환경이 지속적으로 악화되고 있지만 이에 대한 국제사회의 대응은 효과적이지 못하다고 본다. 국제사회에 많은 국제환경협약과 국제환경기구가 존재하고 있다는 사실에 견주어 볼 때 이러한 문제는 환경문제를 다루는 국제환경

63) 예컨대 미첼(Ronald B. Mitchell)과 같은 학자는 기름오염에 대한 사례연구를 통해 상이한 국제규범과 입증절차(verification procedures)가 국제레짐의 총체적인 효과에 상이한 결과를 가져온다고 주장한다: Ronald B. Mitchell, "Regime Design Matters: International Oil Pollution and Treaty Compliance." *International Organization,* Vol. 48, No. 3 (Summer 1994), pp. 425-458.

협약이 없어서도 아니고 환경문제를 다루는 국제기구가 없어서도 아니다.

그는 구체적으로 국제사회를 구성하고 있는 국가들이 환경문제의 해결을 위한 협상과 외교에 상당한 시간과 자원을 투입함에도 불구하고 「오존층 파괴물질에 관한 몬트리올 의정서(Montreal Protocol on Substances that Deplete the Ozone Layer)」를 비롯한 소수의 조약만이 국가의 행동을 상당히 바꾸는 데 성공하고 대부분의 조약은 실패했다고 진단한다.

이러한 진단에 기초하여 그는 왜 국제환경협약이 환경문제와 같은 도전을 다루기 위해 사용되는가 · 왜 어떤 국제환경협약은 성공하고 다른 것들은 실패하는가 · 국가들은 어떻게 국제환경협약을 좀 더 효과적으로 만들 수 있는가(무엇이 이러한 조약의 성공여부에 영향을 미치는가) · 어떤 법률적인 전략과 전술이 지구의 환경을 지킬 수 있을 것인가 · 어떻게 조약의 설계가 개선될 수 있는가를 묻고 이에 대한 답을 제시하고자 했다.

그는 이를 위해 산성비 · 오존층 보호 · 국제적인 어업의 관리 · 해상으로의 유류의 불법 투기의 규제와 같은 다수의 환경문제를 다루는 300개가 넘는 국제환경협약들이 국가의 행동을 상당히 정도로 바꾸는 데 있어서 거둔 성공과 실패를 분석한 후 국제환경협약들이 성공적이기 위한 처방을 제시하고 있다.

그가 처방으로 제시한 것은 국가들이 자신들에게 본질적인 행동의 변화를 요구하는 국제환경협약에 참여하고 이를 준수하는 것이 자기중심적인 국가이익(national interest)과 일치하여야만 한다는 것이다. 기후변화와 오존층 고갈과 같은 환경문제가 해결되기 위해서는 국가들이 서로 협력을 해야만 하는데 주권 국가들은 일반적으로 자신들의 이기적인 자기중심적 국가이익만을 개의하기 때문이다.

따라서 협력에 대한 대가를 주는 보상체제가 필요하며 이 때문에 조약은 국가들로 하여금 이전과는 다르게 행동할 수 있는 이익을 제공해야 한다. 다시 말해 조약은 내재해 있는 게임의 구조를 바꾸어 국가들로 하여금 조약에 참여하고 이를 준수하도록 보상체제를 만들어 내야만 한다는 것이다. 이러한 결론을 통해 왜 교토의정서가 온난화가스 배출을 본질적으로 감소시키는 것에 실패할 것인가를 설명하고 있다.[64]

---

64) Scott Barrett, *Environment and Statecraft: The Stratege of Environmental Treaty-Making* (Oxford: Oxford University Press, 2005).

배렌은 같은 맥락에서 또 다른 글을 통해 주권국가는 특정의 국제레짐과 같은 국제제도에 참여하도록 강요될 수 없다면서 만약에 국가들이 유사한 국가이익을 공유하지 않는다면 이러한 상이한 국가이익이 보조금(side-payment)·일괄거래(package deal)·제도적 거래(institutional bargaining)를 통해 극복될 수 있는 경우이어야 국제레짐과 같은 국제제도가 형성될 것이라고 본다.65)

레짐의 효과성과 준수에 영향을 미치는 요인들에 대한 연구에서 주의할 점은 이러한 요인들과 마찬가지로 정부의 행위에 영향을 미치거나 특정의 환경적인 결과를 만들어 낼 수도 있는 다른 요인들과 어떻게 분리할 것인가이다.

제 7 절 국제환경레짐의 준수

국제법은 준수되지 않으면 제정의 의미를 잃게 된다. 따라서 국제법을 어떻게 준수하도록 할 것인가의 문제가 중요한 문제가 되지 않을 수가 없다. 이러한 문제의 해결책으로서 준수하지 않은 국가를 대상으로 준수를 강제할 수 있는 강력한 기체를 통해 준수를 확보할 수 있다는 단순한 생각에 미칠 수도 있다.

그러나 주권국가들로 구성된 분권적인 국제체제에서 국가들은 국제법 제정에 동참하거나 제정된 국제법에 가입하도록 강요되지 않으며 자국을 당사국으로 하지 않는 조약에 구속을 받지 않는다. 국가가 조약의 의무를 이행하지 않을 경우 강제적인 제재조치를 취해도 북한의 경우에서 보듯이 강제조치가 별 다른 효과를 보이지 않는 경우도 적지 않다. 궁극적으로 분권적인 국제사회에서 자국이 당사국인 조약이 국익과 일치하지 않을 경우 일정한 절차를 거쳐 탈퇴가 자유롭게 허용된다.

이러한 국제사회의 특징을 반영하여 국제환경법은 물론 국제법 일반은 많은 경우 법적 강제력을 결하고 있고 효과적인 실효적 통제기제(control mechanism)를 가지고 있지 않는 등 국제법 전반에 걸쳐 강제(enforcement)를 찾아보기가 쉽지 않다.66) 따라서 보다 강력한 강제가 있어야만 국제환경협약을 포함한 국제법

65) Scott Barrett, "International Cooperation for Sale," *European Economic Review*, Vol. 45, No. 10 (2001), pp. 1835-1850.

66) 이러한 강제의 결여를 두고 국제법이 효과성(effectiveness)을 결하고 있다고 보고 신현실주의 국제정치학 이론의 경우 국제법을 포함한 국제제도란 주변적인 하찮은 것이라고 간주한다. 여기에서 우

의 준수를 가능하게 할 것이라는 생각은 현실적이지 못하다. 즉 벌칙과 더불어 구속력을 가지는 사법적인 과정을 통한 집단적인 강제가 제한적인 역할만 하고 있는 국제사회에서 강제적인 조치에만 의존하여 준수를 확보하는 것은 가능하지도 타당하지도 않다.

그러나 그렇다고 해서 국제법의 강제규정이 국제법의 준수에 아무런 기능을 하지 않는다고 보아서는 안 된다. 이러한 것은 실효성 면에서 문제가 없는 것은 아니지만 적지 않은 수의 조약들이 의무를 이행하지 않는 국가를 대상으로 한 강제기제(enforcement mechanism)를 가지고 있는 것에서도 알 수 있다.

그렇다면 강제가 제한적인 역할만을 하는 분권화된 국제사회에서 국가들로 하여금 국제법을 준수하도록 하려면 어떻게 해야 할 것인가의 질문을 던지게 된다. 이 질문에 답을 찾기 위해서는 우선「왜 국가들은 국제법을 지키는가?」혹은「왜 국가들은 국제법을 지키지 않는가?」의 이론적인 질문을 던지고 이에 대한 답을 찾는 것이 필요하다.

1. 준수와 관련한 개념들

이에 대한 본격적인 논의에 앞서 몇 가지 상호 연관된 중요한 용어로서 준수(compliance)·강제(enforcement)·준수기제(compliance mechanism)·효과성(effectiveness)·이행(implementation)이라는 개념이 무엇을 의미하는가를 살펴볼 필요가 있다.

우선 준수란 국제적으로 합의가 이루어진 의무를 이행하는 것을 의미한다. 이러한 의무에는 보고서 제출의 의무와 같은 절차적 의무와 금지하고 있는 활동을 하지 않을 의무와 같은 실질적 의무가 있다.

강제란 조약 내의 의무에 대한 비준수(non-compliance)에 대해 법으로서 준수를 강제하는 행위를 의미한다. 구체적으로 법률적인 제재(legal sanction)나 벌칙(penalty)을 부과하는 것을 의미한다. 이러한 제재에는 경제제재·무역제재·군사적 제재 등이 포함된다.[67]

리가 제기할 수 있는 질문은 강제가 없다고 해서 효과성이 없다고 보아야 하는가의 문제이다.

67) Edith Brown Weiss and Harold Karan Jacobson, eds., *Engaging Countries: Strengthening Compliance with International* (Cambridge, MA: The MIT Press, 1998), p. 5.

준수기제(compliance mechanism)는 조약의 의무이행을 확보하기 위해 설계된 조약 내의 규정을 의미한다. 강력하고 효과적인 준수기제야말로 조약이행의 성공에 가장 중요한 역할을 한다. 조약준수를 확보하기 위해 준수기제는 일반적으로 조약의 준수를 촉진하기 위한 조언과 지원(재정지원과 기술지원)을 제공하는 것을 목표로 하는 촉진적 기제(facilitative mechanism)와 조약의무를 준수하지 않을 경우 준수를 확보하기 위한 강제기제(enforcement mechanism)로 구성된다.

국제법의 준수와 관련하여 살펴볼 또 하나의 중요한 개념은 효과성(effectiveness)이다. 이 부분은 이미 위에서 다양한 정의와 더불어 효과성과 준수의 관계를 살펴본 바 있다. 여기에서는 준수를 효과성의 한 지표로 간주할 경우 발생할 수 있는 문제에 주목하면서 준수를 효과성의 한 측면으로서 살펴보고자 한다.

이행이란 준수 및 효과성과 연계되어 있는 개념으로서 국제적인 약속을 실천에 옮기는 과정을 의미한다. 당사국 내에서의 이행은 국내법의 제정과 이러한 법의 집행 등을 통해 일어나는 것으로서 준수를 향한 중대한 조치이다. 그러나 이러한 이행이 없이도(즉 정부나 규제당국의 어떠한 노력이나 행동이 없이도) 준수가 있을 수 있단 점을 고려해야 한다.

이는 국제적인 약속이라는 것이 특정한 국가에 있어서 이미 해오고 있던 일과 일치하는 경우 별도의 이행을 위한 조치가 필요하지 않기 때문이다. 이러한 경우가 발생할 수 있는 또 다른 경우가 있다. 예컨대 구소련에서 경제의 붕괴로 인해 경제활동이 지극히 위축되면서 많은 국제환경협약의 의무를 위반할 여지가 없어진 경우이다. 이는 국제환경협약에 대한 준수가 전적으로 협약의 외적인 요인에 의해 준수가 일어난 경우이다.

따라서 국제환경협약의 이행이란 협약의 준수를 위해 필요하거나 충분한 조건이 아닌 것이다. 결론적으로 말해 일반적으로 국제환경협약의 이행은 필요한 것이지만 충분한 것은 아니다.[68]

68) Karen Kline and Kal Raustiala, "International Environmental Agreements and Remote Sensing Technologies (Workshop on Remote Sensing and Environmental Treaties: Building More Effective Linkages, Woodrow Wilson International Center, Washington, DC, December 4-5, 2000)," http://sedac.ciesin.columbia.edu/rs-treaties/rs-treaties_bckgnd.pdf, (검색일: 2016년 12월 13일).

2. 준수에 관한 다양한 학설

국제레짐의 효과성을 나타내는 지표의 하나로서 국제레짐의 준수를 확보하기 위해 국제레짐에 어떤 요소들이 포함되어야 하는가에 대한 논의가 「레짐설계(regime design)」라는 연구주제로서 활발하게 전개되었다. 이러한 국제레짐의 설계와 관련하여 두 가지 상이한 입장이 존재한다.

그 중 하나는 국제레짐의 위반은 강력한 제재의 부재에서 온다고 보고 국제레짐의 준수를 확보하기 위해 무임승차하는 국가들을 처벌하기 위해 국제레짐은 엄격한 제재체제(sanction system)를 지녀야 한다는 견해이다. 또 다른 견해는 대부분의 국가들은 필요한 자원의 부족으로 인해 국제레짐을 위반한다는 보고 국제레짐의 준수를 위해서는 재정적인 지원·기술적인 지원·교육 등을 제공하여야 한다고 본다.

전자를 「강제학파 이론(대결적인 이론)」이라 하고 후자를 「관리학파 이론(협력적인 이론)」이라고 한다.[69] 이 두 관점이 가장 치열하게 대립하는 가운데 학자들은 제각기 국가가 국제법을 준수하는 이유 혹은 국가가 국제법을 준수하지 않는 이유를 제시하고 있다. 여기에서는 이러한 두 관점을 중심으로 하되 여타의 다른 관점도 더불어 살펴보고자 한다.[70]

1) 관리학파 이론

먼저 살펴볼 이론은 차예스 부부(Abram Chayes and Antonia Handler Chaye)가 중심이 되어 제시한 소위 「관리학파 이론」이라고 불리는 견해이다.[71] 관리학파 이론은 국가의 선의를 강조하여 국가란 국제레짐을 준수하려는 일반적인 성향

69) Frank Biermann and Klaus Dingwerth, "Global Environmental Change and the Nation State," *Global Environmental Politics,* Vol. 4, No. 1 (February 2004), p. 10.

70) 국제법 준수 이론들에 대한 설명의 기본적 내용은 다음 글들을 참조했고 많은 부분을 새롭게 추가했다: Teall E. Crossen, "Multilateral Environmental Agreements and the Compliance Continuum," http://law.bepress.com/expresso/eps/36/ (검색일: 2016년 8월 14일); Andrew T. Guzman, "International Law: A Compliance-Based Theory," *California Law Review*, Vol. 90, No. 6 (December 2002), pp. 1826-1887; Anthony Clark Arend, "Do Legal Rules Matter? International Law and International Politics," *Virginia Journal of International Law*, Vol. 38, No. 2 (1998), pp. 107-129.

71) Abram Chayes and Antonia Handler Chayes, *The New Sovereignty: Compliance with International Regulatory Agreements* (Cambridge, MA and London: Harvard University Press, 1995).

을 가지고 있어 국제레짐의 이행의무에 대한 위반은 고의적인 것이 아니라 조약상 의무의 애매모호한 규정·의무를 이행하는 데 필요한 역량의 부족·상황의 변화(즉 통제할 수 없는 사회적 혹은 경제적 변화)에 의한 비자발적인 결과로 보고자 한다.

관리학파 이론에 따르면 비준수(non-compliance)란 남을 이용하겠다는 이기적인 의도에 의해 발생하는 것이 아니기 때문에 강제기제는 부적절할 뿐 아니라 비용이 많이 소요되고 지나치게 정치적이며 지나치게 강압적이라고 본다. 그 결과 국제조약의 준수를 확보하기 위해 아주 드물게 사용될 뿐 아니라 만약 사용된다고 해도 효과적이지 못하다는 것이다.

구체적으로 강제기제는 경제적 제재든 군사적 제재든 제재를 가하는 국가와 제재의 대상이 되는 국가 모두에게 비용이 너무 많이 소요되고 협상과 집행이 어려워 신뢰할만한 도구가 되기 어렵다고 본다. 또한 제재가 특히 다수 국가의 집단적인 의사결정에 의한 것이 아니라 일국의 일방적인 결정에 의해 이루어질 경우 정당성(legitimacy)을 결여하게 되어 강제적 조치가 별 효과가 없게 된다고 본다.

강제기제가 적절하지 않다고 보는 또 다른 이유는 국제환경협약의 목적을 환경을 보호하고 개선하는 것이라고 할 때 국제협약의 위반에 대한 강제조치로서 협약의 회원자격을 정지하거나 종료할 경우 본연의 목적이 사라진다는 것이다. 또한 국제환경협약의 목적이 환경이 파괴되기 전에 준수를 확보하는 것인데 이미 파괴가 이루어진 후에 강제조치를 취하는 것은 부적절하다는 것이다. 따라서 이러한 위반행위가 있기 전에 준수를 유인하는 조치로서 감시(monitoring) 및 보고(reporting)와 같은 조치가 더 중요하다는 것이다.[72)]

따라서 비준수는 강제적인 조치에 의해서가 아니라 규칙의 해석, 기술적·재정적 지원을 통한 역량의 구축, 투명성의 제고에 바탕을 둔 협력적인 문제해결 접근(cooperative, problem-solving approach)에 의해 가장 잘 다루어질 수 있다고 주장한다.[73)] 여기에서 투명성의 제고란 고의적으로 조약의무의 위반을 생각하는

72) Mary E. O'Connell, "Enforcement and the Success of International Environmental Law," *Indiana Journal of Global Legal Studies*, Vol. 3, Issue 1, Article 4 (Fall 1995), pp. 55-56.

73) 투명성·보고·검증과 감시·분쟁해결·능력배양과 같은 관리도구들이 준수를 촉진하기 위해 준수레짐을 설계하는 데 있어서 핵심적인 것이라고 주장한다.

당사국에게 투명성의 제고를 통해 위반이 발견될 확률을 높일 경우 기대이익을 감소시켜 위반을 억지할 수 있다는 것이다.

분쟁의 해결과 관련해서 관리학파는 최종적이고 구속력이 있는 판결을 내리고 간혹 위반에 대한 제재까지를 판결하는 사법적인 분쟁해결 절차를 강제적인 조치로 간주하고 이러한 분쟁해결 역시 좀 더 비공식적으로 화해적인 절차를 사용함으로써 관리적인 방식으로 행해질 수 있다고 본다.

여러 학자들은 국제환경협약에 이러한 관리적 접근이 널리 행해지고 있다고 본다. 예컨대 빅터 등(David G. Victor, Kal Raustiala, and Eugene B. Skolnikoff)은 이행검토체제(system for implementation review)를 실질적이고 효과적인 국제환경 관리체제(international environmental governance)의 아주 중요한 측면임을 강조한다. 이들에 따르면 이행검토체제는 주로 이행의 문제를 관리함으로써 작동하는데 이행문제의 관리에는 구체적으로 자료의 교환·이행에 관한 정보의 교환·활동의 감시·현존하는 공약의 적절성의 평가·빈약한 이행의 문제의 처리 등이 포함된다.74)

빅토(David G. Victor)는 국제환경레짐들이 구속성이 있는 장치를 포함한 결과 상당히 많은 국제레짐들이 피상적인 환경협력(shallow environmental cooperation)을 양산해 내고 있음을 지적하고 국제레짐의 비구속적인 장치(nonbinding instrument)가 좀 더 융통성을 지니면서 위반에 대한 우려를 덜 제기하여 국가들로 하여금 좀 더 야심적인 목표를 설정하게 하고 원대한 공약(far-reaching commitments)을 채택하도록 함으로써 국제레짐이 효과적일 수 있음을 주장한다. 그러나 이러한 비구속적인 장치만으로는 좀 더 효과적인 협력에 이르기 어렵기 때문에 이러한 협력에 이르기 위해 고위급의 정치적인 약속(high-level political engagement)과 국가들의 실행을 검토하고 집중하는 특별한 제도를 필요로 한다고 본다.75)

---

74) David G. Victor, Kal Raustiala, and Eugene B. Skolnikoff, "Introduction and Overview," in David G. Victor, Kal Raustiala, and Eugene B. Skolnikoff, eds., *The Implementation and Effectiveness of International Environmental Commitments: Theory and Practice* (Cambridge, MA: The MIT Press, 1998), p. 20.

75) 빅토는 동일한 맥락에서 환경협력을 위한 거의 모든 노력이 비전과 절차에 관한 것은 길고 공약(commitment)과 관련해서는 짧은 기본협약(framework convention)과 더불어 시작됨을 지적하고 있다: David G. Victor, "Toward Effective International Cooperation on Climate Change: Numbers, Interests and Institutions," *Global Environmental Politics,* Vol. 6, No. 3 (August 2006), pp. 97-100.

제재(sanction)와 같은 강제적 기제(coercive mechanism)를 통해 준수가 확보되어야 한다고 보는 강제모델(enforcement model)에 대한 대안으로서 제시한 이러한 관리모델(managerial model)은 국가들이 국제법을 준수하는 세 가지 이유를 다음과 같이 제시하고 있다.

첫째, 준수하는 것이 준수하지 않을 경우 소요되는 비용과 이익을 계산하는 것을 피하게 해주어 거래비용(transaction cost)을 줄여줌으로써 효율적인 전략이 되기 때문이다. 둘째, 국가들은 자국의 이익에 반하는 조약을 협상하거나 동의하지 않았을 것이므로 자신이 동의한 조약을 준수하는 것은 당연히 자국의 이익이 되기 때문이다. 셋째, 약속은 준수되어야만 한다는 규범(norm)에 의해 준수가 더욱 촉진된다.

이러한 이유 가운데 관리학파가 가장 중점을 두고 강조하는 이유는 세 번째이다. 이 때문에 관리학파 이론을 「규범적 접근법」이라고도 부른다. 이러한 맥락에서 관리학파 이론은 국제법에 대한 준수는 조약 당사국·조약기구·비정부기구(NGO) 사이의 지속적인 대화의 과정 속에서 일어난다고 본다. 이러한 지속적인 대화의 과정에서 국제법의 규범과 실제(practices)가 진화하고 발전하며 이들 간의 대화가 비준수의 문제를 해결하도록 압력을 발생시킨다. 이처럼 관리학파는 조약의 준수를 유지하는 데 있어서 근본적인 도구는 이들 행위자들 간의 지속적인 담론의 과정(discursive process)이라고 본다.

그러나 관리학파의 이론은 국가들이 고의적으로 국제법의 의무를 이행하지 않고 위반하는 경우가 종종 있는데 이러한 경우에 대해 적절한 설명을 제시하지 못하는 한계를 가진다.

2) 공정성이론

다음으로 살펴볼 준수문제에 관한 이론적 설명은 프랑크(Thomas M. Frank)의 공정성 이론(fairness theory)이다.[76] 프랑크의 이러한 공정성 이론은 원래 왜 국가가 국제법을 준수하는가에 대한 답을 하고자 제시된 것이 아니라 국제법은

76) Thomas M. Franck, "Legitimacy in the International System," *American Journal of International Law*, Vol. 82, No. 4 (1988), pp. 705-755; Thomas M. Franck, The Power of Legitimacy among Nations (Oxford: Oxford University Press, 1990); Thomas M. Franck, Fairness in International Law and Institutions (Oxford: Clarendon Press, 1995). 프랑크는 초반에는 절차적 공정성인 정당성(legitimacy)만을 포함한 정당성 이론(legitimacy theory)을 제시했다가 나중에 실질적 정당성인 배분적 정의를 통합한 공정성 이론(fairness theory)을 제시했다

공정한가를 묻고 이에 대한 답을 하고자 제시된 이론이다. 그럼에도 불구하고 그의 이론은 간접적으로 국가들은 왜 국제법을 준수하는가에 대한 답을 제시해 주고 있다. 그의 주장은 간단하게 말해 법이 공정하다는 인식이 준수를 고무한다고 것이다.

공정성이란 본질적인 공정성(substantial fairness)과 절차적 공정성(procedural fairness)이라는 두 측면을 가지고 있다. 전자의 경우는 배분적 정의(distributive justice)를 의미하고 후자는 정당성(legitimacy)을 의미한다. 프랑크는 절차적 공정성인 정당성의 지표로서 다음과 같은 것들을 제시하고 있다: 규칙의 명료성을 의미하는 확정성(determinacy), 권위를 알리는 단서를 의미하는 상징적 확인(symbolic validation),[77] 규칙이 일관되게 적용되고 개별적인 규칙들이 높은 수준의 원칙을 통해 상호 연관되어 있음을 의미하는 일관성(coherence), 개별적인 규칙이 규칙들의 위계(hierarchy)와 연결되어 있음을 의미하는 엄수(adherence).[78] 프랑크는 이러한 4개의 지표의 정도가 높을수록 국제법의 준수가 더 확보될 것으로 본다. 프랑크는 이러한 본질적 공정성(배분적 정의)과 절차적 공정성(정당성) 모두 국제법에 대한 준수를 고무하는 데 있어서 중요하다고 본다.

프랑크는 선진국들로 하여금 개도국이 오존층 파괴물질을 줄이고 나아가 사용하지 않게 도움을 주도록 한 오존층 보호를 위한 비엔나협약과 오존층 파괴물질에 관한 몬트리올 의정서를 예로 들고 있다. 구체적으로 의무의 면제・기술이전・재정지원에 대한 개도국의 요구와 개도국에게 필요한 지원을 하도록 한 선진국의 의무가 공정했다고 본다. 1993년까지 오존층 파괴물질의 배출 비율이 상당한 정도로 감소한 것은 공정한 협정이 준수될 가능성이 더 높다는 것을 실증적으로 보여주는 것이라고 결론을 짓고 있다.

또한 현대의 국제환경협약에 대한 접근방식이 정당성 있는 국제환경레짐을 생성하고 있다고 본다. 이러한 접근방식에는 구체적으로 오존층 보호를 위한 비엔나협약과 기후변화협약에서 보듯이 기본협약(framework convention)의 체결・과학과 경제에 관한 자료를 만들어 이행회의(implementing conference)를 돕는 사무국・제3자를 통한 분쟁의 해결방식이 포함된다.

---

77) 「권위를 알리는 단서를 의미하는 상징적 확인」이란 규칙의 준수를 확보하기 위한 수단으로서 조직의 규칙제정 권위를 수립하는 데 기여하는 의식과 전통을 의미한다.

78) 의무를 담은 일차적인 규칙(primary rules)과 부수적인 규칙(secondary rules) 사이의 일관성을 의미한다.

프랑크의 공정성 이론은 국제법이 공정할 경우 국가들에 의해 잘 준수될 것이라는 것을 핵심 내용으로 하고 있기 때문에 차예스 부부의 관리학파 이론과는 달리 강제기제가 중요한 관심사가 아니다. 따라서 이에 대한 별도의 논의를 체계적으로 전개하고 있지 않다.

3) 초국가적 법 과정 이론

이 이론은 현재 예일대 법대의 가장 뛰어난 교수(sterling professor) 지위를 가지고 있는 한국계 미국인 고홍주(Harold Hongju Koh) 박사의 이론으로서 한마디로 초국가적인 집단들 사이의 상호작용을 통한 규범의 내재화가 국제법 준수의 동인(motivation)이라고 본다.[79]

이 이론은 차예스 부부(Abram Chayes and Antonia Handler Chaye)가 중심이 된 관리학파 이론과 프랑크(Thomas M Franck)가 중심이 된 공정성 이론 모두가 왜 국가들이 국제법을 준수하는가에 대해 통찰력을 제시하기는 하나 단순히 자발적인 복종과 내재화된 준수(internalized compliance)만을 강조할 뿐 이러한 규범의 내재화(internalization of a norm)가 구체적으로 어떤 과정을 통해 이루어지는가에 대한 설명을 결하고 있다는 지적으로부터 출발한다.

고홍주 박사에 따르면 국제적 규범의 내재화는 초국가적인 법 과정(transnational legal process)을 통해 내재화된다. 구체적으로 국제법 규범이 법을 선언하는 다양한 토론장에서 초국가적인 행위자들(transnational actors)의 상호작용을 통해 해석되고 그런 다음에 개개 국가의 국내법체제로 내재화된다는 것이다. 즉 상호작용의 과정을 통해 국제규범에 대한 새로운 해석이 다른 국가들의 규범체계에 내재화된다는 것이다.

이러한 내재화 과정은 초국가적 행위자들의 상호작용 단계·초국가적 행위자들에 의한 규범의 생성과 해석의 단계·국내영역에서의 반복과 도입을 통한 해석의 내재화라는 3단계로 구성된다. 이러한 측면에서 고홍주 박사의 이론은 국제정치 접근법 가운데 구성주의 접근법과 맥을 같이 한다고 볼 수 있을 것이다.

---

79) Harold Hongju Koh, "Transnational Legal Process," *Nebraska Law Review*, Vol. 75, No. 1 (1996), pp. 181-207; Harold Hongju Koh, "Why Do Nations Obey International Law?," *Yale Law Journal, Vol.* 106, No. 8 (1997), pp. 2599-2659; Harold Hongju Koh, "How Is International Human Rights Law Enforced?" *Indiana Law Journal*, Vol. 74, No. 4. (Fall 1999), pp. 1397-1417; Harold Hongju Koh, "Internalization through Socialization," *Duke Law Journal*, Vol. 54, No. 4 (February 2005), pp. 975-982.

고홍주 박사 역시 국제규범이 어떻게 개개 국가에 내부적으로 수용되어 준수되는가의 초국가적 규범의 확산(transnational norm diffusion)에 관심을 집중하고 있기 때문에 공정성 이론을 전개하고 있는 프랑크와 마찬가지로 강제적인 기제의 필요성과 효율성에 대한 토론을 제기하고 있지 않다.

4) 평판이론

거즈만(Andrew Guzman)은 앞서 살펴본 관리학파 이론・공정성 이론・초국가적 법률과정 이론들이 법 이론에 근거하여 왜 국가들이 국제법을 준수하는가에 대한 적절한 설명을 제공하는 데 실패했다고 보고 국제관계이론에 바탕을 두고 평판이론(reputation theory)을 제시했다.[80]

평판이론은 합리적 선택이론에 바탕을 두고 있는 이론으로서 국가들이 강제적인 집행기제가 부재한 가운데 국제법을 준수하는 이유는 자기중심적 이익을 추구하는 합리적 행위자로서 국가들은 국제법 규칙의 준수와 관련하여 좋은 평판을 갖는 것이 국가이익에 중요하다고 생각하기 때문이라고 본다.

이러한 평판이 중요한 이유는 평판이 국가들로 하여금 협력의 문제를 극복하기 위한 노력으로서 서로에게 신뢰할만한 공약을 하는 것을 허용하기 때문이다. 그는 평판이론을 통해 어떻게 국가가 준수에 관한 평판을 획득하거나 상실하며 평판이 어떻게 국가의 행동에 영향을 미치는가를 설명하고자 한다.

이 이론의 핵심은 평판은 가치를 지니고 있는데 이는 국제법을 잘 준수한다는 좋은 평판은 다른 국가들과의 협력적인 관계를 촉진하기 때문이라는 것이다. 반대로 국제법을 준수하지 않을 경우 평판이 나빠지게 되고 이렇게 나빠진 평판은 미래의 관계에 부정적인 영향을 미치게 된다. 일련의 국제법 준수로 인해 신뢰할만하다는 평판을 지닌 행위자는 다른 국가와의 협력에 있어서 상대로서 훨씬 수월하게 수용된다. 예컨대 특정 국가가 다른 국가와 무기제한협정(arms control agreement)을 체결하고자 하는데 특정 국가가 협정체결에 기꺼이 응할 것이냐의 여부는 상대방이 과거 협정에서 얼마만큼 규정을 잘 준수했는가의 여부에 달려있

80) Andrew T. Guzman, "A Compliance-Based Theory of International Law," *California Law Review*, Vol. 90, No. 6 (2002), pp. 1823-1887; Andrew T. Guzman, "Reputation and International Law," *Georgia Journal of International and Comparative Law*, Vol. 34 (Winter 2006), pp. 379-391; Andrew T. Guzman, *How International Law Works: A Rational Choice Theory* (New York: Oxford University Press, 2008).

다.[81)]

거즈만은 자신의 평판이론이 한계를 인정한다. 국가의 안보문제와 같이 국가의 이해관계가 높은 경우 좋은 평판을 유지해야 한다는 유인이 약화된다. 이슈가 국가에게 치명적으로 중요할 경우 평판의 상실은 비준수로 인한 혜택보다 크지 않을 것으로 본다. 그러나 무역이나 환경규제와 같은 이슈의 경우는 이해관계가 좀 더 작아서 국제법이 실질적인 영향을 가질 것으로 본다.

5) 강제학파 이론

관리학파와 이론적 설명의 적절성을 둘러싸고 대립하고 있는 강제학파(enforcement school)의 논리를 살펴보면 다음과 같다. 강제학파는 국제법의 비준수(위반)는 강력한 제재의 부재에서 온다고 보고 국제법의 준수를 확보하기 위한 처방으로서 무임승차하는 국가들을 처벌하기 위해 국제법은 엄격한 제재체제(sanction system)를 지녀야 한다는 견해를 지니고 있다.[82)]

강제학파의 견해는 행위자의 합리성을 전제하는 합리적 선택이론(rational choice theory)에 바탕을 두고 있다. 따라서 비준수의 원인과 처방을 유인구조(incentive structure)에서 찾고자 한다. 구체적으로 국가는 의무의 위반으로 누릴 수 있는 이익이 위반으로 치러야 하는 비용을 초과할 경우 위반을 선택한다는 것이다. 즉 국가는 냉철한 계산하에 고의적으로 위반을 택할 수 있다는 것이다. 따라서 비준수의 문제는 감시와 제재의 위협을 통해 위반의 비용을 증가시킴으로써 해결될 수 있다고 본다.[83)]

강제학파의 주장을 요약하면 준수를 강제한다는 것이 만병통치약은 아니지만 준수의 강제를 가능한 하나의 옵션으로서 배제해서는 안 된다는 것이다. 이들의 주장은 앞서 언급한 바 있는 관리학파의 주장에 대한 비판에 기초하고 있다.

강제학파는 관리학파의 주장을 다음과 같이 요약하고 있다: ⅰ) 대체적으로 국제법에 대한 준수의 비율이 높다. ⅱ) 이러한 높은 비율의 준수는 강제기제가

81) 이러한 것을 「미래의 우려(shadow of the future)」와 구별하여 「과거의 우려(shadow of the past)」라고 부를 수 있다. 이러한 것을 흔히 「선례의 효과(effect of precedents)」라고 부른다.

82) George W. Downs, David M. Rocke and Peter N. Barsoom, “Is the Good News about Compliance Good News about Cooperation?” *International Organization*, Vol. 50, No. 3 (Summer 1996), pp. 379-406.

83) Jonas Tallberg, “Paths to Compliance: Enforcement, Management, and the European Union,” *International Organization*, Vol. 56, No. 3 (Summer 2002), p. 611.

없는 가운데 이루어진 것이다. iii) 준수의 문제는 강제의 문제라기보다는 관리의 문제로서 가장 잘 다루어질 수 있다. iv) 강제적 접근이라기보다 관리적 접근이 국제체제에서 미래의 규제적인 협력의 진화에 열쇠를 쥐고 있다.

강제학파는 관리학파가 강제기제가 결여되어 있는 가운데 높은 준수의 비율을 보이고 있다는 것으로부터 강제가 불필요하다고 유추하는 것은 잘못된 것이라고 지적한다.[84] 즉 조약이 부과하는 의무란 국가들이 합의한 것이기 때문에 국가들은 자신들이 준수하지 못할 의무를 포함하는 조약은 협상하지도 가입하지도 않을 가능성이 높다는 것이다. 즉 국가들은 그들이 쉽게 준수할 수 있는 조약에 서명할 가능성이 높고 그 결과 이러한 조약은 거의 강제를 필요로 하지 않으며 비준수가 주요한 문제가 아니어 왔다고 본다.

높은 비율의 준수가 존재한다는 결론은 국가들로 하여금 조약의 부재할 경우 국가들이 할 것이라고 예상되는 것보다 크게 다르지 않은 것을 하도록 요구하는 조약들을 사례들로 하고 있기 때문이다. 요약하자면 조약이 있으나 없으나 준수면에서 별 차이가 없는 의무의 내용을 담고 있는 조약이기에 강제를 거의 필요로 하지 않고 그 결과 비준수의 문제가 거의 없었다는 지적이다.

이러한 문제를 극복하기 위해 다운스 등(George W. Downs, David M. Rocke and Peter N. Barsoom)은 「협력의 심도(depth of cooperation)」라는 개념을 제시하고 있다.[85] 협력의 심도란 조약이 국가들로 하여금 조약이 부재할 경우 그들이 했을 것이라는 추정되는 것으로부터 벗어나도록 요구하는 정도(the extent to which a treat requires states to depart from what they would have done in its absence)를 의미한다.

이들에 의하면 심도가 깊은 협력은 국제적인 조약에는 드물다고 본다. 협력의 심도를 고려해 볼 때 강제란 이슈가 아니라거나 강제의 중요성이 과장되어 왔다고 결론을 지어서는 안 된다. 국가들은 깊이 있는 협력을 자제해 왔기 때문에 강제가 필요한 정도가 명백하지 않다. 심도가 깊은 협력은 심도가 얕은 협력보다 좀 더 많은 강제를 필요로 할 가능성이 높다.

---

84) 관리학파에 속하는 학자는 아니지만 헨킨(Louis Henkin)은 거의 모든 국가가 국제법의 거의 모든 원칙과 거의 모든 그들의 의무를 거의 항상 준수하고 있다고 주장한다: Louis Henkin, *How Nations Behave* (New York: Columbia University Press, 1979), p 47.

85) George W. Downs, David M. Rocke and Peter N. Barsoom, "Is the Good News about Compliance Good News about Cooperation?," *International Organization*, Vol. 50, No. 3 (Summer 1996), pp. 379-406.

즉 국제협력에서 제재라는 것이 드문 이유는 협력의 심도가 얕기 때문이라는 것이다. 협력의 심도는 비준수의 유인과 강제의 필요성에 영향을 미쳐 국제협정이 국가들에게 요구하는 행동의 변화가 심하면 심할수록 비준수의 유인이 커지고 협력의 심도가 깊을수록 국제협정을 지원하기 위해 요구되는 처벌도 커진다고 본다.[86] 국제환경협약에 강제가 드물다는 것은 대부분의 협약이 국가행동에 있어서의 큰 변화를 요구하지 않기 때문이라는 것이다.

환경이슈와 관련하여 이들은 국제환경협약에 있어서도 깊이 있는 협력이 존재하지 않는다고 본다. 이들은 하나의 예로서 다른 학자들이 몬트리올 의정서가 국가의 행위를 바꾸는 데 기여했다는 결론과는 달리 몬트리올 의정서가 이러한 기여를 하지 않았다고 보며 이는 국가들이 몬트리올 의정서에 앞서 이미 프레온가스 배출을 감소시키는 데 관여하고 있었기 때문이라고 본다.

6) 국제관계이론

국제관계이론 중에서 전통적 현실주의 이론과 신현실주의 이론 모두 국제법이란 국가 간에 있어서의 힘의 관계의 반영물(즉 강대국 힘의 반영물)로서 국가간의 힘의 관계가 바뀌거나 현존하는 강대국의 국익의 내용이 달라졌을 경우 이러한 국제법은 쉽게 폐기되거나 변경된다고 본다. 따라서 국제법이 강대국의 국익과 일치하는 경우에 한해 준수되며 효력을 갖는다고 본다. 미어샤이머(John J. Mearsheimer)는 국가들이 국제법을 준수하는 것은 그렇게 하는 것이 그들의 이익과 일치하기 때문이라고 본다.[87]

이처럼 국제법은 강대국의 선호를 반영하는 것이기 때문에 국제법에 대한 준수와 비준수를 설명하기 위해서는 상대적인 힘의 배분을 살펴야 한다. 약소국의 국제법 준수는 좀 더 강한 국가의 강제력이 성공적으로 투사된 것을 의미하며 비준수의 경우는 보다 강한 국가가 자신의 힘을 투사하는 것에 실패했거나 능력을 결하고 있다는 것을 보여주는 것이다.

신자유주의적 제도주의 이론은 국제제도가 주는 순기능 때문에 합리적인 이익을 추구하는 행위자로서의 국가들이 자발적으로 국제제도를 창출하고 유지하고자

86) Jonas Tallberg, "Paths to Compliance: Enforcement, Management, and the European Union," *International Organization*, Vol. 56, No. 3 (Summer 2002), p. 612.

87) John Mearsheimer, "The False Promise of International Institutions," *International Security,* Vol. 19, No. 3 (Winter 1994/1995), pp. 5-49.

한다는 주장을 전개하고 있다. 학자들에 따라 이러한 주장에 근거하여 준수가 높은 수준에 있다고 보기도 하고 국가들은 일반적으로 국제법을 준수한다고 보기도 하는 등의 차이가 없는 것은 아니지만 기본적으로 국가들은 자신들이 생성한 국제법을 포함한 국제제도를 잘 준수할 것으로 본다. 신자유주의적 제도주의 이론을 이끌고 있는 국제정치학자인 코헤인(Robert O. Keohane)의 경우는 상호성(reciprocity)과 평판효과(reputational effect)를 이러한 국제제도의 준수의 중요한 동인으로 파악하고자 한다.

구성주의 접근법의 경우는 합리주의 이론인 신현실주의 이론과 신자유주의적 제도주의 이론과는 달리 국가의 합리성을 전제하지 않은 가운데 국가들은 규범적 동기로 국제법을 준수한다고 본다. 다시 말해 국가들이 국제법을 창출하고 준수하는 것은 준수가 가져다 주는 이익이나 비준수로 인한 제재의 두려움 때문이 아니라 국제법에 구체화된 생각에 대한 그들의 도덕적이고 사회적인 동조 때문이라는 것이다. 규범에 의해 국가들이 국제법을 준수한다는 이러한 논리는 관리학파 이론・공정성 이론・초국가적 법 과정 이론에서도 볼 수 있다.

3. 국제환경협약의 설계: 비준수절차와 비준수기제

국제환경협약의 대부분은 비준수절차(non-compliance procedures, NCPs)를 두고 있다.[88] 이러한 비준수절차를 도입하기 이전에는 협약의무의 준수를 확보하기 위한 장치로서 분쟁해결절차(dispute settlement procedure)만을 두었다. 분쟁해결절차는 국제협약의 위반에 대해 사법적인 절차(중재재판과 사법재판)를 통해 배상(reparation) 등의 국제법상의 국제책임을 지우는 방식인 것이다. 이러한 절차를 규정한 국제환경협약이 있어도 실제로 이러한 절차를 적용한 경우는 거의 없었다. 이러한 분쟁해결절차는 대결적인 성격을 지닌 것으로서 협력적인 성격을 지닌 비준수절차와 구별된다.

비준수절차는 1987년에 체결된 오존층 보호를 위한 비엔나협약의 몬트리올의정서를 필두로 많은 국제환경협약에 채택되었다. 비준수절차란 준수를 확보하기 위한 강제적이고 대결적인 접근이 아니라 준수를 촉진하고 장려하는 유연하고

---

88) 여기에서 「비준수절차(non-compliance procedure)」라는 용어를 사용하고 있지만 이는 준수절차(compliance procedure)와 구별되는 것이 아니라 동일한 것을 의미한다. 즉 용어에 관계없이 의무의 준수를 확보하기 위한 절차를 의미한다.

협력적인 접근으로서 준수에 관한 관리학파의 주장이 반영된 접근을 일컫는다. 구체적으로 비준수절차란 준수를 확보하기 위해 위반에 대한 사후적인 제재나 벌칙을 가하는 것이 아니라 능력을 함양시키고 재정과 기술의 지원 등을 통해 비준수를 사전에 예방하는 것을 일차적인 목적으로 하고 부득이 발행한 비준수에 대해서도 동일한 방식을 통해 사후적으로 준수상태로 돌려놓고자 하는 절차를 의미한다.

분쟁해결절차가 아닌 이러한 비준수절차가 채택된 배경을 살펴볼 필요가 있다. 앞서 관리학파 이론에서 언급했듯이 국제환경협약의 경우 특히 문제해결에 전 세계 모든 국가의 동참이 요구되는데 의무를 위반한 국가에게 책임을 물리거나 회원국의 자격을 정지시키거나 제명을 하는 등의 조치를 통해 역외자가 양산될 경우 환경보호와 개선이라고 하는 국제환경협약 본연의 목적에 부합하지 않는다고 판단했기 때문이다.[89)]

비준수절차는 그렇다고 해서 강제적인 절차가 아닌 촉진적인 절차만으로 구성되는 것은 결코 아니다. 따라서 비준수절차가 구체적으로 어떤 요소로서 구성되는가를 살펴볼 필요가 있다. 앞서 살펴보았듯이 관리학파와 강제학파가 제시하는 준수를 확보하기 위한 처방이 상이한데 대부분의 국제환경협약은 강제적 처방보다는 의무준수를 촉진하는 관리적 처방에 훨씬 많은 비중을 두고 있는 것은 사실이지만 통상적으로 관리학파가 제시하는 처방과 강제학파가 제시하는 처방 모두가 다 포함되어 있다.

톨베르그(Jonas Tallberg)는 자신의 연구와 다른 학자들의 사례연구 결과를 바탕으로 무역과 인권분야와 함께 환경분야에 있어서 강제전략과 관리전략이 통합되어 있을 때 준수절차가 가장 효과적인데 이는 이 두 전략이 상호배타적인 것이 아니라 상호보완적이기 때문이라고 결론짓고 있다.[90)]

대부분의 사례에 있어서 비준수는 관리적 접근에 의해 토의와 협상을 통해 관리되었으나 이러한 관리적 접근의 문제는 이러한 접근이 실패할 경우 좀 더 강력한 수단이 없다는 것이다. 제재와 같은 강제수단은 최후의 수단이라는 무기

---

89) 몬트리올 의정서와 기후변화협약을 비롯한 몇몇 국제환경협약은 드문 예지만 비준수절차와 분쟁해결절차 둘 모두를 두고 순차적으로 적용하고자 했다. 즉 비준수에 대해 먼저 비준수절차를 적용하고 문제가 해결되지 않을 경우 분쟁해결절차를 적용하는 방식이다.

90) Jonas Tallberg, "Paths to Compliance: Enforcement, Management, and the European Union," *International Organization,* Vol. 56, No. 3 (Summer 2002), pp. 639.

로서의 가치를 가지며 준수를 달성하기 위한 다른 방도를 좀 더 효과적으로 만들기 위한 잠재적인 위협으로서 필요하다고 본다.91) 즉 제재를 포함한 좀 더 강경한 행동을 취할 것이라는 믿을 수 있는 위협을 가함으로써 관리만으로 태도변화를 하지 않으려는 당사국을 다루어 협력을 확보하는 것을 돕는다.92)

국제환경협약은 비준수절차를 발동하기에 앞서 비준수를 알기 위해 비준수에 대한 정보를 필요로 한다. 이러한 비준수는 비준수 당사국 자신·다른 당사국·사무국·준수기구(협약 내의 준수기구)에 의해 알려진다. 이러한 비준수에 대한 정보는 한편으로는 제출할 의무가 부과되는 당사국의 국가보고서(national report)를 통해 획득되며 또 다른 한편 감시(monitoring)·확인(verification)·조사(inspection)를 통해 획득된다. 전자인 보고(reporting)를 「상향식 실태조사(bottom-up fact-finding) 방식」이라고 하고 후자인 감시·확인·조사를 「하향식 실태조사(top-down fact-finding) 방식」이라고 한다.

하향식 실태조사 방식으로서 현장조사(on-site inspection)를 두는 국제환경협약은 매우 드문 경우인데 국제포경규제협약(International Convention for the Regulation of Whaling, ICRW)·남극조약(Antarctic Treaty)·멸종위기에 처한 야생 동식물 종의 국제거래에 관한 협약(CITES)·특히 물새 서식지로서 국제적 중요성을 갖는 습지에 관한 협약(Convention on Wetlands of International Importance especially as Waterfowl Habitat)이 이러한 매우 드문 경우에 속한다. 이러한 정보획득을 위한 방식들은 모두 비준수가 발생했는가의 여부를 결정하기 위해 위반을 찾아내고 위반이 있다면 필요한 조치를 취하기 위한 것을 주요한 목적으로 한다.

4. 비준수절차의 실제 예

여기에서는 비준수절차의 예로서 몬트리올 의정서·기후변화협약 교토의정

91) Harold K. Jacobson and Edith Brown Weiss, "Assessing the Record and Designing Strategies to Engage Countries," in Edith Brown Weiss and Harold K. Jacobson, ed., *Engaging Countries: Strengthening Compliance with International Environmental Accords* (Cambridge, Massachusetts: The MIT Press, 1998), p. 547-548.

92) David G. Victor, "The Operation and Effectiveness of the Montreal Protocol's Non-Compliance Procedure," in David G. Victor, Karl Raustiala, and Eugene B. Skolnikoff, eds., *The Implementation and Effectiveness of International Environmental Commitments: Theory and Evidence* (Cambridge, Mass.: The MIT Press, 1998), p. 139.

서・멸종위기에 처한 야생동식물의 국제거래에 관한 협약이라는 3가지 국제환경 협약을 살펴보고자 한다.

1) 몬트리올 의정서

많은 학자들은 국제환경 분야에서 이러한 관리적 접근과 강제적 접근이 보완적으로 조화를 이루고 있는 대표적인 예로서 「오존층 파괴물질에 관한 몬트리올 의정서」를 든다. 간단히 말해 준수를 확보하기 위해 재정적 지원과 기술지원이라는 관리적 접근과 무역제재라는 강제적 접근이 잘 통합되어 있다. 몬트리올 의정서상의 비준수절차는 후일 기후변화협약・바젤협약・사막화방지협약 등 다른 국제환경협약의 비준수절차의 채택에 많은 영향을 미쳤다.

우선 몬트리올 의정서는 가입국에게 보고의 의무를 지우고 있다. 동시에 몬트리올 의정서는 관리적 접근의 일환으로 재정 및 기술 지원제도와 다자기금 제도를 설치하고 있다.

구체적으로 몬트리올 의정서는 개도국의 참여를 유인하고자 개도국에 대한 선진국의 재정지원과 기술이전을 규정하고 있다. 이러한 규정은 의정서의 규제조치에 대한 개도국의 준수의무와 연계되어 있어 선진국으로부터 재정지원과 기술이전이 이루어지는 것을 전제로 개도국의 규제조치 준수의무가 뒤따르도록 되어 있다. 또한 재정지원과 기술지원이 제공되지 않을 경우 개도국들은 이를 당사국회의(Meeting of Parties to Montreal Protocol, MOP)에 회부하고 당사국회의는 이에 대한 조치를 결정할 수 있도록 했다.

이와 더불어 몬트리올 의정서는 오존층 파괴를 막기 위한 대체기술의 이전에 소요되는 기금을 확보하기 위해 선진국들이 부담하는 다자기금(Multilateral Fund)을 설립하여 개도국에 대한 기술이전을 촉진하도록 했다.

이러한 관리적 접근과 더불어 강제적 접근으로서 의정서의 실효성을 높이기 위해 비당사국에 대한 무역규제를 규정하고 있다. 구체적으로 의정서 당사국은 의정서가 발효된 후 1년 이내에 비당사국으로부터 프레온가스를 비롯한 규제물질을 수입할 수 없고 비당사국에게 수출도 할 수 없도록 했다. 이러한 규제조치의 대상에는 규제물질 자체뿐만 아니라 규제물질이 함유된 제품과 규제물질을 사용하여 생산된 제품까지도 포함되었다. 또한 비당사국으로의 규제물질의 생산기술과 이용기술의 수출도 금지했다.

또한 준수와 관련하여 문제가 있다고 생각하는 경우 비준수절차를 발동시킬 수 있는데 이러한 발동의 주체는 사무국(secretariat) · 다른 당사국의 비준수의 문제를 제기하고자 하는 당사국(party-to-party trigger) · 자신의 비준수의 문제에 관해 질의를 제기하고자 하는 당사국(self-trigger)이다. 이 가운데 다른 당사국의 비준수의 문제를 제기하는 당사국의 경우는 없다고 볼 수 있고 자국의 비준수를 스스로 보고하는 당사국의 경우는 없지는 않지만 흔한 경우는 아니다. 따라서 비준수의 경우를 보고하는 주된 채널은 사무국이다.93)

따라서 여기에서는 비준수 문제의 제기자가 사무국인 경우에 대해 살펴보고자 한다. 비준수의 문제를 제기하고자 하는 사무국은 의정서의 의무를 준수하지 않았다고 판단되는 당사국에게 해명을 요구하는 서한을 보내 정당한 사유가 있는가의 여부를 알아보고 해당 당사국의 비준수에 대한 자료보고서(data report)를 이행위원회(Implementation Committee)에 보낸다.

이행위원회는 필요한 경우 해당 당사국에 추가 정보를 요청할 수 있고 해당 당사국에게 이행위원회에 출두하여 비준수의 이유에 대해 설명하도록 요청할 수도 있다. 해당 당사국이 수용할 경우 당사국을 방문하여 조사할 수도 있다. 이행위원회는 비준수가 발생하게 된 이유를 밝혀내고 해당 당사국이 자신의 의무를 준수할 수 있는 방법과 수단을 제안하는 데에 중점을 두고 해당 당사국과 협력을 한다. 비준수가 명백히 밝혀질 경우 이행위원회는 다음 단계로서 준수를 위한 실천계획(action plan)을 작성하도록 요청한다.

이행위원회는 실천계획을 포함하여 필요한 조치를 담은 보고서를 작성하여 당사국회의(Meeting of the Parties, MOP)에 보내어 채택을 권고한다. 당사국회의는 의무의 준수를 가져오기 위해 해당 당사국에게 요구할 조치를 최종적으로 결정하여 시정을 요구할 수 있다. 해당 당사국은 과정의 공정성을 관찰하고 해명의 기회를 갖기 위해 비준수절차에 참가할 수 있으나 당사국회의의 권고안 채택절차에는 참가할 수 없다.

이러한 당사국회의가 결정하는 조치에는 해당 당사국의 준수를 돕기 위한 적

---

93) 비준수절차를 발동하는 주체는 국제환경협약에 따라 다르다. 일반적으로 비준수절차는 비준수 당사국 자신의 자가보고 · 다른 당사국의 고발 · 국제환경협약의 기관(사무국 · 위원회 · 당사국총회 · 기타 산하기관)의 자체 개시에 의해 발동된다. 몬트리올 의정서의 경우 세 주체에게 발동할 수 있는 권한을 부여하고 있으나 국제환경협약에 따라서는 특정의 한 주체에게만 권한을 부여하는 경우 등 다양한 형태를 취하고 있다.

절한 재정지원·기술지원·훈련지원이 포함된다. 이러한 조치가 충분하지 않을 경우 공식적인 경고(formal caution)가 발동되거나 의정서상의 권리나 특권(재정과 무역에 관한 권리나 특권)이 정지될 수 있다. 즉 위에서 살펴본 바 있는 강제적 접근이 적용될 수 있다.

당사국회의가 실천계획과 필요한 조치에 동의한 이후에 이행위원회는 해당 당사국으로부터의 보고서를 통해 해당 당사국의 실천계획과 필요한 조치에 대한 준수여부를 감시하게 된다.

몬트리올 의정서는 이러한 비준수절차와 더불어 전통적인 분쟁해결절차 역시 두고 있어 당사국은 언제든지 이러한 절차를 이용할 수 있도록 하고 있다. 몬트리올 의정서의 규정에 따르면 당사국간 분쟁의 경우 우선적으로 교섭을 통한 해결을 모색하고, 제3자의 주선 및 제3자에 의한 조정을 요청할 수 있으며, 자국이 수락한 중재 또는 국제사법재판소(ICJ)의 재판을 받을 수 있다.

2) 기후변화협약 교토의정서

교토의정서의 경우는 비준수의 문제를 다루기 위해 쌍방향 접근(two-way approach)을 채택하여 촉진적인 접근을 추구하는 준수위원회(facilitative branch)와 강제적인 접근을 추구하는 준수위원회(enforcement branch)라는 두 종류의 준수위원회(two-branch Compliance Committee)를 설치했다.

촉진적인 접근을 추구하는 준수위원회는 당사국들이 그들의 약속을 실행하는 것을 지원하는 것을 목적으로 한다. 이러한 목적을 위해 지구환경금융(Global Environment Facility, GEF)·기후기금(Climate Fund)·최빈국기금(Least Developed Countries Fund)·적응기금(Adaptation Fund)을 설치했다.

강제적인 접근을 추구하는 준수위원회는 비준수를 공식적으로 선언하고 조약 위반의 결과에 관한 결정을 내릴 수 있는 권한이 부여되어 있다. 여기에서 조약 위반의 결과에 대한 결정이란 구체적으로 배출권거래제도·공동이행제도·개발청정체제와 같은 신축성체제에 참여할 수 있는 권리의 정지와 같은 것을 의미한다. 또한 온실가스의 배출쿼터가 감소될 수도 있다. 조약을 위반한 당사국에 대한 이러한 일련의 비준수절차는 다른 당사국에 의해 발동되는 것을 특징으로 한다.

3) 멸종위기에 처한 야생 동식물 종의 국제거래에 관한 협약(CITES)

당 협약은 주요 조직으로서 사무국(Secretariat)·당사국총회(Conference of the Parties, COP)·동물위원회(Animals Committee)·식물위원회(Plants Committee)·상설위원회(Standing Committee) 등을 두고 있다. 동물위원회와 식물위원회는 당사국총회와 당사국총회 사이에 2회 개최되며 당사국총회가 개최 시 당사국총회에 보고를 하며 당사국총회와 당사국총회 사이에 요구가 있을 시 상설위원회에 자문을 제공한다.

준수에 대한 감시는 동물위원회·식물위원회·사무국에 의해 이루어진다. 특이하게도 이 협약은 비정부기구에 의해 설립된 야생동식물의 불법거래를 감시하는 네트워크 조직인 「트래픽(Trade Records Analysis of Flora and Fauna in Commerce, TRAFFIC)」과 특수한 관계를 가지고 있다. 이 조직은 멸종위기에 처한 야생 동식물 종의 국제거래에 관한 협약(CITES)의 위반을 발견하고 이를 사무국에 보고함으로써 당 협약의 유지에 중요한 역할을 담당하고 있을 뿐 아니라 사무국·당사국·동물위원회와 식물위원회에게 기술과 과학의 정보를 제공하고 있다.

사무국에 의해 보고된 비준수 사례에 대해 상설위원회가 검토를 하고 당사국에게 비구속적인 권고를 발한다. 당사국총회는 그때그때마다(on an ad-hoc basis) 협약위반의 결과에 대한 결정을 내리거나 비준수기제에 기초한 공식적인 과정을 채택할 수 있다. 비준수 국가에 대한 제재에는 당사국총회에서의 투표권의 제한·상설위원회에 위원국으로 선출된 자격의 상실·다른 위원회와 실무그룹 등에 참가할 자격의 상실·회합을 위한 문건의 수신권리 상실 등을 포함한다. 나아가 비준수로 인해 일정한 기간 동안 협약에서 규정하고 있는 종의 거래로부터 배제된다.

5. 준수에 영향을 미치는 요인들과 효과적인 준수강화 전략

국제환경협약을 비롯한 국제법의 준수에 있어서 국가들 간의 차이를 설명하려는 시도들이 있어 왔다. 이러한 대표적인 시도들을 소개하면 다음과 같다. 우선 와이스와 제이콥슨(Edith B. Weiss and Harold K. Jacobson)은 개개 국가의 국제환경협약의 이행(implementation)·준수(compliance)·효과성(effectiveness)이 어떠한 요인들에 의해 영향을 받는가를 살펴보고 국제환경협약에 대한 준수를 강화하기 위해서는 어떤 유형의 국가에게 어떤 유형의 전략이 필요한가에 대한 결론을 도출하고 있다.[94]

이들은 이러한 연구를 위한 대상으로서 정치적 단위(political unit)와 국제환경협약을 다음과 같은 방식으로 선택했다. 우선 정치적 단위를 선택함에 있어서 국제환경협약의 이행에 중요한 행위자들이어야 한다는 점과 다양한 정치체제와 경제체제를 대표할 수 있어야 한다는 점을 고려하여 미국·브라질·카메룬·중국·헝가리·인도·일본·러시아 8개국을 선택했고 여기에 유럽연합(EU)을 추가했다.

국제환경협약으로는 세계문화 및 자연유산의 보호에 관한 협약(Convention Concerning the Protection of the World Cultural and Natural Heritage)·멸종위기에 처한 야생 동식물 종의 국제거래에 관한 협약(Convention on International Trade in Endangered Species of Wild Flora and Fauna, CITES)·국제열대목재협정(The International Tropic Timber Agreement)·폐기물 및 기타 물질의 투기에 의한 해양오염 방지에 관한 협약(Convention on the Prevention of Marine Pollution by Dumping of Wastes and Other Matter)·오존층 보호를 위한 비엔나 협약(Vienna Convention for the Protection of the Ozone Layer)/몬트리올 의정서(Montreal Protocol on Substances that Deplete the Ozone Layer)를 선택했다.

이들은 본격적인 분석에 앞서 주요 용어인 이행·준수·효과성의 의미를 정의하고자 했다. 우선 이행이란 국내법에서 국제협약을 효과적으로 만들기 위해 취하는 조치라고 정의한다. 이어서 준수란 다음과 같은 두 가지의 개념이 포함된 것으로 정의했다. 첫째, 준수란 국가들이 실제로 국제환경협약의 규정을 따르는 것으로서 구체적으로 보고(reporting)와 같은 절차적인 의무와 목표치(target) 및 일정(timetable)과 같은 실질적인 의무를 수행하는 것을 의미한다. 둘째, 국가가 협약의 조문을 따른다고 해도 국가의 행동이 협약의 실질적인 의도와 충돌할 수도 있다는 점을 감안하여 준수를 협약의 정신(spirit of an agreement)의 옹호로 보고자 했다. 효과성이란 준수와 연관은 있지만 동일한 것은 아니라고 보고 궁극

94) Edith B. Weiss and Harold K. Jacobson, eds., *Engaging Countries: Strengthening Compliance with International Environmental Accords* (Cambridge, MA: The MIT Press, 1998), pp. 4-12.

적으로 국제환경협약이 해결하고자 의도하는 특정 문제의 해결로 보고자 했다.95)

이들은 9개 정치적 단위(8개 국가와 유럽연합)와 5개 국제환경협약의 분석을 통해 1995년 이래로 이행과 준수가 강화되어 오고 있다고 전반적인 추세를 진단했다. 그리고 이행과 준수의 면에서 국제환경협약들 사이와 정치적 단위들 사이에 존재하는 차이점과 유사점을 제시했다.

우선 차이점으로서 5개의 국제환경협약 가운데 몬트리올 의정서와 폐기물 및 기타물질의 투기에 의한 해양오염 방지에 관한 협약이 다른 협약보다 좀 더 잘 이행되고 준수되었으며 정치적 단위들 가운데는 미국과 일본 그리고 유럽연합이 좀 더 국제환경협약을 잘 이행하고 준수했다는 점을 지적했다. 시장(market)이 이행과 준수에 미치는 영향은 일관적이지 않다는 진단을 제시했다. 구체적으로 몬트리올 의정서의 경우는 대체 화학물질 시장의 등장으로 이행과 준수가 촉진되었으나 멸종위기에 처한 야생동식물종의 국제거래에 관한 협약의 경우는 멸종위기 종 생산품 시장(market for endangered species products)이 이행과 준수에 부정적인 영향을 미쳤다는 점을 지적했다.

5개 국제환경협약들의 유사점은 조약상의 공약이 확대되었고 지역적인 이행센터가 수립되었으며 비준수절차(non-compliance procedures, NCPs)가 발전되었다는 것이다. 또한 통합된 환경관리·훈련과 능력배양에의 좀 더 많은 관심의 경주·좀 더 적극적으로 대응하는 사무국·비정부기구의 좀 더 많은 역할·투명성과 대중의 인식 및 소통의 증가에서 보는 것과 같이 이행전략에 있어서의 발전이 있었다. 좀 더 많은 재정적인 유인의 제공·예산과 직원 수의 증가·현장조사 제도의 도입에서 보는 것과 같이 감시와 준수에 좀 더 많은 관심이 주어졌다.

와이스와 제이콥슨은 상호작용을 하면서 환경협상에 있어서의 정부의 입장에 영향을 미칠 뿐 아니라 국제환경협약의 이행·준수·효과성에 영향을 미치는 요인들을 ⅰ) 관련된 활동의 특징(characteristics of the activity involved) ⅱ) 협약의 특징(characteristics of the accord) ⅲ) 국제적인 환경(international environment) ⅳ) 개개 국가의 국내요인(factors involving the country)이라는 4가지 요인군으로 구분하고 있다. 이들은 이러한 요인군에 포함된 요인들이 구체적으로

95) 협약의 준수가 궁극적으로 오염에 이르는 활동의 종결을 가져오더라도 다른 활동에 의한 오염의 증가로 이어질 수 있기 때문에 협약이 완전하게 준수된다고 해도 여전히 효과적이지 않을 수 있다는 점을 염두에 두어야 한다.

국제환경협약의 이행 및 준수와 어떠한 관계를 가지는가에 대한 분석을 제시하고 있다.

우선 관련된 활동의 특징(characteristics of the activity involved)이라는 요인군은 활동에 참가하고 있는 행위자의 수·활동이 이루어지고 있는 지역의 크기(활동지역이 좁은가 넓은가 등의 여부)·활동의 경제적 가치·국가의 감시와 규제의 능력·활동조직(대규모의 다자조직인가 개인인가 등의 여부) 등의 세부 요인들로서 구성된다.

이러한 요인들을 연구대상에 적용하여 다음과 같은 분석의 결과를 제시하고 있다. i) 행위자의 수가 적을수록 규제가 좀 더 용이하다. 멸종위기에 처한 야생 동식물 종의 국제거래에 관한 협약의 경우 멸종위기에 처해 있는 동식물의 거래에 관여하고 있는 행위자는 수백만의 개인들인데 반해 몬트리올 의정서의 경우 제한된 수의 행위자를 가지고 있어 상대적으로 통제가 좀 더 용이하다. ii) 활동이 작은 지역에 집중되어 있으면 감시가 좀 더 용이하다. iii) 활동의 경제적 가치·국가의 감시와 규제의 능력·활동조직 역시 이행과 준수에 중요한 영향을 미친다.

협약의 특징(characteristics of the accord)이라는 요인군에는 협약의 내용이 형평성이 있는가의 여부, 협약이 규정하는 의무의 명료성, 준수기제로서의 보고(reporting)·비정부기구(NGO)에 주어진 역할·현장조사를 할 수 있는 규정의 존재 여부·제재와 유인(sanctions and incentives)의 융통성 여부·국내 수준에서 협약의 요구에 의해 세워진 연구소 및 자문기구와 같은 제도의 수립·비정부기구의 역할이 포함된다.

연구대상을 통해 밝혀진 이러한 요인들이 이행과 준수에 미치는 영향은 다음과 같다. i) 협약이 당사국들에게 좀 더 형평성을 가질 경우 이행과 준수의 가능성이 좀 더 커진다. ii) 협약의 의무가 좀 더 세밀하게 규정되어 있을 경우 이행과 준수를 평가하고 촉진하는 것이 좀 더 용이하다. 그러나 협약의 의무가 애매하게 규정되어 있다고 해서 반드시 이행과 준수가 약화되는 것은 아니다. 왜냐하면 의무에 대한 규정 방식은 다루고자 하는 문제의 성격과 그러한 문제에 대해 합의된 지식의 상태에 달려 있기 때문이다. iii) 보고(reporting) 역시 협약의 이행과 준수에 필요하며 강력하고 효율적인 사무국의 존재가 이러한 보고에 도움이 된다. iv) 비정부기구(NGO)에 주어진 역할·현장조사를 허용하는 규정의 존재·제재와 유인(sanctions and incentives)의 융통성 있는 사용 모두 이행과 준수를 향상시킨다. ⅴ) 국내에 설립된 연구소와 자문기구 그리고 비정부기구가 이행과 준수에 도움이 된다.

국제적인 환경(international environment)이라는 요인군은 다른 국가들의 협약을 이행하고 준수하는 행위와 더불어 주요 국제회의·국제적인 미디어와 대중·국제비정부기구(INGO)·협약을 따르는 당사국의 수·조약레짐 이외의 다른 국제기구·국제금융제도(international financial institution)와 같은 것들이 만들어 내는 국제적인 추진력(international momentum)을 포함한다.

국제적인 환경이 이행과 준수에 미치는 영향과 관련하여서는 다음과 같은 결론을 도출하고 있다. ⅰ) 다른 국가들이 국제환경협약의 이행과 준수를 위해 취하는 행동은 특정 국가의 이행과 준수에 영향을 미친다. ⅱ) 국제회의 등이 만들어 내는 국제적인 추진력은 이행과 준수를 향상시킨다.

국내요인과 관련해서는 국가가 특정 환경이슈와 관련하여 지니고 있는 전통적인 문화·국가의 부(wealth)·정치체제(민주주의인가의 여부)·행정역량·GNP와 같은 경제요인·국가의 크기와 권력의 분산·정치적 혼란·비정부기구(NGO)·지도자와 같은 변수들이 포함된다.

이러한 요인들이 실제의 이행과 준수에 미친 영향은 다음과 같이 요약된다. ⅰ) 자연자원의 보호에 관한 역사적 전통을 가지고 있는 일본과 미국의 경우에서 보듯이 환경이슈에 관한 문화적 전통을 지니고 있는 국가의 경우 이행과 준수에 좀 더 성공적이다. ⅱ) 부유한 국가는 빈곤한 국가에 비해 국제환경협약을 보다 잘 이행하고 준수한다. ⅲ) 행정능력은 이에 대한 요구에 달려 있기는 하지만 이행과 준수에 중요한 역할을 하는 요인이다. ⅳ) 경제요인은 이행과 준수에 중요한 요인이지만 간접적인 영향을 미친다. GNP가 이행과 준수에 긍정적인 영향을 거의 미치지 않는 것과는 달리 경제의 붕괴는 심각하게 부정적인 영향을 미친다. ⅴ) 크기가 크고 분권화되어 있는 국가의 경우 작은 국가에 비해 이행과 준수를 강제하는 것이 좀 더 복잡하다. ⅵ) 러시아에 있어서의 혼돈과 같은 정치적인 교착상태는 이행과 준수에 부정적인 영향을 미친다. ⅶ) 민주적 정부는 이행과 준수를 향상시키는 데 기여한다. 이러한 정부의 개방적이고 투명한 구조는 긍정적인 영향을 미친다. ⅷ) 그린피스(Greempeace International)·세계자연기금(WWF)·트래픽(TRAFFIC)과 같은 비정부기구는 이행과 준수에 중요한 역할을 수행한다.

ix) 페르난두 콜로르(Fernando Affonso Collor de Mello) 과거 브라질 대통령이 그랬던 것처럼 지도자는 이행과 준수에 있어서 결정적인 차이를 만들어 낸다.

와이스와 제이콥슨은 위에서 언급한 요인들이 국제환경협약의 이행과 준수에 미치는 영향을 분석한 후에 동태적 과정으로서의 이행과 준수행위에 대한 총체적인 결론을 제시하고 있다. i) 준수능력(capacity to comply)이 특정 국가의 이행과 준수의 수준을 이해하는 데 아주 중요하다. ii) 준수의도(intention to comply)가 어떠한 종류의 준수든 준수에 필요한 전제조건이다. 국가와 국민들이 국제환경협약을 준수하는 것이 자신에게 가장 큰 이익이라는 것을 아는 것이 이행과 준수에 중요하다. iii) 국제환경협약의 이행과 준수에 지도적인 국가의 역할이 크다. 유럽연합·미국·일본 등은 자신들의 경제력과 정치력을 사용하여 국제환경경협약의 형성에 중요한 역할을 했다. iv) 이행과 준수는 경제적 혼란·새로운 지도력·외부의 지원·외부의 압력으로 인해 시간과 더불어 변할 수 있다.

이들은 이러한 진단과 더불어 이행과 준수를 강화할 수 있는 전략을 3가지 제시하고 있다. 통상적으로 대상국가의 역량강화를 위한 재정지원과 기술지원 그리고 훈련프로그램의 제공 등과 같은 긍정적인 유인(positive incentive)과 함께 제재와 벌칙과 같은 강제적인 조치(coercive measure)를 언급하는데 이들은 여기에 「햇볕방식(sunshine method)」이라는 것을 하나 더 추가하고 있다.

이들에 따르면 햇볕방식이란 대상이 되는 국가의 행위를 공개적인 정밀한 조사의 대상이 되도록 하는 전략을 의미한다. 이러한 전략에는 국가보고서 제출·보고서에 대한 동료검토(peer review)·현장 감시·비정부기구의 정보에의 접근·준수의 감시에의 비정부기구의 참가·미디어의 접근과 일반대중의 의식·지역 워크숍을 통한 행위의 감시·사적 부문의 연계망(private-sector network)·외부 당사자에 의한 비공식적인 압력 등이 포함된다.

최종적인 결론 부분에서 이들은 준수를 강화하기 위한 이러한 전략들과 국가를 연계하는 작업을 하고 있다. 구체적으로 이들은 국가를 준수의도와 준수능력이라는 두 변수를 가지고 4종류의 국가군으로 분류하고 각각의 경우에 어떤 전략이 준수의 강화에 영향을 미치는가를 결론짓고 있다.

이들에 따르면 강한 의도와 강력한 역량을 가지고 있는 국가군의 경우 햇볕방식이 적절하고 효과적이라고 본다. 강한 의도와 약한 능력을 소지한 국가군의 경우 긍정적인 유인전략이 가장 적절하다고 본다. 약한 의도와 강력한 능력을 가지고 있는 국가군의 경우는 강제적인 형태의 방식이 적절할 것으로 본다. 마지막으로 약한 의도와 약한 능력을 가지고 있는 국가군의 경우는 위에서 언급한 3가지 전략 모두가 필요하다고 본다.

클라인과 로스티얼라(Karen Kline and Kal Raustiala)도 와이스와 제이콥슨이 위에서 제시한 국제환경협약의 효과성과 준수에 영향을 미치는 요인들과 유사한 요인들을 제시하고 있다. 이들도 요인군을 다루고자 하는 문제의 성격(nature of the problem addresses)・관련 국가의 국내구조(domestic structure of the states involved)・국제체제의 성질(qualities of the international system)・협약 자체의 설계특징(design features of the agreement itself)이라는 4가지로 분류하면서 이러한 요인군들이 국제환경협약의 준수와 효과성에 영향을 미칠 수 있다고 본다.[96]

우선 문제의 성격이라는 요인군은 전략적인 상호작용과 내재해 있는 본질적인 문제의 성격이라는 2종류의 요인을 포함한다. 우선 전략적인 상호작용과 관련하여 이러한 상호작용의 성격이 협력게임(collaboration game)의 성격인가 아니면 조정게임(coordination game)의 성격인가에 따라 국제환경협약의 준수가 달라진다고 본다. 조정게임과 협력게임에 있어서 협력의 유인은 크게 다르기 때문이다.[97]

개개 행위자의 독립적이고 이기적인 행위가 바람직하지 않거나 차선의 결과를 가져올 수 있기 때문에 합리적인 행위자들은 이기적인 계산에 따라 독립적인 의사결정을 피하고 공동의 의사결정을 선호하게 되는 상황이 존재한다. 이러한 상황이란 구체적으로 공동이익의 딜레마(dilemma of common interests)와 공동혐오의 딜레마(dilemma of common aversion) 상황이다.

공동이익의 딜레마적 상황에서 행위자들은 특정한 결과를 확보하는 데에 공동의 이익을 가지나 공동혐오의 딜레마적 상황에서는 행위자들은 특정한 결과를 피하는 데 공동의 이익을 가진다. 국제레짐은 독립적인 의사결정이 가져 오는 이러

96) Karen Kline and Kal Raustiala, "International Environmental Agreements and Remote Sensing Technologies (Workshop on Remote Sensing and Environmental Treaties: Building More Effective Linkages, Woodrow Wilson International Center, Washington, DC, December 4-5, 2000)," http://sedac.ciesin.columbia.edu/rs-treaties/rs-treaties_bckgnd.pdf (검색일: 2016년 12월 13일).

97) 협력게임과 조정게임에 대한 설명은 다음 논문을 참고했다: Arthur A. Stein, "Coordination and Collaboration: Regimes in an Anarchic World," *International Organization*, Vol. 36, No. 2 (Spring 1982), pp. 299-324.

한 딜레마들을 해결하기 위해 등장하는데 공동이익의 딜레마를 다루기 위해 수립된 국제레짐은 공공혐오의 딜레마를 다루기 위해 수립된 국제레짐과 다르다. 전자의 경우는 협력(collaboration)을 필요로 하고 후자의 경우는 조정(coordination)을 필요로 한다.

공동이익의 딜레마를 설명하고 해결책을 제시하는 논리가 협력게임(collaboration game)의 논리이다. 협력게임의 논리에 따르면 이기적인 행위자들은 자신을 제외한 나머지 행위자들이 규칙을 준수할 것을 선호하여 배신(defection)의 유인이 높다. 이러한 딜레마를 해결하고 파레토 최적의 결과를 가져오기 위해 행위자들은 협력을 해야만 하며 이러한 공동이익의 딜레마를 다루도록 의도된 국제레짐은 엄격한 행위의 패턴을 구체화해야 하며 아무도 배신하지 않도록 확실하게 해야 한다.

이러한 경우 협력은 다른 행위자의 행위에 대한 정보를 통해 촉진될 수 있다. 따라서 일방적인 배신을 방지하기 위해 감시하고 강제하는 기제가 존재해야 한다. 이처럼 협력게임의 상황에서는 국제환경협약으로부터의 배신의 유인을 극복하기 위해 강력한 기제(국제레짐과 같은 국제제도)가 중요한 역할을 한다. 협력적인 국제레짐은 당사국들이 국제레짐의 중요한 규정에 대한 준수의 평가를 돕기 위해 정보를 수집하고 전파하는 국제기구를 종종 두고 있다.

공동이익의 딜레마를 잘 보여주는 것이 공유자원의 비극(tragedy of the commons) 논리이다. 국가들은 자신을 제외한 다른 모든 국가들이 이산화탄소의 감축을 비롯하여 문제해결을 위해 비용이 많이 드는 행동을 취하기를 원한다는 점에서 기후변화 문제를 둘러싼 국제환경 문제 역시 이러한 예의 하나가 된다.

공동혐오의 딜레마를 설명하고 해결책을 제시하는 논리가 조정게임(coordination game)의 논리이다. 조정게임에 있어서 행위자들은 차를 가지고 도로에서 서로 같은 우측통행을 하여 충돌을 피하는 것처럼 그들의 행동을 조정하기 위해 통일된 규칙에 동의할 것을 추구하게 되고 이러한 규칙으로부터 이탈할 유인이 낮다. 즉 이 경우 행위자들은 공동으로 혐오하는 결과인 도로에서 차가 서로 맞은편에서 오다가 충돌하는 것을 피하기 위해 합의에 이르려는 강력한 유인을 가지게 되며 일단 합의점(우측통행)이 찾아지면 이러한 합의점으로부터 이탈하려는 유인을 거의 없거나 가지지 않는다. 따라서 합의점이 찾아진 이후에 강제와 감시를 위한 강력한 기제(제도)를 필요로 하지 않는다. 즉 조정적인 국제레짐은 일단 협력적인 해결책이 찾아지면 자기집행적(self-enforcing)이기 때문에 준수기제(compliance mechanism) 없이 작동한다.

공동혐오의 딜레마적 상황에서 행위자들이 선호하는 균형점을 달리하여 특정의 균형점의 선택에 동의하지 않을 수도 있는데 이러한 경우 조정에 도달하는 것이 어렵다. 따라서 이러한 공동혐오의 딜레마적 상황에서 국제레짐의 할 일이란 공동으로 혐오하는 특정의 결과를 피하면서 가능한 균형점 가운데 하나에 행위자들이 기대하는 바가 수렴하도록 조정을 촉진하는 것이다. 그러나 기대하는 바를 수렴하도록 하는 국제레짐이 일단 수립되면 자기집행적이기 때문에 감시와 준수의 문제가 존재하지 않는다.

이처럼 조정을 촉진하면서 공동혐오의 딜레마를 해결하는 국제레짐이 다수 존재한다. 이러한 상항에서 협약만으로도 적절하며 이의 준수를 감시하고 강제하기 위한 강력한 기제(제도)를 필요로 하지 않는다. 이러한 협약들은 대체적으로 표준화(standardization)를 포함하고 있다. 서유럽에서 국가들이 동일한 철로의 폭을 채택하여 기차가 자유롭게 이동하는 경우를 하나의 예로 들 수 있다.

문제의 성격이라는 요인군에 속하는 또 다른 종류의 요인인 내재해 있는 본질적인 문제의 성격에는 문제와 관련된 국가의 수(다수 혹은 전 지구적인 국가들이 관련된 문제보다는 작은 수의 국가들이 관련된 문제의 경우가 좀 더 높은 수준의 준수와 효과성을 가질 수 있다)·문제가 지니는 규제의 범위와 복잡성(규제의 범위가 넓고 복잡할수록 이에 대한 관리와 관료 능력에 과도한 부담을 주어 준수의 수준이 낮아질 것이다)·행동의 투명성의 정도(행동의 투명성이 높을수록 감시의 가능성이 높아 준수의 수준이 높아질 수 있다)가 포함되어 있다.

두 번째 요인군인 국내구조(domestic structure)는 국가의 성격을 가리키는 것으로서 자유주의 국가인가의 여부(자유주의 국가는 다른 정치체제를 가진 국가들보다 공식화되고 국내적으로 강제적인 이행검토를 위한 국제제도의 창출에 동의할 가능성이 높고 아울러 국제제도에 의한 결정에 동의하고 따를 가능성이 높다)를 주된 요인으로 본다.

세 번째 요인군인 국제체제(international system)의 성질은 국가 간의 상호의존 및 제도화의 수준과 패권국가의 존재 여부와 같은 국제체제의 구조적인 특징을 주요한 요인으로 한다. 예컨대 국제협약의 광범위한 연계망을 가지고 있는 제도화된 국제체제는 국가들로 하여금 서로를 강화시키고 그들로 하여금 명성에 관심을 가지도록 하는 공식화된 협력의 과정에 깊이 관여시킴으로써 협력의 선순환을 만들어 낼 수 있다. 특정 분야의 환경보호에 강력한 이해관계를 가지고 있는 패권국은 강제력이나 시장의 힘을 통해 국제환경협약에 대한 다른 국가들의 준수를 가져올 수 있다. 이러한 요인들 이외에 지구시민사회의 역할과 성격이 국제환경협약에 영향을 미칠 수 있으며 인식공동체의 경우 국제환경협약의 형성뿐 아니라 이행·준수·효과성에도 영향을 미칠 수 있다고 본다.

네 번째 요인군인 국제환경협약의 제도적인 설계의 특징(design feature)에는 가장 중요한 규칙의 내용, 처벌적인 조치·긍정적인 유인책·능력함양 프로그램의 포함, 이행의 검토와 평가를 위한 공식화된 체제의 이용 등과 같은 요인들이 포함된다.

제 8 절 국제환경레짐의 협상

국제환경레짐의 형성을 위한 협상과 관련하여 살펴보아야 할 중요한 요소는 협상에 참가하는 행위자·협상에 영향을 미치는 요인들·협상의 전략 등이다. 이 가운데 협상에 참가하는 행위자는 앞서 제3절(국제환경경정치의 중요 행위자)에서 이미 언급한 바 있어 여기에서는 생략하고자 한다. 이러한 협상의 중요한 요소를 하나씩 살펴보기 전에 국제레짐 창출을 위한 협상의 일반적 특징부터 살펴보고자 한다.

1. 국제환경레짐 협상의 일반적 특징

영(Oran R. Young)은 국제레짐의 형성과정을 설명하기 위해 「제도협상모델(institutional bargaining model)」을 제시하면서 국제레짐 창출을 위한 협상의 일반적 특징을 제시하고 있다. 영의 이러한 제도협상모델은 국제레짐에 관한 신현실주의 이론·신자유주의적 제도주의 이론·인식론에 기반을 둔 이론들이 국제레짐이 형성되는 동기만을 설명하고 국제레짐의 형성과정에 대해서는 설명을 제공하지 않는다는 점을 비판하면서 등장했다.

영은 기존의 국제레짐 이론들 가운데 특히 신자유주의적 제도주의 이론이 국제제도가 가져다주는 이익을 모든 국가들이 추구하기 때문에 국제레짐이 형성된다고 전제하고 국제레짐의 형성과정을 암상자에 가두어 놓고 있다고 비판하면서 국가들 간에 합의에 도달하기 위한 협상과정에서의 장애요인들을 분석하는 등 협상과정을 분석할 필요성을 주장했다.

영은 기본적으로 국제레짐을 발생방식에 따라 자연스럽게 자발적으로 발생하는 국제레짐 · 패권적 국가에 의해 부과되는 국제레짐 · 협상의 결과로서 형성되는 국제레짐으로 구분하고 있으나 협상을 통한 형성이 가장 보편적인 방식이라고 보았다. 영이 제시한 국제레짐의 형성을 위한 일반적인 특징은 다음과 같다.[98]

첫째, 국가를 위주로 하는 다수의 행위자가 참여하며 다수결(majority voting)이 아닌 합의(consensus)를 통해 모든 국가들이 수용할 수 있는 공통분모를 도출하고자 하는 경향을 보인다. 둘째, 국제환경협상의 대상이 되는 국제레짐의 형성에 관심을 가지고 있는 비정부기구(NGO)와 이익단체들이 국경을 넘어서는 초국적인 연대를 구성하여 국제레짐의 형성에 어떠한 형태로든 영향을 미치고자 한다. 셋째, 불확실성(uncertainty)이 국제환경협약의 핵심적인 내용에 대한 국가들의 합의를 촉진하는 데 기여하는 긍정적인 요인이 된다.[99] 넷째, 국가들이 협상의제 전반과 더불어 합의범위에 관한 완전한 정보를 얻고자 하는 것보다는 소수의 핵심적인 문제에 집중하여 이러한 문제의 해결책을 마련하는 데 집중하는 문제 지향적 접근법(problem-oriented approach)을 취한다.[100] 다섯째, 국제레짐의 형성을 위한 국제협상의 과정이 참여국의 국내의 정치적 · 경제적 · 사회적 요인들과 밀접하게 연계되어 있다. 여섯째, 협상은 크게 배분적 협상과 통합적 협상(distributive and integrative negotiation) 혹은 경합적 협상과 협력적 협상

98) Oran R. Young, "The Politics of International Regime Formation: Managing Natural Resources and the Environment." *International Organization*. Vol. 43. No. 3 (Summer 1989), pp. 349-375; Oran R. Young, *International Governance: Protecting the Environment in a Stateless Society* (Ithaca: Cornell University Press, 1994).

99) 환경문제는 두 가지의 불확실성을 지닌다. 하나는 물리적이고 생물학적인 불확실성으로서 현재 직면하고 있는 환경문제의 원인에 대한 불확실성과 같은 것을 지칭한다. 다른 하나는 환경문제를 해결하기 위해 치러야 할 사회적 비용과 해결을 통해 얻을 수 있는 이득에 관한 불확실성이다. 일부의 사람들은 불확실성을 지금 현재 행동을 취해야 할 것을 정당화하는 데 이용하고자 하며 또 다른 사람들은 행동을 연기해야 할 이유를 정당화하는 데 이용한다. 이처럼 불확실성은 행위자들의 의사결정에 영향을 미치지만 구체적으로 어떻게 영향을 미치는가를 둘러싸고 이견이 존재한다. 영(Oran R. Young)은 부렌난과 부캐난(Geoffrey Brennan and James M. Buchanan)의 「불확실성의 장막(veil of uncertainty)」이라는 개념을 차용하여 국제환경협상에서 환경문제를 해결하기 위해 소요되는 비용과 이익이 모든 국가들에게 동등하게 주어지지 않을 경우 불확실성이 해소되기 전에(즉 누가 얻는 자가 되고 누가 잃는 자가 되는지가 밝혀지기 전에) 협의에 이르는 것이 쉬울 수 있다고 본다.

100) 「문제 지향적 접근」이란 문제의 근원을 알아야 해결책이 나온다는 생각하에 해결보다는 문제의 근원을 밝히는 데 치중하는 접근법이다. 이와는 대조적으로 「해결 지향적 접근」이란 문제의 원인을 밝히는 것도 중요하지만 해결책을 찾아내는 것에 더 많은 비중을 두는 접근법이다.

(competitive and cooperative negotiation)으로 구분되는데 국제레짐의 형성을 위한 국제협상은 통합적(협력적) 협상에 의해 이루어지는 것을 특징으로 한다.[101)]

2. 국제환경레짐 협상에 영향을 미치는 요인들

1) 고정적인 요인

고정적인 요인이란 협상에 영향을 미치지만 이제까지의 역사적인 사실로 보아 변화의 가능성이 적다고 판단되는 요인을 일컫는다. 이러한 요인으로서 국가주권에의 집착과 남반구 국가와 북반구 국가들의 갈등을 살펴보고자 한다.[102)]

(1) 국가주권에의 집착

주권국가들의 국가주권(national sovereignty)에 대한 집착이 국제환경협상의 과정과 결과에 지속적으로 영향을 미치는 고정적인 협상구조로서 작용한다. 즉 국가들은 개별적인 권리와 특권을 유지하기 위해 결사적으로 저항하며 이로 인해 환경분야에 있어서 국가 간 협력에 중대한 장애로 작용하고 있다. 대부분의 국가들은 역사적으로 국제적인 의무보다는 국익의 관점에서 국제문제에 관여해 오고 있다.

국가들은 중요한 목표로서의 국가주권에 집착함으로써 기존의 다수의 환경협상에서 공동의 의사결정이 이루어지지 않았으며 국가주권을 무기력하게 만들지 모른다는 우려 속에서 초국가적 기구의 창출이 이루어지지 않고 있다. 또한 국가주권에 대한 집착으로 국제환경 분야에 있어서 감시(monitoring)와 강제집행(enforcement)이 제대로 이루어지지 않으며 이루어진다고 해도 매우 미약한 수준에 머문다. 이 때문에 환경에 관한 협정들은 불가피하게 취약하고 애매모호한 조약의 국내적인 실시를 위해 스스로 감시하고(self-monitoring) 스스로 검증하는(self-verifying) 규정을 포함하게 된다.

---

101) 「배분적 협상」 혹은 「경합적 협상」이란 합이 영이 되는 협상으로서 제한적이거나 고정된 양의 이익을 둘러싼 경합으로서 일방의 이익은 타방의 손실이 되는 협상을 일컫는다. 이와는 달리 「통합적 협상」 혹은 「협력적 협상」이란 공동의 이익이 강조되고 공정하고 상호 합의할 수 있는 해결책에 이르는 것을 목표로 하는 협상을 지칭한다.

102) 서스킨드(Lawrence E. Susskind)는 국가주권에의 집착과 남반구 국가와 북반구 국가들의 갈등 이외에 인센티브의 부족을 국제환경협상에 있어서 국제협력을 어렵게 하는 장애로서 간주하고 있다: Lawrence E. Susskind, *Environmental Diplomacy Negotiating More Effective Global Agreements* (New York, NY: Oxford University Press, 1994), pp. 18-24.

(2) 남북갈등

국제환경협상에서 지속적인 장애가 되고 있는 또 다른 요인은 남반구 국가와 북반구 국가 간의 갈등(South-North Conflict)이다. 국제환경협상에서 미국이 유럽연합(EU)과 견해를 달리하고 군소도서국가연합(AOSIS) 소속의 국가들이 다른 개도국들과 견해차이를 보이는 관계로 남반구 국가와 북반구 국가라는 이분법적인 구별이 너무 단순한 것이 아니냐는 비판이 없는 것이 아니지만 여전히 남북갈등은 모든 국제환경협상에서 내재해 있으면서 편재한 요소이다.

이러한 남북갈등은 근본적으로 남반구 국가와 북반구 국가 간의 불평등(inequality)으로부터 기인하는데 국제환경 분야에 있어서 이러한 불평등은 두 가지 측면에서 존재한다. 우선 현재의 환경문제를 야기한 책임에 있어서의 불평등이 존재한다. 또한 이미 발생한 환경문제에 적응하는 능력에 있어서의 불평등이 존재한다. 이러한 불평등이 국제환경협상에 있어서 남반구 국가와 북반구 국가 간에 적지 않은 갈등을 야기하고 있다.

대부분의 국제환경레짐이 공통적으로 수용하고 있는 원칙의 일부로서 지속가능한 개발의 원칙과 공동의 그러나 차별화된 책임원칙이 있지만 기실 개도국들은 여전히 환경보다는 개발을 우선시하고 지구환경 오염에 대한 선진국의 역사적 책임을 묻고자 한다. 이와는 달리 선진국들은 개발보다는 환경보호에 역점을 두며 지구환경보호를 위한 공동의 책임을 강조한다.

이러한 불평등이 존재하는 가운데 개도국들은 국제환경레짐의 형성과 실행에의 참여를 선진국들의 재정적 자원의 제공과 무상의 기술이전과 연계시켜 오고 있어 개도국의 동참을 필요로 하는 국제환경 분야에서 재정적 자원의 제공과 기술의 이전이 국제환경레짐의 성공에 가장 중요한 요소가 되고 있다. 선진국들은 기본적으로 시장경제를 통한 재정적 자원의 제공과 기술의 이전을 중요시함으로 이러한 요구에 대해 소극적으로 대응해 오고 있다.

이러한 관계로 국제환경협상에서 선진국들이 개도국에게 재정과 기술을 적극적으로 지원한다면 남반구 국가와 북반구 국가 간의 갈등이 일거에 해결될 것처럼 보이나 남반구 국가들이 진정 원하는 것은 남과 북의 관계가 일방적인 의존으로부터 벗어나 상호의존으로 바뀌는 것이다. 좀 더 많은 재정적 지원과 기술지원이 있다고 해도 일방적인 의존의 수준이 증가한다면 이러한 재정지원과 기술지원은 의미가 없다고 본다. 이러한 의미에서 남과 북의 갈등은 재정지원과 기술이전만으로는 해결되지 않는다.

보다 근본적으로 남북갈등을 해결하기 위해서는 선진국들은 개도국들이 직면하고 있는 어려움에 대해 좀 더 많은 책임을 지고 세계 자원의 분배에 있어서 좀 더 공평성을 달성하는 것이다. 선진국들이 개도국들의 이러한 요구를 합리적인 것으로 수용하느냐의 여부가 국제환경협상의 성공을 조건지울 것이다.

2) 유동적인 요인

유동적인 요인이란 고정적으로 협상의 과정과 결과에 영향을 미치는 요인들과는 대조적으로 가변적으로 협상에 영향을 미치는 요인을 지칭한다. 이러한 유동적인 협상구조와 관련하여 다양한 요인들이 언급되는데 여기에서는 영(Oran R. Young)의 논의를 중심으로 하면서 햄손(Fen O. Hampson)이 제시하고 있는 다른 요인들을 추가하여 살펴보고자 한다.[103]

(1) 영(Oran R. Young)이 제시한 요인들

영은 국제레짐의 형성을 위한 국제협상이 성공하기 위한 요인으로서 다음과 같은 여섯 가지를 제시하고 있다.[104] 이 여섯 가지 요인들은 통합적 협상을 고무하는 요인(factors encouraging integrative bargaining)의 범주(category)와 통합적 협상의 성공을 촉진하는 요인(factors promoting the success of integrative bargaining)의 범주라는 두 범주에 속한다.

통합적 협상을 고무하는 요인의 범주에는 우선 합의의 범위를 불분명하게 하고 이익에 대한 미래의 배분을 베일에 싸이게 하는 약정체결 환경(contractual environment blurring the zone of agreement and veiling the future distribution of benefits)이라는 요인이 속한다. 즉 합의의 범위가 불분명하고 미래의 이익의 배분과 위험의 부담이 알려지지 않은 불확실한 환경이 협상의 참여국으로 하여금

---

103) Fen O. Hampson, *Multilateral Negotiations: Lessons from Arms Control, Trade, and the Environment* (Baltimore, MD.: Johns Hopkins University Press, 1995).

104) Oran R. Young, *International Governance: Protecting the Environment in a Stateless Society* (Ithaca: Cornell University Press, 1994), pp. 106-115; Oran R. Young, "The Politics of International Regime Formation: Managing Natural Resources and the Environment." *International Organization.* Vol. 43. No. 3 (Summer 1989), pp. 366-374.

배분적 협상보다 통합적 협상을 하도록 유도하여 모두에게 이익이 되는 합의를 마련하도록 한다는 것이다.

통합적 협상을 고무하는 요인의 범주에 속하는 두 번째 요인은 외부적인 충격이나 위기이다. 이러한 외부적인 충격과 위기는 협상과정에서 공동의 이익에 다시 집중하도록 하여 통합적 협상으로 돌아가도록 함으로써 참여국 사이의 견해 차이로 인한 교착상태를 타개하도록 한다. 1985년 남극상공에서 오존구멍(ozone hole)이 발견되면서 협상이 급진전된 것을 예의 하나로 든다.

통합적 협상의 성공을 촉진하는 요인의 범주에는 4개의 요인들이 속해 있다. 첫째, 효율성보다는 공평성이 있는 해결책의 가용성(availability of equitable solution)이 통합적 협상의 성공을 촉진한다. 즉 참가국들이 자신들의 중요한 이익과 관심사가 공평하게 다루어졌다고 수긍할 수 있는 객관적 기준을 마련하여 협상과정과 절차에 적용할 경우 통합적 협상의 성공이 촉진될 수 있다. 이와 관련하여 영은 국제환경협상이 어느 한 국가의 반대만으로도 합의가 성립되지 않는 합의제(consensus)를 언급하고 있는데 이를 비판하고 대안이 되는 의사결정 방식을 제시하는 경우가 늘고 있다는 점에도 주목할 필요가 있다.

통상적으로 국제환경협상에서는 의사결정은 합의에 의해 이루어진다. 합의란 구체적으로 표결 없이 의사결정을 하는 방식으로서 공식적인 반대의 부재와 더불어 의사결정이 이루어진다. 즉 어느 한 국가만이라도 공식적으로 반대를 제기할 경우 의사결정이 이루어지지 않는 방식을 일컫는다. 이러한 의사결정방식이 국제환경협상에서 선호되는 이유는 주권국가들에게 자신의 이익을 침해할 수 있는 결정을 방지할 수 있다는 것을 확실하게 해주기 때문이다. 이러한 면에서 국가의 크기나 국력 등에 관계없이 모든 국가들에게 동등하게 사실상의 거부권(veto power)을 부여하고 있다는 점에서 공평성이 존재한다고 볼 수 있다.

이처럼 합의제는 주권국가의 뜻에 반하는 의사결정을 막아준다는 점에서 긍정적인 역할을 수행하지만 반면에 의사결정이 이루어지기 위해서 어떠한 국가의 반대도 없이 모두가 만족할 수 있는 최소한의 공통분모라는 타협적인 결과물을 도출해야 하는 관계로 많은 시간이 소요될 뿐 아니라 내용 자체도 애매모호함을 피하기 어렵고 행동 지향적이기 어렵다.

2015년 12월에 합의에 의해 파리합의문이 채택되기는 했지만 196개 기후변화협약의 당사국들 가운데 어느 한 국가의 반대도 없이 합의에 도달하기 위해 소비한 시간은 결코 짧지 않았다. 따라서 이러한 문제를 극복하고 긴급을 요하는 환경문제에 신속하게 대응하기 위해 다수결제(majority voting system)의 도입을 주장하는 학자들이 늘어나고 있다.105) 서스킨드(Lawrence E. Susskind)는 유사한 맥락에서 만장일치제가 어느 한 국가의 반대만으로도 조약 문안의 일부 혹은 전부의 통과를 방해하는 것을 가능하게 한다면서 대안으로서 다수결제를 언급하고 있다.106)

둘째, 현저한 해결책의 가용성(availability of salient solution)이 존재할 경우 통합적 협상이 성공하기 쉽다. 현저한 해결책이란 간결하고 명료하며 익숙한 해결책으로서 참여자 일방이 상대방의 행동에 대해 가지는 기대와 상대방이 자신의 행동에 대해 가지는 기대가 일치하는 암묵적인 합의점을 의미한다. 이러한 현저한 해결책은 개별적으로 기대하는 바의 것들을 수렴하도록 하여 조정을 가능하게 함으로써 의사결정자들은 조정을 위해 이러한 해결책을 유용하게 사용하며 이 때문에 현저한 해결책은 협상에서 복수의 사람들의 의사나 행동을 조정해 가는 중심적인 개념이 된다.

셋째, 명쾌하고 효과적인 준수기제의 가용성(availability of compliance mechanism)이 통합적 협상의 성공을 촉진한다. 여기에서 명쾌하고 효과적인 준수기제란 합의사항의 준수 여부의 입증과 감시가 용이한 것을 의미한다. 이 요인은 국제레짐에 관한 신자유주의적 제도주의가 협력의 부재의 원인을 배신(cheating)의 가능성에 두고 있는 것을 염두에 둔 요인이다. 즉 협상 참여국들이 모두에게 이익이 되는 제안임에도 불구하고 합의에 도달하지 못하는 중요한 이유가 상대방이 합의사항을 제대로 준수하지 않을 수 있다는 우려에 기인한다는 것에서 출발한 요인이다.

넷째, 효과적인 지도력이 존재할 경우 통합적 협상의 성공 가능성이 높아진

105) Luke Kemp, "Framework for the future? Exploring the Possibility of Majority Voting in the Climate Negotiations," *International Environmental Agreements: Politics, Law and Economics*, Vol. 16, Issue 5 (October 2016), pp. 757-779; Josse Vogel, "The Problem with Consensus in the U.N. Framework Convention on Climate Change," *Philosophy and Public Policy Quarterly,* Vol. 32, No. 2 (Winter 2014), pp. 14-21.

106) 서스킨드는 「합의(consensus)」라는 표현을 사용하지 않고 「만장일치(unanimity)」라는 표현을 쓰고 있으나 이 두 용어는 상당히 다른 의미를 지니고 있어 구별을 요하며 만장일치가 아닌 합의라는 용어를 쓰는 것이 맞다. 구체적으로 「합의」란 어느 한 국가의 공식적인 반대가 없어 표결 없이 의사결정을 하는 방식을 의미하나 「만장일치」란 표결을 하면서 모든 국가가 다 찬성표를 던져 의사결정을 하는 방식을 의미한다. 대부분의 국제환경회의는 의사결정 방식으로서 합의제를 채택하고 있다.

다. 영은 리더십의 유형을 협상기술과 독창성을 보유하고 있는 기업가적 리더십(entrepreneurial leadership)·협상의 지렛대로서 물질적인 자원에 기반을 둔 힘을 활용할 줄 아는 구조적 리더십(structural leadership)·관념이나 규범의 힘을 활용할 줄 아는 지적 리더십(intellectual leadership)이라는 세 가지로 구분하고 이들 간의 상호작용에 주목하면서 이러한 상호작용을 중요한 연구의 주제로서 제시하고 있다. 그에 따르면 국제레짐의 형성을 위한 협상이 성공적으로 이루어지기 위해서는 이러한 세 가지 리더십 유형 가운데 최소한 두 가지가 상호작용을 해야 한다고 본다.

(2) 햄손(Fen O. Hampson)이 추가적으로 제시한 요인들[107)]

햄손은 영과는 달리 인식공동체(epistemic community)의 합의적 지식(consensual knowledge)을 추가적인 국제협상의 성공요인으로서 언급하고 있다. 인식공동체는 국제환경협상에서 다양한 기능을 하지만 이들 가운데 가장 중요한 기능은 협상 참여국들에게 본질적으로 확실한 것을 발견하기 힘든 환경문제와 관련하여 과학적인 정보와 전문적인 지식을 제공하여 과학적 불확실성(scientific uncertainty)을 감소시키는 역할을 수행함으로써 국제환경협상을 성공적으로 이끄는 것이다. 따라서 인식공동체의 합의된 지식을 과학적 불확실성과 연관지어 생각해 볼 필요가 있다. 이는 일반적으로 환경문제의 원인·경과·결과에 대한 과학적 불확실성이 적을수록 환경협상이 진전될 가능성이 높기 때문이다.

그러나 이러한 견해에 반대가 없는 것이 아니다. 예컨대 서스킨드(Lawrence E. Susskind)와 같은 학자는 환경협상이란 초래될 수 있는 경제적 손실·가능한 정치적 이익·주권에 대학 침해와 같은 요인에 의해 영향을 받지 과학자로부터의 투입(input)과 같은 요인으로부터 영향을 거의 언제나 받지 않아 왔다고 주장한다.

실제의 예를 살펴볼 때 오존층 파괴를 막기 위한 국제환경협상은 과학적 불확실성이 여전히 존재하는 가운데 사전배려의 원칙에 따라 서둘러 출발한 대표적인 협상 가운데 하나이다. 그러나 이와는 달리 미국과 캐나다 사이의 산성비(acid rain)를 둘러싼 협상에서 과학적 불확실성으로 인해 아무런 행동이 취해지지 않

107) 햄손은 영이 제시한 요인 가운데 합의의 범위를 불분명하게 하고 이익에 대한 미래의 배분을 베일에 싸이게 하는 계약적 환경이라는 요인을 제외하고 공평성이 있는 해결책의 가용성이라는 요인을 현저한 해결책이라는 요인에 포함시키고 있다.

고 협상이 교착상태에 빠진 경우도 있다.[108)]

따라서 과학적 불확실성이 일반적으로 국제환경협상의 진전에 부정적인 영향을 미친다는 것은 부정할 수 없으나 과학적 불확실성을 획일적으로 국제환경협상의 진전에 부정적인 역할을 한다고 단정하기도 어렵다. 국제환경협상에 보다 긍정적으로 영향을 미치기 위해서 과학적인 확실성에 대한 인식의 일치가 필요하다고 해도 이러한 일치가 일개 국가나 소그룹의 과학자들 사이가 아니라 남반구를 포함한 광범위한 국제 과학공동체 사이에 형성되어야 한다.

둘째, 햄손에게 있어서 교차연합(cross-cutting) 또는 가교적 해결(bridging solution)이 또 다른 국제협상의 성공요인으로 간주된다. 국가들이 연합을 형성하여 협상을 하는 것은 전 지구적 수준의 다자협상에서 흔히 볼 수 있는 현상이다. 그러나 그룹의 과도한 결속과 경직성은 협상의 과정을 방해한다. 이러한 문제를 해결하기 위한 대안이 경합하는 이해관계를 상호 합의할 수 있는 해결의 틀로 불러들일 수 있는 교차연합 혹은 가교적인 해결이다.

교차연합이란 협상이 다수의 이슈를 다루고 있을 때 양보를 서로 교환하는 것을 지칭한다. 예컨대 협상의 한 참여자가 이슈 A에 대해 양보하고 그에 대한 대가로 다른 참여자가 이슈 B에 대해 양보를 하여 개개 참여자의 제안의 일부는 수용되고 일부는 거부되는 경우를 일컫는데 이는 때때로 「통나무 굴리기(logrolling)」라고도 불린다. 이러한 교차연합은 양보를 한 협상 참가자에게는 최소한의 비용을 수반하나 이러한 양보를 받은 참가자에게는 상당한 이익을 발생할 경우 잘 작동할 수 있다.

가교적인 해결이란 교차연합처럼 양보를 서로 교환하는 것이 아니라 당사자들의 주요한 필요를 충족시켜 주는, 상호 만족할 수 있는 제3의 새로운 대안을 찾아내는 방식을 의미한다. 가교적인 해결은 주요한 행위자들의 견해 차이로 협상이 교착상태에 빠져 있어 협력적인 협상이 불가능할 때 창의적인 해결책의 제시를 통해 협상을 진전시키는 역할을 한다. 여기에서 창의적인 대안이란 단순히 상충하는 입장의 중간 타협점을 의미하지 않는다. 이러한 가교적인 해결책은 주로 구조적인 힘(structural power)을 지니고 있지 않은 소국들에 의해 제시된다. 또한

108) Pamela S. Chasek, "Scientific Uncertainty in Environmental Negotiations," in Ho-Won Jeong, ed., *Global Environmental Policies: Institutions and Procedures* (London: Palgrave, 2001, pp. 129-134.

국제기구의 지도자들에 의해서도 제시되곤 한다.

셋째, 이슈의 분할 논의와 점진적 접근이 국제협상의 성공을 돕는다. 이슈에 여러 가지 쟁점사항들이 포함되어 있고 이러한 쟁점들에 대해 협상 참여국들이 견해를 같이하지 않는 경우 복잡한 이러한 이슈 전체에 대한 합의를 달성하는 것은 쉽지 않다. 이러한 경우에 이슈에 포함되어 있는 쟁점들을 하나씩 분리하여 합의가 상대적으로 용이한 쟁점부터 시작하여 다른 쟁점들로 논의를 이어가는 방식을 의미한다.

점진적 접근이란 과학적 불확실성을 특징으로 하는 환경문제를 다루는 협상에서 흔히 볼 수 있는 접근으로서 과학적 불확실성 속에서 포괄적인 합의를 추구하지 않고 불확실성으로부터 자유로운 부분부터 제한적으로 합의를 구축해 나가는 방식을 의미한다.

많은 환경협상으로부터의 얻은 교훈들 가운데 하나는 한 번에 이상적이고 포괄적인 국제환경협약을 설계하려고 노력하기 보다는 이슈를 관리할 수 있는 요소로 분할하는 것이 유용하다는 점이다. 하나의 틀(framework) 속에서 복잡한 문제의 모든 측면을 해결하고자 할 경우 협상은 교착상태에 빠지기 쉽다. 대신에 협상이 진전되면서 재검토되고 개정되는 점진적인 합의가 바람직하다.

유연하고 점진적인 접근방식을 특징으로 하는 국제환경레짐의 수립과정을 좀 더 상세히 살펴보면 다음과 같다. 이러한 접근방식은 처음에 당사국에게 법적 구속력이 없는 일반적인 의무만을 규정하는 기본협약(framework convention)을 체결한 후 여러 차례의 당사국총회(COP)의 개최를 통해 이견을 수렴한 후 세부적인 법적 구속력이 있는 의무를 규정하고 구체적인 규제 시기나 일정 등을 명시한 후속적인 협약을 의정서(protocol)와 같은 형식으로 체결하는 방식을 일컫는다.[109)]

이는 기술적인 성격을 지닐 수밖에 없는 세부적인 규칙에 합의를 이끌어 내는 것이 쉽지 않은 상황에서 합의가 비교적 용이한 기본원칙이나 환경보호의 필요성에 일단 합의하고 시간을 두고 세부적인 규칙에 합의를 이끌어내는 것이 합

109) 기본협약을 말 그대로 「뼈대협약」 혹은 「골격협약」이라고도 부른다. 이러한 기본협약은 당사국 간의 협력을 위한 일반적인 절차와 과정을 규정해 놓는다. 1985년에 오존층 보호를 위한 비엔나협약이 기본협약으로 체결되고 이어서 1987년에 법적 의무를 규정하는 오존층 파괴물질에 관한 몬트리올 의정서가 체결된 바 있는데 기본협약인 비엔나협약에는 오존층을 파괴하는 가장 주된 물질인 프레온가스(chlorofluorocarbon)에 대해서는 언급조차 되어 있지 않았다.

리적이라는 전략적인 사고에 기초를 두고 있다. 이러한 접근법을 「협정-의정서 접근(convention-protocol approach)」 혹은 「2단계 접근(two-step approach)」이라고 부르기도 한다.

국제환경 분야에서 이러한 접근방식이 국가 간의 협상을 매우 성공적으로 이끌어왔다. 이러한 접근방식이 사용된 가장 전형적인 예에는 1959년의 남극조약과 1991년의 환경보호에 관한 남극조약 의정서(일명 마드리드 의정서), 1979년의 월경성 장거리 이동 대기오염물질에 관한 협약과 8개 의정서(1984년 EMEP 의정서, 1985년 헬싱키 의정서, 1988년 소피아 의정서, 1991년 제네바 의정서, 1994년 오슬로 의정서, 1998년 중금속에 관한 아루스 의정서, 1998년 잔류성 유기오염물질에 관한 아루스 의정서, 1999년 고텐버그 의정서), 1985년의 오존층 보호를 위한 비엔나협약과 1987년의 오존층 파괴물질에 관한 몬트리올 의정서, 1989년의 바젤협약과 1999년의 책임배상 의정서, 1992년의 기후변화협약과 1997년의 교토의정서, 1992의 생물다양성협약과 2000년의 바이오안전성 의정서(카르타헤나 의정서)와 2010년의 유전자원 접근과 이익의 공유에 관한 의정서(나고야 의정서) 등이 있다.[110]

이처럼 유연한 접근법을 사용하는 이유이자 이러한 접근법의 장점이란 우선 처음부터 충분히 토의되지 않은 문제에 대해 세밀한 통제조치나 특별한 규범을 규정할 경우 참여를 꺼리게 될 국가들을 참여시킬 수 있기 때문이다. 즉 이러한 접근법을 통해 국가 간 이해관계의 대립이 심한 환경문제를 규제하는 협약에 당사국의 수를 늘려 국제협약으로서의 보편성을 지닐 수 있기 때문이다.

또 다른 이유이자 장점은 국제환경협약을 체결할 당시 환경파괴 문제에 대한 과학적・기술적・경제적인 인과분석이 구체적인 통제를 정당화할 정도로 확실하지는 않지만 적지 않은 개연성을 지니고 있어 시간을 두고 지켜보면서 구체적인 통제를 가할 필요가 있기 때문이다. 그러나 다음과 같은 점이 이러한 접근법의 문제점으로 자주 지적되곤 한다.[111]

110) 이러한 점진적이고 유연한 체결과정은 공공재이론을 통해서 설명이 가능하다. 공공재의 경우 생산비용을 부담하는 자에게만 국한되어 공급되는 것이 아니기 때문에 무임승차(free-ride)의 가능성이 존재한다. 따라서 최소한 초기에는 엄격하지 않은 느슨한 규범체계를 가짐으로써 특정 환경문제와 관련하여 중요한 행위자들의 이탈(defection)을 방지하고 다양한 목표와 이해관계를 가지고 있는 주권국가들의 지지를 확보하여야 한다고 본다. 이와 더불어 논의의 대상이 되는 환경문제의 범주가 한정적이어야 한다. 구체적으로 말해 시간이 지나면서 논의의 범주가 확대될 수 있다는 기대와 더불어 가장 중요한 환경문제에만 집중하여야 한다고 본다.

111) Lawrence E. Susskind, *Environmental Diplomacy: Negotiating More Effective Global Agreements* (New York: Oxford University Press, 1994), pp. 30-37.

첫째, 시간이 많이 소요되어 그 사이에 환경이 지속적으로 파괴되는 것을 막을 수가 없다. 이러한 것을 보여주는 예로는 기후변화협약을 들 수 있다. 기후변화협약은 기본협약이 1992년에 체결되고 구체적인 법적 의무를 수반하는 교토의정서가 1997년에 체결되었으며 이 의정서는 2005년 2월이 되어서야 발효되어 발표까지는 총 13년의 기간을 필요로 했다.

둘째, 이러한 접근은 구체적인 법적 의무를 수반하는 의정서의 채택을 위해서는 기본협약의 당사국들 간의 이견을 좁히면서 합의(consensus)에 도달하는 것이 필요하므로 최소한의 공통분모(lowest common denominator)를 내용으로 하는 협약을 추구하려고 하는 경향을 강화한다. 이는 꺼리는 국가의 서명을 유도할 수는 있으나 성공적인 실행을 위한 기회를 약화시킨다. 바젤협약의 협상단계에서 유해폐기물을 서명국으로부터 비서명국으로 이동하지 못하도록 했으나 결국 최종 규정에서 서명국과 비서명국간의 양자협정을 허용함으로써 이러한 것을 가능하게 한 것이 이러한 면모를 보여주는 하나의 예이다.

셋째, 이러한 접근법에 의해 만들어진 국제환경협약은 종종 현재 가용한 과학적·기술적 정보를 무시하기도 한다. 즉 이러한 협약은 종종 기술적으로 실현가능하지 않거나 비논리적인 것으로 판명되는 요소들을 포함하는데 이는 정치적인 고려 등에 의해 과학적인 지혜 등이 무시된 결과인 것이다. 오존층 보존을 위한 협정을 체결하기 위한 교섭과정에서 국가들은 자신들이 선호하는 정책을 정당화시켜줄 수 있는 과학적인 증거를 종종 인용하곤 했다.

넷째, 협정-의정서 과정을 통해 협상이 전개되는 경우 이러한 협상은 종종 가장 강력한 국가에 의해 지배된다. 오존층 보존을 위한 몬트리올 의정서의 체결을 가져온 마지막 협상은 주로 미국과 유럽공동체(EEC)라는 세계 최대의 프레온 가스 소비국이자 생산국 사이에 이루어졌으며 개도국들은 방관자로 머물렀다.

(3) 기타 추가요인

마지막으로 국제환경협상의 성공에 영향을 미치는 요인으로서 추가할 요인은 대표성(representativeness)이다. 협상의 결과에 중요한 이해관계를 가지고 있거나 합의사항을 집행하는 데 영향력을 미칠 수 있는 능력을 소지한 모든 당사국들이 국제협상에 참가하도록 해야 한다. 왜냐하면 배제된 당사국의 경우 협상의 성공을 위협할 수 있기 때문이다.

3. 협상전략

국제레짐의 형성을 위한 협상에 참가하는 국가 혹은 국가군은 협상의 과정에서 다양한 협상전략을 구사한다. 여기에서는 이러한 협상전략으로서 흔히 언급되곤 하는 저지전략, 비공식 쌍무협상의 선행전략, 선제조치를 통한 협상의 유도전략, 공식선언의 활용전략, 단일 협상안 전략, 협상그룹의 운영전략, 의장친구 그룹의 운영전략을 살펴보고자 한다.

1) 저지전략

남반구 국가들과 북반구 국가들 사이에 정보(information) 면에서의 불균형(asymmetry)이 존재하고 힘(power)에 있어서의 큰 차이가 존재한다. 따라서 남반구 국가들은 자신들이 원하는 정책을 관철시키기보다 선진국들의 원하는 것을 하지 못하도록 하는 전략(blocking strategy)을 많이 사용한다.

2) 비공식 쌍무협상의 선행전략

다자간 공식협상에 앞서 쌍무적인 비공식협상이 다자간 협상을 성공적으로 이끄는 데 크게 기여한다. 즉 쌍무적인 외교접촉이 다자간 협상을 성공으로 이끄는 데 필수적인 선행요건이다. 공식적인 협상회기 사이에 벌어지는 비공식 협의도 국가들의 입장·이론적 근거·관심사항 등을 이해하는 데 중요하다.[112)]

미국이 1986-87년 오존협상에서 보여준 것이 좋은 예이다. 프레온 가스를 엄격하게 통제하여야 한다는 미국의 입장은 화학산업과 이와 관련된 산업 그리고 프레온가스의 생산국들의 강력한 반대에 직면하였다. 미국은 공식협상 이전에 취할 외교 전략을 수립한 바 있는데 외국주재 자국 대사관을 통해 쟁점에 관한 자세한 분석 내용과 미국의 입장에 관한 이론적인 근거를 여러 국가에게 설명했다. 또 국무성은 무관심하거나 적대적인 여러 국가의 정부 당국과 지속적으로 대화를 하고 의견을 교환하였다.

---

112) Bertram I. Spector, ed., *International Environmental Negotiation: Insight for Practice, International Institute for Applied Systems Analysis Executive Report (ER-92-021)* (Laxenburg, Austria: IIASA, 1992).

3) 선제조치(preemptive action)를 통한 협상의 유도전략

광범위한 국제적인 합의에 앞서 특정국가가 일방적인 자발적 규제행위를 취하거나 일단의 그룹의 국가들이 자발적인 통제행위를 선제적으로 취함으로써 협상을 유도하는 전략을 의미한다. 예컨대 미국은 1977년에 자국에서 프레온가스 에어로졸 사용을 일방적으로 금지하는 조치를 취해 협상의 성공을 유도할 수 있었다. 이러한 행위는 프레온가스 사용금지 조치를 기꺼이 취하겠다는 것을 시위함으로써 더 광범위한 통제를 가할 때에 그 국가에 대한 신뢰성을 증대시키는 역할을 수행했다.

국제협상이 시작되기 전에 앞서 선제적인 조치를 취하는 것의 의미가 특히 기후변화 이슈에 있어서 특별할 수 있다. 선진국들이 개도국들에게 온실가스를 조금이라도 감축할 것을 요청하기 전에 자신의 이산화탄소 배출을 감축하는 진정한 조치를 선제적으로 취한다면 개도국들로부터 신용을 얻을 수 있을 것이기 때문이다.[113]

4) 공식선언(official declaration)의 활용전략

최근의 주목할 만한 전략으로서 쟁점에 대한 관심을 계속 유지시키고 미래의 협상에 영향을 미치기 위한 수단으로서 특별히 소집된 회의에서 국가의 수반 혹은 장관들이 공식선언을 이용하는 경우가 점증하고 있다. 이러한 공식적인 선언은 공식적인 합의를 내용으로 하지만 일반적으로 법적 구속력은 없다. 그러나 통상적으로 앞으로의 환경협상 과정에서 주 의제가 될 요소들을 포함하고 있기 때문에 중요한 의미를 지닌다.

5) 단일 협상안(single negotiating text) 전략

협상 참여국 사이의 견해차이를 점차적으로 수렴시키기 위한 수단으로서 의장이나 사무국의 수장과 같은 중립적인 당사자가 통합된 협상안(consolidated negotiation text)을 의장안(Chairman's text)이나 사무국장안(Executive Director's text)으로 제시하는 전략을 의미한다.

다양한 상호 배타적인 안을 가지기보다는 이러한 단일협상안에 토론을 집중하

---

113) Ibid.

는 것이 최종적인 합의에 도달하는 데 효율성을 지닌다. 이러한 단일협상안은 최종적으로 참여국들에 의해 공식문건으로 수용되기 전까지 비공식 문건으로서의 지위를 지닌다.114)

6) 협상그룹의 운영전략

「협상그룹(negotiation group)」은 「접촉그룹(contact group)」이라고 흔히 불린다. 이들의 역할을 빗대어 때때로 「조정자(bridge builder)」라든가 「소방대(fire brigade)」라고도 불린다. 이 그룹은 이러한 명칭들이 시사하고 있듯이 각기 다른 협의체들 사이에 존재하는 현저한 이견을 집중적인 협상을 통해 좁혀 회원국들에게 광범위하게 수용될 수 있는 결과를 만드는 것을 추구하는 일단의 국가들로 구성된 그룹을 의미한다.

이러한 협상그룹은 정책개발에 있어서 중요한 이해관계를 가지고 있는 영향력 있는 국가들의 비공식적인 그룹으로서 국제적인 정책의 이니셔티브를 조정하는 역할을 담당한다. 이들의 공식적인 견해는 협상그룹 내에서의 고통스런 협상의 결과물이다. 따라서 이러한 견해는 국제공동체의 정책과 의도에 있어서의 중대한 견해로 간주된다.

이러한 협상그룹은 77그룹(G-77 and China)이나 비동맹그룹(NAM)과 같은 협의체(caucusing group)에 의한 그룹정치(group politics)가 대결과 교착으로 귀결되곤 하던 것을 등장배경으로 한다. 이러한 대결과 교착은 이러한 협의체의 견해가 주요 재정적인 자원을 보유한 국가들로부터 지지되지 않으면서 발생하곤 했다. 따라서 이러한 협의체 내에서 구성국들 사이에 의견의 일치를 보았다 해도 회원국 전체의 합의에 이르기 위해서는 비공식적으로 작동하는 협의를 통해 다른 협의체들까지 포용할 수 있는 합의가 필요했던 것이다. 냉전이 종식된 후에 초국적인 문제들(transnational issues)이 국제사회에 대거 등장하고 이념대립이 사라지면서 합의가 점차적으로 대립과 대결을 대체하면서 협상그룹의 사용의 빈도가 증가되었다.

협상그룹은 보통 몇몇 국가들의 이니셔티브에 의해 만들어지는 것이 일반적이

---

114) Bertram I. Spector, ed., *International Environmental Negotiation: Insight for Practice, International Institute for Applied Systems Analysis Executive Report (ER-92-021)* (Laxenburg, Austria: IIASA, 1992).

다. 그러나 유엔총회 본회의의 의장이나 위원회 의장의 주도력에 의해 구성되기도 한다. 후자의 경우 의장은 자신뿐 아니라 회원국도 신임하는 국가를 선택함으로써 구성원의 구성이 안정적이다. 또한 의장 스스로 혹은 의장에 의해 선출된 국가의 대표가 리더십을 행사하여 정기적인 모임 등을 가짐으로써 일정한 정도 공적인 성격을 가지기가 쉽다.

이러한 협상그룹이 효율적으로 작동하기 위해서는 다음과 같은 특징을 소지한 구성요소들이 포함되어야 한다. 특정 이슈에 적극적인 협의체들의 대표들, 개개 협의체의 이해관계를 잘 대변할 수 있는 국가의 대표, 특정 의제항목과 관련하여 공유된 역사·과거의 관련성·지역적인 지위·가용한 자원·강력한 명성 등을 통해 이슈를 다루는 데 있어서 특별한 능력(special competence)을 보유한 국가가 포함되어야 한다.

협상그룹은 협상과정 전반에 걸쳐 작동할 수도 있고 하나의 핵심적인 이슈를 다루기 위해 일시적으로만 존재할 수도 있다. 개개 협의체는 협상그룹에 참여하는 국가의 대표에게 타협을 위한 재량권을 부여하기도 하지만 이들 협상그룹 참여자들은 협상의 중요 단계마다 개개 협의체의 승인이나 묵인을 얻기 위해 다른 국가들에게 보고하여야만 하는 것이 일반적이다. 협상그룹이 합의에 이르기 어려울 경우 구성원들이 교체될 수도 있다.

의장은 구성원의 규모를 되도록 작게 만들려는 경향을 띠게 된다. 왜냐하면 규모가 작아야 이들 사이에 합의가 보다 용이하기 때문이다. 그러나 규모를 작게 만들 경우 특정의 이해관계를 반영하지 못할 수 있어 나중에 더 큰 어려움에 직면할 수도 있다.

협의체가 협상그룹에서 자신들을 대표할 국가를 선택할 때 온건한 목소리를 내는 국가의 대표를 협의체를 대표하는 국가로 보낼 수도 있고 극단적인 견해를 가진 국가의 대표를 보낼 수도 있는데, 이 두 경우 모두 일장일단이 있다.

7) 의장친구 그룹의 운영전략

「의장친구 그룹(Group of Friends of the Chair, GFC)」이란 특정 이슈에 대한 합의를 도출하기 위해 의장에 의해 참여를 의뢰받은 몇 명의 뛰어난 협상가들의 비공식적인 그룹을 일컫는다. 이 그룹은 의장에게 보고를 하고 의장은 이들의 제안이나 다른 결과물을 회의에 보고한다.

의장은 이러한 그룹에 참여했으면 좋겠다고 생각하는 국가를 정하는데 어떻게 그룹을 구성할 것인가는 의장의 의도에 달려 있다. 그러나 대개 지역그룹과 특정한 이해집단의 대표로서 구성된다. 옵서버는 일반적으로 참여를 의뢰받지 않지만 필연적으로 배제되는 것은 아니다. 이러한 의장친구 그룹은 비공식적인 그룹이기 때문에 통상적으로 이들의 논의에 공식적인 의사규칙이 적용되지 않는다.

의장친구 그룹은 의장이 자신을 돕도록 몇 안 되는 저명한 협상가들의 참여를 요청하여 구성한다. 앞서 살펴본 협상그룹(negotiation group)의 경우 모든 국가들에게 참가가 개방되어 있고 일반적으로 일부 국가들의 이니셔티브에 의해 구성된다는 점에서 의장친구 그룹과 구별이 된다. 그러나 앞서 언급했듯이 협상그룹은 국가들의 상이한 관점들을 논의에 골고루 반영시키기 위해 의장이 개별적으로 참여를 요청한 대표단으로 구성되기도 한다. 이렇게 의장에 의해 구성된 협상그룹은 의장친구 그룹과 차이가 없어 그냥 「의장친구 그룹」이라고 불리기도 한다.

제 9 절 기후변화레짐의 협상

앞서 국제환경레짐의 협상을 다룬 제8절에서 국제환경레짐 협상의 일반적 특성・국제환경레짐 협상에 영향을 미치는 요인들・협상전략을 살펴보았다. 여기에서는 이러한 지식을 바탕으로 하여 실제로 있어 온 기후변화레짐의 형성을 위한 협상을 1992년의 기후변화협약 체결로부터 시작하여 2015년 12월의 파리합의문의 채택까지를 기간으로 하여 자세히 살펴보고자 한다. 구체적인 협상에 대한 분석에 앞서 기후변화협약 당사국총회(COP)에 참가하는 국가들이 형성하고 있는 협상그룹부터 살펴보고자 한다.

1. 기후변화협약 당사국총회 국가들의 협상그룹

지역과 소득수준에 따라 유럽연합(EU)・엄브렐러 그룹((Umbrella Group)・77 그룹(Group of 77 and China)・환경건전성 그룹(EIG)・아프리카 그룹(African Group)・군소도서국연합(AOSIS)・최빈개도국 그룹(LDCs)・유사입장 개도국 그룹(LMDCs)・라틴 아메리카와 카리브해 연안 그룹(AILAC)・아랍 그룹(Arab Group)・

베이식 그룹(BASIC) 등 다수의 협상그룹이 활동했다. 이들을 선진국 그룹과 개도국 그룹 및 환경건전성 그룹으로 구분하여 살펴보고자 한다.

1) 선진국 그룹

유럽연합(EU)과 더불어 유럽연합을 제외한 미국·일본·호주·러시아 등이 참여한 엄브렐러 그룹(Umbrella Group)이 선진국 그룹으로서 개도국 참여를 독려했다. 이들은 개도국에 대한 선진국 그룹의 재정지원은 개도국의 동참과 지지를 이끌어내기 위한 필수요소로서 새로운 기후변화체제 협상의 핵심이라는 것을 인정했다.

(1) 유럽연합(EU)

유럽연합 27개국은 기후변화협상을 선도했으며 선진국과 개도국의 공동 대응을 강조했다. 가장 높은 수준의 감축 목표치를 제시했으며 지구의 평균기온 상승폭을 산업화 이전 대비 섭씨 2도 이내로 제한하기 위해 시급한 행동이 필요하다는 점을 강조했다. 주요 국가들의 의무적 감축을 요구했고 법적 구속력 있는 합의의 도출을 요구했다.

(2) 엄브렐러 그룹(Umbrella Group)

유럽연합에 속하지 않는 선진국 연맹체로서 미국·일본·호주·캐나다·러시아·노르웨이·뉴질랜드·우크라이나·아이슬란드 등 9개국이 소속되어 있다. 이 그룹은 중국과 인도 등 주요 개도국들을 포함한 모든 국가가 참여하는 합의가 필수적임을 주장했다.

유럽연합에 비해 온실가스 저감비용이 많이 소요되는 관계로 유럽연합 국가들에 비해 낮은 수준의 감축 목표치를 제시하고자 했고 교토메카니즘 운영 면에서 최대한 신축성을 확보하는 문제와 의무준수 체제의 구속적 성격을 희석시키는 데 주력했다.

2) 개도국 그룹

중국을 비롯하여 아프리카와 중남미 등 133개 개도국이 포함된 77그룹(Group of 77 and China)과 기타 개도국 그룹은 선진국의 역사적 책임을 강조하며 온실가스 감축에 앞서 선진국의 재정지원과 무상의 기술이전이 선행돼야 한다는 점을 강조했다.

(1) 77그룹과 베이식 그룹(BASIC)

77그룹은 기후변화의 역사적 책임이 있는 미국과 유럽 등 선진국들의 온실가스 감축노력이 중요하다고 주장하고 이러한 역사적 책임론에 기초하여 선진국의 재정적 · 기술적 지원을 강력하게 요청했다.

브라질 · 남아프리카공화국 · 인도 · 중국으로 구성된 베이식 그룹(BASIC)은 개도국 협상연합인 77그룹의 핵심으로서 선진국에 대항하여 개도국의 입장을 대변해 왔다. 이들 국가는 기후변화협약의 기본원칙들인 공동의 차별화된 책임과 형평성의 원칙에 기초하여 경제발전을 위한 개도국의 배출 권리를 옹호해 왔다.

(2) 기타 개도국 그룹

기타 개도국 그룹에는 군소도서국가연합 그룹(AOSIS Group) · 최빈개도국 그룹(LDCs) · 라틴 아메리카와 카리브해 연안 그룹(AILAC) · 유사입장 개도국 그룹(LMDC Group)이 존재했다. 그룹별로 세부적인 입장에는 차이가 존재했으나 대부분 온실가스 감축에 있어 선진국의 역사적 책임을 강조하고 개도국의 온실가스 감축에 앞서 선진국의 재정과 기술의 지원이 선행되어야 한다는 입장을 견지했다.

이들 개도국 그룹 가운데 군소도서국가 연합과 최빈개도국 그룹 등 기후변화에 취약한 국가들은 전통적인 개도국 연대에서 벗어나 각종 핵심적인 협상 쟁점에서 유럽연합(EU)과 입장을 같이했다.

3) 환경건전성 그룹(Environmental Integrity Group, EIG)

한국 · 멕시코 · 스위스 · 모나코 · 리히텐슈타인 등 5개국으로 구성된 환경건전성 그룹은 2000년에 선진국과 개도국이 동시에 참여하는 유일한 협상그룹으로 결성되었다. 이 그룹은 개도국의 국내적 여건을 충분히 이해하면서 선진국과 개도국 사이의 견해 차이를 좁히고 입장을 조율하는 조정자로서의 역할을 수행하는 것을 목표로 하면서 선진국과 개도국 간의 균형잡힌 접근을 중시했다. 국가별 상황과 능력이 반영된 보편적 참여를 주장했고 상대적으로 높은 수준의 감축 목표치를 제시했다.

2. 기후변화협약의 체결

기후변화 문제의 심각성에 대한 논의는 1979년으로 거슬러 올라간다. 이때 유엔환경계획(UNEP) · 세계기상기구(WMO) · 국제과학연맹이사회(ICSU)가 공동으로 제1차 세계기후회의(WCC)를 개최하였다. 이 회의에 세계 각국의 대표적인 기후학자들이 모여 기후변화 문제의 심각성에 대해 논의하면서 인간의 활동에 의한 기후변화의 가능성과 더불어 이에 대한 대책의 필요성을 제기했다.

세계기상기구(WMO)와 유엔환경계획(UNEP)은 기후변화에 관한 과학적 근거를 수립하고 기후변화에 대한 대응책을 마련하기 위해 기후변화에 관한 정부 간 협의체로서 국제 과학자 그룹인 「기후변화에 관한 정부간패널(Intergovernmental Panel on Climate Change, IPCC)」을 1988년에 공동으로 설립했다. 이 기구는 같은 해에 첫 번째 보고서를 발간하여 인간의 활동으로 인해 발생한 온실가스 배출이 지구의 기온상승을 일으킨다는 점을 지적하고 각국 정부대표들이 기후변화협약의 체결에 합의하고 온실가스 방지를 위해 힘쓸 것을 선언했다.

1989년 유엔환경계획(UNEP) 각료이사회에서 기후변화협약 체결을 위한 교섭이 있었고 1990년에 제2차 세계기후회의가 스위스의 제네바에서 개최되어 기후변화협약 제정을 촉구하는 각료선언을 채택했고 향후 체결될 기후변화협약의 주요 내용을 합의했다. 1992년 브라질의 리우데자네이루에서 개최된 유엔환경개발회의(UNCED)에서 지구온난화를 막을 목적으로 이산화탄소를 비롯한 각종 온실가스의 배출을 제한하고자 하는 「유엔기후변화기본협약(The United Nations Framework Convention on Climate Change, UNFCCC)」이 정식으로 체결되었고 2년 뒤인 1994년에 발효가 되었다.115)

동 협약의 협상과정에서 군소도서국가연합(Alliance of Small Island States, AOSIS)과 유럽연합(EU)의 국가들은 구속력 있는 감축의무를 규정할 것을 주장했으나 미국 등의 반대로 인해 단순한 권고사항으로 규정되는 데 그쳤다.

기후변화협약은 그 기본원칙(제3조)으로서 공동의 차별화된 책임과 능력에 입각한 의무부담의 원칙(온실가스 배출에 역사적인 책임이 있으며 기술 · 재정 능력이 있는 선진국의 선도적 역할을 강조), 개발도상국의 특수사정 배려의 원칙, 기후변화의 예

115) 이를 간단히 줄여 통상적으로 「유엔기후변화협약」 혹은 「기후변화협약」이라고 부른다.

측과 방지를 위한 예방적 조치 시행의 원칙, 모든 국가의 지속가능한 성장의 보장 원칙 등을 규정했다.

기후변화협약은 공약사항을 모든 당사국이 부담하는 공통의 의무사항(제4조 1항)과 일부 회원국만이 부담하는 특정 의무사항(제4조 2항)으로 구분했다. 구체적으로 공통 의무사항으로서 모든 당사국들이 온실가스 배출량 감축을 위한 국가전략을 자체적으로 수립하여 시행하고 이를 공개할 것과 온실가스 배출량과 흡수량에 대한 국가통계와 정책이행에 관한 국가보고서(national communication)를 작성하여 당사국총회(COP)에 제출할 것을 규정했다(제4조 1항).

특정 의무사항으로서 공동의 그러나 차별화된 책임의 원칙에 따라 협약 당사국을 부속서 I(Annex I), 부속서 II(Annex II), 비부속서 I(Non-Annex I) 국가로 구분하여 각기 다른 의무를 부담토록 규정했다(제4조). 구체적으로 부속서 I에 속하는 국가들(1992년 협약 체결 당시 OECD 회원국과 시장경제 전환 국가인 동유럽 국가를 합하여 총 40개국)은 2000년까지 온실가스 배출규모를 1990년 수준으로 감축할 것을 권고했다.[116] 즉 부속서 I 국가는 온실가스 배출량을 1990년 수준으로 감축하기 위하여 노력토록 규정하였으나 강제성은 부여하지 않았다. 비부속서 I 국가는 부속서 I에 포함되지 않은 개도국들로서 온실가스 감축과 기후변화 적응에 관련한 보고·계획수립·이행 등 일반적인 의무만 부과되었다. 부속서 II 국가(1992년 협약 체결 당시 OECD 회원국인 24개 선진국)는 개도국의 기후변화 적응과 온실가스 감축 노력을 돕기 위해 개도국에 대한 재정과 기술을 지원하는 의무가 부과되었다.

협약은 최고 의사결정 기구로서 당사국총회(Conference of the Parties, COP)를 두고 그 산하에 협약의 이행을 위해 이행부속기구(Subsidiary Body for Implementation, SBI)와 과학기술자문부속기구(Subsidiary Body for Scientific and Technological Advice, SBSTA)를 두어 이 두 부속기구에서 논의된 사항을 당사국총회에서 결정하도록 했다.

116) 부속서 I에는 40개 국가 이외에 유럽연합(EU)이 포함되어 있다.

3. 교토기후변화체제의 구축

1) 교토의정서의 채택

기후변화협약은 각국의 온실가스 배출과 관련한 의무를 강제하지 않아 실효성을 결여했다. 1988년에 설립된 「기후변화에 관한 정부간패널(IPCC)」은 1995년에 발표된 2차 보고서에서 지금 추세로 온실가스가 증가한다면 2100년경 지구 평균기온이 최대 3.5도 상승할 것이라고 경고했다.

1995년에 독일의 베를린에서 개최된 제1차 당사국총회(COP1)에서 실효성이 없는 기후변화협약만으로 지구온난화를 방지하는 것이 어렵다고 인식하고 부속서 I(Annex I) 국가의 감축의무를 강화하기 위해 2000년 이후의 감축목표에 관한 의정서를 제3차 당사국총회에서 채택하기로 결정했다. 1996년 스위스의 제네바에서 개최된 제2차 당사국총회에서 제1차 당사국총회의 이러한 결정사항이 재확인되었다.

이러한 결정에 따라 1997년 일본 교토에서 열린 기후변화협약 제3차 당사국총회(COP3)에서 38개 선진국이 2008년부터 2012년 사이에 1990년 대비 온실가스 배출을 평균 5.2% 감축하기로 하는 「교토의정서(Kyoto Protocol)」를 채택했다.117)

당 조약은 발효요건으로서 55개국 이상의 협약 당사국들이 비준하여야 하고 동시에 비준서를 기탁한 국가들의 1990년을 기준으로 한 온실가스 배출량의 합이 전체 감축대상 국가들의 1990년을 기준으로 한 배출량의 55% 이상을 차지하는 것으로 했다. 그 결과 2004년 11월 교토의정서에 러시아가 비준함으로써 비준한 국가의 배출량 총합이 61.6%가 되어 교토의정서 발효요건이 충족되었다. 동 의정서는 발효요건이 충족된 날로부터 90일 경과 후에 발효된다는 발효시기를 가지고 있어 2005년 2월 16일 공식 발효되었다. 이로써 2008년부터 2012년까지 5년간의 감축의무 기간이 시작되면서 기후변화와 관련한 교토기후변화체제가 구축되었다.

117) 교토의정서의 정식명칭은 「기후변화에 관한 유엔협약의 교토의정서(Kyoto Protocol to the United Nations Framework Convention on Climate Change)」이다.

2) 교토의정서 협상과정에서의 주요 쟁점

교토의정서 협상 시 주요 쟁점은 1) 감축목표의 수준과 설정방식, 2) 신축성 체제(flexibility mechanism)인 배출권거래제도 · 공동이행제도 · 청정개발체제의 도입여부, 3) 개발도상국의 의무부담 문제, 4) 온실가스 흡수원의 인정여부와 범위 등이었다.

신축성체제의 도입과 관련하여 미국을 주축으로 한 선진국들은 이러한 체제의 도입이 시장원리에 따라 효과적인 온실가스 감축목표의 달성을 가능하게 할 것이라고 주장했으나 개도국들은 이에 반대했다. 개도국의 의무부담과 관련하여 선진국들은 개도국의 자발적 의무부담 조항을 포함할 것을 주장했으나 개도국들은 이에 반대했다. 온실가스 흡수원(carbon sink)의 인정여부 및 범위와 관련하여 선진국 가운데 미국과 캐나다 등 산림이 많은 국가들은 산림을 흡수원으로 인정하고 이들 흡수원들의 범위를 확대할 것을 주장했으나 다른 선진국과 개도국들은 흡수원과 관련한 방법론적 불확실성을 들어 반대했다.

3) 교토의정서의 주요 내용

교토의정서는 1) 부속서 I(Annex I) 국가의 법적 구속력 있는 감축목표의 설정(제3조), 2) 배출권거래제도 · 공동이행제도 · 청정개발체제와 같은 시장원리에 입각한 신축성체제의 도입(제6조, 12조, 17조), 3) 국가 간 연합을 통한 공동 감축목표 달성 허용(제4조) 등을 주요 내용으로 한다.

교토의정서는 감축목표로서 2008년부터 2012년까지의 공약기간 중에 감축대상 국가 전체의 배출 총량을 1990년 수준보다 평균 5.2% 감축하도록 했다. 감축대상 국가들은 교토의정서의 부속서 B(Annex B)에 열거된 국가들인데 이들은 기후변화협약상의 부속서 I(Annex I) 국가 가운데 1997년 당시 기후변화협약의 미가입국이었던 터키와 벨라루스를 제외한 38개 국가이며 여기에 국가가 아닌 유럽연합(EU)이 지역공동체로서 별도로 포함된 것이다.[118)]

118) 참고로 교토의정서의 부속서 A(Annex A)는 온실가스(greenhouse gases)와 배출원(emissions sources)을 열거하고 있다. 부속서 B (Annex B)는 기후변화협약에서의 Annex I 국가들 중 1997년 당시 기후변화협약에 가입하지 않은 국가들인 터키와 벨라루스를 제외한 38개국과 EU의 첫 의무이행 기간 동안의 기준년도에 대한 배출한도 및 감축목표(기준년도 대비 백분율)를 열거하고 있다. 이처럼 기후변화협약의 Annex I 국가는 교토의정서에서 Annex B 국가로 재조정되었다.

이들 대상들은 실제로 각 국가의 특수한 상황에 따라 -8%에서 +10%까지 차별화된 온실가스 감축목표량을 할당받아 공약기간인 2008년에서 2012년까지의 5년 동안 연평균 온실가스 배출량을 1990년 배출량대비 평균 5.2% 감축하기로 했다. 구체적인 대상별 감축목표는 다음과 같다: 오스트리아·벨기에·불가리아·체코·덴마크·에스토니아·핀란드·프랑스·독일·그리스·아일랜드·이탈리아·라트비아·리히텐슈타인·리투아니아·룩셈부르크·모나코·네덜란드·포르투갈·루마니아·슬로바키아·슬로베니아·스페인·스웨덴·스위스·영국·유럽연합(-8%); 미국(-7%); 캐나다·헝가리·일본·폴란드(-6%); 크로아티아(-5%), 뉴질랜드·러시아·우크라이나(0%); 노르웨이(+1%); 오스트레일리아(+8%); 아이슬란드(+10%) 등이다.

의정서의 만료 시한은 2012년이고 교토의정서가 규정한 감축대상 온실가스는 이산화탄소(CO2)·메탄(CH4)·아산화질소(N2O)·수소불화탄소(HFCs)·과불화탄소(PFCs)·육불화황(SF6) 등 6개 가스이다.

교토의정서는 선진국들이 온실가스 감축의무를 자국 내에서만 모두 이행하기에는 물리적·경제적으로 한계가 있다는 점을 인정하여 감축의무 이행에 신축성을 부여하는 일명 「교토메카니즘(Kyoto Mechanism)」을 도입했다. 이러한 신축성체제(flexibility mechanism)로서 배출권거래제도(Emission Trading, ET)·공동이행제도(Joint Implementation, JI)·청정개발체제(Clean Development Mechanism, CDM)가 도입되었다.

배출권거래제란 온실가스 감축의무를 지닌 국가 사이에 배출쿼터의 거래를 허용하는 제도이다. 공동이행제도는 선진국 A가 선진국 B에 투자하여 발생된 온실가스 감축 분의 일정 분을 선진국 A의 배출 감소 실적으로 인정하는 제도이다. 청정개발체제는 선진국 A가 감축의무가 없는 개도국 B에 투자하여 발생된 온실가스 배출 감축 분을 자국의 감축 실적에 반영할 수 있도록 하는 제도이다.

교토의정서는 산림 등 흡수원 활동을 통해 얻은 온실가스 흡수량을 일정 부분 선진국의 감축의무를 달성하는 데 사용하는 것을 허용했다. 구체적으로 1990년 이후에 인간에 의해 야기된 직접적인 토지 이용변화와 신규조림(afforestation)·재조림(reforestation)·산림전용(deforestation) 등 임업활동에 의해 발생된 배출원에 의한 배출과 흡수원에 의한 제거로 인한 온실가스 배출량의 순 변화는 각 공약기간 동안 저장량의 검증 가능한 변화로 측정되어 부속서 1 의무 감축국의 감축

공약을 달성하는 데 사용될 수 있다고 규정했다.

한국을 비롯하여 기후변화협약 비부속서 I에 속하는 국가들은 교토의정서에서 기후변화협약에서와 마찬가지로 온실가스 감축과 기후변화 적응에 관하여 보고·계획수립·이행 등 일반적인 조치만이 요구되었다.

4) 교토기후변화체제의 의의와 한계

교토기후변화체제는 비록 선진국 중심이기는 했지만 이들에 대해 강제성 있는 온실가스 감축목표와 시기를 최초로 설정하였다는 점과 온실가스를 상품으로서 거래할 수 있게 하였다는 점에서 큰 의의를 가진다. 그러나 교토기후변화체제는 구체적으로 다음과 같은 문제점을 지니고 있었다.

첫째, 교토기후변화체제가 소수 국가만이 감축의무를 부담함으로써 이를 통해서는 기후변화에 근본적으로 대응하는 것이 불가능했다. 둘째, 대상국의 감축목표가 개개 국가의 감축 잠재능력을 고려하지 않고 정치적으로 결정되어 공정하지 못할 뿐 아니라 국가들의 참여를 증대시키기 위해 저수준의 온실가스 감축목표가 설정되었다. 셋째, 의무 불이행에 대한 실효적인 제재조치가 결여되었다. 넷째, 신축성체제가 도입되었다. 다섯째, 미국과 같은 주요 온실가스 배출국이 참여하지 않았다. 여섯째, 시행기간이 2008년부터 2012년까지 5년으로 너무 짧고 2012년까지만 효력이 미치는 시한을 가졌다.[119]

교토의정서는 온실가스 감축의 의무가 선진국에만 주어졌다는 본질적인 한계를 가지고 있었는데 설상가상으로 선진국 가운데 미국이 2001년에 비준을 거부하고 캐나다가 2012년에 탈퇴를 했다. 또한 개도국으로 분류되어 온실가스 감축의무를 지지 않는 일부 국가들의 온실가스 배출량이 대폭적으로 늘어나면서 이러한 국가들이 감축의무에 참여하지 않을 경우 지구온난화를 피할 수 없게 되었다.

구체적으로 2006년에 중국이 미국을 제치고 세계 최대 온실가스 배출국이 되었고 인도와 브라질을 포함한 신흥 공업 국가들도 경제성장과 더불어 더 많은 온실가스를 배출하면서 이들의 온실가스 배출량이 2020년 이후에는 선진국을 초과할 것이라는 예측이 제시되면서 교토의정서체제로는 온실가스 배출량을 줄이는 것이 불가능하다는 판단을 하게 되었다.

119) 그 당시 전 세계 온실가스 배출량의 23.5%를 차지하고 있던 미국이 2001년에 비준을 거부했다.

4. 교토기후변화체제의 연장

구체적으로 교토의정서가 2012년까지만 유효한 한시적인 조약이기 때문에 2012년 이후에 적용될 새로운 기후변화체제를 만들어야만 했다. 이러한 새로운 체제를 만들기 위해서는 2012년이 도래하기 여러 해 전부터 협상을 시작해야 했다. 왜냐하면 협상 자체에 여러 해가 소요되고 협상의 결과로서 협약이 체결되어도 세부적인 이행사항까지 논의하려면 더 많은 시간을 필요로 했기 때문이다.

따라서 공약기간이 종료하기 최소 7년 전에 공약에 대한 검토를 개시한다는 교토의정서 제3조 9항에 따라 2005년부터 POST-2012 기후변화체제 구축을 위한 협상이 개시되었다. 구체적으로 2005년에 몬트리올에서 개최된 제11차 당사국총회(COP11)에서 협상이 시작되었고 2007년 12월에 인도네시아의 발리에서 개최된 제13차 당사국총회(COP13)부터 본격화되었다.120)

2007년 인도네시아 발리에서 개최된 제13차 당사국총회에서 교토의정서가 2012년에 효력이 종료되는 것에 대비하여 기존에 감축 의무를 지는 선진국에 개도국까지 포함하는 POST-2012 기후변화체제를 2009년 네덜란드 코펜하겐에서 개최되는 제15차 당사국총회에서 출범시키기로 합의를 했다.

그러나 2009년 제15차 당사국총회에서 감축목표와 개도국에 대한 재정 및 기술의 지원과 같은 문제로 선진국과 개도국이 대립하면서 협상이 이루어지지 않아 POST-2012 기후변화체제의 출범이 좌절되고 말았다. 대신에 과도조치로서 선진국뿐만 아니라 개도국들도 2020년까지 자발적으로 온실가스 감축을 이행하기로 하는 정치적 합의문을 채택했다.

2010년에 멕시코 칸쿤에서 개최된 제16차 당사국총회에서 선진국과 개도국 모두 2020년까지 자발적으로 온실가스 감축을 이행하기로 한 제15차 당사국총회의 정치적인 합의문을 법적 구속력을 가지는 결정문(칸쿤 결정문)으로 채택했다. 이로써 가까스로 기후변화체제의 구축을 위한 협상의 맥을 이어갈 수 있게 되었다.

2011년에 남아프리카 더반에서 개최된 제17차 당사국총회에서 POST-2012 기후변화체제의 구축 실패로 생기는 조약의 공백기를 메우기 위해 2008년부터 2012년까지를 공약기간으로 한 교토의정서 연장을 위한 2차 공약기간의 설정에

120) 기후변화협약 당사국총회는 대륙별 순환 원칙에 따라 개최된다.

합의했고 2012년 카타르의 도하에서 개최된 제18차 당사국총회에서 교토의정서의 2차 공약기간을 2013년부터 2020년까지로 하는 교토의정서 개정안이 채택되었다. 이러한 과정 전반을 좀 더 세세히 살펴보면 다음과 같다.

1) 제13차 당사국총회(2007년, 인도네시아 발리)

제13차 당사국총회에서 교토의정서의 효력이 끝나는 2012년 이후의 기후변화체제 구상을 위해 「발리로드맵」이라고 흔히 불리는 「발리행동계획(Bali Action Plan, BAP)」이 채택되었다.

이러한 발리행동계획은 교토의정서의 효력이 끝나는 2012년 이후에 국제사회가 기후변화 대응을 위해 무엇을 할 것인가를 결정하기 위한 큰 틀을 제시하였다는 점에서 중요한 의미를 가진다. 구체적으로 발리행동계획은 선진국뿐만 아니라 개도국까지 동참하여 2020년까지 1990년 대비 온실가스를 25-40% 감축하고 2009년 네덜란드의 코펜하겐에서 개최될 제15차 당사국총회까지 2012년 이후의 감축 목표·감축 의무국·감축 방법에 대한 협상을 완료하자는 내용을 핵심으로 한다.

발리행동계획은 장기적인 협력행동을 위한 공유비전(shared vision for long-term cooperative action)·강화된 감축 행동(enhanced action on mitigation)·강화된 적응 행동(enhanced action on adaptation)·강화된 기술의 개발과 이전 행동(enhanced action on technology development and transfer)·강화된 재정제공과 투자 행동(enhanced action on the provision of financial resources and investment)을 주요 주제로 다루었다. 발리행동계획의 주요한 합의 내용은 다음과 같다.

우선 POST-2012 기후변화체제의 기본적인 협상을 위한 틀에 대한 합의가 있었다. 즉 POST-2012 기후변화체제의 구축을 위한 협상을 선진국과 개도국 모두를 대상으로 하는 「기후변화협약 트랙」과 교토의정서를 비준한 선진국을 대상으로 하는 「교토의정서 트랙」이라는 두 가지 트랙(two-track)으로 구분하여 2009년 코펜하겐에서 개최될 제15차 당사국총회까지 완료키로 하였다.

기후변화협약 트랙의 경우 「기후변화협약하에서의 장기 협력행동 임시작업반(Ad-Hoc Working Group on Long-term Cooperative Action under the Convention, AWG-LCA)」을 두어 온실가스 감축·기후변화 적응·기술이전·재원 등을 논의하기로 했다. 교토의정서 트랙의 경우는 「교토의정서 하에서의 부속서 I 당사국의 추가공약 임시작업반(Ad Hoc Working Group on Further Commitments for Annex I Parties under the Kyoto Protocol, AWG-KP)」을 두어 교토의정서상의 세부 규정과 추가 감축을 논의하기로 했다.

기후변화협약 트랙에 따라 개도국도 선진국의 재정과 기술 지원 아래 자발적으로 감축하는 「국별적정감축행동 (Nationally Appropriate Mitigate Action, NAMA)」을 시행할 것과 교토의정서 트랙에 따라 선진국들은 2008년부터 2012년까지의 공약기간에 이어 지속적으로 의무적인 감축에 참여하되 교토의정서에서 보다 좀 더 높은 감축목표를 부담할 것을 규정했다. 이로써 선진국과 개도국 모두 강제적이든 자발적이든 감축대열에 합류하기로 했다. 선진국과 개도국 모두가 측정·기록·검증이 가능한(measurable, reportable, and verifiable, MRV) 방법으로 온실가스의 감축공약과 감축행동을 할 것을 요구했다.

유연체제에 대한 공감대도 확산되어 기후변화 대응 시 선진국의 경우 국가별 경제적·사회적 여건상의 차이의 반영과 선진국 간의 감축노력의 형평성을 의미하는 상응성(comparability)의 확보와 유지가 강조되었다. 개도국의 경우에는 위에서 언급한 바 있는 국별적정감축행동(Nationally Appropriate Mitigate Action, NAMA)이 도입되었다.

개도국이 열대우림을 보호할 경우 재정지원을 해주는 프로그램이 발리행동계획에서 처음으로 주요 의제로 부각되었다. 이는 온실가스 배출을 줄이는 것에 더하여 온실가스 흡수를 늘여 기후변화에 대응하려는 시도였다.

총체적으로 보아 발리행동계획은 교토의정서를 비준하지 않은 미국과 감축의무를 부담하지 않은 중국과 인도 등 개도국의 광범위한 참여하에 POST-2012 기후변화체제에 대해 협의할 수 있는 국제협상의 기본 틀을 구축했다는 점에서도 중요한 의의를 가졌다.

발리행동계획은 협상의 시한을 2009년 말로 설정했을 뿐 아니라 협상의 실질적인 주체로서 임시작업반(ad-hoc working group)을 설치했고 주요한 논의주제(협상의 구체적인 쟁점분야)를 명확하게 제시하는 등 POST-2012 기후변화체제의 수립을 위한 협상 프로세스를 출범시켰다. 그러나 발리행동계획은 선진국의 구체적인 감축목표를 설정하지 못했고 개도국의 감축의 범위와 성격에 대해 합의를 보지 못했다는 한계를 지녔다.

2) 제14차 당사국총회(2008년, 폴란드 포즈난)

제14차 당사국총회는 POST-2012 기후변화체제 수립을 위한 최종합의 목표 시점인 2009년 말 제15차 당사국총회를 1년 앞두고 개최된 회의로서 교토의정서를 대체할 새로운 기후변화 조약의 체결을 위한 중간점검을 위한 회의였다. 즉 발리행동계획에 따라 2009년까지 POST-2012 기후변화체제의 협상을 마치기 위해 방향을 제시하고 정치적 동력을 유지하는 것을 목표로 했다. 따라서 이 회의에서는 구체적인 쟁점에 대한 합의를 도출하기보다는 각 쟁점을 보다 명확히 정리하고 2009년 이후의 협상일정을 보다 분명히 하는 것을 목표로 하고 있었다.

이 회의에서는 지구온난화 진행을 늦추기 위해 세계 각국이 2009년 봄까지 구체적인 온실가스 감축계획을 내놓고 2009년 6월까지 협상문의 구성요소와 초안을 마련하자는 일정에 합의했다. 그러나 공유비전·기술이전·재원확대 등 중요 쟁점에 대해서는 선진국과 개도국 사이의 입장 차이를 재확인하는 데 그쳐 협상의 구체적 성과는 미흡한 회의였다.

3) 제15차 당사국총회(2009년, 네덜란드 코펜하겐)

2007년 제13차 당사국총회에서 제15차 당사국총회 때까지 POST-2012 기후변화체제 구축을 위한 협상을 완료한다는 합의가 있어 관심이 집중된 회의였다. 그러나 당 회의는 온실가스 감축과 개도국을 위한 재정과 기술의 지원 등의 문제를 둘러싸고 미국과 유럽연합(EU)을 포함하는 선진국과 중국·인도·한국 등의 개도국 사이에 입장 차이가 커서 법적 구속력을 갖는 POST-2012 기후변화체제의 구축에 실패했다.[121)]

대신에 법적 효력이 없는 낮은 수준의 정치적 합의문인 「코펜하겐 합의문(Copenhagen Accord)」을 도출하는 데 그쳤다.[122)] 동 회의는 당사국총회 역사상 처음으로 정상회의를 개최하여 20여 국가 정상들이 합의문을 마련하였다는 것에

121) 교토기후변화체제가 2012년에 끝나기 때문에 2012년 이후의 체제에 대해 논의하기 위해 2009년까지 포스트 교토기후변화체제에 대한 논의를 2009년 제15차 당사국총회 때까지 마치기로 하였다. 2013년에 출발한 새로운 체제의 수립에 대한 협상을 2009년까지 마치기로 한 이유는 협약을 체결한 후에 세부적인 이행사항들을 논의하여 확정을 지으려면 수년이 소요되기 때문이다. 그러나 뒤에 살펴보겠지만 2009년 제15차당사국총회(COP15)에서 협상이 결렬되면서 POST-2012 기후변화체제를 수립하지 못하자 교토기후변화체제를 2020년까지 연장시키는 것을 대안으로 채택했으며 POST-2020 기후변화체제의 논의를 마치는 시한을 2015년 제21차당사국총회(COP21)로 정했다.

122) 코펜하겐 합의문(Copenhagen Accord)은 당사국총회에서 결정문으로 채택되지 못했다.

의미의 일부를 둘 수 있는데 이들 간의 주요 합의사항은 다음과 같다.

우선 지구의 평균기온 상승 폭을 산업화 이전 대비 섭씨 2도 이내로 제한하기로 했다. 의무감축국(부속서 1 국가)인 선진국은 2020년까지의 수량화된 감축목표와 계획서를 2010년 1월말까지 기후변화협약의 사무국에 제출하되 교토의정서 감축대상국은 교토의정서보다 상향조정된 감축목표치를 제출하기로 했다. 비의무감축국(비부속서 1국가)인 개도국은 자발적 감축행동을 2010년 1월말까지 기후변화협약 사무국에 제출하고 이후 2년마다 유엔에 성과를 보고하도록 규정했으며 국제적인 재정지원을 받은 활동만을 측정・보고・검증(MRV)의 대상으로 하기로 했다.

이처럼 제15차 당사국총회는 POST-2012 기후변화체제의 구축에는 실패했지만 과도기적 조치로서 선진국과 개도국이 2020년까지 자발적으로 온실가스 감축을 이행하기로 했다. 그러나 이러한 합의는 법적 구속력을 가지지 않는 정치적 합의에 불과했다. 이러한 코펜하겐 합의문은 다음 해에 멕시코 칸쿤에서 개최된 당사국총회에서 법적 구속력을 가지는 결정문으로 채택되었다.

코펜하겐 합의문은 재원 측면에서의 성과가 있었다고 할 수 있다. 구체적으로 합의문은 2010-2012년에 총 300억 달러 규모의 재원 조성으로 개도국을 긴급 지원하고 2020년까지 공공재원과 민간재원 및 양자채널과 다자채널을 통해 매년 1,000억 달러를 「코펜하겐녹색지구기금(Copenhagen Green Planet Fund)」으로 조성한다는 장기재원의 조달 목표를 설정했다. 이로써 이후 녹색기후기금(Green Climate Fund, GCF)이 설립되는 초석이 마련되었다. 또한 REDD Plus((Reducing Emissions from Deforestation and Forest Degradation in Developing Countries) 기제의 도입이 합의되었다.[123)]

4) 제16차 당사국총회(2010년, 멕시코 칸쿤)

POST-2012 기후변화체제의 구축을 위한 국제협상을 2009년 덴마크 코펜하

123) REDD는 산림의 전용과 산림의 황폐화를 방지하여 온실가스 감축을 꾀하는 방법으로서 REDD 활동을 통해 감축된 탄소량을 탄소시장에서 거래가 가능한 배출권으로 인정하는 제도이다. 개도국이 삼림 훼손이나 벌목을 감축하는 것에 대해 선진국이 기술과 재원을 지원하는 것을 의미하기도 한다. REDD+는 REDD를 확장한 개념으로서 산림 전용과 산림 황폐화로부터의 탄소배출 감축뿐만 아니라 산림 탄소축적 보존・지속가능한 산림경영・조림과 산림복원을 통한 산림 탄소축적 증진을 의미한다. REDD+는 REDD의 소극적인 삼림파괴 방지에서 나아가 적극적인 삼림육성 활동을 통해 기후변화를 억제하려는 제도이다.

겐에서 열린 제15차 당사국총회까지 마무리하기로 한 것이 실패한 후 칸쿤회의에 대한 기대가 있었으나 이 회의 역시 POST-2012 기후변화체제의 구축과 의무 감축국의 감축목표 설정 등 근본적인 이슈에 대한 합의도출에 실패했다.

그러나 코펜하겐에서의 합의의 주요 내용을 구체화한 「칸쿤 결정문(Cancun Decision)」이 채택되었다. 이러한 칸쿤 결정문은 정치적 합의에 불과했던 「코펜하겐 합의문」과 달리 당사국총회의 결정문으로서 코펜하겐 합의의 내용을 발전시켜 유엔체제 내로 수용하였다는 데에 의의를 가진다. 구체적으로 POST-2012 기후변화체제의 수립에 실패했지만 과도적인 조치로서 선진국과 개도국 모두 2020년까지 자발적으로 온실가스를 감축하자는 코펜하겐의 합의문을 결정문으로 채택한 것을 칸쿤회의의 가장 큰 의의로 볼 수 있다.

이밖에 개도국의 자발적 감축행동 등록부(Nationally Appropriate Mitigation Action Registry, NAMA Registry)·칸쿤적응체제(Cancun Adaptation Framework)·녹색기후기금(Green Climate Fund)·기술메커니즘 등 다양한 기구와 기제의 설립에 합의했다. 기금조달과 관련하여 구체적인 조달방안은 합의하지 못했지만 칸쿤 합의는 단기재원과 장기재원을 조성하기로 한 코펜하겐 합의를 재확인하여 개도국의 기후변화 지원을 위해 녹색기후기금으로 2020년까지 매년 1,000억 달러를 조성하고 긴급 지원금으로 2010-2012년에 300억 달러를 마련해 집행하기로 합의함으로써 개도국까지 포함하여 모든 국가가 참여하는 새로운 기후변화체제의 방향에 동의한 것을 가장 중요한 성과라고 할 수 있다. 이밖에 개도국이 삼림의 훼손이나 벌목을 감축하는 만큼 선진국들이 기술과 재원을 제공하는 REDD를 REDD Plus로 발전시키기로 결정했다.

5. POST-2020 기후변화체제의 협상과 구축

1997년 일본 교토에서 열린 제3차 당사국총회(COP3)에서 채택된 기후변화협약 교토의정서는 미국과 일본을 비롯한 주요 선진국들과 유럽연합(EU)이 2008년에서 2012년 사이에 온실가스 총 배출량을 1990년 대비 평균 5.2% 감축하기로 했지만 미국이 2001년에 비준을 거부하고 캐나다가 2012년에 탈퇴했으며 일본·러시아·뉴질랜드가 교토의정서에 잔류를 했지만 제2차 공약기간(2013-2020년)에의 불참을 결정함으로써 참여국 전체의 배출량은 전 세계 배출량의 15%에 지나지 않음으로써 교토기후변화체제가 사실상 유명무실해졌다.

2013년부터 적용될 조약의 부재상황을 막기 위해 궁여지책으로 교토기후변화체제의 공약기간을 2020년까지 일단 연장하는 한편 교토기후변화체제를 근본적으로 바꾸어 2021년부터 적용할 새로운 기후변화체제를 수립을 위한 협상을 시작했다. 이에 따라 2011년 남아프리카공화국 더반에서 개최된 제17차 당사국총회에서 선진국만이 감축의무를 지는 교토의정서와 달리 기후변화협약의 모든 당사국에 적용되는 POST-2020 기후변화체제를 수립하기로 합의를 했다. 이러한 더반 당사국총회의 합의에 따라 2020년 이후 선진국과 개도국 모두가 참여하는 새로운 기후변화체제 수립을 위한 협상이 2012년부터 시작되었다.

이어서 2013년 폴란드의 바르샤바에서 개최된 제19차 당사국총회에서 당사국들은 지구의 기온상승을 산업화 이전 대비 섭씨 2도 이내로 억제하기 위해 필요한 2020년 이후의 「국가별 자발적 감축목표(Intended Nationally Determined Contribution, INDC)」를 2015년까지 제출하는 것에 합의했다. 이어서 최종적인 협상 타결 1년을 남겨두고 2014년 페루의 리마에서 개최된 제20차 당사국총회에서 국가별 자발적 감축목표(INDC)의 구체적인 작성지침에 대한 합의가 있었고 2015년 프랑스 파리에서 개최될 제21차 당사국총회에서 채택될 합의문의 주요 요소에 대한 합의에 도달했다. 이를 통해 POST-2020 기후변화체제의 타결과 채택을 위한 기반을 다졌다.

선진국과 개도국 모두가 참여하는 자율감축 체제를 도입하자는 이러한 합의는 교토기후변화체제가 비록 선진국들에 국한된 것이기는 하지만 이들에게 온실가스 감축의무를 강제한 것이 체제 자체의 유명무실화를 가져왔다는 진단에 기초를 두었을 뿐 아니라 개도국들도 온실가스 감축노력에 동참하지 않고서는 지구온난화를 피할 수 없다는 판단에 바탕을 두었다.

제21차 당사국총회가 개최되기 전까지 POST-2020 기후변화체제의 협상이 타결에 이르도록 정치적 의지를 결집하기 위한 여러 가지 노력들이 공식 회의와 비공식 회의를 통해 행해졌다. 기후변화와 관련한 협상의 경우 당사국 전체의 합의(consensus)를 통해 타결되기 때문에 이러한 합의의 도출에 용이한 비공식회의가 중요한 역할을 했다.

파리 당사국총회에서의 협상 타결을 돕기 위해 소집된 공식 회의로는 2014년 9월에는 반기문 유엔 사무총장의 제안으로 미국 뉴욕에서 개최된 유엔 기후정상회의(UN Climate Summit)가 있다. 비공식 회의로는 기후변화 고위급 라운드테이블 회의(Informal Ministerial Roundtable on Climate Change)・피터스버그 기후대화(Petersberg Climate Dialogue)・기후와 에너지에 관한 주요경제국 포럼(Major Economies Forum on Energy and Climate, MEF)・진보적인 행동을 위한 카르타헤나 대화(Cartagena Dialogue for Progressive Action) 등이 개최되어 협상 타결을 위한 결의를 다졌다.

이러한 일련의 과정들을 통해 2015년 제21차 당사국총회에서 2021년부터 선진국과 개도국 모두가 참여하는 POST-2020 기후변화체제의 근간이 될 파리합의문이 체결되었다. 여기에서는 주요 당사국총회를 중심으로 좀 더 구체적인 협상 과정과 협상의 결과물에 대해 살펴보고자 한다.

1) POST-2020 기후변화체제의 협상

(1) 제17차 당사국총회(2011년, 남아프리카공화국 더반)

제17차 당사국총회의 주요 합의사항을 살펴보면 다음과 같다. 첫째, 교토의정서를 대체하여 모든 당사국(선진국과 개도국)이 참여하는 새로운 기후변화체제의 수립을 위한 협상의 출범에 합의하는 「더반플랫폼(Durban Platform)」이 채택되었다.

이로써 새로운 기후변화체제는 교토의정서에 존재했던 의무감축국과 비의무감축국의 구분이 없어지고 모든 당사국이 감축의무의 적용대상이 된다. 법적 형태는 이후 협상을 통해 의정서(protocol)나 다른 법적문서(another legal instrument) 혹은 법적 효력을 지닌 합의된 결과물(agreed outcome of legal force) 중 하나를 채택하기로 했다. 협상은 2012년 상반기에 개시하여 2015년에 완료하고 2020년까지 발효시키는 것을 목표로 했다. 2012년 상반기에 협상포럼으로서 별도의 「실무그룹(Ad Hoc Working Group on the Durban Platform for Enhanced Action)」을 신설하는 데 합의했다.

둘째, 2008-2012년을 공약기간으로 한 교토의정서 연장을 위한 2차 공약기간을 설정할 것에 대해 합의했다. 일본・캐나다・러시아는 미국・중국・인도 등의 의무감축 편입 없이는 교토의정서의 연장체제에 참여할 수 없다는 입장을 지속적으로 표명했고 한편 중국・인도・볼리비아 등 개도국은 현행 교토의정서를 연장하여 유지하고 개도국의 감축행동은 자발적으로 운영할 것을 주장했다. 이러한 이견이 있었으나 2012년 말 만료되는 교토의정서의 연장에는 합의했다. 그러나 연장기간을 2017년까지 유효한 5년으로 할 것인가 2020년까지 유효한 8년으로 할 것인가에 대해서는 2012년 카타르 제18차 당사국총회(COP18)에서 결정하기로 했다.

이밖에 녹색기후기금(Green Climate Fund, GCF)의 설립을 위한 설계위원회의 최종보고서가 채택되어 이사국 선정 · 이사회 회의 개최 · 임시사무국 선정 · 상설 사무국 선정 기준 등 세부 사항에 합의하고 기금을 조속히 출범하기로 결정했다.[124] 또한 기술개발 및 이전과 관련하여 개도국 입장을 반영해 기술집행위원회와 기후기술센터로 구성된 기술메커니즘 설립에 합의했다.

2010년 칸쿤회의까지도 POST-2012 기후변화체제에 대한 합의가 이루어지지 않아 교토기후변화체제가 2012년에 만료된 이후 법적 공백상태가 도래할 것에 대한 우려가 있었다. 그러나 더반회의에서 교토기후변화체제를 연장하기로 하여 2013년부터 교토기후변화체제의 제2기가 시작되게 되었다. 총체적으로 보아 더반회의는 더반플랫폼의 채택과 더불어 2020년 이후 선진국과 개도국의 모든 당사국이 참여하는 법적 구속력이 있는 POST-2020 기후변화체제 수립의 절차와 시한 등에 합의를 하였다는 것에 큰 의의를 둘 수 있다.

(2) 제18차 당사국총회 (2012년, 카타르 도하)

제18차 당사국총회는 「도하기후관문(Doha Climate Gateway)」을 채택했는데 여기에 포함된 주요 합의사항은 다음과 같다. 첫째, 교토의정서를 연장하여 2차 공약기간을 언제까지로 할 것인가에 대해 합의했다. 구체적으로 교토의정서의 공약기간이 2012년에 종료된 이후 2차 공약기간의 설정과 관련하여 선진국과 개도국의 의견이 첨예하게 대립되었으나 선진국의 주장대로 2차 공약기간을 2013년 1월 1일부터 2020년 12월 31일까지 8년으로 결정했다.

둘째, 교토의정서의 연장기간과 더불어 교토의정서가 개정되었다. 구체적으로 현재의 부속서 I 국가(교토의정서에 따라 온실가스 감축 공약을 이행 중인 국가)의 감축목표를 2020년까지 1990년 대비 25-40%까지로 명시하고 2014년까지 공약을 재검토하여 감축목표를 상향 조정하기로 합의했다.

교토의정서의 시장기제로 불리는 배출권거래제도 · 공동이행제도 · 청정개발체제는 2013년 이후에도 유지되지만 부속서 B 국가 가운데 감축목표가 없는 국가와 제2차 공약기간 불참국은 이 가운데 청정개발체제에의 참여만이 허용된다. 1

124) 한국은 이때 녹색기후기금(GCF)의 사무국을 유치하겠다는 의사를 공식적으로 표명했다.

차 공약기간 중 발생한 잉여배출권을 2차 공약기간으로 이월을 허용하였으나 이를 구매하지 않겠다는 유럽연합(EU)·호주·일본·리히텐슈타인·모나코·노르웨이·스위스 7개국들의 선언을 부속서에 명시했다.

셋째, 교토의정서가 2020년까지 연장됨에 따라 당사국들은 2015년까지 새로운 기후변화체제를 만들어 2020년 이후부터 교토의정서를 대체해 나갈 것을 합의했다. 즉 2015년까지 새로운 기후변화체제에 대한 협상을 완료하는 데 동의하고 2020년까지 감축노력 강화를 위한 협상 시간표를 제시했다. 구체적으로 2013년 3월 1일까지 2020년 이후 새로운 기후변화체제에 적용될 원칙·법적 형태·감축방식·감축상향 등의 주요 요소들에 대한 국가별 제안서를 제출하고 2013-2015년 동안 매년 최소 2회 협상을 위한 회의를 개최하고 2015년 5월까지 협상문안 초안을 완성할 것에 합의했다. 반기문 유엔 사무총장은 2014년 세계 정상회의를 소집하여 2015년까지 각국의 정치적 의지를 제고할 것을 발표했다.

넷째, 기후변화대응을 위한 장기재원 조성 워크프로그램이 1년 연장되어 재원조성방안에 대해 지속적으로 논의하기로 결정했으며 선진국들이 2020년까지 1,000억 달러를 조성하기 위한 「자금조성계획(pathways)」에 대한 전략과 접근법에 대한 제안서를 제19차 당사국총회에 제출하도록 했고 제19차 당사국총회의 고위급회의에서 장기재원 조성의 진전을 평가하기로 했다. 선진국들이 2013-2015년 동안 최소한 단기재원 규모를 조성할 것을 장려했다. 한국의 인천 송도를 녹색기후기금(GCF)의 사무국 유치도시로 선정한 이사회의 결정을 인준했다.

다섯째, 기후변화의 부정적 영향으로서의 손실과 피해에 대해 국제적인 차원에서 대응할 수 있도록 하는 국제적 기제를 포함한 제도적 장치를 2013년 제19차 당사국총회에서 마련하기로 했다. 이러한 기제는 선진국에 비해 상대적으로 취약한 기반시설을 가지고 있는 개도국이 기후변화로 인해 입게 되는 손실과 피해를 선진국의 재원으로 보상해 주는 프로그램이다. 구체적으로 손실과 피해는 기후변화의 부정적 영향으로 인해 발생하는 자연재해와 같은 급작스런 기후현상뿐만 아니라 해수면의 상승과 같이 서서히 진행되는 점진적인 변화로 인해 발생하는 것까지 포괄적으로 포함하기로 했다.

도하회의는 이처럼 2012년 만료되는 교토의정서를 2020년까지 연장하고 선진국과 개도국이 모두 참여하는 새로운 감축안을 2015년까지 만들기 위한 기반을 조성했고 기후변화로 인한 손실과 피해에 대한 지원을 공식화했다는 점에서 중요한 의의를 가진다.

그러나 미국은 중국과 인도와 같이 온실가스를 다량 배출하는 주요 개도국이 불참한다는 이유로 1차 공약기간에 이어 2차 공약기간에도 참여하지 않았고 1차 공약기간에 참여했던 러시아 · 일본 · 뉴질랜드 또한 2차 공약기간 불참을 선언했고 캐나다는 아예 교토의정서를 탈퇴했다.[125] 이들 국가들은 교토의정서 체제하에서는 온실가스 배출량이 많으면서 감축의무를 지지 않는 국가들 때문에 교토의정서의 효율성이 떨어진다는 이유로 불참을 선언하거나 탈퇴를 했던 것이다. 이에 따라 2020년까지 연장된 교토의정서는 전 세계 온실가스 배출량의 약 15% 정도만 통제할 수 있게 되었다.[126]

(3) 제19차 당사국총회(2013년, 폴란드 바르샤바)

제19차 당사국총회는 2020년 이후 선진국과 개도국 모두가 참여하는 새로운 기후변화체제에서의 각국 온실가스 감축의 책임분담 방식(구체적으로 감축목표 설정 방식 · 감축목표 제출시기 · 감축목표 제출 후 검토절차 등) · 선진국들이 개도국의 기후변화 대응을 지원하기 위해 2020년까지 제공을 약속한 1,000억 달러의 구체적인 조성 로드맵 · 기후변화의 부정적인 영향으로 발생하는 개도국의 손실과 피해(loss and damage)에 대한 보상체계 등을 주요한 쟁점사항으로 한 당사국총회였다. 이러한 쟁점을 둘러싼 논의 끝에 다음과 같은 주요 합의가 이루어졌다.

첫째, 미국을 포함한 선진국들은 중국을 포함한 개도국들의 온실가스 누적 배출량이 2020년경에는 선진국들의 누적 배출량을 초과하게 될 것이라면서 교토의정서를 대체하여 2020년부터 출발할 새로운 기후변화체제에서 개도국을 포함한 모든 국가들이 감축의무를 져야 하며 이러한 감축협상은 2015년까지 종료되어야 한다고 주장했다.

이와는 달리 개도국들은 1992년 기후변화협약과 1997년 교토의정서의 기본원칙으로 자리 잡은 선진국과 개도국의 명확한 구분이 향후 협상에서도 유지되어야 한다며 선진국들의 역사적 책임을 강조했다. 이에 대해 선진국들은 온실가스

125) 미국은 교토의정서의 비준을 거부하여 미비준 상태에 있다. 캐나다는 2012년 12월에 교토의정서에서 탈퇴했다. 러시아, 일본, 뉴질랜드는 교토의정서에 잔류상태로 있으면서 2013년부터 2020년에 이르는 2차 공약기간에 불참을 결정했다.

126) 전 세계 온실가스배출량 국가 순위 1위(중국, 22%), 2위(미국, 19%), 3위(러시아, 5.4%), 4위(인도, 4.9%), 5위(일본, 3.9%), 7위(캐나다, 1.9%)가 모두 교토기후변화체제의 제2기에 불참하기로 했다.

감축에서 선진국과 개도국을 구분하고자 하는 것은 2011년에 이미 합의한 「더반 플랫폼(Durban Platform)」을 무력화시키려는 시도라고 반발했다.

결과적으로 새로운 기후변화체제의 수립을 위한 협상을 2015년까지 완료하고 선진국과 개도국 모두 새로운 기후변화체제의 온실가스 감축목표를 2015년에 개최될 예정인 제21차 당사국총회 전까지 제출하기로 합의를 했다. 그러나 주요 온실가스 배출국인 중국과 인도의 강력한 반대로 국가들의 온실가스 감축목표에 대해 일반적으로 사용되어온 용어인 「공약한다(commit)」는 용어 대신에 이 용어보다 구속력이 약한 「기여한다(contribute)」라는 용어가 합의문에 기재되었다.127)

둘째, 녹색기후기금(GCF)과 관련하여 사업모델 등 핵심적인 사항을 확정하고 제20차 당사국총회까지 초기 재원조성을 위한 준비 작업을 완료할 것을 합의했다. 개도국의 기후변화 대응을 지원하기 위해 2020년까지 연간 1,000억 달러의 장기재원 조성을 촉진하기 위해 2014년부터 2년마다 기후재정 관련 장관급 회의를 개최하고 선진국은 2014-2020년 재원확대를 위한 전략과 접근방법을 제출하기로 합의했다. 그러나 어느 국가가 얼마나 어떻게 부담할 것인지 구체적인 결정은 이루어지지 않았다.

셋째, 「바르샤바 손실과 피해에 관한 국제기제(Warsaw International Mechanism for Loss and Damage)」를 구축했다. 기후변화로 인한 개도국의 손실과 피해에 대한 위험관리와 재정 및 기술지원 등을 위한 집행위원회의 설립에 합의했고 3년마다 이 기제의 구조·임무·효과성을 평가하기로 했으며 이 기제에 의거하여 2014년부터 선진국은 기후변화의 영향으로 피해를 받은 국가에 재정적·기술적 지원을 제공하기로 했다. 그러나 재원조달과 관련해서는 어떠한 결정도 이루어지지 않았다.

당 회의는 2020년부터 출범할 새로운 기후변화체제의 수립을 위한 협상을 2015년까지 종료하고 새로운 기후변화체제의 온실가스 감축목표 제출마감 시기를 2015년으로 하며 새로운 기후변화체제 합의문에 담길 주요 항목과 향후 논의할 사항들을 확인하는 등 새로운 기후변화체제 협상의 로드맵을 제시했다는 점에서 큰 의의를 가진다.

127) 이렇게 제19차 당사국총회에서 「공약한다」가 「기여한다」는 표현으로 대체된 것은 구속력 있는 「공약한다(commit)」는 말이 「약속하고 검토한다(pledge and review)」는 말로 대체된 제16차 당사국총회의 결과와 크게 다르지 않다.

그러나 지구온도 상승을 2℃ 이하로 억제하겠다는 새로운 기후변화체제의 전지구적 감축목표하에서 개개 국가가 새로운 기후변화체제에서 자발적으로 감축하기 위해 제시할 목표치를 둘러싼 협상이 쉽지 않을 것으로 전망되었다. 협상의 타결이 아닌 협상의 타결을 위한 로드맵 마련이라는 절차적 합의가 주를 이루었다. 당 회의에서는 새로운 기후변화체제가 출발하기 전까지 적용될 2013-2020년 온실가스 감축방안을 놓고는 의견을 수렴하지 못했다.

(4) 유엔 기후정상회의(2014년)

2014년 9월 미국 유엔본부에서 세계 130여 국가의 정상이 참여하는 유엔 기후정상회의(UN Climate Summit)가 개최되었다. 이 회의는 2020년 이후의 새로운 기후변화체제 형성을 목표로 각국의 의지를 확인하고 향후 협상의 정치적 동력을 결집하기 위한 회의였다. 즉 유엔 기후정상회의는 다음 해인 2015년 12월 파리에서 개최될 제21차 당사국총회를 앞두고 주요국의 정치적 의지를 최대한 모으기 위한 자리였다. 2011년 남아프리카공화국의 더반에서 2020년 이후의 새로운 기후변화체제를 만들기로 합의한 이래 이루어진 주목할 만한 협상의 진전은 다음과 같다.

첫째, 온실가스 감축 노력에 세계 모든 국가가 참여하기로 함으로써 새로운 기후변화체제는 선진국만 온실가스 감축 의무대상으로 규정한 교토의정서 체제에 비해 보다 포괄적인 성격을 가지게 된다. 각국의 참여 범위와 내용에 대한 규정은 아직 정해지지 않았지만 2020년 이후부터는 선진국과 개도국 구별 없이 모든 국가가 온실가스 감축에 참여하기로 합의했다.

둘째, 기후변화 협상의 주요 장애물 중 하나였던 국가별 온실가스 감축목표의 강제할당 방식이 사실상 폐기됐고 국가별로 감축목표와 공약을 자율적이고 독자적으로 결정해 지구적 차원의 온실가스 감축목표를 설정하는 새로운 상향식 감축방식을 채택하기로 합의했다. 이에 온실가스 감축의 부담을 서로 어떻게 나눌 것인가를 놓고 갈등해 왔던 주요 온실가스 배출국가 간 대립구도가 현저히 약화되고 정치적 타협의 여지가 한층 커졌다. 즉 그동안 의무감축 참여에 난색을 표시해 온 중국이나 인도 등 핵심 개도국이 보다 전향적으로 접근할 수 있는 여지가 확대됐다.

유엔 기후정상회의에서 새로운 기후변화체제 협상의 타결에 결정적 열쇠를 쥔

기후재정 분야의 진전 달성 여부가 핵심적인 관심사항이었으나 개도국의 지구온난화 대책을 지원하기 위해 새롭게 설립된 녹색기후기금(GCF)에 프랑스 등 6개국만이 총 23억 달러를 출연한다고 표명함으로써 개도국들의 요구에는 미치지 못했다. 유엔 기후정상회의는 미국과 중국을 포함한 많은 국가들이 2015년 3월까지 2020년 이후 온실가스 배출량 감축 목표 방안을 내놓기로 표명한 뒤 폐막됐다.

(5) 제20차 당사국총회(2014, 페루 리마)

제20차 당사국총회는 새로운 기후변화체제에 대한 협상을 2015년 12월 파리에서 열리는 제21차 당사국총회에서 타결해야만 한다는 목표를 가진 가운데 개최된 관계로 협상의 진전여부가 초미의 관심사항이 될 수밖에 없었다. 제20차 당사국총회의 주요 결과물을 살펴보면 다음과 같다.

첫째, 새로운 기후변화체제인 POST-2020 기후변화체제에서의 국가별 자발적 감축목표(INDC)의 제출범위 · 제출시기 · 제출정보 등을 담은 당사국총회 결정문이 채택되었다.[128] 구체적으로 제출범위로서 국가별 자발적 감축목표에 감축목표를 중심으로 하되 적응관련 사항도 포함하는 것에 합의했다. 제출시기는 국가별 자발적 감축목표 제출준비가 된 국가는 2015년 3월까지 제출하고 여타 국가는 제21차 당사국총회(COP21)의 개최 이전에 충분히 앞서 제출하기로 했다. 사무국은 2015년 10월 1일까지 제출된 국가별 자발적 감축목표의 종합적 효과에 대한 보고서를 2015년 11월 1일까지 준비하기로 합의했다. 제출정보에는 기준연도 · 계획기간 · 적용범주 · 목표수립 계획절차 · 온실가스 배출과 흡수량을 추산하고 설명하는 과정과 방법론적 접근 · 국가별 상황과 협약의 목적달성에 기여하는지에 비추어 공정하고 의욕적임을 설명하는 이유 등이 포함된다.

둘째, 2015년 12월 파리 당사국총회(COP21)까지 채택하기로 한 새로운 기후변화체제 협정문의 주요 항목이 포함된 문서(element paper)를 확정하였으며 동 문서를 토대로 2015년 5월까지 협상문안 초안을 작성하도록 하여 본격적인 새로운 기후변화체제 협정의 문안협상에 들어갈 채비를 했다.

셋째, 회의기간 중 노르웨이 · 호주 · 벨기에 등 선진국뿐만 아니라 페루와 콜롬비아 등도 녹색기후기금(GCF)에 공여하는 금액을 발표하면서 초기 재원 조성 규모가 28개국으로부터 102억불로 증가하여 녹색기후기금의 초기 재원조성 목표

128) 「INDC」를 통상적으로 「자발적 기여방안」이라고 번역하여 사용한다.

액인 100억불을 초과 확보하는 성과를 기록했으며 추가적인 재원조성 부분에 대한 협의를 지속하기로 했다.

넷째, 이번 당사국총회에서 미국과 프랑스 등 17개 유엔기후변화협약 부속서 I 국가(유엔기후변화협약 상 선진국으로 분류되는 국가)가 제출한 격년보고서(Biennial Report, BR)에 대한 다자평가가 최초로 실시되었다.

(6) 제21차 당사국총회(2015, 프랑스 파리)

교토의정서의 제2차 공약기간이 끝나는 2020년 이후 전 지구적으로 기후변화에 대응하는 데 기반이 될 문건을 채택하기 위해 제21차 당사국총회(COP21)가 2015년 12월 프랑스의 파리에서 개최되었다. 파리에서 개최된 제21차 당사국총회에서 주목했던 점들과 쟁점은 다음과 같았다.

첫째, 각국이 자발적으로 제출한 온실가스의 감축 목표량이 산업화 이전에 비해 섭씨 2도 이하로 유지하는 전 지구적인 목표에 근접하는가의 여부였다. 교토 기후변화체제의 경우 전 세계가 줄여야 할 온실가스의 총량을 정하고 그 다음에 이를 기초로 하여 각국의 의무 감축량을 할당했다. 이와는 달리 POST-2020 기후변화체제의 경우는 협상과정에서 이러한 방식에 대한 거부가 적지 않아 자발적 감축목표량 개념을 도입하여 각국이 자발적으로 온실가스의 감축 목표량을 제출하도록 하는 커다란 방향전환을 했다.

둘째, 각국의 자발적 감축의 법적 성격 규정에 대한 견해차이가 존재했다. 유럽연합(EU)과 군소도서국가연합(AOSIS) 국가들은 국제법적 구속력을 지닌 조약(treaty)이나 의정서(protocol)가 되어야 한다고 주장하는 것과는 달리 미국·중국·한국을 포함한 대부분 국가는 법적 구속력을 부과하게 되면 참여 국가의 수가 줄고 온실가스 감축목표를 바꿀 때마다 비준을 거쳐야 하는 등의 이유로 법적 구속력 없이 유연성을 갖고 국내법을 통해 실질적으로 이행하는 실용적 접근을 선호했다.[129]

셋째, 온실가스의 감축의무를 둘러싼 선진국과 개도국의 차별 여부와 개도국

129) 온실가스 감축에 관해 강경한 입장을 견지하고 있는 유럽연합과 군소도서국가연합(AOSIS) 등은 INDC를 통해 제출된 자발적 감축목표와 이행계획을 최종 합의문서에서 국제법적으로 구속적 성격을 가진 것으로 만들자고 주장한 반면에 미국을 비롯한 엄브렐러 그룹(Umbrella Group)과 중국과 인도 등 다수의 개도국은 INDC의 법적 성격을 비구속적이고 자발적 성격으로 하자고 주장했다.

에 대한 선진국의 재정과 기술 지원 의무를 둘러싼 선진국과 개도국 간의 견해 차이가 존재했다. 대기 중의 이산화탄소에 대한 역사적인 책임이 적은 개도국들은 대체적으로 기후변화에 대한 선진국의 역사적 책임을 들어 선진국과 개도국이라는 이분법 체계가 지속되어야 하며 개도국의 감축 노력 참여에 상응하는 선진국의 재원 지원 및 기술이전 의무강화를 강조했다.

반면에 선진국들은 기후변화협약이 체결된 이후의 변화된 각국의 상황을 반영해 이를 수정해야 한다는 입장이다. 즉 과거와는 달리 현재 개도국들의 온실가스 배출 증가율이 선진국들과 비교하여 높은 관계로 이러한 추세가 지속된다면 오래지 않아 선진국들의 온실가스 배출량을 앞지를 것이라고 전망하는 선진국들은 개도국의 증가하는 책임을 강조하고 감축 목표의 이행을 주기적으로 점검하여 목표를 상향 조정할 수 있는 강력한 이행과 점검체제의 구축을 주장하였다.

이밖에 자발적인 온실가스 감축목표의 갱신주기도 쟁점 가운데 하나였다. 제21차 당사국총회에서 합의된 것보다 더 높은 목표치를 추구하기 위해 몇 년을 주기로 검증하는 구조가 만들어져야 하는가에 대해 5년 주기 혹은 10년 주기 등의 이견이 존재했다. 이러한 쟁점과 더불어 기후재원에 민간재원을 포함시키는 방안·이행점검 방식·기후변화와 인과관계가 있는 개도국 재해에 지원하는 문제(손실과 보상)·감축 의무 불이행에 대한 제재문제 등에 대한 쟁점이 존재했다.

2015년 12월에 제21차 당사국총회가 개최되기 전인 10월 1일까지 국별 자발적 감축치를 제출하기로 되어 있었는데 이때까지 제출한 국가는 196개 유엔기후변화기본협약(UNFCCC) 당사국 중 총 147개국(선진국 43개국과 개도국 104개국)이었다. 이들은 감축 목표치에서 차이를 가질 뿐 아니라 기준 연도와 목표 연도에 있어서도 차이를 가졌다.[130] 또한 기준 연도에 대비하여 절대량을 줄인 것인지 아니면 현재 추세대로 온실가스를 배출한다는 가정 하에 예상되는 배출전망치(business- as-usual, BAU)에 대비하여 줄일 것인가의 차이를 가졌다.[131]

구체적인 예를 들자면 유럽연합(EU)은 2030년까지 1990년 대비 최소 40%, 미국은 2025년까지 2005년 대비 26-28%, 일본은 2030년까지 2013년 대비 26%, 멕시코는 2030년 배출전망치(BAU) 대비 25%(무조건)와 40%(조건), 중국은

130) 감축목표 기준 연도가 1990년도, 2000년도, 2005년도 등으로 다양하고 감축목표 기간도 5년과 10년으로 나뉘어 있다.

131) 중국과 같은 국가는 예외적으로 탄소집약도(배출량/GDP)를 사용하여 감축량을 제시하고 있다. 이는 GDP 단위당 온실가스 배출량 방식으로 줄이는 것을 의미한다.

2030년까지 GDP 단위당 2005년 대비 60-65% 감축안을 제출했다. 선진국은 주로 기준 연도 대비 절대량 방식으로 감축목표를 설정했고 개도국들은 주로 배출전망치(BAU)를 기준으로 온실가스 감축목표를 설정하는 특징을 보였다.[132]

한국은 이러한 추세와는 달리 대부분의 개도국들이 따르는 BAU 대비 감축을 제시했다. BAU 대비 감축안을 제시한 국가들은 2030년의 배출전망치를 기준으로 삼고 있는데 한국도 예외가 아니어서 한국이 제시한 BAU 대비 37% 감축이란 현재 추세대로 온실가스를 배출할 때 2030년까지 배출될 것으로 예상되는 온실가스보다 37%를 덜 배출하겠다는 것이다.

지구온난화를 산업화 이전에 비해 섭씨 2도 이하로 유지하는 전 지구적인 목표 아래 국가들로 하여금 제21차 당사국총회 개최 이전에 국가별 자발적 감축목표를 제출하도록 했는데 각국들이 2015년 10월 1일까지 제출한 감축목표를 유엔사무국이 분석한 결과 섭씨 2도 상승 억제의 목표에 크게 미치지 못하는 것으로 드러났다.

2) POST-2020 기후변화체제의 주요 내용

제21차 파리 당사국총회의에서 「파리합의문(Paris Agreement)」이 채택됨으로써 2020년에 만료가 되는 교토기후변화체제를 대체하여 2020년 이후 적용될 새로운 기후변화체제인 POST-2020 기후변화체제가 출발하게 되었다.[133] 이러한 새로운 기후변화체제는 선진국뿐만 아니라 개도국까지도 탄소 배출량 감소에 동참하게 된다.

구체적인 이행방안을 마련하기 위한 후속협상을 위해 파리합의문 임시작업반(Ad-hoc Working Group on the Paris Agreement, APA)이 설립되어 2016년부터 후속협상이 진행되며 파리합의문은 55개국 이상의 비준과 비준한 국가들의 배출량의 합이 전체 배출량의 55% 이상을 차지할 경우 발효하도록 되어 있다. 파리합의문은 이러한 요건이 갖추어져 2016년 11월 4일에 공식적으로 발효했다. 파리합의문의 중요한 내용을 살펴보면 다음과 같다.

첫째, 국제사회의 장기목표로 지구 평균기온 상승을 산업화 이전과 대비하여

132) 예외가 전혀 없는 것은 아니다. 예컨대 브라질은 2030년까지 2005년 대비 43% 감축안을 제시했다.

133) 많은 문헌들이 제21차 파리 당사국총회의 결과문건인 「Paris Agreement」를 「파리협정」이라고 번역하여 사용하고 있으나 저자는 여기에서 「파리합의문」이라고 번역하여 사용하고자 한다. 그 이유는 파리합의문의 법적 성격 부분에서 상론하고자 한다.

상승폭(2100년 기준)을 섭씨 2도보다 상당히 낮은 수준으로 유지하기로 하고 섭씨 1.5도 이하로 제한하기 위한 노력을 추구하기로 했다. 섭씨 1.5도 이하로 제한하기 위해 노력할 겻을 명시한 것은 섭씨 2도 제한 목표가 충분하지 않다는 군소도서국가연합 국가들을 포함한 기후변화에 취약한 국가들의 절박한 주장을 반영한 결과였다.134)

둘째, 탄소 배출량 감축과 관련하여 국가들은 「국가별 자발적 감축목표(INDC)」를 스스로 정해 제출하는 상향식 방식을 도입했다. 이는 교토기후변화체제의 한계를 극복하기 위해 모든 국가가 참여할 수 있는 장치를 마련하고자 한 결과이다.

국가들은 5년마다 상향된 감축목표를 제출하여야 하며 가능한 한 가장 높은 수준의 의욕을 반영한 목표여야 한다. 여기서 「상향된 감축목표」의 제출이란 국가들이 5년마다 새로운 감축목표를 제출할 때 이전보다 높은 수준의 감축목표를 제시하여야 한다는 것을 의미하며 이는 「후퇴방지의 원칙」 혹은 「전진 원칙」이라고 한다.

국가별로 자발적인 감축목표를 제출함에 있어서 「공동의 그러나 차별화된 책임」이라는 원칙이 적용되고 국별 상황을 고려할 수 있도록 했다. 국가들은 5년을 주기로 새로운 감축목표를 제출하여야 할 뿐 아니라 2050년을 목표로 하는 장기 저탄소 발전전략을 2020년까지 제출하기 위해 노력할 것도 언급하고 있다.

셋째, 온실가스 감축목표의 효과적 달성을 위해 기후변화협약 중심의 시장 이외에도 당사국 간의 자발적인 협력도 인정하는 등 다양한 형태의 국제 탄소시장 기제의 설립에 합의했다. 이와 함께 환경적 건전성과 이중계산(double counting) 방지 등의 원칙을 반영하고 이행에 필요한 절차와 지침 등은 향후 후속논의를 통해 개발하기로 했다.135)

넷째, 개도국 그 중에서도 특히 기후변화에 취약한 개도국의 필요를 고려하여

---

134) 현재 지구 온도는 이미 산업화 이전보다 섭씨 1도 가량이 상승한 상태이다.

135) 「이중계산(double counting)」이란 탄소 배출권 회계와 관련한 것으로서 감축실적을 이중으로 계산하는 것을 의미하며 투명성에 입각한 회계규칙의 강화와 관련을 가진다. 예컨대 개발청정체제의 경우 하나의 감축성과에 대하여 선진국의 성과로 인정하는 동시에 개도국의 감축목표에서도 차감시켜 그 효과가 이중계산이 될 우려가 있다. 파리합의문에서는 국가들이 배출권거래제 도입 시 이중계산을 방지하기 위한 조치를 보장해야 하며 거래 촉진을 위한 신규 기제(mechanism)를 구축해야 한다는 언급과 더불어 포괄적인 기준만을 제시하고 있어 이에 관한 보다 상세한 내용들은 추후 결정해야 한다.

온실가스의 감축(mitigation) 외에 기후변화에 대응하기 위한 적응(adaptation)의 중요성과 더불어 적응에 대한 노력과 국제협력의 중요성에 중점을 두었다. 적응이 감축과 더불어 기후변화와 관련하여 중요한 위치를 차지하고 있는 것은 온실가스의 감축노력에도 불구하고 기후변화로 인한 피해는 피할 수 없는 문제라는 인식이 강했기 때문이다. 적응과 관련하여 파리합의문은 모든 국가는 국가적응계획을 수립하고 이러한 적응계획과 이행내용 등에 대한 보고서를 제출하여 각국의 적응정책과 이행사례 등에 대한 정보를 공유할 것을 명시하고 있다.

다섯째, 기후변화의 부작용으로 인한 개도국들의 손실과 피해(loss and damage)에 대해서는 별도의 조항에서 규정하고 있다. 기존에 손실과 피해가 적응의 일부로 논의되어 오던 것을 고려해 볼 때 이것은 파리합의문에서의 하나의 성과로 간주된다. 파리합의문은 손실과 피해를 최소화하고 다양한 방면에서 국제적 이해와 더불어 조치와 지원을 지속해야 한다고 규정하고 있으나 직접적인 국제법적인 배상책임의 근거가 되는 것은 아니라는 점을 명백히 하여 미국과 중국 등 최대 온실가스 배출국의 부담을 완화하여 이들의 파리합의문에의 참여에 장애를 제거했다. 이러한 규정은 법적 책임과 재정적 지원 의무를 부과하기보다 협력을 촉구하고 있는 것으로 볼 수 있다.

여섯째, 재원의 경우 개도국의 기후변화 대응(감축과 적응)을 위한 선진국의 재원제공 의무를 규정하고 향후 지원규모의 확대와 재원지원에 관한 투명성 향상을 규정했다. 지원규모 확대와 관련하여 파리합의문은 선진국들이 2020년부터 개도국 등의 기후변화에의 대응을 돕는 데 매년 최소 1,000억 달러를 지원하기로 했고 2025년에 다시 조정하여 새로운 재원조성 목표를 설정하기로 했다.

새로운 재원조성 목표와 관련하여 파리합의문은 구체적인 액수를 명시하지 않고 이전 노력을 뛰어넘는 진전이 있어야 한다고 언급하고 있다. 미국의 강력한 반대로 기후기금은 법적 구속력은 갖지 않는다. 선진국 이외 국가의 자발적 재원제공과 지원도 장려하고 공공기금을 포함한 다양한 분야에서의 재원조성 노력의 필요성을 확인하고 있다. 재원제공과 관련하여 사전·사후적 정보제공에 대한 선진국의 의무를 규정하고 선진국 이외 국가들의 자발적 정보제공을 장려하였다.

일곱째, 기술의 개발 및 이전과 관련하여 협정은 감축과 적응에 있어 기술이 핵심이라는 장기비전을 공유하고 기술협력 확대와 중장기 전략 마련을 위한 기술프레임워크를 수립하기로 했다. 기술협력 정책을 담당하는 기술집행위원회

(Technology Executive Committee, TEC)와 이행기구인 기후기술센터와 네트워크(Climate Technology Center and Network)로 구성된 기술 프레임워크는 기술의 개발과 이전을 촉진하기 위한 것으로 실질적 프로젝트를 통해 기술 수요의 평가와 이를 위한 재정·기술적 지원 등의 촉진을 담당하게 된다. 효과적이고도 장기적인 기후변화대응에 기술혁신이 중요하다는 점에 인식을 같이 하고 이를 위한 연구와 개발(R&D)에 있어서의 협력과 기술접근의 확대를 위해 기술과 재정을 위한 기제를 통해 지원한다. 기술 개발과 이전을 위한 협력을 강화하고 이를 위해 선진국이 지원하도록 하고 있다.

여덟째, 파리합의문은 개도국들이 효과적으로 기후변화에 대응할 수 있는 수단으로서 역량배양의 필요성을 강조했다. 여기에서 역량강화란 선진국으로부터 개도국으로의 역량의 이전에 그치는 것이 아니라 모든 당사국들이 협력하여 노력하여야 하는 것이다. 협정은 선진국들이 개도국에 있어서의 역량강화를 위한 지원을 강화할 것을 규정하고 역량배양 활동은 적절한 제도적 장치를 통해 제고되어야만 하며 이를 위해 당사국총회가 역량배양을 위한 제도적 장치에 대한 결정을 심의하고 채택할 것이라고 언급하고 있다.[136]

아홉째, 파리합의문은 이행점검과 검토절차를 도입하여 투명성을 제고하였다. 국가들은 5년마다 탄소배출 감축 약속의 성실한 이행 여부와 감축목표의 합당한 설정의 여부를 검토 받도록 되어 있다. 국가들은 온실가스 인벤토리와 감축목표 달성 경과 등에 대한 보고를 의무적으로 해야 하며 보고내용에 대한 전문가 검토와 협의를 거치도록 하여 각국의 이행을 투명하게 관리하는 절차를 강화하면서 개도국에게는 일정 정도 유연성을 허용하고 있다.

개도국을 대표하는 중국과 인도는 애초에는 감축약속의 이행을 검토하는 것에 반대했지만 종국적으로 이를 수용했다. 이러한 주기적 검토는 기후변화에 대한 총량적인 대응을 위한 것이자 협정의 실효성을 높이기 위한 것이다. 이러한 주기적인 감축이행 검토는 교토기후변화체제보다 진전된 요소 가운데 하나이다. 2018년에 사전 이행검토 성격의 촉진적 대화(facilitative dialog)를 가진 후 2023년에 첫 검토가 있을 예정이다. 이러한 검토를 위해 국제사회가 공동으로 검토

136) 여기에서 「제도적 장치에 대한 결정」이란 「역량강화 파리 위원회(Paris Committee on Capacity Building, PCCB)」를 설립하는 것이고 이 위원회의 목적은 개도국에 있어서 역량강화를 이행하는 데 있어서의 문제점들을 다루는 것이다.

하는 「전 지구적 이행점검(Global Stocktaking)」 시스템이 만들어진다.

3) 파리합의문의 법적 성격

파리 당사국총회의 협상 결과물인 「Paris Agreement」의 국제법적인 성격을 살펴보기 위해서는 우선 협상의 결과물을 「교토의정서(Kyoto Protocol)」에서와 같이 「의정서(protocol)」라는 이름을 사용하지 않고 「agreement」라는 용어를 사용한 것에 주목할 필요가 있다. 통상적으로 「agreement」라는 용어도 흔히 「협정」이라는 말로 번역되면서 「의정서(protocol)」와 마찬가지로 국제법적인 구속력을 가지는 조약(treaty)의 또 다른 이름으로 사용되는 것도 사실이지만 여기에서는 「agreement」라는 용어를 굳이 사용한 것은 국제법적인 구속력에 한계를 가진 국가들 간의 「합의문」이라는 의미를 부여하고자 했기 때문이라고 볼 수 있다.

파리합의문의 이러한 국제법적인 성격은 파리합의문을 각국의 여건에 따라 비준・수용・승인 중 하나를 선택할 수 있도록 융통성을 부여하고 있는 것에서도 알 수 있다. 또한 파리합의문 내에 국제법적 구속성(internationally legal bindingness)여부에 관해 구체적인 규정을 두고 있는 것에서도 드러난다.

파리합의문은 국가별 자발적 감축목표(INDC)를 제출하는 것은 국제법적 구속력이 있어 의무적으로 하여야 하나 이의 이행에는 국제법적 구속력을 두지 않고 각국의 국내적 노력에 맡겨놓은 것에서 볼 수 있듯이 파리합의문의 일부는 국제법적인 구속력을 지니고 일부는 당사국의 자발적인 참여에 맡겨두고 있다.

좀 더 구체적으로 말해 국가별로 온실가스의 자발적 감축목표를 제출하고 자발적 감축목표의 갱신 시 후퇴방지 원칙을 적용하며 5년을 주기로 정기적으로 약속이행에 대한 검토를 받는 것에는 구속력이 적용되나 당사국이 정한 감축목표 자체는 구속력이 없어 이를 어겨도 직접적인 불이익은 없다. 더불어 개도국에 대한 재정지원 역시 국제법적 구속력이 배제된다.

이는 애초에 유럽연합(EU)이 중심이 되어 구속력을 주장했음에도 불구하고 미국과 중국의 반대로 인한 결과물이다. 이처럼 파리합의문은 감축목표의 이행여부를 각 국가의 선의에 맡기고 있다는 한계를 지니나 감축목표의 이행여부가 국제사회 전체의 검토의 대상이 됨으로써 국가들이 이행을 마냥 방치만 할 수 있는 것은 아닐 것이라고 본다.

4) POST-2020 기후변화체제와 교토기후변화체제의 비교[137)]

기존의 교토기후변화체제와 POST-2020 기후변화체제를 비교하면 다음과 같다. 우선 적용분야와 관련하여 교토의정서의 경우는 온실가스의 감축(mitigation)에 중점이 두어졌는데 반해 POST-2020 기후변화체제는 이러한 온실가스 감축과 더불어 기후변화 적응(adaptation)·재정지원·기술지원·역량강화·투명성 등 6개 분야에 대해 포괄적으로 대응하고 있다. 즉 온실가스 감축과 기후변화 적응을 목적으로 하면서 이러한 목적을 달성하기 위해 재정지원·기술지원·역량배양을 수단으로 하고 있다. 이러한 것들이 투명성 있게 이루어지는 것을 중요한 내용으로 한다.

둘째, 감축대상 국가와 관련하여서는 교토기후변화체제에서는 주요 선진국이 의무 감축대상이고 개도국은 자발적으로 참여하는 반면 POST-2020 기후변화체제에서는 기후변화협약의 당사국으로서 선진국과 개도국 모두를 포함하며 이로써 세계 온실가스 배출량의 90% 이상을 차지하게 된다.

셋째, 감축목표와 관련하여서는 교토기후변화체제의 경우는 온실가스 총 배출량을 1990년 대비 평균 5.2%를 감축하는 것이었다. POST-2020 기후변화체제의 경우는 지구 평균온도의 상승폭을 산업화 이전과 비교하여 섭씨 2도보다 상당히 낮은 수준으로 유지하기로 하고 섭씨 1.5도 이하로 제한하기 위한 노력을 추구하기로 했다.

넷째, 감축목표의 설정방식과 관련하여서는 교토기후변화체제의 경우 하향식을 택했으나 POST-2020 기후변화체제에서는 국가들이 자발적으로 감축목표를 제시하는 상향식을 택했다. 즉 POST-2020 기후변화체제는 국가별 의무적인 감축목표를 하향식으로 할당했던 교토기후변화체제의 방식에서 벗어나 각국이 스스로 감축목표를 설정할 수 있도록 하는 유연한 접근방식을 채택하여 모든 국가의 참여를 촉진하고자 했다.

다섯째, 적용시기와 관련하여 교토기후변화체제는 1차 공약기간이 2008년부터 2012년이었고 2차 공약기간은 2013년부터 2020년까지이다. POST-2020 기후변화체제의 경우는 2020년 이후에 적용이 된다.

---

137) 환경부 보도자료 (2015)를 중심으로 하여 다른 자료들을 취합함.

제10절 환경보호를 위한 국제적인 노력들

국제사회에서 환경을 보호하기 위한 특별한 제도들이 운용되고 있다. 이와 관련하여 여기에서는 우선 신자유주의가 지배하고 있는 국제사회에서 기업으로 하여금 국제환경 규범을 준수하도록 유인(incentive)을 제공하는 제도들을 살펴보고 그 밖의 다른 제도들을 살펴보고자 한다.

1. 기업을 유인하는 제도

환경보호를 위해 기업을 유인하는 대표적인 제도로서 국제표준화기구(ISO) 인증제도 · 글로벌콤팩트(Global Compact) · 산림인증제도 · 탄소발자국(Carbon Foot-print) · 물발자국(Water Footprint) 제도 등을 살펴보고자 한다.

1) ISO 인증제도

국제표준화기구(International Organization for Standardization, ISO)는 표준을 제정하는 국가들의 단체들의 대표들로 구성된 국제적인 조직으로서 산업과 통상 등의 분야에 있어서 표준의 부재가 가져오는 비효율성을 해결하기 위해 국제표준을 개발하여 보급할 목적으로 1947년에 스위스 민법에 의해 비정부기구(NGO)로서 설립되었다. 이 조직이 정한 표준은 국제적으로 광범위하게 적용됨으로써 국제적으로 커다란 영향력을 지니고 있다.

ISO는 분야별로 표준번호를 부여하는데 환경분야의 경우 ISO 14000번 대역의 번호가 부여된다. 가장 대표적인 것이 ISO 14001인데 이는 환경경영시스템에 관한 국제표준으로서 기업 등의 조직이 구축한 환경경영시스템이 이러한 국제표준에 적합한가를 심사하여 인증을 해주게 된다. 구체적으로 기업이 해당 환경관련 법규나 규제기준을 준수하는가의 차원을 넘어 환경방침 · 추진계획 · 실행과 운영 · 점검과 시정조치 · 경영검토 · 지속적 개선 등 포괄적인 환경경영을 얼마나 실시하고 있는지를 평가하는 제도로서 기업이 생산하는 제품 자체보다는 제품이 생산되는 과정에 적용되는 것이다.

ISO로부터 이러한 인증을 받은 기업의 경우 환경과 관련한 기업의 사회적 책임을 다한다는 좋은 기업의 이미지를 가지게 되며 이러한 것이 기업에게는 이러한 인증을 취득하여야 할 유인(incentive)이 된다.

2) 글로벌콤팩트(Global Compact)

글로벌콤팩트는 2000년에 코피 아난(Kofi Annan) 전 유엔 사무총장의 주도로 만들어져 출범한 약정으로서 기업을 포함한 다양한 단체들이 자발적으로 유엔이 제시한 인권・노동・환경・반부패라는 4개 분야에 걸친 10개의 원칙(principles)을 지키겠다고 약속을 함으로써 기업의 관행개선을 유도하려는 목적을 가지고 탄생했다.

10개의 원칙을 분야별로 구분하여 살펴보면 우선 인권과 관련하여 국제적으로 선언된 인권보호를 지지하고 존중하며(원칙 1), 인권침해에 연루되지 않도록 적극 노력한다(원칙 2). 노동과 관련하여 결사의 자유와 단체교섭권의 실질적인 인정을 지지하고(원칙 3), 모든 형태의 강제노동을 배제하며(원칙 4), 아동노동을 효율적으로 철폐하고(원칙 5), 고용과 업무에서 차별을 철폐한다(원칙 6). 우리가 특히 관심을 가지는 환경과 관련해서는 환경문제에 대한 예방적 접근을 지지하고(원칙 7), 환경적 책임을 증진하는 조치를 수행하며(원칙 8), 환경 친화적 기술의 개발과 확산을 촉진한다(원칙 9). 마지막으로 반부패와 관련해서 부당취득과 뇌물 등을 포함하는 모든 형태의 부패에 반대한다(원칙 10).

기업을 비롯한 약정 단체는 이러한 10개 원칙에 대한 실질적인 이행조치를 취해야 하며 이러한 이행조치에 대한 내용을 보고서를 통해 글로벌콤팩트 사무국의 인터넷 웹사이트에 공시해야 한다. 약정 단체들은 글로벌콤팩트에의 가입을 통해 사회적 책임을 선도한다는 이미지를 제고할 수 있고 유엔이라는 조달시장에 물품을 납품하는 데 있어서 유리할 수 있다.

3) 산림인증제도

1980년대 후반 개도국의 열대림이 급속도로 감소하자 유럽의 환경분야 비정부기구(NGO)들이 열대림 목재의 불매운동을 전개하였다. 이러한 불매운동에 직면하자 목재업계에서 지속적인 산림경영을 인증하고 거기에서 생산된 목재를 인증하는 「산림인증제도」를 생각하게 되었다. 열대림을 파괴하고 있는 목재기업을 실제로 감시한다는 것의 어려움을 잘 알고 있는 열대림보호 NGO들 역시 열대목의 사용을 제한하거나 불매하는 운동으로부터 산림인증제도 쪽으로 운동의 방향을 전환함으로써 등장한 제도이다.

초창기에 이러한 인증과 관련하여 다양한 인증주체가 다양한 심사방법과 다양한 기준을 가지고 인증을 부여함으로써 다양한 종류의 인증마크가 등장하여 소비자들을 혼란에 빠뜨렸다. 이 때문에 공정하며 신뢰성 높은 산림인증제도의 필요성이 강하게 대두되었다.

이러한 상황 속에서 공정하며 신뢰할 수 있는 산림인증제도를 만들기 위해 1993년에 세계자연기금(World Wide Fund for Nature, WWF)과 그린피스(Greenpeace International)와 같은 환경 NGO들이 주축이 되어 「산림관리협의회(Forest Stewardship Certification, FSC)」를 설립하여 이 기관으로 하여금 열대림 보호를 위한 조치의 일환으로서 「열대림관리 지침」을 만들도록 하고 더불어 인증자들(certifiers)을 공인하여 이들로 하여금 산림인증(forest certification)을 하도록 했다.

산림관리협의회 이외에도 인증자들을 공인하는 다수의 산림인증 주체들이 존재하지만 인증기준의 엄격성 등에 있어서 상당한 차이를 보인다. 대부분의 환경 NGO들은 이러한 산림인증 주체들 가운데 이해관계를 가지고 있는 모든 그룹의 동등한 대표성을 허용하고 있을 뿐 아니라 가장 높은 사회적·환경적 기준을 적용하고 있는 산림관리협의회를 지지하고 있다.

이러한 산림인증은 「산림경영인증(Forest Management Certification)」과 「목재인증(timber certification)」이라는 두 종류가 있다. 산림경영인증이란 산림을 지속가능하게 경영하고 있는 목재기업에 부여되는 인증이고, 목재인증은 산림경영인증을 받은 산림에서 생산된 목재나 이러한 목재로 만든 가구 등의 제품에 인증라벨을 부착하여 산림경영인증을 받지 않은 산림에서 생산된 제품과 차별화하는 인증이다.

산림경영인증과 목재인증을 포함하는 산림인증과 구별하여야 하는 개념으로서 「환경 라벨링(eco-labelling)」이라는 개념이 있다. 이들의 차이를 살펴보면 다음과 같다.[138]

소비자들로 하여금 잘 관리된 산림으로부터 생산된 윤리적이고 환경을 생각하

138) FFRN, "Eco-labelling, Forest Certification and the WTO," http://www.fern.org/sites/fern.org/files/pubs/briefs/WTOecolabel3.pdf (검색일: 2016년 10월 10일).

는 제품을 선택하는 것을 돕는 제도로서의 산림인증제도는 오로지 산림경영(forest managment)이라는 이슈만을 고려하고 부여하는 인증제도이다. 이와는 대조적으로 환경 라벨링제도는 생산품의 생산 과정에 있어서의 이산화탄소의 배출·수질오염·쓰레기 배출과 같은 이슈들을 포함한 생산품의 전 생애주기(full life cycle)에 대해 심사를 하여 인증을 부여하는 제도이다. 즉 환경 라벨링제도에 있어서 지속가능한 산림경영이란 이슈는 여러 이슈들 가운데 단지 하나의 이슈에 불과한 것이다.

산림인증과 환경 라벨링은 인증의 주체에 있어서도 차이가 존재한다. 환경 라벨링의 경우는 생산품의 전 생애주기에 관한 광범위한 정보를 필요로 함으로써 대개 정부와 같은 공적기관에 의해 재정이 지원되고 관리된다. 이 때문에 공적기관은 국가의 관심사에 집중하게 되고 국가의 산업에 의해 강하게 영향을 받을 수 있다. 이와는 달리 산림인증의 경우는 대부분 비정부기구(NGO)를 포함한 비국가적 행위자(non-state actor)에 의해 관리된다.

이러한 차이에도 불구하고 산림인증제도나 환경 라벨링제도는 모두 소비자로 하여금 환경 친화적인 생산품에 대한 현명한 선택을 하도록 정보를 제공하고 이러한 시장의 힘을 빌려 기업의 열대림 관리에 영향을 미치도록 하는 것을 주된 목표로 한다.

4) 탄소발자국(Carbon Footprint)

「탄소발자국」은 다양하게 정의되고 있는데 광범위하게 정의하여 인간의 활동 과정에서 발생되는 온실가스 총배출량을 일컫는다. 생산품과 관련하여 원료채취에서부터 가공·수송·유통·사용·폐기에 이르기까지의 제품의 전 생애주기(life cycle)에서 직접적인 배출원과 간접적인 배출원으로부터 배출된 이산화탄소의 총량을 가리킨다. 때로는 이러한 전체 과정에서 배출된 온실가스의 총량을 이산화탄소 상당가로 환산한 양을 지칭하기도 한다.

저탄소의 소비문화를 확산시키고자 탄소배출량 인증마크로서 탄소발자국의 양을 기록한 라벨인 「탄소발자국라벨(carbon-footprint label)」 혹은 「탄소라벨(carbon label)」을 부착한 생산품이 늘어나고 있다. 탄소감축을 위한 이러한 라벨링제도를 가장 적극적으로 시행하고 있는 국가들에는 탄소감축라벨(Carbon Reduction Label) 제도를 실시하고 있는 영국을 비롯하여 프랑스·스웨덴·스위스 등이 있다. 지구온난화가 지속될 경우 탄소발자국이 새로운 비관세 무역규제로 작용할 것이라는 것이 전문가들의 예상이다.

탄소라벨제도는 영국정부가 적극적인 기후변화 정책 추진과 더불어 탄소감축과 저탄소기술의 개발촉진을 위해 정부와는 독립된 기관으로 설립한 민간기업인 카본트러스트(Carbon Trust)가 주도하고 있다. 카본트러스트는 카본트러스트 스탠더드(Carbon Trust Standard, CTS)와 카본라벨 컴퍼니(Carbon Label Company)라는 두 자회사를 두고 있는데 전자는 기업 등이 실질적으로 탄소를 감축하고 지속적으로 탄소를 감축하기 위한 노력을 기울인다고 인정될 경우 이를 인증하는 역할을 한다. 카본라벨 컴퍼니는 탄소발자국(carbon footprint)을 의미하는 탄소감축라벨(carbon reduction label) 서비스를 제공하고 역할을 한다.

한국의 경우에는 「탄소성적표지제도」라는 탄소라벨링(carbon labelling) 제도를 한국환경산업기술원의 주도하에 시행하고 있다. 한국은 2단계의 인증제도를 시행하고 있다. 첫 번째 단계는 제품의 온실가스 배출량 인증단계이다. 이 단계에서는 제품의 탄소배출량을 단순히 인증하는 단계이다. 다음 단계는 저탄소제품 인증단계로서 국가가 당 제품이 온실가스를 감축하여 만들어진 제품임을 인증하는 단계이다.

5) 물발자국 · 탄소발자국 · 가상수

「물발자국(water footprint)」이란 2002년에 네덜란드의 훅스트라(Arjen Y. Hoekstra) 교수가 가상수(virtual water) 개념을 확장시켜 소개한 개념으로서 재화나 서비스를 생산하는 전체 과정에서 직간접적으로 사용되거나 오염되는 물의 총량을 의미한다. 이 개념은 인구증가와 생활수준의 향상으로 물의 소비와 오염의 속도가 점차적으로 증가하는 것을 우려하여 제기한 개념으로서 우리가 사용하는 재화나 서비스를 생산하는 데 얼마나 많은 양의 물이 필요한가를 나타내 주는 지표로서의 역할을 한다.

유네스코 산하의 세계적 물·환경교육기관인 국제구조수리환경공학연구소(UNESCO-IHE)에서 발표한 주요 농산물의 물발자국은 다음과 같다.[139] 사과(210ℓ/300g 1개), 쌀(3,400ℓ/kg), 보리(1,300ℓ/kg), 밀(1,300ℓ/kg), 콩(1,800ℓ/kg), 감

139) Water Footprint Network, "Product Water Footprint," http://waterfootprint.org/en/resources/interactive-tools/product-gallery/ (검색일: 2016년 10월 21일).

자(900ℓ/kg), 옥수수(900ℓ/kg), 돼지고기(4,800ℓ/kg), 닭고기(3,900ℓ/kg), 달걀(200ℓ/60g 1개), 우유(1,000ℓ/1ℓ), 커피(140ℓ/cup). 그러나 이러한 수치는 세계적인 평균값이다. 예컨대 1kg의 소고기 생산에 15,000리터의 물이 소비된다고 하지만 정확한 물발자국은 생산시스템의 유형과 소 먹이의 구성 및 출처와 같은 변수에 의해 달라진다.

기후변화와 관련해 가장 큰 관심을 받고 있는 것은 먼저 살펴본 탄소발자국(carbon footprint)인데 이와 더불어 마시거나 사용할 수 있는 물의 점차적으로 희소해지면서 물발자국 역시 그 중요도를 더해가고 있다. 이에 발맞추어 국제표준화기구(ISO)는 물발자국과 관련해 물의 관리를 일관적으로 평가할 수 있는 국제표준으로서 ISO 14046을 제시했다. 이 국제표준은 물발자국의 계산과 보고를 위한 원칙·요건·지침을 구체화한 것으로서 생산품뿐 아니라 생산의 과정과 조직에 적용된다. 이를 통해 기업들은 고객들이 요구하고 있는 환경에 대한 기업의 책임에 일정한 정도 부응하게 된다.

전 지구적으로 물 부족 현상이 심화되고 일반인들의 물에 대한 인식이 변화하면서 기업의 활동이 물에 미치는 영향을 최소화하기 위한 물발자국 줄이기(low water footprint)가 기업의 중요한 관심사로 부각되고 있다. 조만간 국제사회에서 탄소발자국과 더불어 물발자국이 새로운 비관세 무역장벽으로 등장할 가능성이 높다고 예상되기 때문이다.

물발자국과 가상수의 개념을 구별하면 다음과 같다. 가상수는 재화나 서비스를 생산하기 위해 직접적으로 사용된 물과 간접적으로 사용된 물의 총량이다. 여기에서 간접적으로 사용된 물이란 예컨대 동물의 고기에 대한 가상수를 구할 때 동물의 먹이를 생산하기 위해 소요된 물을 의미한다. 생산품을 만들기 위해 사용된 물이라는 점에서 볼 때 물발자국은 또한 생산품의 가상수로서 지칭될 수 있다(물발자국은 생산품을 만들기 위해 사용되는 물을 지칭하는 용어이다. 이러한 맥락에서 물발자국이라는 말 대신에 가상수라고 말할 수 있다). 이러한 가상수는 단지 물의 양에 관한 정보만을 지칭한다. 이와는 달리 물발자국은 다면적인 지표로서 물의 양뿐만 아니라 물의 소비량·소비시기·소비장소에 관한 정보를 포함하며 생산품의 전체 공급과정에 걸쳐 측정된다.

가상수와 물발자국의 또 다른 차이는 가상수의 경우 생산품에만 사용되는 데 반해 물발자국은 생산품뿐만 아니라 사람·기업·공동체·국가·지리적으로 구분된 지역 등에 사용되는 등 적용범위가 광범위하다. 즉 가상수의 경우 생산품만을 대상으로 물의 양이 계산되지만 물발자국은 소비된 재화와 서비스의 물발자국을 살펴봄으로써 소비자를 대상으로 물의 양이 계산될 뿐 아니라 생산자에 의해 생산된 재화와 서비스의 물발자국을 살펴봄으로써 기업·제조업자·서비스 제공자를 대상으로 해서도 물의 양이 계산된다. 나아가 공동체·지역·국가도 물의 양의 계산 대상이 된다.

2. 기타 환경보호 제도

환경을 보호하기 위한 그 밖의 제도로서 습지완화은행제도·REDD와 REDD+제도·자연보호채무상계제도·탄소채권제도 등을 살펴보고자 한다.

1) 습지완화은행제도

미국·캐나다·네덜란드·독일·유럽연합(EU) 등은 습지개발 등에 의해 훼손되는 습지를 복원하거나 상실되는 습지를 보상하기 위해 개발 면적 이상의 대체습지를 동일 지역이나 다른 지역에 조성하여 전체 습지의 총량과 기능을 유지하고자 하는 습지총량제(No Net Loss of Wetlands Policy)를 도입하여 시행하고 있다. 이러한 습지총량제를 구체적으로 실천하기 위한 주된 수단으로서 대체습지제도와 습지완화은행(Wetland Mitigation Bank) 제도가 있다.

대체습지제도는 습지의 상실에 따른 조치로서 대체습지를 조성하도록 하는 제도를 의미한다. 여기에서 대체습지란 새롭게 조성된 습지뿐 아니라 이미 훼손되어 있는 원래의 습지를 복원하거나 개선시킨 습지를 의미한다. 그러나 이 제도는 개발사업자가 대체습지를 조성만 하면 습지훼손을 해도 된다는 도적적 해이(moral hazard)를 가져와 습지의 개발을 부추기는 측면도 있을 뿐 아니라 비전문가에 의해 대체습지가 조성될 가능성을 지니고 있다.

이러한 대체습지제도의 문제점을 해결하기 위한 보완책의 하나로서의 습지완화은행제도가 주목을 받고 있다. 이 제도는 개발사업이 시행되기 전에(즉 개발로 인한 습지의 훼손이 발생하기 이전에) 습지완화은행이 사전에 영업허가를 받은 지역 내에 적정한 규모의 습지(새롭게 조성되거나 복원이나 개선 혹은 보전된 습지)를 사전에 보유하고 이러한 습지의 가치를 규제기관으로부터 습지완화권(wetland mitigation credit)으로 부여받아 가지고 있다가 습지개발을 허가받은 개발자에게 손실되는 습지의 가치만큼의 습지완화권을 판매하는 제도이다. 다시 말해 습지완화권이란 일종의 「습지훼손 허가권」 혹은 「습지상실 허가권」으로서 탄소배출권의 거래와 마찬가지로 거래의 대상이 된다.

이 제도의 장점 가운데 가장 중요한 것은 시장원리에 따라 습지완화은행이 습지개발자를 대신해 훼손된 습지를 복원하거나 대체습지를 조성하여 습지완화권을 비축하려는 노력을 자발적으로 하도록 할 뿐 아니라 습지완화권의 가치를 높이기 위해 전문적으로 습지를 조성·복구·개선시키는 유발요인을 제공한다. 습지개발에 전문성을 가지고 있지 않은 사업자에게 대체습지 조성의 부담을 주지 않을 뿐 아니라 이미 준비된 습지완화권을 구입함으로써 습지개발을 위한 시간을 단축시킬 수 있는 장점도 있다.

그러나 습지개발을 허가하는 기관이 습지개발자로 하여금 습지의 훼손을 회피하거나 최소화하기 위한 노력을 경주했는가를 중요한 허가의 기준으로 하지 않는 이상 습지완화은행제도는 대체습지제도와 마찬가지로 자연습지를 훼손해도 된다는 도적적 해이(moral hazard)를 가져올 수 있다는 비판으로부터 자유롭지 못하다.

이와 같은 습지완화은행제도는 보전은행(conservation bank) 제도의 한 방식인데 이러한 보전은행제도는 비단 습지보전을 위한 분야에만 적용되는 것은 아니고 프랑스에 있어서의 생물다양성보전은행(Biodiversity Conservation Bank)과 호주의 생태은행(Biobanking)과 같은 제도의 형태로도 존재한다.

프랑스의 생물다양성보전은행의 경우 은행은 토지 소유자로부터 토지를 임대하거나 구입하여 생물다양성을 위해 관리를 한다. 생물다양성을 보호하기 위해 관리되는 이러한 토지는 생물다양성권(biodiversity credit)으로서 환경적인 손실을 보상할 필요가 있는 개발 사업자에게 판매되거나 계약이 체결된다. 정부는 생물다양성을 훼손하는 개발사업자가 이러한 생물다양성권을 구입한 경우에 한하여 개발을 허용하게 된다. 생물다양성권은 개발 사업자에게 뿐만 아니라 생물다양성의 보전에 관심을 가지고 있는 행위자인 정부(예컨대 환경보호청)나 비정부기구(NGO) 등에게도 판매된다. 호주의 생태은행 역시 생물다양성보전은행과 작동방식이 동일하다고 볼 수 있다.

이러한 제도는 크게 생물다양성 상쇄(biodiversity offsets) 제도에 속하는 것으로서 생물다양성 상쇄제도란 개발사업 등으로 인해 생물다양성의 훼손이 불가피한 경우 다른 곳을 보호·개선·조성하도록 하여 생물다양성 총량을 유지하면서 동시에 개발이 지속적으로 가능하게 하는 제도를 의미한다. 즉 훼손되는 생물다양성의 서식지가 아닌 다른 곳에서 생물다양성이 보호·개선·조성함으로써 서식지의 훼손을 상쇄하고자 하는 제도이다.

이 제도는 실제의 운영에 있어서 여러 방식으로 운영될 수 있다. 즉 개발자가 회피할 수 없는 생물다양성의 훼손을 상쇄하기 위한 방식에는 구체적으로 개발자가 직접적으로 조치를 취하여 방식·개발자가 제3자에게 비용을 지불하고 조치를 취하도록 부탁하여 방식·생태은행을 통해 생물다양성을 불가피하게 훼손할 수 있는 권리(credit)를 구매하는 방식이 있다. 이러한 생물다양성 상쇄제도는 생물다양성의 훼손을 피하도록 노력하고 피할 수 없을 경우 훼손을 최소화하기 위한 노력을 하는 등의 노력을 경주한 후에 최후의 수단으로서 사용되어야 한다는 점을 중요시한다.

이렇게 환경상의 외부효과(environmental external effect)를 완화하기 위한 시장(market)을 만듦으로써 작동하는 이러한 기제는 시장기제가 가지는 효율성 면에서 장점을 가지지만 시장을 만들고 준수(compliance)를 확보하는 데 소요되는 거래비용(transaction cost)이 클 수 있다는 점 등이 문제점을 하나로서 지적되곤 한다.

2) REDD와 REDD + 제도

지구 총 면적의 $\frac{1}{3}$을 차지하는 산림은 지구온난화를 유발하는 이산화탄소의 흡수원으로서 중요한 역할을 수행한다. 그러나 산림이 많이 분포되어 있는 개도국의 경우 벌채나 개발로 인해 산림이 급격하게 줄어들고 있다. 따라서 이러한 지역의 산림 소유자들에게 선진국들이 기술과 재정적 지원이라는 보상을 통해 산림을 유지하고자 하는 노력의 일환으로 「산림전용과 산림황폐화로 인한 탄소배출의 감소(Reducing Emission from Deforestation and Degradation, REDD)」 제도가 운영되고 있다. 이 제도는 2005년에 개최된 제11차 기후변화협약 당사국총회(COP)에서 파푸아뉴기니와 코스타리카의 제안에 의해 논의되기 시작했다.

이는 말 그대로 신림전용과 산림황폐화로 인해 수목이 제거되면서 수목 속에 축적되어 있는 탄소가 대기 중으로 방출되는 것을 감소시키려는 활동으로서 선진국들은 이를 위해 기술과 재정적 지원을 제공함으로써 감축된 탄소량을 탄소시장에서 거래가 가능한 배출권으로 인정받을 수 있어 참여의 유인(incentive)이 되고 있다. REDD는 단순히 탄소량 배출 감소를 위한 활동에 그치지 않고 대상 지역에 있어서의 생물다양성의 보전과 원주민의 삶을 지원하는 활동 등을 통해 지속가능한 개발(sustainable development)을 위한 활동도 전개하고 있다.

REDD+는 REDD를 확장한 개념으로서 산림전용과 산림황폐화로부터의 탄소배출 감축을 위한 소극적인 삼림파괴 방지를 통한 산림보호(forest conservation)에서 더 나아가 산림복원 및 산림조림과 같은 지속가능한 산림경영(sustainable forest management)과 탄소 축적량의 향상(enhancement of carbon stock)을 통해 삼림을 적극적으로 육성하여 기후변화를 억제하려는 제도이다. 즉 REDD가 이미 진행된 산림감소와 파괴를 중단한 대상에게 보상을 제공하는 것이라면 REDD+는 산림을 육성하는 대상에게 보상을 제공하는 제도이다.

REDD+는 2007년에 개최된 제13차 기후변화협약 당사국총회가 채택된 발리 행동계획(Bali Action Plan)에 제시된 후 2009년 제15차 당사국총회의 코펜하겐 합의·2010년의 제16차 당사국총회의 칸쿤합의·2012년의 제18차 당사국총회 등을 거치면서 구체화되었다. 2013년에 개최된 제19차 당사국총회에서 구체적인 REDD+ 이행을 위해 「바르샤바 REDD+ 프레임워크」가 수립되면서 REDD+의 관련 주요 결정들에 대한 합의가 이루어졌다.

2015년의 제21차 당사국총회에서 REDD+를 독립된 조항으로 파리합의문에 포함되어야 하는가를 둘러싸고 많은 논란이 있었지만 결국 독립된 조항으로 포함되었다. 구체적으로 파리합의문 제5조는 화석연료의 사용을 줄여 탄소를 감축하면서 탄소배출권을 전 지구화 할 것과 더불어 산림의 전용과 황폐화를 방지하고 산림이 지속가능하도록 경영하여 탄소를 감축할 것을 명시함으로써 REDD+를 기후변화협약의 정식의 기제로서 채택했다.

3) 자연보호채무상계제도

「자연보호채무상계제도(Debt for Nature Swap, DFNs)」는 말 그대로 자연보호를 위한 외채 상계제도로서 개도국들이 외국에 지고 있는 채무를 선진국의 정부나 환경관련 비정부기구(NGO) 혹은 국제기구가 외채의 전부 혹은 일부를 변제해 주고 그 대신에 해당 개도국은 변제된 채무액만큼을 자체의 재정으로 자연보호에 투자하도록 하는 제도를 일컫는다. 즉 개도국의 대외채무와 환경보호를 교환(swap)하는 제도로서 「자연보호와 채무의 교환」이라고도 부른다.

이 제도는 외채상환의 수단으로서 목재를 수출하기 위해 열대림을 파괴하는 예에서 보듯이 개도국의 환경파괴의 적지 않은 부분이 과중한 외채와 연계되어 있다는 진단에 기초하고 있다. 이 제도는 개도국들이 부담하고 있는 과중한 외채 문제를 해결하고 동시에 개도국에서의 환경보호의 문제를 해결한다는 데에 큰 의의를 둘 수 있다.

이 제도는 세계자연기금(World Wide Fund for Nature, WWF)의 러브조이(Thomas E. Lovejoy)에 의해 1984년에 개도국의 외채와 이로 인한 환경에의 부정적인 영향을 다루기 위한 방안으로서 제안되었으며 미국의 환경 비정부기구인 국제보존협회(Conservation International)가 1987년 볼리비아에서 처음 실시한 후 멸종위기의 동식물을 다수 가지고 있는 열대지역 국가들 가운데 과도한 외채로 인해 채무 불이행의 위험에 처해 있는 국가를 우선한다는 원칙하에 전 세계적으로 확대되어 실시되고 있다.

자연보호채무상계제도는 여러 가지방식으로 운영된다. 우선 「쌍무적 자연보호채무상계(bilateral debt-for-nature swap)」는 2개 국가의 정부 사이에서 이루어지는 것으로서 채권국(creditor nation)이 채무국(debtor nation)이 지고 있는 외채의 일부나 전체를 탕감해 주면서 채무국이 탕감을 받은 액수만큼을 자국의 화폐로 환경보호에 투자하도록 요구하는 방식으로 이루어진다. 「다국 간 자연보호채무상계(multilateral debt-for-nature swap)」도 동일한 방식으로 이루어진다.

쌍무적 자연보호채무상계의 일례로 미국 정부와 인도네시아 정부 사이의 자연보호채무상계 협정체결을 들 수 있다. 2011년 9월에 미국은 인도네시아의 부채 2,850만 달러를 탕감해 주고 이를 칼리만탄의 열대우림 보호에 사용하도록 하는 협정을 체결했다. 칼리만탄 열대우림 지역은 오랑우탄 등 멸종위기 동물들의 서식지인데 바이오에너지 붐을 타고 팜 농장이 빠르게 확대되면서 급속하게 파괴되고 있었기 때문이었다. 협정에 따라 인도네시아 정부는 탕감을 받은 액수만큼을 이 지역의 환경보호를 위한 기금에 적립하여 미국 및 세계자연보호기금(WWF) 등과 더불어 칼리만탄 산림 보호 프로그램을 시행한 바 있다.[140)]

140) 연합뉴스, "美-印尼, 자연보호채무상계 협정 체결," http://www.yonhapnews.co.kr/society/2011/09/30/0711000000AKR20110930117100104.HTML (검색일: 2016년 12월 19일).

정부와 정부 사이 외에도 자연보호채무상계가 이루어진다. 이 경우는 채무국이 외국의 상업은행으로부터 외채를 빌린 경우인데 이때 통상적으로 자연보호 NGO가 유통시장(secondary market)에서 개도국이 외채를 빌린 상업은행으로부터 개도국이 진 채무명의(debt title)를 구입한다. 이때 상업은행이 개도국이 외채에 대한 상환능력이 없다고 판단할 경우 세금혜택을 이유로 개도국이 지고 있는 빚을 NGO에게 무상으로 기부를 하거나 유통시장을 통해 NGO에게 할인된 가격으로 판다. NGO는 이렇게 무상으로 기부를 받은 채무명의나 할인된 가격으로 구입한 채무명의를 채무국에게 이전하면서 직접적으로 일정한 환경정책을 시행하도록 하거나 환경기금 혹은 환경재단과 같은 것을 설립하도록 하여 NGO 등의 참여하에 장기적인 환경보호 프로젝트를 수행하도록 한다.

4) 탄소채권

일명 「환경채권」이라고도 불리는 환경채권은 선진국의 이산화탄소를 배출하는 기업들이 열대림을 보호하는 국가들로부터 구매하는 채권이다. 기후변화협약 교토의정서에 따라 배출감축의 의무를 지고 있는 국가들이 의무적인 감축목표를 달성하기 위해 자국 내에서의 비용보다 적은 비용으로 감축할 수 있는 수단으로서 열대림을 보호하는 개도국으로부터 이러한 환경채권을 구입하게 된다. 열대림국가들은 탄소채권을 판매하여 얻은 돈을 의무적으로 열대림의 보호에 한정하여 사용하여야만 한다.

이러한 환경채권은 생물다양성의 보고이면서 이산화탄소의 흡수원으로서의 중요한 가치를 지니고 있는 열대림을 보호하고 동시에 선진국의 감축목표를 달성하기 위한 수단의 하나로서 1992년에 생물다양성협약이 체결된 이후에 논의되기 시작했다.

주제별 관련 문헌목록

1. 총 론

Peter Dauvergne, ed., *Handbook of Global Environmental Politics,* 2nd Edition (Cheltenham, UK and Northampton, MA, USA: Edward Elgar, 2012).

Paul G. Harris, ed., *Routledge Handbook of Global Environmental Politics* (New York: Routledge, 2013).

Philipp H. Pattberg and Fariborz Zelli, *Encyclopedia of Global Environmental Governance and Politics* (Cheltenham, UK and Northampton, MA, US: Edward Elgar Publishing Ltd., 2015).

Robert Falkner, ed., *The Handbook of Global Climate and Environment Policy* (Chichister, UK: Wiley-Blackwell, 2013).

Ronald B. Mitchell, *International Politics and the Environment* (New York: Sage Publications, 2010).

Urs Luterbacher and Detlef F. Sprinz, eds., *International Relations and Global Climate Change* (Cambridge, Massachusetts and London, England: The MIT Press, 2001).

Kate D. O'Neill, *The Environment and International Relations* (Cambridge: Cambridge University Press, 2009).

Elizabeth R. DeSombre, *The Global Environment and World Politics* (New York: Continuum, 2007).

Pamela Chasek, David Downie and Janet Welsh Brown, *Global Environmental Politics*, 7th Edition (Boulder: Westview Press, 2016).

Gabriela Kütting, *Global Environmental Politics: Concepts, Theories and Case Studies* (London and New York: Routledge, 2010).

Karen T. Litfin, "Sovereignty in World Ecopolitics," *Mershon International Studies Review*, Vol 41, No. 2 (1997), pp. 167-204.

James Gustave Speth, *Red Sky at Morning: America and the Crisis of the Global Environment* (New Haven: Yale University Press, 2004).

Regina S. Axelrod and Stacy D. VanDeveer, eds., *The Global Environment: Institutions, Law, and Policy,* 4th Edition (Los Angeles: CQ Press, 2015).

Alexandre Charles Kiss, Dinah Shelton, *A Guide to International Environmental Law* (Leiden and Boston: Martinus Nijhoff Publishers, 2007).

2. 환경문제(The Environmental Problematique)

Garrett Hardin, "The Tragedy of the Commons," *Science,* Vol. 162, No. 3859 (Dec. 13, 1968), pp. 1243-1248.

Elinor Ostrom, *Governing the Commons: The Evolution of Institutions for Collective Action* (Cambridge, UK: Cambridge University Press, 1990).

Elinor Ostrom, "Governing a Commons from a Citizen's Perspective," in Silke Heinrich, ed., *Genes, Bytes and Emissions: To Whom Does the World Belong?* (Berlin: Heinrich Böll Stiftung, 2008).

Walter E. Block, "Review of Ostrom's Governing the Commons," *Libertarian Paper,* Vol. 3, No. 21 (2011), pp. 1-11.

Joanna Burger and Michael Gochfeld, "The Tragedy of the Commons 30 Years Later," *Environment,* Vol. 40, No. 10 (1998), pp. 4-13.

Richard J. Payne, *Global Issues: Politics, Economics, and Culture,* 2nd Edition (New York: Pearson Education, 2009), pp. 221-246.

Paul R. Ehrlich and Anne H. Ehrlich, The Population Bomb (New York, NY: Ballantine, 1968).

Paul R. Ehrlich and John P. Holdren, "Impact of Population Growth," *Science,* New Series, Vol. 171, No. 3977 (Mar. 26, 1971), pp. 1212-1217.

Paul R. Ehrlich and Anne H. Ehrlich, *Population, Resources, Environment, Issues in Human Ecology,* 2nd Edition (San Francisco: W. H. Freeman, 1972).

Paul R. Ehrlich and Anne H. Ehrlich, "The Population Bomb Revisited," *The Electronic Journal of Sustainable Development,* Vol. 1, No. 3 (2009), pp. 63-71.

Donella H. Meadows, Dennis L. Meadows, Jørgen Randers, William W. Behrens Ⅲ, *The Limits to Growth: A Report for the Club of Rome's Project on the Predicament of Mankind* (New York: Universe Books, 1972).

Donella H. Meadows, Dennis L. Meadows, and Jørgen Randers, *Limits to Growth: Beyond the Limits* (Post Mills, VT: Chelsea Green, 1992).

Donella H. Meadows, Jørgen Randers, and Dennis L. Meadows, *Limits to Growth: The 30-Year Update* (London, UK and Sterling, VA: Earthscan, 2004).

Julian L. Simon, *The Ultimate Resources* (Princeton: Princeton University Press, 1981).

Jullian. L. Simon and Herman Kahn, eds., *The Resourceful Earth: A Response to Global 2000* (New York: Basil Blackwell, 1984).

John B. Foster, *Ecology against Capitalism* (New York: Monthly Review Press, 2002).

James E. Lovelock, "Gaia as Seen Through the Atmosphere." *Atmospheric Environment*, Vol. 6, No. 8 (1972): pp. 579-580.

James E. Lovelock, Gaia: *A New Look at Life on Earth* (Oxford: Oxford University Press, 1979).

James E. Lovelock, The Revenge of Gaia: Why the Earth is Fighting Back and How we Can Still Save Humanity (London: Penguin Books, 2006).

Fred Pearce, *The Coming Population Crash: and Our Planet's Surprising Future* (Boston: Beacon Press, 2010).

Barry Commoner, *The Closing Circle: Nature, Man, and Technology* (New York: Knopf, 1971).

Barry Commoner, "A Bulletin Dialogue on the 'Closing Circle' Critique - Response," *Bulletin of the Atomic Scientists*, Vol. 28, No. 5 (1972), pp. 17-56.

Ernst Friedrich Schumacher, *Small is Beautiful: Economics as if People Mattered* (London: Blond & Briggs Ltd., 1973).

Richard Dawkins, *The Selfish Gene* (Oxford University Press: London, 1976).

Richard Dawkins, *Unweaving the Rainbow: Science, Delusion and the Appetite for Wonder* (Boston and New York: Mariner Books, 1998).

Barbara M. Ward and René Dubos, *Only One Earth: The Care and Maintenance of a Small Planet* (New York: Norton, 1972).

Rachel Carson, *Silent Spring* (Boston: Houghton Mifflin, 1962).

Fairfield Osborn, *Our Plundered Planet* (Boston: Little, Brown and Company

1948).

William Vogt, *Road to Survival* (New York: William Sloane Associates, 1948).

Joanna Burger and Michael Gochfeld, "The Tragedy of the Commons 30 Years Later," *Environment*, Vol. 40, No. 10 (December 1998), pp. 4-27.

Alan H. Weisman, *The World Without Us* (New York: St. Martin's Thomas Dunne Books, 2007).

Alan H. Weisman, *Countdown: Our Last, Best Hope for a Future on Earth?* (New York, Boston, and London: Little, Brown and Company, 2013).

Wilfred Beckerman, "Economic Growth and the Environment: Whose Growth? Whose Environment?" *World Development,* Vol. 20, No. 4 (1992), pp. 481-496.

World Bank. *World Development Report 1992: Development and the Environment* (New York: Oxford University Press, 1992).

Gene M. Grossman and Alan B. Krueger, "Economic Growth and the Environment," *Quarterly Journal of Economics,* Vol. 110, No. 2 (May, 1995), pp. 353-377.

Bjørn Lomborg, *The Skeptical Environmentalist: Measuring the Real State of the World* (Cambridge: Cambridge University Press, 2001).

앨런 와이즈만 지음, 이한중 옮김, 『인간 없는 세상』 (서울: 랜덤하우스 코리아, 2007).

앨런 와이즈만, 이한음 옮김, 『인구쇼크 - 과잉인구 시대, 지구와 인류를 위한 최선의 선택』 (서울: 알에이치코리아(RHK), 2015년).

원동철, "재산권분배의 경제학," 『한국경제연구』 제1권 (1998).

엘리너 오스트롬, 윤홍근·안도경 옮김, 『공유의 비극을 넘어: 공유자원 관리를 위한 제도의 진화』 (서울: 랜덤하우스, 2010).

리차드 도킨슨, 최재천·김산하 옮김, 『무지개를 풀며』 (서울: 바다출판사, 2008).

제임스 러브록, 이한음 옮김, 『가이아의 복수』 (서울: 세종서적, 2008년).

비외른 롬보르. 김기응 옮김, 『회의적 환경주의자』 (서울: 살림출판사, 2008).

3. 국제환경정치에 있어서의 연구의 역사와 경향

Susanne Jakobsen, "International Relations and Global Environmental Change:

Review of the Burgeoning Literature on the Environment," *Cooperation and Conflict*, Vol. 34, No. 2 (1999), pp. 205-236.

Ronald Mitchell and Thomas Bernauer, "Empirical Research on International Environmental Policy: Designing Qualitative Case Studies," *Journal of Environment and Development,* Vol. 7, No. 1 (March 1998), pp. 4-31.

Peter Dauvergne, "Research in Global Environmental Politics: History and Trends," in Peter Dauvergne, ed., *Handbook of Global Environmental Politics* (Cheltenham, UK and Northampton, MA: Edward Elgar Publishing, 2005), pp. 8-32.

Robert Falkner, Hannes Stephan, and John Vogler, *International Climate Policy after Copenhagen: Towards a 'Building Blocks' Approach,* Working Paper No. 25, Centre for Climate Change Economics and Policy (Working Paper No. 21, Grantham Research Institute on Climate Change and the Environment), July 2010.

Erika M. Bsumek, David Kinkela, and Mark A. Lawrence, eds., *Nation-States and the Global Environment: New Approaches to International Environmental History* (New York: Oxford University Press, 2013).

Karen A. Mingst and Margaret P. Karns, *The United Nations in the Post-Cold War Era* (Boulder, Colorado: Westview Press, 1995).

4. 환경을 보호하기 위한 국제적 노력의 역사

Susan Buckingham-Hatfield and Gordon Walker, "From UNCED to the WSSD: Reasons to Be Cheerful?" *Local Environment*, Vol. 7, No. 3 (2002), pp. 237-240.

Sandeep Mehta, "The Johannesburg Summit From the Depths," *Journal of Environment & Development*, Vol. 12, No. 1 (March 2003), pp. 121-128.

Jericho Burg, "The World Summit on Sustainable Development: Empty Talk or Call to Action?" *Journal of Environment & Development*, Vol. 12, No. 1 (March 2003), pp. 111-120.

Liliana B. Andonova1 and Matthew J. Hoffmann, "From Rio to Rio and Beyond: Innovation in Global Environmental Governance," *Journal of Environment and Development,* Vol. 21, No. 1 (2012), pp. 57-61.

United Nations, *The Future We Want,* A/CONF.216/L.1, Outcome Document of the UNCSD Held in Rio de Janeiro, Brazil 20-22 June 2012.

George F. Kennan, "To Prevent A World Wasteland: A Proposal," *Foreign Affairs,* Vol. 48, No. 3 (April, 1970), pp. 401-413.

5. 국제환경정치 이론과 접근법

총 론

Paul G Harris, *Environmental Change and Foreign Policy: Theory and Practice* (London: Routledge, 2009).

Gerry Nagtzaam, *The Making of International Environmental Treaties: Neoliberal and Constructivist Analyses of Normative Evolution* (Cheltenham, UK: Edward Elgar, 2009).

Kate O'Neill, *The Environment and International Relations* (Cambridge: Cambridge University Press, 2009).

Mark Imber and John Volger, *The Environment and International Relations: Theories and Processes* (Hoboken: Routledge, 1995).

Neil Harrison, "In Search of Theory in International Environmental Politics," *Mershon International Studies Review,* Vol. 40, No. 1 (April 1996), pp. 145-149.

Henrik Selin, "Theorizing and Teaching Global Environmental Politics," *Global Environmental Politics*, Vol. 6, No. 4 (November 2006), pp. 124-130.

Chukwumerije Okereke, Harriet Bulkeley, and Heike Schroeder, "Conceptualizing Climate Governance Beyond the International Regime," *Global Environmental Politics,* Vol. 9, No. 1 (February 2009), pp. 58-78.

John Barkdull and Paul G. Harris, "Environmental Change and Foreign Policy: A Survey of Theory," *Global Environmental Politics,* Vol. 2, No. 2 (May 2002), pp. 63-91.

J. Timmons Roberts, Bradley C. Parks, and Alexis A. Vasquez, "Who Ratifies Environmental Treaties and Why? Institutionalism, Structuralism and Participation by 192 Nations in 22 Treaties," *Global Environmental Politics,* Vol. 4, No. 3 (August 2004), pp. 22-64.

Chukwumerije Okereke and Harriet Bulkeley, *Conceptualizing Climate Change*

Governance beyond the International Regime: A Review of Four Theoretical Approaches, Tyndall Centre for Climate Change Research, Working Paper 112 (October 2007).

Oboolo, "How Convincing Are Neorealism and Neoliberal Institutionalism to Understand Environmental Cooperation?" http://www.oboolo.com/politics-international/international-affairs/research-paper/how-convincing-are-neo-realism-neoliberal-institutionalism-to-understand-environmental-cooperation-62465.html. (검색일: 2016년 9월 21일).

현실주의 / 신현실주의

Kenneth N. Waltz, *Theory of International Politics* (Reading, Mass: Addison-Wesley, 1979), pp. 105-106.

Jeb Shannon Blain, *International Climate Change Negotiations: The Role of Power, Preferences, and Information in Negotiation Outcomes* (M.A. Thesis, California State University, Sacramento, 2010).

Mark Purdon, *Lament for the Kyoto Protocol: Another Nail in the Coffin of Neoliberal Multilateralism,* Paper presented at the 80th Annual Conference of the Canadian Political Science Association, 6 June 2008.

Robert R. Gilpin, *U. S. Power and the Multinational Corporation: The Political Economy of Foreign Direct Inverstment* (New York: Basic Book, 1975).

Robert R. Gilpin, *War and Change in World Politics* (New York: Cambridge University Press, 1981).

Robert R. Gilpin, *The Political Economy of International Relations* (Princeton, NJ: Princeton University Press, 1987).

Joseph M. Grieco, "Anarchy and the Limits of Cooperation: A Realist Critique of the Newest Liberal Institutionalism," *International Organization*, Vol. 42, No. 3 (Summer 1988), pp. 490-491.

David Baldwin, *Neorealism and Neoliberalism: The Contemporary Debate* (New York: Columbia University Press, 1993).

John Mearsheimer, "The False Promise of International Instiutions," *International Security*, Vol. 19, No. 3 (1995), pp. 12-13.

Stephen M. Walt, "Alliance Formation and the Balance of World Power," *International Security*, Vol. 19, No. 4 (Spring 1985), pp. 3-43.

Stephen M. Walt, *The Origin of Alliances* (Ithaca: Cornell University Press, 1987).

Stephen M. Walt, "Alliances: Balancing and Bandwagoning," in Robert J. Art and Robert Jervis, eds., *International Politics: Enduring Concepts and Contemporary Issues*, 3rd ed. (New York: Harper Collins Publishers, 1992), pp. 70-78.

Detlef F. Sprinz and Tapani Vaahtoranta, "The Interest-Based Explanation of International Environmental Policy," *International Organization,* Vol. 48, No. 1 (Winter 1994), pp. 77-105.

Detlef F Sprinz and Tapani Vaahtoranta, "National Self-interest: a Major Factor in International Environmental Policy Formulation," in Mostafa K. Tolba, ed., *Responding to Global Environmental Change* (Chichester: John Wiley & Sons, 2002), pp. 323-328.

Karen T. Litfin, ed., *The Greening of Sovereignty in World Politics* (Cambridge, MA: The MIT Press, 1998).

Scott Barrett, *Environment and Statecraft: The Strategy of Environmental Treaty-making* (Oxford: Oxford University Press, 2005).

Frank Grundig, "Patterns of International Cooperation and the Explanatory Power of Relative Gains: An Analysis of Cooperation on Global Climate Change, Ozone Depletion and International Trade," *International Studies Quarterly*, Vol. 50, No. 4 (2006), pp. 781-801.

Sevasti-Eleni Vezirgiannidou, "The Kyoto Agreement and the Pursuit of Relative Gains" *Environmental Politics*, Vol. 17, No. 1 (February 2008), pp. 40-57.

Elizabeth R. DeSombre, *Domestic Sources of International Environmental Policy: Industry, Environmentalists, and U.S. Power* (Cambridge, MA: The MIT Press, 2000).

Stephen M. Walt, "The Renaissance of Security Studies," *International Studies Quarterly*, Vol. 35, No. 2 (June 1, 1991), p. 213.

Daniel Heffron(Center for Geopolitics and Security in Realism Studies), "What Do Realists Think about Climate Change?" http://www.cgsrs.org/files/files/publications_30.pdf (검색일: 2016년 7월 26일).

Ken Sofer(Center for American Progress), "The Realist Case for Climate Change Cooperation," https://www.americanprogress.org/issues/security/news/2015/11/30/126356/the-realist-case-for-climate-change-cooperation/

(검색일: 2016년 7월 25일).

신고전적 현실주의

Mark Purdona, "Neoclassical Realism and International Climate Change Politics: Moral Imperative and Political Constraint in International Climate Finance," *Journal of International Relations and Development,* Vol. 17, No. 3 (2014), pp. 301-338.

Randall L. Schweller, "Unanswered Threats: A Neoclassical Realist Theory of Underbalancing," *International Security,* Vol. 29, No. 2 (Fall 2004), pp. 159-20.

Randall L. Schweller, *Unanswered Threats: Political Constraints on the Balance of Power, Princeton Studies in International History and Politics* (Princeton, N.J.: Princeton University, 2006).

환경안보 접근법

United Nations General Assembly, *Climate Change and Its Possible Security Implications: Report of the Secretary-General,* A/64/350 (11 September 2009).

Thomas F. Homer-Dixon, "On the Threshold: Environmental Changes as Causes of Acute Conflict," *International Security,* Vol. 16, No. 2 (Fall 1991), pp. 76-116.

Thomas F. Homer-Dixon, "Environmental Scarcities and Violent Conflict: Evidence from Cases," *International Security,* Vol. 19, No. 1 (Summer 1994), pp. 5-40.

Thomas F. Homer-Dixon, *Environment, Scarcity and Violence* (Princeton, NJ: Princeton University Press, 1999).

Nina Graeger, "Review Essay: Environmental Security?" *Journal of Peace Research,* Vol. 33, No. 1 (1996), pp. 109-116.

Marvin S. Soroos, "Global Change, Environmental Security, and the Prisoner's Dilemma," *Journal of Peace Research,* Vol. 31, No. 3 (1994), pp. 317-332.

Wenche Hauge and Tanja Ellingsen, "Beyond Environmental Scarcity: Causal Pathways to Conflict," *Journal of Peace Research,* Vol. 35, No. 3 (May 1998), pp. 299-317.

Nils Petter Gleditsch, "Whither the Weather? Climate Change and Conflict," *Journal of Peace Research,* Vol. 49, No. 1 (2012), pp. 3-9.

Rune T Slettebak, "Don't Blame the Weather! Climate-related Natural Disasters and Civil Conflict," *Journal of Peace Research,* Vol. 49, No. 1 (2012), pp. 163-176.

Drago Bergholt and Päivi Lujala, "Climate-related Natural Disasters, Economic Growth, and Armed Civil Conflict." *Journal of Peace Research,* Vol. 49, No. 1 (2012), pp. 147-162.

Richard A. Matthew and Ted Gaulin, "Conflict or Cooperation? The Social and Political Impacts of Resource Scarcity on Small Island States", *Global Environmental Politics,* Vol. 1, No 2 (May 2001), pp. 48-70.

Daniel Deudney, "The Case Against Linking Environmental Degradation and National Security." *Millennium,* Vol. 19, No. 3 (Winter 1990), pp. 461-476.

Indra de Soysa, "Ecoviolence: Shrinking Pie, or Honey Pot?", *Global Environmental Politics,* Vol. 2, No. 4 (November 2002), pp. 1-35.

Simon Dalby, *Environmental Security* (Minneapolis, MN: University of Minnesota Press, 2002)

Nancy Peluso and Michael Watts, *Violent Environments* (Cornell, NY: Cornell University Press, 2001)

Cullen S Hendrix and Idean Salehyan, "Climate Change, Rainfall, and Social conflict in Africa", *Journal of Peace Research,* Vol. 49, No. 1 (January 2012), pp. 35-50.

Rita Floyd and Richard A. Mathew, eds., *Environmental Security: Approaches and Issues* (New York: Routledge, 2013).

United Nations Development Program, "Redefining Security: The Human Dimension," *Current History* (May 1995), pp. 229-236.

Gareth Porter, "Environmental Security as a National Security Issue," *Current History* (May 1995), pp. 218-222.

Sean M. Lynn-Jones, International Security Studies after the Cold War: An Agenda for the Future. CSIA Discussion Paper 91-11, Kennedy School of Government, Harvard University, December 1991.

Marshall B. Burke et al., "Warming Increases the Risk of Conflict in Africa,"

Proceedings of the National Academy of Sciences, Vol. 106, No. 49 (2009): pp. 20670-20674.

Simon Dalby, *Environmental Security* (Minneapolis, MN: University of Minnesota Press, 2002).

Nancy Peluso and Michael Watts, *Violent Environments* (Cornell, NY: Cornell University Press, 2001).

Bryan McDonald, "Linking Environmental Change and Security," http://sites.-psu.edu/icst/2013/04/21/linking-environmental-change-and-security/ (검색일: 2014년 8월 14일).

Mark Notaras, "Does Climate Change Cause Conflict?" http://ourworld.unu.edu/en/does-climate-change-cause-conflict (검색일: 2014년 8월 15일).

CNA Corporation, "National Security and the Threat of Climate Change," http://securityandclimate.cna.org/ (검색일: 2014년 8월 26일).

Chris Abbott, "An Uncertain Future: Law Enforcement, National Security and Climate Change, FRIDE: Comment," http://fride.org/descarga/COM_Law_Security_ Climate_EN_feb08.pdf (검색일: 2014년 8월 26일).

국제레짐론 / 신자유주의적 제도주의

Simone Schiele, *Evolution of International Environmental Regimes: The Case of Climate Change* (Cambridge: Cambridge University Press, 2014).

Stephen D. Krasner, "Structural Causes and Regime Consequences: Regimes as Intervening Variables," in Stephen. Krasner, ed., *International Regimes* (Ithaca: Cornell University Press, 1983), pp. 1-21.

Stephen D. Krasner, "Structural Causeo and Regime Consequences: Regimes as Intervening Variables," *International organization,* Vol. 36, No. 2 (Spring 1982), pp. 185-205.

Robert Axelrod and Robert O. Keohane, "Achieving Cooperation under Anarchy: Strategies and Institutions," *World Politics*, Vol. 38, No. 1 (October 1985), pp. 226-254.

Robert Axelrod and Robert O. Keohane, "Achieving Cooperation under Anarchy: Strategies and Institutions," in Charles W. Kegley, Jr. and Eugene R. Wittkopf, eds., *The Global Agenda: Issues and Perspectives,* 3rd ed. (New York: McGraw-Hill, Inc., 1992), pp. 216-222.

Joseph M. Grieco, "Anarchy and the Limits of Cooperation: A Realist Critique of the Newest Liberal Institutionalism," *International Organization*, Vol. 42, No. 3 (Summer 1988), pp. 485-487.

Stephan Haggard and Beth A. Simmons, "Theories of International Regimes," *International Organization*, Vol. 41, No. 3 (Summer 1987), pp. 491-517

Robert O. Keohane, *After Hegemony: Cooperation and Discord in the World Political Economy* (Princeton, N.J.: Princeton University Press, 1984).

George W. Downs and Michael A. Jones, "Reputation, Compliance, and International Law," *Journal of Legal Studies*, Vol. 31, No. 1 (January 2002), pp. S95-S114.

Kenneth A. Oye, "Explaining Cooperation under Anarchy: Hypotheses and Strategies," *World Politics*, Vol. 38, No. 1 (October, 1985), pp. 1-24.

Duncan Snidal, "International Political Economy Approach to International Institutions," in Jagdeep S. Bhandari and Alan O. Sykes, eds., *Economic Dimensions in International Law: Comparative and Empirical Perspectives* (Cambridge, New York: Cambridge University Press, 1997), pp. 477-512.

John Vogler, "Taking Institutions Seriously: How Regime Analysis Can be Relevant to Multilevel Environmental Governance," *Global Environmental Politics*, Vol. 3, No. 2 (May 2003), pp. 25-40.

Gabriela Kütting, "Globalization and the Environment: Moving Beyond Neoliberal Institutionalism," *International Journal of Peace Studies*, Vol. 9, No. 1 (Spring/Summer 2004), pp. 29-46.

Eric Neumayer, "How Regime Theory and the Economic Theory of International Environmental Cooperation Can Learn from Each Other," *Global Environmental Politics*, Vol. 1, No. 1 (February 2001), pp. 122-147.

Oran R. Young, "Political Leadership and Regime Formation: On the Development of Institutions in International Society," *International Organization*, Vol. 45, No. 3 (Summer 1991), pp. 281-308.

Oran R. Young, "The Politics of International Regime Formation: Managing Natural Resources and the Environment." *International Organization*. Vol. 43. No. 3 (Summer 1989), pp. 349-375.

John S. Duffield, "International Regimes and Alliance Behavior: Explaining NATO Conventional Force Levels," *International Organization*, Vol. 46, No. 4

(Fall 1992), pp. 819-855.

David Leonard Downie, "Chapter 4, Global Environmental Policy: Governance through Regimes," in Regina Axelrod, David Downie and Norman Vig, eds., *The Global Environment. Institutions, Law, and Policy,* 2nd. edition (Washington: CQ Press, 2005).

Helmut Breitmeier, Oran R. Young and Michael Zürn, eds., *Analyzing International Environmental Regimes: From Case Study to Database* (Cambridge, MA: The MIT Press, 2006).

Peter M. Haas, Robert O. Keohane, and Marc A. Levy, *Institutions for the Earth: Sources of Effective International Environmental Protection* (Cambridge, MA: The MIT Press, 1993).

David Baldwin, *Neorealism and Neoliberalism: The Contemporary Debate* (New York: Columbia University Press, 1993).

John Mearsheimer, "The False Promise of International Institutions," *International Security,* Vol. 19, No. 3 (Winter 1994/1995), pp. 5-49.

Oran R. Young, *International Cooperation: Building Regimes for Natural Resources and the Environment* (Ithaca: Cornell University Press, 1989).

Frank Biermann and Klaus Dingwerth, "Global Environmental Change and the Nation State," *Global Environmental Politics*, Vol. 4, No. 1 (February 2004), pp. 1-22.

Elinor Ostrom, *Governing the Commons: The Evolution of Institutions for Collective Action* (Cambridge, UK: Cambridge University Press, 1990).

James N. Rosenau and Ernst-Otto Czempiel, eds., *Governance without Government: Order and Change in World Politics* (Cambridge: Cambridge University Press, 1992).

Oran R. Young, "Regime Theory Thirty Years On: Taking Stock, Moving Forward," http://www.e-ir.info/2012/09/18/regime-theory-thirty-years-on-taking-stock-moving- forward/ (검색일: 2014년 11월 12일).

엘리너 오스트롬, 윤홍근·안도경 옮김, 『공유의 비극을 넘어: 공유자원 관리를 위한 제도의 진화』 (서울: 랜덤하우스코리아, 2010).

자유주의 국제관계 이론

Andrew Moravcsik, *The Choice for Europe: Social Purpose and State Power from Messina to Maastricht* (Itacha: Cornell University Press, 1998).

Andrew Moravcsik, "A New Statecraft? Supranational Entrepreneurs and International Cooperation," *International Organization,* Vol. 53, No. 2 (Spring 1999), pp. 267-306.

Andrew Moravcsik, "The New Liberalism," in Christian Reus-Smit and Duncan Snidal, eds., *The Oxford Handbook of International Relations* (New York: Oxford University Press, 2008), pp. 234-254.

Ian H. Rowlands, "Explaining National Climate Change Policies," *Global Environmental Change,* Vol. 5, No. 3 (June 1995), pp. 235-249.

Yasuko Kawashima, "A Comparative Analysis of the Decision-making Process of Developed Countries Toward CO_2 Emissions Reduction Targets," *International Environmental Affairs,* Vol. 9, No. 2 (1997), pp. 95-126.

Scott Barrett, *Environment and Statecraft: The Strategy of Environmental Treaty-Making* (Oxford: Oxford University Press, 2005).

Scott Barrett, "International Cooperation for Sale," *European Economic Review,* Vol. 45, No. 10 (2001), pp. 1835-1850.

Nives Dolsak, "Mitigating Global Climate Change: Why Are Some Countries More Committed Than Others?" *Policy Studies Journal,* Vol. 29, No. 3 (2001), pp. 414-436.

Pamela S. Chasek, David L. Downie and Janet Welsh Brown, *Global Environmental Politics*, 5th Edition, (Boulder: Westview Press, 2010).

전 지구적 관리체제 접근법

Philipp Pattberg and Johannes Stripple, *Remapping Global Climate Governance: Fragmentation beyond the public/private divide*, Global Governance Working Paper No. 32 (November 2007).

Liliana B. Andonova, Michele M. Betsill, and Harriet Bulkeley, "Transnational Climate Governance," *Global Environmental Politics*, Vol. 9, No. 2 (May 2009), pp. 52-73.

Tun Myint, "Globalization and the Institutional Dynamics of Global Environmental Governance," *Indiana Journal of Global Legal Studies,* Vol. 18, No. 1 (Winter 2011), pp. 395-419.

N. Brian Winchester, "Emerging Global Environmental Governance," *Indiana*

Journal of Global Legal Studies, Vol. 16, No. 1 (Winter 2009), pp. 7-23.

Daniel C Esty, "Revitalizing Global Environmental Governance for Climate Change," *Global Governance,* Vol. 15, No. 4 (2009), pp. 427-434.

Daniel C. Esty and Maria Ivanova, *Globalization and Environmental Protection: a Global Governance Perspective,* Working Paper of Yale Center for Environmental Law and Policy (21 July 2004).

Karin Backstrand, "Democratizing Global Environmental Governance? Stakeholder Democracy after the World Summit on Sustainable Development," *European Journal of International Relations,* Vol. 12, No. 4 (2006), pp. 467-498.

James N. Rosenau, "Governance, Order and Change in World Politics", in James N. Rosenau and Ernst-Ottawa Czempiel, eds., *Governance without Government: Order and Change in World Politics* (Cambridge: Cambridge University Press, 1992), pp. 1-29.

Thomas Risse-Kappen, ed., *Bringing Transnational Relations Back In: Non-State Actors, Domestic Structures and International Institutions* (Cambridge: Cambridge University Press, 1995).

Adil Najam, Ioli Christopoulou, and William R. Moomaw, "The Emergent "System" of Global Environmental Governance," *Global Environmental Politics*, Vol. 4, No. 4 (November 2004), pp. 23-35.

Adil Najam, Mihaela Papa, and Nadaa Taiyab, *Global Environmental Governance: A Reform Agenda* (Winnipeg, MB: International Institute for Sustainable Development, 2006).

규범적 · 사해동포적 접근법

Luke Martell, "Cosmopolitanism and Global Politics," *Political Quarterly,* Vol. 18, No. 4 (Autumn 2011), pp. 1-12.

Radoslav S. Dimitrov, "Hostage to Norms: States, Institutions and Global Forest Politics," *Global Environmental Politics,* Vol. 5, No. 4 (November 2005), pp. 1-24.

Özgüç Orhan, "Environmental Justice in World Politics," *Alternatives: Turkish Journal of International Relations,* Vol. 8, No. 1 (Spring 2009), pp. 59-84.

인식론적 접근법

Peter M. Haas, "Introduction: Epistemic Communities and International Coordination," *International Organization,* Vol. 46, No. 1 (1992), pp. 1-35.

Charlotte Epstein, "Knowledge and power in Global Environmental Activism," *International Journal of Peace Studies,* Vol. 10, No. 1 (Spring/Summer 2005), pp. 47-67.

Reiner Grundmann, "Ozone and Climate: Scientific Consensus and Leadership," *Science, Technology, & Human Values,* Vol. 31, No. 1 (Jan., 2006), pp. 73-101.

Reiner Grundmann, "Climate Change and Knowledge Politics," *Environmental Politics,* Vol. 16, No. 3 (June 2007), pp. 414-432.

Ernst B. Haas, "Is There a Hole in the Whole? Knowledge, Technology, Interdependence and the Construction of International Regimes: A Regime Analysis," *International Organization,* Vol. 29, No. 3 (Summer 1975), pp. 827-876.

Roger Tooze, "Regimes and International Cooperation," in A. J. R. Groom and Paul Taylor, eds., *Frameworks for International Co-operation* (New York: St. Martin's Press, 1990).

Stephan Haggard and Beth A. Simmons, "Theories of International Regimes," *International Organization*, Vol. 41, No. 3 (Summer 1987), pp. 491-517.

Peter M. Haas, "Introduction: Epistemic Communities and International Coordination," *International Organization,* Vol. 46, No. 1 (Winter 1992), pp. 1-35.

Peter M. Haas, "Banning Chlorofluorocarbons: Epistemic Community Efforts to Protect Ozone," *International Organization*, Vol. 46, No. 1 (Winter 1992), pp. 187-224.

Karen T. Litfin, "Framing Science: Precautionary Discourse and the Ozone Treaties," Millennium: *Journal of International Studies,* Vol. 24, No. 2 (Summer 1995), pp. 251-277.

구성주의

Steven F. Bernstein, Michele Betsil, Matthew M. Hoffmann, Matthew Paterson,

"A Tale of Two Copenhagens: Carbon Markets and Climate Governance", *Millenium: Journal of International Studies,* Vol. 39, No. 1 (August 2010), pp. 161-173.

Alexander E. Wendt, "Anarchy is What States Make of It: The Social Construction of Power Politics," *International Organization,* Vol. 46, No. 2 (Spring 1992), pp. 391-425.

Charlotte Epstein, *The Power of Words in International Relations: birth of an anti-whaling discourse* (Cambridge: Cambridge University Press, 2008).

Frank Schimmelfennig, "The Community Trap: Liberal Norms, Rhetorical Action, and the Eastern Enlargement of the European Union," *International Organization,* Vol. 55, No. 1 (Winter 2001), pp. 47-80.

Mary E. Pettenger, *The Social Construction of Climate Change: Power, Knowledge, Norms, Discourses* (Aldershot, UK: Ashgate Publishing Limited, 2007).

Sebastian Maslow and Ayako Nakamura, "Constructivism and Ecological Thought: A Critical Discussion on the Prospects for a 'Greening' of IR Theory," *Interdisciplinary Information Sciences,* Vol. 14, No. 2 (2008), pp. 133-144.

Peter M. Haas, "UN Conferences and Constructivist Governance of the Environment," *Global Governance,* Vol. 8, No. 1 (2002), pp. 73-91.

Peter M. Haas, *Epistemic Communities, Constructivism, and International Environmental Politics* (London and New York: Routledge, 2016).

Karen T. Litfin, "Constructing Environmental Security and Ecological Interdependence," *Global Governance,* Vol. 5, No. 3 (1999), pp. 359-377.

Steven Bernstein, "Liberal Environmentalism and Global Environmental Governance," *Global Environmental Politics,* Vol. 2, No. 3 (August 2002), pp. 1-16.

Steven F. Bernstein, *The Compromise of Liberal Environmentalism* (New York: Columbia University Press, 2001).

Loren R. Cass, *The Failure of American and European Climate Policy: International Norms, Domestic Politics and Unachievable Commitments* (Albany, NY: State University of New York Press, 2006).

정진영, "국제정치 이론논쟁의 현황과 전망: 새로운 이론적 통합의 향방," 『국제정치논총』, 제40집 3호 (2000), pp. 5-38.

구조주의

Bradley C. Parks and J Timmons Roberts, "Inequality and the Global Climate Regime: Breaking the North-south Impasse," *Cambridge Review of International Affairs,* Vol. 21, No. 4 (December 2008), pp. 622-648.

국제정치경제 접근법

Matthew Paterson, *Understanding Global Environmental Politics: Domination, Accumulation, Resistance* (London: Macmillan, 2000).

Marc Williams, "Understanding Global Environmental Politics: Contributions from International Political Economy," *Geopolitics,* Vol. 8, No. 2 (Summer 2003), pp. 207-222.

Jennifer Clapp and Eric Helleiner, "International Political Economy and the Environment: Back to the Basics?" *International Affairs,* Vol. 88, No. 3 (2012), pp. 485-501.

Peter Newell, "The Political Economy of Global Environmental Governance," *Review of International Studies,* Vol. 34, No. 3 (July 2008), pp. 507-529.

Matthew Paterson, *Global Warming and Global Politics* (New York: Routledge, 1996).

John Bellamy Foster, *Ecology Against Capitalism* (New York: Monthly Review Press, 2002).

Alfred W. Crosby, *Ecological Imperialism: The Biological Expansion of Europe, 900-1900* (Cambridge: Cambridge University Press, 1986).

Gabriela Kütting, "Globalization and the Environment: Moving beyond Neoliberal Institutionalism," *International Journal of Peace Studies,* Vol. 9, No. 1 (Spring/Summer 2004), pp. 29-46.

앨프리드 W.크로스비, 안효상·정범진 옮김, 『생태 제국주의』 (서울: 지식의 풍경, 2000년).

존 벨라미 포스터, 추선영 옮김, 『생태계의 파괴자 자본주의』 (서울: 책갈피, 2007).

황태연, 『환경정치학과 현대정치사상』 (서울: 나남출판, 1994).

윤순진, "기후불의와 신환경제국주의: 기후담론과 탄소시장의 해부를 중심으로," 『환경정책』, Vol. 16, No. 1 (2008), pp. 135-167.

성의 관점(Gender Perspective)

Charlotote Bretherton, "Global Environmental Politics: Putting Gender on the Agenda," in Timothy J. Sinclair, ed., *Global Governance: Critical Concepts in Political Science* (London and New York: Routledge, 2003), pp. 320-337.

Charlotte Bretherton, ""Movements, Networks, Hierarchies: A Gender Perspective on Global Environmental Governance," *Global Environmental Politics,* Vol. 3, No. 2 (2003), pp. 103-118.

6. 국제환경정치에 있어서의 행위자

총 론

Kal Raustiala, "States, NGOs and International Environmental Institutions" *International Studies Quarterly*, Vol. 41, No. 4 (1997), pp. 719-740.

Kal Raustiala, "Nonstate Actors in the Global Climate Regime," in Urs Luterbacher and Detlef F. Sprinz, eds., *International Relations and Global Climate* Change (Cambridge, Mass. and London: The MIT Press, 2001), pp. 95-118.

Bas Arts, "Non-state Actors in Global Environmental Governance: New Arrangements Beyond the State," in Mathias Koenig-Archibugi and M. Zürn, eds., *New Modes of Governance in the Global System* (Hamshire: Palgrave MacMillan, 2005).

국 가

Jürgen Trittin, "The Role of the Nation State in International Environmental Policy," *Global Environmental Politics,* Vol. 4, No, 1 (February 2004), pp. 23-28.

Frank Biermann and Klaus Dingwerth, "Global Environmental Change and the Nation State," *Global Environmental Politics*, Vol. 4, No. 1 (February 2004), pp. 1-22.

국제기구

Ludivine Tamiotti and Matthias Finger, "Environmental Organizations: Changing Roles and Functions in Global Politics, *Global Environmental Politics,* Vol. 1, No. 1 (February 2001), pp. 56-76.

Frank Biermann, Olwen Davies, Aizo Lijcklama, and Nicolien van der Grijp, *Environmental Policy Integration and the Architecture of Global Environmental Governance*, EPIGOV Papers No. 32, Institute for International and European Environmental Policy, Berlin, May 2008.

Mukund G. Untawale, "Global Environmental Degradation and International Organizations," *International Political Science Review,* Vol. 11, No. 3 (July 1990), pp. 371-383.

Bernd Siebenhuner, "Learning in International Organizations in Global Environmental Governance," *Global Environmental Politics*, Vol. 8, No. 4 (November 2008), pp. 92-116.

Jean-Philippe Thérien and Vincent Pouliot, "The Global Compact: Shifting the Politics of International Development?" *Global Governance*, Vol. 12, No. 1 (2006), pp. 55-75.

Maria Ivanova, *Assessing UNEP as Anchor Institution for the Global Environment: Lessons for the UNEO Debate*, Working Paper No. 05/01 of Yale Center for Environmental Law & Policy, 24 May 2005.

Maria Ivanova, "UNEP in Global Environmental Governance: Design, Leadership, Location," *Global Environmental Politics*, Vol. 10, No. 1 (February 2010), pp. 30-59.

Adil Najam, "The Case Against a New International Environmental Organization," *Global Governance,* Vol. 9 (2003), pp. 367-384.

Sebastian Oberthur and Thomas Gehring, "Reforming International Environmental Governance: An Institutionalist Critique of the Proposal for a World Environment Organisation," *International Environmental Agreements: Politics, Law and Economics,* Vol. 4 (2004), pp. 359-381.

Frank Biermann, *Reforming Global Environmental Governance: The Case for a United Nations Environment Organisation(UNEO)*, Stakeholder Forum (February 2011).

Frank Biermann, "The Emerging Debate on the Need for a World Environment

Organization: A Commentary," *Global Environmental Politics,* Vol. 1, No. 1 (February 2001), pp. 45-55.

Udo E. Simonis, *Global Environmental Governance Speeding up the Debate on a World Environment Organization,* Discussion Paper FS II 02-404, Wissenschaftszentrum, Berlin, 2002.

조약 사무국(Treaty Secretariats)

Steffen Bauer, "Does Bureaucracy Really Matter? The Authority of Intergovernmental Treaty Secretariats in Global Environmental Politics," *Global Environmental Politics,* Vol. 6, No. 1 (February 2006), pp. 23-49.

국제기구의 의장

Jonas Tallberg, "The Power of the Chair: Formal Leadership in International Cooperation," *International Studies Quarterly,* Vol. 54, No. 1 (2010), pp. 241-226.

당사국 총회

Louise Kathleen Camenzuli, "*The Development of International Environmental Law at the Multilateral Environmental Agreements' Conference of the Parties and its Validit,*" http://cmsdata.iucn.org/downloads/cel10_camenzuli.pdf. (검색일: 2016년 12월 27일).

비정부기구와 시민사회

Lasse Ringius, "Environmental NGOs and Regime Change: The Case of Ocean Dumping of Radioactive Waste," *European Journal of International Relations,* Vol. 3, No. 1 (March 1997), pp. 61-104.

Ludivine Tamiotti and Matthias Finger, "Environmental Organizations: Changing Roles and Functions in Global Politics," *Global Environmental Politics,* Vol. 1, No. 1 (February 2001), pp. 56-76.

Paul Wapner, "Politics Beyond the State: Environmental Activism and World Civic Politics," *World Politics,* Vol. 47, No. 3 (April 1995), pp. 311-340.

Lucy H. Ford, "Challenging Global Environmental Governance: Social Movement

Agency and Global Civil Society," *Global Environmental Politics,* Vol. 3, No. 3 (May 2003), pp. 120-134.

Frank Alcock, "Conflicts and Coalitions Within and Across the ENGO Community," *Global Environmental Politics,* Vol. 8, No. 4 (November 2008), pp. 66-91.

Thomas Bernauer and Carola Betzold, "Civil Society in Global Environmental Governance," *The Journal of Environment Development,* Vol. 21, No. 1 (2012), pp. 62-66.

Michele M. Betsill and Elisabeth Corell, "NGO Infuence in International Environmental Negotiations: A Framework for Analysis," *Global Environmental Politics,* Vol. 1, No. 4 (November 2001), pp. 65-85.

Elisabeth Corell and Michele M. Betsill, "A Comparative Look at NGO Influence in International Environmental Negotiations: Desertification and Climate Change," *Global Environmental Politics,* Vol. 1, No. 4 (November 2001), pp. 86-107.

Peter Newell, "Civil Society, Corporate Accountability and the Politics of Climate Change," *Global Environmental Politics,* Vol. 8, No. 3 (August 2008), pp. 122-153.

Miranda A. Schreurs, *International Environmental Negotiations, the State, and Environmental NGOs in Japan,* Harrison Program on the Future Global Agenda (August 1996).

Karen A. Mingst and Margaret P. Karns, *The United Nations in the Post-Cold War Era* (Boulder, Colorado: Westview Press, 1995).

Barbara Gemmill and Abimbola Bamidele-Izu, "The Role of NGOs and Civil Society in Global Environmental Governance," in Daniel C. Esty and Maria H. Ivanova, eds., *Global Environmental Governance: Options & Opportunities* (New Haven, CT: Yale School of Forestry & Environmental Studies, 2002), pp. 77-100.

Jessica T. Mathews, "Power Shift," *Foreign Affairs,* Vol. 76, No. 1 (Jan./Feb. 1997), pp. 50-66.

인식공동체

Oran R. Young. "The Architecture of Global Environmental Governance: Bringing Science to Bear on Policy," *Global Environmental Politics,* Vol.

8, No. 1 (February 2008), pp. 14-32.

Judith A. Layzer, "Science, Politics and International Environmental Policy," *Global Environmental Politics,* Vol. 2, No. 3 (August 2002), pp. 118-123.

Constantine Hadjilambrinos, "For Richer or for Poorer? The Role of Science, Politics, and Ethics in the Global Climate Change Policy Debate," *Bulletin of Science, Technology & Society,* Vol. 19, No. 6 (December 1999), pp. 521-531.

다국적기업

Bradley C. Parks and J Timmons Roberts, "Inequality and the Global Climate Regime: Breaking the North-South Impasse," *Cambridge Review of International Affairs,* Vol. 21, No. 4 (December 2008), pp. 621-648.

Jennifer Clapp, "Global Environmental Governance for Corporate Responsibility and Accountability," *Global Environmental Politics*, Vol. 5, No. 3 (August 2005), pp. 23-34.

Jennifer Clapp, "Transnational Corporations and Global Environmental Governance," in Peter Dauvergne, ed., *Handbook of Global Environmental Politics* (Cheltenham, UK and Northampton, MA, USA: Edward Elgar, 2005), pp. 284-297.

Bled Amandine, How to Study the Influence of Business Actors in Environmental Governance? The Limits of Mainstream International Relations and International Political Economy Approaches, Paper Prepared for the ECPR Conference, Turin, September 2007.

Andreas Rasche, "'A Necessary Supplement': What the United Nations Global Compact Is and Is Not," *Business Society*, Vol. 48, No. 4 (2009), pp. 511-537.

Peter Newell, "Civil Society, Corporate Accountability and the Politics of Climate Change," *Global Environmental Politics*, Vol. 8, No. 3 (August 2008), pp. 122-153.

David L. Levy and Peter J. Newell, *The Business of Global Environmental Governance* (Cambridge, Massachusetts: The MIT Press, 2005).

David L. Levy and Peter J. Newell, "Business Strategy and International Environmental Governance: Toward a Neo-Gramscian Synthesis," *Global Environmental Politics*, Vol. 2, No. 4 (November 2002), pp. 84-101.

Johanna Kentala-Lehtonen, The Role of Business in Global Environmental Governance: Case Study of the World Business Council for Sustainable Development, Paper Presented at the 2009 Amsterdam Conference on the Human Dimensions of Global Environmental Change. December 3, 2009.

Christian Downie, "Strategies to Influence Outcome in Long Environmental Negotiations," http://www.e-ir.info/2014/05/02/strategies-to-influence-out-comes-in-long- environmental-negotiations/ (검색일: 2015년 10월 29일).

지방정부

Konrad Otto-Zimmermann, Global Environmental Governance: The Role of Local Governments, The Frederick S. Pardee Center for the Study of the Longer-Range Future at Boston University, March 2011.

Konrad Otto-Zimmermann, Embarking on Global Environmental Governance: Thoughts on the Inclusion of Local Governments and Other Stakeholders in Safeguarding the Global Environment, ICLEI Paper 2011-1, Stakeholder Forum's Programme on Sustainable Development Governance Towards the UN Conference on Sustainable Development in 2012.

7. 협상의 동태적 과정을 통한 환경레짐의 발전

Gunnar Sjoestedt, ed., *International Environmental Negotiation* (London: Sage Publications, 1993).

Carlo Carraro, ed., *International Environmental Negotiations: Strategic Policy Issues* (Aldershot and Lyme, NH: Edward Elgar, 1997).

Mostafa K. Tolba with Iwona Rummel-Bulska, *Global Environmental Diplomacy: Negotiating Environmental Agreements for the World, 1973-1992* (Cambridge, Mass.: The MIT Press, 1998).

Tora Skodvin and Steinar Andresen, "Part One: Negotiating International Environmental Regimes: Leadership Revisited," *Global Environmental Politics*, Vol. 6, No. 3 (August 2006), pp. 13-27.

Christopher C. Joyner, "Rethinking International Environmental Regimes: What Role for Partnership Coalitions? *Journal of International Law & International Relations*, Vol. 1, No. 1-2 (2005), pp. 89-119.

Valerie de Carnpos Mello, North-South Conflicts and Power Distribution in UNCED Negotiations: The Case of Forestry, Working Paper of International Institute for Applied Systems Analysis, June 1993.

Frank Biermann, Science as Power in International Environmental Negotiations: Global Environmental Assessments Between North and South, Belfer Center for Science & International Affairs, September 2000.

Lisandro E. Abrego, Carlo Perroni, John Whalley, and Randall M. Wigle, Trade and Environment: Bargaining Outcomes from Linked Negotiations, CSGR Working Paper No. 27/99, April 1999.

Michael Richards, A Review of the Effectiveness of Developing Country Participation in the Climate Change Convention Negotiations, Working Paper of the Overseas Development Institute (December 2001).

Jean-Christophe Hoste, Where Was United Africa in the Climate Change Negotiations? African Policy Brief No. 2, February 2010.

Jean-Christophe Hoste and Andrew Anderson, African Dynamics at the Climate Change Negotiations, African Policy Brief No. 3, November 2011.

Karen Pittel and Dirk T.G. Rübbelke, "Transitions in the Negotiations on Climate Change: From Prisoner's Dilemma to Chicken and Beyond," *International Environmental Agreements: Politics, Law and Economics,* Vol. 12, No. 1 (2012), pp. 23-39.

Carola Betzold, "'Borrowing Power' to Infuence International Negotiations: AOSIS in the Climate Change Regime, 1990-1997," *Politics*, Vol. 30, No. 3 (2010), pp. 131-148.

Steven Bernstein, "Legitimacy in Global Environmental Governance," *Journal of International Law & International Relations*, Vol. 1, No. 2 (2005), pp. 139-166.

Frank Biermann, Global Environmental Governance: Conceptualization and Examples, Global Governance Working Paper No. 12 (November 2004).

Sheila Page, Developing Countries: Victims or Participants, Overseas Development Institute (2003).

Gwendolyn Smith, "Planet or Profit: Remodeling the Climate Change Negotiations," *Journal of Alternative Perspectives in the Social Sciences*, Vol. 2, No. 1 (2010), pp. 28-45.

Lawrence E. Susskind, *Environmental Diplomacy Negotiating More Effective*

Global Agreements (New York, NY: Oxford University Press, 1994).

Lawrence E. Susskind and Saleem H. Ali, *Environmental Diplomacy Negotiating More Effective Global Agreements,* 2nd. edition (New York, NY: Oxford University Press, 2014).

Lawrence Susskind, William Moomaw, and Kevin Gallagher, eds., *Transboundary Environmental Negotiation: New Approaches to Global Cooperation* (New York: John Wiley & Sons, 2002).

Jonathan G. Taylor, Nina Burkardt, and Berton Lee Lamb, "Rules for Success in Environmental Negotiation," https://www.fort.usgs.gov/sites/default/files/products/publications/2765/2765.pdf (검색일: 2016년 12월 27일).

Thomas E. Drennen, "Environmental Diplomacy: Negotiating More Effective Global Agreements by Lawrence E. Susskind," *Indiana Journal of Global Legal Studies*, Vol. 2, Issue 1 (Fall 1994), pp. 345-351.

Marc Williams, "The Third World and Global Environmental Negotiations: Interests, Institutions and Ideas," *Global Environmental Politics*, Vol. 5, No. 3 (August 2005), pp. 48-69.

Adil Najam, "Dynamics of the Southern Collective: Developing Countries in Desertification Negotiations," *Global Environmental Politics*, Vol. 4, No. 3 (August 2004), pp. 128-154.

Adil Najam, "Developing Countries and Global Environmental Governance: From Contestation to Participation to Engagement," *International Environmental Agreements*, Vol. 5 (Spring 2005), pp. 303-321.

Adil Najam, "The View from the South: Developing Countries in Global Environmental Politics." in Regina S. Axelrod, David Leonard Downie, and Norman J. Vig, eds., *The Global Environment: Institutions, Law and Policy*, 2nd. edition (Washington DC: CQ Press, 2004), pp. 225-243.

Marc Williams, "Re-articulating the Third World Coalition: The Role of the Environmental Agenda," *Third World Quarterly*, Vol. 14, No. 1 (1993), pp. 7-29.

Ronald B. Mitchell, "International Environmental Agreements: A Survey of Their Features, Formation, and Effects," *Annual Review of Environment and Resources*, Vol. 28, No. 1 (November 2003), pp. 429-461.

Radoslav S. Dimitrov, "Inside UN Climate Change Negotiations: The Copenhagen Conference," *Review of Policy Research*, Vol. 27, No. 6 (2010), pp.

795-821.

Andrew Hurrell and Sandeep Sengupta, "Emerging Powers, North-South Relations and Global Climate Politics," *International Affairs,* Vol. 88, No. 3 (2012), pp. 463-484.

Detlef Sprinz and Tapani Vaahtoranta, "The Interest-based Explanation of International Environmental Policy," *International Organization*, Vol, 48, No. 1 (Winter 1994), pp. 77-105.

Bradley C. Parks and J. Timmons Roberts, "Inequality and the Global Climate Regime: Breaking the North-south Impasse," *Cambridge Review of International Affairs*, Vol. 21, No. 4 (December 2008), pp. 622-648.

Guri Bang and Jonas Vevatne, Shifting Strategies in the Global Climate Negotiations, A Strategic Cooperation Project, Alternatives to The Kyoto Protocol Joint Study between CICERO and FNI funded by the Research Council of Norway (November 2005).

Bård Harstad, How to Negotiate and Update Climate Agreements, Discussion Paper 08-19, Prepared for The Harvard Project on International Climate Agreements, November 2008.

Adil Najam, Saleemul Huq, and Youba Sokona, "Climate Negotiations beyond Kyoto: Developing Countries Concerns and Interests, *Climate Policy*, Vol. 3, Issue 3 (September 2003), pp. 221-231.

Scott Barrett, *Environment and State Craft: The Strategy of Environmental Treaty-making* (Oxford, New York: Oxford University Press, 2005).

Ho-Won Jeong, ed., *Global Environmental Policies: Institutions and Procedures* (London: Palgrave, 2001).

Pamela S. Chasek, "Scientific Uncertainty in Environmental Negotiations," in Ho-Won Jeong, ed., *Global Environmental Policies: Institutions and Procedures* (London: Palgrave, 2001, pp. 129-134.

Pamela S. Chasek, Lynn Wagner, and I. William Zartman, Six Ways to Make Climate Negotiations More Effective, *Policy Brief of CIGI*, No. 3 (June 2015).

Luke Kemp, "Framework for the Future? Exploring the Possibility of Majority Voting in the Climate Negotiations," *International Environmental Agreements: Politics, Law and Economics,* Vol. 16, Issue 5 (October 2016), pp. 757-779.

Josse Vogel, "The Problem with Consensus in the U.N. Framework Convention on Climate Change," *Philosophy and Public Policy Quarterly,* Vol. 32, No. 2 (Winter 2014), pp. 14-21.

Andreas Hasenclever, Peter Mayer, and Volker Rittberger, *Theories of International Regimes* (Cambridge, UK: Cambridge University Press, 1997).

Fen O. Hampson, *Multilateral Negotiations: Lessons from Arms Control, Trade, and the Environment* (Baltimore, MD.: Johns Hopkins University Press, 1999).

8. 환경레짐의 설계(The Design of Environmental Regimes)

Jørgen Wettestad, *Designing Effective Environmental Regimes: The Key Conditions* (Cheltenham UK: Edward Elgar, 1999).

Barbara Koremenos, Charles Lipson, and Duncan Snidal, "The Rational Design of International Institutions," *International Organization,* Vol. 55, No. 4 (Autumn 2001), pp. 761-799.

Ronald B. Michell, "Regime Design Matters: International Oil Pollution and Treaty Compliance," *International Organization,* Vol. 48, No, 3 (Summer 1994), pp. 425-458.

Ronald B. Mitchell and Patricia M. Keilbach, "Situation Structure and Institutional Design: Reciprocity, Coercion, and Exchange," *International Organization,* Vol. 55, No. 4 (Autumn 2001), pp. 891-917.

Alexander Wendt, "Driving with Rearview Mirror: On the Rational Science of Institutional Design," *International Organization,* Vol. 55, No. 4 (Autumn 2001), pp. 1019-1049.

Randall Stone, "Review: Designing International Institutions," *International Studies Review,* Vol. 3, No. 3 (Autumn 2001), pp. 165-168.

Cary Coglianese, "Globalization and the Design of International Institutions," in Joseph S. Nye Jr. and John D Donahue, eds., *Governance in a Globalizing World* (Washington, DC: Brookings Institution Press, 2000).

B. Peter Rosendorff, "Stability and Rigidity: Politics and the Design of the WTO's Dispute Resolution Procedure," *American Political Science Review.* Vol. 99, No. 3 (August 2005), pp. 389-400.

Jerey Kucik and Eric Reinhardt, "Does Flexibility Promote Cooperation? An Application to the Global Trade Regime," *International Organization*, Vol. 62, No. 3 (2008), pp. 477-505.

Christopher Marcoux, "Institutional Flexibility in the Design of Multilateral Environmental Agreements," *Conflict Management and Peace Science*, Vol. 26, No. 2 (2009), pp. 209-228.

Alexander Ovodenko and Robert O. Keohane, "Institutional Diffusion in International Environmental Affairs," *International Affairs*, Vol. 88, No. 3 (2012), pp. 523-541.

Lavanya Rajamani, "Differential Treatment in International Law," in Vaughan Lowe, ed. *Oxford Mongraphs in International Law* (New York and Oxford: Oxford University Press, 2006).

Raul P. Lejano, "The Design of Environmental Regimes: Social Construction, Contextuality, and Improvisation," *International Environmental Agreements*, Vol. 6, No. 2 (2006), pp. 187-207.

Robert O. Keohane & Kal Raustiala, "Toward a Post-Kyoto Climate Change Architecture: A Political Analysis," in Joseph E. Aldy and Robert N. Stavins, eds., *Post-Kyoto International Climate Policy: Implementing Architectures for Agreement* (New York: Cambridge University Press 2009).

9. 레짐의 복잡성(Regime Complex)

Robert O. Keohane and David G. Victor, The Regime Complex for Climate Change, Discussion Paper Prepared for the Harvard Project on International Climate Agreements, January 2010.

10. 레짐의 효과성(Regime Effectiveness)

Edward L. Miles, Steinar Andresen, Elaine M. Carlin, Jon Birger Skjærseth, Arild Underdal, and Jørgen Wettestad, *Environmental Regime Effectiveness: Confronting Theory with Evidence* (Cambridge, The MIT Press, 2001).

Oran R. Young, *The Effectiveness of International Environmental Regimes:*

Causal Connections and Behavioral Mechanisms (Cambridge, MA: The MIT Press, 1999).

Oran R. Young, "Inferences and Indices: Evaluating the Effectiveness of International Environmental Regimes," *Global Environmental Politics*, Vol. 1, No. 1 (February 2001), pp. 99-121.

Oran R. Young, The Effectiveness of International Environmental Regimes: What Do We Know; What Do We Need to Know; How Can We Find Out? (Draft), 23 August 2010.

Oran R. Young, "Effectiveness of International Environmental Regimes: Existing Knowledge, Cutting-edge Themes, and Research Strategies," *PNAS*, Vol. 108, No. 50 (December 13, 2011), pp. 19853-19860.

David G. Victor, "The Operation and Effectiveness of the Montreal Protocol's Non-Compliance Procedure," in David G. Victor, Karl Raustiala, and Eugene B. Skolnikoff, eds., *The Implementation and Effectiveness of International Environmental Commitments: Theory and Evidence* (Cambridge, Mass.: The MIT Press, 1998), pp. 137-176.

Harold K. Jacobson and Edith B. Weiss, "Assessing the Record and Designing Strategies to Engage Countries," in Edith B. Weiss and Harold K. Jacobson, ed., *Engaging Countries: Strengthening Compliance with International Environmental Accords* (Cambridge, Massachusetts: The MIT Press, 1998), pp. 511-554.

Steinar Andresen and Ellen Hey, "The Effectiveness and Legitimacy of International Environmental Institutions," *International Environmental Agreements*, Vol. 5 (Spring 2005), pp. 211-226.

Jon Hovi, Detlef F. Sprinz, and Arild Underdal, "The Oslo-Potsdam Solution to Measuring Regime Effectiveness: Critique, Response, and the Road Ahead," *Global Environmental Politics*, Vol. 3, No. 3 (August, 2003), pp. 74-96.

Arild Underdal, "The Concept of Regime 'Effectiveness'," *Cooperation and Conflict*, Vol. 27, No. 3 (1992), pp. 227-240.

Wendy L. Jackson, Integrating Ecological Impacts into Evaluations of the Effectiveness of Environmental Regimes: the Example of CITES, A Thesis Submitted in Partial Fulfillment of the Requirements for the Degree of Doctor of Philosophy at Lincoln University, 2011.

Ronald B. Mitchell, "Problem Structure, Institutional Design, and the Relative

Effectiveness of International Environmental Agreements," *Global Environmental Politics*, Vol. 6, No. 3 (August 2006), pp. 72-89.

Shalendra D. Sharma, "Building Effective International Environmental Regimes: The Case of the Global Environment Facility," *The Journal of Environment Development*, Vol. 5 (1996), pp. 73-86.

Matthjs Hisschemöller and Joyeeta Gupta, "Problem-Solving through International Environmental Agreements: The Issue of Regime Effectiveness," *International Political Science Review*, Vol. 20, No. 2 (1999), pp. 151-174.

Carsten Helm and Detlef Sprinz, "Measuring the Effectiveness of International Environmental Regimes," *Journal of Conflict Resolution*, Vol. 44, No. 5 (October 2000), pp. 630-652.

Detlef F. Sprinz and Carsten Helm, "The Effect of Global Environmental Regimes: A Measurement Concept," *International Political Science Review,* Vol. 20 (1999), pp. 359-369.

Detlef F. Sprinz, Research on the Effectiveness of International Environmental Regimes: A Review of the State of the Art, Paper Prepared for the Final Conference of the EU Concerted Action on Regime Effectiveness, Institut D'educació Contínua (IDEC), 09-12 November 2000, Barcelona.

Anna Theodora Barnwell, Multiple Measurement of International Regime Effectiveness: Comparative Study of the International Ozone Depletion Regime and Climate Change Regime, Master Thesis Submitted to the Department of Sociology and Political Science, Norwegian University of Science and Technology, Trondheim, June 2011.

I. Dombrowsky, Institutional Design and Regime Effectiveness in Transboundary River Management - the Elbe Water Quality Regime, Papers Published in Hydrology and Earth System Sciences Discussions, 2007.

11. 레짐의 준수(Regimes Compliance)

George W. Downs, David M. Rocke, and Peter N. Barsoom, "Is the Good News about Compliance Good News about Cooperation?" *International Organization*, Vol. 50, No. 3 (Summer 1996), pp. 379-406.

Jonas Tallberg, "Paths to Compliance: Enforcement, Management, and the European Union," *International Organization,* Vol. 56, No. 3 (Summer 2002), pp. 609-643.

Arthur A. Stein, "Coordination and Collaboration: Regimes in an Anarchic World," *International Organization*, Vol. 36, No. 2 (Spring 1982): pp. 299-324.

Louis Henkin, *How Nations Behave* (New York: Columbia University Press, 1979).

James Cameron, Jacob Werksman, and Peter Roderick, eds., *Improving Compliance with International Environmental Law* (London: Earthscan, 1996).

Jon Hovi, Olav Strokke, and Geir Ulfstein, eds., *Implementing the Climate Regime: International Compliance* (London: Earthscan, 2005).

Ulrich Beyerlin, Peter-Tobias Stoll, and Rüdiger Wolfrum, eds., *Ensuring Compliance with Multilateral Environmental Agreements: A Dialogue Between Practitioners and Academia* (Leiden: Brill Academic Publishers, 2005).

Jana von Stein, "International Law: Understanding Compliance and Enforcement," in Robert A. Denemark, ed., *The International Studies Encyclopedia* (Chichester, West Sussex, U.K and Malden, MA: Wiley-Blackwell, 2010).

Laura Pineschi, "Non-Compliance Mechanism and the Proposed Center for the Prevention and Management of Environmental Disputes," *Anuario de Derecho Internacional*, vol. 20 (2004), pp. 241-278.

David Victor, Kal Raustiala, and Eugene B. Skolnikoff, "Introduction and Overview," in David Victor, Kal Raustiala, and Eugene B. Skolnikoff, eds., *The Implementation and Effectiveness of International Environmental Commitments: Theory and Practice* (Cambridge, MA: The MIT Press, 1998).

Thomas M. Franck, "Legitimacy in the International System," *American Journal of International Law,* Vol. 82, No. 4 (1988), pp. 705-755.

Thomas M. Franck, *The Power of Legitimacy among Nations* (Oxford: Oxford University Press, 1990).

Harold Hongju Koh, "Transnational Legal Process," *Nebraska Law Review,* Vol. 75, No. 1 (1996), pp. 181-207.

Harold Hongju Koh, "Why Do Nations Obey International Law?," *Yale Law Journal,* Vol. 106, No. 8 (1997), pp. 2599-2659.

Harold Hongju Koh, "How Is International Human Rights Law Enforced?"

Indiana Law Journal, Vol. 74, No. 4. (Fall 1999), pp. 1397-1417.

Harold Hongju Koh, Review Essay: Why Do Nations Obey International Law? Faculty Scholarship Series of Yale Law School. Paper 2101 (1997).

Harold Hongju Koh, "Internalization through Socialization," *Duke Law Journal,* Vol. 54, No. 4 (February 2005), pp. 975-982.

Thomas M Franck, *Fairness in International Law and Institutions* (Oxford: Clarendon Press, 1995).

Emily O'Brien and Richard Gowan, What Makes International Agreements Work: Defining Factors for Success (Center on International Cooperation, New York University, September 2012).

David G. Victor, "Toward Effective International Cooperation on Climate Change: Numbers, Interests and Institutions," *Global Environmental Politics,* Vol. 6, No. 3 (August 2006), pp. 97-100.

Jutta Brunnée, "Enforcement Mechanisms in International Law and International Environmental Law," in Ulrich Beyerlin, Peter-Tobias Stoll, and Rüdiger Wolfrum, eds., *Ensuring Compliance with Multilateral Environmental Agreements: A Dialogue Between Practitioners and Academia* (Leiden: Brill Academic Publishers, 2005).

Mary Ellen O'Connell, "Enforcement and the Success of International Environmental Law," *Indiana Journal of Global Legal Studies*, Vol. 3, Issue 1, Article 4 (Fall 1995), pp. 47-64.

Abram Chayes and Antonia Handler Chayes, "On compliance," *International Organization,* Vol. 47, No. 2 (Spring, 1993), pp. 175-205.

Abram Chayes and Antonia Handler Chayes, *The New Sovereignty: Compliance with International Regulatory Agreements* (Cambridge, MA and London: Harvard University Press, 1995).

Teall E. Crossen, Multilateral Environmental Agreements and the Compliance Continuum, Working Paper Hosted by The Berkeley Electronic Press 2003.

Mgr. et Mgr. Lukas Hoder, Is There a Theory of International Legal Compliance?: Introduction, Annotated Bibliography and the Examination of Approaches, ECPR Graduate Conference 2010, Dublin, Ireland.

Jordi Tena-Sanchez, Exploring Mechanisms of Institutional Designs which Promote Compliance, Papers, 2011, 96/2, 435-451.

Jana von Stein, Institutional Design, Ratification, and Compliance in the International Climate Change Regime, Paper Prepared for Delivery at the Annual Convention of the International Studies Association, March 22, 2006.

Günther Auth, "Understanding Compliance with International Law," in Michael Zürn and Christian Joerges, eds., *Law and Governance in Postnational Europe: Compliance Beyond the Nation-State* (Cambridge: Cambridge University Press, 2005).

George W. Downs and Michael A. Jones, "Reputation, Compliance, and International Law," *Journal of Legal Studies*, Vol. 31, No. S1 (January 2002), pp. S95-S114.

Jennifer L. Morgan and Stephen J. Porter, Compliance Institutions for the Kyoto Protocol: A Joint CIEL/WWF Proposal, Discussion Draft Prepared for the Fifth Conference of the Parties, October 25, 1999.

Jonas Tallberg, "Paths to Compliance: Enforcement, Management, and the European Union," *International Organization,* Vol. 56, No. 3 (Summer 2002), pp. 609-643.

Andrew T. Guzman, "The Design of International Agreements," *The European Journal of International Law*, Vol. 16, No. 4 (2005), pp. 579-612.

Sara McLaughlin Mitchell and Paul R. Hensel, "International Institutions and Compliance with Agreements," *American Journal of Political Science,* Vol. 51, No. 4 (Oct., 2007), pp. 721-737.

UNEP, *Compliance Mechanism under Selected Multilateral Environmental Agreements* (Nairobi: UNEP Division of Environmental Law and Conventions, 2007).

Ana Espínola-Arredondo and Félix Muñoz-García, "Free-riding in International Environmental Agreements: A Signaling Approach," *Journal of Theoretical Politics,* Vol. 23, No. 1 (2011), pp. 111-134.

Nadra Hashim, "Free Riders, Side Payments, and International Environmental Agreements: Is Kyoto Failing Because Montreal Succeeded?" *The Whitehead Journal of Diplomacy and International Relations* (Winter/Spring 2009), pp. 91-109.

Antonio Cardesa-Salzmann, "Constitutionalising Secondary Rules in Global Environmental Regimes: Non-Compliance Procedures and the

Enforcement of Multilateral Environmental Agreements," *Journal of Environmental Law*, Vol. 24, No. 1 (2012), pp. 103-132.

Tullio Treves, Attila Tanzi, Cesare Pitea, Chiara Ragni, and Laura Pineschi, eds., *Non-Compliance Procedures and Mechanisms and the Effectiveness of International Environmental Agreements* (The Hague: T.M.C. Asser Press, 2009).

Edith Brown Weiss and Harold Karan Jacobson, eds., *Engaging Countries: Strengthening Compliance with International Environmental Accords* (Cambridge, MA: The MIT Press, 1998).

Teall E. Crossen, "Multilateral Environmental Agreements and the Compliance Continuum," http://law.bepress.com/expresso/eps/36/ (검색일: 2016년 8월 14일).

Andrew T. Guzman, "International Law: A Compliance-Based Theory," *California Law Review*, Vol. 90, No. 6 (December 2002), pp. 1826-1887.

Andrew T. Guzman, "A Compliance-Based Theory of International Law," *California Law Review*, Vol. 90, No. 6 (2002), pp. 1823-1887.

Andrew T. Guzman, "Reputation and International Law," *Georgia Journal of International and Comparative Law*, Vol. 34 (Winter 2006), pp. 379-391.

Andrew T. Guzman, *How International Law Works: A Rational Choice Theory* (New York: Oxford University Press, 2008).

Anthony Clark Arend, "Do Legal Rules Matter? International Law and International Politics," *Virginia Journal of International Law,* Vol. 38, No. 2 (1998), pp. 107-129.

Karen Kline and Kal Raustiala, "International Environmental Agreements and Remote Sensing Technologies (Workshop on Remote Sensing and Environmental Treaties: Building More Effective Linkages, Woodrow Wilson International Center, Washington, DC, December 4-5, 2000)," http://sedac.ciesin.columbia.edu/rs-treaties/rs-treaties_bckgnd.pdf, (검색일: 2016년 12월 13일).

12. 효과적인 국제환경 정책결정에 대한 도전과 결론

Adil Najam, Mihaela Papa, and Nadaa Taiyab, *Global Environmental Governance: A Reform Agenda* (Denmark: International Institute for

Sustainable Development (IISD), 2006).

Adil Najam and Mark Halle, Global Environmental Governance: The Challenge of Accountability, The Frederick S. Pardee Center for the Study of the Longer-Range Future at Boston University, May 2010.

사항색인

ㄴ

ㄷ

ㄹ

ㅁ

ㅂ

ㅅ

ㅇ

ㅈ

ㅊ

ㅋ

ㅌ

기타

인명색인

[약 력]

한국외국어대학교 정치외교학과(학사)
Northern Illinois University(국제기구 전공: 석사, 박사)

[경 력]

외무고시 출제위원 및 채점위원
국립외교원 외교관 후보자시험 출제위원
외교부장관 국제기구 분과 자문위원
외교부 초급전문가(JPO) 선발 면접위원
외교부 유엔논문경연대회 심사위원
한국국제정치학회 국제기구평화분과위원회 위원장
행정안전부 중앙인사위원회 공무원 국제기구 파견 심사위원

[현 재]

국립 경상대학교 정치외교학과 교수
한국국제정치학회 부회장
한국유엔협회 부회장
유엔학생협회한국연맹(KFUNSA) 지도교수
전국대학생모의유엔회의 자문교수

[저 서]

국제정치패러다임(법문사)
국제관계와 NGO(법문사)
국제기구정치론(법문사)
유엔과 국제기구(법문사)
유엔과 사무총장(도서출판 예응)
유엔회의의 이해(법문사)
유엔회의 가이드북(법문사)
모의유엔회의 지침서(유엔한국협회)
모의유엔회의 핸드북(법문사)
국제기구 진출 어떻게 하나요(법문사)
대학생 해외탐방 학습 가이드(문우사)

국제환경정치론

2016년 12월 26일 초판 발행
2016년 12월 31일 초판 1쇄 발행

저 자 박 재 영
발행인 배 효 선

발행처 도서출판 法 文 社

주 소 10881 경기도 파주시 회동길 37-29
등 록 1957년 12월 12일 / 제2-76호 (윤)
전 화 (031)955-6500~6 FAX (031)955-6525
E-mail (영업) bms@bobmunsa.co.kr
(편집) edit66@bobmunsa.co.kr
홈페이지 http://www.bobmunsa.co.kr
조 판 법 문 사 전 산 실

정가 28,000원 ISBN 978-89-18-03250-4